法学研究
CHINESE JOURNAL OF LAW

法学研究 专题选辑　陈甦／总主编

中国法治理论研究

RESEARCH ON THE THEORY OF
RULE OF LAW IN CHINA

雷　磊　主编

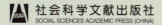 社会科学文献出版社
SOCIAL SCIENCES ACADEMIC PRESS (CHINA)

总　序

　　回顾与反思是使思想成熟的酵母，系统化的回顾与专业性的反思则是促进思想理性化成熟的高效酵母。成熟的过程离不开经常而真诚的回顾与反思，一个人的成长过程是如此，一个学科、一个团体、一本期刊的发展过程也是如此。我们在《法学研究》正式创刊 40 年之际策划《〈法学研究〉专题选辑》，既是旨在引发对有关《法学研究》发展历程及其所反映的法学发展历程的回顾与反思，也是旨在凝聚充满学术真诚的回顾与反思的思想结晶。由是，《〈法学研究〉专题选辑》是使其所刊载的学术成果提炼升华、保值增值的载体，而不只是重述过往、感叹岁月、感叹曾经的学术纪念品。

　　对于曾经的法学过往，哪怕是很近的法学过往，我们能够记忆的并非像我们想象的那样周全、那样清晰、那样深刻，即使我们是其中许多学术事件的亲历者甚至是一些理论成就的创造者。这是一个时空变化迅捷的时代，我们在法学研究的路上走得很匆忙，几乎无暇暂停一下看看我们曾经走过的路，回顾一下那路上曾经的艰辛与快乐、曾经的迷茫与信念、曾经的犹疑与坚定、曾经的放弃与坚持、曾经的困窘与突破，特别是无暇再感悟一下那些"曾经"中的前因后果与内功外力。法学界同仁或许有同样的经验：每每一部著述刚结句付梓，紧接着又有多个学术选题等待开篇起笔，无参考引用目的而只以提升素养为旨去系列阅读既往的法学精品力作，几为夏日里对秋风的奢望。也许这是辉煌高远却又繁重绵续的学术使命造成的，也许这是相当必要却又不尽合理的学术机制造成的，也许这是个人偏好却又是集体相似的学术习惯造成的，无论如何，大量学术作品再阅读的价值还是被淡化乃至忽略了。我们对没有被更充分传播、体现、评价及转化的学术创造与理论贡献，仅仅表达学人的敬意应该是不够的，真正的学术尊重首先在于阅读并且一再阅读映现信念、智慧和勇气的学术作品。《〈法学研究〉专题选辑》试图以学术史研究的方法和再评价的方式，向学界同行表达我们的感悟：阅读甚至反复阅读既有成果本该是学术生活的重要部分。

我曾在另外一本中国当代法学史著作的导论中描述道：中国特色社会主义法治建设之路蜿蜒前行而终至康庄辉煌，中国法学研究之圃亦蔓延蓬勃而于今卓然大观。这种描述显然旨在鼓舞而非理解。我们真正需要的是理解。理解历史才能理解现在，理解现在才能理解未来，只有建立在对历史、现在和未来的理解基础上，在面对临近的未来时，才会有更多的从容和更稳妥的应对，才会有向真理再前进一步的勇气与智慧。要深刻理解中国法学的历史、现在以及未来，有两种关系需要深刻理解与精准把握：一是法学与法治的关系，二是法学成果与其发生机制的关系。法学与法治共存并互动于同一历史过程，法学史既是法律的知识发展史，也构成法治进步史的重要组成部分。关于法、法律、法治的学术研究，既受制于各个具体历史场景中的给定条件，又反映着各个历史场景中的法律实践和法治状况，并在一定程度上启发、拨动、预示着法治的目的、路径与节奏。认真对待中国法学史，尤其是改革开放以来的法学史，梳理各个法治领域法学理论的演进状态，重估各种制度形成时期的学术供给，反思当时制度设计中背景形塑和价值预设的理论解说，可以更真实地对法治演变轨迹及其未来动向作出学术判断，从中也更有把握地绘出中国法学未来的可能图景。对于既有法学成果，人们更多的是采取应用主义的态度，对观点内容的关注甚于对观点形成机制的关注。当然，能够把既有学术观点纳入当下的理论创新论证体系中，已然是对既往学术努力的尊重与发扬，但对于学术创新的生成效益而言，一个学术观点的生成过程与形成机制的启发力远大于那个学术观点内容的启发力，我们应当在学术生产过程中，至少将两者的重要性置于等量齐观的学术坐标体系中。唯其如此，中国法学的发展与创新才会是一个生生不息又一以贯之的理性发展过程，不因己悲而滞，不因物喜而涨，长此以往，信者无疆。

作为国内法学界的重要学术期刊之一，《法学研究》是改革开放以来中国法学在争鸣中发展、中国法治在跌宕中进步的一个历史见证者，也是一个具有主体性、使命感和倡导力的学术过程参与者。《法学研究》于1978 年试刊，于 1979 年正式创刊。在其 1979 年的发刊词中，向初蒙独立学科意识的法学界和再识思想解放价值的社会各界昭示，在办刊工作中秉持"解放思想、独立思考、百家争鸣、端正学风"的信念，着重于探讨中国法治建设进程中的重大理论和实践问题，致力于反映国内法学研究的最新成果和最高学术水平，热心于发现和举荐从事法学研究工作的学术人才。创刊以来，《法学研究》虽经岁月更替而初心不改，虽有队伍更新而使命不坠，前后 8 任主编、50 名编辑均能恪守"严谨、务实、深入、学术"的办刊风格，把《法学研究》作为自己学术生命的存续载体和学术奉献的展示舞台。或许正因如此，《法学研究》常被誉为"法学界风格最稳健、质量最稳定的期刊"。质而言之，说的是刊，看的是物，而靠的是人。我们相信，《法学研究》及其所刊载的文章以及这些文章的采编过程，应该可以被视为研究中国改革开放以来法学发展、法治进步的一个较佳样本。也正因如此，我们有信心通过《〈法学研究〉专题选辑》，概括反映改革开放以来中国法学发展的思想轨迹以及法学人的心路历程。

本套丛书旨在以《法学研究》为样本，梳理和归整改革开放以来中国法学在一个个重要历史节点上的思想火花与争鸣交织，反思和提炼法学理论在一个个法治建设变奏处启发、拨动及预示的经验效果。丛书将《法学研究》自创刊以来刊发的论文分专题遴选，将有代表性的论文结集出版，故命名为"《法学研究》专题选辑"。考虑到《法学研究》刊发论文数量有限，每个专题都由编者撰写一篇 2 万字左右的"导论"，结合其他期刊论文和专著对该专题上的研究进展予以归纳和提炼。

丛书专题的编者，除了《法学研究》编辑部现有人员外，多是当前活跃在各个法学领域的学术骨干。他们的加入使得我们对这套丛书的编选出版更有信心。

所有专题均由编者申报，每个专题上的论文遴选工作均由编者主要负责。为了尽可能呈现专题论文的代表性和丰富性，同一作者在同一专题中入选论文不超过两篇，在不同专题中均具代表性的论文只放入其中的一个专题。在丛书编选过程中，我们对发表时作者信息不完整的，尽可能予以查询补充；对论文中极个别受时代影响的语言表达，按照出版管理部门的要求进行了细微调整。

不知是谁说的，"原先策划的事情与实际完成的事情，最初打算写成的文章与最终实际写出的文章，就跟想象的自己与实际的自己一样，永远走在平行线上"。无论"平行线"的比喻是否夸张，极尽努力的细致准备终归能助力事前的谨慎、事中的勤勉和事后的坦然。

我思故我在。愿《法学研究》与中国法学、中国法治同在。

陈　甦

2022 年 9 月 4 日

于沙滩北街 15 号

目录
Contents

三　法治中国：认知、治理与评估

四　中国式法治现代化：中国之治的理论释证

导 论

雷 磊[*]

　　四十多年前，法理学者陈守一曾回顾新中国成立后三十年法学发展的"极其坎坷曲折的道路"，并断言在历史的新起点——十一届三中全会之后，随着法制逐步完备和健全，必然会出现一个法学的繁荣时期。为此需要对一些重要问题加以认真澄清，其中之一即"人治与法治的问题"，而法治的内容尤其"还需要继续讨论"。[①] 四十多年后，当我们回顾新时期中国法学的发展，可以发现其基本上印证了陈守一的断言与对问题的诊断。当然，我们可以进一步指出的是，相比于其他有争论的重要问题而言，对"法治问题"的讨论在这四十多年的法学（法理学）发展中拥有尤其突出和显耀的地位。它可以当之无愧地被称为中国法学（法理学）中的"桂冠问题"。

　　可以说，中国法学在历史起点和理论框架上正是将法治理论作为抓手的。一方面，在"文革"结束之后、改革开放之初，中国法学界首先要破除的就是意识形态迷雾的束缚，摆脱 20 世纪 50 年代末期以来形成的"要人治、不要法治"观念的支配，[②] 为社会主义国家厉行法治正名。唯有如此，才能为围绕自身规律与法则来展开之诸法学理论的发展赢得继续生存的空间。从这个角度讲，法治理论可以说是整个中国法学的"开路者"。另一方面，法治理论也构成了诸法学理论的整体框架与背景知识。博登海默尝言：法律是一个带有许多大厅、房间、凹角、拐角的大厦，在同一时

---

　　* 雷磊，中国政法大学法学院教授。
　　① 陈守一：《新中国法学三十年一回顾》，《法学研究》1980 年第 1 期。
　　② 王人博、程燎原：《法治论》，广西师范大学出版社，2014，第 347 页。

间里想用一盏探照灯照亮每一间房间、凹角和拐角是极为困难的。① 但只有先有大厦的整体框架才能设计各个房间和角落的准确布局，后者也只有参考大厦的整体框架才能更明确这些房间和角落的功能和特点。从这个意义上说，法治理论在法学整体中构成了"穹顶式理论"，也构成了具体法律理论的背景知识。这从"行政法治""刑事法治""公司法治""税收法治"等称呼中就可见一斑。

作为中国法学界最重要的权威期刊之一，《法学研究》于1978年试刊，并于1979年正式创刊，记载了中国法学发展的轨迹与历程，也为我们研究中国法治理论的演变与创新提供了第一手的素材。可以说，中国法治学说的标志性人物大多在《法学研究》上刊登过宏论，中国法理学界产出的标志性成果、提出的标志性命题、发生的标志性事件也在该刊上多有反映。根据粗略统计，四十多年来，该刊刊登的法理学方面的论文约占论文总数的五分之一，而其中"法治理论"方面的论文又占法理学论文的六分之一，足以凸显法治理论研究的基础性地位。具体而言，1979年至今，《法学研究》共发表以"法治""依法治国"为题的文章108篇（不包括其中一部分涉及法治理论或关键词包括"法治""依法治国"的论文），其中论文和笔谈共有101篇，而会议综述和纪要则有7篇，分别为：《加强法治 促进社会经济发展——法治与社会经济发展国际学术讨论会综述》（1992年）、《依法治国建设社会主义法治国家学术研讨会纪要》（1996年）、《依法治国与精神文明建设学术研讨会纪要》（1997年）、《依法治国与廉政建设研讨会纪要》（1998年）、《依法治国与司法体制改革研讨会纪要》（1999年）、《依法治国与法律体系建构学术研讨会综述》（2000年）以及《依法治国与深化司法体制改革理论研讨会综述》（2008年）。正如胡水君在2008年的归纳："法治，是理论界近三十年取得的最重要成果之一，也是《法学研究》中会议讨论最多、研究头绪最繁杂的一个论题。"② 这一判断放在今天依然成立。

"法治理论"专题共辑录四十多年间刊发的论文22篇。选稿遵循了以下几个原则。其一，不选取笔谈、书评、会议综述和纪要。会议综述和纪

---

① 〔美〕博登海默：《法理学：法律哲学与法律方法》，邓正来译，中国政法大学出版社，1999，第198页。

② 胡水君：《〈法学研究〉三十：法理学》，《法学研究》2008年第6期。

要只是对以法治为主题之与会者观点的记录和综合，缺乏具体的论证，有时甚至难以辨明提出者的观点。笔谈尽管作者身份清晰、阐述相对较长，但依然不注重观点论证的完整性；书评则是对他人著述的叙述与评析，两者与严格的学术论文相较分量偏轻。其二，不选取部门法治理论。在以"法治"为主题的论文中，有侧重行政法治、法治政府、刑事诉讼法治等子主题的论文。① 这些论文尽管与法治相关，但要么只涉及法治的某个部门法侧面，要么以法治为背景分析某个部门法论题，不属于法治的一般理论研究。其三，论文的代表性和影响力原则。在选稿时，一方面考虑了作者和作品的代表性，另一方面也考虑了作品的影响力。其四，作者平衡原则。由于篇幅限制，虽然有不少学者在《法学研究》上发表了两篇以上关于法治理论的论文，但原则上只选取该学者最有代表性的一篇论文。这里只有两个例外：李步云教授有两篇论文入选，主要原因在于这两篇论文在法治研究起步阶段的历史地位；李林教授有两篇论文入选，主要考虑的是它们在不同阶段的代表性。其五，遵从阶段发展规律与适度平衡原则。法治理论在中国学界的发展大体可分为四个阶段，第一阶段为 1979 年至 1996 年，第二阶段为 1996 年至 2013 年，第三阶段为 2013 年至 2018 年，第四阶段为 2018 年至今。这四个阶段刊发的论文和笔谈数量并不均衡，分别为 14 篇、68 篇、25 篇、12 篇。选稿一方面遵从了这一客观情形，另一方面也考虑予以适度的平衡。这体现在第二阶段的选文量是最多的（8 篇），但考虑到第一阶段已被证明的重要历史意义和影响，以及第三、第四阶段时日尚短，所发表的论文尚未经过时间的检验，所以虽然第三阶段的论文总数要略多于第一阶段，但在选稿数量上则倒了过来，即第一阶段 7 篇、第三阶段 4 篇。

与新时期中国法学的趋势一样，四十多年间法治理论在一个虽有纷纭而主线不断的社会环境中走出了一条渐次向前发展的道路。② 依其主线，大体可分为上面所说的四个阶段或时期。

---

① 例如：屈学武《刑事法治理念的更新》，《法学研究》2007 年第 4 期；崔卓兰、于立深《行政自制与中国行政法治发展》，《法学研究》2010 年第 1 期；王万华《法治政府建设的程序主义进路》，《法学研究》2013 年第 4 期；党国英、吴文媛《土地规划管理改革：权利调整与法治构建》，《法学研究》2014 年第 5 期；曾赟《监听侦查的法治实践：美国经验与中国路径》，《法学研究》2015 年第 3 期。

② 胡水君：《〈法学研究〉三十年：法理学》，《法学研究》2008 年第 6 期。

（1）第一个阶段是从 20 世纪 70 年代末到 1996 年。其开端为中共于 1978 年 12 月召开的十一届三中全会。在此前召开的中共中央工作会议的闭幕会上，邓小平作了《解放思想，实事求是，团结一致向前看》的讲话，随后在十一届三中全会上作了主题报告，提出"必须加强法制，必须使民主制度化、法律化，使这种制度和法律不因领导人的改变而改变，不因领导人的看法和注意力的改变而改变"的主张，以及"有法可依，有法必依，执法必严，违法必究"的法制十六字方针。由此中国学界迎来了法制（法治）的春天，也掀起了关于法治之条件和内涵的热烈讨论。任何理论在其发展之初大体都要进行辨析性和正名性的工作，法治理论亦不例外。这种工作大体上可分为两个方面，从正面来说是关于"法治是什么"的理解，而从反面来说则在于厘清法治与其他概念的关系（尤其是区别）。有意思的是，这个阶段的工作恰恰是从反面开始的，其标志性事件即 20 世纪 70 年代末 80 年代初关于"人治和法治"问题的大讨论。随后，关于法治之要素、性质、条件、基础等方面的见解纷至沓来。可以说，中国法理学的前辈学人这一时期在披荆斩棘、筚路蓝缕地为法治建设铺平道路。

（2）第二个阶段大体是从 1996 年到 2013 年。其开端为 1996 年江泽民在一系列场合所发表的关于"依法治国"的讲话，1997 年召开的中共十五大将"依法治国，建设社会主义法治国家"作为治理国家的基本方略，1999 年九届全国人大二次会议将"中华人民共和国实行依法治国，建设社会主义法治国家"写入宪法。如果说前一阶段的讨论主要围绕"法治"本身的内涵展开的话，那么这一阶段法学界则是在将国家视为法治实践之主体地位（或将法治视为中国现代化建设的一部分）的基础上，着重于对"法治国家"的多维度探讨。其标志性事件是 20 世纪 90 年代末开始的持续十余年的关于中国法治道路的争论。与此相关，但并不相同的还有关于法治之历史（既包括新中国社会主义法制建设的短时段历程，也包括更长时间段乃至通史性的历史考察），以及法治之理念（主要围绕"法治国家"的构造、政体、界限、困境等问题展开）的争论。这一阶段学者热衷于架构中国法治的顶层设计，勾勒法治建设的路线图，明晰法治实践可资借鉴的资源。

（3）第三个阶段大体是从 2013 年至 2018 年。其开端为中共十八届三中全会报告关于"推进法治中国建设","坚持依法治国、依法执政、依法行政共同推进，坚持法治国家、法治政府、法治社会一体建设"的要求，以及十八届四中全会关于"全面推进依法治国"，"坚持走中国特色社会主义法治道路，建设中国特色社会主义法治体系"的整体布局。与上一个阶段相比，这一阶段短短数年研究的总体趋势已露端倪：一是理论反思，即开始对前几十年中国法治理论研究的范式、体系、思维等进行自我观察和总结性的反思，并注重将法治认知与共识作为法治建设持续推动的主观要素；二是政道治理，即从国家治理体系和治理能力的高度，将法治作为国家现代化的整体架构和政治统合（包括党规）的基础；三是实践评估，其典型即是当下方兴未艾的各种关于地方法治实践评估的研究，着力于法治评估模式和方法等方面的对比和精致化。其中第三种趋势代表了一种经验化、实证化和量化的研究新趋势。

（4）第四个阶段大体是 2018 年至今。其标志性的事件有两个。一个是 2018 年中央全面依法治国委员会第一次会议提出"全面依法治国新理念新思想新战略"。这一思想极大地创新和发展了全面依法治国理论的精神实质，明确了十八大以来全面推进依法治国的指导思想、发展道路、战略布局、重大任务。另一个也是更为重要的标志，是 2020 年 11 月中央全面依法治国工作会议正式提出"习近平法治思想"。习近平法治思想是全面依法治国的根本遵循和行动指南。由此，从学理上全面深入阐释这一思想，为中国式法治现代化提供学理助力，就成为现阶段中国法治理论研究的中心任务。

本文将以上述分期为依据，以《法学研究》刊发的相关论文为主线，结合十五种法学主要期刊发表的重要论文（时间截至 2022 年 8 月底），对各个阶段的代表性观点进行介绍和阐释。当然，这种介绍和阐述将主要依据主题来进行，而不严格限于时间上的分段。在此过程中，笔者将尽最大可能维持一种客观式追叙的色彩，不站在个人立场上对具体的学人和作品进行品评和臧否，并在此基础上对各个阶段学者的共识加以提炼。当然，由于学识范围所限，力有不逮，疏漏和偏差恐难以完全避免。在"叙"之后，笔者将总"论"四十年中国法治理论研究呈现的特点，并对此进行反思，最后对未来中国法治理论研究提出一点愿景与期待。

一 法治：内涵辨正

20 世纪 70 年代末 80 年代初的中国，面临着正本清源、拨乱反正，从非常态走向常态的历史任务。反映在国家治理的层面，就是从人治走向法治。1979 年 9 月，彭真在中央党校作了《关于社会主义法制的几个问题的讲话》，提到"要依法办事、依法治国"，① 随即中央在发布的《关于坚决保护刑法、刑事诉讼法切实实施的指示》（64 号文件）中明确提到了"实行社会主义法治"这一表述。随之掀起的关于人治与法治问题的大讨论对中国法学界而言不啻法治和法学启蒙的第一课。

（一）人治与法治

学界第一个提出法治与人治问题的是陈守一教授。早在 1978 年 10 月中国社会科学院法学研究所召开的学术探讨会上，他就提出了这一问题，并于 1979 年 1 月 26 日在《人民日报》上发表了题为《人治和法治》的文章，开启了人治与法治的争论。② 在同年 4 月于《法学研究》刊登的一篇文章中，陈守一、刘升平、赵震江三位学者回顾了中国社会主义法制建设经历的诸阶段，并总结认为社会主义革命和建设不能忽视法律，无产阶级专政条件下只讲人治、不讲法治是错误的。③ 随即，李步云和王德祥、陈春龙撰写的《论以法治国》一文在学界第一次明确提出中国应实行法治（以法治国），并对此作了比较全面、系统的论述。④ 但当时学界关于人治和法治的理解还存在相当大的分歧，关于两者关系的主张大体可归为三类。

一是结合论，认为人治与法治都是治国的手段，应当兼容并蓄。这一主张偏重于历史角度的阐释，认为历史上从来没有过纯粹的人治或法治。对于统治阶级来说，两者都是一种统治方法，它们之间并没有什么绝对的

---

① 彭真：《关于社会主义法制的几个问题的讲话》，《红旗》1979 年第 11 期。
② 相关背景参见李步云、黎青《从"法制"到"法治" 二十年改一字——建国以来法学界重大事件研究（26）》，《法学》1999 年第 7 期。
③ 参见陈守一、刘升平、赵震江《我国法制建设三十年》，《法学研究》1979 年第 4 期。
④ 李步云、王德祥、陈春龙：《论以法治国》，《光明日报》1979 年 12 月 2 日。

界限。① 这种观点在二十年之后依然可以找到拥护者。②

二是取消论，认为人治与法治的提法不确切或者具有误导性，应当抛弃这两个术语。这一主张延续了第一种主张的基调，即人治和法治都有其有用的一面，也有其缺陷，只是开出了完全不同的方子，主张抛弃这两个提法本身。其主要的论据在于，人治虽不可取，但也不可能有不依赖于人的法治，所以不能笼统地反对一切人的治理，只讲法治。社会主义国家要抛弃人治和法治的提法，改用依法办事、以法治国或者社会主义民主和社会主义法制的提法。③

三是法治论。与上面两种主张完全不同，法治论认为，人治与法治是根本上不同的治国主张，中国只能实行法治，不能实行人治。这一阵营的学者大多在"统治方法"或"治国方法（方式）"的意义上来理解法治与人治，他们在马克思主义历史观的基础上论证了法治同样是阶级统治的手段，以及法治相比于人治的优越性，即更多的民主色彩。④ 同时，两者的内涵与区别也得到了更清晰的厘定：人治指的是特定的人，即君主或国家领袖人物的统治，把国家的兴亡治乱系于此一人之身；法治则指的是统治阶级要以法治国，要有完备的法律，法律要有极大的权威，任何人都必须依法办事。⑤ 划分两者最根本的标志，即在法律（统治阶级共同意志）与个人意志（少数执政者的意志）发生矛盾冲突时，是法律的权威高于个人意志，还是个人意志凌驾于法律之上。⑥ 这又可以被具体化为三点：国家治理主要依靠法律还是道德，对人的行为的指引主要依靠一般性的法律规

---

① 参见张晋藩、曾宪义《人治与法治的历史剖析》，《法学研究》1979 年第 5 期；廖竟叶《法治与人治没有绝对界限》，《法学研究》1980 年第 4 期。

② 例如：苏力《认真对待人治》，《华东政法学院学报》1998 年第 1 期；冉井富《三种法治观辨析》，《现代法学》2001 年第 1 期。

③ 参见张国华《略论春秋战国时期的"法治"与"人治"》，《法学研究》1980 年第 2 期；孙国华《坚持民主和法制是无产阶级的治国方针——兼论"人治"和"法治"》，《现代法学》1980 年第 3 期；范明辛《我们应该抛弃法治和人治的提法》，《法学研究》1980 年第 4 期。

④ 参见谷春德、吕世伦、刘新《论人治与法治》，《法学研究》1979 年第 5 期。

⑤ 参见李步云、王礼明《人治和法治能互相结合吗？》，《法学研究》1980 年第 2 期。

⑥ 参见李步云《法治和人治的根本对立》，《现代法学》1981 年第 2 期；何华辉、马克昌、张泉林《实行法治就要摒弃人治》，《法学研究》1980 年第 4 期。这一标准后被主流观点所吸纳，例如张文显主编《法理学》，高等教育出版社、北京大学出版社，1999，第 182 页。

则还是依靠针对具体情况的具体指引，在政治制度上应实行民主还是专制。① 结合论和取消论混淆了治国的原则、方法和法律、人的具体作用，不能简单地把人治解释成要人不要法，把法治解释成要法不要人。② 法治与人治之间存在根本对立，坚定不移地实行法治，就必须旗帜鲜明地摒弃人治。

从后来的学术史发展看，法治论占据了主流地位。近四十年中国国家治理模式的主线，都是在从"要人治不要法治"向"要法治不要人治"转型。但无论是何种主张，都带有共同的历史印迹与时代特征。其一，将人治与法治都视为治国工具。不仅结合论和取消论如是，法治论亦如是。这与对"法"概念的主流理解——法是阶级统治的工具——之间存在紧密联系。这种仅从"治"理而非"政"制的角度审视"法治"的做法与西方古典法治学说之间有着较大的差别。其二，注重对人治论和法治论的历史源流的疏证，尤其是中国历史文献的疏证。法治被认为是一个历史性的概念。多数学者，不仅结合论和取消论者，甚至部分法治论者都将人治和法治的思想分别追溯到中国的儒家和法学学派。③ 直到 20 世纪 90 年代才有学者提出法治是资本主义阶段之后才有的观点。④ 这与后来的主流观点，即无论是儒家还是法家均属人治流派的观点形成了鲜明对比。⑤ 究其原因，是当时并没有区分法治与法制。其三，形式主义的法治观。工具主义的法治概念必然蕴含形式主义的法治观。绝大多数学者从"依法而治"的角度来理解法治，认为法治最重要的核心在于依法办事，树立法律的权威，而没有对法治之"法"的内容提出明确要求（良法）。尽管有这些局限，但不可否认，这场大讨论是历经了"文革"浩劫之后中国法学重新起步的标

---

① 参见沈宗灵《"法制"、"法治"、"人治"的词义分析》，《法学研究》1989 年第 4 期。
② 参见高绍先《必须旗帜鲜明地实行法治》，《现代法学》1980 年第 4 期。
③ 亦有学者将法治思想追溯到西方的古希腊时期（参见王洪福《人治和法治提法探源》，《政治与法律》1982 年第 2 期），但这种做法在当时并不常见。
④ 后一种观点参见张贵成《论法治》，《政法论坛》1991 年第 6 期。
⑤ 较早的澄清参见俞荣根《"儒家人治法家法治对立论"质疑——兼论先秦法律思想研究中的一个方法问题》，《现代法学》1984 年第 4 期。亦可参见李龙《法治模式论》，《中国法学》1991 年第 6 期。但此后仍有主张先秦已有（尽管不同于现代）法治的观点，参见程燎原《先秦"法治"概念再释》，《政法论坛》2011 年第 2 期；李贵连《法治是什么：从贵族法治到民主法治》，广西师范大学出版社，2013，第 32 页以下。

志，具有重要的历史意义。①

（二）法治与法制

在关于法治与人治的讨论中，一对已然被涉及但并没有被认真区分的概念是"法治"（"依法治国"）与"法制"（"以法治国"）。在这段时期乃至后来的很长一段时期，这两个概念都是被混同使用的。② 最早对两者在概念上进行区分的当是李步云先生。他认为两者的主要区别在于：法制即法律制度，属于制度的范畴。有法律制度并不一定实行法治，因为人治的国家依然可以有自己的法律制度。相反，法治是一种治国的理论、原则和方法，与人治相对。③ 随后，沈宗灵进一步提炼出了后来成为通说的法制的三重含义，即法律制度（静态意义上的法制），立法、执法、司法、守法、监督等各个环节构成的系统（动态意义上的法制），以及"依法办事"的原则（法制十六字方针）。④

法制与法治之辨蔓延至 20 世纪 90 年代初，中间也充斥着争议和分歧。区分论者将法治的理解直接追溯至亚里士多德（Aristotle）的经典定义——"已成立的法律获得普遍的服从，而大家所服从的法律又应该是良好的法律"，⑤ 将其对应于英文单词 rule of law，以与法制即 legal system 相对。他们进一步将两者的区分推展为两方面。其一，法制是与国家政权相伴而生的，有国家就有法制；而法治则是与民主政治相伴而生的，有国家、法制不一定有法治。⑥ 其二，法制是法律制度和运行机制的总称，而法治是依法建立合理的权力结构形式和制约机制，以限制和正确运用公共权力、保

---

① 这一讨论的成果后来被系统地结集为《法治与人治问题讨论集》，群众出版社，1980。
② 这两个概念甚至到 20 世纪 90 年代在一些学者那里也没有被清晰区分，例如刘海年《依法治国：中国社会主义法制建设新的里程碑》，《法学研究》1996 年第 3 期。该文通篇交替使用"社会主义法治"与"社会主义法制"这两个表述。
③ 参见李步云《法治概念的科学性》，《法学研究》1982 年第 1 期。
④ 参见沈宗灵《"法制"、"法治"、"人治"的词义分析》，《法学研究》1989 年第 4 期；沈宗灵主编《法理学》，北京大学出版社，2001，第 148—149 页。还可见舒国滢主编《法理学导论》（第二版），北京大学出版社，2012，第 304—306 页，它将沈宗灵提出的前两层含义归为"法制的含义"，而将依法办事归为"当代中国法制的基本要求"。但也有将依法办事保留为法治之要求的，如张文显主编《法理学》，高等教育出版社、北京大学出版社，1999，第 182—183 页。
⑤ 〔古希腊〕亚里士多德：《政治学》，吴寿彭译，商务印书馆，1983，第 167—168 页。
⑥ 参见孙国华《法制与法治不应混同》，《中国法学》1993 年第 3 期。

障公民权利为核心。① 可见，法制是形式范畴，而法治则具有法的普遍约束力、依法统治、民主的法律化等实质含义。② 但学者大多不否认法制是法治的基础和前提条件。与此不同，共性论者则强调法制与法治的共通之处。纵观其论点，主要包括：其一，在词义上，法治与法制都有裁断、制止、控制的意思；其二，在核心内容上，两者是一致的，即依法办事、依法治理、一断于法；其三，两者的政治基础（阶级属性）相同，都把法作为治国的有效手段，内容也都随着历史的发展而不断发展变化。③ 当然，共性论者也不否认法制与法治的着重点有不同，针对不同情况、不同问题要有所区别。

1996 年中央正式提出"依法治国"后，这种概念争议才大体止息。此后区分论成为主调，厉行社会主义法治成为主流提法。精炼而言，两者间的关系可以被概括为：其一，法制即法律制度，属于制度的范畴，法治是法的统治，属于治国方法的范畴；其二，法制没有指明法律在国家治理中的地位，与人治是相容的，而法治倡导法律至上和对法的普遍服从，与人治是对立的；其三，法制之"法"是中性的，可以是专制的恶法，而法治之"法"应当是良法，与民主相联系。同时，法制构成了法治的必要而不充分前提：只有存在法律制度，才能厉行法治；但只存在法律制度，不足以实现法治。从 20 世纪 70 年代末算起，从法制到法治，从"刀（制）"到"水（治）"，一字之改经历了二十年的时间。

（三）法治的意义与内涵

人治与法治、法制与法治的争辩虽然有利于我们对"法治"的理解，但囿于当时的背景与能力，学者没有足够的精力和底蕴来对"法治"的意义和内涵本身展开系统研究。但在逻辑上，只有明确了法治的含义，才能对它与其他概念进行精确区分。正因为如此，从 20 世纪 80 年代末期到 90 年代前期，学界的一个主要关注点就是回过头来补上这一课。总的来说，学界对法治的主流理解经历了一种从外围到内核、从个别阐释到整体规划

---

① 参见刘金国《略论法制与法治》，《政法论坛》1993 年第 1 期。
② 参见朱景文《关于法制和法治的几个理论问题》，《中外法学》1995 年第 4 期。
③ 参见张浩《简论法制与法治》，《中国法学》1993 年第 3 期；王启富《对"法制与法治"之我见》，《政法论坛》1993 年第 5 期。

的趋势。

当时的学者从法治与改革、经济、政治、文化等多个方面阐述了法治的意义。（1）深化改革必须厉行法治。因为只有法治才能创造和巩固安定团结的社会环境，坚持社会主义的正确方向，逐步建立有计划商品经济的新体制，保证政治体制改革的全面展开。① （2）法治是商品（市场）经济的基本条件。最早对法治与商品经济的关系进行阐述的学者当数张文显教授。一方面，商品经济被认为是法治的经济基础。商品经济孕育的社会契约观念、政治市场观念、思想市场观念、主体意识、权利意识、平等和自由观念等是法治的文化基础。② 另一方面，商品经济也被认为是平等的交换主体通过市场来进行的，要通过契约关系来实现，它具有竞争的内在属性，也需要一定的管理活动，这些都要通过法律来确保规则与秩序。③ 邓小平南方谈话之后，市场经济得以正名。文正邦教授旗帜鲜明地提出，现代市场经济就是法治经济。法治既可以保障自由竞争和效率，又利于保障和协调社会分配，平衡利益冲突，达到所需的社会公平。④ （3）法治则是民主政治的必要条件。民主政治是法治的灵魂和核心，法治则是民主政治的外在表现形式。⑤ 因为民主政治是一种分权政治、平等政治、程序政治和公开性政治，民主建设的任务只能通过法律的制定修改和不断完善法律的实施、厉行法治而完成。⑥ 它的中心环节是加强和完善人民代表大会制度，⑦ 理顺党的政策和法律之间的关系，通过法治的方式对国家事务进行政治领导。⑧ 同时，法治也是政局稳定的前提，国家的长治久安必须依靠健全的法律和制度以及对其的普遍遵守。⑨ （4）法治需要精神文化的引导。

---

① 参见黎国智、王祖志《深化改革与厉行法治》，《法学评论》1988 年第 1 期。

② 参见张文显《中国步入法治社会的必由之路》，《中国社会科学》1989 年第 2 期。

③ 参见兆丰《从人治走向法治——商品经济、民主政治与法治社会》，《法律科学》1989 年第 4 期。

④ 参见文正邦《论现代市场经济是法治经济》，《法学研究》1994 年第 1 期。

⑤ 罗建平：《走向法治》，《中外法学》1989 年第 5 期。不同的观点参见徐祥民、马建红《法治：把法律的本质要求普遍化》，《中外法学》1999 年第 4 期。在两位作者看来，民主说明国家权力的来源和归属，法治说明的是国家的治理方法，民主非法治或法治非民主的国家都存在。

⑥ 参见孙国华《民主建设必须纳入法治轨道》，《中国法学》1990 年第 5 期。

⑦ 参见罗耀培《社会主义民主政治建设初探》，《法学研究》1988 年第 3 期。

⑧ 参见丁邦开《党政分开的法学思考》，《法学研究》1988 年第 3 期。

⑨ 参见陈春龙《法治与国家稳定》，《法学研究》1992 年第 1 期。

社会主义精神文明，即对民主、自由、平等、理性、文明、秩序与合法性的精神认识，既是厉行法治的必要前提，① 也是法治的思想文化基础。②

在法治的内涵方面，开风气之先的当数王人博和程燎原教授于1989年出版的《法治论》一书，它从实体价值和形式价值两个方面探讨了法治的含义。③ 这种二分法为后来的学者所依循。尤其是此时"冷战"已然结束，"人权"不再成为禁区，"保障权利"首次被明确纳入法治的实质内涵之中。归纳而言，法治的形式内涵包括：（1）宪法和法律在社会生活的一切重要领域中至高无上；（2）有法必依、违法必究、执法必严、有效监督；（3）制约公共权力，将国家机关的活动纳入法制轨道；④（4）有普遍的（一般的）法律，法律为公众知晓，法律可预期，法律明确，法律无内在矛盾，法律统一性，法律完备，法律可循，法律稳定，司法具有威权（司法中立）等；⑤（5）有完备的法律程序，法律程序是制度化的基石，复杂的价值问题可以借助程序加以化解，实体规范也可以通过公正的程序来形成，甚至程序被认为决定了法治与恣意的人治之间的基本区别。⑥

法治的实质内涵被定位于国家权力与公民权利之间的关系，即一种"在法律规束住了国家权力和政府后而使权利在人和人之间得到合理配置的社会状态"⑦。具体内容包括：（1）保障和实现公民个人权利，实现人类尊严与自由。权利文化被视为法治的基础，自由被认为是法治的核心价值。⑧（2）控权制度的存在和权力制衡原则的遵守，国家责任的无可逃避和权力与责任相统一制度的建立。因此，法治之法须为良法，而良法的要

---

① 参见张文显《厉行法治需以法治精神的启蒙教育为先导》，《法学》1989年第4期。

② 参见朱景文《关于法制和法治的几个理论问题》，《中外法学》1995年第4期。

③ 参见王人博、程燎原《法治论》，山东人民出版社，1989。最新版参见广西师范大学出版社，2014，第113页以下。

④ 参见杨海坤《中国社会主义法治的理论与实践》，《法学研究》1991年第1期。

⑤ 参见夏勇《法治是什么——渊源、规诫与价值》，《中国社会科学》1999年第4期；李新成《法治的法律条件及其实施要求》，《中外法学》1995年第6期；钱鸿猷《西方法治精神和中国法治之路》，《中外法学》1995年第6期。

⑥ 开风气之先的是这篇被广泛引用的论文：季卫东《法律程序的意义——对中国法制建设的另一种思考》，《中国社会科学》1993年第1期。

⑦ 参见徐显明《论"法治"构成要件——兼及法治的某些原则及观念》，《法学研究》1996年第3期。

⑧ 参见孙莉《法治与自由论析》，《法学》1997年第8期。

义即在于限制公权力而保障私权利，前者又以后者为鹄的。法治除了良法之外，尚需法治观念、法治组织、法治行为、法治监督等配套的制度性要素。① 总之，法治被认为是这些实质价值与形式要求的统一。②

（四）小结

20 世纪 70 年代末之后的近二十年，可以说是中国法学涅槃重生、翻天覆地的一个时期。法治理论上的百家争鸣和欣欣向荣是整个法学复苏的标志，也引领了整个学界的潮流和方向。它以人治与法治问题的大讨论为开端，以法制与法治的辩驳为赓续，并以对法治之意义和内涵的澄清为顶峰。这一阶段最终的主流理论可以概括为这样几个命题或主张：（1）法治与人治是两种根本不同的治国方法，根本性的区别在于执政者个人意志与法律之间地位的高下。（2）法制仅指（静态/动态意义上的）法律制度，可以与人治相容；法治是依法治国或法的统治，既强调法律至上和普遍服从，又要求良法之治。（3）法治对于深化改革、商品（市场）经济、民主政治具有重要意义，也需要特定精神文化的引导。（4）法治是形式内涵与实质内涵的统一，尤以保护权利和限制权力为要义。

二　法治国家：历史、理念与道路

1996 年中央正式将"依法治国"确定为基本方略之后，中国法治理论无论在论题的广度还是论述的深度上都有了新的发展。如果说前一阶段的关键词仍是"法治"本身的话，那么这一阶段的核心词语则是"法治国家"。③ 这一阶段学界的代表性著作是王家福等六位教授于 1996 年发表的《论依法治国》一文。文章全面论述了依法治国的意义和主要标志，认为依法治国是社会主义市场经济的客观要求，是民主政治的根本保证，是国

---

① 参见徐显明、谢晖《法治之法与法治之制》，《法学》1998 年第 10 期。
② 沈宗灵曾最全面地阐释了现代国家法治的十项实体价值及形式原则，参见沈宗灵《依法治国，建设社会主义法治国家》，《中国法学》1999 年第 1 期。
③ 学界最早的阐述可以追溯到 20 世纪 80 年代末王家福、刘海年、李步云合写的《论法制改革》（《法学研究》1989 年第 6 期）一文。

家稳定、长治久安的关键所在。① 此后，学界关于依法治国和法治国家的讨论大体上围绕三条主线来进行，即法治的历史、法治的理念和法治的道路。

（一） 法治的历史

在依法治国的背景下，对法治（国家）的历史进行铺叙的目的并不仅在于作一种纯粹的学术/制度史的考察，而更多在于通过澄清历史趋势来确认和强化依法治国的正当性，或/并从中提炼出对当下法治国家建设可资借鉴之处。这种有着强烈目的导向的历史叙事既包括对中国法治历史短时间段的考察，也包括对长时间段的审视，还有对西方法治发展的对比式反省。

依据时间起点，对中国法治历史短时段的考察可分为两种。一种是对改革开放后法治历程的回顾与展望。学者们或是对十一届三中全会之后依法治国方略的由来与发展②、社会主义法制建设的巨大进展进行了总体或全面的梳理，③ 或是着重考察了法治与市场经济④、法治与人权⑤等的历史关系，或是阐述了依法治国与科学发展观、政治文明、司法体制改革的关系，⑥ 或是从改革开放以来公共领域兴起的角度、⑦ 大众化的角度⑧论述了其对于法治国家的意义。但共同的论调都是站在国家战略的高度上，肯定

---

① 参见王家福、李步云、刘海年、刘瀚、梁慧星、肖贤富《论依法治国》，《法学研究》1996 年第 2 期。王家福教授还力证了依法治国对实现社会主义初级阶段基本纲领的保障作用（参见王家福《依法治国，建设社会主义法治国家》，《求是》1997 年第 24 期）。

② 参见李步云《依法治国历史进程的回顾与展望》，《法学论坛》2008 年第 4 期。

③ 参见袁曙宏、杨伟东《我国法治建设三十年回顾与前瞻——关于中国法治历程、作用和发展趋势的思考》，《中国法学》2009 年第 1 期；何勤华《改革开放 30 年与中国的法治建设》，《法学》2008 年第 11 期。

④ 参见刘海年《依法治国：中国社会主义法制建设新的里程碑》，《法学研究》1996 年第 3 期。

⑤ 参见陈佑武、李步云《改革开放以来法治与人权关系的历史发展》，《现代法学》2015 年第 2 期。

⑥ 参见李步云《依法治国的理论发展与实践推进》，刘海年《依法治国：历史经验的总结》，石泰峰《依法治国与科学发展观》，李林《推进依法治国，建设社会主义政治文明》，胡云腾《依法治国与司法体制改革》，王家福《进一步推进依法治国基本方略实施》，均载于《法学研究》2007 年第 4 期。

⑦ 参见马长山《公共领域兴起中的法治诉求》，《政法论坛》2005 年第 5 期。

⑧ 参见舒国滢《大众化与法治化：一个文化—哲学的解释》，《政法论坛》1998 年第 3 期。

这一救济政治合法性和回归政治常态的努力。① 当然，也有不少学者点明了前三十年法治建设中存在的问题，并对未来的法治改革和方略进行了展望并提出了建议。另一种是对新中国法治历程的审视。学者们纷纷回顾了新中国成立以来法律地位的变迁以及新中国法治建设曲折历程，② 并在要求通过依法治国跳出历史周期率③这一大方向下提出了不同的意见：有人认为中国首先需要实现法律精神的现代化，④ 有人认为法治要以市民社会与政治国家的分离和民主制的确立为基础。⑤ 亦有学者着重分析了新中国历史中政治运动屡次取代法制建设的原因，并在此基础上就未来中国法治进行设想。⑥

对中国法治历史长时段的考察也包括两种。这种考察当然不完全是历史编年史式的剖陈，而更多带有价值观重塑的色彩。一种是立足于中国历史的全局，要么侧重于对中华传统法文化中的法治观念及其连续性的梳理，⑦ 要么根据"大变局"的历史观来对中国历史上法治思想的突破进行阶段划分。⑧ 另一种是对近代中国法治历程的描摹。学者们大多采取了三类重塑方式。第一类方式是在现代化的背景中回顾和考察 20 世纪中国法治国家的历程，提炼出数组关系性范畴或悖论，论证依法治国是历史发展的必然，但也揭示出现代化背景下中国法治的复杂性与特殊性。⑨ 第二类方式侧重于对本体资源和文化层面的考察，或是基于文化与文明的差异，指明以国家法为代表的文明与以民间法为代表的文化的区别，以及后者在法

① 参见许章润《中国的法治主义：背景分析》（上、下），《法学》2009 年第 4、5 期。
② 参见李步云《中国法治历史进程的回顾与展望》，《法学》2007 年第 9 期。
③ 参见安群、李浩《五十年法治建设的教训与经验》，《法学评论》2000 年第 1 期。
④ 参见蔡定剑《法制的进化与中国法制的变革——走向法治之路》，《中国法学》1996 年第 5 期。
⑤ 参见谢鹏程《论当代中国的法律权威——对新中国法治进程的反思和探索》，《中国法学》1995 年第 6 期。
⑥ 参见李志明《从"运动"到"法治"——中国法治转型的前历史考察》，《法律评论》2012 年第 5 期。
⑦ 参见李青《简论中华传统法文化中的"法治"观念》，《法学家》2004 年第 1 期；贺海仁《先秦法家共同体的敌人：以法治国的规范理论》，《政法论坛》2007 年第 6 期。
⑧ 参见程燎原《中国法治思想的"突破"》，《法商研究》2011 年第 3 期。
⑨ 前者参见张晋藩《依法治国是历史发展的必然——二十世纪中国法治回眸》，《中国法学》1998 年第 4 期；李贵连《民主法治：法制现代化的诉求》，《政法论坛》2012 年第 3 期。后者参见苏力《二十世纪中国的现代化和法治》，《法学研究》1998 年第 1 期。

制现代化进程中的意义，① 或是认为法治的现实比法治的理想更为重要，发掘传统的精华比批判传统更重要，② 或是发掘百年中国法治新文化运动中文化元素的混合性特征。③ 第三类方式，也是最主流的一类，则是站在革命与变法的角度，试图通过对近代中国法治进程的批评性审视来得出某些教益。乐观论者认为辛亥革命以降中华民族走向法治就是在走向现代政治和生活世界，④ 是要向民主立宪政体去努力。⑤ 中国法治要经历一个"党治—国治—法治"的过程，⑥ 它应立足中国关注世界，既以传统为基础也以现代为目标。⑦ 悲观论者则指出近代中国有变法而无法治，有变道而无治道。⑧ 近代中国法制变革的使命不在于"以法治国"，而在"以法强国"，法治的建成依赖于强大的国家能力。⑨

对西方法治历史的（对比式）考察，要么旨在强调西方法治的特性，要么在于突出中国法治的殊异。前者是对西方法治观念根源的发掘：学者们描绘了中世纪后期开始近代西方进入法治社会的历程，⑩ 他们或是考察了中世纪神学自然法思想、罗马法复兴、人文精神和社会契约理论对法治思想的影响，⑪ 或是将市民社会与国家的分离视为法治得以生成和运行的必要土壤。⑫

① 参见尹伊君《文明进程中的法治与现代化》，《法学研究》1999 年第 6 期。
② 参见马小红《法治的历史考察与思考》，《法学研究》1999 年第 2 期。
③ 参见徐爱国《寻找"新文化运动"在百年法治中的印记》，《清华法学》2016 年第 2 期。
④ 参见赵明《中国走向法治百年》，《法学研究》2011 年第 5 期。
⑤ 参见程燎原《中国法治政体的始创——辛亥政治革命的法治论剖析与省思》，《法学研究》2011 年第 5 期。
⑥ 参见卓泽渊《中国法治的过去与未来》，《法学》1997 年第 8 期。
⑦ 参见卓泽渊《中国现代法治的反思》，《政法论坛》2007 年第 3 期。
⑧ 参见夏勇《飘忽的法治——清末民初中国的变法思想与法治》，《比较法研究》2005 年第 2 期。
⑨ 参见支振锋《变法、法治与国家能力——对中国近代法制变革的再思考》，《环球法律评论》2010 年第 4 期。
⑩ 参见江启疆《论西方向法治社会转型的演进》，《法学家》2006 年第 2 期。
⑪ 参见汪太贤《西方中世纪的神学法治理念》，《现代法学》2001 年第 2 期；汪太贤《人文精神与西方法治传统》，《政法论坛》2001 年第 3 期；汪太贤《论罗马法复兴对近代西方法治理念的奠定》，《现代法学》2000 年第 6 期；徐爽《权力关系中的法治秩序——对西欧中世纪政治结构的分析》，《现代法学》2001 年第 2 期；陈林林《中古基督教法哲学：法治主义的神学分支？》，《比较法研究》2001 年第 1 期；蒋先福《现代法治国家的逻辑构想——社会契约论新论》，《法制与社会发展》1997 年第 5 期。
⑫ 参见马长山《西方法治产生的深层历史根源、当代挑战及其启示——对国家与市民社会关系视角的重新审视》，《法律科学》2001 年第 6 期；马长山《中国法治进路的根本面向与社会根基——对市民社会理论法治观质疑的简要回应》，《法律科学》2003 年第 6 期。

后者则非常重视本国的国情和文化特色：有论者基于法治的不同范式，对受西方资本和文化冲击的中国究竟实行的是何种意义上的法治，能够吸收多少西方制度的成分提出了疑问；① 有论者通过考证，指出现代法治的历史本体建立在西方中心论的基础上，只有批判和超越才能推进多元化的世界法律文明体系的健康发展；② 有论者基于多元文化的知识框架，认为未来的法治话语中也必然会包含非西方知识的内容。③ 当然，亦有学者持评论的态度，认为西方国家的法治发展既呈现鲜明的个性色彩，又包含基本的共性特征，后者对中国法治有某些启示。④

（二）法治的理念

法治的理念指的是法治的理想状态或者法治的价值观，包括法治的原理、原则与基本观念。⑤ 这一时期学界关于法治（国家）理解的讨论大体可归为三个主题，即法治的观念、法治与德治的关系、中国特色的法治理念。

法治观念的讨论重点在于这样几个方面。一是法治观念的现代化。论者们或是论述了依法治国与精神文明间相辅相成的关系，⑥ 或是认为中国法治化的关键之一是法律观念的现代化。主流观点将法治的核心价值定位于法律至上与权利本位⑦（以人为本、⑧ 公民基本权利全面而有效的保障⑨），其关键在于法治之法必须体现公意，⑩ 以及政府守法。⑪ 亦有观点将增强法的自治性作为推进法治国家建设的重要问题。⑫ 二是公民意识与

① 参见徐爱国《政体与法治：一个思想史的检讨》，《法学研究》2006 年第 2 期。
② 参见冯玉军《"法治"的历史阐释及其对现实的启示》，《法学家》2003 年第 4 期。
③ 参见舒国滢、程春明《西方法治的文化社会学解释框架》，《政法论坛》2001 年第 4 期。
④ 袁曙宏、韩春晖：《社会转型时期的法治发展规律研究》，《法学研究》2006 年第 4 期。
⑤ 参见吴德星《法治的理论形态与实现过程》，《法学研究》1996 年第 5 期。
⑥ 参见刘海年《依法治国与精神文明建设》，《法学研究》1997 年第 5 期。
⑦ 参见杨春福、郭立新《法治模式论》，《法商研究》1997 年第 1 期。
⑧ 参见廖奕《理念构造与方略实践：作为政治文明高级形态的社会主义法治论纲》，《政治与法律》2008 年第 8 期。
⑨ 参见蒋德海《法治现代化和人的全面而自由的发展》，《政治与法律》2003 年第 4 期。
⑩ 参见严存生《"法治"之法的协商性与公意性》，《法商研究》2000 年第 3 期。
⑪ 参见夏锦文、蔡道通《论中国法治化的观念基础》，《中国法学》1997 年第 5 期；刘佳《中国法治化的现实基础》，《中外法学》1999 年第 1 期。
⑫ 参见冉井富《法治与法的自治性》，《法学研究》2012 年第 6 期。

市民社会的孕育。重塑公民意识被认为是推进法治进程的内在举措，它在本质上是与民主政治和市场经济相适应的主体自由追求和理性自律精神，包括合理性意识、合法性意识和积极的守法精神。① 其目的在于重构国家与市民社会的关系，② 确立社会优位或社会本位的理念，③ 形成两者的良性互动，④ 通过调整社会结构和社会关系走向共同体法治。⑤ 三是法治对政治的规训与保障。一方面，法治的推进始终离不开政治制度；⑥ 另一方面，法治是政治文明的基本方式。⑦ 理性的法治国家建设首先应从政治体制改革入手，使法律与政治、司法权与行政权等关系制度理性化，⑧ 主要目标在于树立法律优先于国家的观念，⑨ 公权力未经授予、没有合法来源不得行使。⑩ 同时，现代民主与法治论争不断但存在契合，⑪ 社会主义法治要通过对民主的确认、引导和规制实现对社会主义民主（共产党领导的民主政治的共和体制）的保障，⑫ 实现民主的法治和法治的民主的完美结合。⑬ 四是法治对民生的关注。法治应具有社会整合和实现福利增量的功能。⑭ 法

---

① 参见马长山《公民意识：中国法治进程的内驱力》，《法学研究》1996 年第 6 期；魏健馨《论公民、公民意识与法治国家》，《政治与法律》2004 年第 1 期。

② 参见马长山《市民社会与政治国家：法治的基础和界限》，《法学研究》2001 年第 3 期；刘俊武《市民社会的法理学透视——中国法治之路的另一种思考》，《中外法学》1995 年第 6 期。

③ 参见周永坤《社会优位理念与法治国家》，《法学研究》1997 年第 1 期；丁以升《论法治国家的理念基础》，《现代法学》2002 年第 1 期。

④ 参见郭道晖《法治国家与法治社会》，《政治与法律》1995 年第 1 期。

⑤ 参见高鸿钧《现代法治的困境及其出路》，《法学研究》2003 年第 2 期。

⑥ 参见李龙、陈阳《论法治的政治性》，《法学评论》2010 年第 6 期。

⑦ 参见汪习根《法治与政治文明关系三论》，《政治与法律》2004 年第 2 期；何士青《论政治文明与法治建设》，《政治与法律》2003 年第 3 期。

⑧ 参见孙笑侠《法治、合理性及其代价》，《法制与社会发展》1997 年第 1 期；孙笑侠《法治国家及其政治构造》，《法学研究》1998 年第 1 期。

⑨ 参见卓泽渊《论法治国家》，《现代法学》2002 年第 5 期。

⑩ 参见刘作翔《法治社会中的权力和权利定位》，《法学研究》1996 年第 4 期。

⑪ 参见秦前红、叶海波《论民主与法治的分离与契合》，《法制与社会发展》2005 年第 1 期。

⑫ 参见李林《当代中国语境下的民主与法治》，《法学研究》2007 年第 5 期；李林《法治的理念、制度和运作》，《法律科学》1996 年第 4 期。

⑬ 参见俞荣根、刘发成《试论"社会主义法治国家"的实现方式——从"工具型"到"体制型"》，《法学》1999 年第 1 期。

⑭ 参见叶传星《法治的社会功能》，《法律科学》2003 年第 5 期。

治国家应是社会保障国家，① 它必须回应转型期中国的民生难题，② 为此法治的重心应从创造法律资源转向公平、合理地配置法律资源，③ 形成关怀生活的法治文化。④

在中央提出依法治国与以德治国相结合的方略背景下，学者大多认为要结合这两种治国方式的优长，并进一步探讨两者的关系。概括而言，其一，法与德并行不悖，两者作为硬和软两种手段既相互独立又相辅相成，共同发挥着社会治理的作用。⑤ 其二，法治与德治本身存在耦合之处，⑥ 道德因素在法律运行的各个环节中有极大影响，⑦ 尤其是在教育作用方面。⑧ 其三，中国法治需要道德根基，⑨ 需要从对历史与现实的深刻反思中找到二者相互关系契合的合理性，⑩ 尤其是要注重传统道德对当下法治建设的意义。⑪ 甚至有观点认为，法治本身就是一种根本性的道德即制度的道德，⑫

① 参见王显勇《社会保障国家：法治国家的新蓝图》，《现代法学》2011 年第 1 期。
② 参见付子堂、常安《民生法治论》，《中国法学》2009 年第 6 期。
③ 参见顾培东《中国法治进程中的法律资源分享问题》，《中国法学》2008 年第 3 期。
④ 参见李龙、罗丽华《法治的生活之维——走向"生活世界"的中国法治导论》，《法制与社会发展》2009 年第 1 期。在同一进路上，也有学者归纳了法治人生态度的基本特色，参见姚建宗、于莹《法治的人生态度》，《现代法学》2000 年第 1 期。
⑤ 参见单玉华《法治与德治辨析》，《法学家》1998 年第 6 期。
⑥ 参见杨春福《论法治秩序》，《法学评论》2011 年第 6 期。
⑦ 参见马长山《法治社会中法与道德关系及其实践把握》，《法学研究》1999 年第 1 期；喻安伦《浅论法治运行中的道德因素》，《法商研究》2001 年第 4 期。
⑧ 参见秦国荣《法治社会中法律的局限性及其矫正》，《法学》2005 年第 3 期。
⑨ 参见杨解君《从道德视野谈中国法治之路——中国法治的体认》，《法律科学》1995 年第 6 期。
⑩ 参见温晓莉《实践哲学视野中的"法治"与"德治"》，《法学》2003 年第 3 期。
⑪ 这方面的论述甚多，例如：胡旭晟《我们为什么需要法治》，《法学》2001 年第 12 期；范忠信《中西伦理合璧与法治模式的中国特色》，《法商研究》1999 年第 2 期；蒋先福《法治的文化伦理基础及其构建》，《法律科学》1997 年第 6 期；赵震江、付子堂《论法律功能与依法治国——法治秩序中的法律功能状况及其实现障碍》，《法学》1997 年第 2 期；郭忠《论中国传统性善论和法治的兼容性——兼驳"人性恶是法治基础"的观点》，《比较法研究》2016 年第 2 期；马小红、于敏《中国传统德治与法治的思考》，《法学》2002 年第 9 期；汪进元《法治的价值选择与价值的法制建构》，《法商研究》2001 年第 1 期；陈寿灿、何历宇《与社会和解：中国法治模式的伦理文化之维》，《政法论坛》2011 年第 3 期；薛军《良法何在？——论法治的价值基础》，《比较法研究》2001 年第 4 期。
⑫ 参见孙莉《德治与法治正当性分析——兼及中国与东亚法文化传统之检省》，《中国社会科学》2002 年第 6 期；孙莉《德治及其传统之于中国法治进境》，《中国法学》2009 年第 1 期。

法治之法是一种人化的道德。① 另外，也有学者提醒我们法律与道德的界限，注意某些道德观念对现代法治的危害。如中国传统的性善论可能会导致现代公法、民法和程序法无以健全，② 在执法、司法中不能用道德评价取代法律评价。③ 更有论者否认"法治和德治统一"在当代中国的可行性和实用性。④

对中国特色的法治观念的阐释是中国法治论者的重要关切。这方面的阐释大体包括两个层面，一是党的领导与法治的相容性。一方面，中国共产党是中国依法治国的领导力量，党的领导是建设法治国家的基调，这一点一贯为学界所公认。党的领导与依法办事的统一被认为是中国法治的内核之一。⑤ 另一方面，党在宪法和法律范围内活动也是依法治国的必然要求。在历史上，党依靠政策治国对法治有消极影响，⑥ 党不应把法律只当成实现自己政策、主张的工具，⑦ 而是要遵循法治的规律来行使领导权，⑧ 依照依法治国的目标与任务不断塑造和完善党的执政方式。⑨ 二是社会主义法治理念的构造。2002 年之后，社会主义法治理念成为中国建设社会主义法治国家的基本指导思想。学者大多肯认树立和统一社会主义法治理念的必要性，⑩ 并从理论上阐述了依法治国、执法为民、公平正义、服务大局和党的领导五个环节的内涵，⑪ 认为它们是经验－事实与理论－观念的

---

① 参见谢晖《法治的法律：人化的道德》，《法律科学》1997 年第 5 期。

② 参见郝铁川《"性善论"对中国法治的若干消极影响》，《法学评论》2001 年第 2 期。

③ 参见刘作翔《法律与道德：中国法治进程中的难解之题——对法律与道德关系的再追问和再思考》，《法制与社会发展》1998 年第 1 期。

④ 参见汪太贤《中国法治模式的选择——兼评一种法治观》，《政治与法律》1998 年第 1 期。

⑤ 参见张春生、阿喜《准确把握"法治"的含义》，《中国法学》1998 年第 5 期。

⑥ 参见蔡定剑、刘丹《从政策社会到法治社会——兼论政策对法制建设的消极影响》，《中外法学》1999 年第 2 期。

⑦ 参见郭道晖《论党在法治国家建设过程中的地位与作用》，《中外法学》1998 年第 5 期。

⑧ 参见郑成良《党的领导权与法治原则相互兼容的可能性及其制度条件》，《法制与社会发展》2015 年第 5 期。

⑨ 参见封丽霞《法治与转变党的执政方式——理解中国特色社会主义法治的一条主线》，《法制与社会发展》2015 年第 5 期。

⑩ 参见谢鹏程《论社会主义法治理念》，《中国社会科学》2007 年第 1 期。

⑪ 当然，对这五个环节之重要性的认识不同学者有所不同。有学者将公平正义作为核心价值（张恒山：《略谈社会主义法治理念》，《法学家》2006 年第 5 期；徐显明：《公平正义：当代中国社会主义法治的价值追求》，《法学家》2006 年第 5 期），有学者则将服务大局作为社会主义法治的重要使命（朱景文：《服务大局与"法学家的幻想"》，《法学家》2006 年第 5 期）。

契合。① 亦有论者论述了这些理念在司法改革②或法学教育③中的贯彻问题。此外，中国特色社会主义法治的本质特征和基本标志进一步被概括为五个统一，其中最重要的是坚持党的领导、依法治国与人民当家作主的有机统一。④ 它甚至被认为构成了今日中国的第一政法原理和基础规范。⑤

　　当然，在主流法治价值得以弘扬的同时，亦不乏警醒与反思的声音存在。有论者提醒法治选择的非唯一性和次理想性，⑥ 以及法治的语境意义及其背后的利益价值的代码。⑦ 有论者将倡导宏大价值就能实现法治的观点批评为"法治浪漫主义"，⑧ 提出了"具体法治"的概念。⑨ 有论者则通过剖析现代法律具体运行过程中理想与现实间的悖论，揭示法治的内在张力，⑩ 主张相比于法治理论，更要注重法民关系。⑪

（三）法治的道路

　　中国的法治论者始终拥有一种强烈的现实关怀。无论是对法治历史的描摹，还是对法治理念的选择，实际上都直接或间接地指向一个问题，那就是中国的法治建设究竟应该走什么样的道路。这一时期法治道路之争的焦点是"政府推进型"与"社会演进型"、"国际化（西化）道路"与

---

① 参见喻中《"行为—过程"范式下的社会主义法治理念》，《法商研究》2012 年第 4 期。

② 参见张志铭《社会主义法治理念与司法改革》，《法学家》2006 年第 5 期。

③ 参见刘金国《社会主义法治理念略论》，《法学家》2006 年第 5 期。

④ 参见张文显《论中国特色社会主义法治道路》，《中国法学》2009 年第 6 期。

⑤ 这一表述参见王旭《"法治中国"命题的理论逻辑及其展开》，《中国法学》2016 年第 1 期。

⑥ 参见於兴中《法治是人类最理想的选择吗——强势文化、二元认识论与法治》，《法学》2001 年第 1 期。

⑦ 参见刘星《现代性观念与现代法治——一个诊断分析》，《法制与社会发展》2002 年第 3 期。

⑧ 参见陈金钊《走出法治万能的误区——中国浪漫主义法治观的评述》，《法学》1995 年第 10 期。

⑨ 参见贺卫方《走向具体法治》，《现代法学》2002 年第 1 期。卓泽渊针锋相对地为"整体法治"辩护，参见卓泽渊《论法治的整体性》，《现代法学》2003 年第 2 期。

⑩ 参见尤陈俊《法治的困惑：从两个社会文本开始的解读》，《法学》2002 年第 5 期；苏力《崇山峻岭中的中国法治——从电影〈马背上的法庭〉透视》，《清华法学》2008 年第 3 期；李晟《法治的边陲》，《清华法学》2008 年第 3 期。对法治悖论更宏观的概括参见杨解君《法治的悖论》，《法学》1999 年第 6 期。

⑪ 参见凌斌《当代中国法治实践中的"法民关系"》，《中国社会科学》2013 年第 1 期；凌斌《从法民关系思考中国法治》，《法学研究》2012 年第 6 期。

"本土化道路"、"追仿型法治进路"与"自主型法治进路"之间的交锋。① 不严格依照逻辑层次，此间具有代表性的主张可以被归纳为如下八种。

政府推进型法治道路。这类观点主张从现实性和必要性看，中国法治发展的动力机制来自政府的推动和主导。有论者基于实证研究认为，政府推进型法治道路是不得不走、必须长期坚持的道路，② 并基于此规划出了法治发展的阶段和战略步骤。③ 走政府推进型法治道路的理由往往被归于中国法治建设的历史语境，即一种后发型法制现代化的境况。④

社会演进型法治道路。这一阵营的拥护者认为法治所需的是具体的和地方性的知识，所以外国的经验无法替代中国的经验。因此，中国的法治应是自然演进的"扩展秩序"，⑤ 中国的法治之路必须注重利用中国的"本土资源"。它包括中国法律文化的传统，当代人的社会实践中已经形成或正在萌芽发展的各种非正式的制度，⑥ 尤其是市场经济条件下社会主体的经济交往活动和社会组织的自治行动。⑦ 亦有论者认为更应重视供给社会成员间相互信任的"社会资源"。⑧ 这一脉络整体上显现出一种"法治保守主义思潮"。⑨

国际化法治道路。这一道路的明确支持者并不多见，他们大多是根据法治的普遍性和必然性设计中国的法治道路。他们有的主张以西方的法治模式为参照，实现中国传统法文化的再生。⑩ 有的认为应将形式理性作为

---

① 需注意的是，这三组范畴之间尽管在经验上存在，但在逻辑上并不必然存在对应关系。

② 参见蒋立山《中国法治道路初探（上）》，《中外法学》1998 年第 3 期；《中国法治道路初探（下）》，《中外法学》1998 年第 4 期。

③ 参见蒋立山《中国的转型秩序与法治发展战略》，《法学研究》2007 年第 4 期；蒋立山《中国法治"两步走战略"：一个与大国成长进程相结合的远景构想》，《法治与社会发展》2015 年第 6 期。

④ 参见梁迎修《理解法治的中国之道》，《法学研究》2012 年第 6 期。

⑤ 参见张永和《"扩展秩序"下的中国法治进程》，《现代法学》2002 年第 1 期。

⑥ 参见苏力《法治及其本土资源》，中国政法大学出版社，1996，第 6、14 页。

⑦ 参见庞正《法治秩序的社会之维》，《法律科学》2016 年第 1 期。但亦有学者对非正式规则之于法治的阻碍作用作了分析，参见叶竹盛《非正式规则与法治："中国难题"的挑战》，《法律科学》2013 年第 3 期。

⑧ 参见桑本谦《法治及其社会资源——兼评苏力"本土资源"说》，《现代法学》2006 年第 1 期。

⑨ 参见谢晖《法治保守主义思潮评析——与苏力先生对话》，《法学研究》1997 年第 6 期。

⑩ 参见田成友、肖丽萍《法治模式与中国法治之路》，《法学》1998 年第 9 期。

中国法制改革与发展的基本价值取向。① 有的虽未明言，但所提倡的公民权利主导型法治模式从内容看明显模仿自西方的法治模式。②

本土化法治道路。这种主张侧重于强调对西方法律的内在转化，以避免橘生淮南的困窘，而非像社会演进型法治道路般聚焦于本土资源。其认为中国法治建设要学习和借鉴西方法律，但同时要实现"本土法律创新"。③ 中国法治践行的独特使命恰恰在于必须松动传统资源并逐渐更新。④

自主型法治道路。自主型法治道路更加突出了社会演进型和本土化法治道路的主体意识，在内容上则一般将两者结合。它在价值上倡导多元法治体系和"选择的共和国"；⑤ 在手段上主张政府主导与社会推动并举，中央与地方上下结合，本土资源与外邦经验兼收并蓄；⑥ 在出发点上则要求立足于中国的社会性质和具体国情，以解决中国实际问题为基本目标。⑦总之，要在中国特殊语境中勾画自主性法治意境，⑧ 以秩序为价值目标实现综合治理。⑨

渐进式法治道路。这一流派强调法治的阶段性和有限性，突出中国目前社会转型时期的特点及其对法治的制约，主张依法治国只能采用渐进的方式。⑩ 法治是非模式化、流动和地方性的，只能确立互动平衡精神和务实策略。⑪

社会化法治道路。它主张依靠社会组织的力量来推进中国法治建

---

① 参见吴增基《论现代法治的形式理性价值取向》，《法学评论》2003 年第 2 期。
② 参见汪进元《法治模式论》，《现代法学》1999 年第 2 期。
③ 参见蒋立山《法律现代化的三个层面——从法律"西化"概念说起》，《法学》2003 年第 2 期。
④ 参见杜宴林《现代化进程中的中国法治——方法论的检讨与重整》，《法制与社会发展》2001 年第 6 期。
⑤ 参见季卫东《法治与选择》，《中外法学》1993 年第 4 期。
⑥ 参见郭道晖《建立法治国家必须推进政制与法制改革》，《法商研究》1999 年第 2 期。
⑦ 参见顾培东《中国法治的自主型进路》，《法学研究》2010 年第 1 期。
⑧ 参见江国华《法治的场境、处境和意境》，《法学研究》2012 年第 6 期。
⑨ 参见喻中《论"治—综治"取向的中国法治模式》，《法商研究》2011 年第 3 期。
⑩ 参见郝铁川《中国依法治国的渐进性》，《法学研究》2003 年第 6 期；郝铁川《论中国社会转型时期的依法治国》，《中国法学》2000 年第 2 期。
⑪ 参见马长山《法治的平衡取向与渐进主义法治道路》，《法学研究》2008 年第 4 期；马长山《现代性重建进程中的法治变革趋向》，《政法论坛》2007 年第 2 期。

设，认为民间社会团体能成为推进良性社会分权、促进社会自律管理、维护转型期社会稳定、加快民主法治进程的重要社会力量，① 为法治秩序提供重要基础和支撑。② 为此要重建公共领域，从国家建构为主导向社会组织共建共享转型，③ 实现"国家统治—社会自治—个人自主"的统一。④

人文化法治道路。这种道路注重法治建设的人文底蕴积淀，有的学者主张以批判性的姿态重构中国法治的人文基础，⑤ 有的学者倡导一种融合中西人文主义之精髓、兼济人的认知理性与道德理性的新人文主义，认为中国法治发展道路需要开拓具有厚重人文底蕴的"道德的民主法治"。⑥

（四）小结

从"依法治国"被确立为治国基本方略之后的十数年间，中国法治理论的研究呈现井喷式"多声部合奏"的状况，主题繁多，主张各异。如果说前一阶段的研究好比单线突进的话，那么这一阶段就是全面铺展的时期。它以对中西法治历史的价值叙事为铺叙，以对法治理念的归纳、提炼为主线，以对中国法治道路的方向之争为归结。尽管如此，但主流观点还是可以被辨明：（1）中国法治的历程与西方法治历史既有共性又有差异；（2）法治国家建设要重视法治观念的塑造，需要德治与法治的结合，需要坚持党的领导和树立社会主义法治理念；（3）中国法治建设需要借鉴西方法治模式的某些要素，但总体而言要走自主型和本土化的道路，这一过程是长期和渐进性的，需要孕育相应的社会基础和人文底蕴。

---

① 参见马长山《全球社团革命与当代法治秩序变革》，《法学研究》2003 年第 4 期。

② 参见马长山《NGO 的民间治理与转型期的法治秩序》，《法学研究》2005 年第 4 期。

③ 参见马长山《当下中国的公共领域重建与治理法治化变革》，《法制与社会发展》2015 年第 3 期；马长山《法治中国建设的"共建共享"路径与策略》，《中国法学》2016 年第 6 期；马长山《从国家构建到共建共享的法治转向——基于社会组织与法治建设之间关系的考察》，《法学研究》2017 年第 3 期；马长山《国家"构建主义"法治的误区与出路》，《法学评论》2016 年第 4 期。

④ 参见于浩《共和法治建构中的国家主义立场》，《法制与社会发展》2014 年第 6 期。

⑤ 参见汪太贤《论中国法治的人文基础重构》，《中国法学》2001 年第 4 期。

⑥ 参见胡水君《中国法治的人文道路》，《法学研究》2012 年第 3 期。

三　法治中国：认知、治理与评估

2013—2014 年，中国法治建设开始"迈向共和国法治的新时代"。①
党的十八届三中全会正式提出"法治中国"这一政治理想，随之四中全会
更是在中共历史上第一次将"依法治国"作为主题。"精心谋划全面推进
依法治国的顶层设计方案，坚定不移推进法治领域改革"成为新时代的特
征。② 学界对这一新趋向进行体系性把握的代表性作品是张文显教授的
《法治与国家治理现代化》和李林教授的《依法治国与推进国家治理现代
化》。前者将法治化界定为国家治理现代化的必由之路，将治理体系法制
化和治理能力法治化作为国家治理法治化的两个基本面向；③ 后者阐明了
依法治国与国家治理相辅相成的原理，指出推进国家治理法治化要强化法
治权威和良法善治，在加快建设法治中国进程中推进国家治理现代化。④
迄今为止，新时代的中国法治理论研究呈现三大趋势：一是对法治的认知
反思不断深入；二是将法治与国家治理紧密联系；三是法治研究的经验 -
技术进路（量化评估）方兴未艾。

（一）法治的认知反思

理论的自我观察与反思是其开始走向成熟的标志，中国法治理论经过
三十余年的发展亦到了认知反思的阶段。这种反思是多方面、多层次的，
它既涉及对法治话语、思维和体系的考察，也涉及对法治中国的阐释，还
涉及对法治概念与法治观的再思考。

法治在中国是一种话语、思维和体系的实践。首先，中国法治显现出
话语先行的特色，对这种话语的历史考察就成了反思的起点。有论者将改
革开放以来中国学者对法治的认识过程分为正名法治、定义法治和量化法

① 李步云：《迈向共和国法治的新时代》《法学研究》2013 年第 2 期。
② 公丕祥：《中国特色社会主义法治道路的时代进程》，《中国法学》2015 年第 5 期。
③ 参见张文显《法治与国家治理现代化》，《中国法学》2014 年第 4 期。
④ 参见李林《依法治国与推进国家治理现代化》，《法学研究》2014 年第 5 期。对于全面依
　　法治国时代意义的阐述，参见李林《全面推进依法治国的时代意义》，《法学研究》2014
　　年第 6 期。

治三个主题环节，认为当下中国正处于第二个环节向第三个环节的过渡。① 有论者指出当代中国法治进程中最大的问题之一在于法治共识的缺乏，主张通过法治的再启蒙来强化全社会对法治基本知识的了解与认同，② 为此既要批判西方自由主义法治话语体系，也要创建本土的法治话语体系。③ 将法治话语置于改革语境中思考也成为流行的方式。论者们主张必须用法治引领和规范改革，④ 提倡和推进多元协调式改革思路，⑤ 在改革中统一政治理想与法治理想，⑥ 在微观环境中对微观权力进行法治规训。⑦ 或提出用法治引领协商民主，⑧ 依靠社会力量推动法治。⑨ 其次，法治思维和法治方式是对人治思维和人治方式的革命，⑩ 对法治思维与法治方式的剖析构成了法治反思的重要方面。法治优先、改革附随的法治改革观被认为是十八大以来法治思维方式的重大变化，⑪ 它包括：在主体上，法治思维和法治方式从专业的法律人扩展到领导干部；⑫ 在内容上，法治思维的核心要义在于规则思维；⑬ 在作用上，法治思维和法治方式致力于反腐治权，⑭ 实现合法性的治理，⑮ 提升法律人的参政能力；⑯ 在前提上，权力修辞向法律话语的转变是展开这种思维方式的思想条件。⑰ 最后，法治体系理论的提出

① 参见张志铭、于浩《共和国法治认识的逻辑展开》，《法学研究》2013 年第 3 期。
② 参见顾培东《当代中国法治共识的形成及法治再启蒙》，《法学研究》2017 年第 1 期。
③ 参见朱振《中国特色社会主义法治话语体系的自觉建构》，《法制与社会发展》2013 年第 2 期。
④ 参见陈甦《构建法治引领和规范改革的新常态》，《法学研究》2014 年第 6 期。
⑤ 参见蒋立山《法治改革的方法论问题》，《法制与社会发展》2011 年第 4 期。
⑥ 参见李学尧《如何寻求政治理想与法治理想的统一：一个规划的法理论视角》，《法制与社会发展》2015 年第 5 期。
⑦ 参见朱振《通往新型法治的改革：中国语境的思考》，《法制与社会发展》2015 年第 5 期；支振锋《改善法治建设的微观环境》，《法制与社会发展》2015 年第 5 期。
⑧ 参见殷啸虎《协商民主的法治引领与规制》，《政治与法律》2016 年第 11 期。
⑨ 参见陆幸福《何种改革通向现代法治？》，《法制与社会发展》2015 年第 5 期。
⑩ 参见张文显《治国理政的法治理念和法治思维》，《中国社会科学》2017 年第 4 期。
⑪ 参见陈金钊《"法治改革观"及其意义——十八大以来法治思维的重大变化》，《法律评论》2014 年第 6 期。
⑫ 参见孙笑侠《宪治的共识与可能》，《法学研究》2013 年第 6 期。
⑬ 参见庞凌《作为法治思维的规则思维及其运用》，《法学》2015 年第 8 期。
⑭ 参见李林《全面推进依法治国的思考和建议》，《法学研究》2013 年第 2 期。
⑮ 参见程燎原《用法治方式推进和巩固法治》，《法学研究》2013 年第 2 期。
⑯ 参见陈金钊《高度重视法治思维的作用》，《环球法律评论》2014 年第 1 期。
⑰ 参见陈金钊《权力修辞向法律话语的转变——展开法治思维与实施法治方式的前提》，《法律科学》2013 年第 5 期。

标志着我国法治建设从法律体系一维建设的探索到制度实践多维推进的历史性飞跃。① "中国特色社会主义法治体系"的提出是马克思主义法学中国化、时代化、大众化里程碑式的成果，② 是全面推进依法治国的统领性概念。③ 它包括思想、价值、制度、方式、实践、机制、职业、话语、文化、教育等十个体系，④ 法治本身也对法律体系的构造模式提出了要求。⑤

　　对"法治中国"这一核心词语的阐释理所当然地也成为法治认知的重点，学者们主要围绕"什么是法治中国"和"如何建设法治中国"展开了论证。什么是法治中国？法治中国被视为法治国家的中国版和升级版，⑥ 隐含着历史与实践统一、道义与实践统一的逻辑，⑦ 本质是经过理性选择和契约规定而形成的治理。⑧ 它包括三项核心要义⑨、四个维度⑩，是四个方面⑪、四种实践动力系统⑫的有机统一。有论者认为相比于西方，法治中国更加重视践行规则之治、规律之治、规心之治。⑬ 还有论者主张法治中国需要在多元现代性的视野下，走向更具包容性的法治论辩框架。⑭ 如何

① 参见王建国《法治体系是对法律体系的承继和发展》，《法学》2015 年第 9 期。
② 参见李龙《中国特色社会主义法治体系的理论基础、指导思想和基本构成》，《中国法学》2015 年第 5 期。
③ 参见张文显《建设中国特色社会主义法治体系》，《法学研究》2014 年第 6 期。
④ 参见付子堂《法治体系与人权保障》，《法学研究》2013 年第 6 期。
⑤ 参见雷磊《适于法治的法律体系模式》，《法学研究》2015 年第 5 期。
⑥ 参见周叶中《关于"法治中国"内涵的思考》，杨望清《"法治中国"提出的现实意义与理论意义》，均载于《法制与社会发展》2013 年第 5 期。
⑦ 参见王旭《"法治中国"命题的理论逻辑及其展开》，《中国法学》2016 年第 1 期。
⑧ 参见亓同惠《法治中国背景下的"契约式身份"：从理性规制到德性认同》，《法学家》2015 年第 3 期。
⑨ 指的是坚持中国共产党的领导，坚持中国特色社会主义制度，贯彻中国特色社会主义法治理论，参见徐显明《坚定不移走中国特色社会主义法治道路》，《法学研究》2014 年第 6 期。
⑩ 指的是主体维度、客体维度、时间维度和空间维度，参见汪习根《论法治中国的科学含义》，《中国法学》2014 年第 2 期。也有论者强调后两个维度，参见郑成良《法治中国的时空维度》，《法制与社会发展》2013 年第 5 期。
⑪ 指的是法治国家、法治政党、法治政府、法治社会，参见黄文艺《对"法治中国"概念的操作性解释》，《法制与社会发展》2013 年第 5 期。
⑫ 指的是法治实践主体系统、活动系统、环境系统和资源系统，参见龚廷泰《论中国特色社会主义法治理论发展的法治实践动力系统》，《法制与社会发展》2015 年第 5 期。
⑬ 参见胡云腾《关于建设法治中国的几点思考》，《法学研究》2013 年第 6 期。
⑭ 参见刘小平《法治中国需要一个包容性法治框架——多元现代性与法治中国》，《法制与社会发展》2015 年第 5 期。

建设法治中国？主要论点包括：其一，将法治作为社会主义核心价值观；① 其二，在国家、社会和政府三个领域全面实现法治；② 其三，以培育法治的社会根基为立足点，从社会和地方开始；③ 其四，官方、民间、职业共同体合力，推进国家法治、地方法治和行业法治的统合；④ 其五，以证成性与正当性有机统一、基本均衡的政治作为基础，⑤ 实现权威保障和政党法治转型；⑥ 其六，进行法治文化⑦和公民意识建设⑧；其七，以问题为导向，围绕市场经济体制和司法体制改革来进行法治中国构思。⑨

　　值得注意的是，这一时期还出现了一股对上个时期的法治概念与法治观进行再思考的思潮。这反映出关于法治远未达到概念层面的共识，因而仍有必要展开"清理地基"的工作。⑩ 这种再思考主要集中于两个方面。一是形式法治观与实质法治观之辩。⑪ 这是一场迟来的辩论。形式法治与实质法治是法治观的基本区分。但除了在人治和法治的大讨论中多数学者在"依法办事（依法而治）"的意义上持最薄的形式法治观，之后中国主流法学界均持实质法治观（尽管具体内涵并不完全相同）。但最近数年，不少论者开始重新为形式法治进行辩护，他们或将法治理解为法律所固有的美德，⑫ 或从

---

① 参见陈金钊《对法治作为社会主义核心价值观的诠释》，《法律科学》2015 年第 1 期。

② 参见陈金钊《实施法治中国战略的意蕴》，《法商研究》2016 年第 3 期；姜涛《法治中国建设的社会主义立场》，《法律科学》2017 年第 1 期。

③ 参见马长山《"法治中国"建设的问题与出路》，《法制与社会发展》2014 年第 3 期；葛洪义《"法治中国"的逻辑理路》，《法制与社会发展》2013 年第 5 期。

④ 参见孙笑侠《"法治中国"的三个问题》，《法制与社会发展》2013 年第 5 期。

⑤ 参见瞿郑龙《当代中国法治建设的政治逻辑——以证成性与正当性为分析框架》，《法制与社会发展》2014 年第 6 期。

⑥ 参见王若磊《政党权威与法治建构——基于法治中国道路可能性的考察》，《环球法律评论》2015 年第 3 期。

⑦ 参见杨春福《法治中国建设的路径探寻》，《法制与社会发展》2013 年第 5 期。

⑧ 参见陈云良《加快建设法治中国可走的四条捷径》，《法制与社会发展》2013 年第 5 期。

⑨ 参见季卫东《问题导向的法治中国构思》，《法制与社会发展》2014 年第 5 期。

⑩ 参见刘杨《法治的概念策略》，《法学研究》2012 年第 6 期。

⑪ 大部分学者或明或暗地将程序法治视为形式法治的特定版本，故而在这场讨论中并不将它作为对等的第三方。参见陈林林《法治的三度：形式、实质与程序》，《法学研究》2012 年第 6 期；雷磊《法律程序为什么重要？反思现代社会中程序与法治的关系》，《中外法学》2014 年第 2 期。

⑫ 参见黄文艺《为形式法治理论辩护——兼评〈法治：理念与制度〉》，《政法论坛》2008 年第 1 期。

法律的构成性内在价值出发，① 认为强调任何实质价值都将贬损法治本身的重要性，② 或直指实质法治带有毁灭法治的倾向，③ 坚称形式法治是具备理论优势的主张。但亦有学者凭借新的理论资源为实质法治进行辩护，或认为形式法治无法成功调和法律所施加的义务性要求的内在张力，④ 或主张法律的价值来自共同善，⑤ 因而只有实质法治才是合理的法治观。二是法治文化研究的复热。从 20 世纪 90 年代初梁治平提出法律的文化解释范式之后，法治文化研究成为热点，进入 21 世纪后一度被冷却和遗忘，但近年来又有趋热的倾向。他们有的剖析西方法治发展的内在文化主线，⑥ 有的质疑古希腊和古罗马与西方近现代法治文明不存在亲缘关系，⑦ 有的主张依法治国作为一种法治文化是从中国固有的文化传统中生长起来的，⑧ 有的将法治文化认同界定为人们对法治文化的一种"相互承认"和民众对法治文化的"重叠共识"。⑨

（二）法治与国家治理

法治和治理的关系比以往更受学者重视。法治主要是一个法学概念，治理主要是一个政治学、行政学和社会学的概念，⑩ 所以两者的关系涉及法律与政治、行政、社会的关系。但法治又是一种政治理想，治理属于政治的实践与实效，所以两者的关系又涉及理想与现实的关系。⑪ 两者既可

---

① 参见陈景辉《法律的内在价值与法治》，《法制与社会发展》2012 年第 1 期。

② 参见陈景辉《法治必然承诺特定价值吗？》，《清华法学》2017 年第 1 期。

③ 参见陈金钊《实质法治思维路径的风险及其矫正》，《清华法学》2012 年第 4 期。

④ 参见沈宏彬《反对形式法治》，《法制与社会发展》2017 年第 2 期。

⑤ 参见郑玉双《实现共同善的良法善治：工具主义法治观新探》，《环球法律评论》2016 年第 3 期。

⑥ 参见杨建军《西方法治的文化成因》，《法律科学》2017 年第 3 期。

⑦ 参见罗洪洋、赵大华《重新思考古希腊与近现代西方法治和宪政的关系》，《法学评论》2013 年第 1 期；罗洪洋《重新思考古罗马与近现代西方法治的关系》，《环球法律评论》2015 年第 6 期。

⑧ 参见喻中《依法治国的文化解释》，《法律科学》2016 年第 3 期。

⑨ 参见龚廷泰《法治文化的认同：概念、意义、机理与路径》，《法制与社会发展》2014 年第 4 期。

⑩ 参见李林《依法治国与推进国家治理现代化》，《法学研究》2014 年第 5 期。

⑪ 关于法治如何对日趋复杂的社会公共事务及其治理作出回应，参见江必新、王红霞《社会治理的法治依赖及法治的回应》，《法制与社会发展》2014 年第 4 期。

以合作为"通过法治的国家治理",① 也可能存在需平衡的张力。② 当然前一方面是主流观点,以经济治理领域为例,有论者剖析了法治经济的基本构成,认为目前中国社会主义市场经济建设已开始进入法治经济阶段。③ 相关研究重点在于四个方面,即地方法治先行的意义与可行性、国际法治的可能、法律适用领域法治的实现(法律方法与法治)以及执政党的党内法规与法治的关系。它们分别是国家治理中法治之局部化、全球化、微观化和立体化的体现。

地方法治。从 2003 年江苏省率先提出"法治江苏"的口号以来,以地方(主要是省级地方)为主体的法治建设竞赛此起彼伏。在学界,不少学者或是从历史现实,④ 或是从意义和可行性的角度论证了地方法治的正当性。后者包括这样几种代表性学说。一是地方主体论,或反对中央法中心主义观念,主张地方才是国家法治建设的主战场,⑤ 或提出治权自主理论来证成地方法治概念。⑥ 二是先行试错论,主张通过"先行先试"探索和创新法治发展模式,率先在经济发达地区实现法治化。⑦ 三是地方竞争论,认为当前地方已走向法治创新的制度竞争阶段,地方法治试验可以在提升国家能力、弥补中央治理欠缺等方面发挥重要作用。⑧ 四是地域文化

---

① 胡玉鸿:《通过法治的国家治理》,《法制与社会发展》2014 年第 5 期;汪习根:《法治对治理的功能释放机制》,《法制与社会发展》2014 年第 5 期。

② 参见陈柏峰、董磊明《治理论还是法治论——当代中国乡村司法的理论建构》,《法学研究》2010 年第 5 期。

③ 参见谢海定《中国法治经济建设的逻辑》,《法学研究》2017 年第 6 期。

④ 参见葛洪义《法治建设的中国道路——自地方法制视角的观察》,《中国法学》2010 年第 2 期;葛洪义《法治国家与地方法制》,《法学》2009 年第 12 期;葛洪义《作为方法论的"地方法制"》,《中国法学》2016 年第 4 期。

⑤ 参见黄文艺《认真对待地方法治》,《法学研究》2012 年第 6 期。

⑥ 参见倪斐《地方法治概念证成——基于治权自主的法理阐释》,《法学家》2017 年第 4 期。

⑦ 参见付子堂、张善根《地方法治建设及其评估机制探析》,《中国社会科学》2014 年第 11 期;周尚君《依法治国与地方法治》,《法学研究》2013 年第 6 期;孙笑侠《局部法治的地域资源——转型期"先行法治化"现象解读》,《法学》2009 年第 12 期。

⑧ 参见周尚君《地方法治试验的动力机制与制度前景》,《中国法学》2014 年第 2 期;周尚君《国家建设视角下的地方法治试验》,《法商研究》2013 年第 1 期;万江《中国的地方法治建设竞争》,《中外法学》2013 年第 4 期。但也有学者表示反对,参见李晟《"地方法治竞争"的可能性:关于晋升锦标赛理论的经验反思与法理学分析》,《中外法学》2014 年第 5 期。

论，即从文化广角证立区域法治发展不仅势在必行而且正当有效，[①] 地方法治有助于多民族国家内部不同区域法治文化之间的共存和整合。[②] 亦有学者分析了法治中国与地方法治互动的内在逻辑和互动路径，要求两者有效衔接与协同推进。[③]

国际法治。中国国际地位日益提高，融入全球经济和政治秩序的步伐加快，也相应对国内法治与国际法治的关系提出了新课题。学者们采取了三种研究视角。一是运用国际法治思维来建设法治中国，[④] 要求在"世界结构"和"中国语境"的双重维度中形成对中国法治的整体关怀。[⑤] 二是主张在国际事务法治化进程中彰显"中国表达"，[⑥] 同时警惕国际法治层面霸权国家的话语霸权地位，[⑦] 防止国际法对中国主权、安全和发展利益的损害。[⑧] 三是界定国际法治的内涵，[⑨] 分析国内法治与国际法治的区别及依存互动关系。[⑩]

法律方法与法治。这一进路试图从法律适用的层面探讨法治的细节，主要包括互有联系的两个主题。一是司法裁判的不确定性是否影响法治的争议。肯定的一方认为形式主义的法律方法会带来不确定的裁判结论，落入法治的陷阱。[⑪] 因为"唯一正解"是永远无法实现的理想，法治只能立足于裁判的亚确定性。[⑫] 否认的一方则主张法律方法具有满足"法的最大化安定性"的可能，[⑬] 法的不确定通常不构成一种法治缺陷。[⑭] 二是关于

① 参见蔡宝刚《法律是从"土地"中长出来的规则——区域法治发展的文化解码》，《法制与社会发展》2014 年第 4 期。
② 参见夏锦文、陈小洁《区域法治文化：意义阐释、运行机理与发展路径》，《法律科学》2015 年第 1 期。
③ 参见韩业斌《法治中国与地方法治互动的路径选择》，《法学》2015 年第 9 期。
④ 参见曾令良《国际法治与中国法治建设》，《中国社会科学》2015 年第 10 期。
⑤ 参见张劲《法治的"世界结构"和"中国语境"》，《政法论坛》2016 年第 6 期。
⑥ 参见何志鹏《国际法治的中国表达》，《中国社会科学》2015 年第 10 期。
⑦ 参见魏磊杰《全球化时代的法律帝国主义与"法治"话语霸权》，《环球法律评论》2013 年第 5 期。
⑧ 参见古祖雪《治国之法中的国际法：中国主张和制度实践》，《中国社会科学》2015 年第 10 期。
⑨ 参见何志鹏《国际法治：一个概念的界定》，《政法论坛》2009 年第 4 期。
⑩ 参见赵骏《全球治理视野下的国际法治与国内法治》，《中国社会科学》2014 年第 10 期。
⑪ 参见陈林林《法律方法与法治：以对纳粹司法的反思为中心》，《法学家》2010 年第 5 期。
⑫ 参见郭春镇《务实的法治观应立足于裁判的亚确定性》，《法学研究》2012 年第 6 期。
⑬ 参见雷磊《法律方法、法的安定性与法治》，《法学家》2015 年第 4 期。
⑭ 参见孙海波《疑难案件否定法治吗——依法裁判立场之重申》，《政治与法律》2017 年第 5 期。

"解释反对法治"的争议。一方认为在中国法治初期阶段，法官解释法律时应当遵守"表述清晰的含义即无须解释"这一法治原则，因为法律解释的泛化会瓦解法治，主张认真地对待规则。① 另一方提出法治只反对过度解释，②"法治反对解释"不能普遍化为一般意义的法治目的与法治要求。③

党规与法治。十八届四中全会报告将"完善的党内法规体系"作为社会主义法治体系的组成部分，标志着法治中国建设开始正视"党－政"治理结构的现实。因而依规治党和依法治国的关系成为法治中国最核心的问题。为此，学者们一方面提出依法治国首先要依规治党，不断提高依规治党的法治化水平，④ 另一方面主张认真研究党的政策与法律之间的有效转换机制。⑤ 甚至有论者提出要将政党法的制定提上日程。⑥

（三）法治的量化评估

中国的法治量化评估研究开始于 2006 年前后对法治建设状况评价指标体系的建设，近年来数量呈现爆发式的增长。它是经验主义方法论在法治领域的运用，既有对世界银行从 1996 年起推出的"全球治理指数"及世界正义工程指数的参考，也有中国自己的特色。现阶段这一研究尚处于起步阶段，主要围绕法治评估的理论基础、模式和方法三个方面来展开。

在理论基础上，法治评估被视为后现代化国家法治建设赶超战略的增

---

① 参见陈金钊《法治为什么反对解释？》，《河南省政法干部管理学院学报》2007 年第 1 期；陈金钊《法治反对解释的原则》，《法律科学》2007 年第 3 期；陈金钊《法治反对解释的主题及场景》，《北方法学》2007 年第 1 期；陈金钊《文义解释：法律方法的优位选择》，《文史哲》2005 年第 6 期；陈金钊《对"法治反对解释"命题的诠释——答范进学教授的质疑》，《法制与社会发展》2008 年第 1 期；陈金钊《反对解释与法治的方法之途——回应范进学教授》，《现代法学》2008 年第 6 期。
② 参见范进学《"法治反对解释"吗？——与陈金钊教授商榷》，《法制与社会发展》2008 年第 1 期。
③ 参见范进学《通向法治之途的方法论——与陈金钊教授第二次商榷》，《现代法学》2008 年第 6 期。
④ 参见王若磊《依规治党与依法治国的关系》，《法学研究》2016 年第 6 期。
⑤ 参见莫纪宏《坚持党的领导与依法治国》，《法学研究》2014 年第 6 期。
⑥ 参见刘作翔《依法治国与依宪治国的法理意蕴》，《法学研究》2014 年第 6 期。

长点。① 其内容包括：其一，法治评估必须注意各国治理结构的差别;② 其二，法治评估指标的设计应侧重于法治体系构建、实在法制定、法治过程、法和法治实现等环节;③ 其三，法治指数研究应增强普适性、强化客观性并消解霸权性;④ 其四，目前中国法治的重点在于法治评估的正确定位、法治评估机制的创新、法治量化难题的破解和法治评估经验总结与理论升华的实现。⑤ 也有论者剖析了中国法治指数设计背后的思想维度，要求更认真、理性地对待法治指数。⑥

在评估模式上，不同学者提出了不同分类及相应的主张。其一，基于中国法治评估实践及其特征，⑦ 区分出以治理功能为核心的实验主义治理理论和以管理功能为核心的公共行政管理理论，主张通过区隔和整合方法建立二阶性、一体化的法治评估体系。⑧ 其二，区分出定量评估、定性评估和建设评估三种类型，主张未来中国吸纳定量评估和定性评估的有益经验。⑨ 其三，区分出制度性进路和价值性进路两种理想类型，认为未来应建立规范统一的法治建设评估模式和多元合理的法治价值评估模式。⑩ 其四，以功能主义视角区分法治环境评估、法治实施评估与法治价值评估三种理想类型，主张中国法治评估应建立"三类一体"的评估模型。⑪ 另有论者着力于对第三方法治评估模式的完善。⑫

在评估方法上，学者们既有宏观倡议，亦有微观设计。在宏观层面，

① 参见徐汉明《论法治建设指标体系的特性与功能》，《法学评论》2016 年第 1 期。
② 参见朱景文《论法治评估的类型化》，《中国社会科学》2015 年第 7 期。
③ 参见关保英《法治体系形成指标的法理研究》，《中国法学》2015 年第 5 期。
④ 参见占红沂、李蕾《初论构建中国的民主、法治指数》，《法律科学》2010 年第 2 期。
⑤ 参见钱弘道、王朝霞《论中国法治评估的转型》，《中国社会科学》2015 年第 5 期。
⑥ 参见侯学宾、姚建宗《中国法治指数设计的思想维度》，《法律科学》2013 年第 5 期。
⑦ 参见钱弘道、戈含锋、王朝霞、刘大伟《法治评估及其中国应用》，《中国社会科学》2012 年第 4 期。
⑧ 参见钱弘道、杜维超《法治评估模式辨异》，《法学研究》2015 年第 6 期。
⑨ 参见孟涛《论法治评估的三种类型——法治评估的一个比较视角》，《法学家》2015 年第 3 期。
⑩ 参见张德淼、李朝《中国法治评估进路之选择》，《法商研究》2014 年第 4 期。这种模式的内容具体参见张德淼《法治评估的实践反思与理论建构——以中国法治评估指标体系的本土化建设为进路》，《法学评论》2016 年第 1 期。
⑪ 参见李朝《法治评估的类型构造与中国应用——一种功能主义的视角》，《法制与社会发展》2016 年第 5 期。
⑫ 参见张玲《第三方法治评估场域及其实践逻辑》，《法律科学》2016 年第 5 期。

有学者提出探索编制"法治国情指数",① 有论者倡导法治指数的本土化,② 有论者以一省为限展示了如何设计法治环境生成评估指标体系,③ 亦有论者基于比较法的视野,介绍了世界其他国家或地区法治指数的背景与方法。④ 在微观层面,有论者分析了当下主要运用的量化方法,并发现了其瑕疵,主张以社会实效为导向探索和建构法治评估的方法论体系,⑤ 也有论者列明了制约法治绩效评估的阻滞因素并提出了针对性建议。⑥ 有的学者则更关注特定领域的法治评估,他们有的反思了我国法治政府建设指标体系⑦或法治政府状况与经济指标、政治推动之间的关系⑧并提出建议,有的比较了法治政府和司法公正指数的设计思维差异并提出了改进建议,⑨有的则发现了地方法治定量中的基本矛盾,并对评估方法和指数计量方法进行了分析。⑩

　　法治量化评估研究的兴起代表了法治研究的技术化和经验化趋势。往大了说,可能也表征着法学研究的一种新的潮流。⑪ 但是,正如论者所言,以实践法治为直接指向的量化法治的研究,其推行还是有赖于在什么是法治的问题上取得基本共识。⑫ 倘若缺乏基本共识,法治评估就将缺失共同

①　参见蒋立山《中国法治指数设计的理论问题》,《法学家》2014 年第 1 期。

②　参见汪全胜《法治指数的中国引入:问题及可能进路》,《政治与法律》2015 年第 5 期。

③　参见张帆、吴大华《论我国地方法治环境生成评估指标体系的设计——以贵州省为例》,《法制与社会发展》2013 年第 3 期。

④　参见鲁楠《世界法治指数的缘起与流变》,《环球法律评论》2014 年第 4 期;孟涛《法治的测量:世界正义工程法治指数研究》,《政治与法律》2015 年第 5 期;张保生、郑飞《世界法治指数对中国法治评估的借鉴意义》,《法制与社会发展》2013 年第 6 期;戴耀廷《香港的法治指数》,《环球法律评论》2007 年第 6 期。

⑤　参见周祖成、杨惠琪《法治如何定量——我国法治评估量化方法评析》,《法学研究》2016 年第 3 期。

⑥　参见刘爱龙《我国区域法治绩效评估体系建构运行的特征、困境和出路》,《法学评论》2016 年第 6 期。

⑦　参见刘艺《论我国法治政府评估指标体系的建构》,《现代法学》2016 年第 4 期。

⑧　参见王敬波《我国法治政府建设地区差异的定量分析》,《法学研究》2017 年第 5 期。

⑨　参见郑智航《中国量化法治实践中的指数设计——以法治政府指数与司法公正指数的比较为中心》,《法学家》2014 年第 6 期。

⑩　参见周尚君、彭浩《可量化的正义:地方法治指数评估体系研究报告》,《法学评论》2014 年第 2 期。

⑪　参见钱弘道《中国法治实践学派的兴起与使命》,《浙江大学学报》(人文社会科学版)2013 年第 5 期。

⑫　参见张志铭、于浩《共和国法治认识的逻辑展开》,《法学研究》2013 年第 3 期。类似观点参见朱景文《法治的可比性及其评估》,《法制与社会发展》2014 年第 5 期。

的对象，评估的结果也将没有对比性意义。因而，中国未来法治的量化研究尚需与定性研究携手共进。

（四）小结

法治的第三波研究热潮从成果的数量和主题辐射面来说比起前两个阶段有过之而无不及。它以对法治的认知反思和国家治理的法治化为两翼，以法治的量化评估为新的知识增长点。大体来说，主流态度可以归纳如下：（1）"法治中国"是新时期法治建设的总目标，包括法治话语、思维与体系的构造，以及法治观与法治文化的再反思；（2）法治是国家治理现代化的必由之路，既包括地方法治和国际法治两个层面的推进，也要通过法律方法实现微观法治，又要打造党规与法律协力的立体化法治；（3）法治量化评估是后现代化国家法治建设的可行之路，但要注意区分不同的评估类型，参照西方设计的适合于中国的科学的法治指数体系。

四　中国式法治现代化：中国之治的理论释证

"法治中国"具有世界意义和内在理论逻辑，[①] 是关于中国法治建设的整体性、系统性方案。[②] 该方案的提出意味着中国走上了一条不同于以往任何法治发展模式的新道路。这一新道路的根本依循和实践指南，就是习近平法治思想。习近平法治思想经历了两个阶段，即"全面依法治国新理念新思想新战略"的提出和"习近平法治思想"的正式形成。在此前后，学界围绕习近平法治思想展开了多维度、多方面的理论释证，并力图以此为基础构造出新时代中国法治理论和法治道路的新样态。两个阶段的代表性作品分别是李林教授的《新时代中国法治理论创新发展的六个向度》和张文显教授的《论中国式法治现代化新道路》。前者认为新时代中国法治理论，是以全面依法治国新理念新思想新战略为核心要义的中国特色社会

---

① 参见范进学《"法治中国"：世界意义和理论逻辑》，《法学》2018年第3期。
② 参见江必新、李洋《习近平法治思想关于法治中国建设相关论述的理论建树和实践发展》，《法学》2021年第9期。

主义法治理论,并分别阐述了它的法理、政理、时代、实证、国际和综合等六个向度;① 后者认为中国式法治现代化新道路是中国共产党领导人民经过长期探索和伟大实践而成功走出的一条符合中国国情、遵循法治规律、通向良法善治的法治现代化正确道路,并系统描述和阐释了它的历史演进、科学内涵、宏观样态和未来拓展。②

(一)"全面依法治国新理念新思想新战略"的全面剖析

2018 年 8 月召开的中央全面依法治国委员会第一次会议提出"全面依法治国新理念新思想新战略",为后来习近平法治思想的成型奠定了基础。为此,从学理上深入阐释这一新理念新思想新战略的同时,深化法治新理念的法理论证,完成法治新思想的规范建构,构建法治新战略的实现机制,就具有重大理论价值和现实意义。这一阶段学者们的论述围绕三方面来展开。一是全面依法治国新理念新思想新战略的定位。作为中国特色社会主义法治理论的最新成果,它既是在马克思主义理论指引下构建中国法治建设的目标、原则和方法论体系,又是植根中国大地、符合中国实际、具有中国气派的科学理论,既是坚持中国特色社会主义法治道路的航标灯,又是建设中国特色社会主义法治体系的施工图,标志着中国特色社会主义法治理论发展进入新境界。③ 二是全面依法治国新理念新思想新战略的内核。论者们或前瞻性地概括出保持法治定力、发展法治理论、提升法治方略、拓展法治道路、深化法治实践、统筹法治改革、建设法治强国、加强法治领导等八个方略;④ 或归纳出它对法治理论做的七项创新发展和十五项拓展深化;⑤ 或将坚持、加强和改善中国共产党的领导视为其核心

---

① 参见李林《新时代中国法治理论创新发展的六个向度》,《法学研究》2019 年第 4 期。
② 参见张文显《论中国式法治现代化新道路》,《中国法学》2022 年第 1 期。也可对比参见公丕祥《中国式法治现代化新道路的内在逻辑》,《法学》2021 年第 10 期。
③ 参见黄文俊《习近平全面依法治国新理念新思想新战略的理论要义与实践特色》,《法律适用》2019 年第 1 期;戴小明《谱写中国特色社会主义法治理论的新篇章——习近平全面依法治国新理念新思想新战略要论》,《法学评论》2019 年第 6 期。
④ 参见张文显《新时代全面依法治国的思想、方略和实践》,《中国法学》2017 年第 6 期。
⑤ 参见江必新《习近平全面依法治国新理念新思想新战略对法治理论的发展》,《法学杂志》2020 年第 5 期。

内涵，聚焦于执政党治理的制度化、规范化、法治化；^① 或将习近平新时代司法工作重要论述作为中国司法现代化的理论指南；^② 或呈现新发展理念对于法治中国建设的引领。^③ 三是全面依法治国新理念新思想新战略的意义。论者指出，它是新时代中国特色社会主义思想的重要组成部分，是全面依法治国的指导思想和根本遵循，是新时代法治中国建设实践的思想旗帜和行动纲领，是对马克思主义法治思想的全面继承和创新发展，是对世界法治文明进步作出的中国原创性理论贡献，为中国特色社会主义法治新时代提供了科学指引和根本遵循，助推"中国之治"进入新境界。^④ 其中习近平全球治理与国际法治思想，是世界各国共同应对全球性挑战与国际性问题的有力思想工具，也是中国参与国际秩序与国际体系创新发展的先进理论指导。^⑤

　　2017 年 10 月召开的十九大开启了新时代中国特色社会主义法治新征程。^⑥ 学者认为，要将十九大提出的"八个明确""十四个坚持"创造性地运用于法治领域并转化为新时代全面依法治国和建设法治中国的指导思想、基本方略、实践路径。^⑦ 要围绕决胜全面建成小康社会，推进社会公平正义的要旨，阐明保障社会公平正义初始条件、补足条件、分配正义，以及推进社会公平正义的基本步骤。^⑧ 当代中国法治现代化的新时代应有新"三步走"战略安排，^⑨ 应构建政府、市场和社群共治的治理秩序，^⑩ 尤其是推进社会治理现代化。^⑪ 十九届四中全会提出"坚持和完善中国特色社会主义制度、推进国家治理体系和治理能力现代化"的总命题，创造性地

---

① 参见钱锦宇《习近平全面依法治国新理念新思想新战略的核心内涵阐释》，《南通大学学报》（社会科学版）2019 年第 5 期。

② 参见公丕祥《新时代中国司法现代化的理论指南》，《法商研究》2019 年第 1 期。

③ 参见周佑勇《逻辑与进路：新发展理念如何引领法治中国建设》，《法制与社会发展》2018 年第 3 期。

④ 参见付子堂《习近平总书记全面依法治国新理念新思想新战略：发展脉络、核心要义和时代意义》，《中国法学》2019 年第 6 期。

⑤ 参见黄进《习近平全球治理与国际法治思想研究》，《中国法学》2017 年第 5 期。

⑥ 参见李林《开启新时代中国特色社会主义法治新征程》，《环球法律评论》2017 年第 6 期。

⑦ 参见张文显《新时代全面依法治国的思想、方略和实践》，《中国法学》2017 年第 6 期。

⑧ 参见胡玉鸿《新时代推进社会公平正义的法治要义》，《法学研究》2018 年第 4 期。

⑨ 参见公丕祥《新时代中国法治现代化的战略安排》，《中国法学》2018 年第 3 期。

⑩ 参见杜辉《面向共治格局的法治形态及其展开》，《法学研究》2019 年第 4 期。

⑪ 参见张文显《新时代中国社会治理的理论、制度和实践创新》，《法商研究》2020 年第 2 期。

提出了国家制度与法律制度的并称，并将全面依法治国置于国家治理现代化的整体背景之下。论者将国家制度与法律制度界定为"体"与"形"、内容与形式、实体与载体的关系，并对依法治国与国家治理的内在关系进行了深入阐释，① 尤其是对作为国家治理重要方面之社会治理的理论、制度和实践创新进行了总结提炼，② 并将全面依法治国新理念新思想新战略作为推进国家治理现代化的强大力量。③ 总之，没有正确的法治理论引领，就不可能有正确的法治实践。要用中国特色社会主义法治理论引领法治中国建设。④

（二）"习近平法治思想"的系统解读

2020 年 11 月 15 日至 16 日召开的中央全面依法治国工作会议正式提出"习近平法治思想"。习近平法治思想从历史和现实相贯通、国际和国内相关联、理论和实际相结合上回答了新时代为什么实行全面依法治国、怎样实行全面依法治国等一系列重大问题。学习领会习近平法治思想，吃透基本精神，把握核心要义，成为现阶段中国法治理论研究的中心任务。学界的相关研究大体聚焦于如下五个主题。

一是习近平法治思想的形成发展及重大意义。论者认为，习近平法治思想是法治中国战略的总引领，⑤ 实现了对西方中心主义范式下法学理论的超越，⑥ 是当代中国马克思主义法治理论、21 世纪马克思主义法治理论，⑦ 是马克思主义法治理论中国化的新发展新飞跃，⑧ 是中国共产党法治话语体

---

① 参见张文显《国家制度建设和国家治理现代化的五个核心命题》，《法制与社会发展》2020 年第 1 期。

② 参见张文显《新时代中国社会治理的理论、制度和实践创新》，《法商研究》2020 年第 2 期。

③ 李猛《习近平全面依法治国新理念新思想新战略与国家治理现代化》，《西北民族大学学报》（哲学社会科学版）2020 年第 3 期。

④ 参见胡明《用中国特色社会主义法治理论引领法治体系建设》，《中国法学》2018 年第 3 期。

⑤ 参见胡明《习近平法治思想：新时代中国法治战略的总指引》，《政法论坛》2020 年第 6 期。

⑥ 参见邱水平《论习近平法治思想的法理学创新》，《中国法学》2022 年第 3 期。

⑦ 关于其在哲学上的原创性贡献，参见公丕祥《习近平法治思想的哲学基础》，《法律科学》2022 年第 3 期。

⑧ 参见王晨《习近平法治思想是马克思主义法治理论中国化的新发展新飞跃》，《中国法学》2021 年第 2 期。

系的百年生成的集成创新。① 习近平法治思想具有鲜明的实践逻辑、科学的理论逻辑、深厚的历史逻辑②和深刻的制度逻辑,③ 蕴含着改革创新的时代精神,④ 是全面依法治国的根本指导思想。⑤ 马克思法律理论与当代中国特色社会主义法治理论具有某种高度契合性和统一性。⑥ 习近平法治思想创造性地传承了马克思主义法治原理,又体现出鲜明的中国特色、实践特色、时代特色,⑦ 系统回答了中国特色社会主义法学"三大体系"建设的价值论、认识论、方法论,⑧ 其核心政理、法理、哲理具有原创性理论贡献。⑨ 因此,需要从理论和实践依据、基本形态和方向、具体推进步骤等方面全面阐明习近平法治思想与法治中国建设的关系。⑩

二是习近平法治思想的理论体系。论者认为,习近平法治思想的理论体系可以划分为三个层次或三大板块:一是法治的基本原理,即关于法治的基本立场、观点和方法的一般法理(概念论、关系论、发展论),它对法治的基本价值、理念进行了本土化诠释、时代化丰富和理论性创新;⑪二是中国特色社会主义法治的基本理论,科学回答了什么是中国特色社会主义法治、怎样实行中国特色社会主义法治的问题;三是全面依法治国的基本观点,是覆盖全面依法治国各领域各方面各环节的一系列具有时代性、原创性、标识性的具体观点。⑫

---

① 参见廖奕《中国共产党法治话语体系的百年生成——以习近平法治思想的集成创新为重点》,《法学家》2022 年第 4 期。

② 参见张文显《习近平法治思想的实践逻辑、理论逻辑和历史逻辑》,《中国社会科学》2021 年第 3 期。进一步论述参见张文显《论习近平法治思想的鲜明特色》,《法制与社会发展》2022 年第 4 期。

③ 参见李林《论习近平法治思想的制度逻辑》,《中国法学》2022 年第 4 期。

④ 参见汪习根《论习近平法治思想的时代精神》,《中国法学》2021 年第 1 期。

⑤ 参见张文显《习近平法治思想是全面依法治国的根本指导思想》,《法学》2021 年第 12 期。

⑥ 参见封丽霞《马克思主义法律理论中国化的当代意义》,《法学研究》2018 年第 1 期。

⑦ 参见孙谦《习近平法治思想对马克思主义法治原理的传承与发展》,《法学研究》2021 年第 4 期。

⑧ 参见姚莉《习近平法治思想的创新价值与法学"三大体系"建设》,《法商研究》2021 年第 2 期。

⑨ 参见张文显《习近平法治思想的政理、法理和哲理》,《政法论坛》2022 年第 3 期。

⑩ 参见江必新《习近平法治思想与法治中国建设》,《环球法律评论》2021 年第 3 期。

⑪ 参见江必新《习近平法治思想对法治基本价值理念的传承与发展》,《政法论坛》2022 年第 1 期。

⑫ 参见张文显《习近平法治思想的基本精神和核心要义》,《东方法学》2021 年第 1 期;张文显《习近平法治思想的理论体系》,《法制与社会发展》2021 年第 1 期。

　　三是习近平法治思想的核心要义。习近平法治思想的核心要义概括起来就是"十一个坚持"，它们涵盖了关于全面依法治国的政治方向、工作布局、重点任务和重要保障。对"十一个坚持"的解读与阐释成为这一时期学理研究的重点。① （1）就坚持党对全面依法治国的领导而言，论者指出，习近平法治思想深刻回答了新时代为什么以及如何坚持党对全面依法治国的领导等重大问题。② 党的领导是依法独立办案的根本保障，③ 要发挥党组织在司法活动中的价值引领职能。④ （2）就坚持以人民为中心而言，论者认为以人民为中心是习近平法治思想的基本立场，植根于我国的国体和政体。⑤ 他们通过法治向度系统阐述了全过程人民民主理念，⑥ 要求将"全过程人民民主"治理机制纳入法治轨道。⑦ （3）就坚持中国特色社会主义法治道路而言，论者或剖析了新时代坚持中国特色社会主义法治道路的新形势新目标，⑧ 或阐述了法治道路与法治体系的关系，认为法治道路是管总的东西，而法治体系则是总抓手，⑨ 或重点阐明了习近平法治思想对传统法律文化观的传承及其当代价值。⑩ （4）就坚持在法治轨道上推进国家治理体系和治理能力现代化而言，论者分析了国家治理现代化与法治现代化之间的内在关联，⑪ 将国家治理体系和治理能力现代化的理论逻辑与方法概括为良法善治论、公平正义论和法治系统论。⑫ （5）就坚持建设中国特色社会主义法治体系而言，论者赞同此为新时代法治建设总目标。⑬ 有的主张完备的法律规范体系须以法典化为依托，编纂实施民法典就是习

①　总体解读参见卓泽渊《习近平法治思想要义的法理解读》，《中国法学》2021 年第 1 期。

②　参见陈柏峰《习近平法治思想中的"党的领导"理论》，《法商研究》2021 年第 3 期。

③　参见李占国《正确处理党的领导与依法独立办案的关系》，《政治与法律》2022 年第 1 期。

④　参见张瑞《论法院党组在司法活动中的价值引领职能》，《政治与法律》2022 年第 2 期。

⑤　参见付子堂、张燕《习近平法治思想的人民立场与实践要义》，《法学》2021 年第 6 期。

⑥　参见胡玉鸿《全过程人民民主的法治向度阐析》，《法学研究》2022 年第 3 期。

⑦　参见莫纪宏《在法治轨道上有序推进"全过程人民民主"》，《中国法学》2021 年第 6 期。

⑧　参见李林《新时代坚定不移走中国特色社会主义法治道路》，《中国法学》2019 年第 3 期。

⑨　参见朱景文《法治道路与法治体系的关系——习近平法治思想探析》，《法学家》2021 年第 3 期。

⑩　参见陈玺《习近平法治思想中的传统法律文化观》，《法律科学》2022 年第 4 期；郑玉双《孝道与法治的司法调和》，《清华法学》2019 年第 4 期。

⑪　参见公丕祥《习近平的法治与国家治理现代化思想》，《法商研究》2021 年第 2 期。

⑫　参见周佑勇《推进国家治理现代化的法治逻辑》，《法商研究》2020 年第 4 期。

⑬　参见王利明《新时代中国法治建设的基本问题》，《中国社会科学》2018 年第 1 期。

近平法治思想的生动实践;① 有的认为"法律监督"是一个具有宪制基础并拥有广泛监督职能的专门制度,② 并全面剖析了习近平法治思想中的法治监督思想③或监察法治监督理论,④ 建构监察权法治化的策略,⑤ 提出国家监察体制改革法治路径;⑥ 有的主张法治保障体系是全面推进依法治国的重要依托,包括政治保障、制度保障、组织和人才保障、文化保障等;⑦ 有的认为党内法规和国家法律既有各自的"自留地"又存在交叉,两者是党的主张在不同领域的具体体现;⑧ 有的则基于多元主义的立场论证了党内法规的"法"属性⑨或党内法规的体系自洽性。⑩(6)就坚持依法治国、依法执政、依法行政共同推进,法治国家、法治政府、法治社会一体建设而言,论者指出,随着一批重要的法治规划颁布实施,法治中国建设进入"规划"时代。⑪ 有论者剖析了"一体建设"的系统论、重点论、基础论和共治论,⑫ 认为习近平法治思想将社会治理与法治进行创造性结合,推动社会治理法治化,⑬ 后者又包括"社会化、法治化、智能化、专业化"的"四化建设",⑭ 主张以法治战略、法治规划等为主线,协同推进法治国家、法治政府、法治社会建设,实现国家和社会治理的现代化转型。⑮ 有

---

① 参见王轶《编纂实施民法典是习近平法治思想的生动实践》,《中国法学》2021年第3期。

② 参见王海军《"法律监督"概念内涵的中国流变》,《法学家》2022年第1期。

③ 参见江必新、张雨《习近平法治思想中的法治监督理论》,《法学研究》2021年第2期。

④ 参见秦前红《习近平法治思想中的监察法治监督理论》,《比较法研究》2022年第5期。

⑤ 参见魏昌东《中国特色国家监察权的法治化建构策略——基于对监察"二法一例"法治化建构的系统性观察》,《政法论坛》2021年第6期。

⑥ 参见叶海波《从"纪检立规"到"监察立法":深化国家监察体制改革法治路径的优化》,《政治与法律》2020年第8期。

⑦ 参见付子堂《形成有力的法治保障体系》,《求是》2015年第8期。

⑧ 参见强梅梅《党内法规与国家法律关系的实证分析》,《华东政法大学学报》2022年第5期。

⑨ 参见黄文艺、张旭《论党规的"法"属性——基于新法律多元主义的考察》,《比较法研究》2022年第4期。

⑩ 参见侯继虎《新时代党内法规体系化的法理逻辑与发展路径》,《政治与法律》2019年第4期。

⑪ 参见马怀德《迈向"规划"时代的法治中国建设》,《中国法学》2021年第3期。

⑫ 参见张清《习近平"法治国家、法治政府、法治社会一体建设"法治思想论要》,《法学》2022年第8期。

⑬ 参见叶静漪、李少文《新时代中国社会治理法治化的理论创新》,《中外法学》2021年第4期。

⑭ 参见龚廷泰《新时代中国社会治理法治化发展进程的逻辑展开》,《法学》2022年第6期。

⑮ 参见陈金钊《关联维度的法治中国及其话语意义》,《法商研究》2021年第3期。

论者专注于依法执政理论，明确其对于党的领导的意义。① 有论者聚焦于法治政府建设，分析了法治政府建设的价值立场、建设路径、重点任务和未来发展等问题，② 区分其三个建设阶段并提出建设指标体系完善建议。③ 有论者着力于法治社会建设理论，从健全社会领域制度规范，推动社会治理法治化、依法治理网络空间等方面展开论述，④ 要求推进基层社会的网格治理法治化。⑤ 有论者聚焦于法治之于农村基层治理公共性难题化解的作用，⑥ 或剖析乡村法治建设的时代价值、基本框架与实现机制，⑦ 或提出"乡政"与"村治"的复合治理结构，⑧ 或要求发挥乡规民约的积极作用，⑨ 加强新乡贤参与乡村治理。⑩ （7）就坚持依宪治国、依宪执政而言，学者们将宪法至上视为全面依法治国的基石，⑪ 主张依宪治国的理论前提是"人民共和国宪法观"，⑫ 并分析了中国依宪治国的六大特色。⑬ （8）就坚持全面推进科学立法、严格执法、公正司法、全民守法而言，学者对依法立法的理念和制度设计进行了剖析，⑭ 对严格执法理论进行了理论阐释和实践转化，⑮ 研究了习近平司法体制改革思想⑯并从价值论、方法论、本

---

① 参见蒋银华《习近平法治思想中的依法执政理论》，《法学评论》2021 年第 4 期。
② 参见马怀德《论习近平法治思想中的法治政府理论》，《政法论坛》2020 年第 6 期。
③ 参见刘艺《国家治理理念下法治政府建设的再思考——基于文本、理念和指标的三维分析》，《法学评论》2021 年第 1 期。
④ 参见陈柏峰《习近平法治思想中的法治社会理论研究》，《法学》2021 年第 4 期。
⑤ 参见马长山《智慧社会的基层网格治理法治化》，《清华法学》2019 年第 3 期。
⑥ 参见牛玉兵《农村基层治理公共性难题的法治化解》，《法学》2017 年第 10 期。
⑦ 参见冯兆蕙《乡村振兴法治化的时代价值、基本框架与实现机制》，《法律科学》2022 年第 6 期。
⑧ 参见王勇《复合型法治：破解乡村治理难题的一种制度性框架》，《法商研究》2022 年第 3 期。
⑨ 参见陈寒飞、高其才《乡规民约在乡村治理中的积极作用实证研究》，《清华法学》2018 年第 1 期。
⑩ 参见陈寒飞、高其才《新乡贤参与乡村治理的作用分析与规制引导》，《清华法学》2020 年第 4 期。
⑪ 参见秦前红《宪法至上：全面依法治国的基石》，《清华法学》2021 年第 2 期。
⑫ 参见王旭《依宪治国的中国逻辑》，《中外法学》2021 年第 5 期。
⑬ 参见姜明安《中国依宪治国和法治政府建设的主要特色》，《政治与法律》2019 年第 8 期。
⑭ 参见陈俊《依法立法的理念与制度设计》，《政治与法律》2018 年第 12 期。
⑮ 参见章志远《习近平法治思想中的严格执法理论》，《比较法研究》2022 年第 3 期。
⑯ 参见陈卫东《中国司法体制改革的经验——习近平司法体制改革思想研究》，《法学研究》2017 年第 5 期。

体论进行了理论重述，①　强调以习近平法治思想为根本遵循全面提升人民法院审判工作质效，②　剖析了"守法社会"的内涵、机理和路径。③　（9）就坚持统筹推进国内法治和涉外法治而言，论者对"涉外法治"④　和"国际法治"⑤　的概念和体系进行了完整阐述，主张从价值观、方法论和战略观三个角度去整体把握习近平涉外法治思想，⑥　认为其表征着涉外关系的规范导向、法治转型。⑦　他们呼吁破解我国法律体系和法学研究中的国际法与国内法二分法思维，统筹推进国内法治和涉外法治。⑧　有论者剖析了"人类命运共同体"理念对于对国际法理论和实践的意义，⑨　展现了中国参与国际合作和构建国际新秩序、⑩　利用国际法维护国家利益和提升国家软实力的实践，⑪　倡导从"中国方案"和"共同方案"两个层面推动建构人类命运共同体。⑫　有论者从"一带一路"或"南海安全合作"的实践考察了涉外法治话语的生成与实践逻辑。⑬　（10）就坚持建设德才兼备的高素质法治工作队伍而言，有论者铺陈了法治工作队伍建设的总要求和具体举措，⑭　有论者剖析了习近平德法兼修高素质法治人才培养思想的科学内

---

①　参见吴卫军《习近平法治思想中的司法体制改革理论研究》，《比较法研究》2022 年第5 期。

②　参见章志远《以习近平法治思想引领行政审判制度新发展》，《法学研究》2022 年第4 期。

③　参见李娜《守法社会的建设：内涵、机理与路径探讨》，《法学家》2018 年第5 期。

④　参见张磊《涉外法治的概念与体系》，《中国法学》2022 年第2 期。

⑤　参见黄进《习近平法治思想的国际法意涵》，《政法论坛》2021 年第3 期。

⑥　参见郭霁《新时代国际法律风险应对与全球治理推进》，《中外法学》2021 年第4 期。

⑦　参见何志鹏《涉外法治：开放发展的规范导向》，《政法论坛》2021 年第5 期。

⑧　参见韩永红《中国对外关系法论纲——以统筹推进国内法治和涉外法治为视角》，《政治与法律》2021 年第10 期。

⑨　参见张辉《人类命运共同体：国际法社会基础理论的当代发展》，《中国社会科学》2018 年第5 期；李寿平《人类命运共同体理念引领国际法治变革：逻辑证成与现实路径》，《法商研究》2020 年第1 期。

⑩　参见何田田《国际法秩序价值的中国话语——从"和平共处五项原则"到"构建人类命运共同体"》，《法商研究》2021 年第5 期。

⑪　参见何志鹏《国际法在新时代中国的重要性探究》，《清华法学》2018 年第1 期。

⑫　参见廖凡《全球治理背景下人类命运共同体的阐释与构建》，《中国法学》2018 年第5 期。

⑬　参见吕江《习近平法治思想中涉外法治话语生成与实践逻辑——以"一带一路"倡议为视角》，《法学评论》2022 年第1 期；江河《人类命运共同体与南海安全合作——以国际法价值观的变革为视角》，《法商研究》2018 年第3 期。

⑭　参见黄文艺《论习近平法治思想中的法治工作队伍建设理论》，《法学》2021 年第3 期。

涵,① 或提出完善中国特色社会主义法学学科体系的实践路径,② 或主张新政法教育与专业化法学教育并行。③（11）就坚持抓住领导干部这个"关键少数"而言,学者认为习近平法治思想在领导干部是全面依法治国的关键、领导干部要做尊法学法守法用法的模范、用制度保证领导干部发挥"关键少数"作用三个方面作出了原创性贡献,明确了政治要求,确立了行为准则。④

四是习近平法治思想的实践要求。这又包括两个方面。一方面是法治对经济、政治、社会、文化、生态的作用。有论者要求将营商环境优化与法治建设两大主题深度结合,⑤ 建立法治化营商环境建设合规机制,⑥ 并在数字经济背景下建立包容审慎的新型监管模式。⑦ 有的倡导用法治逻辑体系来优化政治生态环境。⑧ 有论者指出,习近平法治思想提供了生态文明法治建设的价值论、方法论和法学理论,⑨ 要求以"保障和改善民生"为当代中国环境法治价值诉求,并形成具有中国特色的环境法理论体系、制度体系、话语体系。⑩ 另一方面是全面依法治国的重大关系。论者系统剖析了习近平法治思想中司法改革的理论构成⑪或理论要义及其价值,⑫ 以及从司法改革到政法改革的意义;⑬ 阐明了依法治国与以德治国相结合的历

---

① 参见杨宗科《习近平德法兼修高素质法治人才培养思想的科学内涵》,《法学》2021 年第 1 期。

② 参见马怀德、王志永《完善中国特色社会主义法学学科体系的实践路径》,《比较法研究》2021 年第 3 期。

③ 参见陈柏峰《我国政法教育的变迁与展望》,《现代法学》2022 年第 2 期。

④ 参见陈训秋《习近平法治思想关于"坚持抓住领导干部这个'关键少数'"的若干原创性贡献》,《中国法学》2022 年第 4 期。

⑤ 参见石佑启、陈可翔《合作治理语境下的法治化营商环境建设》,《法学研究》2021 年第 2 期。

⑥ 参见李本灿《法治化营商环境建设的合规机制——以刑事合规为中心》,《法学研究》2021 年第 1 期。

⑦ 参见刘权《数字经济视域下包容审慎监管的法治逻辑》,《法学研究》2022 年第 4 期。

⑧ 参见张琴《我国优化政治生态环境的法治逻辑与路径》,《政治与法律》2018 年第 12 期。

⑨ 参见吕忠梅《习近平法治思想的生态文明法治理论》,《中国法学》2021 年第 1 期。

⑩ 参见陈海嵩《中国环境法治中的政党、国家与社会》,《法学研究》2018 年第 3 期。

⑪ 参见黄文艺《论习近平法治思想中的司法改革理论》,《比较法研究》2021 年第 2 期。

⑫ 参见卞建林《习近平法治思想中的司法改革理论要义》,《法商研究》2022 年第 1 期;徐汉明《习近平司法改革理论的核心要义及时代价值》,《法商研究》2019 年第 6 期。

⑬ 参见黄文艺《新时代政法改革论纲》,《中国法学》2019 年第 4 期。

史基础①及其三个操作层面;② 表明了依法治国和依规治党的统一性基础,③ 由此要求建构"依规治党—依法执政—依法治国"三位一体的理论框架,④ 以及两者统筹推进、一体建设。⑤

五是习近平法治思想与中国特色社会主义思想的关系。习近平法治思想是习近平新时代中国特色社会主义思想的重要组成部分。论者认为,习近平新时代中国特色社会主义思想精髓即八个"明确",它们每一项都与法治有着紧密的逻辑关联,都对依法治国和法治建设有着重大而深远的指导意义。⑥

此外,学者们还就习近平法治思想中的人权观、⑦ 国际法、⑧ 刑事法思想、⑨ 反恐理论、⑩ 国家安全法治、⑪ 重大突发事件、⑫ 紧急状态、⑬ 例外状态⑭或风险社会⑮的法治、数字化法治治理⑯或算法之治⑰展开广泛论述。有学者对习近平法治思想研究本身展开研究,⑱ 亦有学者基于习近平法治思想提出了"法治学"的新表述,并对其学理和体系进行了论述,⑲ 或者

①　参见张晋藩《论中国古代的德法共治》,《中国法学》2018 年第 2 期。

②　参见龙大轩《新时代"德法合治"方略的哲学思考》,《中国法学》2019 年第 1 期。

③　参见韩春晖《依法治国和依规治党有机统一研究》,《中国法学》2021 年第 4 期。

④　参见林华《依法治国与依规治党有机统一的逻辑及其进路》,《环球法律评论》2020 年第 3 期。

⑤　参见张文显《坚持依法治国和依规治党有机统一》,《政治与法律》2021 年第 5 期。

⑥　参见张文显《新思想引领法治新征程——习近平新时代中国特色社会主义思想对依法治国和法治建设的指导意义》,《法学研究》2017 年第 6 期。

⑦　参见柳华文《论当代中国人权观的核心要义——基于习近平关于人权系列论述的解读》,《比较法研究》2022 年第 4 期。

⑧　参见柳华文《论习近平法治思想中的国际法要义》,《比较法研究》2020 年第 6 期。

⑨　参见姚建龙《习近平法治思想中的刑事法要义》,《政治与法律》2021 年第 5 期。

⑩　参见康均心《习近平新时代反恐理论的形成与发展》,《法商研究》2018 年第 5 期。

⑪　参见王贵松《论法治国家的安全观》,《清华法学》2021 年第 2 期;蔡宝刚《论习近平法治思想中的国家安全法治理论》,《法学》2022 年第 1 期。

⑫　参见林鸿潮《重大突发事件应对中的政治动员与法治》,《清华法学》2022 年第 2 期。

⑬　参见郑玉双《紧急状态下的法治与社会正义》,《中国法学》2021 年第 2 期。

⑭　参见张龑《例外状态与文化法治国》,《法学家》2021 年第 4 期。

⑮　参见杨知文《风险社会治理中的法治及其制度建设》,《法学》2021 年第 4 期。

⑯　参见施伟东《论市域社会治理数字化转型的法治推进》,《政治与法律》2022 年第 3 期。

⑰　参见陈景辉《算法之治:法治的另一种可能性?》,《法制与社会发展》2022 年第 4 期。

⑱　参见江必新《习近平法治思想研究之研究》,《法学评论》2022 年第 2 期。

⑲　参见杨宗科《习近平法治思想中的法治学学理》,《法律科学》2021 年第 2 期;杨宗科《习近平法治思想与法治学体系》,《法律科学》2022 年第 2 期;杨宗科《论法治学的创建及其学科范围》,《法律科学》2020 年第 5 期。

将当下中国的法治模式概括为"国家建构主义"式①或"政党驱动型"②法治。

（三）小结

中国式法治现代化开辟了"中国之治"的新境界，而习近平法治思想被视为确保这一新道路不断走向成功的根本依循和坚实保障。对此，学界主流观点大体可被概括如下。（1）习近平法治思想是马克思主义法治理论同中国实际相结合的最新成果，是对党领导法治建设丰富实践和宝贵经验的科学总结，是在法治轨道上推进国家治理体系和治理能力现代化的根本遵循，是引领法治中国建设实现高质量发展的思想旗帜。（2）习近平法治思想涵盖全面依法治国的重要地位、政治方向、工作布局、重大任务、重大关系、重要保障，其核心要义"十一个坚持"构成了中国特色社会主义法治理论的内核。（3）全面依法治国是新时代坚持和发展中国特色社会主义的全局性基本方略，与经济、政治、文化、社会、生态文明以及国防、外交、党的建设等各个领域具有密切联系。必须更好发挥法治固根本、稳预期、利长远的保障作用，在法治轨道上全面建设社会主义现代化国家。（4）中国式法治现代化新道路是法治现代化的社会主义道路，是法治现代化的中国道路，也是人类法治文明的新形态。

五　中国法治理论研究的特点及反思

中国法治理论的发展主线经历了从"法治"到"法治国家"再到"法治中国"和"中国式法治现代化"的过程。在这一过程中，一方面中国学界对法治理论的研究不断深入，另一方面法治本身也从治国之术上升为治国之道。从四十多年来主流学说的理论样貌中可以归纳出以下几个特点。

其一，研究重心与政治现实密切相关。这种紧密的关联性一方面体现

---

① 参见姜永伟《国家建构主义法治的理论逻辑——一个法政治学的论说》，《法学》2022 年第 1 期。

② 参见喻中《政党驱动型法治的兴起》，《法律科学》2022 年第 4 期。

在重要的政治会议和文件构成了中国法治理论研究的"风向标"和"指挥棒"，另一方面也体现在很多研究将领导人的讲话和政治文件中的表述作为终极权威依据。[①] 当然，这并不是说学术研究永远只能跟在政治的后面。例如，"法治中国"首先是作为学术概念被提出来的。至迟在2004年，一些学者的论述中就已经出现"法治中国"的表述，[②] 而在2013年1月习近平总书记在全国政法工作会议上提出"全力推进平安中国、法治中国建设"后，法治中国才成为主流的政治命题。[③] 这也不意味着这种现象一定就是不合理的。法治原本就是一种政治理想，法治理论也天然具有政治性。学者们对法治理论的鼓与呼，潜意识里都带有某种政治上的倾向和抱负，这无可厚非。此外，法治研究与政治现实的亲缘性在中国也具有现实合理性。因为理论研究的尺度在现实中往往受政治情势的制约，反过来说，学者们如欲对政治现实产生影响也需在政治可接受的范围内以稳妥的方式来进行。但从另一个角度看，这也在某种程度上导致了中国法治理论研究的短期化和效用化。所谓"短期化"，指当中央出台一份重要文件或发表一次重要讲话后，相关研究会如雨后春笋般出现。而当下一份文件或下一次讲话出现后，旧有的研究就会立马被新的研究所取代。但是，学术沉淀和创新必然不是一蹴而就的，而需要长时间的积累，这就需要以更沉潜问道的心态来进行更为精致化的工作。所谓"效用化"，指的是一些作品以立竿见影地产生政治和社会效用为己任，对于学术本身内在逻辑和体系融贯方面的用功还嫌不足。如何使法治理论研究与政治现实维系一种"有选择的亲和关系"，既能保持鲜活的联系，又能维持自身一定的独立性，是考较未来中国学者之学术智慧与耐力的重要任务。

其二，研究（者）的主体意识浓厚。主体意识体现在两方面。一是从主题看，大多数学者自觉或不自觉地从中国问题、中国意识、中国话语、中国现实出发，将自己标识为"中国"法治研究者，将自己的作品定位为"从中国出发、为了中国、适合于中国、落脚于中国"。即便是关于法治之

[①] 当然，在不同阶段，文献引证方面还是有着明显的不同：如果说早期法治理论研究常常将领导人的讲话和政治文件作为唯一重要的甚至唯一的文献的话，那么越往后文献引证越多元化，呈现政治文件和其他文献合用的局面。

[②] 如陈云良《法治中国，可以期待——2003年法治盘点》，《社会科学论坛》2004年第3期。

[③] 参见韩大元《简论法治中国与法治国家的关系》，《法制与社会发展》2013年第5期。

内涵和理念的讨论，亦有不少研究会在未事先作出明确限定的前提下将具有中国特色的内容注入其中。也有一些作品虽从对法治的一般探讨开始，但最后总是要回到中国语境。二是从主张看，大部分学者有意或无意地强调法治的中西之别，或倡导作为历史情境与价值意向的"中国"之于法治的主导地位，孜孜不倦地致力于为法治的中国模式、中国道路、中国制度、中国理论提供智识资源。在人治与法治的讨论中将法治追溯到中国封建时期的法律思想，在法治文化的热潮中营造传统文化的愿景和乡愁，在法治道路的选择中对自主意识的推崇，乃至最终汇聚为"法治中国"的标记，无不渗透着这种浓厚的主体意识。诚如德国法哲学家拉德布鲁赫（Radbruch）所言："每一种法律思想都不可避免地带有它得以型塑的'历史气候'的标记。"① 中国的学者和中国学者的作品无可避免地会带有特定的时空烙印，而中国主体意识就是这种烙印的折射。这本身并没有问题，但吊诡的是，许多被认为具有中国特色的研究却依然没有摆脱西方的知识框架。例如法律文化研究曾受西方文化学者〔如埃利亚斯（Elias）〕关于文化与文明的论述框架不少启发，社会演进型法治道路和本土资源的研究更是直接以吉尔兹（Geertz）的地方性知识和哈耶克（Hayek）的自由生发秩序理论为根基。所以，这些作品一定程度上呈现了中国素材（经验）与西方方法（理论）相结合的特征，只是西方理论在中国的运用。对真正有别于西方、在西方理论中找不到参照物的内容，如一党执政与法治的兼容性、不同规范体系的共治等问题的研究则刚刚起步，除了引经据典寻求政治权威的论述外，能够称得上有深度和体系性的学术作品还为数不多。

其三，预设法治多元的立场。这与上述主体意识和对中国特色的强调密切相关。正因为法治的多元化发展具有现实性和合理性，所以中国法治凸显出自己的主体地位和特色理所当然。例如，有学者在回顾英、德、法三国法治历程的基础上提出了"法治的个别化模式"，② 亦有论者在考察东亚各国形成法治社会的过程后揭明了它们的多元特色。③ 形成法治多元的主流观点当然与各国法治实践多元的历史事实相关，也与中国学者的民族

① 〔德〕古斯塔夫·拉德布鲁赫：《法律智慧警句集》，舒国滢译，中国法制出版社，2016，第38—39页。

② 参见林来梵《法治的个别化模式》，《环球法律评论》2014年第1期。

③ 参见马新福《东亚法治社会论纲》，《法制与社会发展》2002年第3期。

自尊、自信相关，但多元的法治实践是否就一定会排斥普遍的法治理论要素，两者是否一定就不能共存，尚值得进一步的探讨。如果混淆理论与实践的性质，认为多元的法治实践必然对应完全不同的法治理论，进而认为中国的法治理论只需关注特殊的"中国"而无须关注普遍的"法治"，就会淡化甚至忽视对"法治"本身的重视，造成对法治的工具性解读。① 因为无论中国如何独特，它也不能抵抗普遍的法治要求，否则就不是"法治"中国了。所以，只有对"法治是什么"有了更为成熟透彻的理解之后，才能明确哪些中国特色的主张可以被纳入法治的范畴，而哪些又与法治是有内在张力的。在此意义上，对法治实践的关注离不开也不能取代对"法治"本身的一般性讨论，而后者又与对法治之"法"的一般性讨论相关。在某种意义上，之所以对法治的概念模糊不清，也与长期以来对"法"的概念的研究不足相关。中国学界除了在思想解放之始和20世纪90年代初有过一阵关于法律的本质（围绕继承性、社会性、阶级性等展开）② 和法律价值（围绕权利本位和义务本位）③ 的争鸣之外，缺乏对法概念本身持续、深入的讨论。因此，未来中国的法治理论同样需要学者做一些更抽象和"寂寞"的学问，在普遍性和一般性的层次上更多地着力。

其四，总体上重价值宣扬而轻分析论证。除了晚近部分量化法治的作品采取较为纯粹的经验性范式外，中国法治理论的大部分研究沁透着比较浓厚的价值色彩。这并不是说缺乏以法治概念和内涵为主题的作品——恰

① 在这一方面，於兴中给出了最尖锐的批评："当人们提出上述种种类型的法治时，要么他们所强调的只是如何更有效地使用法律，要么他们根本就不知道自己在说什么。"（於兴中：《"法治"是否仍然可以作为一个有效的分析概念？》，《人大法律评论》2014 年卷第 2 辑，第 11 页）

② 例如：林榕年《略谈法律的继承性》，《法学研究》1979 年第 1 期；栗劲《必须肯定法的继承性》，《法学研究》1979 年第 2 期；苏谦《也谈法律的继承性》，周凤举《法单纯是阶级斗争的工具吗？》，唐琼瑶《社会主义法是工人阶级意志性的体现》，均载于《法学研究》1980 年第 1 期；刘瀚、吴大英《也谈法的阶级性》，《法学研究》1980 年第 3 期；唐琼瑶《再谈社会主义法的阶级性》，《法学研究》1980 年第 5 期；张光博《论法的阶级性》，《法学研究》1981 年第 2 期；孙国华、朱景文《试论法的阶级性和社会性》，《法学研究》1982 年第 4 期；张贵成《论法的继承性问题》，《中国社会科学》1983 年第 4 期。

③ 有较大影响力的论文参见张文显《"权利本位"之语义和意义分析：兼论社会主义法是新型的权利本位法》，《中国法学》1990 年第 4 期；张恒山《论法以义务为重心：兼评"权利本位说"》，《中国法学》1990 年第 5 期。

恰相反，这类主题并不罕见——而是说在这类主题之下，论者往往将自己关于良好社会治理的所有美好想象和价值诉求都置入"法治"一词，没有仔细去区分法治与其他概念（如民主、自由、平等、公正等），从而在一定程度上混同了评价性层面与分析性层面的研究。混同的一个突出体现在于，除了晚近的个别作品外，大部分学者关于实质法治观的主张不是基于对法治的性质进行分析论证的产物，而只是满足于在"法治"的标题下列举或长或短的价值清单。这里的原因，一方面与学者倾向于将自己的政治诉求注入法治的概念有关。他们往往借法治的外衣宣扬治国理政的理想，从而将它构造为一个包罗万象的口袋式概念。这种理想固然没错，但如果在法治理论研究中不采取更为节制和"科学"的姿态来区分客观的理论研究和主观的价值诉求，那么一来会抹杀学术与政治的界限，二来反而会弱化而非加强法治本身的力量。法治如果是一种无所不包的东西，那它就什么也不是。另一方面恐怕在于许多学者还比较缺乏分析性思维和方法。这当然与我们传统上重义理、轻考据的文人思维有一定联系，也与我们对逻辑分析、批判性思维方法的长期忽略相关。因此，未来中国的法治理论（乃至法学理论整体）既需在方法论上有更明确的自我反省意识，也需对法治进行更为精致的概念论证。

六　结语：愿景与期待

十一届三中全会以来的四十多年，中国的法治理论就同中国的法治实践一样，都是在"摸着石头过河"。[①] 这个上下求索的过程虽不甚漫长，但也并非一帆风顺，其中既凝结着执政者的政治魄力，也呈现了中国法学者孜孜以求、勠力同心的学术智慧。不可否认，这四十多年来法治理论研究的成果丰硕，不断深入，对于中国法治建设的进程功莫大焉。

在当代中国，法治已经成为无可置疑的社会主流话语。但面对法治昌盛的气象，中国的法治研究者应有清醒的认识：一方面，必须对中国的法治建设抱持理性务实的态度，保持足够的耐心与克制，坚持踏实坚定、循

---

① 〔美〕约翰·W. 海德：《摸着石头过河：中国的法治》，李松锋译，《比较法研究》2013年第 2 期。

序渐进地推进中国法治建设的基本立场；另一方面，也需要提升法治研究的知识品格、体系化程度和深度，为中国的法治建设提供长期的而不只是短时段的智力支持，从目前的政治主导型转变为政治和学术合力驱动型。如此，才能形成一种兼具（来源、内容上的）中国特色和（性质、功能上的）国际开放性的普适性法治理论，才能开创出真正的"法治的中国之道"。未来可期，但我们仍在路上。

一　法治：内涵辨正

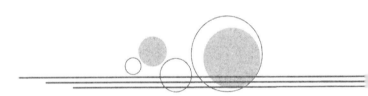

论人治和法治[*]

谷春德　吕世伦　刘　新[**]

摘　要： 作为统治方法的主张，法治论比人治论有较多的民主性，虽然科学社会主义的法治论同剥削阶级的法治论有本质区别，但却有历史的联系和批判地继承的关系。人治论用抽象的人治掩盖了阶级统治，把国家和法律割裂开来，否认法律的阶级性，是建立在历史唯心主义基础上的。我国无产阶级专政的历史经验表明，社会主义中国只能搞法治，不能搞人治。

关键词： 人治　法治　民主性　阶级性

一

我国人治主张始于春秋战国时代的儒家。孔丘、孟轲就曾以反对法治、宣扬人治而著称。儒家的经典《礼记》上说："文武之政，布在方策，其人存则其政举，其人亡则其政息。"孟轲说："徒法不能以自行……唯仁者宜在高位。"[①] 他们强调要由负有"天命"的圣贤以"礼"来治理国家，实行所谓"德政"或"仁政"。

古希腊的上层奴隶主阶级思想家柏拉图在他追求的"理想国"中，把

---

*　本文原载于《法学研究》1979 年第 5 期。

**　谷春德、吕世伦，中国人民大学法学院荣休教授；刘新，中国人民大学法学院已故教授。

①　《孟子·离娄上》。

人分成三部分，即哲学家、武士和官吏、工人和农民，说他们是上帝分别用金、银和铜铁造成的。只有哲学家才有资格实行统治。至于奴隶，则根本不入"人"的行列。这种"哲学家政治"论，可以视为欧洲最早的人治论。它的直接的历史背景，是当时的反动贵族政治。

西欧中世纪，意大利的神学政治家和经院哲学家托马斯·阿奎那宣扬一切权力来自上帝，上帝主宰一切；而国王是"上帝的一个仆人"，是上帝在尘世的代表。这样，上帝主宰一切就变成国王主宰一切。阿奎那的"神治"，无非是涂了神圣油彩的、以国王为中心的人治而已。其目的是论证封建专制制度的绝对性。

在帝国主义时期，垄断资产阶级最反动的政治代表希特勒之流拼命鼓噪"元首政治"。他的权力不受任何限制，他的意志就是法律。他还是"德国国民的最高法官"。什么国会、法治、民主、自由等等，统统可以取消，唯他一个人指挥和决断国家的一切。法西斯主义是现代人治论的标本。

与人治相对立的是法治。法治的统治方法强调法律在治理国家方面的重要作用，倾向于限制和排斥由执政者的个人意志主宰国家的政治生活。我们上边说到人治的坏处，相应地都可以看作是法治的好处。法治能广泛代表统治阶级的整体利益和意志，使统治阶级的行动能更为协调和统一。无疑，这对于政权的稳定有重大作用。

首先系统、明确地论证法治的，是以我国先秦的商鞅、申不害、慎到及其集大成者韩非为代表的法家。商鞅说："立君之道莫广于胜法"，"秉权而立，垂法而治"，"以治法者强，以治政者削"。① 申不害说："圣君任法而不任智，任数而不任说。"② 韩非则更加明确地提出"以法治国"的口号。诚然，先秦法家的法治论有很大缺陷。最明显的是，这种法治论没有提出民主政体，而是维护君主专制政体。同时，法家人物片面夸大法的作用，抹杀道德的作用。他们对过去的文化知识过分地采取否定态度，也是错误的。但不能因此而忽视其法治论中的民主成分。例如，他们坚持"事断于法""法不阿贵""刑无等级"等主张，就含有全体统治阶级成员在

---

① 《商君书》之《开塞》《壹言》《去强》。

② 《艺文类聚》五十四。

法律面前人人平等的意思。尽管这些主张在君主具有至高无上的权力和等级制度森严的封建社会里不可能实现，但它对于"贵人"特权和等级制度多多少少是一种挑战。法治论在当时是新兴地主阶级反对奴隶主阶级的武器，对我国的历史发展起了一定的推动作用。

在古希腊，中下层奴隶主阶级利益的代表者亚里士多德鲜明地提出法治论，反对人治论。他在《政治学》一书中，对比了法治和人治的利弊。亚里士多德认为，法治的优越性在于：法是经众人审慎考虑后制定的，同个人或少数人的意见相比，具有更多的正确性；法无感情，不会偏私，具有公正性；法不会说话，不能像人那样信口开河，今天这样讲明天那样讲，具有稳定性；法是通过规范形式，特别是借助文字形式表达的，具有明确性。这些形象而通俗的说法，颇有一些道理。它对后世的民主论和法治论产生了巨大的影响。

欧美17、18世纪资产阶级革命开始了法治的新阶段。近代的法治和古代的法治有很大区别。其主要特点是，明确地、广泛地把法治和民主紧密结合在一起，并把各种社会关系都蒙上法律的外衣。法学世界观，是资产阶级典型世界观。资产阶级革命的启蒙思想家们，为反对封建专制和等级特权，提出"自由、平等、博爱"的口号和法治原则。他们的理想王国即"法治国"，也就是资产阶级民主共和国。资产阶级的民主和法治这两大思想武器，在历史上曾经起过很大的进步作用。

从上述史实可以看出，作为统治方法的主张，法治论比人治论有较多的民主性，人治论则比法治论有更多的反民主性。虽然科学社会主义的法治论同剥削阶级的法治论有本质区别，却有历史的联系和批判地继承的关系。

有的同志不承认历史上存在过人治和法治两种主张，认为这是后人划分的，甚至是没有意义的。其实不然，人治的统治方法和法治的统治方法及作为理论表现的人治论和法治论的存在，是无法否认的事实。尽管对剥削阶级来说，人治和法治这两种统治方法之间没有什么绝对的界限，但并不等于二者没有区别。它们是可以并且应当加以区别的。只有如此，才能具体地历史地确定它们各自的地位和作用，才能准确地批判继承，有助于我们今天的社会主义法制建设。

二

人治论用抽象的"人治"掩盖了阶级统治。在这点上，它和剥削阶级的法治论没有多大差别。国家是阶级矛盾不可调和的产物和表现。在国家机构中直接行使国家权力的人，不过是该阶级的代表而已。正像没有超阶级的"人"一样，从来没有超阶级的"人治"。但现今主张人治的人却只抨击剥削阶级法治论的超阶级观点，以致把社会主义法治也当成资产阶级法治加以批判，而对于人治论的超阶级观点却加以掩饰。如有的同志说："我们讲的'人'就是指的统治阶级，'人治'就是阶级统治。"这是无力的辩解。如上所述，人治从来就不具有这种含义。至于马克思主义理解的法治，则包括了阶级治理的意思。因为，名副其实的阶级的而不是阶级中的个别人的治理，正是法治的基本内涵。所以，若真想按照整个统治阶级的意志办事，即按照作为国家主人的全体人民群众的意志办事，真想搞法制，就没有任何理由在马克思主义的法治观点之外再提出一个什么"人治"来。

人治论把国家和法律形而上学地割裂和对立起来，否认法律在实现阶级统治中的重要作用。法律是一种国家意识形态；意志如果是国家的，就要表现为政权机关制定的法律。国家与法律不可分。首先是法律离不开国家，法律的性质取决于国家的性质。没有国家便无法律可言。但同时，国家也不能没有法律。没有法律规定国家的基本政治制度、经济制度和国家机关的组织、活动原则，国家权力就不能组成；没有法律来表现国家意志和执行国家的职能，国家权力就不能实现；没有法律对付敌对阶级的反抗，维护社会秩序，国家权力就不能巩固；没有法律在社会的经济、文化、教育等各领域的调整作用，国家权力就会失去坚实的物质的、精神的条件，而不能维持下去。有的同志说："我们讲人治是为了反对法律至上论。"不能不指出，持有这种想法的同志存在一个很大的误解，就是在法治和法律至上论之间画了等号。法治的中心在于"依法办事"，也就是强调人人都要服从整个统治阶级的利益和意志，这和法律至上论完全是两回事，更何况，我国政治生活中的主要问题并非什么法律至上，倒是法治不健全，倒是忽视和轻视法治的作用。而这种现象的造成，恰恰是和人治论的危害有密切关系。

人治论是建立在历史唯心主义基础上的。这种理论以把人分为先天的智者和愚者为前提。它鼓吹智者才能"治人",而愚者只能"治于人"。这套说教中国有过,如孟轲说"劳心者治人,劳力者治于人";林彪、"四人帮"之流更叫嚣什么要由"天才"人物"号令一切,指挥一切,调动一切"。老百姓对他们的话"理解的要执行,不理解的也要执行"。外国也有过,如托马斯·阿奎那说:"才智杰出的人自然享有支配权,而智力较差但体力较强的人则看来是天使其充当奴仆。"既然如此,那么所谓智者实行统治,所谓愚者被统治,就是顺乎自然的事了。这当然是彻底的历史颠倒。有的同志也许会说:"我国是社会主义国家,这里讲的人治中的'人'与剥削阶级人治中的'人'不同,不是指少数人而是指人民群众。"不错,社会主义国家是人民当家作主的国家,社会主义法治正是这种社会主义民主的有力保障,正是为了使人民民主权利制度化、法律化。社会主义法制越完备,人民群众的革命积极性就越能得到充分的调动,创造历史的作用才越能得到发挥。所以,只有坚持社会主义法制才和唯物史观完全一致。

三

实践是检验真理的唯一标准。

多年来,人治论给我们国家的政治生活造成的危害有目共睹。早在20世纪50年代后期,法律虚无主义和人治论就已抬头;到60年代初,要人治不要法治的观点便广泛传播开来。在这种错误思潮影响下,我国社会主义法制建设几乎陷于停顿。许多迫切需要立的法不立了,已经立起来的法不用了,政法机关被合并或撤销。随着轻视法律思想的发展,人治论更为某些干部的个人独断专行提供了理论根据。依人不依法、依言不依法等倾向有增无已。特别是在"文化大革命"中,林彪、"四人帮"摧毁社会主义法制,神化革命领袖,把领袖同人民群众隔离开并对立起来,借助大树特树"绝对权威"和"造神"狂热,达到其愚弄人民、蹂躏人民的目的。他们给社会主义法治罗织种种罪名,砸烂政法机关,迫害政法干部,对人民实行最反动、最野蛮的封建法西斯"全面专政"。一时间,社会主义的中国被搞得无法无天，广大人民群众遭受一场空前的浩劫。

人民群众付出高昂的代价，换得了深刻的教训。他们终于完全明白了，在社会主义制度下，只能搞法治，决不能搞人治。这是我国无产阶级专政三十年的基本经验之一。

从政治方面来说，社会主义国家是最新型的民主国家，即由全体人民群众充当国家的主人，按照民主集中制的原则管理国家。人民群众为了统一自己的意志，并把它提升为国家意志，以便取得整个社会一体遵行的效力，为了有条不紊地组织、运用自己的权力，形成良好的社会秩序，为了团结一致地打击敌人和保卫自己，必须建立一整套的法律和制度，即社会主义法制。这就表明，社会主义民主必然造成真正完备的社会主义法治，而社会主义法治又有力地保障社会主义民主。但人治恰恰与社会主义法治相反，因而同社会主义民主背道而驰。在社会主义制度下搞人治，就意味着允许个别人或少数人用他们的个人意志代替人民群众的意志或凌驾于人民群众的意志之上。于是，这些人便成为事实上的、可以任意对群众发号施令的特权者，而人民群众的主人翁地位即社会主义民主便不复存在了。如果一小撮特权者进而又任意对人民实行镇压，那就说明政权已蜕变为社会法西斯主义。当年林彪、"四人帮"一伙正是妄图把我国推上这条危险的道路。

从经济方面来说，社会主义生产关系是以生产资料公有制为基础的、同志式的互助合作关系。社会主义法治保卫社会主义经济基础并依据社会主义基本经济规律的要求，积极保护和促进生产力的发展，以满足人民群众不断增长的物质和文化的需求。与此同时，社会主义法治还坚决反对任何损害人民共同经济利益和破坏人民经济平等权利的行为，坚决反对任何无偿占有他人劳动成果的"特殊"权利。可见，社会主义法治是绝对需要的。但人治，则是同社会主义经济基础的性质完全相违背的。如果在社会主义制度下搞人治，就意味着个别人或少数人已经在经济上处于特殊地位，可以随意把国家的、集体的财产攫为己有，任意挥霍，实际上成了新剥削分子。这是因为人治就是治人的政治特权，而政治特权总是要和经济特权结合在一起的。这一点，林彪、"四人帮"的所作所为也是很明显的例证。这样必然会沉重地打击广大人民群众的生产积极性，破坏社会主义经济建设事业，甚至可能导致旧制度的复辟。几年之前，我国人民不是已经面临过这种严重威胁了吗?!

目前，坚持只要人治、不要法治观点的人似乎不多了，但坚持人治、法治并用观点的，还不乏其人。如有的同志说，社会主义国家既不能只搞人治，也不能只搞法治，应当使二者结合起来才全面。这种看法，仍然是对人治和法治尤其是和社会主义法治分歧的实质缺乏正确认识造成的。他们总觉得强调法治就等于忽视"人的作用"，所以就需要用人治给它作"补充"；相信人治不是同社会主义民主势不两立，而是并行不悖甚至有所裨益。在坚持这种"补充"说的同志中极为流行的"根据"和"理由"是：法是由人制定，由人执行和遵守的。如果这种看法能够成立，那就意味着，法治就是人治，因而世界上压根儿就不存在什么法治，当然也不会存在社会主义法治。于是，人治和法治的"结合"或"补充"的前提也无从谈起了。这种想法正是多年来过分地批判"法律至上论"或"法律万能论"带来的后果。其实法是由人制定、由人执行和遵守的，正是人治的基本理论"依据"。前面已经指出，坚持社会主义法治就是坚持按照全体人民的意志办事。假使承认少数人（不管什么人）可以不严格地在法律规定的范围内行事，反而要对法律进行"补充"，这实际上就是承认了他们拥有法律之外的或凌驾于法律之上的权力。这就是公然承认特权。不错，在社会主义社会的很长历史时期中，全体人民还要通过少数的、职业化的、被称作干部的人来管理国家，而干部又可以并且必须因时因地适应具体情况来执行法律。但这仍然是根据法律并且是执行法律，不是什么用自己的意志来"补充"法律的问题。"补充"法律，无异于篡改法律和替代法律。假若这个非法的阀门一开，每个人都如此这般地"补充"法律，那么社会主义法治就会荡然无存了。所以，要想真正坚持社会主义法治，就绝不能使人治有立锥之地；允许给人治留有地盘，社会主义法治就势必破产。

说到这儿，不能不提到，人治和法治的"结合"论正是现今西方某些资产阶级法学家所津津乐道的。垄断资产阶级的人治比起英国革命前夜的封建专制政治，在许多方面有过之而无不及。至于说同法国大革命时期的法治主义不同倒是一点不假。列宁指出，法制为资产阶级所建立，如今已为它所不能容忍了。

总之，历史的经验，林彪、"四人帮"横行时期的教训，以及当代资产阶级一些理论家的主张等，无不发人深思，社会主义国家的性质决定，只能靠法治，不能搞人治。以法治国，才能巩固我们的社会主义国家制度，才能防止林彪、"四人帮"一类反革命复辟活动事件的重演，才能保障四个现代化建设的顺利进行。我们一定要为不断加强社会主义法治而斗争。

人治和法治能互相结合吗？

李步云　　王礼明**

摘　　要： 在历史上，人治与法治，作为治国方法、法律和政治制度方面的理论，虽然在不同社会制度下其具体内容和阶级实质有很大不同，但它们都有相对确定的含义，是相对立而存在、相斗争而发展的。人治把国家的兴亡治乱系于国君是否贤明，或者由国家主要领导人来决定国家的命运，而法治则强调要以法治国，要有完备的法律，法律要有极大的权威，任何人都必须依法办事。我们主张实行法治，就是要在我国使民主制度化、法律化，真正做到"有法可依，有法必依，执法必严，违法必究"。

关键词： 人治　法治　以法治国　依法办事

当前，在人治与法治问题的讨论中，有的同志认为，自人类进入阶级社会以来，从来就没有过单纯的人治，也没有过单纯的法治，任何统治阶级都是把人治与法治互相结合起来进行统治。在我们这样的社会主义国家里，也要既实行法治，也实行人治。我们认为，这种观点是值得商榷的。

一

现在，为什么有的同志主张实行法治，有的同志主张实行人治与法治

＊　本文原载于《法学研究》1980 年第 2 期。

＊＊　李步云，中国社会科学院法学研究所研究员；王礼明，曾担任人民日报社理论部主任，1990 年起担任社长。

相结合呢？争论的焦点究竟在什么地方？我们认为，争论的焦点，就在于对什么是人治、什么是法治有不同的理解。理解不同，标准不一，结论当然不会一样。为了解决这个问题，就需要大家把什么是人治、什么是法治的看法摆出来，以便互相启发，集思广益，逐步求得问题的解决。

有的同志说，他们所说的人治的"人"，指的是"统治阶级"，人治即"阶级统治"。这种说法，乍看起来，似乎很有道理，其实是似是而非的。因为，在阶级社会里，甚至包括像我们这样已经消灭了剥削阶级的社会里，哪一个国家不是由统治阶级在实行阶级统治呢？既然"阶级统治"就是"人治"，法律又是统治阶级意志的体现，是统治阶级进行阶级统治的工具，那么，自人类进入阶级社会以来，一切国家岂不是都可以归结为是实行人治的，岂不是就只有人治，没有法治了吗？人治与法治相结合，也就无从谈起了。有的同志还用孟子"徒法不能以自行"① 的话，来证明人治与法治相结合是有道理的。他们说，法是由人制定的，也要由人执行，离开了人，怎么能够实行法治呢？这些话，如果是用来说明实行法治并不否定人的作用，当然是对的。但如果把法是由人制定的，也要由人来执行，归结为法治离不开人治，就是不对的了。因为，按照这种逻辑，就可以得出人治可以包含和代替法治的错误结论。过去，有的同志正是从法自己不会产生、不会行动，离开了人，法是死的，什么作用也没有，得出了法治完全是一种"虚构"，世界上只有人治，从来就没有过什么"法治"的结论。这种看法，显然是不符合历史实际的。

还有的同志把人治的"人"理解为人民群众，认为人治就是由人民群众来治理国家，以此来说明人治与法治相结合是非常必要的。这种理解，是一种不恰当的引申。因为，在封建社会实行人治的时候，人民群众是无权治理国家的。至于在像我们这样的社会主义国家里，由人民群众来治理国家，已经有一个更准确的概念，那就是民主，由人民群众来当家作主。在我国，人民群众包括许多亿人，这么多的人，怎么样去治理国家呢？都当代表，不行；都当领导，更不行。唯一的办法，是通过他们的代表组成立法机关，把他们的意志变为法律，把他们的利益和愿望反映到法律当中，并选举和任命各级政权机关的领导人。各级政权机关的领导人，包括

---

① 《孟子·离娄上》。

国家的最高领导人，都要服从人民的意志，都要依法办事；人民群众自己也都要守法。这并不是人治，而是实行法治的基本标志之一。

那么，究竟什么是人治，什么是法治呢？是不是由人管理国家，认为国家领导人在治理国家中有重要的作用，就是人治，只要有法存在，认为法律在治理国家中有重要的作用，就是法治呢？我们认为，不能这样理解。在历史上，人治与法治，作为一种治国方法，一种法律和政治制度方面的理论，虽然在不同的社会制度下，在不同的统治阶级那里，是有发展和演变的，其具体内容和阶级实质是有很大不同的，但它们自身都有确定的含义，是相对立而存在、相斗争而发展的。下面，我们就来对三个不同历史时期人治主张与法治主张的特定内容及其对立作一番历史的考察。

二

儒家创始人孔子多次讲到刑或法的作用，例如他说，"导（道）之以政，齐之以刑，民免而无耻。导（道）之以德，齐之以礼，有耻且格"，① "礼乐不兴则刑罚不中，刑罚不中则民无所措手足"；② "听讼吾犹人也，必也使无讼乎！"③ 那么，能不能因为孔子讲过这些话，就认为他也是主张法治的呢？我们认为是不能的。因为，在这些地方，孔子总是褒礼贬法的，或者至少是把礼放在法之上的。而且，从最能反映孔子思想的《论语》来看，他讲礼、德、仁义是大量的，而讲刑或法的地方则极少。特别能说明问题的，是当孔子听到晋国把范宣子著的刑书铸到铁鼎上公布时，他大为光火："晋其亡乎，失其度矣……民在鼎矣，何以尊贵……"④ 在孔子看来，老百姓知道了法，国君和贵族不能随便处罚他们了，便是"失其度"，奴隶主贵族也便失去了"尊贵"；只有"礼不下庶人，刑不上大夫"，⑤ 继续保持过去那种"刑不可知，威不可测，则民畏上"⑥ 的状况，才符合他

---

① 《论语·为政》。
② 《论语·子路》。
③ 《论语·颜渊》。
④ 《左传·昭公二十九年》。
⑤ 《礼记·曲礼上》。
⑥ 《左传·昭公六年》，孔颖达正义。

的"度"，才能保持奴隶主贵族的"尊贵"。请同志们想一想，他连把法律公布出来都反对，哪里还谈得上是主张法治的呢?! 而他主张人治，则是证据确凿的。最典型的是鲁哀公向他问"政"时，他回答说"为政在人"，"其人存，则其政举；其人亡，则其政息"。① 他在这里所说的"人"当然不是指一般的人，更不是指的人民群众。一个阶级的灭亡，例如中国的封建地主阶级的灭亡，是经过两千多年的。在这些阶级未"亡"的时候，这些阶级的"政举"与"政息"，往往要经过许多次的兴替。因此，孔子这里所说的"人"，只能是奴隶主阶级的所谓圣主贤君。

同样的，孟子也讲过法或刑的作用，但也不能说明他是主张法治的。例如他说，"徒善不足以为政，徒法不能以自行……遵先王之法而过者，未之有也……上无道揆也，下无法守也。朝不信道，工不信度，君子犯义，小人犯刑，国之所存者，幸也"；②"贤者在位，能者在职，国家闲暇，及是时明其政刑，虽大国必畏之矣"。③ 孟子在这里虽然也讲到法或刑的作用，但他主要强调的是遵行"先王"那一套统治方法，由"贤者在位"去搞"仁政"。而他讲的"五百年必有王者兴"，④"君仁莫不仁，君义莫不义，君正莫不正，一正君而国定矣"，⑤ 和孔子一样，是把国家的治与乱系于国君仁与不仁，系于五百年循环出现的"王者""正君"身上。

与孔孟相比，荀子对法要重视得多。例如他说，"君人者，隆礼尊贤而王，重法爱民而霸"，⑥"人无法则伥伥然"，⑦"治之经，礼与刑，君子以修百姓宁"。⑧ 在荀子看来，"礼者，法之大分，群类之纲纪也"。⑨ 在他那里，礼虽然高于法，但它们已经不是矛盾的了。他讲的"重法"的"法"，就阶级内容来说，与法家讲的"法"也是一致的了。荀子认为，"法不能独立，类不能自行"，⑩"无君子，则法虽具，失先后之施，不能应

---

①　《礼记·中庸》。

②　《孟子·离娄上》。

③　《孟子·公孙丑上》。

④　《孟子·公孙丑下》。

⑤　《孟子·离娄上》。

⑥　《荀子·大略》。

⑦　《荀子·修身》。

⑧　《荀子·成相》。

⑨　《荀子·劝学》。

⑩　《荀子·君道》。

事之变，足以乱矣"，① 也是有一定道理的。因为，法律的制定和执行，总是离不开人的。即使有比较好的法律，如果国君卿相无德无才，仍然是治理不好国家的。但是，荀子因为这一点，就认为"有治人，无治法"，"法者，治之端也；君子者，法之原也"；② "故有良法而乱者，有之矣；有君子而乱者，自古及今，未尝闻也"，③ "无君子，则天地不理，礼义无统，上无君师，下无父子，夫是之谓至乱"。④ 这样极力夸大"圣人""君子"的作用，则是错误的。与孔孟一样，他也是把整个国家的治与乱系于所谓的圣君贤相。

这些事实说明，孔、孟、荀都不是主张法治的，也不是主张人治与法治相结合的，而是主张人治的。他们都把国家的兴亡治乱系于国君是否贤明，认为出现了贤明的国君，国家就会治，没有贤明的国君，国家就会乱，即所谓"人存政举，人亡政息"。这样的贤明的国君主要是用"礼"和"德"来进行统治，但也不是不要法，而是"礼"和"德"高于法。

先秦法家也并不否定所谓"圣主""贤君"的作用。例如韩非在谈到"势"的时候说，一个国君只有"势"还不行，还必须有"材"，龙蛇可乘云雾游，因"龙蛇之材美之也"，蚯螾不能乘云雾游，因"蚯螾之材薄也"，⑤ 用来说明尧与桀虽然都有"势"，何以会一治一乱的道理。但是，他们反对儒家把国家的兴亡治乱完全系于"圣主""贤君"的主张。他们认为，尧舜那样的"圣主""贤君"来治国，好是好，但尧舜那样的"圣主""贤君"要"千世"才出现一个，怎么等得及呢？如果硬要等，就好像一个饥饿的人，宁可饿着肚子等好的肉吃，要不了多少天，他就会死去的。"今待尧舜之贤，乃治当世之民，是犹待粱肉而救饿之说也"，⑥ 这是不切实际的。而且，"释法术而心治，尧不能正一国。去规矩而妄意度，奚仲不能成一轮……使中主守法术，拙匠守规矩尺寸，则万不失矣"。⑦ 就是说，即使出现像尧舜那样的圣主贤君，如果不搞法治，办事没有个准

① 《荀子·君道》。
② 《荀子·君道》。
③ 《荀子·王制》。
④ 《荀子·王制》。
⑤ 《韩非子·难势》。
⑥ 《韩非子·难势》。
⑦ 《韩非子·用人》。

绳，完全凭"心治"也是治理不好国家的。而一个只有中等才能的国君，只要"守法术"，"使法择人"，"使法量功"，"唯法为治"，"以法治国"，也可以把国家治理好。

韩非说："法者，编著之图籍，设之于官府而布之于百姓者也……故法莫如显。"① 就是说，为了实行法治，就要改变过去那种"法不可知，威不可测"的局面，把法律公布出来，让大家都知道可以做什么，不可以做什么。而且，法律条文要"明白易知"，使"愚知（智）遍能知之"，这样，就能"吏不敢以非法遇民，民又不敢犯法"。② 他们还主张"法不阿贵"，"刑无等级"，"不别亲疏，不殊贵贱，一断于法"，③ 即使是"卿相、将军以至大夫"犯了法，也都"罪死不赦"。④ 特别难能可贵的是，他们还主张"君臣上下贵贱皆从法"，"置法以自治，立仪以自正"，"不为君欲变其令，令尊于君"。⑤ 就是说，国君也要遵守法律，受法律的制约。先秦法家的这些主张，与孔孟主张的"贵贵""亲亲"，以礼"定亲疏，决嫌疑，别同异，明是非"，⑥ 是完全不同的。

归纳起来，儒家的人治主张与法家的法治主张的根本对立，主要表现在以下三个方面。（1）儒家认为，一个国家是兴旺发达还是衰败没落，在于国君是否贤明，而不在于法律制度的有无和好坏；法家则反对这种看法，认为一个国家的治与乱、兴与亡，关键不在于是否有贤明的国君，而在于是否制定并严格执行一套比较完备的适合实际情况的法律制度。（2）儒家主张实行"礼治"，认为"治人之道，莫急于礼"，故孔子极力反对公布成文法；法家则主张把法作为人们一切行为的准则，社会上发生的争执和诉讼都要"一断于法"，故主张公布成文法。（3）儒家主张"礼有差等"，"礼不下庶人，刑不上大夫"，"法不加于尊"；法家则相反，主张"刑无等级"，"法不阿贵"，"君臣上下贵贱皆从法"。这说明，尽管法家主张的法治主要是为了更有效地统治当时的劳动人民，但在封建制与奴隶制激烈斗争的时代，主张实行地主阶级的法治，反对奴隶主贵族的人治，在一定程

① 《韩非子·难三》。
② 《商君书·定分》。
③ 《史记·太史公自序》。
④ 《商君书·赏刑》。
⑤ 《管子·任法》《管子·法法》。
⑥ 《礼记·曲礼上》。

度上限制了奴隶主贵族的特权和恣意专横，是有历史进步作用的。

法家的法治主张，从管仲、李悝等起，经过慎到、申不害、商鞅，最后到韩非，也是有发展变化的。而且，就他们主张的本身来说，也是有矛盾的。例如，管仲既主张国君要受法律的制约，又认为"生法者君也"；① 韩非主张法治，但又主张"主威之重，主势之隆"，② 认为"君无术则弊于上，臣无法则乱于下，此不可一无，皆帝王之具也"。③ 既然"生法者君也"，法是"帝王之具"，那么，实际上，法也就不可能约束国君，国君也就可以随心所欲"变其令"。这样，他们的主张，就与孔、孟、荀的人治主张有了一定的共同点。应当说，这在当时的历史条件下，是很难避免的。试想，在当时，法不"生"于君，又由谁来制定呢？法不是"帝王之具"，帝王们根本就不会让你去变法。这种历史条件就决定，法家的法治主张是不可能真正实现的。

三

西方资产阶级在反对封建专制主义的斗争中，有两个重要的思想武器，一个是民主，一个就是法治。他们把两者紧密地结合在一起，以民主作为法治的基础，以法治作为民主的保障。他们运用这两个武器，同封建专制主义进行了长期的生死斗争，终于取得了资产阶级革命的胜利，在人类历史的进程中开辟了一个新的时代。资产阶级的法治论并不是资产阶级革命的某些思想先驱凭空制造出来的，而是已经成熟了的客观经济、政治条件的产物。

资产阶级法治的对立面，是"朕即国家"的封建专制主义的人治。英国的詹姆斯一世宣扬"皇帝来自上帝，法律来自国王"，法国国王路易十六说"法国的统治权全在我一身；唯吾有立法之权，唯吾有维持秩序之权"，就是这种封建专制主义人治的代表性言论。洛克、孟德斯鸠、卢梭等资产阶级启蒙思想家，曾经深刻地揭露和批判这种反动的人治。孟德斯

---

① 《管子·任法》。
② 《韩非子·爱臣》。
③ 《韩非子·定法》。

鸠指出："专制政体的性质是：一个单独的个人依据他的意志和反复无常的爱好在那里治国"，"在专制国家里，法律仅仅是君主的意志而已"。① 卢梭也指出："暴君是一个违背法律干预政权但却依照法律实行统治的人；专制主则是一个把自己置于法律本身之上的人"，"凡是实行法治的国家，无论他的行政形式如何，我就称之为共和国"。② 他们有的主张君主立宪，有的主张实行共和，但不管采用哪种政体，"政府所有的一切权力"，都"不应该是专断的和凭一时高兴的，而是应该根据既定的和公布的法律来行使"。③ 资产阶级革命家罗伯斯庇尔（又译罗伯斯比尔）也曾提出，"人民是主权者，政府是人民的创造物和所有物，社会服务人员是人民的公仆"，"法律是人民意志的自由而庄严的表现"。④ 资产阶级法治和封建专制主义人治的根本区别，归纳起来大致有以下几个方面：针对"君权神授"和"主权在君"，资产阶级提出了"天赋人权"和"主权在民"；针对封建主义的君主专制，资产阶级提出了立法、行政、司法"三权分立"，提出了普选制、议会制；针对封建君主的"罪刑擅断主义"和法外专横，资产阶级提出了"罪刑法定主义"和"法无明文不为罪，也不受罚"；针对封建法律公开维护以皇权为中心的等级和特权，资产阶级提出了自由、平等、博爱的口号，主张"法律面前人人平等"；针对封建主义的"皇权至上"，资产阶级提出了"法律至上"，认为法律具有至高无上的权威，任何社会组织和个人都不能凌驾于法律之上，国家统治权的行使，必须以法律为根据。

那么，资产阶级讲法治，是不是否定了人的作用呢？当然没有。资产阶级实行议会制，只是否定君主立法，而由选举产生的资产阶级代表人物集体行使立法权；资产阶级搞"司法独立"，只是否定君主"罪刑擅断"，而由资产阶级的各级法官行使司法权；资产阶级主张法律具有至高无上的权威，只是否定封建君主或某些官吏高踞于法律之上，以便体现资产阶级意志的法律在全国上下得到一体遵行，而并不否定他们的总统、总理和各级官吏行使法律赋予的职权。美国马萨诸塞州宪法明文规定："本州政治

① 〔法〕孟德斯鸠：《论法的精神》，张雁深译，商务印书馆，1961，第19、66页。
② 〔法〕卢梭：《社会契约论》，何兆武译，商务印书馆，1963，第107—108、47页。
③ 〔英〕洛克：《政府论》下篇，叶启芳、瞿菊农译，商务印书馆，1964，第86页。
④ 〔法〕罗伯斯比尔：《革命法制和审判》，赵涵舆译，商务印书馆，1965，第138页。

是依法而非依人而治。""依法而非依人而治"，即是法治；但"依法而非依人"并不否定人的作用。因为，"依法"，谁去"依"呢？当然是人。"依法而非依人"，只是"非依"个别长官与法律相悖的意志和命令，而"依"体现整个资产阶级意志的"法"。在那里，州长和议员们可以不断更换，但他们的"法"却不因这些人的更换而改变。谁上台执政，都要"依"他们既定的"法"。这样的规定，并没有妨碍资产阶级的各级官吏忠实地积极地为垄断资产阶级服务。

可见，人治与人，法治与法，虽然有一定的联系，但毕竟是两个具有特定含义的概念，既不能等同，也不能混淆。人治的"人"，不是一般的人，而是特定的人，是所谓圣主贤君或国家的领袖人物；人治，也不是一般地讲国家领导人有重要的作用，而是把国家的兴亡治乱系于国君是否贤明，或者由国家的主要领导人来决定国家的命运。法制，指的是法律制度；而法治，则是指统治阶级要以法治国，要有完备的法律，法律要有极大的权威，任何人都必须依法办事。

四

在社会主义制度下，虽然无产阶级和广大人民群众是国家的主人，但仍然存在是搞法治还是搞人治这样两种根本不同的治国方法之争。我国三十年来法制建设所走过的曲折的道路，就与这个问题未得到正确认识和处理密切相关。

在新中国成立前后，我们党的一些负责同志的讲话和一些重要文件对法治都未否定。在新中国成立以后的几年内，我们制定了宪法和一大批法规，全国上下也比较注意依法办事。

法律能否严格执行，是衡量一个国家是否实行法治的重要标志。我国在一个时期里存在过的那种认为办事可以依人不依法、依言不依法的观点和做法，同历史上的人治思想虽然有很大的不同，但也确有某些类似之处。这种思想，正是封建专制主义和家长制的余毒在我们一部分干部头脑中的反映，对无产阶级专政和社会主义制度是极为有害的。林彪、"四人帮"之所以能够上台，一个重要原因就是钻了我国法制不健全的空子。他们的罪恶行径说明，在实行人治的情况下，是没有什么法治的。那种认为既没有单纯的人治，也没有单纯的法治，任何时候都是人治与法治相结合的说法，是不符合事实的。因为，总不能够说，在林彪、"四人帮"横行时期，也是实行人治与法治相结合的吧！

有的同志可能会说，你们如此强调法治，是不是主张法律万能呢？当然不是。我们认为，对于治理国家来说，法律是极为重要的，但不是万能的。我们认为，实行法治，与坚持党的领导，是完全一致的。因为，党的领导主要是通过方针政策来进行。我们国家的法律，就是党的方针政策的具体化和条文化。严格地执行法律，就是坚持党的领导。我们反对人治，主张法治，也并不否定党和国家的领袖人物在治理国家中的重要作用。实行法治，一切依法而行，人人遵守法制，才能做到令行禁止，有效地发挥这些领袖人物的聪明才智，顺利地开展各项工作，真正把国家治理好。同样的，我们主张法治，也并不否定政治思想工作、教育工作等的重要作用。我们只是认为，要做好这些工作，也要有章可循，依法而行。总之，我们主张实行法治，就是要在我们国家里使民主制度化、法律化，真正做到"有法可依，有法必依，执法必严，违法必究"。

法治概念的科学性[*]

李步云[**]

摘　要： 法治这一概念不是非阶级或超阶级的观点，也不是不科学的，只要对法治的概念及其作用进行科学的分析，作出符合客观实际的理论说明，法治这一概念的阶级性是可以阐述清楚的。而且，实行法治与坚持四项基本原则不矛盾，它不能与法制等同，也不是法制所能代替的。两者虽然存在联系，但也存在区别，它们有其各自特定的科学含义，也有其各自特定的社会作用。

关键词： 法治　法制　科学性　四项基本原则

当前，在关于法治与人治问题的讨论中，有的同志提出："法治"这一概念"不科学"，有"片面性"，和坚持四项基本原则有矛盾；我们既然有法制的提法，也用不着再讲什么法治了。因此主张抛弃"法治"这个概念。我们认为，这种观点是值得商榷的。

一　"法治"这一概念是不是科学

有的同志认为，法治这一概念是历史上剥削阶级提出的，是一个"非阶级或超阶级的观点"，因此我们不能用。这种论点是站不住脚的。历史

---

　*　本文原载于《法学研究》1982 年第 1 期。

　**　李步云，中国社会科学院法学研究所研究员。

上有过许多名词、概念，剥削阶级总是抹杀、掩盖其阶级性，但不妨碍马克思主义者揭示这些名词、概念的阶级属性，赋予它们阶级的含义。一个名词、概念有没有阶级性，不能单从字面上看。问题是人们怎样解释它、运用它。比如"民主"，从字面上看，没有阶级性，无产阶级可以利用它，其他剥削阶级也可以利用它。历史上，有过雅典奴隶主的民主，有过资产阶级民主，还有我们今天的社会主义民主，一切剥削阶级都不承认民主有阶级性，只有马克思主义者才认为民主具有阶级性。"法治"也是这样。亚里士多德主张的法治，是奴隶主阶级的法治；韩非、商鞅等主张的法治，是新兴地主阶级的法治；洛克、卢梭等主张的法治，是资产阶级法治；我们今天提倡的法治，是社会主义法治。我们今天既然使用法治这一概念，当然和历史上有过的法治概念之间存在一定的继承关系。但是，这种继承不是全盘照搬，而是批判地继承。其继承之处在于，法治作为一种治国的理论和原则、方法，同历史上各个剥削阶级法治有某些相同之处。所有法治论者都大致强调以下几点：一是国家应该制定一套比较完备的法律，作为人们的行为准则；二是任何人包括国家的领导人在内都要遵守法律，严格依法办事；三是适用法律人人平等。它们之间的区别，首先在于阶级本质不同。这种不同，从根本上说，是由法律本身的阶级性决定的。既然法律体现着不同阶级的意志和利益，因此不同阶级所实施的法治，总是有利于维护本阶级的利益，有利于更好地实现本阶级的政治统治。其次，它们之间的具体内容和实现程度不同。比如，近代的法治是同民主分不开的，而封建主义的法治则同君主专制结为一体；三权分立是资产阶级法治主张的重要内容，而封建主义的法治则是立法、司法、行政大权都集中在君主一人之手。在严格依法办事和适用法律人人平等这些方面，不同历史时期的法治，在实现程度上都有很大差别。总之，法治这一概念并不是什么"非阶级或超阶级的观点"。只要我们对法治的概念及其作用进行科学的分析，作出符合客观实际的理论说明，法治这一概念的阶级性是可以阐述清楚的，人们是不会有误解的，我们是完全可以使用这一概念的。

有的同志提出：虽然我们十分强调工业、科学等的作用，但不能提什么"以工业治国""以科学治国"；我们非常重视军队的作用，但不能提什么"以军治国"。因此，"以法治国"的说法也是不科学的。我们认为，这是一种不恰当的比喻和推论，因为法律和工业、科学、军队的性质及特点完全不同。法律是集中体现统治阶级意志的，由国家制定（或认可）的，并由国家强制力保证其实施的，人们必须严格遵守的行为规则。所谓"以法治国"或"依法治国"（即法治），也就是要十分重视运用法律这种行为准则并严格依照它的规定来治理国家的意思。由于法律有上述那样的性质和特点，因此提"以法治国"和"依法治国"是确切的、科学的。正如叶剑英同志所说："我们的国家要大治，就要有治国的章程。"（《关于修改宪法的报告》）宪法就是治国的总章程，而刑法、民法、诉讼法、组织法、行政法、选举法、经济法、劳动法、婚姻法等，则是各个方面的治国的具体章程。工业、教育、军队等的情况与法律完全不同。它们既不具有法律那种人人必须遵守的行为规则的性质，也不具有法律那种在政治、经济、文化、教育、军事等各方面都要统一执行的特点。因此提"以工业治国""以军治国"，当然不通。有些同志完全撇开法律与工业、科学、军事具有完全不同的性质和特点这一前提，只抓住它们对治理国家都有作用这一点，用"以军治国"不科学来论证"以法治国"不科学，显然是欠妥的。

有的同志提出，法治的提法有"片面性"，因为它否定了政权的作用，否定了思想工作的作用，否定了道德教育的作用，否定了生产关系的作用……总之，这一提法只是肯定了法律制度的作用，而否定了其他一切，是鼓吹"法律万能"。我们认为，这种论点是不正确的。

从理论上看，任何一个概念都有特定的科学含义、特定的具体内容、特定的适用范围、特定的社会作用，不能要求它概括一切、代替一切。比如，"加强社会主义民主，健全社会主义法制"是党的十一届三中全会确定的基本方针，但它也只是要求解决上层建筑领域中一个方面的问题；而提出"建设社会主义高度的精神文明"这样一个奋斗目标，则又是从另一个方面提出要求，是强调精神文明对建设国家的重要意义和作用。如此类推，还有"自力更生""百花齐放""百家争鸣"等方针，都有它们各自的科学含义和作用范围。如果因为这些提法只是强调了某一个方面的事物、问题的重要作用和意义，就说这些提法有"片面性"，显然是不正确的。我们强调法治，并不是说除了法律其他都不能治国，法律是治国的唯一手段。事实上，近三年我们的党和国家提倡法治以来，绝大多数人能够正确理解与掌握法治这一概念的基本含义，并没有因此就认为人的作用不重要了，道德和教育的作用不重要了，发展生产和改善生产关系的作用不重要了。至于少数同志对法治这一概念有片面理解，以为只要有了法律和制度，就可以解决一切问题，这种情况和我们对法治这个概念在理论上正确阐述和宣传不够有关。这属于我们在工作方面的问题，并不是这个概念本身有什么"片面性"。

从实践上看，我们的国家如果否定法治，实行人治，并不能正确地有效地发挥国家领袖人物的作用，发挥道德、教育的作用。"文化大革命"的严酷现实就是明证。相反，如果我们的国家否定人治，实行法治，局面就完全是另一个样子。1957 年反右扩大化以前和 1976 年粉碎"四人帮"以后的情况就是很好的说明。

二　实行法治同坚持四项基本原则是否矛盾

有的同志认为，我们治理国家主要依靠坚持四项基本原则，法治同它是矛盾的，所以不能用。我们认为，这种看法是值得商榷的。要治理好一个国家，涉及政治、经济、文化等各个方面，问题十分复杂。"法治"是一项治国原则，但并不是说治国只能有这项原则。坚持社会主义道路，坚持人民民主专政，坚持党的领导，坚持马列主义、毛泽东思想，是我们治理国家的四项基本原则。但"以法治国"同坚持四项基本原则并不矛盾。无论从理论还是从实践看，实行法治大大有利于坚持四项基本原则；如果实行人治，则完全不利于四项基本原则的贯彻实施。

实行以法治国同坚持社会主义道路是密切联系在一起的。坚持社会主义道路像一条红线贯穿在我国社会主义的法律和制度中。社会主义法是建立、巩固和发展社会主义生产关系的重要工具。在我国，社会主义法曾为剥夺地主、官僚资产阶级的财产，建立社会主义的国营经济和集体经济服务，为限制、利用和改造资本主义工商业和农业、手工业的社会主义改造服务。生产资料私有制的社会主义改造基本完成以后，法制保护生产关系的突出作用，就是保护社会主义公有制、"各尽所能、按劳分配"原则以及社会主义生产中人与人的合理关系得到不断巩固、发展和完善，就是保卫社会主义的生产关系和公共财产不受侵害。社会主义经济制度的产生和发展有它自身的客观规律性。我们要正确认识与掌握这一规律性，单凭一两个领导者的个人智慧是不行的，而是要依靠全党和全国人民的集体智慧。只有依靠这种集体智慧求得对社会主义生产关系不断发展与完善的科学认识，并形成法律与制度，使之成为统一全党和全国人民思想和行动的准则，才能保证我们的国家沿着社会主义道路健康地发展。这只有实行法治才能切实做到。如果我们的国家不是实行法治，而是处于那种认为法律可有可无、有法可以不依、凡事由少数领导者个人说了算的状态，国家就不可能沿着社会主义道路顺利前进。

实行社会主义法治同坚持人民民主专政（即无产阶级专政）也是相互依存、相辅相成的。它们之间的关系概括起来说就是：人民民主专政决定社会主义法治的性质和内容，社会主义法治则是实现人民民主专政的有效手段。人民民主专政包括对人民实行民主、对敌人实行专政这样两个方面。实行"以法治国"，既有利于发扬人民民主，也有利于加强对敌专政。无产阶级在领导广大人民群众夺取了政权、争得了民主以后，应该运用社会主义法制，把这个胜利成果予以确认，并给以保障、巩固和发展。人民需要法律，首先就是为了保护自己的民主权利。在社会主义条件下，为了切实保障和充分发扬人民民主，需要运用宣传教育、道德规范、党的政策等工具和手段。但是，运用法律和制度来保障人民民主具有特别重要的意义。因为法制具有行为规范的特性、国家意志的特性、强制执行的特性，这些特性是思想教育、道德规范、党的政策所不具有或不完全具有的。法制正是通过它的这些特性来发挥对人民民主的保障作用。社会主义民主的各个方面、公民的各项民主权利和自由，只有通过宪法和其他各种法律，把它们一条条、一项项明确地肯定下来，使之条文化、具体化、规范化，广大人民群众才能清楚地知道，自己究竟享有哪些民主权利，才能充分调动他们的积极性，才能指导他们正确地运用这些权利去管理自己的国家。对各级国家机关和广大干部来说，做到民主制度化、法律化，才能使他们的工作有法可依，有章可循，才能使他们明确地、具体地知道，自己应该如何发扬人民民主，应该如何按照民主集中制原则进行活动，应当怎样尊重人民的民主权利，应该具有什么样的民主作风，怎样依靠广大群众做好各项工作。同时，民主一经制度化、法律化，发扬人民民主也就变成了国家意志，任何单位和个人都应该毫无例外地遵照执行。无论谁破坏社会主义民主，都是违背国家意志，违背全体人民的意志，都是违法行为。国家和人民就可以运用法律的强制力，对任何破坏民主的行为予以追究，给以各种制裁。这一切说明，发扬人民民主是不能没有法治的。

再从加强对敌专政来看，只有实行以法治国，才能严格地运用比较完备的法律和制度，准确有效地识别敌人、打击敌人、制裁敌人、改造敌人。对敌人要依照法律规定的程序进行惩治，要依照法律的规定定罪量刑，要依照法律的规定实行改造，做到又准确又合法。新中国成立以来的经验教训充分表明，是否实行以法治国，同能否坚持人民民主专政是息息相关的。

实行以法治国同坚持党的领导也是密切相关的。以法治国要有党的领导，党的领导也必须通过以法治国才能更好地实现。社会主义的法律是党领导制定的，是党的路线、方针、政策的定型化、规范化、条文化。党通过领导国家的立法机关、司法机关和行政机关，制定和贯彻执行法律，把阶级的意志上升为国家的意志，并且运用国家强制力保证其实施，这正是巩固与加强党的领导，而绝不是贬低或削弱党的领导。我们的党是执政党，这种领导地位得到了宪法的认可和保障。我国宪法第二条第一款规定："中国共产党是全中国人民的领导核心。工人阶级经过自己的先锋队中国共产党实现对国家的领导。"因此，任何人反对党的领导，都是违反宪法的。但是，党对国家的领导如果没有法律来作出明确的具体的详细的规定，党就领导不好国家。宪法就是一个治国的总章程，而各项具体法律则是治理国家的具体章程。有了一套比较完善的、具有极大权威的治国章程，党领导广大人民群众治理国家，才能增强自觉性、预见性，减少盲目性、随意性，增强稳定性，避免不稳定，才能保证整个庞大而复杂的国家机器按照统一轨道精确而有效率地运转。以法治国严格要求党的任何组织与个人都要严格依法办事，是为了使法律得到统一而严格的执行，这不是否定和削弱党的领导，而是为了维护和加强党的领导。

党要以马列主义、毛泽东思想武装全国人民，要运用它指导各条战线的工作。但是，马克思主义不是法律，也不能代替社会主义法制。林彪、江青反革命集团的重要头目康生叫喊什么，哪有这个法、那个法，"马克思主义就是根本大法"，这是极其荒谬的。马克思主义是一种科学真理，是属于思想领域的东西。我们只能通过宣传教育让人们接受马克思主义，而不能用强制的方法让人们信仰马克思主义。法律则不同，法律是把统治阶级的意志上升为国家意志，以国家强制力保证其实施的、人人必须遵守的行为规范。任何人违法犯罪都要受到制裁。因此，马克思主义与社会主义法制是两个范畴的东西，不能混为一谈；也绝不可以用马克思主义代替社会主义法律。那种认为既然有了马克思主义、毛泽东思想指导，也就用不着再有社会主义法律的观点是极其错误的。我们说，不能强迫人们信仰马克思主义，丝毫不是意味着可以允许人们肆意诋毁、攻击马克思主义。因为这是两个性质完全不同的问题，不能混为一谈。我国宪法第二条第二款规定："中华人民共和国的指导思想是马克思主义、列宁主义、毛泽东思想。"宪法的这一规定，是完全合理和不可动摇的。如果谁要动摇这一规定，谁就站在极其危险的道路上。我国宪法和各项具体法律包括刑法、民法、诉讼法、经济法、婚姻法等的制定和贯彻执行，都是以马克思主义作为指导思想。因此，以法治国绝不会贬低或削弱马克思主义的地位和作用，而是能更好地巩固和维护它在治理国家中的地位，提高和发挥它在革命和建设中的作用。马列主义、毛泽东思想既是人民革命实践经验的科学总结，又是指导人民革命斗争实践的理论武器。在马克思主义指导下，在总结实践经验的基础上，制定出政治、经济、文化、教育、军事、外交等各个方面的法律、规章和制度，作为人们的行为准则，并保证全国上下一体遵行，就可以更正确地、全面地、有效地发挥马克思主义对指导人民革命斗争和社会主义建设实践的伟大作用。相反，如果不搞法治搞人治，国家无法可循或者有法不依，凡事由少数领导者个人说了算，马克思主义对人民革命斗争和社会主义建设实践的指导作用只能受到损害。新中国成立以来正反两方面的经验教训也充分证明了这一点。

通过上述分析，可以清楚地看出：坚持四项基本原则是实行社会主义法治的根本指导思想，为社会主义法治提供了政治基础、指明了前进方向。实行以法治国则是坚持四项基本原则的重要手段和可靠保障。人为地把"坚持四项基本原则"同"实行社会主义法治"对立起来，显然是不妥当的。

三　"法制"为什么不能代替"法治"

有的同志提出，我们既然有了"健全社会主义法制"这一提法也就用不着再提什么"要实行社会主义法治"了。我们认为，这一理由也是不能成立的。因为，"法制"与"法治"是两个既有联系又有区别的概念，不能混为一谈。"法治"这一概念的作用是"法制"这一概念所不能代替的。

那么，什么是法制呢？我国法学界现在正在进行讨论，还没有取得一致的意见。虽然大家的看法并不完全相同，然而有一点是大家都能接受的，那就是"法制"指的是法律制度，或者说"法制"是法律制度的简称。人类自进入阶级社会以后，有了法律，也就有了法律制度。任何一个国家的任何一个历史时期，都有自己的法律制度。历史上，有过奴隶主阶级的法制、封建阶级的法制、资产阶级的法制和社会主义法制。所谓法律制度，既包括各种法律，也包括与法律的制定、执行和遵守有关的各项制度。前者包括宪法以及刑法、民法、诉讼法、婚姻家庭法、行政法和劳动法等部门法，后者则包括立法制度与司法制度。司法制度中又有审判制度、检察制度、律师制度、劳改制度等。审判制度中又有公开审判、合议、陪审、回避、辩护等制度。此外，贯穿在整个法律制度之中的还有各项法制原则，如民主原则、平等原则、独立审判原则、人道主义原则等。所谓"法制"，也就是上述这些法律与制度的总称。因此，法制这个概念的内涵是十分丰富的，外延是十分广阔的。我们通常所说，"要健全社会主义法制"，意思就包括了要健全所有这些法律与制度。

法治与法制不同。其区别主要表现在以下几个方面。第一，法律制度属于制度这个范畴。它同一个国家的政治制度、国家制度、经济制度、军事制度、文化制度、教育制度等属于同一种类、同一系列的概念，是相对于这些制度来说的。"法治"则不一样。它是一种（仅仅是一种）治国的理论、原则和方法，是相对于"人治"这一治国的理论、原则和方法来说的。在政治法律思想上或法理学上，无论过去或现在，法治与人治始终都是作为一组对立面而出现的。因此，法制与法治是两个不同范畴的概念。第二，实行法治的主要标志是一个国家要有比较完善的法律与制度；并且特别强调，任何国家机关、社会团体或公民个人，包括国家的最高领导人在内，都要遵守法律，严格依法办事。这是法治这一概念的最基本的含义。因此，法制与法治这两个概念，其内涵与外延都不一样。第三，任何一个国家的任何一个历史时期都有它自己的法律制度，但不一定都实行法治。一个国家的治理，如果是人治的理论、原则和方法占据统治的、支配的地位，它仍然有自己的一定的法律制度。由此可见，法制与法治是两个不同的概念，各有自己特定的科学含义，也各有自己特殊的社会作用。两者是不能等同的，也是不能相互代替的。

当然，这绝不是说法治与法制这两个概念彼此毫不相干，二者是密切地联系在一起的。严格地讲，法治这一治国的理论、原则和方法的提出，就是直接地为建立、健全和完善一定的法律制度服务的。社会主义法制的建立、健全和发展，需要有各种正确的理论与原则作为它的指导思想。辩证唯物主义的宇宙观与方法论，马克思主义的上层建筑与经济基础相互关系的学说、国家学说、阶级斗争学说、两类矛盾学说等，都是社会主义法制建设不可缺少的正确指导思想。法治的理论与原则，也是其中之一。新中国成立以来正反两方面的经验表明：如果坚持法治的理论与原则，社会主义法律制度的建设就前进，就兴旺发达；如果否定法治的理论与原则，社会主义法律制度的建设就倒退，就停滞不前。

历史上，法治与人治的论争及其对社会政治、经济、文化生活的广泛而深刻的影响，是一个客观存在。在各个不同的历史时期，法治的主张总是代表着一定的进步力量的利益，反映着当时社会进步的要求，也是难以否认的事实。法治这一治国的理论与原则之所以被人们反复提出来，并且用以指导、推动法制建设的实践，绝不是某些人的心血来潮的产物和凭空捏造，而是社会进步的客观要求。在社会主义时期，人们之所以竭力提倡法治，情况也是这样。今天，在我国，越来越多的人强烈地主张法治、反对人治，法治的主张已经开始深入人心。这一事实本身就雄辩地证明，"以法治国"这一原则或口号具有强大的生命力。

"法制""法治""人治"的词义分析[*]

沈宗灵[**]

摘　要："法制"一词大体有三种含义：法律和制度；立法、执法、司法、守法、对法律实施的监督等各个环节构成的一个系统；"依法办事"。历史上关于"法治"和"人治"的分歧主要表现在：国家治理是依靠法律还是道德，对人行为的指引主要依靠一般性规则还是针对具体情况的具体指引，政治制度上应实行民主还是专制。

关键词：法制　法治　人治　一般性规则　民主

一　"法制"的三种含义

"法制"一词在我国古代就已出现。"命有司，修法制，缮囹圄。"[①]但在新中国成立前，法制一词较少使用。新中国成立后至"文革"前一般称"革命法制"或"人民民主法制"。党的十一届三中全会后才通称"社会主义法制"。近年来，"法制"一词大体有以下三种含义。

第一，法律和制度，也有的仅指法律制度。这里应注意的是，在现代社会中，与中世纪不同，重要的制度通常都有相应法律规定或都在相应法

---

　*　本文原载于《法学研究》1989 年第 4 期。

　**　沈宗灵，北京大学法学院已故教授。

　①　《礼记·月令》。

律范围内发生作用，就这一意义来讲，"法律和制度"和"法律制度"这两个词组可以说基本上是同义的。但"制度化""法律化"二词有时是有区别的，法律化固然是一种制度化，但反过来，并不是所有制度化都是法律化。例如体现党内民主或社会组织、企事业民主管理的制度，并不属于或不一定属于法律范畴。再有，这里讲的法律和制度一般是指静态意义上的，主要指有关法律和制度的条文规定，少数是习惯法或其他惯例。

第二，动态意义上的法律，即立法、执法、司法、守法、对法律实施的监督等各个环节构成的一个系统。类似西方社会学法学家所讲的法律概念。例如美国社会学法学家庞德（R. Pound）就将法律称为"社会工程"①，并对法律的概念作了很广泛的解释。近年来，我国有些中青年法学工作者将系统论引入法学，往往将法制称为"法制系统"或"法制系统工程"等。

第三，指"依法办事"的原则，也即十一届三中全会公报中所讲的"有法可依，有法必依，执法必严，违法必究"。这一意义上的"法制"，就词义而言，相当于17、18世纪以来西方国家所讲的"法治""法治国"等原则。

在我们的日常生活中，以上三种含义有时单独使用，有时结合使用，依不同情况而定。例如当我们讲应有"完备的法制"时，通常指第一种意义上的法制，即应制定齐全的法律、法规。当我们讲"法制建设"时，主要是指第二种意义上的法制——法制系统工程，即从立法到监督法律实施各个环节都要建设。当我们讲应"遵循法制"时，主要指第三种意义上的法制，即根据"依法办事"的原则。有时也可以兼指以上三种含义，例如当我们在讲"加强法制""健全法制"等用语时，就可以将法制的三种含义都包括在内。

这里还应注意，以上第三种含义，即"依法办事"原则这一意义上的"法制"，在不同民族语言中有不同的表达方法。在马克思、恩格斯的著作中，在不同场合下分别使用过"法治""法治国""法制"三词。在列宁的著作中，无论是对苏维埃政权还是对资产阶级国家，都用法制（俄文законность）一词。苏联法学著作一般也是这个用法。新中国成立初期，

---

① Roscoe Pound, *Interpretations of Legal History*（Cambridge University Press, 1930）, p. 157.

"法制"和"法治"二词在报刊上都使用过；但直到粉碎"四人帮"止这一长时期内，一般仅用"法制"而不用"法治"。这一现象看来也是受到了苏联法学影响。

二　历史上对"法治"和"人治"词义的不同理解

历史上关于法治和人治的争论，主要有以下三次。第一次是我国春秋战国时期儒法两家对这一问题的不同观点。儒家主张人治（或德治、礼治），法家主张法治。第二次指古希腊思想家柏拉图和亚里士多德在这一问题上的不同观点。前者主张人治，后者主张法治。第三次指17、18世纪资产阶级先进思想家为反对封建专制提出的有关法治的观点。

在这三次争论中，法治论者和人治论者对"法治"和"人治"二词的词义是怎样理解的？为了说明这一问题，我们就需要了解双方的分歧究竟是什么。就了解"法治"和"人治"的词义而论，这些分歧大体上可概括为以下三点。

第一个主要分歧是国家治理主要依靠什么，是法律还是道德。人治论者认为国家主要应由具有高尚道德的圣君、贤人通过道德感化来进行治理。法治论者则认为主要应由掌握国家权力的人通过强制性的法律（实际上指刑法）来治理。

中国古代儒法双方的不同观点就体现了上述分歧。例如儒家认为："导（道）之以政，齐之以刑，民免而无耻。导（道）之以德，齐之以礼，有耻且格。"① "政者，正也。子帅以正，孰敢不正？"② 反过来，法家则认为："圣人之治国，不恃人之为吾善也，而用其不得为非也。"因而，应"不务德而务法"。③

古希腊思想家关于人治和法治之争也体现了上述分歧。柏拉图在其代表作《理想国》中力主"贤人政治"，并主张除非哲学家成为国王，否则人类将永无宁日。④ 他极为蔑视法律的作用，认为不应将许多法律条文强

① 《论语·为政》。
② 《论语·颜渊》。
③ 《韩非子·显学》。
④ 〔古希腊〕柏拉图：《理想国》第5卷，郭斌和、张竹明译，商务印书馆，1986，473D。

加于"优秀的人",如果需要什么规则,他们自己会发现的。① 只是在他的"贤人政治"的理想国方案失败之后,他才在自己晚期的著作中将法律称为"第二位最好的"(second best),即退而求其次的选择。

与柏拉图相反,亚里士多德主张"法治应当优于一人之治"。② 在西方历史上,这是法治论的第一个经典性论述。这里还应注意,亚里士多德对这一问题的提法是:"由最好的一人或最好的法律统治,哪一方面较为有利?"③ 他主张法治优于人治的一个主要论据是:法治等于神和理智的统治,而人治则使政治中混入了兽性的因素。因为一般人总不能消除兽欲,最好的贤人也难免有热忱。这就往往在执政时引起偏见。"法律恰恰正是免除一切情欲影响的神祇和理智的体现。"④ 同时他还主张,即使在一个才德最高的人是统治者的国家中,"一切政务还得以整部法律为依归,只在法律所不能包括而失其权威的问题上才可让个人运用其理智"。⑤ 此外,他为法治作辩护的论据中还涉及本文下面将讨论的其他两个主要分歧。

第二个主要分歧是对人的行为的指引,主要依靠一般性的法律规则,还是依靠针对具体情况的具体指引。人治论强调具体指引,法治论强调一般性规则。

这一分歧在中国古代儒法两家关于人治、法治之争中有所体现,特别是一些法家强调法律的特点在于它是一种尺寸、绳墨、规矩,即能作为对人的行为进行一般性指引的准则。但总的来说,儒法双方并未就一般性指引和具体指引的分歧展开明显争论。

与此不同,古希腊思想家柏拉图和亚里士多德在这一问题上的分歧相当突出。柏拉图反对法治的一个重要论据是:法律就像一个愚蠢的医生,不顾病人的病情而机械地开药方。然而,人类个性不同,人的行为纷繁复杂,人事变化无常,法律不可能规定出适合每一特殊情况的规则。所以"对一切人最好的事情不是法律的全权而是了解君主之术和有智慧的人的

① 〔古希腊〕柏拉图:《理想国》第 5 卷,郭斌和、张竹明译,商务印书馆,1986,425E。
② 〔古希腊〕亚里士多德:《政治学》,吴寿彭译,商务印书馆,1965,1287a。
③ 〔古希腊〕亚里士多德:《政治学》,吴寿彭译,商务印书馆,1965,1286a。
④ 〔古希腊〕亚里士多德:《政治学》,吴寿彭译,商务印书馆,1965,1287b。
⑤ 〔古希腊〕亚里士多德:《政治学》,吴寿彭译,商务印书馆,1965,1286a。

全权"。① 亚里士多德在反驳上述观点时指出："法律确实不能完备无遗，不能写定一切细节，这些原可留待人们去审议。主张法治的人并不想抹杀人们的智虑。他们就认为这种审议与其寄托一人，毋宁交给众人。"② 他在《尼可马亥伦理学》一书中也进一步探讨了一般性规则和具体情况之间的关系，"法律总是一般规定，但实际情况中又有一般规定中不可能包括的事"。③ 在这种情况下，就需要采取纠正法律因一般性而造成缺陷的衡平手段，例如修改法律，执法者根据法律精神来解释法律，容许法官离开法律条文作出判决等。

第三个主要分歧是在政治制度上应实行民主还是专制。法治论者主张民主、共和（包括君主立宪），人治论者主张君主制、君主专制或寡头政治。

柏拉图主张贤人政治和哲学家国王，在政治制度上讲就是维护君主制和寡头政治。亚里士多德在主张法治优于一人之治时，也提出了拥护民主和共和制的观点。他认为，"群众比任何一人又可能作较好的裁断"，"多数群众也比少数人为不易腐败"。④ 在平民政体已经兴起的情况下，以一人为治的君主政体也不适宜了；在君主政体下，如果继任的后嗣是一个庸才，就必然会危害全邦，而在实行法治的情况下，就不会发生这一问题；⑤ 同时，平民政体意味着实行轮番制度，即同等的人互做统治者和被统治者，这也就是"以法律为治"。⑥ 在这里，亚里士多德已将法治和民主、共和政治制度直接联系起来。

法治论和人治论在政治制度上的分歧主要出现在17、18世纪资产阶级革命时期一些先进思想家在反封建专制时所提出的政治思想和政治纲领中。在我国古代儒法两家关于法治和人治的争论中从未涉及民主与专制的分歧，因为儒法两家在政治制度上都是维护君主制或君主专制的（法家更主张严刑峻法）。因此，我们不能把我国古代法家的法治论同17、18世纪

---

① 〔古希腊〕柏拉图：《政治家篇》，转引自法学教材编辑部《西方法律思想史编写组》编《西方法律思想史资料选编》，北京大学出版社，1983，第16页。

② 〔古希腊〕亚里士多德：《政治学》，吴寿彭译，商务印书馆，1965，1287b。

③ 1934年英译本第5编 X·4。

④ 〔古希腊〕亚里士多德：《政治学》，吴寿彭译，商务印书馆，1965，1286a、1286b。

⑤ 〔古希腊〕亚里士多德：《政治学》，吴寿彭译，商务印书馆，1965，1286b。

⑥ 〔古希腊〕亚里士多德：《政治学》，吴寿彭译，商务印书馆，1965，1287a。

西方国家反封建专制的法治论相提并论，或者把前者错误地解释为反对君主专制的君主立宪论。

还应指出，中国古代儒法两家和古希腊柏拉图、亚里士多德在人治和法治之争中都直接、明确地提出"人治"和"法治"二词。与此不同，西方国家17、18世纪关于人治和法治之争主要体现在当时一些先进思想家在抨击封建专制、等级特权并鼓吹建立君主立宪、三权分立或民主共和国等政制的同时要求法治和反对人治，而当时维护君主专制、等级特权的代表人物并没有直接、明确地提出"要人治不要法治"之类的口号。

17、18世纪先进思想家提倡法治也都是同他们所主张的政治制度或政治纲领密切联系的。例如主张建立君主立宪制的英国的洛克（Locke，1632—1704）认为，立法权是最高的、不可转让的国家权力，但它也不能危害人民的生命和财产等自由权利。国家立法机关"应该以正式公布的既定的法律来进行统治，这些法律不论贫富、不论权贵和庄稼人都一视同仁，并不因特殊情况而有出入"。① 鼓吹民主共和国的法国的卢梭（Rousseau，1712—1778）认为："凡是实行法治的国家——不论它的行政形式如何——我就称之为共和国；因为只有在这里才是公共利益在统治着，公共事物才是作数的。"② 美国独立前夕猛烈抨击英国君主专制的潘恩（Paine，1737—1809）提出，"在专制政府中国王便是法律，同样地，在自由国家中法律便应该成为国王"。③

在西方国家历史上，继亚里士多德提出"法治优于人治"之后，第一个直接明确提出类似观点的是17世纪英国思想家哈林顿（Harrington，1611—1677）。他也倾向共和制。他在自己的代表作《大洋国》一书中一开始就指出，通过法律这一艺术，人类的世俗社会才能在共同权利和共同利益的基础上组织起来，根据亚里士多德和李维④的说法，"这就是法律的王国，而不是人的王国"。⑤

美国政治家、第二任总统约翰·亚当斯（John Adams，1735—1826）

---

① 〔英〕洛克：《政府论》下册，叶启芳、瞿菊农译，商务印书馆，1981，第88页。
② 〔法〕卢梭：《社会契约论》，何兆武译，商务印书馆，1982，第51页。
③ 〔美〕潘恩：《常识》，马清槐译，商务印书馆，1961，第54页。
④ 李维（Livius，公元前59—公元17年），古罗马著名史学家。
⑤ 〔英〕哈林顿：《大洋国》，何新译，商务印书馆，1963，第6页。

将哈林顿关于法治的思想写进 1780 年马萨诸塞州的宪法中，它规定该州实行三权分立，"旨在实现法治政府而非人治政府"。①

从三个主要分歧中可以看出，那时法治论者和人治论者对法治和人治赋予多种含义。在中国古代儒法两家的争论中，人治指的是主要依靠道德高尚的圣贤通过道德感化来治理国家，法治则是指主要依靠掌握国家权力的人通过强制性的法律来治理国家。在古希腊柏拉图和亚里士多德之争论中，人治和法治的含义比较复杂。人治不仅指主要依靠道德高尚的人以道德感化手段来治理国家，而且指对人们行为的指引应主要依靠根据不同情况而定的具体指引，还指君主或少数寡头的统治。法治则不仅指主要依靠由不受人的感情支配的法律来治理国家，而且指对人们行为的指引主要通过一般性的规则的指引，也指民主、共和政制。17、18 世纪反封建斗争中所讲的法治主要指民主、共和制，人治则代表君主专制、等级特权等。

三　20 世纪 80 年代中国法学界关于法治和人治之争中对有关词义的不同理解

西方国家自 17、18 世纪起，民主、共和制意义上的法治论取得了巨大的胜利。"要法治不要人治""法治政府而非人治政府""法律至上"等用语已成西方流行的用语。但西方法学家对法治的具体内容或原则始终众说不一。19 世纪末英国宪法学家戴西（A. V. Dicey，1835—1922）曾以英国政制和法律传统为基础，提出了法治的三个著名的原则：任何人都不因从事法律不禁止的行为而受罚；任何人的法律权利和责任都应由普通法院审理；每个人的个人权利不是宪法的产物而是宪法所赖以建立的基础。但这些原则以后不断遭到反对，被认为已不符合 20 世纪的现实。② 20 世纪 50、60 年代，西方法学家曾围绕法治这一主题召开过几次国际会议，但并未就法治的具体内容和原则取得一致的意见。随着"福利国家"方案的兴起，

---

① Jerome Frank, *Courts on Trial* (Princeton, NJ: Princeton University Press, 1949), p. 405; E. Patterson, *Jurisprudence* (Men Foundation Press, Inc., 1953), p. 101.

② T. R. S. 阿伦:《立法至上和法治：民主和宪政主义》,《剑桥大学法律杂志》1985 年第 3 期。

国家权力日益扩大，在西方法学家中一度展开了"福利国家"与"法治"是否矛盾的争论。但这已不是"法治"和"人治"之争，因为争论双方都主张法治。分歧主要在于，一方认为福利国家意味着国家权力加强，从而危害个人自由和法治；另一方则认为福利国家、个人自由和法治三者可以相互结合。①

中国法学界关于法治与人治问题的争论，② 不同于上述三次争论。首先，这一争论中一方固可称为"法治论"，另一方似可称为"法治与人治结合论"（以下简称"结合论"）而不能称为"人治论"。即80年代中国法学界存在"法治论"和"结合论"之争，但不存在"法治论"和"人治论"之争。其次，这一争论同各自对"法治"和"人治"二词的词义有不同理解有关。为说明这点，不妨将双方基本论点简化如下。

法治论者：要法治不要人治；法治与人治是对立的；法治指以代表全国人民意志的法律为准，人治则指以个别领导人意志为准。换一句话说，法治代表民主，人治代表专制、独裁。

结合论者：法治与人治不可分，二者必须结合；法律是由人制定并由人实行的，没有人的作用，还有什么法治？换句话说，法治指依法办事，人治指要由人来制定和实施法律，必须重视人的作用。

笔者相信，双方都主张我国应加强社会主义民主和法制，也都主张我们应以代表全国人民的意志的法律为准而不以个别领导人的意志为准，都主张法律是由人来制定和实施的，如果没有人的作用，是谈不上法治的作用的。如果以上结论成立的话，那么我们可以说，分歧主要在于双方对"法治"和"人治"二词的词义持有不同的理解。

我们不妨再进一步探讨一下：双方对"法治"和"人治"二词词义的各自不同的理解又根据什么？法治论者认为法治代表民主，人治代表专制，这种理解显然直接或间接来自西方17、18世纪对法治和人治的理解，而且这种理解迄今仍在西方流行。结合论者对法治和人治的理解，看来是与我国古代儒法两家争论中所提出的观点有联系。如上所述，当

---

① W. Friedmann, *Legal Theory* (New York：Columbia University Press, 1967), pp. 422 – 429.

② 《法治与人治问题讨论集》编辑组：《法治与人治问题讨论集》，群众出版社，1980；王礼明：《法治与人治"不能分开"吗?》，《人民日报》（海外版）1988年9月6日；吴家麟：《法治人治不能结合》（摘要），《文摘报》1988年12月25日。

时儒法双方在这一问题上的主要分歧实际上可以归结为治理国家主要依靠道德还是主要依靠法律。根据我们现在的理解，道德和法律二者对治理国家来说不可偏废，因而也就可以推论出法治和人治应该结合。而且当时儒家还强调"徒善不足以为政，徒法不能以自行"，[①] 加上秦汉以来儒法合流、法治与人治合流的思想和实际，也更容易引申出法治与人治不可分或二者必须结合的结论。

但这里也应着重指出，80年代的结合论者对"法治"和"人治"词义的理解，仅从词义上讲，不同于古代儒家对人治的理解。至少儒家强调的是人治，强调道德在治理国家中的首要作用，而结合论者强调的是法治和人治的结合，强调法律规则和人的作用的结合。就这一意义来讲，我们也不妨认为80年代的结合论者提出了他们对"法治"和"人治"词义的另一种理解——历史上对"法治"和"人治"词义的各种理解之外的一种理解：法治指的是依靠法律规则治理国家；人治指的是依靠人来制定和实行法律。这种意义上的法治和人治必须结合。

笔者早在1980年北京市法学会组织的一次关于法治与人治问题的讨论会上的发言中就曾提出，当时法治论者和结合论者"争论之点似乎不在法治与人治应否结合或应否只要法治而不要人治；而却在于到底什么是法治和人治"。在那一次发言中，笔者也讲到无论是先秦思想家还是近代西方思想家，他们对人治、法治的理解都有不科学的地方，特别是后者的解释显然是与资产阶级的"法学世界观"密切联系的，因此，"在我国社会主义社会中，不宜将'法治'和'人治'作为一种口号来提倡。在我国，加强社会主义民主和法制是历史发展的必然趋势，但又需要具备一系列条件，克服重重困难和阻力。提倡几个口号，包括像要法治不要人治的口号，对我国社会主义法制的加强能起什么推动作用我是有怀疑的"。同时，笔者在发言中也反对当时有些人主张法治、人治两个概念都不科学因而都不适宜用的简单否定态度。[②] 现在回顾这一发言，笔者觉得它表达的基本思想与本文还是一致的，但当时笔者认为我们不必将法治与人治作为口号来提倡这一观点应该修正。近十年来，"要法治不要人治"的口号无论在

---

① 《孟子·离娄上》。

② 参见沈宗灵《既不宜作为口号提倡，也不宜简单地否定》，载《法治与人治问题讨论集》，群众出版社，1980，第332—339页。

我国法学界还是一般舆论界都已广为传播。社会上多数人已接受这种理解：法治代表民主，人治代表专制，我们要法治而不要人治。

对用词的选择，一般地说，除非是特别不科学或不合适的，否则我们应尊重社会上多数人的理解，这也就是尊重"约定俗成"的原则。对"法治"和"人治"二词词义的理解，就像对其他任何词义的理解一样，它们都是在特定历史条件下形成和发展变化的。

四　"从人治向法治转变"这一命题中的有关词义

"从人治向法治转变"之类的命题可以引起一些问题，例如：为什么必须要从人治转向法治？"过去"存在（甚至"现在"还存在）人治的原因是什么？我们对这种现象（包括对过去或现在实行"人治"的人）又作何评价？现在为什么不能立即实现转变，为什么需要逐步转变，甚至还要从双轨制转向单轨制？等等。当然，我们可以从上面所讲的法治论的理解出发来回答：法治代表民主，人治代表专制，因而我们要"从人治向法治转变"。但这里应注意，目前对我们来说，"要法治不要人治"可以理解为一个抽象的原理，而现在"从人治向法治转变"却是一个具体的命题。二者既有联系又有区别。"从人治向法治转变"这一命题至少包括了以下具体含义：我国在"过去"以至现在还存在着人治或某种程度的人治，而这里讲的"过去"一般是指新中国成立以来至十一届三中全会这一时期，甚至还可能指新中国成立以前的国内战争时期。显然我们在讲"过去"乃至现在还存在"人治"（或某种程度的"人治"）时，对这里讲的"人治"的词义又需要作进一步探讨了。

就提出"从人治向法治转变"这一命题的人来说，他们所讲的"人治"可能包括以下两种含义。一种是指：有的领导人受封建思想意识的影响，表现出专横、独断等不民主的思想作风。对人治的这种理解可以说是对17、18世纪关于人治、法治词义的引申。另一种是指：由于特定的历史环境，不可能有完备的法制，或者是由于党和国家的指导思想有失误，不重视法制，各级领导人不得不就各种具体问题作出决定。当然也可能是以上两种情况的交错并存。当我们在讲"从人治向法治转变"时，应该考虑到各种不同的情况。前一种情况是应该加以否定的；对后一种情况，或者不宜称为"人治"，如果要称之为"人治"，那就需要赋予其另一种特定的含义，即在法制不完备或法制不受重视的情况下不得不由领导人作出决定。这种意义上的"人治"既不同于古代儒家所讲的人治，也不同于80年代的结合论者所讲的人的作用，更不能理解为专制或专横独断等。

中国社会主义法治的理论与实践[*]

杨海坤[**]

摘　要： 法治思想是人类智慧的结晶，代表了历史进步的趋向。社会主义法治首先应有良好的宪法和法律，要求制约公共权力，要求保障和实现公民个人的权利，要求有法可依、有法必依、违法必究、执法必严，要求法律必须公开，有民主的、完善的法律程序。纵观法治的历史，法治以商品经济发展为基础，同民主政治形影不离，离不开必要的法律制裁，离不开法律文化的进步。

关键词： 社会主义法治　改革开放　法制建设

在中华人民共和国成立后的 40 多年岁月中，其大部分时间是讳言"法治"的，但是国际政治经济文化发展的潮流、中国改革开放的潮流，正在冲击中国人头脑中一切陈旧的观念。厉行社会主义法治正在成为全国上下可以欣然接受的新思想，这是巨大的进步。党的十一届三中全会以来，在党的领导下我国在法制建设方面取得了可观的成绩，社会主义法治的熹微晨光已显露在世界的东方。

一　人类法治思想的由来和进步趋向

法治思想是人类智慧的结晶。在远古时代，人类不能认识自然和社

＊　本文原载于《法学研究》1991 年第 1 期。

＊＊　杨海坤，山东大学法学院教授。

会，完全由盲目的力量主宰自己，由神统治一切的宗教观念自然发达。只有当人类发展到对自己能力的意识达到一定水平之后，人们对秩序和正义的渴求才通过法律机制表现出来。美国法律哲学家埃德加·博登海默说："凡是在人类建立了政治或社会组织单位的地方，他们都曾力图防止不可控制的混乱现象，也曾试图确立某种适于生存的秩序形式。"① 法律作为秩序和正义的综合体比任何个人的统治更具有连续性、确定性。在古希腊，人们围绕城邦"是由最好的一人或由最好的法律统治哪一方面较为有利"的问题展开论争，亚里士多德明确提出了"相对于一人之治来说，法治更可取"。在亚里士多德关于法治的含义中，可以看出法治体现了合法性原则和合理性原则的统一。他认为，所谓"法治"：第一，是指已经制定的法律应获得普遍的服从，即一切都应该依法办事；第二，指人们服从的法律，其本身应是良好的法律，即法律必须符合"正义"的目的。② 西方自古希腊城邦衰落之后，法治学论一度沉寂，直到西方资产阶级革命兴起时，法治学说重新兴起。近几个世纪，"法治"一词为人们广泛使用，形成了众多的法治理论，由于争论颇多更增加了法治概念的复杂性。综观资产阶级法治理论，大致可概括为：治国依靠法律，特别需要一部通过三权分立制度来限制国家权力、指导政治体制运行的成文宪法；法律至上，一切政党团体和个人都要在宪法和法律的范围内活动；政府权力要受限制，即个人享有某些不可侵犯的基本权利，政府权力的行使要遵守法定的程序；司法独立，加强司法机关，实行罪刑法定主义，刑法不能溯及既往；法律面前人人平等，除法律外，任何人的行动不受阻碍，任何人没有特权，不允许任何人站在法律之上或法律之外；对违法行为设置法律障碍是为了对个人的合法权益加以法律保护；等等。法治原则在实践中衍化出许多具体的原则，但总的来看，资产阶级法治是同其追求的民主、自由、平等、人权等联系在一起的，因而表现出历史的进步性，资产阶级法治学说是人类文明的一个阶梯。

马克思主义创始人对自由资本主义时期暴露的社会弊病有着深刻的认识，因此对资产阶级法治的虚伪性作了尽情的揭露。他们没能充分预见到

---

① 〔美〕埃德加·博登海默：《法理学—法哲学及其方法》，邓正来、姬敬武译，华夏出版社，1987，第207页。
② 参见〔古希腊〕亚里士多德《政治学》，吴寿彭译，商务印书馆，1965。

资本主义自我调节和完善的生命力，也没有预见到社会主义首先在俄国、中国这些当时资本主义并不发达的国家取得成功。尽管他们对无产阶级夺取政权后必须用法律手段镇压敌对阶级反抗、组织新社会秩序作了某些预测，但对社会主义建设时期必须建设社会主义法治是缺乏论述的。这不能苛求他们，建设社会主义法治是社会主义建设经历了相当一个时期的曲折以后从实践经验中总结得来的。苏联经过了近70年社会主义建设实践，在戈尔巴乔夫领导的改革时期才提出建设社会主义法治的口号；中国是在新中国成立后40多年实践中，特别是十年"文革"后才把社会主义法治视为瑰宝。而在此以前，社会主义国家大多把法治作为资产阶级的专利品而加以拒绝。当今社会主义社会与资本主义社会仍有制度方面的区别，但是两者并非处在截然对立的两极，而是有着许多相互补充、相互渗透的联系和某些共同点，资本主义文明，包括其法治理论和实践已有几百年历史，而社会主义在组织社会生活、发展经济文化方面还缺乏成熟的丰富的经验，因此如果继续对人类共同文化财产抱虚无主义态度的话，那么我们就会作茧自缚，拉大与发达国家之间的差距。我们再也不能做这种蠢事了！

二 社会主义法治理论的基本内容

根据我国社会主义法制建设的实践经验，并吸取历史上一切有益的法治理论，可以把社会主义法治的理论归纳如下。

（1）社会主义法治首先应有良好的宪法和法律。不少学者把一个国家用法律规范来治理社会作为法治的首要特征，我认为这是有欠缺的。因为合法的并非一定合理，从单纯的法观点看问题，只要是立法机关颁布的规范性文件在形式上就是法律，但并不一定能达到真正法治的目的；法治也并非要求一个国家颁布的法律越多越繁密越好。如果认为法治只要具备法律完备这一形式方面的条件，那么这种法律无论怎样荒谬或不合情理，都被认为是实现法治的途径，那将是十分可悲的。有些国家在历史上颁布过很多法律，但这些法律践踏民主、破坏生产力、阻碍社会进步，那就根本谈不上法治，而是对法治的歪曲和嘲弄。法律的生命力在于对法律价值的追求，人们一般把法律的价值归结为"正义"，但对正义的标准议论纷纷。许多世纪中思想家和法学家提出了关于法律正义的观点，例如，柏拉图认为正义存在于社会有机体各个部分间的和谐之中；亚士里多德认为正义寓于"某种平等"之中；英国哲学家、社会学家斯宾塞认为同正义联系的最高价值是自由，而康德主张正义就是"使一个人的意志按照普遍自由法则能够同另一个人的意志结合起来"；霍布斯曾经认为安全是构成法律有序化的首要任务，边沁也认为安全是通过法律的社会控制达到的首要目标。总之，法律同人类的需求有着密切的联系。在社会主义初级阶段，法律同社会主义初级阶段社会全面进步的目标联结在一起，它兼顾效率与公平的目的，调整全社会整体利益，保障全体人民获得安全、自由、平等的生活秩序，对促进社会主义物质文明和精神文明发挥着重要的作用。良好的法律是实现法治的前提。

（2）社会主义法治要求宪法和法律在社会生活的一切重要领域中处于至高无上的地位。资产阶级政治思想家潘恩曾讲："在专制政府中国王便是法律，同样地，在自由国家中法律便应该成为国王"。[①] 宪法和法律在国家生活中的至高无上的地位也是法治社会的显著特征。有的同志担心实现法治就会否认其他治理社会的手段，包括政策、行政、道德、社会习俗等在调节社会生活中的作用。笔者认为，法治不是把法律作为治国的唯一手段，恰恰相反，它必须与其他治理手段有机结合起来，但在诸种手段中，法治所强调的是法律具有最高的地位。法律的重要作用是规定政治权力，约束与限制政治权力，防止政治权力的滥用；法律对行政也有制约作用，它特别关心的是对行政机构自由裁量权的约束；法律与道德有着紧密的联系，它们代表不同的社会规范，但法律规范制度从根本上指导、保证和加强对道德规范的遵守，使道德规范充分发挥作用。面对近几年改革中出现的曲折而带来的困难，有些同志提出了"新权威主义"，企望出现政治上的"新权威"来摆脱困难，按照这一思路，行政集权应成为最高的权威，可以牺牲民主而把经济搞上去。实践证明，缺乏民主为核心的法治，缺乏民主化、科学化的决策程序正是这几年改革中失误的主要原因。为什么我国改革中出现政出多门，政策互相矛盾、前后打架的情况？为什么常常提口号，对个别未经论证的意见轻易采纳？为什么老是出现一声令下、一哄而起，又紧急刹车、一刀切，反复出现朝令夕改的情况？诸如此类的问

---

① 〔美〕潘恩：《常识》，马清槐译，商务印书馆，1959，第54页。

题，归结为一点，即改革缺乏法治环境，因而缺乏稳定性、连续性、前后一致性。

（3）社会主义法治要求制约公共权力，将国家机关的活动纳入法制轨道。恩格斯在论述公共权力的性质时指出，公共权力是"从社会中产生但又自居于社会之上并且日益同社会脱离的力量"。① 社会主义公共权力如果缺乏民主监督、缺少法律制约，也可能成为脱离社会的力量，不能对掌握公共权力进行管理的人们能完全自觉地为人民服务、不谋私利抱有幻想。因此，保障公民合法权益的关键是制约公共权力，使公共权力的行使规范化。在专制制度下，法律是最高统治者意志的产物，其矛头是指向人民的，权力支配法律，是专制政治的本质特征；而在民主制度下，"法典是人民自由的圣经"，法律不仅是全社会成员的行为规范，而且更重要的是体现人民利益的基本手段，法律支配权力，政府必须守法，这是民主政治的本质特征。法治使公民与国家的关系成为平等的以权利义务为基本内容的法律关系，从而保障全社会在和谐协调的秩序中走向进步。

（4）社会主义法治要求保障和实现公民个人的权利，使个人自由、权利、利益、名誉和尊严不受到侵犯。民主和法制作为一种制度，其重要目的是保护个人自由和权利。从世界各国的民主发展进程来看，人的权利的法律化、制度化是确立民主制度的核心。世界上最早出现宪法的国家是英国，其宪法的特点是不成文宪法，由《自由大宪章》《权利请愿书》《人身保护律》《权利法案》等宪法性文件组成，分别记载了英国人民争取自由、权利的斗争成果，以法律形式确定了人的基本权利。各国宪制的建立，包括社会主义宪制的建立，也都以保障和实现人的自由权利为标志。法治的基础在于保障每一个人的自由和权利，而不限于你的我的或某些人的自由；个人与个人、个人与群体、群体与群体之间互动，通过具有客观性、合理性的制度作为中介进行调节，使个人的自由得到充分发展，并且不侵犯他人的自由；这种理性的、客观的制度可以经过人们的讨论，通过法定程序加以修改，以适应不断变化的社会发展的需要。

（5）社会主义法治要求有法可依、有法必依、违法必究、执法必严，要求对法律的实施采取切实有效的监督。民主和法治的拥护者一方面反对

① 《马克思恩格斯选集》第4卷，人民出版社，1972，第166页。

专制政治，另一方面也反对无政府主义，他们不希望徒有法律的颁布，不希望出现一种软弱涣散、有法不依的无政府状态，而希望有一个令行禁止、一视同仁、平等保护公民权利的廉洁的、高效率的政府，有一个完备的执法系统和执法监督系统，使公民在法律面前一律平等，不因性别、种族、肤色、语言、信仰和其他情况在权利义务上有差别。凡是法律没有禁止的，都是准许的，每个人只要其行为不侵犯他人的自由，不超越法定的界限，就有权按照自己的意志行动；法律的作用主要不是惩罚和压制，而是为人们和平共处并满足某些基本需要提供规范安排；凡是违法犯罪行为都平等地予以追究和制裁，有效地维护法律的统一和尊严。

（6）社会主义法治要求法律必须公开，有民主的、完善的法律程序，法律制度具有开放性。法律公开的重要意义首先在于防止掌权者的专制和特权，孟德斯鸠曾经在《论法的精神》一书中指出："在专制国家里，法律仅仅是君主的意志而已。即使君主是英明的，官吏们也没法遵从一个他们所不知道的意志！"① 只有法律公开，才能使执法监督具有公开性，迫使掌权者有所遵循；法律公开的意义还在于普遍地为全体公民所知晓，使法律具有最高权威性和普遍约束力。近代法治的一个重要标志就是程序法的完备和发达，从而保障公民的人身和财产权利非经正当的法律程序和正当理由不受剥夺，一切来自个人或国家的非法侵害都能通过救济手段和程序得到公正、合理、及时的赔偿。应当看到，世界正在急剧地发生变化，科学技术革命充当了当前世界巨变的先导，国际社会的经济政治结构、人类生活方式和思想观念都面临深刻的变革，因此世界各国比以往任何时候更加相互依赖、休戚与共，更加需要国际法规范来调整人们的行为。发展中国家的学者提出，当代社会首先遇到的问题是"各国之间和国家内部的权力分配的不平等"，因此人类发展的新目标无论是在一个国家的范围内还是在国际范围内，都是实现以平等为基础的社会。邓小平同志提出建立国际经济新秩序和国际政治新秩序正是反映了当代世界发展的要求。中国的发展离不开国际环境，社会主义制度的发展也不能离开人类共同利益，因此社会主义法治应包括社会主义法律制度的开放性，不可否认社会主义国家和资本主义国家间在制度上存在差别，但有某些共同生活情况需要通过

---

① 〔法〕孟德斯鸠：《论法的精神》上册，张雁深译，商务印书馆，1961，第66页。

法律来调整，不同制度国家中存在一些共同的法律原则。社会主义法治今后将在相当长一段时期里同资产阶级法治并存，互相交流吸收和补充，社会主义法治一方面将保留各国传统的法律文化中优秀的部分，另一方面将从别国的有益法律文化中汲取营养。总之，社会主义法治思想体现了法律为世界政治、经济新秩序提供框架的新思维，这种法律必须是建立在尊重人类的人格、尊严、自由、平等、发展愿望、创造精神以及财产权利基础之上的，体现了人类谋求公正、和平新秩序和国际发展新环境，实现人类共同利益的理性要求。

三　我国建设社会主义法治的必由之路

建设社会主义法治是我国社会主义初级阶段法制建设的根本目标和根本任务。新中国成立以来，特别是党的十一届三中全会以来，这一根本目标和任务在全党、全国人民面前越来越清晰和明确。新中国成立初期，党内有识之士曾提出实行法治的口号，毛泽东同志在制定 1954 年宪法时曾把民主和社会主义确定为宪法根本原则。但是在社会主义改造完成进入建设时期，正需要建设社会主义法治的关键时刻，中国历史出现了停滞与倒退，反"右"斗争、反"右倾"斗争等接踵而来的政治运动把法制建设抛在一边。在这种错误思想指导下，中国没有制定一部刑法典和民法典，宪法要么被任意修改，要么被搁置一边。鉴于深刻的历史教训，党的十一届三中全会提出了"必须加强社会主义法制，使民主制度化、法律化，使这种制度和法律具有稳定性、连续性和极大的权威，做到有法可依，有法必依，执法必严，违法必究"的任务，这一任务包含了实现社会主义法治思想。在十一届三中全会精神指导下，1979 年颁布了《刑法》和《刑事诉讼法》，1982 年颁布了《民事诉讼法（试行）》和新《宪法》，中国开始了初步有法可依的新阶段。1984 年中共中央作出了关于经济体制改革的决定，在发展商品经济的精神指导下，《民法通则》于 1986 年通过，《全民所有制工业企业法》着手制订，社会主义法律对经济生活的调控和治理作用日益显著。中共十三大对社会主义初级阶段理论进行了深刻、全面的阐发，提出了集中力量进行现代化建设，坚持全面改革，坚持对外开放的指导思想，特别是对政治体制改革目标和任务作了明确的阐发。在这一精神指导下，我国《行政诉讼法》已获通过，国家公务员条例着手制定。简单回顾这一进程，说明在中国共产党领导下，我国正迈向社会主义法治社会，正在把实现社会主义法治社会理想付诸实践。社会主义法治以商品经济发展为基础，以民主政治为核心，以科学文化为氛围，它是民主、科学、法制的综合体，是社会主义立法、司法、执法、守法、护法的动态的系统工程，是法律理想、法律制度、法律文化的有机结合。

根据我国国情，实现社会主义法治将是一个长期过程。我们应从以下几方面着手工作。

（1）纵观法治的历史，法治与商品经济发展密切关联，法治是以商品经济发展为基础的。商品生产越发达，人们越是相互依赖，商品交换的规模越大、频率越高，法律规则的数量就越多，覆盖面就越广。由商品经济形态所需要和决定的法律规则具有权利本位性、权利和义务的对等性、对象的普遍性及确定性、连续性和稳定性等优良品格，这同自然经济形态和产品经济形态所需要并由它们各自所决定的法律规则有质的区别。我国青年学者张文显同志撰文指出："法治精神是在民法原则的基础上形成的。现代民法是以商品经济关系为内容的法律部门，其核心是人权、所有权和平等权，而人权、所有权和平等权是法律权利体系的基础。""从法的经济分析入手……就会看到，宪法意识和宪政要求产生于商品经济，宪法和宪政传统来源于民法和民法传统……宪法不过是以根本大法的形式对民法原则的确认、移植、转化或升华。"① 这一见解是很深刻的。因此从根本上说，只有充分发展商品经济，才能开辟走向法治社会的通道，在我国这样一个缺乏民法传统的国家，法制建设应特别强调民事立法和民事司法，注重民法精神的培养。建设我国社会主义法治，必须把调整人们最广泛、最基本的经济活动、经济关系的民法作为法律体系的基础。

（2）纵观法治的历史，法治同民主政治是形影不离、抱为一体的，法治和民主不能割裂。民主和法治在政治领域的集中体现就是国家管理的民主化、科学化、法制化，就是有一个可以令人民信任，确认其能保障自己利益的政府。从这个意义上说，完善宪法和重构行政法（包括经济行政法）是实现法治的关键。我国1982年宪法的民主性、科学性已大为增强，

① 张文显：《中国步入法治社会的必由之路》，《中国社会科学》1989年第2期。

它基本适合我国现阶段经济、政治、文化发展的需要；但是1982年宪法也有不够完善的地方，随着我国经济体制、政治体制的改革和对外开放，已经暴露出不少矛盾，宪法面临着发展的问题。仅有一部较好的宪法，并不等于这部宪法能得到很好的实施，更不等于实现了宪制。十三大明确提出必须实现党、政权组织同其他社会组织的关系制度化，国家政权组织内部活动制度化，以及中央、地方、基层之间关系制度化等要求。因此要实现法治，必须使党真正在宪法和法律的范围内活动，建设社会主义法治要求调整国家基本权力结构，特别是对高层次权力结构首先作出调整，要防止权力滥用、决策失误，必须建立权力对权力的制衡，必须建立人民的监督体制。宪法和行政法都应看作人民与政府的社会契约，通过这种契约，建立一种双向负责的新型关系。从根本上说，宪法是属于人民的。因为人民是主权者，宪法是由人民组织并通过最高权力机关中的人民代表创制并经人民同意而形成的最高契约。行政法作为"动态的宪法"、宪法的延伸和具体化，在实现政府法治方面起着特别重要的作用。我国颁布的《行政诉讼法》在实现社会主义法治道路上具有新的里程碑的意义，它开始确认公民或社会组织同政府之间的法律上的权利义务关系是双向的，而非单向的；在诉讼法律关系中，法律与公民已处于对簿公堂、"平起平坐"的民主状态，体现了公民对公共权力实行法律控制这一法治的精髓。

（3）纵观法治的历史，法治离不开必要的法律制裁。在社会主义初级阶段，犯罪和违法行为不可避免地依然存在，并对社会造成危害，因此社会主义法律在制裁和打击各种危害社会的不法行为方面起着重要作用。我国的社会关系从纵横角度可以划分为两类，一类是横向的民事关系，一类是纵向的行政管理关系，民法和行政法分别调整这两类社会关系。无论是横向关系，还是纵向关系，当其行为违反社会规范到一定程度而构成犯罪时，就形成刑事关系，刑法就是规定犯罪和刑罚的法律。1979年我国颁布了《刑法典》，它是保护人民、保护现代化建设事业的强有力武器，在改革开放过程中，我们当然必须牢牢掌握这一武器，用以惩处经济犯罪和其他刑事犯罪，禁止和取缔各种危害人民的违法犯罪行为。实行法治还离不开法律制裁，离不开刑罚等手段。但目前我国的刑法也面临与社会发展不完全适应的矛盾，也面临其他法所遇到的法的稳定性与现实性之间的矛盾。一方面，必须根据犯罪形式手段的变化，使罪名的规定更加规范化，使各类刑罚更加合理化；另一方面，应进一步肃清不合现代法治要求的封建用刑思想，克服对"治乱世用重典"的迷信，防止"法律滋彰，盗贼多有"（《老子》语）倾向的出现。新中国成立以来我们习惯以搞运动的方式处理犯罪问题，以致在实践中尚难避免以一时政治需要来左右量刑的轻重。从保持国家长治久安的高度看问题，还应该特别注意刑事立法和司法的公正性、统一性和稳定性。

（4）纵观法治的历史，法治离不开法律文化的进步，离不开整个文化环境的进步。对于"文化"和"法律文化"，学者们有各种不同的理解。一般认为，"文化"可视为"精神"的近义语。法律文化则是指人们对法律、法律制度、法律机构和法律裁决者的各种观念、态度和期望，是作为观念形态的法律出现的。没有整个社会文化、观念、道德、心理的变迁，特别是法律文化的变迁，就不可能有法律制度；同时，没有良好的法律制度，健康的法律文化亦难以存在和发展。在中国历史传统中，法律与其他社会制度、社会文化，如伦理道德、家族制度、行政等级制度有着特殊的密切联系。人们习惯于把法视同为刑，视同为严刑峻法，视同为掌权者的"禁暴惩奸"的手段。在儒家以礼为纲的治国思想体系中，法的地位只是礼的附庸。这种法律文化同西方法律文化中蕴含的法即权利、法即自由、法即正义、法即权力限制等思想精华有着巨大的差别，可见中国传统法律文化同法治是格格不入的。这种绵延数千年的法律文化不能适应不断进取、急剧变革的社会，更不能适应商品经济和民主政治建设的要求，与现代化根本上是相抵触的。因此要建设社会主义法治，在我国首先有一个重构法律文化、建立法治文化基础的艰巨任务。这需要几代人的努力，一方面要改变广大公民的法律社会心理，包括增强公民积极参与立法心理、自觉守法心理和监督执法心理等；另一方面要创建适合中国现代化进程的完整的法律思想理论体系，倘要建设一个民族的现代化的法律文化，建立科学的完整的法律理论体系是关键。中国当代法学理论界就其整体而言尚缺少批判精神，不少人满足于在现成的思维模式中再思维，对"经典"理论膜拜不止，只能注脚，不能创新，缺少超前思维和创造性思维。因此，有必要对长期以来形成的这种思维模式作一番深刻的反思，破除那些僵化的过时的法学概念、观点和理论，以全面、深刻的社会主义法治理论来指导我国法制建设。

论现代市场经济是法治经济[*]

文正邦[**]

摘　要：现代市场经济必然是法治经济。现代市场经济的一个重要特征是崇尚法治，把法律作为对经济运行实行宏观调控和微观调节的最主要手段。"法治经济"是相对于人治经济而言的，是人治经济的对立面。人治经济的实质是权力经济。权力经济是无规则的非程序性经济，是主观意志型经济。权力经济保护特权，重视人的身份和地位，根据主体地位的不同制定不同的法律和政策。权力经济下只强调法的限制、禁止、约束和惩罚职能，只重视使用强行性规范、禁止性规范和义务性规范。

关键词：市场经济　法治经济　权力经济

现代市场经济的一个重要特征就是崇尚法治，把法律作为对经济运行实行宏观调控和微观调节的最主要手段，其他各种手段也都必须纳入法治的范围，并要求整个社会生活的法治化与之相适应。所以，现代市场经济必然是法治经济。

一

作为经济类型和经济范畴的市场经济（或称发达的市场经济）是在

　＊　本文原载于《法学研究》1994 年第 1 期。

＊＊　文正邦，西南政法大学教授。

近代资本主义生产关系产生，出现了权利本位、契约自由、法人制度等重要的法权关系和法治特征的情况下才正式形成的。从封建专制体制下的义务本位进展到权利本位，这是人类社会的一个伟大进步。人们的社会关系实现了从"身份"到"契约"的重大转换，强调人的主体地位和平等权利。可以说，权利本位、契约自由是市场经济发展的基本条件，也是市场经济对法律之需求的深厚基础和源泉。近代发达的市场经济的形成和发展还得益于法人制度的产生和确立。法人制度有利于确认和保护商品生产、经营者的主体地位和权利，有利于确认和维护市场经济关系中社会组织的合法权益。它把法律的保护领域和规范范围从经济活动中的自然人个体扩大到社会组织及其行为，从而进一步促进了市场机制的社会化进程。

发达的市场经济经历了从自由经济向垄断经济的发展，但是市场经济存在和发展的法治条件不但未被削弱，反而得到了进一步的加强，市场经济对法律的需求越来越突出、迫切。法律对经济运行不仅起着规范和保障的作用，而且起着调节、引导、组织、管理、预测等作用，它为市场交易行为和整个经济发展提供一种稳定、明确、普遍的准则和模式，提供一种平等、自由、公开、公正的空间和条件。这正是市场经济发展所极为需要的。

市场经济具有二重性，既具有利益原动力和竞争机制所驱使的促进经济发展的作用及价值规律所蕴含的一定的自我调节能力，又具有自发性、盲目性、时滞性、波动性等非有序化倾向和强调本位物质利益的消极方面。因此，适度的计划调控和必要的行政管理也是应当的。无论是计划调控还是行政管理都必须依法进行，由法律授权，受法律监督；否则，得不到监督和限制的政府意志和权力任意施行和膨胀，必将限制、干扰甚至侵害市场经济的良性运行。

由此可见，纳入法律轨道的计划调控和市场调节是市场经济发展所要求的经济法治运作中不可缺少的两翼。

二

现代市场经济既要求经济上的自由贸易和竞争，又要求秩序和机会均等；既追求效率和效益，又必须考虑社会公平和公正；既要求民主、公开的氛围和人的行为自由及独立、自主的权利，又要求对各种利益倾向、利益主体、利益集团施以统一、协调、制衡。因此，法治既可以保障自由竞争和效率，又利于保障和协调社会分配，平衡利益冲突，达到必需的社会公平。社会主义市场经济也摆脱不了效率与公平这一人类物质生产与生活的固有矛盾，然而通过改革而保持和发挥的社会主义制度的优越性和生命力就有条件更好地解决这一矛盾。社会主义市场经济以公有制为主导，以按劳分配为主体，就是兼顾社会公平与效率的良好基础，提供了一种在新的基点和层面上来解决效率与公平的矛盾的条件和可能性。既要允许先富后富，提倡多劳多得、不劳动者不得食，使分配上拉开档次，经济发展和效益上体现出差距，鼓励在正当、合法的前提下发财致富，以有利于搞活经济，提高综合国力；同时，又要防止两极分化和贫富悬殊，避免加大社会差距和经济差距。特别是制止非法致富，禁止用不正当手段攫取社会财富和他人财富。通过改革把劳保福利变得既让国家承受得起，又有利于调动和保护劳动者积极性、发展社会保障和公益事业、加强人权保障和环境保护等。这样就便于通过市场竞争机制进行初次分配反映效率和差距，又通过国家调节的作用进行再分配体现社会公平，最终实现共同富裕。而这一切，更离不开法律和法治。

市场经济的发展必然要求市场的空间范围不断扩大，从区域性扩大到全国性，从国内扩展到国际。一般说来，市场空间越宽广，交换成本就越低，效益就越高，资源配置也越易趋于合理。所以，现代市场经济不但与条块分割及地方保护主义尖锐对立，而且与狭隘的关税保护、有限的双边或多边贸易不相适应，而要求整个世界市场都畅通无阻、连为一体。恢复我国在关贸总协定中的缔约国地位，是我国发展社会主义市场经济的必然要求。这就给我们提出了必须使国内法律制度和体系与国际法律体系规范相衔接，国内市场运行规则还应符合国际惯例的问题。为此，必须打破空间界限，不囿于姓"资"姓"社"，积极、大胆地引进和借鉴世界市场经济的丰富经验和法律规则，制定既符合中国国情又符合世界通例的市场经济法律体系，从而大大有益于我国社会主义市场经济的发育和发展。

三

深切认识和牢固树立现代市场经济就是法治经济的观念，需要正确理解"法治经济"的特征和内涵。

首先，"法治经济"相对于"人治经济"而言，是人治经济的对立面。二者的对立除了以上所谈及的以外，还表现在以下几方面。

第一，权力经济是一种人治经济，是无规则的非程序性经济，排斥平等、公平、公开，也无自由、民主可言。封建社会的所谓"官商"，现代社会的所谓"官倒"，殖民地、半殖民地的"买办"，都是权力经济的典型形态，都主要靠手中的特权来操纵、控制经济。权力经济的习惯势力造成政府对经济的过度干预，很容易导致滥施权力，而政府权力无限制地介入经济活动，就必然造成不平等的竞争环境和发展机遇，从而成为市场经济发育、发展的破坏性因素。法治经济是规范化的程序性经济，它通过完备的法律手段和良好的社会法治环境有效地保障和维护正常的经济秩序，保证平等、公开、公正、公平的竞争环境和发展机遇，并有利于给经济发展创设和维系一个民主、自由、宽松、和谐的空间氛围，保护公民和法人的正当权益，促进经济的有序增长和繁荣。

第二，权力经济是主观意志型经济，即靠长官意志来驱动经济，靠领导人的才智和经验来支配经济，但这些毕竟都是有限的，从而往往与客观经济规律相背离。法治经济通过法律的规范化、制度化功能来发展经济，避免因领导人的个人能力、品质和主张的差异及其升降进退而影响经济政策出现短期效应，有利于经济的稳定发展和实现长远目标。

第三，权力经济保护特权，重视人的身份和地位，根据主体地位的不同制定不同的法律和政策。法治经济强调主体地位的平等，以此为前提才能谈得上权利平等和机会均等，才能调动人们发展经济的积极性，也才能谈得上生产要素的合理流动和资源的合理配置。

第四，权力经济下虽然也讲法，但只强调法的限制、禁止、约束和惩罚职能，只重视使用强行性规范、禁止性规范和义务性规范，从而使人们畏法、恐法、避法，最多也只是为解决纠纷、补偿损失而求助于法；而且只重视法的实体正义，不注重程序正义。这些都大大限制了法的功能和社会作用的发挥。法治经济重视法的引导、调节、预测等积极功能，强调运用法律来组织、管理经济，进行更深入广泛的参与，使法律真正成为经济发展的内在需求；并注重使用任意性规范、授权性规范、建设性规范和奖励性规范来调动人们的积极性；不仅重视法的实体正义，而且重视程序正义，通过实现程序正义来保证实体正义，更有效地维护主体的合法权益，并使法律更具有可操作性。

其次，"法治经济"也不仅限于一般所说的"经济法制"的外延和内涵，即不仅指经济领域的"有法可依，有法必依，执法必严，违法必究"或立法、执法、司法、守法等环节，它的外延比这更宽广，内涵也更深刻。它不仅要求直接从事经济活动的人员和组织以及他们的行为必须依法守法，而且要求全社会的一切组织、个人及其行为都必须符合法治的原则和精神，都必须依法办事、依法行政、依法管理，在法治原则的导引下为经济发展服务，积极地参与经济建设并分享其效益。也就是说，它所追求的是"经济法治"，要求通过整个社会的法治化来发展经济，而不仅仅是指经济法规体系的完善和经济法律制度的完备（相应于"经济法制"的概念）。从系统论的观点来看，"法治经济"至少包括以下几个层次，即经济法治观念、经济法治制度、经济法治秩序、经济法治环境。只有从它们的系统整体效应着眼，才能完整地把握法治经济的内涵。

论"法治"构成要件[*]

——兼及法治的某些原则及观念

徐显明[**]

摘　要：法治是在法律规束住了国家权力和政府后使权利在人和人之间得到合理配置的社会状态。完整意义上的法治必须具备精神、实体和形式三个方面的要件。精神要件包括法的价值标准的确立、法律至上地位的认同、法的统治观念的养成和权利文化人文基础的建立。实体要件包括控权制度的存在和权力制衡原则得到遵守，国家责任的无可逃避和权力与责任相统一制度的建立，权利制度受到保障和社会自由原则的确立，以及公民义务的法律化和相对化。形式要件包括法制的统一性、法律的一般性、规范的有效性、司法的中立性、法律工作的职业性。

关键词：法治　精神　实体　形式

把"法治"放在何种层面上定性？自梁启超 1922 年辑其 1907 年前后发表之数篇政治史文章为《先秦政治思想史》一书而首提"人治""法治"概念以来，其间虽有 20 世纪 20 年代末期、40 年代中期、50 年代中期及 70 年代末期几次大的讨论，但迄今未获一致说明。中外思想家和学问家们留给我们的解释有：梁启超的一种主义说，亚里士多德的二层含义说，1959 年国际法学家会议通过的《德里宣言》的三原则说，英国思想家戴雪

---

　* 本文原载于《法学研究》1996 年第 3 期。

　** 徐显明，第十三届全国人民代表大会监察和司法委员会副主任委员。

的四种解释说，以及现代美国法理学家拉兹及富勒的八原则说等。诸说要么把法治界定为一种治国方法，要么把其说明为法制的理想状态，要么把其作为法律运行的原则，要么把其待之为法律制度的价值准则。各说依其成说的不同视角，均有穿透之见的。本文欲取之"法治"，意以一种社会结构状态为表述，其反义为"专制社会"，其近义为"法治国家""法治政府"。其内涵为：在法律规束住了国家权力和政府后使权利在人和人之间得到合理配置的社会状态。这种社会状态即我们所追求之"法治社会"。以前人们提供给我们的经验和我们所具有的理性进行分析，法治社会的达成离不开精神的、实体的和形式的三方面要件，该三要件的统一，才有完整意义上的法治。本文试对该三要件作简约探讨。

一　法治的精神要件

法治的精神，这一概念内含：（1）它是安排国家制度、确立法律与权力比值关系的观念力量；（2）它是一种相对稳定的、为保持法的崇高地位而要求人们持有的尚法理念；（3）它反映法律运行的内在规律，对变法具有支配、评价等作用，在遇有权力涉法行为时能传导公众广生排异意识并最终指导人们认同法律的权威。由此三点可以看出，法治的精神既不同于法律原则，也不同于法律精神，更不是法的本质。它的实质是关于法在与国家和权力交互作用时人们对这一关系所选择的价值标准和持有的稳定心态。具有法治精神的社会，即使法制状况不理想，其也会在这种精神的推动下逐步走向改善。如果说运动着的事物都需要一个方向或灵魂的话，那么法治的精神就是展现法治品格和风貌的方向和灵魂。在现代法治社会中，构成法治精神的要素至少有四种：善法、恶法价值标准的确立，法律至上地位的认同，法的统治观念的养成，权利文化人文基础的建立。

法学理论如果只告诉人们法是什么而不说明法应当是什么，这样的法学便是病态法学。这种法学的价值以其研究对象的价值而定。如果法是善的，法学便是善的；如果法是恶的，法学便助纣为虐。善法，是法治的最低要求。所谓法治，首先是指"善法之治"。其实哲学上所追求的对人的终极价值——真、善、美——在法治上只要有一价值成立，其余就会同时展开。倘若在立法上解决了善法之治的问题，那么在法的实施上必然要求

"真法之治"，而不是有法无治。而善法之治与真法之治的实践结果，便给人以艺术上的价值，即"美法之治"。法治当中的"善"，意指益于人的道德准则，在观念形态上它已转化为人人都能接受的正义。法律制度在设计和构建过程中被要求的分配正义、校正正义、实体正义、程序正义等都是它的内容。法律以正义实现为追求，该法便是善法，舍弃了正义的价值标准，法便是恶法。善法、恶法价值标准的确立，使人们在观念上有了"法上之法"与"法下之法"以及"合法之法"与"不法之法"之分。正义为法上之法，追之近之为合法之法，去之远之则为法下之法或不法之法，亦即恶法。恶法不为法，人人有权予以抵抗。一社会中，人们有无抵抗恶法的意识，是衡量其法治观念强弱的标准之一。在现代法业已被认识到的由一组组基本价值范畴组合的价值体系中，为求得善法，人们应在对价值发生矛盾时作出如下选择：正义与利益以正义为先；自由与秩序以自由为先；公平与效率以公平为先；安全与和平以安全为先；生存与发展以生存为先。正义、自由、公平、安全、生存为善法之恒定价值，其余为相对价值。这种价值选择，使法律价值观与经济价值观有所不同。至善之法，即衡平价值关系而使价值冲突降至最低限度之法。这一价值尺度应成为立法的首选原则。将这一观念推之于社会，公众也就掌握了判别法律正义与否的标准，法制随之也就具有了去恶从善的内在活力。

　　法律至上地位的认同问题，回答的是法律是否具有最高权威问题。无论何种形态的社会，总有一个至高无上的权威存在。如果公众心目中认同的最高权威不是法律，那么这个社会就肯定不是法治社会。我们已知的至上观有：奴隶制时期"一切皆从天子出"的天子至上，封建制时期"天下事无大小皆决于上"的君主至上，西欧中世纪"朕即国家""国王便是法律"的国王至上，以及20世纪30年代德国的纳粹党至上、国家至上和希特勒元首至上。在凡有权力高于法的地方，法都是随执掌权力人的意志被随意塑造的，这种社会里即使有法，这种法也是呈人格化的，其特点一是没有理性，二是多变。如果法要对社会产生作用的话，其作用的出发点首先是为了通过法律强化权力的权威。生效的法律一旦不利于权威的稳固，其命运就是十分悲惨的。在这样的社会里，法律是极不牢靠的，人们既无法信赖法律也无法依靠法律，实行人身依附或权力依附，其结果比依赖法律要好千百倍。在视法律为畏途与视权力为利益的比较中，人们产生普遍的崇尚权力的观念及以官本位作为对人的价值评判标准就是非法治社会中必有的现象了。该种情况在我国也未根绝。这一时代虽已离我们远去二十年，但由它残留给社会的蔑法意识仍然存在。法大权大之争，即关于法律具有最高权威还是权力具有最高权威的论争也未结束，至今仍少有人敢于理直气壮地喊出法律至上的口号。其实只要在逻辑上作出下列两个判断，就不难推演出我国法律至上的结论。其一，我国社会主义法是人民意志的集中体现，主张法律至上即是主张人民意志至上；其二，具有根本规范性质的四项基本原则已变成我国社会主义法的组成部分，主张法律至上亦即主张四项基本原则至上。这种推理虽然依据的是非理性的事实判断，但其结论是理性的。它要求全社会所形成的主流法治信念为：只承认法律一种权威。

　　法的统治的观念是法治精神的核心。这种观念不同于政治学上所说的阶级统治。阶级统治的观点不承认统治阶级再接受其他主体的统治，而法的统治的观点，则把法作为主体，而把社会所有人作为客体。在这种观念里，最有价值的思想是承认统治阶级也必须严格守法，而不承认法律之外另有主宰法的而不被法制约的主体。中国先秦法家曾主张法治，但其所用原理与儒家之人治是相同的。"垂法而治"①或"缘法而治"②，目的无非如韩非子所言"治民无常，唯法为治"。③人治、法治之争，差别在治之具上，而治者与被治者是相同的。故无论是德治、礼治、心治或人治还是刑治、兵治、力治、法治，名虽有异而实则同矣。诚如清人王夫之所发现，"任人任法皆言治也"。④它们共用的公式是：人执一具以治人。由是观之，法家之法治，实质仍是人治。他们所宣扬的"一断于法"是把君主排除在外的。所谓"刑无等级"只适用于"法于法者民也"，对"生法者君"来说，他在法律之上，法家从未敢明言君主与庶民共同守法。启蒙思想家卢梭曾发现：如果有一个人可以不接受法律的统治，那么，其他人随时都可能受到这个人的统治。⑤法家的法治与儒家的人治一样，其追求的价值目

---

① 《商君书·壹言》。
② 《商君书·君臣》。
③ 《韩非子·心度》。
④ 王夫之：《读通鉴论》卷十。
⑤ 〔法〕卢梭：《论人类不平等的起源和基础》，李常山译，商务印书馆，1962，第52页。

标是与法治背道而驰的专制。而法的统治追求的目标却是民主，这是两种法治质的不同。法家的法治至多算是治国的方法，而法的统治则超越方法论的性质，它指的是国家的原则和社会状态。法律如果是人民制定的，接受法律的统治正是接受人民的统治。在法的统治的主客体公式里，法的主体地位实则代表着人民的主体地位。如果说无产阶级或其政党没有超越人民的私利的话，那么，统治阶级或执政党接受法的统治恰好证明了自己来自人民、服从人民的性质。所以，法的统治的观念是消除特权而首先要求立法者守法的观念。法的普遍性、平等性等原则都能从这种观念中获得说明。

权利文化与人道主义文化、科技文化一起构成了当今世界三大文化主流。人道主义文化联系着人类的道德规范，社会的精神文明由此得以养成。科技文化概括着人类创造财富的先进手段，社会的物质文明由此不断发展。权利文化制约着人类设计制度的原则，社会的制度文明由此得以建立。权利文化是法治社会得以形成的人文条件。在人格不独立、身份不平等、行为不自由的地方，法治便是遥远的梦乡。权利文化所要解决的正是观念上的和制度上的上述问题。权利文化的凝聚形态是权利本位的理论，它有两大内涵。其一，它是解决公民和国家主体关系的理论。主仆型文化产生义务本位。在这种本位里，国家具有主宰地位，公民唯有无条件服从之义务。权利本位则相反，它把公民对国家的关系颠倒过来，认为公民有权主宰国家，国家以保证公民主人地位的获得为绝对义务。其二，它是解决权利与权力互动关系的理论。国家权力的行使以为公民创设权利实现的条件为目的，权力行使如果背离了公民权利得到保障的宗旨，权力便会受到改造。国家权力以公民权利为运行界限，而两权界限由法律明定之。权利本位的理论并不直接解决同一主体所享权利与所尽义务间的关系，因为按照权利本位设计的权利制度，允许人们享有无义务的自然权利。权利本位文化的实质，是个人权利的实定化和义务的相对化。在这种文化背景下，人和人之间的关系是平等、自主关系，人对国家的关系具有三种模式，即义务领域里的服从、自由领域里的排拒、权利领域里的依靠和参与，由此而产生社会和谐。国家再不必以赤裸裸的暴力去强制人们无条件服从权力，人们各守权利界限而共生共荣，于是便有法治。权利文化对于法治，正如土壤对于种子，缺少了文化的养料，法治断难育成。

二　法治的实体要件

法治的实体要件，指的是依据法治的精神而被奉行的法制原则以及由这些原则所决定的成为制度的法律内容，具体言之，就是法律对待公共权力、国家责任、个人权利、社会自由、公民义务的原则和制度。

首先，法治意味着控权制度的存在和权力制衡原则被遵守。法治在制度上起始于法律对最高国家权力的限制。英国 1215 年《自由大宪章》首开人类用法律约束王权的先河。从此，权力就不再是无限的和绝对的了。英国的法治和宪制就是从一步步限制王权开始的。什么时候法律把权力驯服为俯首帖耳的羔羊，什么时候便有了真正的法治。诚如洛克所论证的：法治的真实含义就是对一切政体下的权力都有所限制。① 在所有国家权力中，行政权力是最桀骜不驯的，因为它是唯一不需要借助程序就能行使的权力，所以它有极大的随意性和广阔的空间。严格的法治，首先应建立对行政权的严格控制制度。法治实践表明，权力越是高度集中，对其控制就越是困难，举凡法治有效的地方，权力都是从分离到分立的。如果立法主体同时也是执行和监督主体，那么实际上这个主体已经无异于国王了。在权力的王国里是没有法治的立足之地的。控权的有效办法是权力分立和以权制权，法律上确立这样的制度和原则，便可避免恶政和暴政发生。

控权制度的确立使公法和私法的划分愈加成为必要。法治社会中之公法，应理解为是为所有公权力确定职能和划定行使界限的法。国家权力的公共性越凸显，越表明公权力法治性之强。发达的公法是法治社会不可欠缺的。同时，私法意味着，凡法律允许的个人间的平权关系，公权力禁止介入。公法和私法划分的法治上的意义，在于表明国家权力的受控性和有限性。私法对于法治之所以重要，实质上是因为它在表明用另一种权力——公民的权利——制约公权力的滥用。

控权以防止国家权力压法、毁法为目的，权力制衡以防止行政权走向专制为目的。法治国家对公权力的三大制约方式，即道德制约、一种权力对另一种权力的制约、权利对权力的制约，都最终表现为法律对权力的制

① 〔英〕洛克：《政府论》下篇，叶启芳、瞿菊农译，商务印书馆，1964，第 92 页。

约，这是法治政府的古典特征。

其次，法治还意味着国家责任的无可逃避和权力与责任相统一制度的建立。现代法治社会中的国家不同于古典式法治社会中国家的一个特点是公共权力不再完全处于消极被动状态，在国家具有了经济职能之后，权力责任的内容也相应增加了。现代的权力责任除了过去的由滥权所产生的责任及怠权所产生的责任外，还负有满足公民权利请求的责任和由管理而带来的保证责任。这后两种责任主要是现代政府的责任。传统的法治防范理论总以行政权为主要对象，其实许多立法的不法事件和司法的不法事件表明，这后两种权力同样能形成对公民权利的积极侵害与消极侵害。只要是公权力，就是支配私权利的能力，因之也就无法消除其不法的可能性，所以国家责任的主体应是全方位的。不论哪种权力主体，也不管它是自己执行或是受托代行，只要启动了权力，就应预设责任于其运动之后，以使权责成为不可分的整体。在我国，某些具有政治优势的社会团体，某些具有垄断地位的公营组织，以及具有力量优势的武装组织和具有参政地位的政党等，因它们时常代行国家权力，因而也可能由它们形成权力侵害。国家责任制度中如果缺少了对这些特殊主体的规约，则制度上可能使国家逃避责任，这是法治国家所应避免的。

再次，法治意味着权利制度受到保障和社会自由原则的确立。权利的保障制度开始形成于法律对权利的宣告。权利告示的法治原理在于：法律每宣告公民的一项权利，就等于同时宣告了国家权力的禁区。个人权利的最大威胁始终是国家权力，所以权利宣言与其说是法律告知公众有多少权利，不如说是法律在告知权力有多大限度。权力受到多大限制，权利便会得到多大实现。当说人有健康权时，刑讯不证自明就是非法的；当说人有财产权时，"三乱"当然就是侵权的。面对公民的健康权、财产权，即使法律不再去制定"禁止侵害健康权""禁止侵害财产权"的条款，国家权力也该知道刑讯与"三乱"的违法。从法律的禁止性规范中有时也可推导出权利，但这种非被宣告的权利是不可靠的，因为禁止个人做什么的规范并不必然禁止国家去做，而当国家去做了的时候，被推导的权利便不复存在了。权利宣告是权利制度的第一性机制，它还有第二性、第三性和第四性的机制，即权利侵害的预防机制和侵害发生时的救济机制以及公民个人获得权利遇到障碍时的国家帮助机制。上述四种机制的统一，才构成真正具有实效的权利保障制度。一国的人权状况，主要由该国权利制度的实效性来说明。

权利制度不可缺少的条件是社会自由原则。在法律上，权利与自由的关系是种属关系，而在法治的要求上，权利和自由又分别代表着不同价值。实定化的权利只有一个来源，即法律的规定，而实定化的自由却不局限于法律，在法律不禁止的地方存在大量的自由。权利对待国家既有限制的一面又有依赖的一面，特别是以生存权为核心的社会权，离开国家的帮助是无法实现的。自由对待国家则只持一种态度，即防范与排斥。自由要求国家把限制减到最低限度，这便是社会自由原则。这个原则表明：（1）自由除了受法律的限制之外，不再受任何限制；（2）自由不仅存在于法律之中，还存于法律之外，法不禁止即自由；（3）法律意义上的自由，指的是受法律保障的自由，而不是法律范围的自由。人的基本自由离不开法律的承认和保护，但要把人的所有自由都纳入法律范围内则是很天真的。法治对自由的价值表现为以法束缚权力，以防其对自由的干涉和限制，而不是去为自由划定范围。社会需要的是保障自由实现的法律，而不是受法律限制的自由。保障自由实现的法律才是法治意义上的法律。社会与其去追求那些被限制住了的自由，莫不如去追求限制权力干涉自由的法律。

最后，法治意味着公民义务的法律化和相对化。公民的义务是根据法律来定还是根据权力的随意性来定，是法治社会与专制社会的区别点之一。法治条件下的个人义务可分为三类：其一是为实现国家利益和公共利益而需承担的基本义务；其二是与自己的权利相伴而来的对应性义务；其三是自愿承担的义务。如果可以把契约理解为个人间的法律的话，那么包括自愿承担在内的这三类义务均具有法律特征。义务的设定离不开实现权利的目的，"没有无权利的义务"，①遵循这一原则，公民享有多少权利便履行多少义务。增加公民的义务，除非增加权利的立法。不以权利实现为目的而承担义务，如果不是自愿的话，那就是在履行法外义务。这时候，义务对应的是特权，并且只有特权存在，才会逼迫公民承受法外义务。所谓义务的相对化，就是指在义务的种类确定后，公民承担任何一类义务都有法律的定量。义务是否相对，也是法治与专制的分野。专制社会里，个

---

① 《马克思恩格斯选集》第 2 卷，人民出版社，1972，第 136 页。

人唯有无条件对权力服从，权力对个人施加的义务的量是变数。绝对的服从是绝对的义务，权力支配者的需要就是义务量。

义务的法律化和相对化需要两条重要的法治原则。法律今天所设定的义务，不能由公民在昨天就承担。换言之，公民不能根据今天的法律去接受对他昨天行为的处罚。简言之，法律不得溯及既往。此其一。其二，法律所设定的义务需具明确性，模糊的义务不得强加于人。不具备法学家的专业知识就无法确切地知道义务的内容是什么，这种由立法的不确切而导致的义务不确切，其责任应由立法者来负而不应由涉法关系人来负，故在义务问题上不得实行法的类推适用。

三　法治的形式要件

法治的形式要件，指的是法治实体要件的表现方式及实现实体要件的技术条件。法治的实体内容由社会的商品经济关系以及由这种关系所决定的精神要求和制度要求来定，而法治的形式要件则依法治实体要件的要求来定。仅有理想的法治实体内容，而缺乏适合于它的形式，法治仍是不完整的。实体要件与形式要件的统一，才有良好的法治。

法治形式要件的研究，实质是关于法治的技术性研究，它的主要任务是完成对表达法治实体要求的条件和方式的探讨。由于形式总是受到内容的制约，所以现代法治所表现的一切形式都最终不得不以其实体是否真的实行法治而作出说明。法治的形式要件应当包括以下五点。

第一，法制的统一性。无论是善法之治还是恶法之治，也不管是简法之治还是繁法之治，凡欲使法律发挥制度效应，法制的统一性就是必需的。统一性的含义如下。（1）避免法律中的矛盾。如果立法权允许分割，那么法律中同一内容不同规定就是不可避免的。如果实行后法优于前法的原则，那么后法一定得比前法制定得更合理；如果不同于立法的解释在事实上比立法更受尊重，那么解释实质上已取代原法。这些现象都可能导致法律矛盾。（2）法律普遍得到遵守。如果允许有人超越法律，那么就一定允许有人毁掉法律，这时候立法已没有实际意义；如果相同情况在司法上可以有不同的对待，那么就意味着不同情况也可以实行同等对待，这时候法律平等连最后的修饰也没有了。如果遵守法律只是一部分人的义务，那么践踏法律就一定是另一部分人的特权。在特权存在的社会里是没有法治的。

第二，法律的一般性。一般性的含义如下。（1）法律对社会生活的一般性调整。它指法律规范设定人的行为的两种模式，把允许、肯定和鼓励的行为概括为权利，把禁止、命令和否定的行为概括为义务，使人除了情感和思想外的所有存在都被收入这两种最简单的调整范围之内。（2）法律内容的一般性表述。它指法律规范需用专业性的词语、概念高度抽象概括人的行为而使权利和义务成为一般性法律条文，人们按事先公布的法律条文选择行为而不被追究，就是初级形态的法治。公布法律是法治的形式要求之一，人们只有根据已知的法律才能有效对抗来自权力的个别命令，所以，法治所要求的法律内容的一般性表述与其对社会的公开化并非可有可无。（3）法律实施中的一般性适用。它一方面是指法律规范的全域约束力，另一方面是指法律规范的逻辑适用，即"类似情况类似处理"和"类似情况反复适用"。一般适用排除了司法过程中的随意性，法治的诉求中包含这一内容。

第三，规范的有效性。有效性的含义如下。（1）法律规范的效力系统。在全部法律规范中，只有一个规范具有最高效力，这就是宪法中的人权规范。国家的全部权力为人权而存在，法律中的全部规范围绕人权而展开。所有立法，检测其效力高低，最终以人权规范为尺度。合乎最高规范便是有效的，违背最高规范便是无效的。（2）法律规范的可操作性。法律规范可否操作，直接决定其能否产生效力。一般而言，易知的、明确的、肯定的、具体的法律规范因可直接操作故而可直接生效。相反，难解的、模糊的、含混的、抽象的法律规范因无法操作故而即使有人违之犯之也难以处理。立法技术对法的效力有直接影响。（3）法律规范的实效。它指有效的规范在多大程度上实际产生了约束力。按法治要求，所有生效规范都应具约束力，但事实并非如此，生效的规范有时候效力只限在纸上。实际生活中常有两类情况，一类是对禁止性规范触犯不被追究，另一类是按授权性规范主张不被保护，该两类情况都实证了规范的无效性。无效规范越多，法治水平越低。

第四，司法的中立性。司法中立既是程序正义所应恪守的原则，也是实体正义所含之当然要求。中立的目的乃是追求审判的公正。司法的中立性特点源于司法权的五个特征。其一，司法权是被动性权力，非因诉方、控方请求不得主动行使。行使审判权只是满足公民"受审判权"的义务。"提前介入""挖掘案源""保驾护航"等主动启动权力的方式都是逆于司法权被动特征的。其二，司法权是判断性权力，非予兼听则无以明断，其责任即依据既定标准判断是非曲直。一旦偏于一方，必失公正。其三，司法权是程序性权力，非依诉讼程序行使，既失尊严，又易生随意和疏漏。前者后果将招致法官与当事人互不尊重，后者将出现误判，而无论哪种后果都将失其公正。其四，司法权是中立性权力，对于当事人它是中立的，对于国家机关，它既非立法机关，亦非执行机关，其地位决定了它的中立性。其五，司法权是终极性权力，它对争执的判断和处理是最后的和最具权威的，这在结果上必然要求它代表社会公正。一旦司法公正受到怀疑，社会公正便荡然无存了。由司法权的特性可以看出，司法权若不保持中立，法治便无法推行。保持司法中立需满足两个基本条件：一是实行独立审判，法官除向法律负责外不向任何机关负责；二是在体制上司法权只接受监督不接受命令。指挥方式在审判中须绝对避免，否则司法便无法保证其活动的客观性、程序性、公正性、正当性和合法性。如果在司法制度中允许一种权力去领导或指挥审判权，那么它的前提条件是这种权力应比司法权更公正，若果真这样，这种权力便可包揽审判活动，司法权就是多余的了。在司法权被降位于执行权的地方，法治实质上是被权力包办的。

第五，法律工作的职业性。法律职业是指通过熟谙法律原则及其运用技巧而追求社会公平与获得个人生活来源的专业性工作。该职业的主构部分为法官、检察官和律师。他们的职业特点是：有基础相同的法学修养和运用法律的艺术；有共同的为社会大众服务的精神和追求、坚持、实现社会正义的道德情操；有利益相关的社会同一阶层的意识及与阶层意识相符的语言特点、思维方式、仪表风范和行为气度。这些特点决定了法律职业在主体上的专家化和在工作上的专业化以及在工作结果上的艺术化。法律职业内部的差别，不影响他们对公平的共同追求。如果说公平在更大意义上是指公众能接受的关于付出与所得间比例关系的观念的话，那么由法律职业家从多个角度提出对公平的看法，或许司法的效果会更接近公平。司法的权力经过道德的和知识的净化后会变成十分神圣的东西。法律工作非职业化，无论法治的实体价值还是形式价值，都会在从业者的无知和盲从中丧失。一般说来,一个社会对法官、检察官的尊重程度,直接表明这个社会的法治程度。相同的道理,法官、检察官对律师的尊重程度,则表明了这个社会的公正程度。法官如果不尊重律师,法官也不会受到社会的尊重。而法官的受尊重和律师的受尊重,都源于他们对公正的职业追求,也源于他们因良好的专业训练而养成的排除权力随意性和善于捕捉公正的理性能力。法治社会缺乏了主体条件的保障,即使有良法,也未必出现良法之治。

四 余论

对法治构成要件的分析,目的不在于揭示法治应当遵循的目标或模式,而在于摸索法治可能遵循这些目标或模式的条件。我们希望法律精神弥漫全国,也希望能有一个以人权为唯一正当政治目标而以人民意志为唯一权力来源的法治政府,还希望建立一种消除任何权力超出合法限度而不被制止的体制,因为这些都是法治社会所应具备的。但是一种价值分析往往只注意判断它的事实性和应当性,而忽略它的技术性。我们的社会目前尚不能说已是达到某种标准的法治社会,我们就当为其准备达到这种标准的条件,哪怕准备观念上的条件也算是在为之努力。由此我们想到,下述一些观念是不是法治社会应弘扬的观念呢?

第一,法的工具论观念。一旦把法置于工具地位,也就对其作了"可供选择使用"的说明。手段是为目的而准备的,一旦手段达不到目的,手段也就被弃置不用了。这种理论极易导致法律虚无(可有可无)主义的产生。若说法律是工具,即使它与价值不相矛盾,也会立即出现一个主体是否已学会使用它的问题。会用者——法律家出身的政治家可熟练用之,可谁能保证政治家都是法律家呢?不会用之者又该如何对待之?这种观念的致命错误还在于它设定了一个主客体关系,即法律之外有一个主体主宰着它,而主体是不受它任何制约的。如果说法律的本质是人民意志的体现的话,以法为工具,不即是说以人民的意志为工具吗?不亦即等于说拿人民当工具吗?显然此说有悖于我国法的本质。"法的工具论"的法观念与对法具有工具性的认识是根本不同的。前者为政治观念,它把法置于国家与政府之下,将法视为政府治理公民的工具,而后者则不排斥法的目标性的一面，同时也认为法是人民管理政府的工具。

第二，依法治国观念。该观念有三性，其一是相对于人治，相对于"主要依靠政策"等提法的历史进步性。其二是它的历史局限性。从依法治国可推演至依法治省、依法治市、依法治县、依法治乡，还有单方面的依法治水、依法治路、依法治税等，其最终落实实质是依法治人，所以这种观念与其说是法治观念，不如说是统治观念，它与历史上"人治法治皆为治"的观念是一脉相承的。其三是它的前瞻性或发展性，去掉依字，只表述为"法治国"或换概念为"法治国家"，其价值追求则可能就是法治的了。

第三，法制建设"十六字"方针。无法可依肯定没有法治社会，有法可依与有法必依也不必然导致法治国家。且不说存有"有法不知""有法不依""执法不严""违法不纠"等非法治现象，单言法之善恶，就足以构成对法治状态的怀疑了。倘若所定之法并非善法，那么依法、执法与护法越严，其对法治的破坏就越烈，其目标离法治就越远。有法且得到严格遵守并非法治的实质条件，相反，倒有可能恰恰是法治精神所反对的。所以法制建设方针中应增加法律价值的原则，以制约立法的不法，从技术方面讲，还应增加法律监督的内容，以使善法达到真治。

走向法治，从改变法治观念开始。

二 法治国家：历史、理念与道路

论依法治国[*]

王家福　李步云　刘海年
刘　瀚　梁慧星　肖贤富[**]

摘　要：依法治国是社会主义市场经济的客观要求，是社会主义民主政治建设的根本保证，是精神文明建设的内在需要，是国家稳定、长治久安的关键所在。实现依法治国，要有完备的法律体系、健全的民主制度和监督制度、严格的行政执法制度和公正的司法制度以及高素质的执法队伍，提高全民的法律意识。在我国，依法治国是一场深刻的观念更新与制度变革。

关键词：依法治国　市场经济　民主政治　精神文明　长治久安

一　依法治国的伟大意义

在邓小平同志建设有中国特色的社会主义理论指引下，经过十七年的改革，我国在各方面都取得了举世瞩目的成就。在全国人民满怀信心开始实施"九五"计划，向 2010 年宏伟的目标迈进的时候，中央进一步明确提出要依法治国，建设社会主义法治国家。这是邓小平同志民主法制思想

---

　*　本文原载于《法学研究》1996 年第 2 期。

　**　王家福、刘瀚，中国社会科学院法学研究所已故研究员；李步云、刘海年、梁慧星、肖贤富，中国社会科学院法学研究所研究员。

的重大发展，是我国治国方式的进一步完善，具有重大的现实意义和深远的历史意义。法律是国家机关制定并由国家强制力保证其实施的社会规范。所谓依法治国，就是指依照体现人民意志、反映社会发展规律的法律来治理国家，国家的政治、经济、社会的活动以及公民在各个领域的行为都应依照法律进行，而不受任何个人意志的干涉、阻碍和破坏。一句话，依法治国就是依照表现为法律形式的人民意志来治理国家。即国家的立法机关依法立法，政府依法行政，司法机关依法独立行使审判权、检察权，公民的权利和自由受法律的切实保护，国家机关的权力受法律严格制约。依法治国最基本的标志是，它必须建立体现人民意志、反映社会发展规律的完备的法律体系，同时法律又应当具有极大的权威，能够在国家和社会生活的各个方面得到普遍的切实的遵守。历史证明，依法治国是人民的共同愿望，是历史发展的必然要求，是人类文明进步的重要标志，是建设社会主义伟大事业的根本大计。它的重要性和必要性，主要表现在以下四个方面。

（一）依法治国是建设社会主义市场经济、促进生产力发展的客观要求

社会主义的主要任务是发展社会生产力。贫穷与落后绝不是社会主义。这就需要改革行之多年的计划经济体制，把社会主义与市场经济结合起来，建立起新的社会主义市场经济体制。市场经济的自主、平等、诚信等属性，必然从客观上要求法律的规范、引导、制约、保障和服务。社会主义市场经济建立和完善的过程，实质上是经济法制化的过程。我国实行社会主义市场经济，法律是重要的调节器。只有建立健全而且能有效得到实施的市场主体法律、市场行为法律、市场秩序法律、宏观调控法律、社会保障法律和制裁犯罪法律，社会主义市场经济才能够健康有序运行；经济活动中的种种弊端如投机倒把、坑蒙诈骗、假冒伪劣乃至权钱交易等腐败现象，才能够很好地预防和消除。我国的经济要成为国际市场的组成部分，就必须按国际经贸和民商事领域的惯例和通行规则办事，也需要健全法制。可以说，不依法治国，就不可能有社会主义市场经济的健康发展，"九五"计划和 2010 年远景目标所提出的经济体制和经济增长方式两个转变的预期目标就难以实现，就不可能有社会生产力持续、协调、高速的增长。

（二）依法治国是促进社会主义民主政治建设、实现人民当家作主的根本保证

建设有中国特色的社会主义是 12 亿中国人民的伟大事业。它和人民当家作主紧密相连，休戚相关。没有社会主义民主，就没有社会主义。民主是依法治国、建设法治国家的坚实基础。依法治国、建设法治国家又是实现民主政治的根本保障。早在 20 世纪 70 年代末，邓小平同志就提出，为了保障人民民主，必须加强社会主义法制，必须使民主制度化、法律化。从治国方略的高度来讲，就是依法治国，建设法治国家。因为只有如此，人民才能依照法定程序把自己真正信任的人选进国家机关充当公仆；才能依照法定程序撤换不称职的公务人员；才能通过人民代表大会制度，通过中国共产党领导的多党合作和政治协商制度来参政、议政，管理国家事务，管理经济、文化事务和社会事务；才能通过法定程序保证国家对重大问题的决定符合自己的根本利益；才能使自己的一切权利和自由得到切实保障，如果遭到侵犯，可以及时获得法律的有效救济。因此，推进社会主义民主政治建设，必须依法治国。

（三）依法治国是推进精神文明建设、促进社会全面进步的内在需要

建设有中国特色的社会主义，是一个缔造崇高精神文明、推动社会全面进步的伟大事业。要想使我们国家和民族的精神文明不断升华发展，社会全面进步，就需要树立崇高的道德观念，荡涤利己主义的浊水；培植遵纪守法的风尚，消除公共生活中的无序状态；繁荣文学艺术，扫除精神垃圾。这一切都需要依法治国，建设社会主义法治国家。

"科教兴国"是我国发展战略的重要组成部分，但只有建立和完善市场经济法制，形成以发展科学、革新技术为内在动因的法律机制，才能把科学技术转化为生产力。如果不建立起健全的法律制度，提高办教育的内在要求，就很难保证九年义务教育的实施，也难以制止挪用教育资金、拖欠教员工资、侵占学校财产和场所等现象的发生，振兴教育的愿望也就不能实现。所以，为了振兴科技，发展教育，建设高度的社会主义精神文明，就必须将依法治国与科教兴国相提并重，如此才能使其发挥出无穷的精神和物质力量。

（四）依法治国是保证国家稳定、实现长治久安的关键所在

国家稳定、长治久安是人民的最高利益。历史经验表明，法令行则国治国兴，法令弛则国乱国衰。保持稳定最根本、最靠得住的措施是实行法治。因为，它最具稳定性、连续性，不会因领导人的变动而变动，不会因领导人注意力的变化而变化；它最具权威性，集中体现了人民的愿望、党的主张、国家的意志；它最具有科学性，反映客观规律；它的规范明确，具有普遍约束力。依法治国的这些特性是其他方式不可替代的，它是国家稳定、长治久安的关键所在。只有建设法治国家，才能做到：保证对重大问题的决策科学化、民主化；保证国家重大事项的决定依照法律程序进行；保证令行禁止，国家生活健康有序；保证坚决、及时铲除任何颠覆活动；保证及时而妥善地化解各种不安定因素，解决人民群众内部矛盾或纠纷，以加强团结，增强凝聚力，调动一切积极因素，为现代化建设事业共同奋斗。

依法治国和发挥领导者个人的作用是完全一致的。因为只有好的制度，只有稳定、连续、科学的法律和制度，才能使领导人发挥他应有的作用，使好人不犯和少犯错误。同时，依法治国和中央适度权力集中也是完全一致的，因为只有把民主集中制的原则体现到国家管理制度中，并将其法律化，才能使中央的权力很好地实施，地方的权力也能够很好地运用，充分发挥中央和地方两个积极性，使国家各方面都按照法律来运作，才能彻底跳出人亡政息的历史周期，使我们国家保持稳定。依法治国关系到国家的前途和命运，影响着经济的发展和振兴，关系到人民的切身利益和福祉，也决定我们中国将以什么样的姿态进入 21 世纪。因此，这是使我们国家的社会主义伟大事业能够兴旺发达的根本大计。

二 依法治国的主要标志

依法治国是人类在历史进程中经过共同努力和不断摸索所取得的文明成果，也是全人类共同的崇高理想。依法治国的思想源远流长，早在古代就已产生。如古希腊的亚里士多德就提出过依法治国的思想。"以法治国"一词在中国古籍中首先见于《管子》一书。其后，商鞅、韩非等人又对依

法治国思想进行了发展和实践。这种思想代表了当时进步阶级和阶层改革社会的要求，也体现了当时人民要求社会安宁和进步的愿望。但由于奴隶制国家和封建制国家实行自然经济和专制主义，因此尽管在古代有过不少关于依法治国的精辟论述和高明见解，有过重视用法律手段进行统治的文景之治、贞观之治和康乾盛世，但真正意义上的依法治国是不可能建立的。

依法治国的思想随着社会生产力的发展和社会形态的更替而不断发生变化。随着资本主义商品经济和生产关系在封建社会末期的萌芽，出现了一批代表资产阶级利益的思想家，如17、18世纪的洛克、孟德斯鸠和潘恩等人。他们极力宣传依法治国思想，把矛头直指王权和神权，否定和鞭笞了中世纪的专横和专制。这种思想在与封建阶级的长期斗争中取得了胜利，并且促进了资产阶级革命的成功和资本主义法治国家的逐步建立。

在资本主义法治国家中，有以美国为代表的三权分立制度，有以英国为代表的议会至上制度。这些模式的共同特点是：法律至上；保护人权和公民权；政府必须依法行政；司法独立；公民权利受到侵犯应得到公正的司法救济。但是，资产阶级国家的经济和政治制度决定了它们不可能实现真正的、能体现广大劳动人民意志的法治。然而，资本主义国家的法治与封建社会的行政专横、刑罚肆虐的状况相比，终究是一个历史的进步。

今天我们提出的依法治国不同于资产阶级的依法治国，我们主张的是人民的依法治国。两者存在本质区别。其一，反映的意志和利益不同。资本主义依法治国反映资产阶级的意志和利益，社会主义依法治国则反映全体人民的意志和利益。其二，经济基础不同。前者建立在私有制基础之上，而后者则建立在以公有制为主体、多种所有制经济共同发展的基础之上。其三，政权性质不同。前者是资产阶级当权，而后者则是人民当家作主。其四，追求的目标不同。前者追求少数富人的利益，后者则追求全体人民的共同富裕。当然，鉴于资本主义依法治国的某些具体制度有科学合理之处，因此尽管两者性质有别，在一些具体的法律制度上还是可以借鉴的。

要在中国实现依法治国，应该具备以下五个基本条件。

（一）具有完备的社会主义法律体系

社会主义的依法治国，首先要有反映社会发展规律和时代潮流、代表人民意志和利益的法律体系，做到有法可依。这里的法律体系必须科学、严谨、完备。我国自改革开放以来的十几年间，立法工作取得了重大的发展。据统计，包括宪法在内，全国人大及其常委会共制定了280多部法律，国务院制定了700多部行政法规，地方权力机关制定了4000多部地方性法规。可以说，一个以宪法为核心的社会主义法律体系的框架已基本形成；在国家的社会、政治、经济和其他主要领域，已经基本上做到了有法可依。但是也要看到，我们还有不少重要法律没有制定出来，法律体系尚不完备。

我国的社会主义法律体系主要应当由以下几类法律构成：一是规定国家根本制度、公民基本权利和义务、国家机关设置的宪法和宪法性法律；二是规定国家行政机关的组织、职权、行为、行使职权的程序、行政人员遴选方式的行政法；三是国家从整体利益出发对经济生活进行必要干预、对经济秩序予以维护和对市场进行宏观调控的经济法；四是对行政机关侵犯公民、法人的权利进行救济的行政诉讼法；五是规定市场经济活动的主体制度，物权、债权、知识产权、人身权制度，行为规则制度和公司、票据、保险、海商制度的民商法；六是解决民事、商事、经济纠纷的民事诉讼法；七是规定犯罪和刑罚的刑法；八是公正地进行刑事诉讼，有效地惩治犯罪和保护无辜者的刑事诉讼法；九是规定保护劳动者权益，提供社会保障，对社会弱者予以救济的社会法。立法不能头痛医头、脚痛医脚，临时对应。法的体系要协调，不应彼此重复和相互矛盾。特别是法律应反映社会发展规律和时代精神，兼顾国家、群体与个人的利益，处理好权利保障与权力行使的界限和必要的管理之间的关系，处理好权利与义务的关系。

（二）具有健全的民主制度和监督制度

社会主义的依法治国首先应当是民主国家。没有民主，也就没有真正意义上的依法治国。社会主义的依法治国的根本就在于，公民的民主权利要得到充分的保障；国家权力的配置，包括中央与地方、领导者个人和领导集体、执政党和国家机构、其他政党和社会组织的关系，都要体现民主原则。人民应能通过法定的民主程序当家作主，进行重大决策，管理国家大事。司法与执法体制和程序的各个环节，也都要贯彻民主原则，保证人民群众的广泛参与。

　　与民主制度相连的是监督制度。在真正的法治国家，人民都有对立法机关、行政机关和司法机关依照法定程序进行监督的权力。我国当前应加强对国家权力的立法监督、行政监督、司法监督和人民群众的监督（包括舆论监督）。如果没有有效的监督机制，就难以保证国家机关及其工作人员完全按人民的意愿和利益办事，也很难实现人民当家作主、参政、议政的权利。

（三）具有严格的行政执法制度与公正的司法制度

　　在依法治国的国家中，行政权是法律赋予的。行政机关的行政行为必须在法律规定的范围内按法定程序实施，严格依法行政；行政权力不得滥用，必须接受法律的制约；滥用行政权力造成的损害必须能够经过法定程序予以救济。同时，还应建立对行政违法责任人的追究制度。

　　公正的司法制度是对受到侵害的人民权利给予补救的关键一环，也是维护社会公正、保障法律得以正确实施的最后一关。在健全公正的司法制度时必须注意以下几点。司法机关依法独立行使审判权和检察权，任何行政机关、社会团体和个人都不得进行干涉。司法机关依法享有的地位应当得到保障。要有公正的审判制度，保证案件的审理以事实为根据，以法律为准绳；法律面前人人平等。还应建立严明的冤案、错案责任追究制度。司法机关的工作条件必须得到保障。

（四）具有高素质的执法队伍

　　古人云："徒法不足以自行。"法律是靠人来执行的，法律秩序也是靠人来维持的。我们必须建设一支数量足、素养高的执法队伍，包括公务员队伍、行政执法队伍、法官队伍、检察官队伍；也要建立从事高质量法律服务的律师、公证人队伍。

　　所谓素养高，包括三层含义。一是要有较高的政治觉悟和道德素质。要忠于人民、忠于法律、忠于事实、大公无私、廉洁奉公、具有以身殉法的精神。要建立有效的执法监督制度，以防止那些假公济私、品质恶劣、贪赃枉法的人钻进公务员队伍和司法队伍。二是要有较高的业务素质。要精通法律，并能正确运用法律解决问题。只有经过统一资格考试合格的人，才能进入公务员队伍和司法队伍。中国古代的科举考试尽管有许多弊病，但其进步意义在于，它能通过考试将社会上合格的人才吸收到政权中来。如果我们没有对公务员队伍和司法队伍的资格考试，就难以避免一些庸才滥竽充数。三是要有崇高的职业道德和敬业精神。公务员和司法工作者不仅要廉政，而且要勤政。只有这样，我们的法律才会融入国家和社会，得到切实的实施。

（五）提高全民的法律意识

所谓法律意识，是指依法办事、依法行政、依法律己、依法行使权利和履行义务的意识。我们的法律仅靠公务员、法官和检察官来执行是远远不够的，还要靠 12 亿人民去遵守。有了法律意识，纸上的法律才能变成实际生活中的活的法律，成为干部和民众的内在自我要求，严格执法、守法光荣、违法犯罪可耻、徇私枉法可恶的道德标准和价值观念才能树立起来。

要提高全民的法律意识，必须加强法制宣传教育。我们在 20 世纪末开展的"一五"普法、"二五"普法和即将开始的"三五"普法教育，是增强法律意识的重要途径。由于领导干部的地位、作用和责任，提高他们的法律意识尤为重要。邓小平同志指出，"法制教育要从娃娃开始，小学、中学都要进行这个教育，社会上也要进行这个教育"。从小培育孩子的法律意识，教育他们遵守法律，依法保护自己的权利，是百年树人的重要一环。应当把普法教育制度化、法律化，把掌握法律知识、具备法治观念作为各级领导干部和全体公民的必备素质，作为应当履行的义务。因此，要尽快制定公民法制教育法。必须将依法治理活动长期坚持下去。另外，要把法律知识作为公务员考试、干部考核晋升的重要内容。

三　依法治国是一场深刻的观念更新与制度变革

依法治国是一场深刻的革命，是社会历史进步的体现，是人类文明发展的标志。实行依法治国在我国将是一个长期的历史过程，不会一蹴而就。

从中华人民共和国成立那天起，从一定意义上说，我国就开始进行社会主义的依法治国的建设工作。但是，由于对其重要性认识不足，"左"的思潮泛滥，法律虚无主义盛行，以及"文化大革命"对法律的肆意践踏和破坏，我们的法治国家的建设遭受挫折，这一工作在相当长一段时间内停顿下来。但是我们的人民、我们的党并没有抛弃这一治国方略。在清理了自己的错误，吸取了"文化大革命"的教训之后，从 1978 年起邓小平同志提出了"发展社会主义民主，加强社会主义法制""一手抓建设，一手抓法制"等一系列民主法制建设的基本方针，为依法治国、建设社会主义法治国家指明了方向。在短短十几年内，我们初步建立起了有中国特色的社会主义法律体系，确立了依法行政制度，健全了现代的司法机关，构筑了全面的民主监督和法律救济系统，极为广泛地普及了法律知识，从而在社会主义依法治国方面取得了空前伟大的成就。但是社会主义法治国家建设的现状与人民的要求和期望相距尚远，同依法治国的理想目标仍有很大距离。时代和人民要求我们进一步深化改革，作出更大的努力，朝着依法治国、建设社会主义法治国家的理想目标坚定不移地前进。完成这一深刻的变革，亟须解决以下一些理论和实践问题。

（一）理论观念的更新

要实现社会主义的依法治国，就必须肃清不适合现时情况的传统观念和陈旧理论对人们的影响，使新观念、新思想在人们头脑中生根。需要变革、更新的理论观念主要有以下五点。

（1）法治观念问题。所谓法治观念，就是依法管理国家、管理经济和社会的观念。由于我们国家的封建社会历史很长，过去又实行了多年高度集中的计划经济体制，凡事按领导人意见办的习惯和作风根深蒂固，以致一些领导干部和相当多的群众法治观念淡薄。要树立法治观念，必须明确，第一，法律具有极大权威。由于法律是人民意志、党的主张和国家意志的体现，任何人都必须无条件遵从。第二，法大于权。就是说，我们国家的任何权力都是人民赋予的，都是宪法或法律赋予的，任何权力都要依法行使并受到法律的约束。任何人不得以权代法、以权压法、以权乱法、以权废法。第三，任何人在法律面前都是平等的：权利平等、义务平等、违法受追究平等。从普通公民到领导干部，无论现在职务多高，过去功劳多大，都没有凌驾于法律之上、超乎于法律之外的特权。

（2）权力制约问题。在中国，一切权力属于人民。人民通过科学分工的各种国家机关来行使权力。一定的国家机关享有法定的权力，同时又受到其他国家机关的法定权力的配合和制约。司法机关、行政机关要受到人民代表大会的制约；政府机关违法的具体行政行为，要受到司法机关的制约。我们不照搬三权分立的模式，但要对权力进行制约。不受制约的权力必然会被滥用，必然导致腐败和罪恶。这是人类历史证明了的真理。

（3）权利观念问题。所谓权利，实质上就是法律规定并保护的利益。权利是人民本身所应当具有的。我们必须树立切实保护人民权利的观念。作为社会主义国家，作为以全心全意为人民服务为宗旨的执政党，必须把保护人民的权利作为我们一切工作的根本出发点和归宿。

权利和义务是统一的，但是权利总是基本的，应占主导地位。社会主义最讲公平，最重视保护人民的权利。我们应该理直气壮地讲人权，高举人权的旗帜。漠视人民的权利，乱摊派、乱收费、刑讯逼供、非法拘禁等现象屡禁不止，往往和我们的权利观念不强有关。

（4）国家的安全、社会公共秩序，是国家和人民的生命线。任何危害国家安全、侵犯社会公共秩序的行为，必须受到制裁。但是，这种惩罚必须依法进行。这样才能达到既维护国家安全和社会公共秩序的目的，又能得到广大群众的拥护，并在国际上树立良好的形象。

（5）国家应该是公权力机关。恩格斯在《家庭、私有制和国家的起源》里讲，国家是阶级斗争不可调和的产物，是凌驾于社会之上的公共权力。这种公权力可以抵御外来侵略，惩治内部的反抗，组织经济、文化的建设。但是，它是政治组织，绝不是谋利的经济组织。把国家和谋利的经营活动联结在一起，违反人们建立"公共权力"的本意。实践证明，这样做，经济搞不好，政治容易腐败，权钱交易容易产生，因而必须改正。必须把政权从经济中剥离开来。政权本身要管经济，但这是行政的管理，是职能性管理，而不是经营谋利。

（二）制度与领导方式的改革

我们国家的根本制度在宪法中作了明确规定，必须坚持。但要实现社会主义的依法治国，必须对一些具体制度和领导方式进行必要的改革。

（1）立法制度的改革。要重视基本法律的完善，这是依法治国的基础。要尽快完善物权法和合同法，为市场经济的发展提供最基本的准则。反垄断法要尽早制定出来，防止国内和国际垄断市场行为的发生、发展。要进一步完善刑事立法，严格地实行罪刑法定主义，将反革命罪名改为危害国家安全罪。根据国际贸易规则和我国市场经济的发展，涉外立法和国内立法应当适时地统一起来，使国有企业和外商投资企业处在同一个竞争条件之下。

（2）行政执法制度的改革。现在行政执法中最突出的问题是滥用处罚、以罚代刑。这往往是部门利益驱动的结果。要更好地保障办案经费，罚没款则必须依法移送司法机关直至上交国库。要保障行政执法机关能依法执法。要尽快制定行政程序法，以保障行政执法机关执法的公正性和合法性。要健全监督和制约机制，以保证执法质量，防止执法犯法。应当把现在设在大中城市的劳动教养管理委员会改成治安法院，把现有的劳动教养所改为轻刑监狱，以简易程序处理不良青少年的严重违法行为。通过立法确认这种简易的司法程序，既可以建立起必要的监督机制，避免出错，保护当事人的人身权利，又可以充分发挥现有劳动教养制度的优点，有利于维护治安，有利于对有严重不良行为的青少年的教管。

（3）司法制度的改革。要在总结实践经验的基础上，适应我国现代化建设进程和市场经济体制的建立，借鉴国际通行做法，对我国司法机关从机构设置、职权划分到管理体制、诉讼制度、监督制约机制进行必要的完善和改革，从制度上防止司法腐败，保证司法公正。

（4）领导方式的改革。要把长期习惯的主要依靠行政手段、行政指示、行政命令来领导国家事务的方式，逐步改变为主要依靠法律手段、依照法律程序进行领导。领导人的讲话要同法律相一致。领导干部的任免要按法律程序进行。领导机关的决策要符合现行法律的规定。

（5）加强和改善党的领导。共产党的领导是依法治国、建设社会主义法治国家的根本保证。在坚持和加强党的领导的前提下，还要改善党的领导。

要处理好党政关系。党应通过把自己的路线、方针、政策变成国家意志的办法来实现对国家事务的领导。该政府办的事，要交政府办；该司法机关办的事，要交司法机关办。党要改善执政方式。执政党，顾名思义，必须到国家内部去执政，而不应在国家之外执政。这样做既可锻炼干部，又可使党的政策、主张通过党员和党的领导干部所在的国家机关得到贯彻。

党必须在宪法和法律范围内活动。党领导人民制定宪法和法律，党也要领导人民遵守宪法和法律。党的各项活动都应该以宪法和法律为依据。这样既可以维护法律的权威，也可以维护我们党的权威。

依法治国，建设社会主义法治国家是一个前无古人的伟大创举，也是一个复杂艰巨的系统工程。在党中央领导下，通过全党和全国人民的共同努力，我们一定能完成这一伟大事业，把 21 世纪的中国建设成为更加繁荣富强、人民更加幸福的伟大国家。

依法治国：中国社会主义法制建设新的里程碑[*]

刘海年^{**}

摘　要：党的十一届三中全会以来，我国法制建设取得巨大进展，但仍存在许多问题。社会主义市场经济体制的确立，要求比较健全的法律制度。依法治国方略的确定指明了我国政治体制改革和法制改革的方向。实现依法治国，建设社会主义法治国家，必须健全民主制度，完善法律体系，健全对权力的监督制约，建立公正廉洁的执法和司法制度，必须更新观念。

关键词：依法治国　市场经济体制　政治体制改革　法律体系

不久前，江泽民圈定《关于依法治国，建设社会主义法制国家的理论和实践问题》作为 1996 年中共中央第三次法制讲座的题目。1996 年 2 月 8 日，在中央就此专题举办的法制讲座会上，江泽民又发表了《实行和坚持依法治国　保障国家的长治久安》的重要讲话。3 月 17 日，第八届全国人民代表大会第四次会议批准的《国民经济和社会发展"九五"计划和 2010 年远景目标纲要》将"依法治国，建设社会主义法制国家"作为战略目标加以规定。江泽民的讲话指出："依法治国，是邓小平同志建设有中国特色社会主义理论的重要组成部分。"① 讲话和《纲要》对依法治国和建设社

---

　*　本文原载于《法学研究》1996 年第 3 期。

　**　刘海年，中国社会科学院法学研究所研究员。

　①　《实行和坚持依法治国　保障国家的长治久安》，《人民日报》1996 年 2 月 9 日。

会主义法治国家的肯定和规定，是我国社会主义法制建设新的里程碑，对我国政治制度和法律制度的发展有重大的现实意义和深远的历史意义。

一

中国共产党十一届三中全会以来，我国社会主义法制建设取得了巨大进展，但仍存在许多问题。

在人类社会历史上，处于相对软弱地位，尤其是权利遭受侵犯和威胁的人们，更加迫切需要法律。20 世纪 70 年代后期，"文化大革命"刚结束不久，饱尝了社会主义法制遭到破坏、权利遭到侵犯之苦的广大人民群众和干部，又一次深切体会到，社会主义民主和法制对自己是多么重要，多么像布帛菽粟一样须臾不可离开。全国上下异口同声强烈呼唤社会主义民主和法制。正是在这样的社会和历史背景下，邓小平同志在 1978 年 12 月中国共产党十一届三中全会前的中央工作会议上的讲话中，以掷地有声、铿锵有力的语言指出："为了保障人民民主，必须加强法制。必须使民主制度化、法律化，使这种制度和法律不因领导人的改变而改变，不因领导人的看法和注意力的改变而改变。"他针对当时的具体情况，提出了"有法可依，有法必依，执法必严，违法必究"十六字方针，① 保证人民在法律面前一律平等，不允许任何人有超越于法律之外、凌驾于法律之上的特权。邓小平同志的讲话和根据这个讲话精神确定的加强社会主义民主、健全社会主义法制的基本方针，得到了全国人民的坚决拥护。

以十一届三中全会为转折点，我国的社会主义民主和法制建设进入了新的历史时期。首先，健全和完善了人民代表大会制度。一大批受人民信任、代表人民利益和能管理国家的优秀人才被选入全国和地方各级人民代表大会。根据新时期政治、经济和法制建设的需要，扩大了全国和地方各级人大常委会的职权，加快了立法步伐。邓小平同志指出，法律"有比没有好，快搞比慢搞好"，"现在立法的工作量很大，人力很不够，因此法律条文开始可以粗一点，逐步完善。有的法规地方可以先试搞，然后经过总结提高，制定全国通行的法律。修改补充法律，成熟一条就修改补充一

---

① 《邓小平文选》，人民出版社，1983，第 136 页。

条，不要等待'成套设备'"。① 按照这一指导思想，1978 年之后我国立法取得巨大成就。到 1987 年，我国初步形成了以宪法为核心，以民事、行政、经济和刑事等方面基本法律为支柱的社会主义法律体系。到 1995 年底，全国人民代表大会及其常务委员会共制定了 280 多部法律，国务院制定了 700 多部行政法规，地方权力机关制定了 4000 多部地方性法规。在社会、政治、经济、文化等领域的主要方面，基本上做到了有法可依。与此同时，被削弱的国家执法机关和执法队伍也逐步恢复和加强。在政法方面，恢复了 50 年代末撤销的司法部、民政部、法制局，恢复了"文化大革命"中一度撤销的人民检察院，新设立了国家安全部；将 50 年代末之后以各种名义遣散的执法干部，特别是其中受过专业训练的人员，动员归队，重新加以组织，充实司法机关，实践证明，这项工作颇有成效。到 80 年代，不仅十年"文化大革命"造成的大批冤假错案得到纠正，遭到迫害的干部和群众得到昭雪，而且对 50 年代以来历次政治运动中受"左"的错误影响而造成的冤案和被伤害的无辜者，通过甄别，也落实了政策，恢复了名誉。即使对"文化大革命"中受错误路线影响伤害了人、犯了错误的干部中的绝大多数，也"促使他们自己总结经验教训，认识和改正错误"，② 团结一致向前看。正是由于比较坚决地贯彻了党的政策和比较严格地依法办事，短短几年，实现了国家机构正常运转，实现了全国工作重心转向社会主义经济建设，出现了社会比较安定的政治局面。

任何事情的发展都难以一帆风顺，民主和法制的建设尤其如此。在中国，从秦始皇时起，封建专制制度统治了两千多年，其间虽经王朝更替、疆域变化、国都迁移、帝王改姓，却都未影响这个制度在不断吸取经验中发展和延续。随着时代的推移，到清王朝统治后期，这个制度与客观要求愈来愈不协调。从一百多年前开始，中国人民就呼喊推翻专制，实行民主和法治。孙中山领导的辛亥革命确实打倒了最后一个封建皇帝，建立了民国，但真正的民主和法治未能实现，正如邓小平同志指出的："旧中国留给我们的，封建专制传统比较多，民主法制传统很少。"加之，"解放以后，我们也没有自觉地、系统地建立保障人民民主权利的各项制度，法制

---

① 《邓小平文选》，人民出版社，1983，第 137 页。
② 《邓小平文选》，人民出版社，1983，第 138 页。

很不完备，也很不受重视"。① 这使我国民主和法制建设的基础很不坚实。在立法方面，我们缺少足够的人才，也缺少必备的资料和经验。法律颁行后就不断修改和补充，显得不够稳定。在法律意识方面，尽管在"文化大革命"刚刚结束，中国共产党召开十一届三中全会前后，社会舆论曾激烈抨击以个人专断为特征的"人治"，呼唤"法治"；但当第一批法律颁布后，人们首先对如何摆正法、政策和领导人指示的位置发生了意见分歧：究竟是法大，还是权大？70 年代末 80 年代初，法学界进行的那场关于"人治"与"法治"问题的讨论，归根结底其实质如此。一部分学者鲜明地提出"以法治国"，并指出："依法治国是历史经验的总结"；"只有实行以法治国才能切实保障人民的民主权利"，"才能防止林彪、'四人帮'一类野心家篡党夺权的阴谋得逞"，"才能高速度地发展生产力，顺利地建设社会主义现代化强国"。② 持有异议的学者并非不同意以法治国，只是认为这种理论既未见诸经典，现实中也不一定能行。他们甚至将实际存在的作为合理的，从中选出不同的例子作论据，来支持这种疑虑。

思想认识的不坚定和理论上的模糊往往是现实的反映，并又反作用于现实。某些领导干部，不久前还呼吁民主与法制，但官位一旦坐稳，就"好了疮疤忘了疼"，开始嫌民主麻烦，法制束手束脚，不注意甚至不顾法律规定，发指示、批条子干预司法。"以言代法"的现象重新出现，某些干部习惯走老路，以为按领导指示办事错了无责任，保险；坚持法律和制度，难免与领导意见相对立，即使知道领导意见与法律和制度相矛盾，也明哲保身。也有些干部，不懂法，又不愿意学法，有的即使学得一些，又发现按照法律办事要经一道道程序，太麻烦。还有些干部思想上受折中主义影响，行动上无主见、马马虎虎。更严重的是还有些干部目无法纪，专横跋扈，欺压群众，以权谋私，贪污受贿，腐化堕落，等等。其结果是在一些地方和一些环节出现了有法不依、执法不严、有令不行、有禁不止、忽视法制或对法制采取实用主义态度的现象，在社会治安和经济建设等领域产生了不良后果，致使人民群众的民主与法制信念一定程度上受到挫伤。

---

① 《邓小平文选》，人民出版社，1983，第 292 页。

② 李步云、于德祥、陈春龙：《论以法治国》，载《法治与人治问题讨论集》，群众出版社，1981，第 25 页以下。

二

社会主义市场经济是一种制度。它需要与之相适应的法制。但我国现实的法制与之不相适应，需要进一步改革。

中国社会主义市场经济的提出是思想解放和改革开放政策实践的产物，经历了一个过程。1978 年 12 月中国共产党十一届三中全会公报宣告："全会决定：鉴于中央在二中全会以来的工作进展顺利，全国范围的大规模的揭批林彪、'四人帮'的群众运动已经基本上胜利完成，全党工作的着重点应该从一九七九年转移到社会主义现代化建设上来。"① 这就宣布了以往长期实行的"以阶级斗争为纲"路线的结束，现代化经济建设将成为全党和全国的中心任务。根据当时的情况，邓小平同志指出，"为了有效地实现四个现代化，必须认真解决各种经济体制问题"。② 很显然，不改革僵化的经济体制，四个现代化就难以进行。之后，中央决定对国民经济实行"调整、改革、整顿、提高"的方针。经济体制改革在农村取得突破性进展后，便在全国范围内全面展开。1984 年 10 月，中国共产党十二届三中全会通过的《关于经济体制改革的决定》，比较系统地提出和阐明了经济体制改革中的一系列重大理论和实践问题，特别是突破了人们长期把计划经济同商品经济对立起来的传统观念，首次提出我国社会主义经济是公有制基础上的有计划商品经济。此后，又经过几年实践，我国的经济体制改革和对外开放政策不仅在农村，而且在城市获得了全面成功，我们进一步认识到商品是与市场相连的，商品经济也是市场经济。早在 1979 年 11 月邓小平同志就指出："社会主义为什么不可以搞市场经济？市场经济，在封建社会就有了萌芽，社会主义也可以搞市场经济。"③ 1992 年，邓小平同志在南方考察之后，重新提出和论证了这一观点。同年 10 月，中国共产党第十四次全国代表大会经过充分讨论，确定我国经济体制改革的目标是建立"社会主义市场经济体制"。这成为建设有中国特色社会主义理论的

---

① 《中国共产党第十一届中央委员会第三次全体会议公报》，载中共中央文献研究室编《三中全会以来重要文献选编》上，人民出版社，1982，第 1 页。
② 《邓小平文选》，人民出版社，1983，第 147 页。
③ 邓小平在武昌、深圳、珠海、上海等地的谈话要点。

核心内容。

市场经济遵循等价交换的原则，是商品交换发展的结果。没有交换就谈不上市场，市场发展到一定程度才谈得上市场经济。其标志是产品、资金、劳务、技术和资源分配等都进入市场，由市场调节，并逐步实现国内市场与国际市场一体化。当然，我国社会主义市场经济的发展还要注意计划与市场的有机结合，注意市场经济发展中国家宏观调控的重要作用。其目的是，"解放生产力，消灭剥削，消除两极分化，最终达到共同富裕"。①

从以上可以看出，社会主义市场经济是一种制度，它的建立和发展不仅需要直接调整经济运行的主要由有关民法、商法和经济法等构成的经济法律体系，还需要包括健全国家民主生活、规范政府行为、维护社会稳定和秩序的监督法、行政法和刑事法等构成的完整法律体系。由于中国市场将逐步与国际市场结合并最终实现与国际市场一体化，因此我国的法律体系的内容也不可避免地要与世界上一些主要国家和地区的法律逐步实现某种程度的接轨。

正是由于市场经济的培育和发展，需要遵循公平竞争和等价交换的原则，为此就需要做到以下几点。

第一，依法律确认市场主体资格。所谓市场主体，即市场的参加者。他们以产品进入市场进行交换、追逐利润，才能构成市场，进而使市场经济得到发展。市场主体必须是独立的自然人或法人；在法律地位上完全平等，不存在行政依附，不因所有制不同而有差别；有完全的权利能力和行为能力，能够从事法律行为；有完全责任能力，能够对自己的行为承担责任。

第二，依法保护财产所有权。拥有财产是市场交换参加者的必备条件，国家必须依法保护所有市场主体的财产所有权。由于过去计划经济体制下法律强调对国家财产和公有财产的特殊保护，而对私人财产和其他所有形式的财产保护不够，且曾发生诸如"一平二调"等侵犯财产权的行为，许多人至今仍存有疑虑，某些来投资的外国人和台、港、澳人士以及华侨更是顾虑重重。为了消除人们的顾虑，我们必须通过立法对一切合法

---

① 邓小平在武昌、深圳、珠海、上海等地的谈话要点。

财产，包括国有财产、其他公有财产、私有财产和外资企业的财产，予以有效确认和一体保护。

第三，依法维护合同自由。合同自由是市场主体以其财产参与市场活动、实现与其他人交易的基本原则。没有合同自由就谈不上市场经济，在市场交易过程中，任何人均无权将自己的意志强加于人。我国在计划经济体制下不承认合同自由。十一届三中全会以来，虽然制定了几个合同法，但非法干预和限制合同自由的现象仍严重存在，以致影响了经济的正常运转和市场秩序的稳定。

第四，依法维护市场的公平。市场公平是市场经济运行的外部条件，它包括：市场参加者在市场活动中遵守同样的规则；市场对一切参加者平等开放，不以财产多少、所有制的形态以及主体的身份等加以歧视或优惠；一切市场主体均要照章纳税，任何人不得享有法律之外的减免税负的特权；市场主体在市场活动中实行公平竞争，不允许不正当竞争行为，更不允许旨在限制竞争的垄断，包括行政性垄断和经济性垄断。

第五，国家依法对市场实行宏观调控。当今国际市场和主要发达国家的国内市场，早已越过资本主义初期经济自由发展的时代，要求国家通过经济和法律手段对市场适度干预。实践证明，这种干预不仅是必要的，而且也不是无效的。我国的经济体制改革和市场经济的发展是在中央统一领导下进行的，当前正处于计划经济向社会主义市场经济转轨过程，国家如何既改变计划经济体制，又不能放任自流，保持对经济的适度干预，是需要认真解决的问题，当然，这种干预应当是通过法律手段、运用经济力量进行，而不是简单的行政命令。

第六，依法区分作为公权者的国家和作为财产所有者的国家。在我国社会主义市场经济条件下，国家既是整个社会的公共权力化身，是政治组织，又是全民所有制财产的所有者，是经济组织。在市场活动中这两种身份是严格区分的。作为公共权力代表的国家，有权对市场进行管理，进行宏观调控，维护市场秩序，裁决市场争议，排解影响市场运行的各种纠纷。国家此时行使的是法律赋予的公共权力。作为财产所有者的国家，法律上称之为"国库"。它可以和其他市场主体一样从事经济活动，如信贷、投资和商业等。这种情形下国家与其他市场主体在法律上处于平等地位。这种区分对许多干部和群众来说是困难的，但又是十分必要的。只有如此，才能做到既保证市场公正，避免权钱交易，又能规范国家机关及其工作人员的行为，实现廉政，提高国家管理效率。

第七，依法建立社会保障体系。经济发展与社会保障历来相辅相成。当代市场经济国家虽然具体制度不同，但在二者之间寻求某种平衡则是其共同关心的。这是因为竞争就意味着优胜劣汰，对于竞争失败者或弱者是严酷的。但是，他们毕竟是社会的一员，无论从人道主义还是社会的稳定上说，对他们的基本权利都应予以保障。我国是社会主义国家，为了社会主义市场经济发展，鼓励竞争，提倡一部分人先富起来，但最终的目标是共同富裕。社会保障体系对于发展和我们的宗旨来说都是不可缺少的。在经济体制转轨过程中，计划经济体制下建立的旧的社会保障制度已经或正在被打破。与此同时，我们应注意社会保障的立法和执法，建立新的社会保障体制，并注意二者的衔接。

第八，依法维护市场秩序，有效地排解各种纠纷。良好的市场秩序是市场健康运转的条件，前述关于市场经济各种制度的确立需要秩序。此外，随着市场经济发展，必然产生假冒、骗取、欺诈、偷盗，产生走私贩假、偷税漏税、巧取豪夺、欺行霸市、拉帮结伙，产生受贿、贪污、腐败等丑恶现象，对其抑制和清除也需要秩序；否则公平就得不到保证，正义就不能伸张，不仅会造成市场紊乱，而且会影响整个社会稳定。这就需要完善有关行政法、经济法和刑事法律等。

以上可以看出，社会主义市场经济要求比较健全的法律制度。而十一届三中全会之后所恢复的制度和新制定的法律，前几年基本上属于计划经济体制的产物。这批法律中，有的刚刚出台的时候就已经与当时的某些改革措施不相适应。如为了搞活经济，改变国家计划一统天下的模式，允许国家计划的某些部分留有缺口，亦即所需的资金、原材料、设备和产品销售由市场调节。这一方面的某些经济行为，合法与非法、罪与非罪，界限不清楚。当刑法正式公布实施之后，一些地方司法实践中出现的将改革视为违法，将改革者加以惩治甚至定罪判刑，与法律界限不清是有关系的。以后几年制定的法律极力摆脱计划经济体制的影响，并且对商品经济发展和市场的建设起了积极作用，但由于经济关系处于急速变化之中，也由于我们对市场的管理缺少经验，往往是头疼医头、脚疼医脚，显得不成熟。总之，在法律意识、立法、执法和司法等方面，问题越来越突出。

正是在这种情况下，1987 年 10 月，中国共产党第十三次全国代表大会在系统地阐明了党在社会主义初级阶段的基本路线的同时，也提出了逐步进行政治体制改革。十三大决议指出：经济体制改革的展开和深入，对政治体制改革提出愈益迫切的要求，政治体制改革的近期目标，是建立有利于提高效率，增强活力和调动各方面积极性的领导体制。很显然，无论是经济体制改革还是政治体制改革，均牵涉法律制度。结合当时实际情况，在十三大精神的指导下，法学界的同仁开始对法律制度如何适应形势要求进一步思考。笔者和王家福、李步云教授还写了一篇题为《论法制改革》的文章。该文论证了法制改革的历史必然性，提出"法制改革的目标是实现高度民主的法治国"，提出并阐明法制改革要求更新传统的法律观念。[1] 我们的目的无非是引起学界对此问题注意，对法制建设进行通盘思考，以便在改革面前更加自觉。

实际上，当时法学界的同仁思考和提出法制改革，只不过是学习邓小平同志著作的心得。早在党的十一届三中全会之前，1978 年 10 月，邓小平同志就提出：实现四个现代化是一场革命，"这场革命既要大幅度地改变目前落后的生产力，就必然要多方面地改变生产关系，改变上层建筑，改变工农业企业的管理方式和国家对工农业企业的管理方式，使之适应于现代化大经济的需要"。[2] 1978 年底，邓小平同志指出："实现四个现代化的过程中，必然会出现许多我们不熟悉的、预想不到的新情况和新问题。尤其是生产关系和上层建筑的改革，不会是一帆风顺的……一定会遇到重重障碍。"[3] 1979 年邓小平同志指出："我们要在大幅度提高社会生产力的同时，改革和完善社会主义的经济制度和政治制度，发展高度的社会主义民主和完备的社会主义法制。"[4] 1980 年邓小平同志指出："为了适应社会主义现代化建设的需要，为了适应党和国家政治生活民主化的需要，为了兴利除弊，党和国家的领导制度以及其他制度，需要改革的很多。"[5] 很显然，邓小平同志一系列著述中谈到的改变上层建筑、改变国家对工农业的

① 王家福、刘海年、李步云：《论法制改革》，《法学研究》1989 年第 2 期。
② 《邓小平文选》，人民出版社，1983，第 125 页以下。
③ 《邓小平文选》，人民出版社，1983，第 142 页。
④ 《邓小平文选》，人民出版社，1983，第 180 页。
⑤ 《邓小平文选》，人民出版社，1983，第 281 页以下。

管理方式、上层建筑的改革、改革和完善社会主义的经济制度和政治制度、改革党和国家领导制度和某些制度等，当然包括法律制度。十多年的历史证明，为了发展市场经济，法制进一步改革不仅是必要的，而且是必然的。

三

江泽民同志提出依法治国，建设社会主义法治国家，指明了中国政治体制改革和法制改革的战略目标，是中国社会主义法制建设新的里程碑。

中国共产党十四届五中全会通过、八届全国人民代表大会四次会议批准了我国《国民经济和社会发展"九五"计划和2010年远景目标纲要》。"九五"期间，我国将全面完成现代化建设的第二期战略部署，到2000年，在人口将比1980年增长3亿左右的情况下，实现人均国民生产总值比1980年翻两番；基本消除贫困现象，人民生活达到小康水平；加快现代企业制度建设，初步建成社会主义市场经济体制。到2010年，实现国民生产总值比2000年翻一番，使人们的小康生活更加富裕，形成比较完善的社会主义市场经济体制。它表明，我国将以新的姿态跨入21世纪，并为实现第三期战略目标、为21世纪中叶基本实现现代化奠定坚实基础。15年后我国经济、社会和人民生活将发生巨大变化。那么，我国的社会主义政治制度和法律制度将如何呢？依邓小平同志建设有中国特色社会主义理论和社会主义民主法制的论述，江泽民关于"依法治国"的讲话，为我国政治体制改革和社会主义法治国家建设勾画了清晰蓝图，它将在五年、十年、十五年、五十年或更长的时间，成为我国社会主义政治制度和法律制度建设的战略目标。

江泽民同志的讲话按照人类历史发展的规律和我国社会主义建设实践的要求，阐明了依法治国的历史必然性和伟大意义。江泽民说："依法治国，是邓小平同志建设有中国特色社会主义理论的重要组成部分，是我们党和政府管理国家和社会事务的重要方针。实行和坚持依法治国，就是使国家各项工作逐步走上法制化和规范化；就是广大人民群众在党的领导下，依照宪法和法律的规定，通过各种途径和形式参与管理国家、管理经济文化事业、管理社会事务；就是逐步实现社会主义民主的制度化、法律化。实行和坚持依法治国，对于推动经济持续快速健康发展和社会全面进步，保障国家的长治久安，具有十分重要的意义。"①

依法治理国家的思想早在古代就已提出。在古希腊，亚里士多德对法治的解释是："已成立的法律获得普遍的服从，而大家所服从的法律又应该本身是制订得良好的法律。"② 至于为什么要实行法治，他说："要使事物合于正义（公平），须有毫无偏私的权衡；法律恰恰正是这样一个中道的权衡。"③ 他又说："单独一人就容易因愤懑或其他任何相似的感情而失去平衡，终致损伤了他的判断力；但全体人民总不会同时发怒，同时错断。"④ 在中国，依法治国思想的提出首先见于《管子》一书。据考，该书是托名春秋齐国政治家管仲的一部文集，其中反映法家观点的著述，大多数出自战国中、后期各国法家学者之手。《管子·明法》曰："威不两错，政不二门，以法治国，则举错而已。" 这里说的是国君独揽大权，以法为治理国家的举措。之后，商鞅、韩非也对以法治国作过精辟阐述。《商君书》曰："明王之治天下也，缘法而治，按功而赏。" 应做到"言不中法者，不听也；行不中法者，不高也；事不中法者，不为也"。⑤ 该书还提出"壹刑"："刑无等级，自卿相将军以至大夫庶人，有不从王令、犯国禁、乱上制者，罪死不赦。"⑥ 商鞅强调官吏更应守法，认为"法之不行，自上犯之"。⑦ 他主张刑上大夫，太子犯法，"刑其傅公子虔，黥其师公孙贾"。⑧ 韩非在其著作中也提出了"以法为本"。⑨ 他认为，法制定之后就应严格执行，"法不阿贵，绳不挠曲"，"刑过不避大臣，赏善不遗匹夫"，⑩ "诚有过，则虽近爱必诛"。⑪ 从当时社会发展状况看，应该说这些

① 《实行和坚持依法治国　保障国家的长治久安》，《人民日报》1996 年 2 月 9 日。
② 〔古希腊〕亚里士多德：《政治学》，吴寿彭译，商务印书馆，1965，第 199 页。
③ 〔古希腊〕亚里士多德：《政治学》，吴寿彭译，商务印书馆，1965，第 169 页。
④ 〔古希腊〕亚里士多德：《政治学》，吴寿彭译，商务印书馆，1965，第 164 页。
⑤ 《商君书·君臣》。
⑥ 《商君书·赏刑》。
⑦ 《史记·商君列传》。
⑧ 《史记·商君列传》。
⑨ 《韩非子·饰邪》。
⑩ 《韩非子·有度》。
⑪ 《韩非子·主道》。

政治家和思想家关于以法治国的论述是精彩的，并且促进了社会进步。中国历史上秦始皇的统一、西汉文景之治、唐初贞观之治，与这些思想的影响不无关系，但由于他们提倡的法治是与君主专制相连的，所以真正意义上的法治国家从来没有也不可能建立。

依法治国思想随着生产发展和社会进步在17—18世纪得到进一步阐释。在西方，洛克、孟德斯鸠和卢梭等资产阶级启蒙思想家针对"君权神授"和"王位世袭"的观点，提出了民主、自由、平等，提出天赋人权、主权在民，主张自然法高于制定法，把法治与共和政体联系起来，比较系统地提出了资产阶级的法治观点和主张。在中国，大约在明朝末年，黄宗羲等也提出了反对君主专制、实行共和的思想。但现代意义的依法治国思想的传播，应该是在西方资产阶级革命之后，受资产阶级思想影响开始的。这方面真正的代表人物是梁启超、孙中山和章太炎等。资产阶级民主法治思想在反封建专制主义斗争中，唤起了民众，产生了巨大精神力量，在它的推动下，资产阶级革命先后在欧美和亚洲等地取得了胜利，建立了资产阶级国家，从此揭开了人类历史的新篇章。尽管资产阶级国家比诸封建专制统治是历史的巨大进步，给人类带来现代文明，并且随着经验积累，其统治方式不断改进，从实践看的确也颇有成效，但由于其本质毕竟是少数富人的统治，所以无论在西方还是在东方，其法治都带有很大的局限性。

我们今天提出的依法治国，是社会主义依法治国，与资本主义依法治国有着本质区别。正如前引江泽民同志所说，依法治国"就是广大人民群众在党的领导下，依照宪法和法律的规定，通过各种途径和形式参与管理国家、管理经济文化事业、管理社会事务"。这就是说，我们的依法治国和社会主义法治国家，是与最广泛的人民民主连在一起的，是真正能够实现的，是人类历史上任何依法治国、法治国家所无法比拟的。

按照十一届三中全会以来党的基本路线和邓小平同志建设有中国特色社会主义理论，实现依法治国和建设社会主义法治国家应具备如下基本条件。

（一）进一步健全我国的社会主义民主制度

民主是法治的基础。"没有民主就没有社会主义"，① 当然就不可能有

---

① 中共中央文献研究室编《邓小平同志论民主与法制》，法律出版社，1990，第6页。

社会主义法治。为了实现依法治国，建设社会主义法治国家，必须充分发扬社会主义民主，进一步完善我国人民民主制度。过去往往把民主只作为一种工作方法、工作作风，或者只作为一种手段。按照法治国家的要求，社会主义民主首先是一种新型的国家制度，其核心是人民对国家事务的管理。邓小平同志曾说："我们的最终目标是要发展社会主义民主。"① 宪法规定，要"把我国建设成为高度文明、高度民主的社会主义国家"。② 由此看，民主更重要的是目的。所以，讲依法治国和建设社会主义法治国家，必须讲社会主义民主，以保障人民当家作主的地位为宗旨。宪法规定："中华人民共和国的一切权力属于人民。人民行使国家权力的机关是全国人民代表大会和地方各级人民代表大会。"③ 按照我国宪法和法律规定，中国人民主要是通过自己选出的代表，组成全国的和地方的各级人民代表大会，选举和决定国家领导人和国家政权机构领导人，选举和决定地方政权机构领导人，并通过他们管理国家事务，管理经济、文化和社会事务。宪法和法律还对保障公民的其他民主权利作了规定。这些规定，体现了社会主义民主的实质，也真正体现了主权在民的原则。但是，实践证明，宪法和法律的规定，并非就是现实的，也不可能是完美的。这不仅是因为把宪法和法律关于保障人民民主权利的条文付诸实施需要经过努力，甚至要付出代价，还因为宪法和法律本身也要随客观形势的发展不断完善。为了把宪法和法律规定变为现实，必须使之具体化，并建立相应的制度。关于这个问题，邓小平曾指出："重点是切实改革并完善党和国家的制度，从制度上保证党和国家政治生活的民主化、经济管理的民主化、整个社会生活的民主化。"④ 进而逐步建立我国社会主义宪法制度。

（二）建立完善的社会主义法律体系

完善的社会主义法律体系是依法治国、建设社会主义法治国家最基本的条件。缺少这一条件，根本谈不上依法治国，更谈不上建设社会主义法治国家。所谓"完"，"全"也，是指完全、完备；所谓"善"，"良"也、

---

① 中共中央文献研究室编《邓小平同志论民主与法制》，法律出版社，1990，第87页。
② 《中华人民共和国宪法》序言。
③ 《中华人民共和国宪法》第2条。
④ 《邓小平文选》，人民出版社，1983，第296页。

"佳"也，是指良好。完备良好而且成体系，标准是高的。本文第二部分围绕社会主义市场经济体制所需要的法律谈了八项内容。王家福等人在《论依法治国》一文中列举了九个方面的法律，即宪法、行政法、经济法、行政诉讼法、民商法、民事诉讼法、刑法、刑事诉讼法和社会保障法。^①二者所取的角度不同，但都是我国社会主义法律体系不可缺少的。为了使之完善，我们在立法中应认真总结我国自己的立法经验，特别是十一届三中全会以来的立法经验，以解决好中央和地方在立法方面的权限划分问题。在中央统一领导下，充分发挥地方的主动性、积极性，处理好各部门之间的关系，树立全国一盘棋观念，克服把立法作为固定或扩充本部门权力的狭隘思想。同时，我们还应注意借鉴其他国家或地区的立法经验，包括发达国家、发展中国家以及我国台湾地区、香港地区的经验。资本主义国家的法律是反封建斗争的成果，不少国家成功地发展了市场经济；不少发展中国家同我国有类似的争取民族独立和发展本国经济、文化的历史；台湾和香港是我国的组成部分，几十年来以比较快的速度实现了现代化。这些国家和地区在立法方面的成果也是人类文化结晶的组成部分，其中有益的经验，我们一定要认真研究吸取。在整个立法工作中我们都应注意科学化、民主化、程序化，以使法律真正达到合法。如此，才能保证我国社会主义法律体系内容科学，反映社会主义建设的客观规律，体现全体人民的意志，符合时代的潮流。

（三）健全对权力的监督和制约机制

权力不受监督和制约必然导致专断和滥用，必然导致腐败，依法治国就无从谈起。在总结"文化大革命"的教训时，邓小平曾指出："有一些干部，不把自己看作是人民的公仆，而把自己看作是人民的主人，搞特权，特殊化，引起群众的强烈不满，损害党的威信，如不坚决改正，势必使我们的干部队伍发生腐化。"^② 为了解决这类问题，邓小平指出："要有群众监督制度，让群众和党员监督干部，特别是领导干部。凡是搞特权、搞特殊化，经过批评教育而又不改的，人民就有权依法进行检举、控告、

---

① 王家福等：《论依法治国》，《法学研究》1996 年第 2 期。
② 《邓小平文选》，人民出版社，1983，第 292 页。

弹劾、撤换、罢免，要求他们经济上退赔，并使他们受到法律、纪律处分。对各级干部的职权范围和政治、生活待遇，要制定各种条例，最重要的是要有专门的机构进行铁面无私的监督检查。"① 如果说"文化大革命"中的教训和邓小平的上述言论已被某些人淡忘，那么，近两年发生的举国震惊的大案、要案仍然引不起对权力监督的重视，就是政治上的冷漠和麻木了。我国社会主义法律和制度已经规定了比较完备的监督体系，如全国人民代表大会和地方各级人民代表大会对国家和各级政权领导人、政权机构的监督，中国共产党内部和民主党派的监督，各级政权系统内部的监督，人民群众的监督，舆论的监督等。当前的问题是从法律和制度上进一步使之完善，诸如尽快制定监督法，建立和完善宪法监督制度等，更重要的是如何使已有的法律和制度受到普遍重视，切实得到贯彻。否则，不仅谈不上依法治国、建设社会主义法治国家，而且现有的国家稳定和社会秩序也难以维持。

（四）建立公正廉洁的执法和司法机制

"徒法不能以自行。"② 这是说一个国家要使法律得到实施，必须建立相应的执法和司法机制。建设社会主义法治国家，这个机制还必须是公正的、廉洁的。这里所说的执法机构是指行政执法机构，包括公安、工商、税务、交通等属于国家行政系统有制裁权的机构。这里所说的司法机构是指国家审判机构和检察机构。这些机构要健全，要讲究效率，要依法办事。不仅要重视实体法，还应遵守程序法，依法定程序办事，做到"执法必严，违法必究"。③ 在现代国家，司法机关是维护社会正义、保护公民权利、裁决违法犯罪与否和惩治罪犯的最终防线，必须保证其独立行使权力。《中华人民共和国宪法》规定人民法院、人民检察院依照法律独立行使职权，"不受行政机关、社会团体和个人的干涉"。④ 目前在司法实践中，以各种方式和手段干涉的事例屡有发生，由此招致枉屈者也不鲜见，实为

---

① 《邓小平文选》，人民出版社，1983，第292页。
② 《孟子·离娄上》。
③ 《中国共产党第十一届中央委员会第三次全体会议公报》，载中共中央文献研究室编《三中全会以来重要文献选编》上，人民出版社，1982，第11页。
④ 《中华人民共和国宪法》第126条、131条。

影响我国司法公正之大忌。干涉司法早在我国古代已为法律所禁止，唐律中载："诸有所请求者，笞五十；主司许者，与同罪。已施行者，各杖一百。所枉罪重者，主司以出入人罪论……即监临势要，为人嘱请者，杖一百，所枉重者，罪与主司同"，"诸受人财而为请求者，坐赃论加二等；监临势要，准枉法论"。① 为了杜绝干涉司法的现象，有必要通过立法对"说情"予以禁止。对于其中依仗权势"说情"者，要绳之以法。

为了建立公正、廉洁的执法和司法机制，必须培养一支坚强的高素质的执法和司法干部队伍。由于封建主义残余的影响和市场经济负面的影响，干涉执法和司法的现象短时期难以避免，但干涉者是否能得逞，则取决于执法和司法干部队伍素质的高低。我们要认真贯彻公务员条例、法官法、检察官法和警官法。通过考试和考核，把政治素质高、法律知识丰富、文化素质高且忠于人民、廉洁奉公、主持正义，必要时敢以身殉职的人选拔到政权机构中来。实践证明，为了使这支队伍稳定发展、能抗拒腐蚀，应不断对其加强职业道德教育，与此同时，还应在国家经济发展的基础上，不断提高他们的物质待遇，充分认识以俸养廉的必要性和重要意义。为了维护国家机关的声誉、取信于民，对于国家机关及其工作人员在执法和司法中的错误，一旦察觉，决不护短。对犯错误的工作人员，依情节轻重，给予必要法纪处分；对合法权利受侵害的公民，要按照《国家赔偿法》的规定，予以及时救济。

四

既然依法治国、建设社会主义法治国家在政治制度和法律制度上都是一场深刻的改革，实现这场改革，就必须更新观念。

江泽民同志说："依法治国是社会进步、社会文明的一个重要标志，是我们建设社会主义现代化国家的必然要求。"② 本文在前面已经提出，尽管古代的"法治"对比"德治"和"人治"已经是进步的，但由于这种思想当时是与君主专制制度相联系，因此它只能是统治者实现其统治的一

---

① 《唐律疏议·职制》。
② 《实行和坚持依法治国　保障国家的长治久安》，《人民日报》1996 年 2 月 9 日。

种方式。后来，步入资本主义社会，资产阶级共和制代替了君主专制，情况有所变化，不过"法治"在本质上仍然是少数富人的统治。只有在社会主义国家人民民主条件下，真正的法治和法治国家才能实现。

中华人民共和国的成立为建设社会主义法治国家廓清了道路、创造了前提条件。事实上，在中国共产党的领导下，我国在这方面也作了许多努力，并在一个时期取得了不小的成绩。但是，由于传统的影响，由于科学文化发展水平不高，无论是我们的人民还是领导人，都未能摆脱历史的局限，对法治、依法治国和建设社会主义法治国家认识不足，更缺少自觉性，再加上其他因素，50年代后期法制被大规模破坏，"文化大革命"的历史悲剧就难以避免了。从中国共产党十一届三中全会前后邓小平提出关于健全社会主义民主和加强社会主义法制，到江泽民提出将依法治国作为战略方针，是对历史经验的深刻总结，是治国方略的发展。实现这一目标，必然要经历充满改革的历史过程。在历史上，任何改革都是以更新观念为前提，实现依法治国，建设社会主义法治国家，必须更新观念。

（一）　要树立法律的极大权威、法律至上的观念

树立法律的极大权威、法律至上，作为一种思想价值理念是资产阶级在反对封建君主专制制度过程中提出的。虽然提出者当时只作为团结本阶级和动员广大人民起来反对封建统治的口号，并且在取得胜利后很长时期未真正付诸实践，但是由于它本身的科学性、合理性，它的精神内涵和基本原则超越了提出者的阶级局限，成为全人类共同文化发展的结晶。正因如此，它不仅是现代资本主义民主国家的人民正在实行或力争实现的一个重要目标，而且也应是我们依法治国、建设社会主义法治国家的准则。有人担心提"至上"太绝对了，其实不然。一个国家、一个民族、一个社会，甚至一个社区，为了稳定和发展，为了安居乐业，都需要秩序和权威，需要最高的权威。它是什么？只能是法律。"历史证明，治理国家不坚持法律至上，就必然是这样那样的君主至上或者领袖至上。国家的命运、事业的兴衰必然以当权者个人的品德、才能和经验为转移。这是极其危险的。"[①] 我国的社会主义法律是在中国共产党领导下通过国家权力机关

[①]　王家福、刘海年、李步云：《论法制改革》，《法学研究》1989年第2期。

制定的，反映全体人民的意志和要求，反映社会发展的客观规律。如果它还不具有极大的权威，什么权威还比它更大？如果它还不至高无上，什么还能至高无上？有人说法律可能被修改或废除。废除的法律将会被新法律代替，修改后的法律仍然是法律。不用说法律的修改和废除也必须依法进行。至于有关"权大还是法大"的争论，只不过是现实生活中存在的问题，理论上应该是十分清楚的。在法治国家，权力与法律是不能分离的；人民以民主形式创制法律，行政、司法依法办事，依法行使权力。国家的一切权力来源于人民，属于人民。权力如非法律赋予，就是法外特权。依照我国法律规定，一切党派、机关和个人都必须受法律约束，在法律范围内活动，不能超越其外，更不能凌驾于其上。"公民在法律和制度面前人人平等……人人有依法规定的平等权利和义务，谁也不能占便宜，谁也不能犯法。"① 邓小平这话非常对。对于一切违反法律的行为，无论是普通公民还是国家领导人，无论其地位多高、功劳多大，都必须受法律追究。法律的极大权威，法律崇高的地位是在实践中树立的，不树立明确的观念，就不可能实现依法治国，更谈不上建设社会主义法治国家。

（二）要树立正确的权利与权力、权利与义务观念

从根本上说，权利是人所固有的。在剥削阶级社会，人民的权利全部或部分被剥夺了，之后通过斗争、革命又全部或部分夺回了。夺回的是固有而失去的，不是任何人恩赐的。宪法关于"中华人民共和国的一切权力属于人民"的规定，既阐释了中国人民权利的本源，又赋予权利以法律保障，还揭示了权利与权力的关系。权力是人民授予的。人民是主人，一切国家机关及其工作人员都是人民的公仆。权力不得滥用，并且要加以监督和制约。一般说，对于人民，法律不禁止的，其行为都不应受法律制裁；而对于国家机关工作人员，法律未授权，则不得行使非职务权力，更不允许滥用权力。我们国家封建统治的历史很长，"臣民"、"子民"和"父母官"的观念很深，加上其他因素，事物的本质常常被假象所掩盖，现实生活中权利与权力的关系，民与官的关系往往被倒置，致使以权力侵害权利的现象频频发生。这是依法治国、建设社会主义法治国家之大忌。此外，

① 《邓小平文选》，人民出版社，1983，第292页。

还要树立正确的权利与义务观念。权利与义务是统一的。在我们社会主义国家，不允许只享受权利而不尽义务，也不允许只尽义务而不享受权利。关于公民的权利与义务，我国宪法设专章作了明确规定。但实践中，无论在立法、执法还是司法中，往往对二者的关系处理得不理想。当强调权利保护时，往往忽视应尽的义务；当强调义务时，又往往忽视应有的权利。而问题出得最多的是对权利的侵犯。这不能不说与某些干部思想深处轻权利重义务的观念有关。我们应当认识到，人民权利不仅是固有的，而且也是根本的。我们党和国家机关的宗旨是为人民服务，我们的一切行动一定要以维护和保障人民的权利为出发点和归宿。

（三）树立依法治理的观念

单纯依靠命令来指挥国家机器运转，这是缺乏民主和"人治"的特征。依法治国，建设社会主义法治国家，必须依法治理。1949 年之前中国共产党领导的中国民主革命是以武装斗争推翻国民党的反动统治。在革命根据地虽然也颁行了一系列法律，成功地领导了根据地建设，但毕竟长期处于战争环境，武装夺取政权，在总体运作上命令和执行命令成为主要形式。1949 年之后，开始几年主要是搞群众运动，之后国家很快转入计划经济体制，除继续大搞群众运动，其运作方式主要通过指令和执行指令。在此情况下，许多干部习惯于按长官意志办事，而不努力熟悉有关本部门和本职务相关的法律和规章。即使长官的指示和意见错了，也依然照办不误。这种现象在许多单位屡见不鲜。传统习惯的力量是巨大的，从靠行政命令向依法治理转变，对国家机关及其工作人员来说绝非易事，需要长期努力。当然提倡依法治理，并非一概排斥行政命令，而是要求行政命令符合法律规定。对此，上级机关及其工作人员应注意，下级机关及其工作人员也有义务监督。此外，依法治国和依法治理是把法作为人人必须遵守的普遍规范。就是说，治人者、治于人者都必须守法，而不能曲解为只把法作为治理别人的手段，形成一部分人治另一部分人、官治民，最后形成我治你和他。这种理解和依法治理的本义相违背，也与社会主义法治国家的本质所不相容。

（四）提高道德水准，增强守法自觉性

所谓道德，是人们关于善与恶、公正与偏私、诚实与虚伪、荣誉与耻

辱、正义与非正义等观念及同这些观念相应的、由社会舆论和人们的信念来实现的行为规范总称。在阶级社会，不同阶级有不同的道德，而统治阶级总是利用自己的权力千方百计地将本阶级的道德变为整个社会的道德，强制人们遵循。在我国社会主义条件下，社会主义道德与法律本质相同，目标也一致，二者有着紧密的联系。应该说，道德是法律实施的基础，法律实施又有利于维护良好的道德。依法治国，建设社会主义法治国家，必须提高全社会的道德水准。只有如此，才能提高广大干部和人民群众守法的自觉性。从另一个角度说，道德可分为公共道德和职业道德。职业道德是公共道德的一部分。职业道德又根据各种职业的不同而显出自己的特点。农民、工人、私企职员和公职人员等一切公民，都必须遵守社会公德和职业道德。否则，即使不违法，哪怕只是一些人不遵守公共道德、不遵守职业道德，总寻找机会钻法律的空子，在法律与道德之间打擦边球，形不成好的社会风尚，社会秩序也难以维持。提高道德水准，要注意吸取中华民族文化的优秀部分，如尽忠报国、忧国忧民、忠于职守、睦邻相处、严于律己、宽以待人、敬老爱幼、尊师重教、助人为乐、诚实守信等。对于西方文化，要择其善者而效之，不可一概照搬。提高道德水准，主要应当靠诱导、教育，对违反道德的行为，可给予舆论压力，但不要施加法律强制，否则会扩大打击面，欲速则不达。

四十多年前，中国人民在以毛泽东为核心的党的第一代中央领导集体的率领下建立了中华人民共和国；十多年前，又在以邓小平为核心的党的第二代领导集体的率领下，开始成功地发展社会主义市场经济，进行社会主义民主和法制建设；现在，以江泽民为核心的第三代中央领导集体，带领全国人民在继续坚持发展社会主义市场经济的同时，进一步明确提出依法治国、建设社会主义法治国家。这是治国方略的发展，无论从中国政治制度还是法律制度发展看，都是划时代的宏伟工程和新的里程碑。尽管任务艰巨，尽管需要历史过程，但是只要随着客观形势的需要，不断加强和改善党的领导，经过坚韧不拔的努力，建设社会主义法治国家这一宏伟目标一定能够实现。我们法学研究工作者和政治学研究工作者应在自己的岗位上继续努力，为这一目标的实现作出贡献，以使我们的祖国变得更加美好。

法治国家及其政治构造[*]

孙笑侠[**]

摘　要： 法治国思想的演进主线是国家权力配置的政治基础及其构造问题。从法治国的实践来看，不同国家基于其具体国情在法治原则的表述、权力分立原则的制度化、行政权力控制方式方面存在一定差异，但是在政治基础和社会条件方面则存在共性，包括民主政体、国家权力分工制约、服从"正义之法"的治理、实行市场经济体制、具备理性文化基础等。当前的社会主义法治国家建设需要注重法律与政治关系制度、司法权与行政权关系制度、权力与责任关系制度、权力与权利关系制度、权利与义务关系制度的理性化。

关键词： 法治国家　国家权力配置　政治构造　理性化

"法治国家"或"法治国"，最初是相对于"警察国家"或"警察国"[①] 的一种关于国家类型和治国方式的统称。早期"法治国"思想源于斯多葛学派自然法理论和古代罗马法律制度所形成的欧洲法治思想。早期"法治国"是指中世纪欧洲的某种国家形式，尤其是德意志帝国，当时被认为是"和平与法律秩序的守卫者"，其国家权力的限度基本上由法律所规定，但并不具有权利平等和个人自由等民主特征。现代意义上的"法治

---

* 本文原载于《法学研究》1998 年第 1 期。
** 孙笑侠，复旦大学法学院教授。
① 警察国家的特点是，只有君主才是主权者，他是不受任何制约的公权力的承担者，臣民对君主没有任何权利。

国家"，亦称自由主义"法治国"（德文 Rechts Staat），是德国资产阶级宪政运动的产物。在德国 18 世纪末期开始的宪政运动中，康德的国家学说被发展成为德国"法治国"理论，其意思是国家权力，特别是行政权力必须依法行使，也就是说，国家依法实行统治，所以也称"法治行政""法治政府"。

我们今天所讲的"法治国家"，尚没有一个确定的含义。在此给个定义的话，简单地说，法治国家就是指主要依靠正义之法来治理国政与管理社会从而使权力和权利得以合理配置①的国家类型。这样理解有以下几方面的特点。第一，它吸收并突出了"善法之法"这一法治的基本前提问题，制定"正义之法"是法治也是法治国家的前提。第二，"主要依靠……来治理"是治国方略问题，并且它代表着一种国家类型，从"治国方略"到"国家类型"，说明了治国方略与国家类型之间的关系，表述了手段与目的的关系。第三，它能够说明法治国家中的核心问题，也是基础问题——权力与权利的合理配置关系。这也就是法治国家政治基础的构造问题。

一 "法治国"思想线索是权力与权利的配置

"法治国"理论的思想历程，可以大体分为五个阶段。之所以这样划分，是为了发现其中的一条规律性的思想主线：虽然各个阶段各有核心，但是各核心思想都把问题指向国家权力配置的政治基础及构造问题，并且随着时间的推移，越来越多地关注国家权力与公民权利的配置问题。

第一，人的自由与法的权威——古代法治国的实践。雅典奴隶制城邦民主政制的法治实践，是古代希腊以亚里士多德为代表的古典法治国思想产生的基础。公元前 594 年，新兴工商业贵族代表梭伦进行了一场革命性的立法改革，形成了一定规模的法治国雏形。古代罗马法治有自己的特色。"如果说，雅典人的法治实践因建立在工商业活动活跃的基础上而在某种程度上富于自由和民主色彩的话；那么，罗马人由'自耕农共和国'

_____

① 徐显明曾用"权力与权利配置"来界定"法治"概念，参见徐显明《论"法治"构成要件——兼及法治的某些原则及观念》，《法学研究》1996 年第 3 期，第 37 页。

特征带来的连绵不断从事战争，以及残酷地迫害和镇压奴隶反抗的政治、军事斗争中，必然倾向于对权威和安全的强烈兴趣。"① 6 世纪中叶查士丁尼时期及后来完成的罗马法典编纂工作，是罗马人尊重法律权威的典型例证。中国春秋战国时期也有人治与法治之争，但在内容上和古希腊有所不同，中国古代的法家虽然主张法治，但它是在肯定人治的前提下比较重视法律的作用。这场争论对法治理论的发展影响甚微，而对人治的发展却有深远的影响。

第二，普遍服从良法统治——古典法治国思想的核心。法治国理论的萌芽最早出自柏拉图的名篇《法律篇》，"服从法律的统治"是他法治观的核心。"如果一个国家的法律处于从属地位，没有法律权威，我敢说，这个国家一定要覆灭；然而，我们认为一个国度的法律如果在官吏之上，而这些官吏服从法律，这个国家就会获得诸神的保佑和赐福。"② 后来柏拉图的学生亚里士多德发展了这一思想，他在《政治学》中提出了法治的两层含义，即法治的两个条件或标准："已成立的法律获得普遍的服从，而大家所服从的法律又应该本身是制订得良好的法律。"③ "普遍服从良法"的观念成为法治的一个基本原则。西塞罗进一步阐明这一原则，他从法律与执政官、法律与共和政体的关系角度提出了"权力从属于法律"的论点，他说："执政官乃是会说话的法律，而法律乃是不会说话的执政官。"④

第三，权力分立与制衡——近代革命时期法治国思想的核心。近代法治国理论的首创者是英国的法哲学家詹姆士·哈林顿，他在《大洋国》中提出了以自由为最高价值准则，以法律为绝对统治体制的法治共和国模式。哈林顿认为要实现这个目的，必须实行权力制衡，应当做到：（1）元老讨论和提议案；（2）人民决议；（3）行政官员执行；（4）官职由人民投票选举，平等地轮流执政。⑤ 继哈林顿之后，洛克以自然法为其法治理

---

① 黄稻主编《社会主义法治意识》，人民出版社，1995，第 81 页以下。
② 〔古希腊〕柏拉图：《法律篇》，转引自法学教材编辑部《西方法律思想史编写组》编《西方法律思想史资料选编》，北京大学出版社，1983，第 25 页。
③ 〔古希腊〕亚里士多德：《政治学》，吴寿彭译，商务印书馆，1965，第 199 页。
④ 〔古罗马〕西塞罗：《论法律》第 3 卷，转引自法学教材编辑部《西方法律思想史编写组》编《西方法律思想史资料选编》，北京大学出版社，1983，第 79 页。
⑤ 〔英〕哈林顿：《大洋国》，何新译，商务印书馆，1963，第 37 页。

论的基础，其核心是保护个人自由权利。他认为对个人自由权利的最大危害是政治权力的滥用，因此政治权力必须受法律的约束。法治社会中的政治权力应当是有限的、分立的和负责的。孟德斯鸠将近代法治理论作了制度化的设计。他认为为了防止个人被迫做他不应该做的事，就必须对国家权力加以限制，因为自由只能在"国家的权力不被滥用的时候才存在。但是一切有权力的人都容易滥用权力，这是万古不易的一条经验。有权力的人们使用权力一直到遇有界限的地方才休止"。① 他把法治理论与权力制度设计联系在一起，派生出了立法权、司法权和行政权的分权理论。另外，卢梭依其社会契约论阐述了他的法治思想。他认为不能把政府与立法者混淆起来，立法权应当属于全体公民，政府是主权者的执行人。② 他还说："凡是实行法治的国家——无论其行政形式如何——我就称之为共和国；因为唯有在这里才是公共利益在统治着，公共事物才是作数的。"③ 他的法治国思想可归纳为：人民拥有立法权，法治与共和政体相结合，法治意味着平等。

第四，人民自由和权利的保障——自由主义时期法治国思想。19 世纪末，英国著名的法学家戴西（又译戴雪）在《宪法研究导论》一书里把他的法治原则归纳为三个要素。（1）政府没有专横的自由裁量权。所有的人除非依法审明破坏法律，不受民事或刑事处分。（2）法律平等。官吏执行职务的行为和私人行为一样，受同一法院管辖，适用同一法律原则。（3）公民的权利不是来源于宪法，而是由普通法院的判例所形成，相反，英国的宪法建立在公民权利的基础之上。④ 在戴西看来，法治原则反对政府有专断的、自由裁量的无限制的特权，人们可以因破坏法律而受处罚，但不会因为其他任何事情而受处罚；法律面前一律平等，人们受治于同一法律体系，为同一法院所管辖；宪法是个人权利与自由的结果；任何人的权利受到他人的侵害，都有权通过法定的救济办法获得补救。戴西的法治思想是以当时自由资本主义社会经济为背景的，反映了自由资本主义时期的时代

① 〔法〕孟德斯鸠：《论法的精神》，张雁深译，商务印书馆，1961，第 154 页。
② 参见〔法〕卢梭《社会契约论》，何兆武译，商务印书馆，1980，第 76 页。
③ 参见〔法〕卢梭《社会契约论》，何兆武译，商务印书馆，1980，第 51 页。
④ 〔英〕A. V. 戴西：《宪法研究导论》，1915 年英文第 8 版，第 179 页以下，转引自王名扬《英国行政法》，中国政法大学出版社，1987，第 12 页。

需要，所以在这个时期颇具有权威性，也对英国和其他国家的法治实践产生了非常大的影响。在这个时期，人们一般认为政府不享有自由裁量权，只能消极地行使法律既定的权力。这个时期的法治实际上表现为：只要政府权力得以控制，公民自由和权利也就得以保障。

第五，福利国家与法治改革——当代法治国思想。当代社会要求国家经济职能特别是政府权力的扩大，与此同时，当代社会在公民权利方面也有较大的扩展，表现为自由权本位向福利权本位的发展。这种变化显然是对传统法治观念的挑战。

当代法学家关于法治国的理论问题主要涉及：（1）法治与政府自由裁量权的关系。在现代社会，政府不可避免地要运用自由裁量权。实行法治、反对人治不是排除行政机关具有自由裁量权力，只是反对人治中的专横、任性、自私自利因素。正当的自由裁量权力是一种合理的"人治"，是任何政治制度和法律体系所不可缺少的，因为行政事务十分复杂，立法者不可能在任何问题上都制定详细的规则。有学者提出，问题的关键是要建立防范政府滥用自由裁量权的有效制度，规定一些肯定的标准作为权力对私人权利干预范围的界限，政府活动的扩展必须伴之以取消政府责任豁免权，等等。[①]（2）法治与平等的关系。出于社会经济的考虑，立法必须把各种人区分开来，使雇主与受雇者等各式各类的人受不同法律管辖，法律平等的传统观念会使法律归于无效。（3）法治和允许法律批评。批评法律的目的是促使法律的修改，但不能由于批评法律而拒绝服从法律。合法成立的法律未经修改，任何人有服从的义务。国家对于受批评的法律可以放弃执行，或者改进执行。

通过对法治国思想的分析，我们不难发现前述提出的那条规律性的思想线索。同时我们进一步知道：（1）法治国思想的核心历来是国家权力配置问题，而这一核心显然又离不开政治体制的构造问题。（2）当代法治国思想更把它集中在立法权、行政权和司法权三种权力的关系及体制本身的

---

① 沃尔夫冈·弗里德曼（Wolfgang Friedmann）在谈到"规划社会"中如何设法维护法治与个人自由的基础时，提出了五项原则。参见沈宗灵《现代西方法理学》，北京大学出版社，1992，第481页。

完善问题上，其实质目标是保障人权。① （3）法治国理论本身是一个开放型的体系，在不断变化的社会现实中，该理论体系也在不断调整和发展；这种调整和发展与当代各法治国家的实践以及它们的经验是分不开的。

二 法治国家的实践模式比较

不同国家进行法治建设有不同的国情条件和本土资源，因此法治国家也势必存在差异。任何国家依靠政府运用强制力（通过"变法"、改革方式）自上而下推进法治建设②的同时，还应当注意到法律对社会经济、民族文化和历史传统的依赖关系。我们要寻找并利用本民族的法治建设的资源，必须从社会生活中的各种习惯、道德、非正式制度中去发现对中国现代法治有用的东西。

由于历史与文化传统的原因，法治国家在不同的国度有不同的实践，因而几乎每个国家都有自己的模式。英国模式与德国模式存在显著差异，而美国模式与英国模式也有区别，法国模式与德国模式也存在差异，现代日本的法治模式有自己独特的个性。我们主要从以下三个方面来进行比较。

第一，法治原则表述与内涵的差异。

在英国，法治原则表述为"法的统治"（rule of law），意即除法律外，任何人不受其他统治，即使最高统治者也必须服从法律。法的统治与议会主权原则并列成为英国宪法的两大原则。由于它是反对国王权力专横斗争的产物，所以英国人对法治原则的理解具有较强烈的自由主义色彩。英国人所理解的法治原则是实质意义上的，最典型的是戴西关于法治的表述，所以被称为"实质意义上的法治"。其特点表现在：对政府行为的要求不

---

① 早在 1959 年国际法学家会议（印度）通过的《德里宣言》中，法治理论就是按照三种权力归纳为三项原则：（1）根据"法治"原则，立法机关的职能就在于创设和维护得以使每个人保持"人类尊严"的各种条件；（2）法治原则不仅要为制止行政权的滥用提供法律保障，而且要使政府能有效地维护法律秩序，借以保证人们具有充分的社会和经济活动条件；（3）"司法独立"和律师自由是实施法治原则必不可少的条件。这三项原则可以被看作当代世界各国对法治问题的一个较有代表性的共识。

② 这种推进方式被学者定性为"变法"，参见苏力《法治及其本土资源》，中国政法大学出版社，1996，第 3 页。

局限于合法性原则，还要求法律本身符合一定标准，具备一定内容。否则专制主义就是典型的法治国家。因为专制政府也可以任意制定法律，但公民的人格和价值却被忽视。借助于习惯法的传统以及私法规则适用于公法领域的特点，[①] 美国模式的法治也同样受英国法治原则的影响，具有实质的含义。

在德国，法治原则没有"法的统治"这一思想基础和传统，在18世纪末开始的宪政运动中形成了"法治国"思想，19世纪后半叶才真正确定重视国家活动合法性的"法治国"，意思是国家权力，特别是行政权力必须依法行使，即国家依法实行统治，所以也称"依法行政"或"法治政府"。它只是从形式上要求行政的合法性，基本上不问法律的内容如何，因此被称为"形式意义上的法治"。日本明治宪法（大日本帝国宪法）下的法治原则与德国相同，也是形式意义上的。[②] 但是从第二次世界大战以来，德国和日本也开始向"实质意义上的法治"转变。日本现行宪法就充分体现了这种"实质意义上的法治"（如政府权力的"法律保留"等），以此对抗旧的"形式意义上的法治"。

第二，权力分立原则与制度的差异。

各国对分权理论的理解不同，直接影响着它们的政治体制和法治模式。

在英国，权力分立原则被概括为"议会主权"，它是英国法治模式的重要组成部分，也是英国法治模式的基本政治结构。其内容是：议会的立法权不受限制，可以对任何事情制定、废除或修改法律；议会制定的法律是最高的法律，其他机关制定的都是从属性的立法，如委任立法；法院对议会的法律必须执行，法院不享有审查法律的权力。现代实行君主立宪制与议会共和制的国家一般采用英国式的分权原则。作为君主立宪制国家的日本，也采用英国式的分权原则，但也有一些差异，比如日本最高法院有权决定一切法律、命令、规则是否符合宪法。作为议会共和制国家的德国，其宪法规定主权通过有立法权、行政权和司法权的专门机构行使，立法权受宪法限制，行政权和司法权受法律和立法权限制。德国也吸收了美

① 孙笑侠：《法的现象与观念》，群众出版社，1995，第178页。
② 〔日〕室井力主编《日本现代行政法》，吴微译，中国政法大学出版社，1995，第21页。

国三权制衡的制度，如联邦议院有权对联邦总理表示不信任，联邦总理有权提议联邦总统解散议院等。

在美国，权力分立原则被概括为"三权分立"。联邦宪法规定，"全部立法权力属于参议院和众议院组成的合众国国会"，"行政权属于美利坚合众国总统"，"司法权属于最高法院及国会随时规定并设立的下级法院"。美国宪法除规定分权外，还规定了制约措施，防止任何部门具有压倒一切的力量，同时保证每一部门不受其他部门的侵犯，目的在于保障各部门权力的平衡。美国法治最大的特点是法院不仅可以审查行政机关行为的合法性，而且可以审查国会所制定的法律的合宪性。

法国历来是一个行政权十分强大的国家，因此权力分立原则表现为独特的体制，即以行政为重点的宪制。推行现行宪法以前的法国也是一个议会共和制国家，实行分权与制衡的形式与德国、意大利等国基本相同。现行宪法改变了原来的体制，加强了总统的权力，削弱了议会的权力，从而把分权与制衡的权力重心由立法转移到行政，总统以仲裁人和保证人的地位行使国家权力。

第三，行政权力控制方式的差异。①

法治国家均实行对行政权力的控制，即行政法治，但各国控制方式不同。可大致分为两种模式，即以法国为代表的大陆法系行政法治与以英美两国为代表的英美法系行政法治。大陆法系对行政权力的控制特点是：政府以立法机关的法律授权为依据行使权力，通过行政实体规则限制行政权力；着重于行政行为结果的控制；行政的依据是公法性质的行政法，不适用私法规则；通过行政法院进行行政审判和行政救济。略有区别的是，法国的行政法院属于行政系统，而德国的行政法院属于司法系统。日本在二战后不再设立行政法院，而是由司法法院（即普通法院）按照民事诉讼程序审理行政诉讼案件。另外，当代大陆法系行政法的控权方式也在发生变化，多数国家开始注重行政程序的控权作用，除法国外的多数国家制定了行政程序法典。

英美法系对行政权力的控制特点是：政府以立法机关对公民权利和自由的规定为依据（即行政的依据是私法的一般规则），政府在议会授权范

---

① 参见孙笑侠《论新一代行政法治》，《外国法译评》1996 年第 2 期。

围内行政，公民的行为与政府的行为受相同法律调整；注重行政程序法对行政行为进行过程性的限制，传统上不另外设立公法性质的行政法规则；通过普通法院对行政行为进行司法审查和行政救济。有所区别的是，英国的行政法观念十分淡薄，甚至有英国学者认为英国不存在行政法，但它依靠普通法中的私法规则和行政程序规则（自然公正原则），仍然起到控制行政权的作用，根据英国"越权无效"原则，法院只能干预行政机关超越议会授权所做的事。美国的行政法主要注重行政程序，即法律的"正当程序"原则，美国人把从英国"自然公正原则"中继承而来的正当程序精神视为美国行政的基石，通过正当程序来限制政府权力。

三　法治国家的政治基础与社会条件

综观各法治国家，它们存在个性差异的同时，也存在许多共同标志。从各国来看，法治国家的核心问题是国家权力配置，法治国家建设也都是基于国家政治体制的建设。从法治国家的政治基础的构造来看：

第一，其政治统治模式应该是民主政体形式。政治统治模式实际上主要是政治体制的问题。法治国家在这方面的基础性要求是实行民主政体，从而构成法治国家"政治基础"的基础。

从古希腊的亚里士多德、古罗马的波里比安到近代的孟德斯鸠，他们都对欧洲古代三种主要的政体（君主、贵族、共和）的性质和价值作了分析，并且都倾向于第三种政体。当代社会学大师韦伯提出了"传统型统治"（家长制的、世袭制的专制——人治）、"卡里斯马统治"（独断的人治）和"法理型统治"（法治），由此得出结论，认为只有最后一种是现代社会的统治形式。民主统治模式产生于近代资产阶级革命胜利后创立的立宪政制，即民主共和政体以及它的变种君主立宪政体。从世界各国来看，民主政体是法治国家的根本的政治基础。因此真正建立法治国家的也是在近代革命以后的各民主国家。民主共和政体是"资产阶级统治的正规形式"，[1] 也是无产阶级及其政党"将来进行统治的现成的政治形式"。[2]

---

① 《马克思恩格斯全集》第7卷，人民出版社，1959，第402页。
② 《马克思恩格斯选集》第4卷，人民出版社，1972，第508页。

民主政体的特征在于：遵循预定程序，服从多数决策，容许少数意见。社会主义国家的现行体制属于民主共和政体，它具有明显的优势，[①] 这为社会主义国家实现法治国家提供了坚实的政治基础。当然，法治是否名副其实，还取决于国家内部权力结构的实质内容、具体制度及其完善程度。

第二，其国家权力结构应该是分工制约的关系。法治国家在这方面的核心要求是国家权力的合理分工与有效制约。分工不等于制约，有权力分工的国家不必然有权力制约。

一个国家由谁来掌握统治权，政权机构如何组织，权力如何分配和制约，按照什么规则来运转和行使，社会各种力量通过什么方式和途径来参与政治等问题，构成了这个国家的权力结构。国家权力结构与法治国家关系十分密切。能否实现法治国家，也取决于其权力结构中是否实行分工和制约。"分权制衡与法治是在一定程度上相互重叠、互为因果的。立法机关制衡行政机关的其中一个主要方法，便是制定法律——对行政机关有约束力的法律，要求行政机关遵守和执行。从这个角度看，法律及法治原则（在这里或可称为'宪法'原则——宪法是最根本的法律，确定政府架构及对政府权力作一般性的规范）是制衡行政权力的工具。但法律的解释和应用及法治原则的实践，仍有赖于独立公正、不偏不倚的司法机关，而司法权独立于行政及立法权，正是分权制的重要环节。由此可见，法治与分权概念是有不可分割的关系的。"[②] 从法治国家的要求看，一国立法权是国家的最高权力，是产生其他权力的基础和母体，是高于其他权力的国家权力，只有这样才能保证法律至上。行政权是执行法律、管理国家行政事务的权力，它所制定的法规、规章只能是在法律的范围内作具体规定，只能服从立法机关的法律，而不能与之相抵触。司法权是指解纷、罚罪的终极审查与决定权，它应当独立于行政权并对行政有合宪性和合法性的审查权。司法权独立行使是法治国家必须具备的政治基础和条件。

---

① 这种优势包括邓小平所说的"效率"问题（决策与执行的效率——笔者注），参见《邓小平文选》第3卷，人民出版社，1993，第240页。决策与执行效率对我们十分重要，笔者同意公丕祥先生所谓"拥有强有力的现代国家能力和现代政府系统，是那些原先不发达国家（尤其在东方）迅速实现法制现代化的必要条件"。参见公丕祥《邓小平的法制思想与中国法制现代化》，《中国法学》1995年第1期。

② 陈弘毅：《法治、分权、资本主义与香港前途》，载《香港法律与香港政治》，香港广角镜出版社，1990，第71页。

第三，其社会控制原则应该是服从"正义之法"的治理。国家对社会进行控制方式的选择直接影响社会控制的质和量。"正义之法"的控制首先在形式上是理性的。

在人治国家里，法律作为社会控制的手段，其特征是：要么是附属的，其作用是微弱的；要么是暴力的，实行专横的暴力性法律。政治上以全能主义行政权力支配社会，出现决策的非程序性、处罚的任意性等，社会活力受压抑。经济上以超经济的行政权力垄断，出现抑商、官商合一和官倒横行。文化上以封闭、保守和高压的原则实行文化专制主义的超强度控制。"通过法律的社会控制"是最有效的，它"具有强力的全部力量"，但是"也具有依赖强力的一切弱点"，①诸如过分强制而导致专制，授权过于抽象而导致适用者滥用自由裁量权，等等。因此法治要求立法机关必须制定"善法"，即"正义之法"。法治国家的目标要求必须主要通过法律并且是"正义之法"来实行社会控制，其他手段都服从法律，社会整合主要通过法律实施和实现。

国家对社会进行控制的手段是多种多样的。执政党的政策、社会道德、宗教、传播或宣传思想、领导人个人权威、当政者的强制权力、政府的行政命令、物质利诱等都可能产生较大的影响，甚至各自都有某些特别的作用和优点。但是，无论哪种手段都不能与法律的理性相比，法律的手段具有更明显的优势。法律至少在形式上表现为理性：它是明确的、可事先预见的、普遍的、稳定的强制性规范，这为社会秩序的稳定提供了保障；它以权利和义务双重、双向的利导机制指引和评价人们的行为，给人们以较多的选择机会和自由行动；它通过规范、原则、技术等因素，使法律不仅具有对行为和社会的灵活的调节功能，还具有效率化的组织功能。这是自觉而有计划的社会发展所不可或缺的。

法治国家的社会条件也是多方面的，它主要包括经济与文化两方面。市场经济机制是法治国家的经济条件，理性文化基础是法治国家的文化条件。

第四，其经济条件应该是市场经济机制。

法治是以商品经济即市场经济为基础的。纵观法治历史，"法治总是

① 〔美〕罗·庞德：《通过法律的社会控制　法律的任务》，沈宗灵、董世忠译，商务印书馆，1984，第10页以下。

与商品经济相关，而与自给自足的自然经济和以国家垄断为内容的产品经济无缘"。① 对于任何一种经济形态来说，规则都是必要的共同要素。不过，市场经济与自然经济、产品经济这三种不同的经济状态或体制所需要的规则，在量与质两方面都存在显著的差别。量的差别反映出社会生活规则化、法律化的程度，质的方面则使法治与专制泾渭分明。商品生产与交换中形成的契约关系和契约观念是法治生成的最重要的决定因素。因为商品经济、契约观念、权利自由平等三方面之间有着天然的联系。马克思说过："我在分析商品流通时就指出，还在不发达的物物交换情况下，参加交换的个人就已经默认彼此是平等的个人……"② 商品交换的特性决定了交换主体对"意志自由"和对权利平等的要求，市场对自由、平等和权利总是积极要求的，因此需要法治来保障。另外，市场也会存在失灵的问题，所以国家主要通过法律形式对市场进行干预或宏观控制。正是因为这样，我们才把原本属于"契约经济"的市场经济说成"法治经济"。总之，商品经济或市场经济是法治生成、存在和发展的肥沃土壤，法治的实现程度取决于市场经济的发达程度。因此中国今天的市场经济发展为我们社会主义法治国家的建设所提供的经济条件，其重要性是不言而喻的。

第五，其文化条件应该是理性文化基础。

"法治需以特定类型的文化为其文化基础（或'文化生态环境'）。这特定类型的文化就是理性文化。理性文化既不同于跟着感觉走的非理性文化，也不同于空想浪漫的超理性文化。"③ 法治所需要的文化基础包括科学精神、政治道德、人权思想、公民意识、权利观念等理性文化要素。人治需要愚昧和愚忠、无知和迷信等非理性因素来支持，法治则需要科学精神来支持。科学精神要求正视事实，实事求是地看待人性固有的弱点、社会固有的矛盾以及由此派生的法律的局限性。有了科学精神，就不会盲目相信领导人个人的智慧与德性，就不会把一个民族的命运寄托在一两个人身上，就不会在抽象、稳定的法律与具体、运动的社会之间束手无策，就不会出现把法律当作医治社会百病的良方，就不会出现不想付出代价就实现法治的"浪漫主义"幻想，就不会把法律当作专政工具重演"宁枉勿纵"

---

① 张文显主编《马克思主义法理学——理论与方法论》，吉林大学出版社，1993，第414页。
② 《马克思恩格斯全集》第19卷，人民出版社，1963，第423页。
③ 张文显主编《马克思主义法理学——理论与方法论》，吉林大学出版社，1993，第405页。

的极左闹剧。为政须有道德，政治道德要求：政治主体是复数；政治资源按照冲突、竞合等形式进行分配和选择；尊重人权成为政治生活中的习惯，这对于当权者特别重要，因为他们的权力直接指向人权，存在侵害人权的现实可能性；此外还应当确立平等与自由的政治道德。"仁政"不是现代民主政治的道德，它是由单数的政治主体对政治资源进行施恩。社会成员能够明确认识到自己是摆脱了人身占有和人身依附的社会主人，是一个公民，而不是一个臣民，是社会政治生活和公共事务中的主体，而不是无足轻重的客体。他们是作为一个有独立意识、独立地位、独立人格的政治权利主体加入社会政治关系和政治程序之中的。社会成员具有正确的、强烈的权利义务观念也是实行法治国家的重要条件。因为从根本上说，法治国家要靠社会成员行使权利和履行义务来实现。公民的权利义务观念应当包括：知晓自己权利及其正当性、合法性、可行性和界限；在法定范围内主动追求和行使自己的权利，勇敢地捍卫自己的权利，但不可无视社会所能提供的物质和精神条件以及社会承受能力而盲目主张自己的权利，滥用自己的权利；对他人一切合法的权利给予同等的尊重，认同并履行自己依法对他人、社会和国家负有的义务。

四　社会主义法治国家的政治性标志

我们可以把法治的标志分为形式标志与实质标志。[①] 但是法治国家的标志则应该从另一角度来划分。笔者将它分为法律性标志和政治性标志，前者是形式的，后者是实质的。

所谓法治国家的法律性标志是指法治国家在法律的形式上的表现以及实现法治国家的技术条件。它主要包括完备统一的法律体系、普遍有效的法律规则、严格的执法制度、公正的司法制度、专门化的法律职业等。[②]

---

① 亚里士多德的法治概念就包含了这两种标志。他所谓"已成立的法律获得普遍的服从"实际上是指法治的形式标志问题，"大家所服从的法律又应该是本身制定得良好的法律"实际上是从法治的实质角度出发的。这种划分已为一些论著所认可。参见徐显明《论"法治"构成要件——兼及法治的某些原则及观念》，《法学研究》1996年第3期。

② 有的学者没有区分形式标志和实质标志，而是把这些标志统一称为"依法治国的主要标志"，有所不妥。参见王家福等《论依法治国》，载《依法治国建设社会主义法治国家》，中国法制出版社，1996，第10页以下。

所谓法治国家的政治性标志是指依据法治的精神（民主、平等、人权等）而形成的涉及重大政治关系的制度。我们历来所谓宪制的推行，也就是确立并实行这些制度。具体来说它涉及法律与政治、公共权力与国家责任、权力与权利、权利与义务等方面的关系。政治性标志也是区分法律善与恶的一个重要方面。从政治制度上解释，所谓"善法"或"正义之法"，也就是指在处理好这些重大政治关系的前提下所形成的理性的法律制度。

法治国家的政治性标志与国家的政治构造是什么关系呢？法治国家的政治性标志是国家政治构造在制度上的具体化，相当于宪制。比如权力分配可具体化为"立法优先""法律保留""司法审查"等具体的法律制度。政治性标志由国家的政治构造和社会条件决定。法治国家的法律性标志则受政治性标志制约。法律性标志反映并影响政治性标志，政治性标志需要通过法律性标志来体现。如果政治性标志是非理性的，那么良好的法律性标志也只能成为虚设，甚至导致"狂热"的中国法家①所提倡的"法治"；仅仅构想理性的政治性标志而缺乏良好的法律性标志，诸如法律不统一、执法不严、法律职业非专门化等，那么所谓政治性标志就失去制度保障，成为空洞的政治理想，难以贯彻实现。

当代中国"依法治国"的方略已经选定，法治国家的目标已经明确，推行法治的条件也日臻成熟。但是如何推进法治国家的实现，其步骤选择成为难点问题。根据政治与法律的一般关系，法治国家建设首先应当从政治性标志入手，也就是通过政治体制改革来构建法治国家的政治基础。如果把政治性标志具体到制度上，那么我们目前要做的是进行以下几大关系的"理性化"② 法律制度建设。

第一，法律与政治关系制度的理性化，包括：（1）大部分政治行为被

---

① 整体意义上的"法家"可以被视为"狂热的君主专制的拥护者"。参见梁治平《法辨——中国法的过去、现在与未来》，贵州人民出版社，1992，第79页。

② 这里借用韦伯的"理性化"（rationalization）概念。韦伯在《经济与社会》中曾专门讨论"法律的理性化"问题。他谈到政治权威的形式对法律理性化具有重大影响，行使纵向权力的权威越理性，法律程序的理性化就越高；还论述了法典化的内在动力可以是"政治实体内在社会统一的各阶级、集团之间妥协的结果"；"自然法"这一价值标准对法律理性化的作用；等等。参见张乃根《西方法哲学史纲》，中国政法大学出版社，1993，第238页以下。

纳入法律调整范围，非理性的权力习惯被立法修正为理性的政治经验，[①]政治活动实现程序化。（2）真正实行民主宪制，国家权力受控制，包括受法律的控制、受权力的制衡、受权利的约束。（3）政策或政治主张可以指导立法但不能取代立法，可以作为适用法律的参照以补充法律遗漏，但不能直接作为审判依据。（4）实行"依法治国"必须具备付出政治性代价[②]的心理准备和制度措施。为政者或当权者要牺牲和放弃某些希望取得并可能取得的正当目标和要求，比如行政手段、政策手段使用范围受限制，法外的地方利益、部门利益被取消，权力在质与量上的缩减或割舍，为了形式正义而在一定范围内牺牲某种个别的实质正义，部分社会危害性的行为不受法律调整，办事效率下降的可能，等等。

第二，司法权与行政权关系制度的理性化，司法权应当独立于行政权，包括：（1）司法机构与人事独立于行政权；司法机关的人事制度完全脱离行政公务员的管理体制。（2）司法机关的财政应当不从属于行政机关，而应当从属于权力机关，即人民代表大会。（3）司法权应当体现其应有的特征，如被动性、判断性、程序性、中立性、终极性、司法权在行使中只接受监督不接受命令等。[③]（4）宪法在保障以上条件和制度的情况下，才能使"依照法律规定独立行使审判权（检察权），不受行政机关、社会团体和个人的干涉"得以落实。

第三，权力与责任关系制度的理性化，包括：（1）权力与责任相统一，国家责任无可回避。不论哪种权力主体，不管是具体权力行为还是抽象权力行为，也不管是自己执行或是受托代行，只要启动了权力，就应当预设其责任。立法机关授予某种权力，应当尽量避免模糊措辞，[④] 每一项

---

① 孙笑侠：《法的现象与观念》，群众出版社，1995，第15页。

② 孙笑侠：《法治、合理性及其代价》，载杭州大学法学院、浙江省法制研究所主编《法治研究》（1996年卷），杭州大学出版社，1996，第54页。

③ 参见徐显明《论"法治"构成要件——兼及法治的某些原则及观念》，《法学研究》1996年第3期。

④ 美国学者格伦顿等人认为，行政法与私法"二者的不同还在于行政法模糊而易变的法律概念。但是，私法的一般原则却可以常常被用于充实或填补行政法中的不足"。参见〔美〕格伦顿等《比较法律传统》，米健等译，中国政法大学出版社，1993，第68页。法国学者达维德认为私法规范需有足够的概括性，但在刑法或税收法等方面，较大程度的具体化可能是适当的，因为人们希望最大限度地减少政府机关的专断。参见〔法〕勒内·达维德《当代主要法律体系》，漆竹生译，上海译文出版社，1984，第88页。

授权均应当明确范围和责任。（2）与权力相对应的责任除了由侵权和怠权所导致的消极责任外，还包括现代社会满足公民请求的积极责任和由管理而带来的保证责任。（3）立法应当持续、及时地发现和补充被遗漏的国家责任，避免权力侵害发生后找不到归责依据的现象。① （4）在各种权力的背后都存在另一种权力对其进行有效的而不是名义上的监督和制约，人民法院对政府责任的监督权应当扩大，同时，这种监督权应该是以人民法院地位的切实保障为前提的。

第四，权力与权利关系制度的理性化，包括：（1）权力取得的合法化。立法优先于行政，涉及公民人身权和财产权的，法律应当保留。对于公权力而言，无授权即无权力，只能在授权范围内行使权力。所以权力的授予实际上意味着权力的限制。（2）对于私权利而言，国家承认"法不禁止即自由"，自由不局限于法律，承认在法律不禁止的地方存在大量的自由，② 并同样予以尊重不加干涉。（3）权力受权利的制约。私权利的授予意味着对公权力的限制或者意味着公权力主体义务和责任的增加。（4）当对公权力规定必要的自由裁量幅度时，必须充分考虑到并尽量避免对私权利的侵害可能；当公权力进行自由裁量时，"政府效率不能被视为终极目的"，③ 它并不意味着可以任意对待私权利。

第五，权利与义务关系制度的理性化，包括：（1）权利受到平等的保障。不根据主体的身份，而是根据主体的行为平等地被授予权利、课以义务。在权利发生矛盾时，既要保护多数人的权利，又要尊重少数人的权利；保护冲突中一方的权利不能以过大的权利牺牲为代价；④ 既保护基本

---

① 政府责任在法律上出现空白，公民权利受权力侵害后得不到救济，行政机关以"没有责任规定"为由不予理睬，法院以"不属于受案范围"为由将他们拒之门外，这类现象在我国具有一定的普遍性。法院或法官可否以法律没有规定为由拒绝受理案件？理论界应当对这个问题进行研究。

② 美国1923年的"迈耶诉内布拉斯加州案"的判决中曾经指出，自由包括"一般地享有久已公认为正常乞求自由人的幸福所必不可少的习惯法特权的权利"。参见〔美〕詹姆斯·M.伯恩斯等《美国式民主》，谭君久等译，中国社会科学出版社，1993，第199页。

③ 〔美〕埃德加·博登海默：《法理学—法哲学及其方法》，邓正来等译，华夏出版社，1987，第356页。

④ 这一原理在苏力的《〈秋菊打官司〉的启示、邱氏鼠药案和言论自由》一文中阐述得十分清楚。在贾氏肖像权（或邱氏名誉权）的保护与他人言论自由的保护之间不能顾此失彼。参见苏力《法治及其本土资源》，中国政法大学出版社，1996，第174页。

权利，又保护一般权利。（2）义务的法律化与合理化。义务的设定必须通过立法机关与正当程序来进行，义务规定必须避免模糊措辞，应当明确无误，并充分论证义务设定之理由。（3）义务的相对化。义务总是与权利相伴而生，没有无权利的义务。义务的相对化还意味着"法律今天设定的义务不能由公民昨天就来承担"。（4）权利与义务相统一原则被公民、立法者与执法者正确地理解和执行。权利是基本的，应占主导地位，在立法、执法和司法的各个环节均应关怀和尊重人权。

　　建设社会主义法治国家实际上是一项宏大的政治工程。法律虽然在一定意义上可以相对独立于政治，但是法治国家的基本构造却又与政治体制密切相关，建设法治国家只能从政治制度着手。由于政治体制改革十分复杂，① 所以我国政治体制改革最初主要从党政分开、下放权力和精简机构着手，这是十分合理和必要的。② 目前改革已取得一定成效，但是这两项内容不是政治体制改革的全部内容，腐败问题的严重程度说明深化政治体制改革仍然具有迫切性。我们最迫切的任务是从国家权力的配置着手，把现行行政权与司法权关系的改革作为政治体制改革的突破口，确立人民代表大会制度下的司法独立制度，为实现社会主义法治国家提供政治体制的保障。

---

① "政治体制改革更复杂，设想有些方面用三至五年的时间可以见效，有些方面甚至要花十年左右的时间才能见效。"参见《邓小平文选》第 3 卷，人民出版社，1993，第 243 页。

② 参见《邓小平文选》第 3 卷，人民出版社，1993，第 177 页。

市民社会与政治国家：法治的基础和界限[*]

马长山[**]

摘　要：市民社会与国家的分离和互动发展，奠定了法治运行的基础，即普遍利益与特殊利益的冲突与协调导致了法律至上，多元社会权利为国家权力的分享与制衡提供了权利保障，市民社会多元利益的冲突、互动与整合衍生了理性规则秩序，具有自由理性精神的公民意识构成了法治的非制度化要素。中国要真正走向法治，就必须重构国家与市民社会的关系，确立多元权利基础、公权力权威和良法之治，并实现依法治国与市民社会理性规则秩序的回应与契合。

关键词：市民社会　政治国家　法治

一　市民社会与政治国家的矛盾发展：人类历史演进的主流涌动与多样化进程

在当代西方史学界，已实现了由西方文化中心论到人类文化多元论的重大转向，然而，其归宿却都趋于全球文明或总体史观，因为"人类历史自始便具有一种不容忽视，必须承认的基本的统一性"。[①] 这表明，人类历

---

　*　本文原载于《法学研究》2001 年第 3 期。

　**　马长山，华东政法大学教授。

　①　〔美〕斯塔夫里阿诺斯：《全球通史——1500 年以前的世界》，吴象婴等译，上海社会科学院出版社，1988，第 55 页。

史演进固然是丰富多姿而非单一线性的逻辑进程，但它毕竟呈现一种总体性的走向和趋势，① 也就是主流涌动与多样化进程的统一。市民社会与政治国家的矛盾发展，正是这种演进的根本表现。

应当说，无论是市民社会与政治国家这对范畴的真正确立，还是市民社会与政治国家在现实中的真正分离与对立发展，都是近代西方历史发展的产物。但是，这一对分析范畴一旦从现实中升华出来，就因其对特殊利益与普遍利益、个人权利与国家权力、私人领域与公共领域、个体价值与整体价值等人类历史轴心脉动的深层关怀和广角涵摄，而赋有了超越于东方与西方、传统与现代的历史反思性和整体关照性。② 为此，马克思和恩格斯才把市民社会"理解为整个历史的基础"，同时"从市民社会出发来阐明各种不同的理论产物和意识形式"，进而把"决不是国家制约和决定市民社会，而是市民社会制约和决定国家"作为其唯物史观的"基本原理"。③ 而市民社会本质上确实"是一个历史的实体，它本身经历了不断的变迁"。④ 在当代，市民社会理论已复兴为一股世界性思潮，虽然有市民社会与国家的"二分法"及国家—经济—市民社会的"三分法"之争，然而，对市民社会的结构性要素、特征及价值原则等仍有基本的共识。⑤ 虽然也曾受到某些批评，⑥ 但市民社会理论研究仍颇具影响，⑦ 并回应着全球化时代社会发展的需要。从黑格尔、马克思到托克维尔、葛兰西再到当代，市民社会概念一直以特殊利益、私人领域、私人生活世界及与之相关的一系列社会价值原则为内核而与国家共同体相区别，并促进了对市民社

① 〔美〕E. R. 塞维斯：《文化进化论》，黄宝玮等译，华夏出版社，1991，第 12 页；〔日〕富永健一：《社会结构与社会变迁》，董兴华译，云南人民出版社，1988，第 174 页。

② 参见邓正来、〔英〕J. C. 亚历山大编《国家与市民社会——一种社会理论的研究路径》，中央编译出版社，1999，"导论"第 17 页以下；邓正来《国家与社会——中国市民社会研究》，四川人民出版社，1998，第 6 页。

③ 《马克思恩格斯选集》第 1 卷，人民出版社，1972，第 43 页；《马克思恩格斯选集》第 4 卷，人民出版社，1972，第 192 页。

④ 〔西班牙〕萨尔瓦多·吉内尔：《公民社会及其未来》，载何增科主编《公民社会与第三部门》，社会科学文献出版社，2000，第 177 页。

⑤ 参见何增科主编《公民社会与第三部门》，社会科学文献出版社，2000，"导论"。

⑥ 参见〔美〕M. W. 弗利、B. 爱德华《市民社会的悖论》，孙晓莉译，《哲学译丛》2000 年第 3 期。

⑦ 参见〔美〕R. H. 奇尔科特《比较政治学理论——新范式的探索》，高铦、潘世强译，社会科学文献出版社，1998，第 9 页。

会与政治国家二者关系的不断深入而系统的研究。如果我们不仅仅因为市民社会与政治国家的真正分离和对立发生于近代西方，就把市民社会与国家的分析视野局限于"近代"以降和"西方"，而赋予其深层历史反思性和人类整体关照性的话，那么，就不难看出，社会出现私人利益和社会分裂为阶级，是市民社会与国家产生的共同前提，即市民社会和国家人类走出天然自在的生命共同体，形成特殊的个人利益、阶级利益与公共利益、普遍利益相分离和对立的社会共同体的产物。也正因如此，马克思和恩格斯才指出市民社会是"全部历史的真正发源地和舞台"。①

　　然而，"社会演变的过程是取决于路径的"，② 因而，市民社会与政治国家的发展样态自然也是千差万别的，尤其是在东西方展现了迥异的发展路径。在古希腊城邦国家，就已存在私人生活领域与公共生活领域、家族领域与政治领域的区别，但是，由于人既被看作"社会动物"又被视为"政治动物"，因而其国家和市民社会是复合的，公民政治生活和社会生活是相融的，③ 甚至"轮番为治"。这样，国家就"直接等同于社会"，④ 私人生活就构成了国家生活的前提和基础，国家生活则使私人生活获得了最高表现和升华。这体现在希腊政治哲学上，就是"人类精神只有在一个精神的共同体中才能获得完美而高尚的生命"。⑤ 在作为古希腊文明传承者和"姐妹文明"的古罗马，人们"从不为了公共领域而牺牲私有领域，相反他们懂得只有在两者共存的形式中，这两种领域才能生存下去"，⑥ 使市民社会和市民法也获得了一定的发展。虽然古罗马政治生活仍具有"公民政治"的色彩（尤其是罗马共和时期），但这难免有一定的"过渡性质"。⑦ 国家与市民社会的关系则更多地呈现一种"监护"状态，奴隶制商品经济获得了国家的政治、军事支持与保障而得到繁荣发展，并奠定了罗马帝国

---

① 《马克思恩格斯选集》第1卷，人民出版社，1972，第41页。
② 〔美〕查尔斯·蒂利：《未来的历史学》，载 S. 肯德里克、P. 斯特劳、D. 麦克龙编《解释过去 了解现在——历史社会学》，王辛慧等译，上海人民出版社，1999，第20页。
③ 参见唐士其《国家与社会的关系》，北京大学出版社，1998，第40页以下。
④ 〔美〕贾恩弗兰科·波齐：《近代国家的发展》，沈汉译，商务印书馆，1997，第96页。
⑤ 〔英〕鲍桑葵：《关于国家的哲学理论》，汪淑钧译，商务印书馆，1995，第49页。
⑥ 〔美〕汉娜·阿伦特：《人的条件》，竺乾威等译，上海人民出版社，1999，第46页。
⑦ 参见〔美〕詹姆斯·亨利·伯利斯坦德《走出蒙昧》下册，周作宇等译，江苏人民出版社，1998，第589页以下；金观涛、唐若昕《西方结构的演变》，四川人民出版社，1985，第39页以下。

的经济和社会基础。① 5 世纪的蛮族入侵，彻底打碎了罗马文明。继之而来的中世纪"黑幕"之下，一方面是分裂、野蛮和战乱，另一方面却是基督教神圣力量的极力扩张。表面上看，中世纪是一种"无国家"状态，但实质上，是政治国家获得了新的表现形式，也即神权、王权和贵族权凭借领主分封制，把政治原则彻底社会化了，使得市民社会"直接地具有政治性质"。② 私人生活领域、私人利益和要求完全屈从于政治附庸地位和关系，从而形成了国家对市民社会的包容、吞噬和同化。但是，与东方专制主义的国家和社会的"同一"关系不同，它毕竟有封建"契约"的关系基础，而且存在多元权力的对立冲突，"神权政治的、君主政治的、贵族政治的和平民政治的信条互相阻挠、斗争、限制和修改"，③ 从而为近代市民社会的生长和权利伸张提供了有机土壤和生存空间。也就是说，其国家对市民社会的包容、吞噬和同化，尚具有一定的先天脆弱性，因而是"一种软弱的和多中心的专制主义形式"。④ 正因如此，市民阶级才得以和王权相联合来战胜教会和贵族，推动了民族国家的形成和市民社会与政治国家的二元化进程，使西方率先走上了现代化道路。

市民社会的兴起及其与国家的真正分离和对立乃是近代历史的产物，它使国家获得了和市民社会并列的且在市民社会之外的独立存在。⑤ 个性自由、私人利益及个人权利获得了巨大解放、充分肯定和大力弘扬，国家权力也基于"契约"而在一定程度上恢复其公共权力的"本来面目"，作为"守夜人"，它"应该向社会解释自己的行为，而且对它的效应负责"。⑥ 但资本主义社会中过度发展的个人主义精神和过于浪漫的自由主义情怀，导致了国家与市民社会的冲突和对立（尤其是自由资本主义时期）。因此，资本主义国家一直在竭力设计市场或政府活动界限的合理方案，寻求市民社会与政治国家的合理权限，同时，它们也由"自由放任"国家发

---

① 参见金观涛、唐若昕《西方结构的演变》，四川人民出版社，1985，第32页；杨共乐《罗马社会经济研究》，北京师范大学出版社，1998。
② 《马克思恩格斯全集》第1卷，人民出版社，1956，第473页。
③ 〔法〕基佐：《欧洲文明史》，程洪逵等译，商务印书馆，1998，第23页。
④ 〔美〕卡尔·A. 魏特夫：《东方专制主义》，徐式谷等译，中国社会科学出版社，1989，第441页。
⑤ 《马克思恩格斯选集》第1卷，人民出版社，1972，第69页。
⑥ 〔日〕猪口孝：《国家与社会》，高增杰译，经济日报出版社，1989，第21页。

展为"福利国家",现今又在谋求"第三条道路"。① 西方社会传统的个人本位原则受到团体本位观的冲击,多元主义、社群主义、法团主义等思潮日显张扬。② 这充分表明了西方世界对市民社会和政治国家矛盾关系的倾心解构与重构。③

在印度、中国、波斯、土耳其、阿拉伯等东方国家和地区,国家与市民社会的关系没有西方国家那种曲折发展的经历。④ 从国家于社会之中产生之时起,其便反过来侵吞了社会,"东方专制主义"实质上就是政治国家对市民社会的吞噬而实现了"同一"。"它们都是绝对君主专制国家,拥有强大的官僚机器,基本生产资料的国有制形式是其经济基础('权力——财产'),而私有制则只具有次要意义。"⑤ 这些中央集权制政府都要求其国民统一信仰和实践,"不仅要信奉一个官方国教,而且在商业活动和武装发展等领域都是如此",⑥ 使得东方国家的城市不可能有西方城市的那种政治特权和武装的市民阶级,它不是"市民共同体",也不具有"市民"或"公民"观念,而是依附于王(皇)权统辖的政治共同体和宗族共同体的有机组合。⑦ 这既不同于古希腊城邦那种国家与市民社会的"复合",也不同于古罗马那种国家对市民社会的"监护",更不具有西欧中世纪国家吞并市民社会所附带的那种多元权力斗争的复杂性和脆弱性,而是坚固的"东方专制主义"的"单一性"。就是说,在西方是多中心社会的被控制的国家,而在东方则是单一中心的、名副其实的"工具国家"。⑧ 在

---

① 〔英〕安东尼·吉登斯:《第三条道路——社会民主主义的复兴》,郑戈译,北京大学出版社,2000,第73页。

② 参见俞可平《社群主义》,中国社会科学出版社,1998;张静《法团主义》,中国社会科学出版社,1998。

③ 参见何增科主编《公民社会与第三部门》,社会科学文献出版社,2000,"导论"。

④ 〔日〕富永健一:《社会结构与社会变迁》,董兴华译,云南人民出版社,1988,第175页。

⑤ 〔俄〕B. B. 拉扎列夫主编《法与国家的一般理论》,王哲等译,法律出版社,1999,第57页。

⑥ 〔美〕保罗·肯尼迪:《大国的兴衰——1500—2000年的经济变迁与军事冲突》,王保存等译,求实出版社,1988,"前言"第2页。

⑦ 参见〔德〕马克斯·韦伯《儒教与道教》,洪天富译,江苏人民出版社,1995,第20页以下;〔德〕马克斯·韦伯著、约翰内斯·温克尔曼整理《经济与社会》下册,林荣远译,商务印书馆,1998,第583页以下。

⑧ 参见〔美〕卡尔·A. 魏特夫《东方专制主义》,徐式谷等译,中国社会科学出版社,1989,第43页。

这里，"属于一个专制势力的社会决不允许任何其他权力的存在。一切不同的倾向都会被排斥和追杀。占统治地位的原则从来不允许一种不同的原则在它的旁边显露和起作用"。① 可见，在东方国家，呈现的是一以贯之的政治国家吞并市民社会的历史发展路径。虽然各东方国家的这种吞并形态并不完全相同，而且亚细亚形态在后来的发展中也发生了某些变化，② 但是，"总合统一体"的国家神圣气质仍是其共同特征和历史遗传基因，也即作为"东方专制主义"基础的村社制度，随历史发展而渐渐地消隐了，但这并不意味着亚细亚的或"东方专制主义"的消失。相反，它"仍会以其他形式存在下去，只是不再是'亚细亚式的'、'亚洲式的'或东方式的了"。③ 而且，它一直是导致东方国家发展"停滞"的一个重要因素。当西欧后来居上，率先开始现代化历程，并以武力为后盾进行世界性殖民扩张之时，东方国家才在巨大压力面前开始觉醒，纷纷以不同形式的革命或变革来建立现代政体和社会经济制度，以期赶追现代化。④ 其市民社会与国家的分离和互动发展也才提上日程。⑤ 而马克思主义的传播和社会主义革命的胜利给世界带来了新的曙光，建立起优于资本主义的政治经济制度，但国家与社会关系问题仍没有得到很好的解决，尤其是斯大林模式和极左思潮的影响，以国家同化、兼并市民社会的情况十分突出，严重阻滞了社会主义制度优越性的发挥和社会经济的发展，甚至某些国家还发生了"和平演变"。现在，多数社会主义国家在进行市场化改革，着手确立"小政府、大社会"的政治经济体制，其实质是努力调整和重构国家与社会的关系，以适应全球化时代社会经济发展的需要。

从上可以看出，无论是西方还是东方，其历史演进所展现的都是国家和市民社会的矛盾互动发展历程，同时又呈现不同的发展轨迹和样态。只

---

① 〔法〕基佐：《欧洲文明史》，程洪逵等译，商务印书馆，1998，第22页。
② 参见刘学灵《东方社会政治形态史论》，上海远东出版社，1995，第249页以下、第301页以下。
③ 参见刘学灵《东方社会政治形态史论》，上海远东出版社，1995，第389页。
④ 在这一历史进程中，东方国家的市民社会才开始"萌生"，但一直受到本国传统、外来压力、经济和政治发展状况等多种因素的制约，因而未能得到充分有效的发育和成长。然而，市民社会毕竟还是开始逐渐与国家法剥离并相对发展着。
⑤ 参见〔日〕猪口孝《国家与社会》，高增杰译，经济日报出版社，1989；〔韩〕李寿勋《1987—1992年韩国过渡时期的政治：市民社会的兴起》，徐瀚译，周士琳校译，《现代外国哲学社会科学文摘》1998年第6期。

是"'国家'和'社会'之间的界分，并不是一个在任何时代和每一个历史时期都有效地普遍存在的事实，它是一种从宪政历史过程中出现的，并以该过程为条件而产生的一种现象"。① 而在民主精神与原则受到广泛传播的当代世界，国家和市民社会关系则成为共同关注的核心问题。"确切地说，只要现代国家还趋向于动员和重组它的国民生活，市民社会和国家的这种界分似乎就一定会继续起作用"，② 它构成了民主生活和民主秩序的核心特征，③ 并呈现一种"全球性"走向。④ 因为国家不可能消解市民社会，"如果国家无所不在，那么国家也就不存在了"。⑤ 这就在一定意义上表明，国家和市民社会的矛盾发展构成了人类历史进程的主流涌动。"找出市民社会和国家相互关系的规律，可以使我们正确地分析人类社会经历的全过程，理解当代的国家问题，并看到各国现实社会在其中发展的政治形式和国家形式的前途。"⑥ 至少我们可以通过这一理论视角和分析工具来把握市民社会与国家的发展走向或趋势，以期达致这一目的并有效地透视法治的基础和界限。

二 法治运行的社会基础

对于西方法律传统的形成和法律秩序的出现，韦伯强调的是"理性主义"的力量，伯尔曼突出的是"教皇革命"，泰格和利维关注的是市民阶级（资产阶级）的"造反"运动或"市民革命"，昂格尔则指出它是"多

---

① Ernst-Wolfgang·Böckenförde, *State, Society and Liberty*, Translated by J. A. Underwood (Berg Published Limited, 1991), p. 147.

② 查尔斯·泰勒：《市民社会的模式》，冯青虎译，载邓正来、〔英〕J. C. 亚历山大编《国家与市民社会——一种社会理论的研究路径》，中央编译出版社，1999，第29页。

③ 参见〔英〕戴维·赫尔德《民主的模式》，燕继荣等译，中央编译出版社，1998，第394、396页。

④ 参见〔美〕杰基·史密斯《全球性公民社会?》，〔美〕罗伯特·W. 赫夫纳《公民社会：一种现代理想的文化前景》，〔西班牙〕萨尔瓦多·吉内尔《公民社会及其未来》，均载何增科主编《公民社会与第三部门》，社会科学文献出版社，2000。

⑤ "Emile Durkheim", in Anthony Giddens, *Durkheim on Politics and the State* (Cambridge：Polity Press, 1986), p. 57.

⑥ 〔俄〕B. B. 拉扎列夫主编《法与国家的一般理论》，王哲等译，法律出版社，1999，第70页。

元集团”和“自然法观念”的结合所致。① 而事实上，西方法律传统的形成及近代法治的确立乃是多因之果，既有宗教的、理性文化的、政治和经济的因素，也有社会结构、观念变革等因素。但归根到底，还是在市民社会和政治国家的矛盾运动中孕育出来的。在某种意义上讲，泰格、利维及昂格尔的观点更接近这一历史发展进程，只是他们并未进一步跨入这一视野，没有从市民社会与政治国家的深层历史涌动中来把握法治的生成和发展；而恰是市民社会与政治国家的互动发展，才奠定了法治运行的社会基础。

（一）法律至上——普遍利益与特殊利益的冲突与协调

作为一种具有国家意志性和强制力且普遍有效的社会规范，法律产生并运行于利益的冲突与调适之中。只是从它产生之时起便开始异化了，也即在利益调适中更多地承担着维护专权特权统治秩序的角色，② 直到近代市民社会从政治国家中解放出来，并使国家服从服务于市民社会的需要，法律才在更大意义上成为多元复杂利益的调适器，民主精神和法律至上要求也才得到确认和弘扬。

近代资产阶级“市民社会革命”开辟了市民社会与政治国家的二元发展进程。人们享有的不再是古代人那种依附于共同体的自由，而是现代个人独立的自由。③ 普遍利益和特殊利益日益分化，并且对国家公共权力进行了空前的“契约性”复归，使其成为旨在保护特殊利益和私人权利而设定的普遍物。④ 然而，已被“契约性”复归的公共利益和公共权力仍具有一定程度的异己性和扩张性，被解放的私人利益也呈现一种膨胀性欲求。

---

① 参见〔德〕马克斯·韦伯《新教伦理与资本主义精神》，于晓等译，三联书店，1987；〔美〕哈罗德·J. 伯尔曼《法律与革命——西方法律传统的形成》，贺卫方等译，中国大百科全书出版社，1993；〔美〕泰格、利维《法律与资本主义的兴起》，纪琨译，学林出版社，1996；〔美〕昂格尔《现代社会中的法律》，吴玉章等译，中国政法大学出版社，1994。

② 〔法〕邦雅曼·贡斯当：《古代人的自由与现代人的自由》，阎克文等译，商务印书馆，1999，第28页。

③ 〔法〕邦雅曼·贡斯当：《古代人的自由与现代人的自由》，阎克文等译，商务印书馆，1999，第32页以下。

④ 参见〔美〕格尔哈斯·伦斯基《权力与特权：社会分层的理论》，关信平等译，浙江人民出版社，1988，第332页以下。

因而，普遍利益与特殊利益，以及特殊利益之间不仅具有一种依存互动关系，更具有一种经常性的张力关系。于是，人们根据启蒙思想家的理论来对市民社会和国家的二元矛盾互动发展的复杂现实进行具体的制度设计和操作。人权便获得了基本的和不可剥夺的性质，"每个人都应该能够行使这些权力，不论是对其他的公民，还是对国家和政府"。① 这些个人权利既确定了公共权力活动的方向，又决定了政府行为的限度，因而"它本身就是规制个人与国家关系的所有规则的源泉"。② 也即一方面它通过个人权利和私人利益来限制、定位国家权力和公共利益，并对公共权力进行分立制衡，以保障个人权利和自由；另一方面，它又赋予国家以组织军队、警察和司法机构等权力，来保卫国家安全和解决权利冲突，借以维护社会安全和秩序。这种普遍利益与特殊利益以及特殊利益之间、公共权力与私人权利以及私人权利之间的多元复杂博弈，必然要求确立恰当平衡的至上规则来予以界定和调适。然而，道德、宗教和惯例等社会规范在这种博弈面前显得无能为力，只有普遍有效的法律才能胜此重任。而宪制思想正如它希望通过法治来约束个人并向个人授予权利一样，它也希望通过法治来约束政府并向政府授权。③ 于是，法律就不再是王权统治的工具了，而是组织国家和社会生活的得力工具。④ "法律对权威内容及其范围的界定成了达到高层次功能分化的社会的迫切需要。"⑤ 势力和利益所表达、转化出来的要求开始创造法律，⑥ 就是说，"根本上必须在合作本能与利己本能之间维持均衡。社会控制的任务就在于使我们有可能建立和保持这种均衡，而在一

① 〔荷〕亨利·范·马尔赛文、格尔·范·德·唐：《成文宪法的比较研究》，陈云生译，华夏出版社，1987，第 374 页。
② 〔法〕莱昂·狄骥：《公法的变迁·法律与国家》，郑戈等译，辽海出版社、春风文艺出版社，1999，第 10 页。
③ 〔美〕斯蒂·M. 格里芬：《美国宪政：从理论到政治生活》，《法学译丛》1992 年第 2 期。
④ 参见〔美〕詹姆斯·M. 伯恩斯、杰克·W. 佩尔塔森、托马斯·E. 克罗宁《民治政府》，陆震纶等译，中国社会科学出版社，1996，第 3 页以下。
⑤ 〔美〕帕森斯：《现代社会的结构与过程》，梁向阳译，光明日报出版社，1988，第 156 页。
⑥ 参见〔美〕劳伦斯·M. 弗里德曼《法制制度——从社会科学角度观察》，李琼英等译，中国政法大学出版社，1994，第 174 页以下。甚至有学者充满激情地以公共服务概念取代主权概念，并把它确立为现代国家的基础，使法律也首先表现为调整公共服务的法律。参见〔法〕莱昂·狄骥《公法的变迁·法律与国家》，郑戈等译，辽海出版社、春风文艺出版社，1999，第 13、54 页。

个发达社会中法就是社会控制的最终有效的工具"。① 利益也就成为法律的目的物，并以利益"估价"方法来"调和、恰当地限制和尊重所包含的各种利益"，从而奠定个人获得自由独立人格以及社会维持秩序安全的基础。这样，"法律之所以存在，因为人们继续不断地评估和重新评估利益，因为他们希望利益调和，因为他们希望保障他们本身的利益和承认尊重他人利益的正当。这种相互的权利义务观念是建设政治社会的基石"，② 以致康德构建其权利科学的最终意图和目的在于建立普遍的和持久的和平，即"在人们之间的关系中，'我的和你的'均依据法律得到维持和保证"，从而建立文明社会。③ 而公共安全，也只能建立在尊重法律、遵守规则以及加强权利保障上，人们要求"出自一种合法来源的政府只拥有比以前更少的权利对个人行使专制权力"。④ 于是，具备普遍性和自治性的法律秩序就应运而生了，这种法律秩序"代表了由调合所有特殊利益所组成的普遍利益。政府依法行事的责任似乎限制了官员们利用公共权力谋私的能力以及使之作为人身压迫工具的能力。它把最低限度的自由与安全和人们之间在财富、权力和知识方面存在的广泛差距结合在一起。由相对独立的职业团体所操纵的专门机构对法律的解释，这种解释浸透了自己的论证技巧，保证了其权力受到法律限制的那些人并不能最终决定法律的意义"。⑤ 因而，法律也就在市民社会和政治国家二元矛盾互动发展进程中，在普遍利益与特殊利益的冲突与协调基础上，获得了至上性，"法律的统治"原则和精神也得以确立和传播。正如有西方学者所指出的那样，不仅近代国家学说的根本概念是法律，而且近代国家的根本状态也完全受法律规制，而法律则代表了利益的实际完成的估价。⑥

---

① 〔美〕罗·庞德：《通过法律的社会控制　法律的任务》，沈宗灵等译，商务印书馆，1984，第89页。

② 〔荷〕克拉勃：《近代国家观念》，王检译，商务印书馆，1957，"英译者序"第48页以下、第57页。

③ 〔德〕康德：《法的形而上学原理——权利的科学》，沈叔平译，商务印书馆，1991，第193页。

④ 〔法〕邦雅曼·贡斯当：《古代人的自由与现代人的自由》，阎克文等译，商务印书馆，1999，第42页。

⑤ 〔美〕昂格尔：《现代社会中的法律》，吴玉章等译，中国政法大学出版社，1994，第62页。

⑥ 参见〔荷〕克拉勃《近代国家观念》，王检译，商务印书馆，1957，"英译者序"第57页以下。

（二）权利保障——多元社会权利对国家权力的分享与制衡

近代法治的产生与运行是以权力制约和权利保障为基础和核心的，并强调当权者与其他人同样服从既定的法律。① 而这一制约、保障及法律至上要求，则主要是由市民社会多元权利对国家权力的分享和制衡来获得保证和实现的，也即"市民社会在很大意义上并非一种外在于政治权力的领域；而毋宁是深深地穿透于这种权力的一种力量，使权力处于分立、分散的状态"。② 这不仅使专断权力难以立足，而且也使得权力和权利都服从于共同的规则而被纳入法律规制框架之中。

从中世纪中后期开始，西欧就展现了一种独特的权力多样性发展，它们之间的斗争和妥协实际上成了建立新体制和新秩序的尝试，使得其以议会形式聚集一堂，并"遵从同一法律和权力，融合成一个社会，一个国家"。③ 西方的法律至上信念，也正是从世界本身服从法律的神学信条、世俗与宗教权威的二元性、世俗权威自身的多元性、封建等级中上下级的相互义务关系，以及中央与地方当局、官方与民众管理机构的辩证关系中萌生的。④ 也即多元集团的权力分割，构成了法律秩序建立的重要助推力。⑤ 而在市民社会力量增长和资产阶级兴起并夺权的过程中，则一再表现出对"合法性"问题的关切与斗争。⑥ 近代"市民社会革命"胜利后，确立了国家与市民社会的互动和制衡关系，⑦ 民主宪政和法治原则也就建立在这种多元社会权利对国家权力的分享和制衡基础上。

1. 市民社会的多元权利有效地分解了国家权力，扼制了公权力的专断倾向

近代市民社会的兴起及其运动，是以反抗专断权力、主张自由和权利

---

① Joseph Raz, *The Authority of Law* (Clarendon Press, 1979), p. 210.
② 查尔斯·泰勒：《市民社会的模式》，冯青虎译，载邓正来、〔英〕J. C. 亚历山大编《国家与市民社会——一种社会理论的研究路径》，中央编译出版社，1999，第29页。
③ 参见〔法〕基佐《欧洲文明史》，程洪逵等译，商务印书馆，1998，第172页。
④ 参见〔美〕哈罗德·J. 伯尔曼《法律与革命——西方法律传统的形成》，贺卫方等译，中国大百科全书出版社，1993，第640页以下。
⑤ 参见〔美〕昂格尔《现代社会中的法律》，吴玉章等译，中国政法大学出版社，1994，第59页以下。
⑥ 〔美〕泰格、利维：《法律与资本主义的兴起》，纪琨译，学林出版社，1996，第270页。
⑦ 〔日〕猪口孝：《国家与社会》，高增杰译，经济日报出版社，1989，第120页。

为目标的。它一方面确立了国家权力和社会权利的"民主契约"关系；另一方面则造就了主要是后致角色的、利益纽带联结的、松散个体化的和较高水平的社会过程参与的"大众社会"。① 在这里，"权威在某种程度上是凭借授予别人以权威或市场机制来维持其统治的，这样就产生了权力和特权的分散"。②

首先，个人享有不可剥夺的天赋人权，形成对国家集权的社会消解。无论是英国的《权利法案》、美国的《独立宣言》，还是法国的《人权和公民权宣言》，都贯彻了自由主义精神和天赋人权思想。市民社会成员的生命、自由和财产权利得到了充分确认和肯定，其自由和权利保障随即成为政府的目的。而"政治、权力或执政者是实现人权保障的手段，他们的存在被认为只以满足目的为限"，③ 并且国家的行动范围仅限于"如果政府不做就根本不会做的那些范围"。④ 这样，作为真正的私人自律领域，市民社会便形成了与国家的对立。⑤ 传统的集中化国家权力，就在相当程度上被分解为广大社会成员所自主享有的自由、平等权利，传统权力和特权被分散在每日忙忙碌碌并精于计算和斤斤计较的遍布于全社会的"经济人"身上，"许多经济决策分散给相对独立的个人和企业"，⑥ 或者如安德鲁·肖恩菲尔德所说的，"把政府分裂为许多小部分的国民本能"，⑦ 进而造就了一个庞大的追求教育、自治权、个人自由、财产权、法治和参与政府事务，因而成为民主理想和制度的天然盟友的中产阶级。⑧ 这就大大削弱了专断权力赖以存在的基础（即集中占有全社会财产并控制人身及其社会活动），而人们对政府干预的"禁令"则被恰当地表达为"不要站

① 参见〔美〕L. 布鲁姆、P. 塞尔茨内克、D. B. 达拉赫《社会学》，张杰等译，四川人民出版社，1991，第 690 页以下。
② 参见〔美〕格尔哈斯·伦斯基《权力与特权：社会分层的理论》，关信平等译，浙江人民出版社，1988，第 327 页以下。
③ 〔日〕杉原泰雄：《宪法的历史——比较宪法学新论》，吕昶等译，社会科学文献出版社，2000，第 23 页。
④ 〔英〕L. 罗宾斯：《过去和现在的政治经济学——对经济政策中主要理论的考察》，陈尚霖等译，商务印书馆，1997，第 178 页。
⑤ 〔德〕哈贝马斯：《公共领域的结构转型》，曹卫东等译，学林出版社，1999，第 11 页。
⑥ 〔美〕罗伯特·达尔：《论民主》，李柏光等译，商务印书馆，1999，第 176 页。
⑦ 参见〔美〕劳伦斯·M. 弗里德曼《法制制度——从社会科学角度观察》，李琼英等译，中国政法大学出版社，1994，第 246 页。
⑧ 〔美〕罗伯特·达尔：《论民主》，李柏光等译，商务印书馆，1999，第 176 页。

在我的阳光下"。① 因此，权力的集中和专断倾向就受到了严重遏制。同时，既然权力是为维护和保障权利而存在的，那么，权力和权利就都必须服从既定规则而无人（尤其是权力）在法律之上，政府只有在执行广泛保护生产、自由和财产的普遍规则时，才可以"合法地干预市民社会"，② 而"法律沉默则一切自由"。③ 也就是说，尽管政府必须对已交给它掌握的资源进行管理，但是，这并不意味着它可以对公民私人的努力同样进行管理。"自由社会同不自由社会之间的分野，就在于在自由社会中每个个人都有一个受到承认的私人领域，是同公共领域划分得一清二楚的，单个私人不能被命令来命令去，只能要求他服从对所有人都一视同仁地适用的规则。"④ 这就为个人可以决定如何使用手中掌握的能量和资源提供了条件，因此，"法治就成了对强制权力至关重要的限制，成了个人自由的条件"。⑤ 虽然在西方自由资本主义向垄断资本主义发展的过程中，政治、经济和社会秩序出现了从"个人主义"趋向于"集体主义"的一些变化，⑥ 人权概念也"具有个人权利与其他公共利益之间关系的含义"，⑦ 但是，"西方民主概念的主要支柱是一种多元社会，它把利益的异质性展示并表达了出来"。⑧ 因此，在市民社会成员自由、平等权利对国家权力的分解这一基点上，仍然没有实质性的改变。

其次，市民社会组织的多元化、自主化发展形成了对国家权力的分割与制衡。近代市民社会所造就的"大众社会"，并非仅仅表现为原子化、

---

① 〔英〕L. 罗宾斯：《过去和现在的政治经济学——对经济政策中主要理论的考察》，陈尚霖等译，商务印书馆，1997，第 176 页。

② 〔英〕戴维·赫尔德：《民主的模式》，燕继荣等译，中央编译出版社，1998，第 328 页。

③ 〔英〕A. J. M. 米尔恩：《人的权利与人的多样性——人权哲学》，夏勇等译，中国大百科全书出版社，1995，第 131 页。

④ 〔英〕弗雷德里希·奥古斯特·哈耶克：《自由宪章》，杨玉生等译，中国社会科学出版社，1999，第 330 页。

⑤ 参见〔英〕戴维·赫尔德《民主的模式》，燕继荣等译，中央编译出版社，1998，第 326页以下。

⑥ 〔美〕哈罗德·J. 伯尔曼：《法律与革命——西方法律传统的形成》，贺卫方等译，中国大百科全书出版社，1993，第 39 页以下。西方个人本位的法理学也受到了团体主义法理学的冲击，参见龚祥瑞《比较宪法与行政法》，法律出版社，1985，第 137 页以下。

⑦ 〔美〕L. 亨金：《权利的时代》，信春鹰等译，知识出版社，1997，第 4 页。

⑧ 〔匈〕米哈利·西麦：《民主化进程和市场》，载〔日〕猪口孝、〔英〕爱德华·纽曼、〔美〕约翰·基恩编《变动中的民主》，林猛等译，吉林人民出版社，1999。

疏离化的乌合之众。恰恰相反，市民社会的"政治解放"在展现出遍布社会的独立"经济人"这一宏伟景观的同时，也对传统血缘、等级社会结构进行了重大解组，形成了以角色分化、利益联结及合理性追求为表征的众多社会组织，[①] 尤其是公司、政党及各种利益团体，成为市民社会丰富而多样性的、富有生命力的象征。[②] 在传统社会中，财产和人格是重要的权力源，而近代市民社会兴起后，组织则成为异军突起的权力源。虽然它与财产和人格相关联，但日益削减财产和人格两个权力源而成为主导者。[③] 这样，社会组织就要在静态（权力结构上）和动态（权力的生产和分配过程）两方面与政府组织分享权力，[④] 形成多元权力中心。一方面它们有其独立性发展的趋势，要求政府尽可能少干预而维护其自治权，扼制国家权力职能和范围的扩张；另一方面，它们又要"不断地向国家领导和官员提出要求并力求对他们施加影响"，[⑤] 通过积极的直接或间接民主政治参与，力图使"政府政策大多是通过谈判和讨价还价来决定的"。[⑥] 尽管这难免有些西方学者的理想主义成分，[⑦] 但是，组织多元化无疑构筑了一个以权力分离和制衡为标志的多元政治体制，提供了能有效保护少数人权利、抑制等级体系和权力支配的互控机制。它一方面使统治资源分散化而加大统治者的垂直统治成本，另一方面也可使微势团体进行资源联合，加大统治者

---

① 参见〔日〕富永健一《社会结构与社会变迁》，董兴华译，云南人民出版社，1988，第60页以下，第178页以下。也许是在这一意义上，西方学者才把集团（或团体）视为与整体社会并行的两大政治社会学范畴（参见〔法〕莫里斯·迪韦尔热《政治社会学——政治学要素》，杨祖功等译，华夏出版社，1987，第19页），集团理论也成为西方政治学中重要而活跃的派别（参见曾繁正等编译《西方政治学》，红旗出版社，1998，第113页以下）。

② 当代市民社会理论家多把志愿性社团视为市民社会的核心要素，甚至把其等同于市民社会本身，参见何增科主编《公民社会与第三部门》，社会科学文献出版社，2000，"导论"。

③ 参见〔美〕约翰·肯尼思·加尔布雷思《权力的分析》，陶远华等译，河北人民出版社，1988，第29页以下。

④ 〔美〕梅路西：《后工业民主的悖论：日常生活和社会运动》，谭晓梅译，《现代外国哲学社会科学文摘》1995年第5期。

⑤ 〔美〕戴维·波普诺：《社会学》下册，刘云德等译，辽宁人民出版社，1988，第405页。

⑥ 〔美〕罗伯特·A.达尔：《现代政治分析》，王沪宁等译，上海译文出版社，1987，第110页。

⑦ 参见〔美〕L.布鲁姆、P.塞尔茨内克、D.B.达拉赫《社会学》，张杰等译，四川人民出版社，1991，第696页以下。

意欲控制的成本。这就使其政治自主性得以推进,[①] 使"权力在处于不断变化的冲突、竞争和合作模式中的各种集团之间得到了广泛的分配";[②] 同时,它又参与权力的生产和分配过程,并以"自由主义剃刀"确立权力生产和分配的同步分解机制,使集权增长受到扼制,使社会自主自治权利得到扩展,从而抵消国家权力的强制性控制,保障市民社会的自由和权利。更为重要的是,社会团体自滥觞之时起,就展现了人类自由自主活动的发展走向,是国家权力回归社会的重要桥梁。而在现代社会结构中,利益关系是多元整合的,社会权力是分散制衡的,组织形态是异质独立的。活跃于市民社会舞台上的大量自治性、多元性、社会性和开放性的社会团体,就成为相对软弱无力的公民联合起来,去抗衡专权、暴政的"堤坝"和监督权力的"社会的独立之眼",[③] 形成肯定自我和借以抵御国家权力的"免于控制和约束的自由社会空间",[④] "在纵横四溢的个人利己主义和国家的巨大且又具有威慑性的力量之间,它们占据中间地位"。[⑤] 从而使国家权力受到了社会多元权利的有效制衡,扼制了权力滥用,提高了权力运作效能,民主、自由和权利得到了切实的保障,[⑥] 也为自由理性、自主自律的社会秩序奠定了重要基础。

市民社会多元权力中心的形成,直接影响着国家"公共选择"的政治过程。不同利益集团的斗争和妥协,必然排斥单一性和独占性,而孕育并弘扬民主、宽容和自由理性精神,必然要维护法治权威以免有序的多样性受到威胁。就是说,"人们无需要求一个唯一的权力中心来控制其余部分。相反,在没有一个唯一的权力中心的控制下,在潜在的否决位置范围内可以存在一种平衡,而在权力分配系统内也能保持一种法律秩序。只要将所

---

① 参见〔美〕达尔《民主理论的前言》,顾昕等译,三联书店、牛津大学出版社,1999,第188、185页;另见顾昕《以社会制约权力——达尔的多元主义民主理论与公民社会》(译者后记)。

② 雅克·博拉诺语,转引自王沪宁《比较政治分析》,上海人民出版社,1987,第122页。

③ 参见〔法〕托克维尔《论美国的民主》上册,董果良译,商务印书馆,1991,第217页;约翰·基恩《市民社会与国家权力型态》,邓正来、周勇译,载邓正来、〔英〕J. C. 亚历山大编《国家与市民社会——一种社会理论的研究路径》,中央编译出版社,1999。

④ 〔美〕梅路西:《后工业民主的悖论:日常生活和社会运动》,谭晓梅译,《现代外国哲学社会科学文摘》1995年第5期。

⑤ 〔美〕丹尼尔·贝尔:《资本主义文化矛盾》,赵一凡等译,三联书店,1989,第319页。

⑥ 参见肖金泉主编《世界法律思想宝库》,中国政法大学出版社,1992,第216页。

有权力中心限制在一个可实施的宪法范围内操作，那么就能保持一个多中心的秩序"。① 这种"多头政治的合格印章是参与政府和反对政府的权利。这就要求国家容忍甚至保护个人和组织的自主权"，② 人民所信任和忠诚的并不是政府和领袖，"而是支撑着这个国家的法律"。③ 因此，政府要成为可能，一个共同体就必须有一个实在法体系并在道德上服从法治，④ 进而要求国家干预市民社会仅限于提供一些规则，并且这些规则乃是个人和群体追求不同目标时所能够凭借的工具。⑤ 这样，宪法便成为设置不同群体的政治优势或障碍以实现权力制衡的充分表达，⑥ 而法律制度则被看作"通过害怕而相互制约的工具，是共同认识和价值观的贮藏室，是强加在私人组织之上的框架，又是从私人组织中产生的秩序"。⑦ 这种秩序就是建立于市民社会多元权利基础上，体现自由和权利价值诉求的法治秩序。

2. 建立在市民社会多元价值追求和评判基础上的"公共理性"，决定国家权力的统治合法性

在分散的政治制度中，每个人参与一切决策并给予效忠与合作，"但随着群体越来越大，组织越来越正式，获得并保持公众的支持也就随之越来越成问题了"。⑧ 近代"市民社会革命"的一个伟大功绩就在于，它把国家与市民社会的二元论建构在"民主契约"的基础上，国家权力的统治合法性由宗教神谕转移到民众手中，其暴力基础也被"民意"大为冲淡乃至置换，权力也就区分为"合法权力"和"非法权力"。只有"合法权力"才赋有"权威"，而且更多的是由规章、程序及目的来提供其基础的"理

---

① 〔美〕文森特·奥斯特罗姆：《工艺与人工制品》，蒋刚苗译，载〔美〕迈克尔·麦金尼斯主编《多中心治道与发展》，上海三联书店，2000。

② 〔美〕罗伯特·A. 达尔：《现代政治分析》，王沪宁等译，上海译文出版社，1987，第107页。

③ 〔美〕戴维·波普诺：《社会学》下册，刘云德等译，辽宁人民出版社，1988，第411页。

④ 〔英〕A. J. M. 米尔恩：《人的权利与人的多样性——人权哲学》，夏勇等译，中国大百科全书出版社，1995，第191页。

⑤ 〔英〕戴维·赫尔德：《民主的模式》，燕继荣等译，中央编译出版社，1998，第328页。

⑥ 〔美〕达尔：《民主理论的前言》，顾昕等译，三联书店、牛津大学出版社，1999，第186页以下。

⑦ 〔美〕昂格尔：《现代社会中的法律》，吴玉章等译，中国政法大学出版社，1994，第99页。

⑧ 〔美〕威廉·A. 哈维兰：《当代人类学》，王铭铭等译，上海人民出版社，1987，第498页。

性权威"，① 也即面对社会利益高度分化、自由主义和个人权利学说深入人心的现代市民社会，"一切社会制度若要得到民众最大的支持，必须拥有为全社会所接受的、行使社会权威的道德正当性"。② 否则，就会引起民众的不服从、非暴力反抗直至发动市民社会"革命"，以摧毁"非法权力"而重建合法化权威和合理性制度。

在多元复杂的市民社会生活中，每个群体正如每个个体一样具备一个"丰富的心灵"，③ 它们基于不同的阶级阶层归属、角色认同、利益需求及兴趣和心理，形成"接受利益与理想的多样性"，④ 进而生发了不同向度的价值判断和合理性诉求，弘扬了自由和权利精神。但是，如果没有基于市民社会集体性自我意识的"市民认同"，多元化的市民社会就可能沦为一场每个人对所有人的战争。因此，"市民认同"就成为规约个人、集体、社会和国家彼此间的关系，扼制冲突强度与制约离心倾向的必要途径和可靠手段。⑤ 这表明，"尽管各种角色的观点各异而且经常发生冲突，但他们还是进行着互动，并创生了总体上的运动"。⑥ 私人领域因而有了各种各样的合法基础，而这一合法基础又是社会中共同坚持的价值，其"结果必定限制公共权威'干预'这些利益的权利"。⑦ 这样，就逐渐形成了市民社会的公共领域和公共舆论，它赋有一种浓重的合理性追求和理性批判精神，⑧ 其价值和原则构成了合法性的源泉，⑨ 它"把统治消解为轻松的限制，而

---

① 〔美〕戴维·波普诺：《社会学》下册，刘云德等译，辽宁人民出版社，1988，第401页；〔美〕L. 布鲁姆、P. 塞尔茨内克、D. B. 达拉赫：《社会学》，张杰等译，四川人民出版社，1991，第693页以下。

② 〔美〕丹尼尔·贝尔：《资本主义文化矛盾》，赵一凡等译，三联书店，1989，第124页以下。

③ 〔美〕查尔斯·霍顿·库利：《社会过程》，洪小良等译，华夏出版社，2000，第305页以下。

④ 希尔斯：《市民社会的美德》，李强译，载邓正来、〔英〕J. C. 亚历山大编《国家与市民社会——一种社会理论的研究路径》，中央编译出版社，1999。

⑤ 参见希尔斯《市民社会的美德》，李强译，载邓正来、〔英〕J. C. 亚历山大编《国家与市民社会——一种社会理论的研究路径》，中央编译出版社，1999。贝尔也指出，现代政治体系必须依靠一致的舆论和正义才能维持它的生命力，否则社会上就只会有连绵不断的摩擦和冲突。参见〔美〕丹尼尔·贝尔《资本主义文化矛盾》，赵一凡等译，三联书店，1989，第309页。

⑥ 〔美〕查尔斯·霍顿·库利：《社会过程》，洪小良等译，华夏出版社，2000，第318页。

⑦ 〔美〕帕森斯：《现代社会的结构与过程》，梁向阳译，光明日报出版社，1988，第156页。

⑧ 〔德〕哈贝马斯：《公共领域的结构转型》，曹卫东等译，学林出版社，1999，第96页。

⑨ 参见〔美〕戴维·伊斯顿《政治生活的系统分析》，王浦劬译，华夏出版社，1999，第348页以下。

这种限制只有在一种强制性的公众舆论的基础上才能盛行起来"。① 也就是说，市民社会的多元价值评判经过公共领域（自发的公共聚会场所或机构）进行公开的、自由的、理性的讨论和认同而整合为公共舆论，进而通过政治生活系统（如新闻媒介、压力集团、代议机构等）成为统治者制订公共政策及典章规则的依据和舆论督导力量，市民社会理性也就上升为"公共理性"。② 它不仅构成了国家权力的正当性基础，而且还能为宪法及法律制度的变革开辟道路。③ 这样，民主的性质和质量就"在很大程度上取决于民主国家为了处理国民文化多样性问题而发展出来的各种安排"。④ 而市民社会既"要求限定国家（或政府）的行为范围，要求国家受法律的约束，但同时又要求国家能够有效地实施保障市民社会多元性及其必要的法律"，⑤ 而其法律精神和原则则导源于"公共理性"，因此，"建立法律的是真理，而不是权威"。⑥ 国家权力统治的合法性也便与法治精神相契合。

3. 权力分立制约和法律规束，使权力运行置于法治机制之中

市民社会多元权利对权力的分割和统治合法性向社会的回归，并不必然保证权力能够服从于服务于自由和权利，因为"一切有权力的人都容易滥用权力，这是万古不易的一条经验"，⑦ 而且，"由简单多数拥有（几近乎于）无限统辖权的民主制倾向于侵蚀财产权利的安全和法治；并会不断增多政府行为"。⑧ 因此，还必须同时对其进行分立制约，建立权力与权力的体制性分散和制衡机制（包括三权分立和中央与地方分权），以野心来

---

① 〔德〕哈贝马斯：《公共领域的结构转型》，曹卫东等译，学林出版社，1999，第 97 页。
② 参见〔美〕约翰·罗尔斯《政治自由主义》，万俊人译，译林出版社，2000，第 225 页以下。
③ Britannica, 1993 by Encyclopaedia Britannica, Inc., V. L. 16, p. 697.
④ 〔美〕罗伯特·达尔：《论民主》，李柏光等译，商务印书馆，1999，第 193 页。
⑤ 希尔斯：《市民社会的美德》，李强译，载邓正来、〔英〕J. C. 亚历山大编《国家与市民社会——一种社会理论的研究路径》，中央编译出版社，1999。
⑥ 〔德〕哈贝马斯：《公共领域的结构转型》，曹卫东等译，学林出版社，1999，第 92 页。
⑦ 孟德斯鸠：《论法的精神》上册，张雁深译，商务印书馆，1995，第 154 页。
⑧ 〔瑞士〕P. 波恩荷兹：《一个稳固民主的必要和充分条件》，载 A. 布莱顿等《理解民主——经济的和政治的视角》，毛丹等译，学林出版社，2000，第 105 页。哈贝马斯也指出，"如果民主的意志形成不受到保障自由的分权原则的限制，这种意志形成就会变成压制"（〔德〕尤尔根·哈贝马斯：《合法化危机》，刘北成等译，上海人民出版社，2000，第 148 页以下）。

对抗野心,① 以"防止政府夺去我们的自由权"。② 这就确立了民主宪制国家之网，代替那种有足够权力保护一切也有足够权力压制一切绝对主义权力的"政治语法"的，是作为一种新语法的"检查和平衡"制度。"只有在这种制度中，人权才能达到完全的法的现实性，虽然在政治集体中存在权力垄断，但没有一个人，也没有一个机构和国家机关拥有无限制的权力，国家权力被多重分层化并又组合成一张相互监督的公共权力之网"，③尤其像美国所建立的诸侯式制度，其法律生活独特而普遍的特点就是"权力的分散"，使得"几乎每个正式权力机构都由某种相对权力所平衡"。④可见，这种以权力制约权力的制度框架，既仰赖于市民社会多元权利基础，又为市民社会的自由和权利提供了保障。同时，如果没有以一种积极的方式来确立依法限制国家权力的原则，任何社会生活和国际生活都不可能顺利进行，社会上也就会充斥着暴力和野蛮。⑤ 而在法治得到尊重且"只有'法治'得到尊重时，强制性权力才会受到限制"。⑥ 因此，它必然还要求权力分立制衡的制度化并遵从法治原则，权力也在其内部的分立制衡和外部的权利抗衡面前，不得不服从法律权威和正当程序，从而确立起无人在法律之上也无人在法律之下的法治机制。⑦

（三）理性规则秩序——市民社会多元利益的冲突、互动与整合

人类社会既是一种伦理共同体，也是一种利益共同体。"在有机体的成长过程中，冲突和合作是同时存在的。如果各方力量是有组织的，它们就互相合作，但这种合作是建立在选择性方法包括冲突的基础上。"⑧ 而且

---

① 参见〔美〕汉密尔顿等《联邦党人文集》，程逢如等译，商务印书馆，1980，第264页。
② 参见〔美〕詹姆斯·M. 伯恩斯、杰克·W. 佩尔塔森、托马斯·E. 克罗宁《民治政府》，陆震纶等译，中国社会科学出版社，1996，第4页。
③ 〔德〕奥特弗利德·赫费：《政治的正义性——法和国家的批判哲学之基础》，庞学铨等译，上海译文出版社，1998，第406页。
④ 参见〔美〕劳伦斯·M. 弗里德曼《法制制度——从社会科学角度观察》，李琼英等译，中国政法大学出版社，1994，第245页以下。
⑤ 参见〔法〕莱昂·狄骥《公法的变迁·法律与国家》，郑戈等译，辽海出版社、春风文艺出版社，1999，第223页。
⑥ 〔英〕戴维·赫尔德：《民主的模式》，燕继荣等译，中央编译出版社，1998，第326页。
⑦ 〔英〕A. J. M. 米尔恩：《人的权利与人的多样性——人权哲学》，夏勇等译，中国大百科全书出版社，1995，第131页。
⑧ 〔美〕查尔斯·霍顿·库利：《社会过程》，洪小良等译，华夏出版社，2000，第29页。

近代市民社会出现以来，它一直展现着多元利益的冲突、互动与整合的复杂社会图景，践行着自由的、自决的人的个体完善的目的，[①] 并塑造了市民社会的理性规则秩序。

市民社会是多元主义并赋有自由、平等精神和个体价值追求的，但同时也具有节制个人、地区和集团特殊利益与需求的"实质性市民认同"，[②]它使得冲突与合作互相关联和不可分割，进而成为社会演进和制度变迁的重要推动力量。[③] 即自由而平等的众多"经济人"，以及基于不同利益和需要的多元群体和组织，在市民社会生活中形成日常交往和社会交换网络。它构成了群体之间的关系和个体之间的关系、权力分化和伙伴群体关系、对抗力量之间的冲突与合作，在一个没有直接接触的社区中远离的成员们之间的联系和亲密依恋的基础。[④] 不同的利益主张和权利要求在此间互动交融又相互冲突，而且日益呈现一种应得权利和供给、政治和经济、公民权利和经济增长的对抗，"这也总是提出要求的群体和得到了满足的群体之间的一种冲突"。[⑤] 因此，市民社会并不希望也不可能通过减少多样性或压制冲突而谋求通向一致的道路，[⑥] 而是要对冲突进行合理的控制来达致市民认同、社会整合和理性规则秩序，"它要求建立一定的社会法规，这个法规必须能够正式或非正式地涵盖斗争的全部领域，将发生冲突的各个部分包括在内，并对它们实施有效的管制"。[⑦] 杜尔克姆就认为，合同关系事实上是在特定的规范环境中被建立起来的。这些规范并非在合同中确定

[①] Ernst-Wolfgang · Böckenförde, *State*, *Society and Liberty*, Translated by J. A. Underwood（Berg Published Limited, 1991）, p. 127.

[②] 希尔斯：《市民社会的美德》，李强译，载邓正来、〔英〕J. C. 亚历山大编《国家与市民社会——一种社会理论的研究路径》，中央编译出版社，1999。

[③] 参见〔美〕乔纳森·H. 特纳《社会学理论的结构》，吴曲辉等译，浙江人民出版社，1987，第157页以下。

[④] 参见〔美〕彼德·布劳《社会生活中的交换与权力》，孙非等译，华夏出版社，1988，第5页。

[⑤] 〔英〕拉尔夫·达仁道夫：《现代社会冲突》，林荣远译，中国社会科学出版社，2000，第3页。

[⑥] 参见〔美〕L. 科塞《社会冲突的功能》，孙立平等译，华夏出版社，1989，第114页。希尔斯也指出，市民社会接受利益和理想的多样性，任何由众多人组成的社会都会产生这种多样性。它允许个人及机构追求多样化的目标，但并不允许不择手段地追求这些目标（参见希尔斯《市民社会的美德》，李强译，载邓正来、〔英〕J. C. 亚历山大编《国家与市民社会——一种社会理论的研究路径》，中央编译出版社，1999）。

[⑦] 〔美〕查尔斯·霍顿·库利：《社会过程》，洪小良等译，华夏出版社，2000，第33页。

的，而是先于合同而存在的，即法和习惯都约束着合同，没有它们，离开具有凝聚力的社会，合同就会陷于濒于瓦解的争吵之中。而齐美尔也强调，财产法通常是被双方都接受的——构成统一、联结双方的契约，即使它没有规定双方的具体行为步骤，也限定了冲突的框架。他进一步指出，在冲突发生过程中，新规则不断地被创造，旧规范不断地被改进。冲突造成了一种部分或全部不受规划和规范所约束的新环境，同时它也作为一种催化剂促进了新规则、规范的建立。① 这表明市民社会多元复杂的利益冲突与协调，必然导致高度的法律需求和创设。因为不同的利益主体在市场经济竞争与合作中，既要竭力主张其自身利益和自由平等权利，同时又必须作出必要的妥协、让步与合作。这不仅衍生了一种市民社会内部抑制单一独占性和专断霸权的平衡机制，也确立了市民社会自主自律、宽容共存的自由理性诉求。他们很清楚"没有规范性约束的自我利益的追求使所有有关各方的自我利益都遭到挫折"。② 为此，大家都必须遵从共同的、保障每个人权利和自由的理性规则——"市民法"，并根据市民社会生活情势的发展而予以不断创立更新，从而塑造了市民社会的"自发自生秩序"——"它们的要素在应对其即时性环境的过程中遵循某些规则所产生的结果"。③ 它立足于市民社会多样性互动的基础上，或者说正是在多元利益的冲突、互动和整合过程中，法律的至上性和普遍性才得到逐步确认。

可见，市民社会是通过在理性规则的框架内运作来实现其自主自律秩序的。"该社会的法律——与其他因素一起——通过强迫人们遵守协议以及对以犯罪手段伤害他人的行为实施制裁等方式，实现抑制冲突的目标。法律要求市民社会内的权利受到尊重，义务得到履行。"④ 不过，它必须呈现一种自治型法而非压制型法，进而走向"把社会压力理解为认识的来源

① 参见〔美〕L. 科塞《社会冲突的功能》，孙立平等译，华夏出版社，1989，第 108 页以下。

② 参见〔美〕彼德·布劳《社会生活中的交换与权力》，孙非等译，华夏出版社，1988，第 294 页以下。

③ 〔英〕弗里德利希·冯·哈耶克：《法律、立法与自由》第 1 卷，邓正来等译，中国大百科全书出版社，2000，第 63 页。

④ 希尔斯：《市民社会的美德》，李强译，载邓正来、〔英〕J. C. 亚历山大编《国家与市民社会——一种社会理论的研究路径》，中央编译出版社，1999。

和自我矫正的机会”的回应型法。[①] 而20世纪以来市民社会中社团组织的广泛兴起，“不仅有助于调解个人之间、阶级之间以及社团与国家之间的关系，而且也有助于调解它们相互之间的关系”，[②] 增强了市民社会秩序的活力和发展能力。这种自主自律的市民社会规则秩序，也就形成了与国家政治生活秩序的互动与互补。[③] 而且，“在国家和社会的互动中——从本源上看，并从结构上说是社会秩序决定政治宪章，而不是相反。在市民秩序的基础上，政治宪章是社会秩序的结果，而不是社会秩序的条件”。[④] 这表明，市民社会规则秩序不仅奠定了民主与法治的基础，同时也是民主与法治的重要推动力量。

（四）公民意识——市民社会与国家相契合的自由理性精神和法治的非制度化要素

　　市民社会和政治国家是人类走出天然自在的生命共同体，形成特殊的私人利益、阶级利益与普遍的公共利益相分离和对立的社会共同体的产物。其矛盾发展的进程，实质是人类在普遍利益与特殊利益、个性与社会性的悖论下，为摆脱自然界和人类自身的双重限制，而寻求主体自由发展的进程。“自由自主活动”作为一种不断上升的必然要求，要经过“人的依赖关系”—“以物的依赖性为基础的人的独立性”—“建立在个人全面发展和他们的共同的社会生产能力成为他们的社会财富这一基础上的自由个性”三个自由发展阶段，[⑤] 最终实现市民社会的“政治解放”和“人的解放”而走向“自由人的联合体”。然而，在前资本主义社会，无论是在市民社会与国家的复合状态、国家监护市民社会状态还是国家吞并市民社会状态下，个人都囿于某种自然主义生活图式和政治依附关系，因而并不

---

① 〔美〕诺内特、塞尔兹尼克：《转变中的法律与社会：迈向回应型法》，张志铭译，中国政法大学出版社，1994，第85页。

② 〔西班牙〕萨尔瓦多·吉内尔：《公民社会及其未来》，载何增科主编《公民社会与第三部门》，社会科学文献出版社，2000，第177页。

③ 参见〔美〕杰基·史密斯《全球性公民社会》，〔美〕罗伯特·W. 赫夫纳《公民社会：一种现代理想的文化前景》，〔西班牙〕萨尔瓦多·吉内尔《公民社会及其未来》，均载何增科主编《公民社会与第三部门》，社会科学文献出版社，2000。

④ Ernst-Wolfgang·Böckenförde, *State, Society and Liberty*, Translated by J. A. Underwood（Berg Published Limited，1991），p. 126.

⑤ 《马克思恩格斯全集》第46卷上册，人民出版社，1979，第104页。

具有真正的独立性和自由，① 它所衍生的更多是一种"群畜意识"和"臣民意识"。资产阶级市民社会革命把自己从封建政治国家的桎梏中解放出来，这种"政治解放一方面把人变成市民社会的成员，变成利己的、独立的个人，另一方面把人变成公民，变成法人"。② 市民社会的历史也就成为"人的定义历史"。③ 具言之，由于市民社会获得了独立的、充分的发展，并呈现现代商品经济运行形态，奉行财产私有、契约自由和责任归己原则，市民社会化解为集合形态的、以交换价值纽带相联系的独立的、自由的各个个人；同时，在民主契约的原则上，重新确立了只能以市民社会为目的的政治国家，贯彻三权分立和民主代议制原则，使国家主权成为公民平等而广泛参与创制并共享的公共产品，国家职能则在于充当市民社会的自由竞争、平等交换自然秩序的守夜人。这样，宪法就以最高法律权威的形式，宣布社会成员为公民——具有"俱乐部成员"的独立主体资格，享有充分而平等的人权和公民权，即"当自由成为普遍东西时，公民身份便从地方制度成长为民族国家制度"。④ 因而，一方面，这使公民个体获得了政治共同体和市民社会的双重组织生活，从而摆脱王权、神权的附庸和狭隘的群体本位，以及政治社会生活一体化对人的束缚，个性获得了空前的解放，主体自由得到了充分确认和空前发展，大大促进了生产力的发展，加速了人从社会关系中解放出来的历史进程；另一方面，在国家生活中，公民要积极广泛地参与政治生活而主张其政治权利，塑造公共精神和社会责任感。而在市民社会生活中，公民作为市民社会成员要在日常交往、社会交换、竞争、合作等相互关系领域维护自己的私权利，弘扬个性自由和自律精神。公民这些合法权利的要求和理性的价值取向，是市民社会获得"政治解放"并与国家互动发展情境下的市民社会精神的升华，⑤ 并"依赖

---

① 参见〔美〕汉娜·阿伦特《人的条件》，竺乾威等译，上海人民出版社，1999，第 22 页以下；〔法〕邦雅曼·贡斯当《古代人的自由与现代人的自由》，阎克文等译，商务印书馆，1999，第 27 页以下。

② 《马克思恩格斯全集》第 1 卷，人民出版社，1956，第 443 页。

③ 参见〔德〕尤尔根·哈贝马斯《合法化危机》，刘北成等译，上海人民出版社，2000，第 167 页。

④ 〔美〕M. R. 索莫斯：《公民身份与公共领域的位置：向民主过渡中的法律、共同体和政治文化》，张旅平译，《国外社会学》1994 年第 3 期。

⑤ 〔意〕萨尔沃·马斯泰罗内：《欧洲政治思想史》，黄华光译，社会科学文献出版社，1992，第 5 页。

于公民身份的核心组成部分——成员身份、参与、交际、包容/排斥、国家同一性，以及最重要的，宪法保障的法律的作用"。① 虽然，公民具有参与者取向（理性的积极参与）、臣民取向（忠诚规则和权威）和村民取向（初级群体成员的扩散性价值要求）的混合色彩，呈现一种积极的政治卷入和理性并为消极性、传统性和对村民价值的责任心所平衡的"混合性"公民文化，但是，赞成参与制度可存在于政治系统中的态度仍在公民文化中扮演着主要的角色。② 它展现着公民在国家和市民社会的双重组织生活中的个性与共性、自由与责任、权利与义务的和谐统一，因而在根本上呈现的是一种主体自由自觉的现代文化。③ 它要求国家"必须实现法律的、伦理的、政治的自由，同时，个别公民服从国家的法律也就是服从自己本身理性的即人类理性的自然规律"。④ 因而，反映了市民社会与国家相契合的自由理性精神。这样，公民意识也就确立起来，它在本质上必然呈现为与民主政治和市场经济相适应的，以平等、自由为轴心的正义价值追求和理性自律精神，并呈现合理性意识、合法性意识和积极守法精神的三元内在结构。⑤ 因此，公民意识就成为法治观念的归依，而且在法治进程中赋有导引功能、耦合功能和反思功能。⑥ 它使权力制约和权利保障更为有效；能够促进普遍有效的法治秩序的实现；能够使法治在民主、开放的选择中适应社会发展的要求，进而成为对法治产生内在驱动力和支撑力的非制度化要素。⑦

---

① 〔美〕M. R. 索莫斯：《公民身份与公共领域的位置：向民主制过渡中的法律、共同体和政治文化》，张旅平译，《国外社会学》1994 年第 3 期。
② 〔美〕加布里埃尔·A. 阿尔蒙德、西德尼·维伯：《公民文化——五个国家的政治态度和民主制》，徐湘林译，华夏出版社，1989，第 22 页以下，第 34 页以下。
③ 参见马长山《公民文化：精神文明建设的重要内容》，《社会科学》1993 年第 8 期。
④ 《马克思恩格斯全集》第 1 卷，人民出版社，1956，第 129 页。马克思还指出，"不应该把国家建立在宗教的基础上，而应建立在自由理性的基础上"（第 127 页）。
⑤ 参见马长山《公民意识：中国法治进程的内驱力》，《法学研究》1996 年第 6 期；马长山《从主人意识走向公民意识》，《法律科学》1997 年第 5 期。
⑥ 参见马长山《法治进程中公民意识的功能及其实现》，《社会科学研究》1999 年第 3 期。
⑦ 参见马长山《公民意识：中国法治进程的内驱力》，《法学研究》1996 年第 6 期；马长山《从主人意识走向公民意识》，《法律科学》1997 年第 5 期。

三　当代西方国家与市民社会关系的变异
及其法治面临的挑战和趋向

西方法治是立足于市民社会与国家二元化进程，并经过资产阶级"市民社会革命"才得以逐步确立的。但是，进入垄断资本主义以来，特别是二战后科技迅速发展、全球化进程加快、经济和社会生活复杂多变，使得西方世界的政治、经济和文化都发生了重大变化。其市民社会与国家的关系也产生了重大变异，它已不再是自由资本主义时期市民社会与国家的简单界分和"对抗"状态，而逐渐形成了"社会国家化"和"国家社会化"的互动"兼容"关系。即一方面是福利国家对市民社会的更多干预和公司国家的官僚化倾向，另一方面是社群主义、法团主义的市民社会对国家生活的积极参与和权力分享，加之全球化和信息化对国家和社会生活的冲击，使得"政府和公民现在越来越明显地生活在一个一体化的信息环境中"，政府和市民社会也"并不存在永久的界限"。[1] 这种国家与社会关系的重大变异，必然引发对西方法律传统的挑战——"不仅包括过去数百年的所谓自由的概念，而且也包括源于 11 和 12 世纪的西方法制的结构"。[2]其突出表现就是法律及其运行对集体主义和公共政策的强调、行政立法和自由裁量权的扩张、更多的实质性正义关怀及国际法对国内法的效力优位要求等。[3] 这导致了西方法律传统诸多特征的改变，[4] 并直接危及其传统法

---

① 〔英〕安东尼·吉登斯：《第三条道路——社会民主主义的复兴》，郑戈译，北京大学出版社，2000，第 77、83 页。

② 〔美〕哈罗德·J. 伯尔曼：《法律与革命——西方法律传统的形成》，贺卫方等译，中国大百科全书出版社，1993，第 39 页。

③ 〔美〕昂格尔：《现代社会中的法律》，吴玉章等译，中国政法大学出版社，1994，第 180 页以下；〔美〕哈罗德·J. 伯尔曼：《法律与革命——西方法律传统的形成》，贺卫方等译，中国大百科全书出版社，1993，第 38 页以下；M. 卡佩莱蒂、B. 加斯：《绪论：福利国家的接近正义》，载〔意〕莫诺·卡佩莱蒂编《福利国家与接近正义》，刘俊祥等译，法律出版社，2000。朱景文先生将当代西方法律制度（区别于自由资本主义时期）的特点概括为八个方面，参见朱景文《对西方法律传统的挑战》，中国检察出版社，1996，第398 页以下。

④ 参见〔美〕哈罗德·J. 伯尔曼《法律与革命——西方法律传统的形成》，贺卫方等译，中国大百科全书出版社，1993，第 43 页以下。

治精神与原则。对此，西方法学家作出了不同的反应。作为自由主义法治理论倡导者的哈耶克就宣称，法治"不仅是自由的保障，而且也是自由在法律上的体现"，① 因此，在一个有过多计划的社会，法治就不能保持。而要真正实现法治，就要求政府的一切强制行动"都必须明确无误地由一个持久性的法律框架来决定，这个框架使个人能带着一定程度的信心来进行规划，使前景的不确定性缩小到最低限度"。② 昂格尔则指出，福利国家和合作主义导致了法治的衰落和对实在的、公共性的法律的冲击，在"后自由主义社会"中，法治已趋向于解体。③ 基顿、伯尔曼等人也强调福利国家形成了对法治的侵蚀。④ 与此相反，哈贝马斯则认为，自由主义法治国家向福利国家的转型，并没有导致自由主义传统彻底中断，而是表现了连续性。它们之间的关系在于："社会福利国家在延续自由主义国家法律传统当中必须对社会关系加以改造，因为它也想维持一种能够包括国家和社会的总体法律秩序。一旦国家本身上升为社会秩序的支柱，它就必须在对自由主义基本权利作出严格规定之外，明确说明社会福利国家发生之后'正义'如何才能实现。"⑤ 弗里德曼、艾伦等人也指出，回到与自由主义法治概念相应的"守夜人"国家去，太脱离现代民主的现实了，也是拒绝整个现代文明的趋势。⑥ 甚至在有关国际会议上人们已开始讨论福利国家与接近正义运动的"第三波"问题。⑦ 而后现代主义法学则对西方法律传

---

① 〔英〕弗里德里希·奥古斯特·哈耶克：《通往奴役之路》，王明毅等译，中国社会科学出版社，1997，第82页。

② 〔英〕弗雷德里希·奥古斯特·哈耶克：《自由宪章》，杨玉生等译，中国社会科学出版社，1999，第352页。在这里，哈耶克还把与自由制度相容的国家干预和与自由制度不相容的国家干预区别开来。因而，"法治给我们提供了一个鉴别的标准，可以将那些同自由制度能相容的措施和那些不能相容的措施加以区分"。由此看来，在哈耶克这里，自由主义的法治也并不反对"合理干预"，只是反对国家强制权力的不确定性运行、过多的和不当的干预，以防止自由和权利遭到侵害。

③ 参见〔美〕昂格尔《现代社会中的法律》，吴玉章等译，中国政法大学出版社，1994，第180页以下。

④ 参见沈宗灵《现代西方法理学》，北京大学出版社，1992，第480页；〔美〕哈罗德·J.伯尔曼《法律与革命——西方法律传统的形成》，贺卫方等译，中国大百科全书出版社，1993，第45页以下。

⑤ 〔德〕哈贝马斯：《公共领域的结构转型》，曹卫东等译，学林出版社，1999，第257页。

⑥ 参见沈宗灵《现代西方法理学》，北京大学出版社，1992，第480页以下。

⑦ M. 卡佩莱蒂、B. 加斯：《绪论：福利国家的接近正义》，载〔意〕莫诺·卡佩莱蒂编《福利国家与接近正义》，刘俊祥等译，法律出版社，2000。

统进行了解构，旨在揭穿法律的普遍性、中立性、自治性及权利和理性等的"虚伪性"，并以"法律故事"、"边缘叙事"和"多元化"来对抗"霸权声音"，进而寻求"对法权的关怀，即对人类的关怀，更进一步说，对以所有形式存在的生命的关怀"。① 但从根本上讲，它们都是西方国家与市民社会关系发生变异，"后工业社会"冲突、现代性的"断裂性"和全球化对世界的"压缩"等所导致的外在冲击和内在危机的产物。②

　　面对西方国家与市民社会的变异给法治带来的种种危机，昂格尔概括了超越现代社会法律的两种可能性（"循环论"和"螺旋论"），并强调应探寻的不是命令性规则，也不是官僚性政策，而是人类相互作用的基本法典的"潜在的、活的法律"；③ 伯尔曼认为，应注重西方与非西方法律体系和法律传统的研究，研究西方法律和非西方法律的融合，探求人类共同法律语言的发展以摆脱其危机；④ 哈耶克力倡明确肯定的、普遍主义的法治对国家权力的规束，以捍卫自由、民主和私域权利；⑤ 而哈贝马斯则强调，自由主义法治和福利国家法治的唯一争论，是私域是否能够直接由否定性自由来保障，或相反，私域自主的条件必须通过提供福利来加以维护。这使得私域自主和公域自主的内在联系消失得杳无踪影。实际上，"一方面，只有公民在私域自主受到平等的保护的基础上充分独立时，他们才能够适当地利用其公域自主；另一方面，只有在（作为有普选权的公

① 〔德〕阿图尔·考夫曼：《后现代法哲学》，米健译，法律出版社，2000，第54页。有学者认为，后现代法学是以全新的思维和视角在为法治探索未来，参见信春鹰《后现代法学：为法治探索未来》，《中国社会科学》2000年第5期。

② 参见〔美〕罗兰·罗伯森《全球化——社会理论和全球文化》，梁光严译，上海人民出版社，2000，第198页以下；王治河《扑朔迷离的游戏——后现代哲学思潮研究》，社会科学文献出版社，1998，第23页以下。还有学者的研究表明，后现代主义不是人类的最后归宿，它仅仅是世纪之交人类精神价值遁入历史盲点的"文化逆转"现象。其非中心化、无聊感和零散性也正比位于人类精神的重建和世界文化的新格局，参见王岳川《后现代主义文化研究》，北京大学出版社，1992，第405页以下。

③ 〔美〕昂格尔：《现代社会中的法律》，吴玉章等译，中国政法大学出版社，1994，第221页以下。

④ 〔美〕哈罗德·J. 伯尔曼：《法律与革命——西方法律传统的形成》，贺卫方等译，中国大百科全书出版社，1993，第53页。

⑤ 〔英〕弗里德里希·奥古斯特·哈耶克：《通往奴役之路》，王明毅等译，中国社会科学出版社，1997，第82页以下；〔英〕弗雷德里希·奥古斯特·哈耶克：《自由宪章》，杨玉生等译，中国社会科学出版社，1999，第321页以下。

民）恰当地运用政治自主时，他们才能在私域自主方面达致两愿的节
制"。① 基于此提出新型的"程序主义范式"，以期找到走出"自由主义范
式"和"福利国家范式"二者"难局之途"。② 应当说，哈贝马斯更接近
问题的症结所在。

事实上，近代市民社会通过资产阶级革命获得了"政治解放"并与国
家并立发展以来，市民社会与国家的矛盾关系一直是困扰西方世界的重大
而根本的问题。经济自由主义和国家干预主义也始终是影响西方经济、政
治和社会发展的两大思潮，并且此消彼长。③ 而高度社会化、国际化的现
代市场经济形成之后，市场与计划、企业与政府、微观规范和宏观调控便
紧密地交织在一起。④ 个人主义学说的化约论也使自己处于要么否认政治
主权而陷入无政府状态，要么否认个人自由而陷入专制主义的困境之中。⑤
人们逐渐认识到，自由主义应承认公众的和私人间的矛盾，承认个人和公
民、个人和群体的双重角色。问题在于怎样找到共同的目的，同时又保留
达到共同目的的个人手段，怎样确定个人（以及群体）的需要并找到满足
需要的共同手段。⑥ 而平等与效率的艰难选择及市场失灵与公共失灵的现
实困惑，也迫使西方人殚精竭虑于政府和市场关系的设计与权衡。⑦ 面对
经济和社会生活的日益复杂多变，福利国家危机以及全球化进程中的权力
流变，⑧ 西方国家开始企业化的行政改革，由此进入"新公共管理"时
代，⑨ 超越"左"与"右"的"第三条道路"理论和实践逐渐兴盛起来，

① 〔德〕尤根·哈贝马斯：《法治与民主的内在联系》，景跃进译，《中国社会科学辑刊》
（香港）1994 年总第 9 期。
② 〔德〕于尔根·哈贝马斯：《法的合法性——〈事实与规则〉要义》，许章润译，载郑永
流主编《法哲学与法社会学论丛》（3），中国政法大学出版社，2000，第 9 页以下。
③ 参见傅殷才、颜鹏飞《自由经营还是国家干预》，经济科学出版社，1995。
④ 陈建：《政府与市场——美、英、法、德、日市场经济模式研究》，经济管理出版社，
1995，第 3 页。
⑤ 参见〔法〕莱昂·狄骥《公法的变迁·法律与国家》，郑戈等译，辽海出版社、春风文
艺出版社，1999，第 246 页。
⑥ 〔美〕丹尼尔·贝尔：《资本主义文化矛盾》，赵一凡等译，三联书店，1989，第 341 页。
⑦ 参见〔美〕阿瑟·奥肯《平等与效率——重大的权衡》，王忠民等译，四川人民出版社，
1988；〔美〕查尔斯·沃尔夫《市场或政府——权衡两种不完善的选择》，谢旭译，中国
发展出版社，1994。
⑧ 参见陈玉刚、俞正梁《21 世纪权力的流变》，《学习与探索》1998 年第 6 期。
⑨ 参见毛寿龙等《西方政府的治道变革》，中国人民大学出版社，1998，第 300 页。

对市民社会与国家关系的探索也呈多元化发展，即市民社会制衡国家、市民社会对抗国家、市民社会与国家共生共强、市民社会参与国家、市民社会与国家合作互补等。① "自由法律范式"和"福利国家范式"也已表露出明显的缺陷。就是说，"自由法律范式"主张法律主体应理性地追求其人生目标，自主地构设"私法社会"（所有权和契约自由），期望只要保障个人自由领域即可实现社会正义。可是，它忽略了法律能力的平等因素，因而"一方面，私法的现有规则必须作实质性的详尽说明；另一方面，必须引入基本的社会权利，这些权利主张更公正地分配社会财富，以及更有效地防止社会导致的威胁"。而在批判"自由法律范式"基础上产生的"福利国家范式"，则出现了福利温情主义，它补救实际生活条件和权力位势（差别）的努力，导致了类似"标准化"干预，"这将再一次限制假定的受益者对自主的人生目标之追求"。② 为此，"第三条道路"政治的指导性原则，就是深化并拓展双向民主，使"政府可以同公民社会中的机构结成伙伴关系，采取共同行动来推动社会的复兴和发展"。③ 自由主义与社群主义作为西方政治哲学的两大主流，也呈现明显的对立与互补之势。④ 其核心是重新思考国家行动的形式和界限与市民社会的形式和界限，通过"双重民主化"来划分国家和市民社会，并促进其互相依赖着进行转型，以期协调自由与平等、个人与群体与国家、私域与公域、个性与共性、普遍与特殊等的对立冲突。在此情境下，"追求政治合法性，追求一个以尊重权威和法律为特征的政治秩序，意味着追求民主自治模式的必要性"。⑤ 可见，西方法治正面临挑战与创新并存的局势，虽然它尚不十分明朗，但其力图回应和超越的趋向却清晰可见。

---

① 参见何增科主编《公民社会与第三部门》，社会科学文献出版社，2000，"导论"。

② 参见〔德〕尤根·哈贝马斯《法治与民主的内在联系》，景跃进译，《中国社会科学辑刊》（香港）1994 年总第 9 期。

③ 〔英〕安东尼·吉登斯：《第三条道路——社会民主主义的复兴》，郑戈译，北京大学出版社，2000，第 73 页。

④ 参见俞可平《社群主义》，中国社会科学出版社，1998；张静《法团主义》，中国社会科学出版社，1998。

⑤ 〔英〕戴维·赫尔德：《民主的模式》，燕继荣等译，中央编译出版社，1998，第 416 页。

四　市民社会与政治国家：法治的内在根据和界限

19 世纪法国著名史学家基佐曾指出，文明由人类社会的发展和进步以及人自身的发展和进步这两大事实构成，因而人类历史"一方面是政治和社会的发展，另一方面是人内在的和道德的发展"。① 这种双重发展深蕴于市民社会与政治国家矛盾发展的历史进程之中。尤其是近代以来，市民社会从政治国家中解放出来并获得了与国家的并立发展。一方面，它展现了人类由等级特权社会步入自由平等的大众社会的非凡历程；另一方面则展现了由群体活动和团体价值期望走向个体活动和个性价值追求的伟大进步，并日渐形成一个"没有父亲的社会"。② 正是这一进程，造就了社会利益的普遍分化、社会结构的多重建构，以及社会成员的多元价值期望和普遍权利要求，进而形成多元分散的社会权力和公私领域的明显分离。这样，任何一种权力（包括国家权力在内）都无法确立和推行单一、独占性原则，并不得不时刻为自身的存在和运行而寻求合法性。③ 普遍利益和特殊利益、多元化的权力和权利、个性与共性乃至自然本性与社会属性，都处于严重冲突与协调的复杂情境之中。为此便产生了对理性规则的浓重诉求，法律至上的精神与原则才得以确立并注入现实生活。也正是这样，市民社会多元权利对国家权力的分享和国家权力的内部分权制衡才有了必要和可能，民主和法治也才有了社会根基，自由、平等和人权价值才得到

---

① 〔法〕基佐：《欧洲文明史》，程洪逵等译，商务印书馆，1998，第 232 页以下。
② 〔美〕丹尼尔·贝尔：《资本主义文化矛盾》，赵一凡等译，三联书店，1989，第 221 页。
③ 哈贝马斯认为，合法性问题自古就存在，古罗马和中世纪欧洲就可随时见到"合法帝国"或"合法统治"的表述，但现代国家的合法性则是反思性的。"现在，证明的程序和假设前提本身就是合法化之有效性立于其上的合法性基础，某种协议——这种协议乃是在作为自由的、平等的全体涉及者中间产生——的观念决定着现代合法的程序类型（与此不同，合法性和古典类型则是由某种秩序化世界的可传授知识的观念所决定）。"（〔德〕哈贝马斯：《交往与社会进化》，张博树译，重庆出版社，1989，第 191 页）在多元利益的现代社会，统治须依仗"合法性"来进行（参见〔德〕马克斯·韦伯《经济与社会》下册，林荣远译，商务印书馆，1998，第 732 页）。但在现代阶级结构基础上，社会认同往往是很脆弱的，使行政系统面临合法性压力。对晚期资本主义社会来说，只有其"潜在阶级结构得到改造时，或者，当行政系统所受到的合法性压力得到消除时，才能从根本上避免合法化危机"（〔德〕尤尔根·哈贝马斯：《合法化危机》，刘北成等译，上海人民出版社，2000，第 120 页）。

张扬。

前近代西欧是市民社会与国家相复合、国家监护市民社会或国家吞并市民社会的不同状态,这些状态都无法形成法治的这种多元社会基础;而东方社会则一直是国家吞并市民社会的状态,在这里更多的是专制权力的肆虐,也无以产生法治。因此,只有市民社会与国家二元并立的矛盾发展,才构成法治的基础和根据。然而,法治在市民社会和国家二元并立的矛盾发展基础上确立之后,并没有止步不前,而是随着市民社会与国家关系的变化而变化和发展。在自由资本主义时期,过度利己主义的"大"市民社会,与守夜人角色的"小"国家处于"对抗"状态,结果导致贫富分化的加剧。大革命时期确立的自由、平等和人权理想并没有化为更多的社会现实,而是形成了工具合理性和价值合理性的紧张对立状态。① 这不仅导致了严重的思想文化危机,使人们"有一种深刻的无方向感,以及心灵的观念与灵魂的需求之间的彻底分离",② 而且,"自由法律范式"的法治和"私法社会"也开始暴露其缺陷和面临困境。③ 进入垄断资本主义之后,西方国家开始强调国家干预并建立福利国家,力图通过推行社会正义原则来解决自由与平等、工具理性与价值理性、普遍利益与特殊利益的矛盾对立。"自由法律范式"的法治也就为"福利国家范式"的法治所取代,程序正义和目的正义在立法、行政审判及法律推理中得到重视,④ 进而形成全面正义的法治模式。⑤ 然而,福利国家的权力干预主义和"国家社会化""社会国家化"的导向,不仅没有成为灵丹妙药,反而陷入危机。⑥ 同时,福利国家的法治模式,其明显的"家父主义"则带给西方法律传统以致命

① 参见〔德〕马克斯·韦伯《经济与社会》下册,林荣远译,商务印书馆,1998,第85页以下。另参见苏国勋《理性化及其限制——韦伯思想引论》,上海人民出版社,1988,第227页。

② 〔美〕W. 李普曼:《公共哲学的复兴》,晓苓译,载刘军宁等编《市场逻辑与国家观念》,三联书店,1995,第38页。

③ 〔德〕尤根·哈贝马斯:《法治与民主的内在联系》,景跃进译,《中国社会科学辑刊》(香港)1994年总第9期。

④ 参见〔美〕昂格尔《现代社会中的法律》,吴玉章等译,中国政法大学出版社,1994,第181页以下。

⑤ 参见张文显《二十世纪西方方法哲学思潮研究》,法律出版社,1996,第622页以下。

⑥ 参见〔英〕约翰·基恩《公共生活与晚期资本主义》,马音等译,社会科学文献出版社,1999,第14页以下。

的威胁，① 并且自身也捉襟见肘。而亚洲赶超型国家（如日、韩等）是在"外生后发型"的现代化进程中形成国家与市民社会的分离互动关系的，但在国家与市民社会制衡关系及价值选择上，都有很深的"东方痕迹"。② 在若干东亚国家中，"市民社会一直无法逾越国家所设下的界限"。③ 川岛武宜就曾直言："我们缺乏市民社会和作为其政治反映的近代国家。在这种态势的支配下，向中世纪甚至向'神话时代'的复归，否认个人的自由，比近代法意识及伦理更容易被人们所接受。但是，这样的话，今天的法律的实效就不能靠人们的自发意识，也即'从下面'得到保障。结果只能是靠权力'从上面'强行地控制。"④ 这难免会导致一种权力规则秩序。因而，其法治进程很重要的方面，就是以市民社会为目标来构建多元社会，衡平"亚洲价值"和"西方价值"。甚至有韩国学者极端地主张由以国家立法、执法为主，逐渐向社会多元立"法"、执"法"过渡，并最终以社会规范来取代国家法制。⑤ 而市民社会的发育成长，也同样构成了当代非洲政治变革的一个重要因素。⑥ 从上述不难看出，市民社会与国家互动发展关系的变化，决定着法治的走向和模式。"大"市民社会和"小"国家、"大"国家和"小"市民社会，以及"国家社会化"和"社会国家化"的关系状态，都难以确立起良好的法治机制。也就是说，市民社

① 参见〔德〕于尔根·哈贝马斯《法的合法性——〈事实与规则〉要义》，许章润译，载郑永流主编《法哲学与法社会学论丛》（3），中国政法大学出版社，2000，第9页以下。
② 参见〔日〕猪口孝《国家与社会》，高增杰译，经济日报出版社，1989，第132页以下。同时，他还指出，在民主和经济发展的进程中，亚洲有威权主义堡垒，有儒教色彩的亚洲价值，使环太平洋地区的政治制度具有突出特点，即典型的政党都是一个广泛包容性的组织，官僚机构的声望和士气相对较高（参见猪口孝《亚洲式的民主》，载〔日〕猪口孝、〔英〕爱德华·纽曼、〔美〕约翰·基恩编《变动中的民主》，林猛等译，吉林人民出版社，1999）。韩大元先生也强调，东亚法治模式在其本土资源、法观念、人与制度关系等方面有自己的特征，在东亚社会中合作与团体意识的价值高于竞争本身的价值，法律秩序的最后形成往往依靠合作的价值得到实现，以个人主义为本位的竞争原理不像西方社会那样拥有广泛的市场（参见韩大元《东亚法治的历史与理念》，法律出版社，2000，第32页）。
③ 〔澳〕詹姆斯·科顿：《东亚民主政体的进步与局限》，林本炫译，载刘军宁编《民主与民主化》，商务印书馆，1999，第290页。
④ 〔日〕川岛武宜：《现代化与法》，王志安等译，中国政法大学出版社，1994，第48页。
⑤ 参见郭道晖《多元社会中法的本质与功能——第二次亚洲法哲学大会述评》，《中外法学》1999年第3期。
⑥ 徐济明、谈世中：《当代非洲政治变革》，经济科学出版社，1998，第197页以下。

会与国家的互动发展关系，设定了法治运行的边际或界限。

我们知道，在科技飞速发展、信息化和全球化进程加快的当今时代，市民社会与国家之间不可能再泾渭分明，也不可能再呈现市民社会与国家的"对抗"斗争。但是，二者保持分离仍是必然和必要的，① 而且迫切需要确立良性互动的有机构架。② 为此，赫尔德精辟地指出："当今的政治秩序，不是通过共同的价值观体系，或对国家权威的普遍尊敬，或合法性，或与这些相对照的简单暴力造就的。毋宁说，它根源于政治、经济和社会制度和活动之间结成的互相依赖的复杂网络，这些制度和活动分割了权力中心，造成了多种应当依从的压力。国家权力是这些结构中的一个至关重要的方面，但并不是唯一的关键变量。"因此，推进民主和法治，一方面"牵涉到国家权力的改造"，另一方面"牵涉到市民社会的重新建构"。③"治理"浪潮和"第三条道路"的兴起，在一定意义上就是对这种时代要求的积极回应。尽管它尚有一定的不足或局限，④ 但确实反映了一定的社会变革趋势和方向。"人们普遍承认，民主依赖于一个壮大的市民社会"，⑤并力图确立市民社会与国家的良性互动关系。⑥ 尤其是民间社团组织的地位和功能得到强调和提升，认为现代社会是一个"组织社会"或"法团社会"，"社团现在重新界定着社会冲突的条件、市场的规模以及商品、权力

---

① 参见〔英〕戴维·赫尔德《民主的模式》，燕继荣等译，中央编译出版社，1998，第 394 页；简·科恩、安德鲁·阿雷托《社会理论与市民社会》，时和兴译，载邓正来、〔英〕J. C. 亚历山大编《国家与市民社会——一种社会理论的研究路径》，中央编译出版社，1999。

② 参见邓正来、景跃进《建构中国的市民社会》，《中国社会科学辑刊》（香港）1992 年总第 1 期。

③ 〔英〕戴维·赫尔德：《民主的模式》，燕继荣等译，中央编译出版社，1998，第 415、396 页。

④ 唐贤兴：《全球治理与第三世界的变革》，《欧洲》2000 年第 3 期。

⑤ 〔美〕亨廷顿：《第三波——20 世纪后期民主化浪潮》（序），刘军宁译，上海三联书店，1998，第 11 页。

⑥ "第三条道路"的倡导者就提出要在实践上避免国家与市民社会的"两元对立误区"，要"少一些管理，多一些治理"，实现政府由管理型向治理型的转变，并改革福利制度，重新定位国家（参见杨雪冬《第三条道路：新路还是旧途》，载杨雪冬、薛晓源主编《"第三条道路"与新的理论》，社会科学文献出版社，2000）。吉登斯为此指出，"国家和公民社会应当开展合作，每一方都应当充当另一方面的协作者和监督者"（〔英〕安东尼·吉登斯：《第三条道路——社会民主主义的复兴》，郑戈译，北京大学出版社，2000，第 83 页）。应当说，这些都是探索国家与市民社会良性互动关系的努力。

和特权的社会分配并导致法团秩序的兴起".① 或者认为社团通过两个互相依赖且同时发生的过程，来维系并重新界定市民社会与国家的界限："一个过程是社会平等与自由的扩展，另一个过程是国家的重建与民主化."② 市民社会的乐观主义者甚至基于"全球治理"和非政府跨国组织的发展，仿照康德关于国际和平与安全的伦理观念来展望国际市民社会的兴起和跨国际的亲和力。③ 应当说，这反映了当代市民社会发展的新趋势，以及市民社会与国家互动关系的新变化，法治也必然随之更新和建构。

如果我们立足于更宽广的视野，按照马克思主义基本原理及当代人类学、史学、社会学、政治学、哲学等的科学研究成果来看，那么就不难发现，只要存在私有制和社会分工，市民社会和国家的区分就不可避免。前近代市民社会与国家的不同样态，虽然对市民社会进行了不同程度的侵吞，但并未使其完全消失。而近代以来随着市民社会的"政治解放"，二者的分离和并立则势不可当，普遍与特殊、公域与私域、个性与共性、权力和权利的矛盾关系也必然存在并日渐凸显，直到进入共产主义后，它们才有可能真正融合于"自由人的联合体"中。到那时，法治也就让位于"自由人的联合体"的社会规则秩序。因此，在现代市民社会理论看来，"人类解放就在于市民社会的自主性，在于市民社会的扩大、丰富和完善，在于它从国家获得解放以及民主对它的保护".④ 民主与法治的确立、运行和发展，也就离不开市民社会与国家的二元互动发展构架，也即法治必须立足于普遍利益与特殊利益、公共领域和私人领域、个性与共性、权力和权利

① 〔西班牙〕萨尔瓦多·吉内尔：《公民社会及其未来》，载何增科主编《公民社会与第三部门》，社会科学文献出版社，2000。

② Keane, Democracy and Civil Society, 转引自〔德〕哈贝马斯《公共领域的结构转型》，曹卫东等译，学林出版社，1990，"序言"第30页。

③ 参见猪口孝、纽曼、基恩《引言：变动中的民主》，载〔日〕猪口孝、〔英〕爱德华·纽曼、〔美〕约翰·基恩编《变动中的民主》，林猛等译，吉林人民出版社，1999；〔美〕杰基·史密斯《全球性公民社会》，〔美〕罗伯特·W.赫夫纳《公民社会：一种现代理想的文化前景》，〔西班牙〕萨尔瓦多·吉内尔《公民社会及其未来》，均载何增科主编《公民社会与第三部门》，社会科学文献出版社，2000；乌尔里希·贝克《全球化时代民主怎样才是可行的》，载〔德〕乌·贝克、哈贝马斯等《全球化与政治》，王学东等译，中央编译出版社，2000，第33、65页。

④ 参见陈燕谷《文化研究与市民社会》，载《思想文综》(4)，暨南大学出版社，1999，第33页。

的互动均衡关系而非二元对立关系，以国家侵吞市民社会（国家主义），或以市民社会消解国家（个人主义），或者二者的过度互渗融合（复合同化），都会打破这种均衡关系，侵蚀法治运行的社会基础，也有悖人类社会发展的走向。而且，信息化全球时代的社会发展愈来愈呈现多元化、复杂化和异质化状态，[①] 更需法治对其予以协调、规范及契合。历史表明，"一个多元的且独立于国家之外的自组织的市民社会是民主的一个不可或缺的条件，无论是谁提倡国家和市民社会的统合都将危及民主的革命。没有社会制约的国家权力总是危险的和不可欲的，它是对专制主义的放纵"。[②] 它"也许是惟一有效反对专制和极权统治的源泉"。[③] 福利国家也是如此。而从一定意义上讲，民主"第三波"、治理与善治、"第三条道路"、多元主义、社群主义、法团主义甚至包括后现代思潮，都是全球化进程中市民社会和国家关系变异和调适张力而引发的理论反应，[④] 并为现时民主与法治的建构和推进奠定了背景基础。可见，法治的基础和界限就寓于市民社会与国家的这种互动发展构架之中。只有建立起市民社会与国家的良性互动关系（双

---

① 乌尔里希·贝克：《全球化时代民主怎样才是可行的》，载〔德〕乌·贝克、哈贝马斯等《全球化与政治》，王学东等译，中央编译出版社，2000，第33、65页。罗伯森也指出，与后现代思维方式总的努力相反，"大部分全球化理论对解释异质性感兴趣，而不是将全球化约为新的同质性"。一句话，"全球化包含了特殊主义的普遍化，而不只是普遍主义的特殊化"（〔美〕罗兰·罗伯森：《全球化——社会理论和全球文化》，梁光严译，上海人民出版社，2000，第202、187页）。

② 约翰·基恩：《市民社会与国家权力型态》，邓正来、周勇译，载邓正来、〔英〕J. C. 亚历山大编《国家与市民社会——一种社会理论的研究路径》，中央编译出版社，1999。

③ 〔英〕拉尔夫·达仁道夫：《现代社会冲突》，林荣远译，中国社会科学出版社，2000，第59页以下。

④ 参见亨廷顿《第三波——20世纪后期的民主化浪潮》（序），刘军宁译，上海三联书店，1998，第54页；李强《自由主义》，中国社会科学出版社，1998；俞可平《社群主义》，中国社会科学出版社，1998；张静《法团主义》，中国社会科学出版社，1998；俞可平《权利政治与公益政治——当代西方政治哲学评析》，社会科学文献出版社，2000。而后现代思潮以强烈的批判和摧毁精神来反抗现代性的断裂和压抑。它攻击理性和主张差异，提倡更加多元的、非中心的、多样性的主体性形式，拒斥宏观政治和实行激进社会重建的现代计划等。因此，后现代思想是公共的或社区主义的，它强调社会政策应当指向保存和重建不同形式的地方社区，并意图在社会主义和资本主义二者的现代性之间寻找"另一种解决办法"（参见〔美〕道格拉斯·凯尔纳、斯蒂文·贝斯特《后现代理论》，张志斌译，中央编译出版社，1999，第329页以下；〔美〕大卫·雷·格里芬《后现代精神》，王成兵译，中央编译出版社，1999，第21页以下）。这在一定意义和程度上也是对国家与社会关系变异导致的政治、经济与社会困窘和精神危机的某种反应。

向民主互动、分立制衡与合作等），① 使普遍与特殊、公域与私域、权力与权利等得到有机协调、保证和规制，以制约权力和保障权利为轴心，以普遍规则秩序为目标的法治才能真正确立起来，并形成富有民主参与性、自主反思性和回应超越性等时代要求的法治秩序。

这里，有两点需要特别说明。其一，尽管西方国家一直在努力调适市民社会与国家的关系，但受资本主义制度和个人主义的浪漫精神所限，其市民社会与国家的良性互动关系是难以确立起来的。只有对其进行扬弃和超越，努力促进普遍利益与特殊利益、公共领域和私人领域、共性与个性、权力与权利的有机协调与契合，市民社会与国家的良性互动关系才能真正确立起来，法治也才会有优良性和广阔前景。也即通过推进中国社会主义市民社会与国家的二元化进程（小政府、大社会）来实现权力、权利和义务的有效配置；通过推进市民社会自主性来确立多元社会权利基础、公权力权威和良法之治，实现多元权利对权力的分享、平衡和制约；通过促进依法治国和市民社会理性规则秩序的回应与契合来推进法治秩序的建立；通过确立公民意识的"文化霸权"来确立法治国家的合法性，从而推进社会主义民主与法治。其二，尽管我们一直在考证、研究市民社会和政治国家与法治的内在关系，但绝没有断言市民社会与国家是决定法治的唯一因素。因为文化传统、民族历史、风俗习惯、国民性格及宗教等都是影响法治的重要因素。不过事实表明，市民社会与国家的二元互动关系确实是导致法治生成和发展的根本因素，并构成法治的基础和界限。因此，我们不应过多地探寻法治的"本土资源"，而应着力于法治的本土化根基②——国家和市民社会良性互动关系的构建，这才是中国法治的根本和关键。

---

① 邓正来、景跃进：《建构中国的市民社会》，《中国社会科学辑刊》（香港）1992 年总第 1 期。

② 有学者力倡法治"本土资源"说，参见苏力《法治及其本土资源》，中国政法大学出版社，1996；苏力《二十世纪中国的现代化和法治》，《法学研究》1998 年第 1 期。这固然具有一定的积极意义，尤其在法治中国化方面。但其论说似乎走得太远了，对"本土资源"的过分探寻和寄以过高企盼，就有可能出现"返祖性"（即对传统非法治形态的复归），而把秩序等同于法治或赋予法治过多的"地方性知识"属性，则有可能消解法治本身。我们以为，问题的关键是应把握世界法治发展潮流或趋向，构筑其深层本土化根基。

现代法治的困境及其出路[*]

高鸿钧^{**}

摘　要：在现代社会，神治、德治和人治都逐渐失去了基础，法治成为主要治道。现代法治在消解社会冲突与整合社会秩序方面发挥了重要作用。但现代法治自身却存在以下五种困境：封闭与开放、内信与外迫、确定与无常、普适与特惠以及规则与事实。摆脱困境的根本出路在于调整社会结构、社会关系和社会价值，组建自愿共同体，走向共同体法治。

关键词：现代法治　法的现代性　共同体法治　法理学

伴随世界性的现代化潮流，发轫于西方的现代法治广泛传播，并被大多数现代国家奉为主要治道。人们对现代法治的特征、要素、功能、作用等进行了各类解说，其中许多见解颇富教益。本文拟从一个新的视域讨论现代法治的价值取向、内在冲突，并试图构想一种新的法治模式。

一　现代性与现代法治的价值取向

（一）现代社会及其重大转变

迄今为止，人类经历了漫长的演进历程，其中文明社会^①的历史已有

---

　*　本文原载于《法学研究》2003 年第 2 期。
　**　高鸿钧，清华大学法学院教授。
　①　指有文字记载以来的社会。

数千年之久。关于如何划分人类演进的历史阶段，人们进行了各种尝试，但迄今仍难取得一致意见。这不仅是因为论者的视角和分类标准不同，而且更主要是由于人类历史十分复杂，纵横交错，呈现为一张"无接缝之网"，① 难以截然"分割"。不过，为了便于进行历时性观察和分析，追踪历史演进的轨迹，探究社会发展的规律，人们还是试图将这张"无接缝之网"进行人为"分割"。既然任何历史分期都是基于特定角度的人为划分，因而便不存在绝对"正确""客观"的历史分期。但是，严肃的历史分期至少应考虑以下因素：第一，应使分期尽量符合实际的历史演进过程；第二，在确定历史分期标准时，考量的要素应尽量具有普遍性；第三，历史分期应反映人类社会发展过程中的重大转变。笔者认为，可作为分期标准的要素是基本社会结构、社会关系和社会价值，因为它们是衡量一个社会是否发生重大转变的主要标志。换言之，只有基本的社会结构、社会关系和社会价值发生了重大转变，社会演进过程才呈现前后"断裂"的状态，而处于"断裂"之间的过程便是一个独立的历史阶段。就已知全部人类历史而言，迄今为止发生过两次整体性断裂：一次是血缘身份制社会向特权身份制社会的转变；另一次是特权身份制社会向契约身份制社会的转变。② 依循这种思路，笔者按时间顺序把人类社会的历史分为三种形态，即血缘身份制社会、特权身份制社会及契约身份制社会。其中前两个形态可统称传统社会或前现代社会，后一个形态可称作现代社会。

人们虽然对氏族社会进行了各种研究和描述，但由于当时大都无文字记载，时过境迁，多已无信史可考。存续下来的少数氏族社会，虽可作为氏族社会的"现代标本"予以实际观察，但其代表性毕竟具有局限性。因此，无论对氏族社会作何种描述，都难以令人信服地重现其原貌。不过，尽管氏族社会的原生形态十分歧异复杂，但有一点却可以断定，即所有氏族社会的社会结构、关系和价值都以血缘关系为基础。在家庭中，尽管家

---

① 此为英国历史学家梅特兰语，转见〔美〕哈罗德·J. 伯尔曼《法律与革命——西方法律传统的形成》，贺卫方等译，中国大百科全书出版社，1993，"序言"第 2 页。

② 英国学者梅因通过考察法律的历史发展指出，"所有进步社会的运动……是一个'从身份到契约'的运动"（参见〔英〕梅因《古代法》，沈景一译，商务印书馆，1984，第 97 页）。这一论断着眼于社会关系联结的基础。如果身份是意指个人在特定社会关系中所处的地位，那么，身份制与人类社会同时产生，且至今仍然存在，其中变化的不过是身份形成的基础与联结的纽带罢了。

长通常享有较高权威，但成员之间的地位基本是平等的。在氏族或部落中，尽管氏族或部落首领可能基于德行、经验或战功而享有某些特权，但氏族或部落成员的地位基本也是平等的。这种平等关系并非意味着所有的人在社会地位上毫无差别。人们通常依照血缘关系的远近判定社会关系的亲疏，从而享有不同的社会地位。此外，氏族社会还以血缘关系为界限，明确界分"自己人"与"外人"。"外人"不可能获得本氏族成员的身份。在国家产生以后相当长的时间内仍然保存着这种血缘身份制的排外遗迹。古罗马市民法早期排斥和歧视外邦人的规定，便是这种遗迹的典型体现。

伴随氏族社会的内部分化，阶级冲突不断激化，氏族社会秩序难以维持。社会结构、社会关系与社会价值由此发生了重要转变：从以血缘关系为基础的身份制，转为以权力关系为基础的身份制；从简单的消融于社会之中的权力结构，转为复杂的凌驾于社会之上的等级制权力结构；从歧视、排斥外族人的狭隘氏族意识，转为以地域为标志的各族杂居共处的国家意识；从共有制基础之上的对平等价值的拥戴，转为私有制基础之上的对特权的维护；从恪守个人与群体一体化的群合①价值，转为承认个人与群体的相对分离以及人与人之间的独立界限。伴随上述转变，法律也发生了重要转变：从与道德一体化的习俗规则，转为由专门司法机构负责实施的习惯法或制定法；从只约束本族成员的属人法，转向通用于国家领土中不同族群的属地法；司法权从祭司、占卜者或氏族首领手中，转到作为公共权威重要组成部分的法官手中；法律的效力从主要借助舆论的压力及道德谴责的力量，转向主要依赖公共权力的暴力强制。上述转变以国家产生为重要标志。此后，社会便步入特权身份制阶段。在这个阶段，尽管各社会在许多方面存有重要差异，但仍存有某些共同特征：社会结构主要成为一种以特权存在为主要标志的等级制权力结构；在社会关系中，以君权、贵族权力、父权和夫权为核心的权力关系成为支配性关系。通过制度化和相应意识形态的驯化，等级制的权力结构与权力关系得到了充分强化。

特权身份制社会公开确认了各种等级特权，社会成员的身份完全取决于所处的等级地位，在实行种姓制度的印度和等级森严的中世纪西欧，基于特权的身份等级几乎是固定不变的。在古印度，作为等级底层的首陀罗

---

① "群合"是笔者使用的一个特定词，指群体合作，旨在表达与个人"自由"相对的含义。

被认为天生低贱，因此世代为奴，甚至是来世也毫无转生人类希望的"非再生人"。在中世纪西欧，不仅君王"万世一系"，臣民无缘问津王位，而且封建等级中的领主与封臣关系也是一种以效忠为基础的人身依附关系，各自的身份难以改变。至于处在等级金字塔最底层的农奴，其社会地位之低和改变身份之难就更不难想见了。① 战国以后的中国古代社会和伊斯兰教产生以后的阿拉伯古代社会，虽然等级制没有古代印度或中世纪西欧那样严格，但是，标示尊卑贵贱的特权等级制也是公开的，甚至被认为是天经地义的。特权身份制的公开不平等不仅严重压抑了臣民的个人自由，而且导致社会财富分配极端不公平。人们的社会地位越低，自由度就越小，作为等级金字塔底层的农奴或奴隶无自由可言。同时，人们的社会地位越低，获得劳动产品的份额越小，作为社会底层的奴隶则完全被剥夺了财产权。在这种特权身份制社会中，强者压迫弱者，富人剥削穷人。这导致了激烈的阶级冲突，社会关系处于十分紧张的状态，最终发生了重大社会变革，即传统社会开始向现代社会转变。这种转变发轫于西方，始于文艺复兴，途经宗教改革与启蒙运动，定型于民主制宪政体制的确立。在西方列强的影响与干预下，非西方世界的大部分国家或地区也相继被卷入这种现代化历程。尽管不同社会的现代化历程呈现不同形态，但它们仍然具有某些共同特征。传统的特权身份制社会转向现代社会的主要标志是：以法律上人人平等的权利结构，取代了不平等的等级权力结构；以个人自治为基础的契约关系，取代了传统的人身依附关系；以效率导向的形式合理性价值追求，取代了非理性或实质合理性的价值追求；以非人格化的科层制管理，取代了传统社会人格化的个案裁量；以外求的旨在满足感官欲望的世俗追求，取代了内信的以获得心灵安宁为依归的性灵追求；以相互冲突的多元文化，取代了整齐划一的意识形态。然而，法律上的平等不等于实际的平等，社会仍然存在等级身份；契约自由背后常常包含某种被迫的情势，通过契约连缀的群合在很多情况下仍然不是真正的自愿群合。与特权身份制社会不同的是，现代社会的等级身份变得更加隐蔽，群合也大多具有了非强制的外观。正基于此，笔者才把现代社会称作契约身份制社会。

---

① 美国学者杜兰列举了17项农奴对领主的义务，其中"初夜权"（ius primae noctis）可通过支付金钱"赎回"，在德国的巴伐利亚，这种领主特权一直存在到19世纪，详见〔美〕威尔·杜兰《世界文明史》第4卷，幼狮文化公司译，东方出版社，1998，第437—438页。

毫无疑问，与特权身份制社会相比，在实行法治的契约身份制社会，社会冲突在很大程度上得到了缓解。因此，相比之下，奉行民主型法治的现代社会，其秩序的正当性更充足一些。

（二）法治在现代社会中的地位

历史上，不同社会曾经奉行不同的治道，而这是特定社会中的人们在特定情境下进行选择的结果。无论是神权国家奉行的神治，还是"道德王国"奉行的德治；无论是强权政治体制下"霸道"的人治，还是法治社会中依法而治的法治，尽管其基本价值取向存有差异，但都各有其存续的正当性。然而，自步入现代社会以来，由于社会结构、社会关系和社会价值发生了重大转变，传统社会所奉行的神治、德治和人治难以继续成为支配的治道，逐渐被法治所取代。

当现代的科学主义将一切真理置于实证的天平之上，建立在信仰基础之上的神圣权威及其教义、学理便受到了空前挑战。在理性主义的王国，诉诸宗教情感的绝对信仰已无存身之地。韦伯称之为"除魔"（disenchantment）的世俗化运动放逐了神圣，"上帝"在能够进行"末日审判"之前，就被理性的法庭判处"死刑"。一旦人开始从自身而不再是向神圣权威寻求秩序存续的根据与理由，一旦人的理性权威压倒了神圣权威，一旦人们追求的目标不再是来世进入"天国"而是尽情享受现世生活，一旦生命的重心从诉诸内在信仰转向倚重外求利益，神治秩序就很难继续存在了。

在现代社会，人们的功利外求压倒了德性内修；社会的多元化导致道德的多元化；温情脉脉的道德情感受到了理性的无情挑战；个人主义的利己欲求吞没了超功利的利他善德；频繁的社会流动导致传统的"熟人社会"趋于解体，把人们抛入一个"陌生人的社会"。在"陌生人的社会"，其效力诉诸舆论压力和良知自律的道德约束顿觉乏力，骤然失灵。在文化多元的现代社会，试图重建道德体系的一统天下，虽然情怀高尚，精神可贵，但往往曲高和寡，收效甚微；如果国家试图继续扮演民众家长式道德监护人的角色，可能因其所隐伏的专制危险而颇受质疑。于是，无论德治的理想多么崇高，无论其在历史上发挥过何种作用，在现代社会，这种治道都已不再灵验。

至于寄望人治，其利弊早已被实践证明。实际上，主张人治者，自古至今大有人在。在中国，儒家的贤人政治思想不仅是一种理论主张，而且被长期付诸实践。在西方，从古希腊柏拉图的"哲学王"主张，到中世纪后期马基雅维里的"强权君主论"，从尼采的"权力意志论"，到门肯的"天才论"，① 都是精英统治论的不同变种，都是人治思想的不同表达。不过，历史上实行人治的种种教训甚至灾难表明，社会或国家的命运系于一人或少数精英的人治实不可靠：一是人存政举，人亡政息；二是即便贤君明王也难保一世英明，永无谬误。

总之，在传统社会，神治、德治和人治都是具有某种正当性的秩序，但进入现代社会以来，社会结构、关系及价值观念的重大转变，致使这些秩序失去了存续的条件与基础：神治失据，德治失灵，人治失信。于是我们发现，尽管神治、德治、人治的遗迹犹在，但在现代社会，法治逐渐取代了其他治道成为支配性治道。伴随传统社会转向现代社会，法律的旨向和内容也发生了重要转变：从维护少数人利益的特权法转向形式上平等的平权法；从强迫民众服从统治的压制型法转向维护民众自由权利的契约型法；从受制于宗教、道德及政治等因素的他治法转向独立自成一体的自治法；② 从受超自然因素或情感因素支配的非理性法转向经过理性过滤与陶冶的理性法。

（三）现代法治对现代社会的回应

现代法治主要表现为民主型法治。以西方国家为代表的现代社会尽管各国情况不同，但大体可分为两个发展阶段，一是从 17 世纪中叶到 19 世纪中叶的自由竞争阶段，二是 19 世纪后期以来的政府干预阶段。在第一个阶段，其价值主要偏重效率和自由，与之相关联的是自由放任的市场经济、依循规则的科层制管理体制、形式合理性的价值取向以及"小政府、大社会"定位的"政治国家"与"市民社会"的二元结构。形式法治通过以下方式回应这个阶段的需要：以对所有人平等适用的普遍规则，为市

---

① 〔美〕爱·麦·伯恩斯：《当代世界政治理论》，曾炳钧译，商务印书馆，1990，第47—48 页。

② 昂格尔认为法律自治包括实体内容自治、机构自治、职业自治和方法自治四个方面，参见 R. M. Unger, *Law in Modern Society*: *Toward a Criticism of Social Theory* (The Free Press, 1976), pp. 53 – 54。

场主体的平等竞争提供了形式公正的起点；以公开、确定的法律规则，为理性"经济人"在变幻难测的市场中实现利益最大化提供了可计算的尺度；以公法与私法的明确界分，照应"政治国家"与"市民社会"的二元结构，在限定并压缩公域即政府活动范围的同时，为私域即市民社会的自由活动留下了广阔的空间；以独立的、职业化的司法机构以及注重程序的司法活动，确保解决纠纷的形式合理性；以形式合理性的价值为基本导向，维护市场效率和消极自由。

由于形式法治在价值选择上偏重效率与自由，维护形式公平，因此它容忍并在一定程度上放纵了实际不公平。① 以契约为纽带连缀起来的群合，虽然有自愿的外表，但在许多情况下仍然不是真正自愿的群合。这样，效率与公平、自由与群合之间仍然存在紧张关系。为缓解这种紧张关系，避免秩序危机，以西方发达国家为代表的现代社会开始转向第二阶段，即政府干预阶段或称福利国家阶段。在这个阶段，实质法治开始登场：试图通过对绝对财产权的限制和对弱势群体的特殊关照，抑制功利主义效率所导致的实际不公平后果；通过对绝对的契约自由原则加以限制和干预，防止强者利用形式自由的契约压迫甚至变相奴役弱者；通过对特殊情况给予特殊关照，避免适用普遍、一般规则可能造成的具体不公正结果；通过对市场以及市民社会的私域进行适度干预，维护公平的竞争秩序和遏止消极自由所生产的种种弊端；通过对影响法律存在与发展的政治、经济、道德等要素的重新考量，纠正恪守法条的法律实证主义过分封闭的倾向；通过对非正式解决纠纷机制的再度重视，补救过分拘泥于形式与程序所带来的实质不合理性。所有这些转变，已经引起许多人士的关注与担忧，其中一些人发出"契约死亡"的警语，② 另有一些人宣称现代法治已经解体。③ 实际上，这些结论未免过于匆忙。在笔者看来，形式法治仍然是现代法治的主导型式，实质法治是一种辅助型式，是对前者的矫正与补充，远未达到取代前者的程度。

---

① 关于现代西方形式法治的具体论述，参见高鸿钧《现代西方法治的冲突与整合》，载《清华法治论衡》第 1 辑，清华大学出版社，2000，第 1—28 页。

② 参见 G. Gilmore, *The Death of Contract* (Ohio State University Press, 1974)。

③ 参见 R. M. Unger, *Law in Modern Society: Toward a Criticism of Social Theory* (The Free Press, 1976), pp. 193 – 200。

在现代社会，实质法治对形式法治的矫正与补救，反映了形式法治所体现的基本价值关系处于紧张状态。实质法治的出场确实在一定程度上缓解了形式法治所造成的价值冲突，但这却带来了新的问题。如它在追求实质公平的同时却影响了效率；在对市场和市民社会进行干预的同时却限制了自由；在对特殊境况给予特殊关照的同时却破坏了法的一般性与普适性；在纠正法律形式主义后果的同时却破坏了法律自治，增加了司法专断之险。这一切表明，现代法治仍然没有摆脱困境。

二　现代法治的内在冲突

现代法治在一定程度上缓解了秩序正当性的压力。但是，它仍然存有以下内在冲突。

（一）封闭与开放

法治的确定性要求法律成为自洽体系、自足系统与自治畛域。这要求法律排斥超自然观念与直觉情感等非理性因素，剔除政治与道德①的影响，恪守实在法规则所构筑的"法律帝国"，严守法律职业的"入伙"标准，精制仅仅作为"此中人语"的法界"黑话"，②演绎仪式化的充满神秘色彩的审判程序，③等等。所有这一切，构成现代形式法治的主要图景。这种图景背后的理念是，只要通过民选代议机构，将民意上升为具有普遍约束力的法律，就能够确保法律的正当性，因为法律被认为是民意的体现与表达。然后根据分权原则，通过行政机构的忠实执法与专门司法机构的严格司法，就能够确保依据正当的法律治理社会、管理国家。

然而，如何确保代议制下的民选机构能够忠实表达民意？如何防止并消除法律形式主义可能导致的恶法之治？如何调和封闭的理性规则与开放

---

① 法律实证主义和法律现实主义都有这种倾向。例如，"作为一个的哲学家和法律家，霍姆斯紧紧掌握着他的社会达尔文主义概念，极力从法律中消除道德上和感情上的一切理想主义痕迹。他认为，如果能剔除法律中有道德意义的每一个字，把对立法、先例和宪法规定是外在的东西清除净尽，这将是一个进展"（〔美〕爱·麦·伯恩斯：《当代世界政治理论》，曾炳钧译，商务印书馆，1990，第115页）。

② 其中典型是语言抽象、表述晦涩的《德国民法典》和充斥着专业行话的英美普通法。

③ 在这方面，英美对抗制诉讼程序颇具代表性。

的社会情感之间的冲突？如何弥合法律的专业行话与大众话语之间的鸿沟？如何避免形式公正背后隐含着的实质不公正结果？所有这一切都表明，形式法治的封闭性存有难以摆脱的困境。为了摆脱上述困境，封闭的法律不得不重新开放。于是我们看到：被视为现代民主重要成果之一的议会独享立法权的原则，已经被多如牛毛的"行政立法"所冲破，所谓"授权"或"委托"不过是掩人耳目的借口罢了；职业化司法机构垄断的司法王国，日渐受到了"行政司法权"的分割，被奉为法治重要原则之一的"司法独立"受到了来自行政机构的严厉竞争和挑战；政治及其政策对法律的发展导向产生了重要影响，法律与政治的严格界限再度被打破；① 一些基本人权原则开始成为考量法律是否具有合法性或正当性的价值尺度，某些"道德权利"重新进入"法律的帝国"。② 此外，守"典"如玉的欧陆国家，不得不通过一般条款以及对法律的解释打开了规则自治的门户；奉行"程序中心主义"并以高度职业化引以为豪的英美法系国家，不得不简化程序并参酌规则之外的某些实质性准则。在西方，20 世纪以来，新自然法学派对法律道德基础的重新强调，经济分析法学派对法律背后社会成本、收益的分析，现实主义法学派对法律自治神话的破解，社会学法学派对影响法律各种社会因素的考量，以及批判法学派对西方现代形式法治已经崩溃的断言，除了其中的某些偏颇，都在一定程度上反映了现代法律难以维持封闭，形式法治难以自足，必须保持适度的开放。有人将这种开放性的法律称作"回应型法"。③ 然而，法律一旦开放，形式法治便面临危机，而实质法治的某些缺陷便会暴露出来。

（二）内信与外迫

从理想的角度讲，一种正当的秩序应基于生活于其中的人们自主形成和自愿认受。人们之所以形成或认受这种秩序，是因为它体现了人们的基本价值需要。当秩序的价值取向与人们的信仰相一致时，生活在该秩序中

① 〔美〕诺内特、塞尔兹尼克：《转变中的法律与社会：迈向回应型法》，张志铭译，中国政法大学出版社，1994，第 87 页。

② 参见〔美〕罗纳德·德沃金《认真对待权利》，信春鹰、吴玉章译，中国大百科全书出版社，1998，第 198—270 页。

③ 参见〔美〕哈罗德·J. 诺内特、塞尔兹尼克《转变中的法律与社会：迈向回应型法》，张志铭译，中国政法大学出版社，1994，第 87—125 页。

的人们就不会感到外加的强制。这种秩序便不存在内信与外迫的冲突，因为禁则与制裁为每个人所同意和认受。在小型自发秩序中可发现这种理想秩序的影像。例如在古希腊雅典城邦的直接民主制中，所有城邦自由人都参与公共事务管理，直接参与立法和司法活动，禁则与制裁为每个人所同意和认受，遵守强制规则与自己的信仰相一致。如果一种秩序对人们的强制完全脱离人们的信仰基础，或者与人们的信仰严重冲突，这种外迫的体制与规则就会受到人们信仰的排斥与抵制。这种强制群合必然与个人自由严重冲突，致使秩序处于紧张状态。

伴随国家权力的强化，秩序的"人为"色彩不断加重，公共权力凌驾于社会之上，发号施令；等级制的官僚权力凌驾于民众之上，作威作福；外部强加的法律规则凌驾于人心之上，颐指气使。毫无疑问，所有非民主型法治都带有强烈的外迫气质。为缓解由此导致的秩序内信与外迫的对立、人心与人身的冲突，传统社会采取一些整合措施，其中典型做法是通过信仰强化、道德教化或政治驯化等方式，将外迫规则纳入信仰体系，以整合外迫与内信的冲突，缓解人心与人身的紧张。这类整合或调和确实收到了某种成效，在一定程度上缓解了秩序中内信与外迫之间的紧张关系。然而，无论是信仰强化，抑或道德教化，还是政治驯化，它们一旦成为官方意识形态，本身又都秉具明显的外迫气质。

现代社会消除了等级特权，代之以法律上的人人平等；驱除了超越的信仰，代之以外求功利的世俗理性；打破了道德的一统天下，代之以利益导向的工具理性。然而，在科学主义与理性主义高奏凯歌伊始，现代法治的种种缺陷就已初露端倪：法律上的平等远非实际平等，甚至遮掩、放纵了实际不平等；人本主义的"除魔"结局，却导致了伯尔曼称作现代法律"危机"①的那种法律与信仰的分离；将道德价值剥离于法律，虽然维持了法律自治，增强了法律的确定性，但助长了法律形式主义的逻辑偏执，放纵了法律实证主义的道德冷漠。

我们看到，在现代社会的间接民主制下，无论是形式法治，还是实质法治，法律都成为科层制权力自上而下施加的社会控制工具，而不是自下

---

① 参见〔美〕哈罗德·J. 伯尔曼《法律与革命——西方法律传统的形成》，贺卫方等译，中国大百科全书出版社，1993。

而上的民意真实表达；是政治官僚与技术官僚精心操纵的"理性魔法"，而不是基层大众生活实践的自然体现；是法界精英谋求行业利益的"霸权话语"和"神秘技巧"，而不是外行百姓心知肚明的理性常识；是"暴力机器"居高临下强加的"主权者命令"，而不是民间经平等协商而形成的自我约束机制。现代法治内信与外迫的冲突还有种种具体表现："不得以对法律无知作为违法辩解"，无异于"不教而诛"；对"效益违约理论"的承认，为轻诺爽约提供了合法的理由；诉讼程序的高度技巧性，为强者特别是权贵通过"正当程序"以强凌弱披上了合法外衣。凡此种种，都表明现代社会的法律已经成为脱离信仰的外迫工具。形式法治对形式合理性的执着与对内在信仰的拒斥，显示出鲜明的外迫气质。实质法治通过对道德信仰的重视和对实质正义的关注，输入了某种信仰要素，从而多少缓和了现代法治外迫与内信之间的冲突。但是，这种法治的信仰不是自下而上产生的，而是官僚精英自上而下强加的，其本身带有明显的武断与外迫性质。因而，实质法治的出场并未从根本上消解现代法治所固有的外迫与内信的冲突，没有消除现代法治秩序中人身与人心的分离。

（三）确定与无常

自古以来，围绕确定性与不确定性问题的争论一直没有停止过。中国古代"有常"①与"无常"两个词，表达了确定性与不确定性的含义。本文拟用"确定"与"无常"来表述确定性与不确定性的含义。

远古时代，人类认知和利用自然的能力低下，对于变化多端的自然与人事难以正确理解，便生发出一种"无常"的感觉。不过，人们往往把"无常"归因于神灵的操纵和命运的捉弄，因而或寄望通过讨好神灵而避免"无常"，或完全听凭命运的摆布。

随着理性的萌发以及人类认知自然能力的提高，人们便开始总结规律，探寻终极的确定性。哲学上的本体论，神学上的神本论，科学上的客观真理论等，都可视为这种努力的产物。

---

① "常"在汉语中可指常态，如《诗·唐风·鸨羽》："悠悠苍天，曷其有常！"也指规律，如《荀子·天论》："天行有常，不为尧存，不为桀亡……"

现代自然科学的迅速发展以及理性主义的胜利，不仅改变了以往人们对自然的理解，而且也对人们有关社会秩序的思考产生了深远影响。19 世纪以前自然科学的研究成果向人们展现了一个万物有源、诸象有因的客观世界，并认为人的理性可以把握、认知甚至控制客观世界。当时的经典科学理论认为，"自然法则表达确定性"，"只要给定了适当的初始条件，我们就能够用确定性来预言未来，或'溯言'过去"。① 当将这种科学主义与理性主义的认识论运用于社会领域时，则形成了这样的论断：通过经验的总结与理性的反思，人们能够发现社会秩序的构造原理与运行规律，从而能够提炼出普遍适用的确定规则；根据这些规则治理社会制度，就能解决一切社会问题。于是，对秩序的理性建构成为现代理性主义的重要使命，启蒙思想家的各种秩序方案成为西方现代社会的试验样本。在法律领域，欧洲大陆法典编纂运动便是这一时代的产物，其中典型的是 1794 年的《普鲁士邦法》。该法典编纂者试图通过一部包罗万象的"法律百科全书"为人们的生活提供一切现成答案。1804 年的《法国民法典》以概念明确、语言通俗、体系严谨为特色，也试图以确定的规则为确保人们的行为提供指导。1900 年《德国民法典》以概念精确、体系缜密和逻辑严谨而著称，更是理性的结晶。19 世纪中后期，作为英美法系主要国家的美国与英国相继确立了"遵循先例"原则，也是旨在寻求法律的确定性。与上述法律实践相关联的法律实证主义与法律形式主义认为，只要确立一套确定的规则，法官通过运用形式主义的法律推理忠实地适用这些规则，就能够像投币于自动售货机一样得到预想的结果。现代西方的形式法治正是在这种确定性哲学思想的指导下发展起来的。西方国家在殖民扩张过程中，在打破非西方社会传统生活方式的同时，也把他们的这种确定性理念及其规则强行输入了沦为殖民地的世界各国。

不幸的是，科学的发展并没有沿循确定性的理论路线继续前进。一些晚近的自然科学研究成果表明，17、18 世纪科学所断言的绝对确定性理论

---

① 〔美〕伊利亚·普利高津（与伊莎贝尔·斯唐热合作）：《确定性的终结——时间、混沌与新自然法则》，湛敏译，上海科技教育出版社，1998，第 3 页。关于不确定性理论，参见〔英〕史蒂芬·霍金《时间简史：从大爆炸到黑洞》，许明贤、吴忠超译，湖南科学技术出版社，2000，第 4 章。

缺乏坚实的基础。宇宙学的大爆炸理论从宏观上揭示了不确定性，[1] 而量子物理学的波粒二象性理论从微观上揭示了不确定性。[2] 就连素以精确著称并被奉为"科学皇后"的数学，一些晚近研究成果也宣告了其"确定性的丧失"："显然，普遍接受的概念、正确无误的推理体系——1800 年时的尊贵数学和那时人的自豪——现在都成了痴心妄想。与未来数学相关的不确定性和可疑，取代了过去的确定性和自满。关于'最确定的'科学的基础意见不一致不仅让人吃惊，而且，温和一点说，是让人尴尬。"[3]

虽然在许多方面如爱因斯坦所言，上帝并非在"掷骰子"，[4] 但某些方面的证据表明，上帝确实是在掷骰子。[5] 在整体一致、均匀的宇宙中，存在局部的不规则性；[6] 在统一性的自然中，存在多样性；[7] 在因果关系世界

① 关于宇宙起源的大爆炸理论被广泛接受，但关于大爆炸之前的状态以及大爆炸本身究系何因，则仍是不确定的（参见〔英〕约翰·格里宾《大爆炸探究——量子物理与宇宙学》，卢炬甫译，上海科技教育出版社，2000）。虽然笔者在自然科学的复杂实验、论证及运算等方面是个外行，但通过阅读科技界名家撰著的科普著作，对该学科所反映与揭示的哲理大致理解。

② 格里宾指出："关于波粒二象性的经验证据表明，原则上不可能同时绝对精确地测量粒子的位置与运动。……不确定性并不限于指我们对电子的认识。……粒子自身并不绝对精确地'知道'它现在何处并且下一步将去何处。在量子物理学里不确定性的概念与偶然的概念有着本质的联系。我们不能肯定一个粒子在哪里，也不能肯定它向何处去……"他还指出："没有单纯的粒子或波，在基础层次上讲只有波和粒子的混合物，偶尔被称作'波子'。它告诉我们，不可能以绝对的确定性来预言任何原子实验或宇宙中任何事件的结果，我们的世界是由可能性或者说概率来支配的。"〔英〕约翰·格里宾：《大爆炸探究——量子物理与宇宙学》，卢炬甫译，上海科技教育出版社，2000，第 209、194 页。有兴趣的读者，可阅读该书其他相关论述。

③ 〔美〕M. 克莱因：《数学：确定性的丧失》，李宏魁译，湖南科学技术出版社，2001，"引论"第 4 页。

④ 爱因斯坦称："我不相信上帝是在掷骰子。"转引自〔英〕约翰·格里宾《大爆炸探究——量子物理与宇宙学》，卢炬甫译，上海科技教育出版社，2000，第 212 页。

⑤ 例如量子理论等，参见〔英〕约翰·格里宾《大爆炸探究——量子物理与宇宙学》，卢炬甫译，上海科技教育出版社，2000，第 212 页。

⑥ 〔英〕约翰·格里宾：《大爆炸探究——量子物理与宇宙学》，卢炬甫译，上海科技教育出版社，2000，第 186—189 页。

⑦ 普利高津就此写道："一旦我们有了时间之矢，就会立刻明白自然的两个主要属性：自然的统一性和自然的多样性。统一性，因为宇宙的各个部分都共有时间之矢，你的未来即是我的未来，太阳的未来即是其他任何恒星的未来。多样性，像我写作的这间屋子，因为有空气，即或多或少达到热平衡的混合气体，并且处于分子无序状态之中；还因为我妻子布置的美丽的鲜花，它们是远离平衡态的客体，是归功于不可逆的非平衡时间过程的高度组织化的客体。"〔美〕伊利亚·普利高津（与伊莎贝尔·斯唐热合作）：《确定性的终结——时间、混沌与新自然法则》，湛敏译，上海科技教育出版社，1998，第 43 页。

之侧，存在随机性世界;① 在时间不可逆性的常规之外，存在时间的可逆性。② "人类正处于一个转折点上，正处于一种新理性的开端。在这种新理性中，科学不再等同于确定性，概率不再等同于无知。"③ 本文无意详细阐述复杂的科学原理，我们仅从"随机""巧合""混沌"④ 这些科学名词的表面含义上，似乎就足以感受到事物的"无常"特性。

晚近的一些自然科学研究成果揭示了事物并不存在终极的确定性，但这并非意味着事物变幻莫测、无任何确定性可言。在特定的时空维度，大到斗转星移、潮起潮落，小到种瓜得瓜、种豆得豆，事物仍有某种程度的确定性。换言之，一般事物具有情境化的相对确定性。就法治而言，与绝对确定理念密切关联的形式法治，试图把过去的经验提炼成适用于未来的理性规则，把符合特定境况的特殊规则用作普适规则，把掺杂前见的主观判断当作客观的自然法则，把法律营造成不受其他因素影响的独立"城堡"。这种追求绝对确定性的法治，为了适应一般规则而忽视具体境况的差异，为了恪守主观设计的理性规则而忽视丰富的现实多样性，为了确保规则的前后一致而忽视社会情境的变化。实质法治的出场，通过对固定规则与程序的超越，对事物"无常"的一面作出了情境化的回应。

为寻求具体公正，实质法治在一定程度上突破了法律的确定性，但这样做带来了新的问题：这种对"无常"的考量，是官方立法、行政和司法机构从它们的立场和观点出发作出的，是否或在多大程度上真正反映了身处具

---

① 普利高津指出："非平衡热力学的结果接近于柏格森和怀特海表达的观点。大自然确实与产生无法预测的新鲜事物相关，'可能'的确比'实在'更丰富。我们的宇宙遵循一条包含逐次分岔的路径，其他的宇宙可能遵循别的路径。值得庆幸的是，我们遵循的这条路径产生了生命、文化和艺术。"〔美〕伊利亚·普利高津（与伊莎贝尔·斯唐热合作）：《确定性的终结——时间、混沌与新自然法则》，湛敏译，上海科技教育出版社，1998，第 57 页。

② 〔美〕伊利亚·普利高津（与伊莎贝尔·斯唐热合作）：《确定性的终结——时间、混沌与新自然法则》，湛敏译，上海科技教育出版社，1998，第 14 页。关于随机理论，本文参照了〔美〕黛博拉·J. 本内特《随机性》（严子谦、严磊译，吉林人民出版社，2001）一书中有关论述。

③ 〔美〕伊利亚·普利高津（与伊莎贝尔·斯唐热合作）：《确定性的终结——时间、混沌与新自然法则》，湛敏译，上海科技教育出版社，1998，第 5 页。

④ 对于这些问题已有诸多专门研究，其中特别值得提及的是澳大利亚学者德·沃克对诸如巧合、同步性（synchronicity）等有关问题对法治的影响进行了具体探讨。详见 G. de Q. Walker, *The Rule of Law: Foundation of Constitutional Democracy* (Melbourne University Press, 1988), Chapter 2。

体情境中相关人群的愿望与需要，颇可质疑。显然，这种外加的情境化的回应带有某种专断气质。总之，现代法治无法摆脱确定与无常的内在冲突。

（四）普适与特惠

现代法治还存在普适与特惠之间的冲突。形式法治以法律面前人人平等的原则，坚持规则的普适性；以民族国家"主权者命令"的强硬口吻，不容置疑地适用于千差万别的不同境况；以中立、非人格化的理性外衣，遮饰规则背后各种潜在的基本价值冲突；以形式化或戏剧化的诉讼程序，装点形式公正的门面；以法律是民意表达的动听借口，表征官方强加规则的正当性。然而，在契约身份制的社会中，人们在家庭出身、身体、能力、智力以及机遇上存在重大差异，在信仰、爱好及情趣等方面也有不同偏好，对不同境况和具有不同偏好的人们统一制定并适用相同的规则，无疑会抹杀具体差异和压制多样性。

实际上，形式法治对一般效率的维护，不能保证所有人都享受效率的成果；对一般自由的维护，不能保证所有人都获得享有自由的基本条件。为矫正形式法治的这种缺陷，含有特殊关照意旨的实质法治便出场干预。实质法治对处于特殊社会情境的族群实施特殊规则，以使其享有某种自治的自由；对社会中的弱势群体给予特殊关照，以改善他们的实际不公平的境遇；在形式合理性的法律中引入了实质合理性的尺度，以缓解一般理性规则的道德冷漠；对特殊个案适用特别程序，以超越正规的程序获取公正的结果。然而，这些特惠虽在某种程度上纠正了形式法治恪守规则普适性所固有的缺陷，但它们明显违背了人人平等的原则，破坏了法律应具有一般性和普遍性的法治原则。此外，这些特惠本身带有某种专断性与任意性。因为何种境况适用普适规则，何种境况适用特惠规则，完全由政治或法律权威定夺。为防止滥用这种特惠裁量，通常做法是将特惠裁量予以制度化与程序化，而这又可能重返形式法治坚持规则普适性的老路。由此可见，现代法治颠簸于普适与特惠之间。

（五）规则与事实

法治的精义在于规则统治。现代法治中的规则区别于纯粹诉诸信仰与道德的传统法律规则。传统法律规则常表现为习惯法，与生活实践融为一体，规则与事实之间几乎没有冲突。因为这些规则生发于社会生活事实，形成于特定人群的交往互动过程。特定社会的人们对这些作为法律规则心知肚明，心照不宣，心领神会，规则是事实的表达，事实是规则的载体，两者之间水乳交融，浑然一体。

但在现代法治社会中，规则与事实之间却产生了明显冲突。

首先，现代法律中的制定法是通过理性反思抽象出来的一般规则。它们被赋予普适的效力。但生活实践中的事实千差万别、异彩纷呈，无法为一般规则所包容、囊括。这就不得不对事实进行人为裁剪，通过削足适履的裁剪，试图以人为设计的一般规则通约不同的事实。其结果无非有两种可能：一是由于这些规则与具体生活事实无关，人们无视这些规则，从而导致规则失效；二是政府以国家的名义将规则强施于各种特殊的事实，使规则对事实进行"专政"，从而生硬地将一种所谓"普遍的"生活方式强加给处于不同境况中的人们。显然，无论是事实规避规则，还是规则"专政"事实，都会造成规则与事实之间的冲突，导致"书本上的法律"与"行动中的法律"两者之间关系紧张。一个国家或社会的经济、政治发展愈不平衡，种族、民族关系愈复杂，文化的多元程度愈高，其生活事实的差异就愈大。在这种情况下，如果无视具体事实，无视特定人群的特殊需要，无视人们的特殊生活方式，强行适用一般规则，规则与事实之间的冲突就愈益强烈。

其次，为维护法律的权威，保障人们的合理预期，现代形式法治强调规则的稳定性。但现代社会生活实践中的事实变动不居，几乎是日新月异。诸多新的事实不断涌现，人们事先无法预料，预先设计的规则难以应对新的事实。如果事后确立规则，然后适用于已经发生的事实，则违反法不溯及既往的法治原则。实质法治虽然在回应新的事实方面表现出某种灵活性，但这种回应方式带有家长式的专断气质，而这又从另一个侧面加剧了规则与事实的冲突。

三　调整航向：社会价值、关系和结构整合

上文阐述了现代法治的基本价值取向与重要地位，并在肯定现代法治具有正当性的同时，指出了它的内在冲突以及这些冲突对秩序正当性的困扰。如果上文有关现代法治内在冲突的论述能够成立，那么，随之而来的问题可能是如何才能使现代法治消解冲突、摆脱困境。

放弃法治而奉行其他治道，显然是不现实的。那么，一种思路是在维持现状的基础上，通过形式法治与实质法治的互动，对法治的冲突予以动态调整，使冲突得到缓解；另一种思路是寻求一种正当性更充足的秩序，超越现代法治的基本模式。当然，试图超越现实秩序进入一个没有任何冲突的和谐秩序乐园，无异于异想天开。不过，人类的历史表明，与其他社会动物不同，具有高级意识和反思能力的人类在安排和变革社会秩序方面具有卓越的创新智慧与超越能力。我们也许能够在总结历史经验的基础上，通过对现代法治利弊得失的深刻反思与分析，寻找一条超越现代法治的渐进式路径，从而探索一种正当性更充足的秩序模式。要做到这一点，仅仅凭靠现代法治本身的局部修整与改进是远远不够的，还应对现代社会的基本价值、结构和关系进行反思和整合。

（一）价值整合

1. 走出效率崇拜的误区

在传统社会，无论是在神治还是德治秩序中，人们更为重视的是以内在信仰与善德为主要内容的价值合理性，而不是外在效率。然而，这种价值合理性与人们希求改善物质生活条件的愿望相违。伴随现代科学主义与理性主义的诞生和胜利，社会基本价值取向发生了重要转变，即韦伯所言的"目的合理性"或"工具合理性"取代了"价值合理性"。

这种目的合理性的主旨是追求效率。最初，目的合理性的效率观在天主教价值观向"新教伦理"的转变中得到了典型体现：从向往禁欲主义的天国转向追求世俗功利的现世生活；从推崇献身神坛的自我奉献转向鼓励个人发财致富的自我获取；从关注信仰虔诚的终极之善转向赞美勤劳节俭的效率"天职"观。正是这些新的价值"哺育了现代经济人"。[①] "时间就是金钱"，[②] "效率就是生命"，是这种目的合理性价值观的通俗表达。后

---

① 〔德〕马克斯·韦伯：《新教伦理与资本主义精神》，于晓、陈维纲译，三联书店，1987，第136页。

② 此语出自作为具有美国资本主义精神代表的富兰克林之口，参见〔德〕马克斯·韦伯《新教伦理与资本主义精神》，于晓、陈维纲译，三联书店，1987，第33页。有意思的是，最近报载，英国沃里克大学经济学教授伊恩·沃克推导出时间与金钱的换算公式。按照他的公式，在英国，一分钟对于男人来说值10便士，对于女人来说值8便士，转见《文摘周报》2002年6月17日。

来，这种效率观在边沁设计的"高效率的监狱"中得到了体现，在"美国的效率崇拜"中发挥到了极致。在美国，"规模逻辑"、"'公制'时间逻辑"和"科层逻辑"一度成为铁律。从"泰勒工作制"到加尔布雷恩的"运动经济"原理，从贝多克斯的"B型人"到福特的"装配效率线"，[①]无不把人当作实现效率最大化的工具与机器，无不体现了经济人精打细算的效率追求。自由资本主义时期的形式法治，通过对财产所有权的维护和契约自由的保障，以及通过所谓"正当程序"条款对企业主利益的维护和对社会立法的拒斥，[②]突出体现了这种效率价值观。尽管各国情况有所不同，但无论是实行市场经济的国家，还是奉行计划经济的国家，一旦进入现代社会，追求高效率都相继成为一种主导性价值。

这种目的合理性效率观的内在动力是实现个人利益的最大化。为了追求利益，有些人不顾情面，不讲道义，甚至不择手段；为了利益，有些人丧弃道德，丧失良知，甚至丧尽廉耻。在这种效率观的支配下，人们或因成功规避法律获利而洋洋得意；或因违反道德受益而暗自庆幸。德高谦让之士，常被讥为无能；心诚守信之人，每被嘲作迂腐。因为效率导向的价值观以外在的利益得失为衡尺，以有形结果的成败论英雄，只要不违法或虽然违法而能成功规避制裁，人们便可名正言顺地实现效率的最大化。

借用哈贝马斯的话讲，这种效率观是一种"成就导向的意识形态"，而"成就"完全以外在的指标来衡量。其中两项指标最为重要，一是权位高低，二是财富多寡，即"成就"与权位高低和财富多寡成正比。艺术的、哲学的、宗教的以及审美的追求，只要不能折算成权位或交换成金钱，则被视为毫无价值。于是，权位与财富成为最重要的"稀缺资源"，对这两种稀缺资源的竞争变得日益激烈。官场如沙场，商场如战场。人们在挑战与应战的角斗中演绎着"物竞天择""优胜劣汰"的自然法则。胜者沾沾自喜之余，仍惴惴不安，因为谁也不能确保常胜不败；败者郁郁寡欢，犹心怀不服，唯一的希望就是东山再起，卷土重来。连本来旨在

①　详见〔美〕丹尼尔·贝尔《意识形态的终结——五十年代政治观念衰微之考察》，张国清译，江苏人民出版社，2001，第247—304页。

②　例如，19世纪后期至20世纪20年代的美国，联邦最高法院和州法院以宪法中"正当程序"条款为依据，宣布联邦和各州有关限定最高工时和最低工资以及禁止童工等社会立法无效，从而维护企业主的利益，参见〔美〕伯纳德·施瓦茨《美国法律史》，王军等译，中国政法大学出版社，1989，第165—175页。

强身健体的体育比赛，也在利益的驱动下，进行着"成王败寇"的战略厮杀和赛场背后的黑金交易。在这种"成就导向的意识形态"的诱导下，社会泛滥着机巧之心与争夺之心，涌动着侥幸之念与利己之念，翻滚着占有之欲与攫取之欲，回荡着媚俗之音与煽情之音。对此，道德约束苍白乏力，形式合理性的法律竟公开为这种意识形态及其功利行为"保驾护航"。

这种刻意追求利益的效率观，不仅与公平价值关系紧张，而且排斥了赋予生命以内在意义的信仰与道德，将现实世界打造成冷酷的形式理性的"铁笼"：逐利代替了修德，平庸消解了深刻，外求驱逐了内信，感官刺激埋葬了心灵体验。对此，只有少数已被边缘化的思想家和艺术家还在进行严肃的思考与无力的抗争，余下的几乎不是存在主义的无奈，就是犬儒主义的玩世不恭，不是享乐主义的游戏消遣，就是所谓后现代主义看透一切的颓废。

这种由新教发起的现代"效率拜物教"以及由此而衍生的"权力拜物教"和"金钱拜物教"，在占有性个人主义的哲学中得到了理论辩护，在世俗化物质主义的争夺中被变本加厉地不断升级，在西方列强的殖民侵略和扩张过程中被国际化和全球化。西方发达国家为维持其政治、经济、军事和文化的强势地位，不断强化竞争，追求效率；非西方国家在西方国家的逼迫和挤压之下，为能外御敌辱，内求富强，在日益激烈的国际竞争中生存下来，也被迫不断强化效率观念与竞争意识。因为一部世界现代史反复告诫人们：落后意味着被动挨打，发展是硬道理；国际舞台的地位与发言权皆以国家实力为后盾。一个国家要提高国际地位，就必须具备雄厚的实力，为此必须保持经济发展的高效率。于是，我们看到，几乎所有现代国家都把经济发展效率作为衡量政府统治正当性的主要指标：效率持续提高，政府威信随之上升，统治的正当性亦随之增加；效率下降，政府威信随之减弱，统治的正当性产生危机。

现代社会的形式法治便集中体现了这种追求效率的价值取向。它以法律面前人人平等的形式公平为基本原则，鼓励社会成员通过竞争实现利益的最大化；通过对私人财产权的明确保护，维护产权效率；通过对契约自由的维护，保障交易效率；通过事先厘定明确、具体的法律规则，为经济人提供精打细算的尺度。形式法治虽然也重视公平价值，但是它所强调的公平仍然限于形式公平，而这种公平所维护的是功利主义的效率：产权效率背后隐藏着贫富两极分化，交易效率暗含着自由契约背后对强者利益的维护。

当然，效率是人类的基本价值之一，追求效率体现了人类维持与改进生活条件的需要与愿望。一种秩序长期无效率，便会丧失存续的正当性。无可否认，传统社会抑制效率的价值观被现代社会追求效率的价值观所取代，反映了人们的基本需要与愿望，也表明一切禁欲主义的信条或脱离物质基础的"精神文明"说教，无论多么美妙动听，都难以维持长久。步入现代社会以来，人类认知与利用自然的能力大大增强，生产力空前提高。人类在最近一个世纪乃至更短时间内所创造的物质财富，远远超过了此前所创造财富的总量。这种显著的成就与现代效率观密切关联。我们今天享受着效率带来的物质成果，并在一定程度上也改进了精神生活的质量。因此，我们如果否认效率所带来的物质舒适和便利、精神愉悦和享受，便是一种无视事实的虚假清高。我们没有理由拒斥适当的效率追求。

但是，我们应当看到，现代社会的效率价值已被推向极端，异化成为一种"效率拜物教"。它的"魔法"煽动着无边的消费欲望，制造着各种虚假的生活需求，怂恿着比阔斗富的奢侈，[①] 鼓动着享乐主义的追逐。这种功利主义效率的追求，导致了对生态环境的破坏与践踏，对内在生命意义的排挤与驱逐，背后隐含着财富分配的严重不公，对弱势群体的忽略与牺牲。[②] 此外，国际范围追求效率的角逐，导致各国在财富占有上极端不

---

① 改革开放以来，国人从禁欲主义的牢笼中解脱出来，开始注重物质享受，这本无可厚非。但近年来奢华商品竞相出现，如 12 万元的被子、98 万元的女鞋、136 万元的钢琴以及 888 万元的豪华汽车等（参见《北京青年报》2002 年 6 月 17 日、23 日），似走向了另一个极端。对于有条件的消费者来说，购买这样价格昂贵的商品本无可非议，但制造者或出售者通过各种宣传媒体对此加以炒作，却有炫耀财富之嫌，并可能导致煽动虚假需要的后果。

② 这在以追求效率著称的美国表现得尤为突出。据统计，"1993 年，全部美国工人中，27%的人工资不足以生活在贫困线以上，只有三分之一多点的人拥有完全由雇主出资的医疗保险"。"1%的最上层的美国家庭所拥有的财富比处于低层的 90%的家庭还要多。1977 年到 1989 年间，1%的上层享有税后总收入的 60%。"参见〔美〕威廉·K. 塔布《全球化问题——资本的力量》，载王列、杨雪冬编译《全球化与世界》，中央编译出版社，1998，第 84—85 页。另据统计，1973 年后，"不平等变得愈加显著。在 1973—1992 年间，占美国家庭 20%的上层的平均收入增长了 20%，而占 20%的下层眼看着自己的收入减少了 12%。几乎所有可以得到的事实都说明 1973 年以来，不论是收入还是财产方面，不平等都在不断扩大。例如，在 1983—1992 年间，20%的上层占有了增加的（转下页注）

平衡，西方发达国家通过各种方式将增长的财富攫为己有，而广大贫穷国家的境遇并未得到改善，① 反而有"财富越多，贫穷也越普遍"② 的趋势。这种"损不足以奉有余"的后果已经引起国际上有识之士的深切关注和尖锐批评。

当所有的人被驱赶到这种极端的效率轨道之上，功利的竞争与利害的角逐便导致了人心失衡、人身失调、人际失和、人世失安，致使心性烦躁、心智浮躁、心情急躁、心灵枯燥。倘若以上批评能够成立，那么我们应当调整基本价值导向：承认必要的效率价值，同时也重视社会公平价值；满足适当的物质需要，同时也重视非物质的精神享受；确认合理的外在功利，同时也重视内在生命意义的追求；维护适当的社会竞争，同时也重视人际的互惠合作。

2. 拆除个人主义的藩篱

在特权身份制社会向现代社会的转变中，滥觞于现代西方的个人主义，③

（接上页注②）财富的 98.8%。最上层的 1% 占有了 61.6% 的增加了的财富……"〔法〕罗伯特·保尔：《得不偿失的胜利：关于盎格鲁—撒克逊式资本主义未来的回答》，载本注前引王列、杨雪冬书，第 268 页。也参见〔美〕阿瑟·奥肯《平等与效率》，王奔洲等译，华夏出版社，1999，第 64—65 页。在美国，财富分配不公造成的不平等十分显著，以致"成功者喂养猫狗的食物甚至胜过了失败者哺育他们后代的食物"。〔美〕阿瑟·奥肯《平等与效率》，王奔洲等译，华夏出版社，1999，第 1 页。在欧洲大陆，尽管不平等没有美国那样显著，但有些国家的贫富两极分化也日渐明显，例如即便在实行"社会市场经济"和重视社会保障的德国，20 世纪 90 年代国内财富分配的差距也"越拉越大，它甚至达到前所未有的规模。货币财富、不动产、企业资产都集中在一个人数相对很少的阶层手中。5% 的私人家庭占有全部私人财富的 1/3 以上"。〔德〕《明镜》杂志记者：《分裂的社会》，载张世鹏、殷叙彝编译《全球化时代的资本主义》，中央编译出版社，1998，第 167 页。中国近年重视效率的过程中，贫富差距明显加剧，一些专家已经对此提出警告。

① 据统计，"1974 年至 1985 年间，世界总产量增加 40%；1950 年以来，世界贸易增加长了 11 倍，经济增长了 5 倍；然而，就在同一时期，贫困、失业、社会解体、环境破坏也达到了空前的程度。现在，南半球的实际人均国民生产总值只相当于北半球的 17%。只占世界人口 1/4 的工业化国家却拥有世界财富的 85%。西方七国集团占世界人口的 11%，却拥有全球国民生产总值的 2/3"。〔美〕阿兰·伯努瓦：《面向全球化》，载王列、杨雪冬编译《全球化与世界》，中央编译出版社，1998，第 13 页。

② 〔美〕阿兰·伯努瓦：《面向全球化》，载王列、杨雪冬编译《全球化与世界》，中央编译出版社，1998，第 13 页。

③ "个人主义"最初来自法文"individualisme"，19 世纪后在西方被广泛运用。其含义主要是指以个人为基本单位，在经济、政治、法律等制度安排上，强调尊重个人自由、自治和自主。个人主义在西方各国以及同一国家的不同时期有不同含义，所起到的作用也不同，详见〔英〕史蒂文·卢克斯《个人主义》，阎克文译，江苏人民出版社，2001。

对打破特权身份制的束缚、反对专制集权的统治、保护个人的基本权利曾经起到了重要的作用。正如法国学者布兰克所指出的："它为遭到长期压迫的人类思想提供了呼吸的空间和活动范围，使人类思想恢复了自豪和胆略，使每一个人都能对全部'传统'、'时代'、'成就'以及'信仰'进行批判，使个人'满怀尊严'"，"在无穷尽的斗争中，在普遍争论的骚动中，能够亲自解决自己的幸福与命运问题"。① 但是，个人主义从一开始就自有其缺陷：作为一种新型意识形态，它"代表了一种粗糙的和反社会学的或非社会学的观点"。② 对于个人主义的过分强调与放纵产生了种种偏颇。个人主义"把个人从社会中剥离出来，使他成为周围一切事物和他自己的惟一评判者，赋予他不断膨胀的权利，而没有向他指出他的责任，使他沉湎于自身的力量"。③ 由此妨碍了社会群体的互惠合作。④ 在现代社会，个人主义价值观表现为独立的个人原子观、占有性个人权利观和索取型个人功利观。

西方现代化过程中的文艺复兴、宗教改革和启蒙运动，为了使人超脱虚幻的神圣世界，挣脱教会的集权统治，摆脱家长的专断权威，解脱等级森严的封建束缚，极力主张个性解放，张扬个人价值，倡导个人自我实现。这种独立个人的原子观在当时无疑具有特定的社会意义。然而，当打破了宗教权威，进入一个世俗的世界；当摆脱了家长、行会以及封建等级桎梏，实现了法律上的人人平等；当废除了专制君主统治，代之以有限政府的民主制管理，原子论的个人主义便引发种种新的问题。

首先，这种独立的个人原子观把个人设想为可脱离社会关系而孤立存在的主体，没有把个人置于人际关联之中，从而忽略了人的社会属性。其次，这种独立的个人原子观助长了个人中心主义和自私自利，阻却了同情之心、怜悯之情与合作精神。最后，这种独立的个人原子观通过市民社会的个人自由得到了集中体现：个人自我设计，自主行动，自行承担行为结果。一旦个人因能力或者机会等原因不能参与竞争或在竞争中落败，便只

---

① 〔英〕史蒂文·卢克斯：《个人主义》，阎克文译，江苏人民出版社，2001，第8页。
② 〔英〕史蒂文·卢克斯：《个人主义》，阎克文译，江苏人民出版社，2001，第138页。
③ 〔英〕史蒂文·卢克斯：《个人主义》，阎克文译，江苏人民出版社，2001，第8页。
④ 法国学者贡斯当指出："当所有的人都被自我主义孤立起来的时候，那就什么也不存在了，而仅仅是一堆尘埃；当暴风雨到来的时候，就会成为一堆烂泥。"转引自〔英〕史蒂文·卢克斯《个人主义》，阎克文译，江苏人民出版社，2001，第9页。

能享受消极自由，孤单无伴，孤立无援，孤苦无助，孤独无托。倘若他们为了获得享有自由的基本物质及其他条件，便以接受政府的监视与干预为代价，又致使自由面临专断压迫之险。

在传统社会，施予型的个人义务观受到更多强调。在现代社会，占有①性的个人权利观被置于首位。这种权利在自然法学派那里被称作"自然权利"，在资本主义初期的私法中被奉为神圣的"天赋人权"，受到精心呵护。

显然，这种占有性的个人权利观与个人主义的平等权利论密切关联，相对于等级特权观念而言，这种平等权利论无疑是一个重要的进步。因为传统社会所强调的施予型个人义务观，并非指所有的人在义务上平等，而是依据特权身份等级而区别对待，尊卑有别，贵贱有差，长幼有序。等级越高，义务越少，特权越多；反之，等级越低，义务越多，社会底层几无权利可言，只有无穷无尽的义务。

同时，这种占有性的个人权利观与个人自由和个人财产权密切关联。个人自由是个人基本权利的重要组成部分，个人不再受强制性的特权身份等级的束缚，而是通过契约与其他人发生联系。另外，在这种权利观的支配下，个人希望明确地界分产权及其相关利益，更多地占有财产，并要求对产权及其他利益提供妥善保护。财产的个别化和利益的特定化虽然客观上有助于通过竞争提高效率，但同时在个人之间形成了"利益围墙"与"权利壁垒"，妨碍了人际的非功利交往与合作。

在现代效率观的驱赶下，在竞争市场的刺激下，在种种成功机会的诱惑下，一种索取型的个人功利观随之产生并不断膨胀。在这种功利观的怂恿下，个人近乎疯狂地索取：向他人索取，向社会索取，向自然索取，"在每一个个别事件上，则要看荣誉或利益、激情或算计、复仇或自制哪一个在他自己的心里占上风而独立地做出他的决定"。② 这种索取只要具备"合法"的外观或能够成功地规避法律，就会增加"个人成就"的砝码。现代市场经济为个人最大限度地索取提供了场地和机会，而现代形式法治

---

① 此处"占有"一词，与民法上所有权中的"占有"概念含义不同，有"独占"之义，相对于互惠、互助而言。

② 〔瑞士〕雅各布·布克哈特：《意大利文艺复兴时期的文化》，何新译，商务印书馆，1979，第445页。

中的法律（其中特别是私法）为这种索取提供了有效的保护。

总之，功利主义的效率观与个人主义的价值观成为形式法治所体现的主要价值。对这两种价值观的过分强调，导致了公平与群合价值的失落。通过实质法治的矫正与补救，这种紧张关系多少得到某种程度的缓解。但如上所述，这又引发了新的问题。要想使现代法治摆脱困境，就应对现代社会极端的效率观和个人主义价值取向进行适当调整。

（二）关系整合

提及传统社会向现代社会转变过程中社会关系发生的重要转变，人们自然会想起英国学者梅因"从身份到契约"①的名言。梅因认为这种转变的重要标志是"'个人'不断代替了'家族'"，②并认为这一概括适用于"所有进步的社会运动"。③实际上，从血缘身份制的氏族社会转向以国家为标志的特权身份制社会，虽然以血缘为基础的身份关系被打破，家长权力受到来自宗教以及凌驾于社会之上的政治权力的抑制，但是家族的权力仍然存在，且在许多社会中继续成为支配社会关系的重要因素。此外，如果说在某些社会确实彻底斩断了血缘关系的纽带，那么，直接取而代之的不是契约关系，而是政治权力统治下的新型等级身份关系，无论在西方还是东方，均是如此。④其实，社会关系"从身份到契约"的真正转变，最早发生于西方现代社会。对于这种转变，马克思和恩格斯作出了经典概括："凡是资产阶级已经取得统治的地方，它就把所有封建的、宗法的和纯朴的关系统统破坏了。它无情地斩断了那些使人依附于天然的尊长的形形色色的封建羁绊，它使人和人之间除了赤裸裸的利害关系即冷酷无情的'现金交易'之外，再也找不到任何别的联系了。"⑤

马克思和恩格斯的上述观察和概括，确实触到了现代社会关系的"阿

---

① 〔英〕梅因：《古代法》，沈景一译，商务印书馆，1984，第97页。

② 〔英〕梅因：《古代法》，沈景一译，商务印书馆，1984，第96页。

③ 〔英〕梅因：《古代法》，沈景一译，商务印书馆，1984，第97页。

④ 马克思和恩格斯指出："在过去的各个历史时代，我们几乎到处都可以看到社会完全划分为各个不同的等级，可以看到由各种不同的社会地位构成的整个阶梯。在古代的罗马，有贵族、骑士、平民和奴隶；在中世纪，有封建领主、陪臣、行会师傅、帮工和农奴，并且几乎在每一个阶级内部，又有各种特殊的等第。"引自《马克思恩格斯全集》第4卷，人民出版社，1958，第466页。

⑤ 《马克思恩格斯全集》第4卷，人民出版社，1958，第468页。

基里斯之踵"。在现代社会，与偏重效率和自由的价值取向相一致，利害关系成为支配性社会关系。这种利害关系分别体现在两个方面：一是经济上的金钱关系；二是政治上的权力关系。至于其他关系，要么成为这两种关系的附庸，要么被边缘化，变得无足轻重。

1. 摆脱金钱的奴役

在斩断了特权身份制社会的各种关系羁绊之后，获得自由的个人面对的是一个流动的陌生人社会，过着利己的、彼此隔绝的私人生活。人们之间彼此联系、交往的真实动机，不再基于共同信仰、情趣、爱好等，而主要是基于外在功利。这种关系"把高尚激昂的宗教虔诚、义侠的血性、庸人的温情，一概淹没在利己主义打算的冷水之中"；"把人的个人尊严变成了交换价值"；[①] 把他人作为谋求和实现自己利益的工具和手段。

形式合理的法律以"普遍意志"的名义确认和维护这种金钱关系，通过"意思自治"的自由契约，人们得以把这种金钱关系连接起来，然后通过自由的市场完成这种关系的价值交换。因为这种关系中充满着不确定性甚至风险，每个人必须以经济人的"理性"精打细算，精明博弈，以确保在残酷无情的竞争中能够获利。于是，"市民社会"便成为"个人私利的战场"和"一切人反对一切人的战场"。[②]

这种社会关系的金钱化是社会关系商品化的具体体现，因为作为一般商品形态的金钱（学名为货币）充当商品价值交换的媒介。它是市场经济中的"通行证"，是市场博弈中胜者的"证书"。这种"通行证"和"证书"的持有者，可借助自由的市场和自由的契约，使他人"自愿"地服从于自己的支配甚至就范于自己的变相奴役。在市场交易中，不仅劳动力本身成为买卖的对象，甚至人格尊严也未能幸免。正如一位美国经济学家所言："金钱购买了法律服务，以此可以在法律面前得到偏袒；金钱购买了讲坛，以此使讲坛占有者的言论自由有了格外的份量；金钱收买了有权势的组织选举的官员，从而损害了一人一票的原则。"[③] 实际上，这种社会关系的金钱化导致了人对物的膜拜、人对人的变相奴役，导致了人的心性异化、本性丧失。对此，马克思曾有精辟论说，毋庸赘述。

---

① 《马克思恩格斯全集》第 4 卷，人民出版社，1958，第 468 页。
② 〔德〕黑格尔：《法哲学原理》，范扬、张企泰译，商务印书馆，1982，第 309 页。
③ 〔美〕阿瑟·奥肯：《平等与效率》，王奔洲等译，华夏出版社，1999，第 21 页。

要消除这种经济异化，挣脱金钱对人的压迫与奴役以及由此所导致的人对人的压迫与奴役，就应重整社会关系。当然，如果要维持效率，以商品生产与交换为特征的市场经济仍是一种必要的体制。在这种体制下，试图立即消除以货币为媒介的商品关系是不可能的。因此，试图从社会关系中彻底清除金钱关系也是不现实的。那么，社会关系重整主要意指通过社会关系的多元化，摆脱金钱关系对社会关系的统治，让基于信仰、情趣、爱好等的非功利性社会关系得到发展，从而使金钱关系不再成为社会关系的核心。

2. 解除权力的压迫

在向现代社会的转变中，或通过激进的革命，或经由温和的改良，社会关系发生了另一种重要变化，即公开的等级特权基本上被废除，代之以法律面前人人平等的关系。然而，出于维护社会秩序的需要，以政府为核心的国家继续存在；基于管理效率的需要，科层制的权力等级结构仍然存在。现代社会的科层制与特权身份制社会的官僚体制截然不同。这种科层制的权力不是基于世袭或个人效忠，而是基于一种"社会契约"理论，即人们为了有序生活，在合作的基础上实现互惠互利，将自己的一部分"自然权利"转让出来，组成政府；政府基于这种授权行使管理权，民众在授权范围内服从政府管理；政府必须依照授权"契约"行使权力，否则民众有权拒绝服从，甚至有权推翻政府。以宪法为核心的公法便是这种"社会契约"的集中表现形式。遵守这种"社会契约"构成现代法治的重要内容。韦伯认为，这种科层制权力体制的理性化程度高于传统合法性权威的家长制或"克里斯玛"（charisma）的个人权威。[1] 但是，在政治权力的配置与运行机制方面，行政系统内部的文官制实行一种依循规则的科层制非人格（impersonal）管理，[2] 表现为上下级的命令—服从关系。[3] 20世纪以

---

[1] 参见 M. Weber, *Economy and Society: An Outline Interpretive Sociology*, Translated by E. Fischoff et al. （University of California Press, 1978），p. 954。

[2] 指不受个人情感影响的管理。

[3] 韦伯对这种管理曾予以详细分析，他关于现代科层制管理特点的论述，参见 M. Weber, *Economy and Society: An Outline Interpretive Sociology*, Translated by E. Fischoff et al. （University of California Press, 1978），pp. 956–958。关于科层制的论述，也参见〔法〕米歇尔·克罗齐埃《科层现象》，刘汉全译，上海人民出版社，2002；〔美〕彼得·布劳、马歇尔·梅耶《现代社会中的科层制》，马戎等译，学林出版社，2001；〔比利时〕厄内斯特·曼德尔《权力与货币：马克思主义的官僚理论》，孟捷、李民骐译，中央编译出版社，2002。

来，伴随着政府加强对经济和社会生活的干预，以科层制为特征的现代行政管理体制得到了进一步强化。立法机构是民选机构，被视为表达民意的"圣坛"、现代民主的核心体制，但是，伴随代议制的蜕变，代表日益脱离选民，逐渐成为职业化的官僚政客，成为某些利益集团的代言人。在独立行使审判权的司法领域，内部管理也明显表现出权力的等级关系，而20世纪以来行政权对司法的渗透与侵蚀，更加重了司法权的政治化色彩。这种科层制的权力结构虽然受到法律的限制与约束，并彼此形成某种制约关系，但仍然在某种程度上具有前现代社会特权身份制官僚体制的特征与气质，人们所处的权力等级标示其身份，而这种身份又标示着人们在权力关系中的不平等地位。在非西方社会，步入现代化很大程度上是在西方列强的威逼和压力下匆忙作出的选择，在缺乏某些条件的情况下盲目模仿西方的民主与法治，其效果自然不佳。在这些国家，传统的权力关系以新的形式继续支配着社会关系，政治权力的等级性与官僚化程度与西方国家相比，更有过之而无不及。

在社会领域，各种社团原本是市民社会自我组织的公域，但为了能够形成规模，与私人企业相抗衡，并对国家立法和政治决策产生强有力的影响，其权力也日益集中。它们逐渐以垄断组织的形式限制代表渠道，以等级的科层管理体制取代权力分享的民主制，以对国家政治权力及其决策的依附代替依赖成员的自愿协议。这种蜕变的典型组织是西方国家的工会，[①] 理论上的典型表达是法团主义（corporatism）。[②]

在日益走向管理集中化与经营规模化的私人企业中，出于效率的考虑，采用了与国家行政体制同构的管理模式——科层制：上、下级命令—服从的权力关系，构筑了现代企业权力等级的金字塔。在股份制企业，分散的小股东的权力微弱乏力，他们面临的选择是要么退出，要么服从大股东的操控。所有权与实际控制权的分离，使公司的命运实际上往往操于董事和经理等代理人手中，而首席执行官（CEO）职位的出现，标志着某些

---

① 关于工会蜕变成官僚化的垄断组织，参见贝尔对美国工会的分析。〔美〕丹尼尔·贝尔：《意识形态的终结——五十年代政治观念衰微之考察》，张国清译，江苏人民出版社，2001，第230—246页。

② 国内社会学界将"corporatism"译作"法团主义"，关于这方面的新近介绍性研究，参见张静《法团主义》，中国社会科学出版社，1998。

企业的管理权力进一步集中。在企业"王国"中,经理实际上是"无冕之王",所有管理人员都要绝对服从他(她)的权威,处在各科层的其他管理人员也根据其等级身份指挥下级,服从上级,毫无民主可言。至于企业中普通工人、雇员的地位和命运就可想而知了。

总之,在现代社会,无论是在政治国家层面的公域,还是在市民社会层面的私域,都贯穿着权力关系,而且,权力关系成为一种支配性的社会关系。一方面,市民社会组织的官僚化和权力的等级化,以及由这些等级的权力组织所制定的大量管理规则,对于组织内部的人员实际上具有准法律的效力;大型企业组织,特别是大型跨国企业组织,还以其经济实力不择手段地对国家立法施加影响,促使国家制定对其有利的规则。这导致了所谓"私法的公法化"。① 另一方面,政府通过法律对经济、社会和文化的积极干预,搅扰了市民社会的自治,导致了所谓"公法的私法化"② 和"生活世界的殖民化"③。上述现象从两个维度破坏了平等的社会关系,强化了等级制权力关系对社会关系的控制与支配。

在这种科层制的权力网络中,上、下级之间是一种命令—服从关系:权力等级越高,地位也就越高。这在行政、司法与私人企业组织中的权力体系中表现得尤为明显。处在权力等级底层的民众,实际地位之低有目共睹。现代法律所赋予他们的主人地位,在现实的权力关系中已被消解殆尽。由此可见,现代社会仍然存在等级身份,与特权身份制不同的是,这种身份制以契约为纽带,具有了某种隐蔽特征的"自愿"的外观。但现实中,权力仍然呈现一种等级制的组织结构,不同等级中的人们仍然不平等。这种契约身份制的权力关系渗透到政治、经济以及文化等一切领域,支配着社会关系的方方面面。

总之,在现代社会,权力关系与金钱关系成为支配性社会关系,它们互相渗透,彼此交换,成为现代社会关系中的双重铁幕,其他诸如爱情、友情、信仰、爱好、情趣等非利害性社会关系要么被边缘化,要么被"殖

---

① R. M. Unger, *Law in Modern Society*: *Toward a Criticism of Social Theory* (The Free Press, 1976), pp. 180 – 206.

② R. M. Unger, *Law in Modern Society*: *Toward a Criticism of Social Theory* (The Free Press, 1976), pp. 180 – 206.

③ J. Habermas, *The Theory of Communicative Action*, Vol. 2, Translated by T. McCarthy (Beacon Press, 1987), pp. 347 – 350.

民化"。现代法治以其形式理性确认并维护这种金钱关系。在权力关系上，现代法治可谓是双刃剑：一方面试图规范、限制公权力，但另一方面又赋予公权力以合法性，这在宪法和行政法中体现得尤为突出。例如，借助宪法授权和行政立法，政府行政权力的扩张获得了合法根据。至于企业、公司等私域的权力，则很大程度上任凭市场中的人们自由博弈，其优胜劣汰的结果自然会导致以强凌弱。这种金钱关系与权力关系的双重统治，不禁使人想起了卢梭的名言："人是生而自由的，但却无往不在枷锁之中。自以为是其他一切的主人的人，反而比其他一切更是奴隶。"①

当然，在现代社会，尤其是在国家存在的条件下，试图彻底消除等级制的权力关系显然是不切实际的幻想。我们所探讨的可能性并非彻底消除权力关系，而是能否通过对现代社会关系的整合，使非权力和金钱关系得到充分发展，使权力关系在各种社会关系中处于非中心的位置，从而真正实现社会关系的多元化。

（三）结构整合

人类像其他社会性动物一样，在群合中组织生产、安排制度和调节生活。我们把由此形成的组织结构称作社会结构。社会结构与社会价值、社会关系一道构成社会系统，其中人是系统中的主体。如果把社会结构比作系统的"硬件"，社会价值则是系统的"软件"，社会关系则是联结"软件"与"硬件"而形成的网络。

其他社会性动物（如蜜蜂、蚂蚁等）的"社会组织结构"基本是其遗传本能的产物，如果说结构上有某种变化，其变化也极为缓慢。人类的社会组织形式，一方面是人们在适应特定环境的交往互动中自发形成的，另一方面，作为具有反思能力和丰富想象力的人类，还能借助对经验的总结和对理想的追求有意识地调整和变革社会结构。

在这种双重因素的互动之中，历史上，人类社会结构总体上呈现三种形态：一是氏族社会中血缘身份制的平等结构；二是国家产生以后到现代社会之前特权身份制的等级结构；三是现代社会契约身份制的形式平等的等级结构。

---

① 〔法〕卢梭：《社会契约论》，何兆武译，商务印书馆，1980，第8页。

关于氏族社会的结构，上文已经论及。伴随生产力的提高、剩余产品的出现，以及人的主体意识的萌发，浑然一体的社会开始分化：主体与客体渐趋分离，人我界限日渐分明，公私观念不断强化，权利义务关系日趋紧张。为了缓和冲突，解决纠纷，维持秩序，结构化的公共权力便应运而生，其核心是凌驾于社会之上的国家。在政治层面，国家几乎垄断了所有重要的公共权力，并以政府、军队、警察、监狱、法庭等结构化的官僚组织形式统驭社会。在社会层面，自发形成的民间组织如教会、行会及学会等社团，在发展中逐渐形成了准官僚组织的结构。在纯属私域的家庭或家族中，也形成了等级制的权力结构。总之，在这个历史时期，无论是国家层面的权力，还是社会层面的权力，抑或纯属私域的权力，都以特权身份制的特权结构为特征。法律确认并强化了这种等级结构。与氏族社会的平等结构相比，特权身份制的等级结构包含了较多人为的因素。

在特权身份制的等级结构下，自然无真正的公平可言，效率也处于不稳定的状态；自由受到压抑，群合建立在高度强制的基础之上。基本价值天平严重失衡致使秩序的正当性严重缺失。后来，这种社会结构被现代的社会结构所代替：在政治领域，专制主义的等级特权结构被打破，代之以民主的宪制；在市民社会的私域，行会等公开不平等的身份制结构被打破，代之以通过自愿协议组成的权利平等的社团；在纯属私域的家庭或家族中，传统的父权和夫权结构被打破，代之以权利平等的新型家庭结构。

显然，现代社会废除了公开不平等的特权，将权力关系建立在契约基础之上，即政治权力关系建立在"社会契约"基础之上，经济权力关系建立在民事契约基础之上，弱化了权力关系的强制性，使之具有了自愿的结构外观和自由的精神气质。但是，在契约背后，这种权力关系仍然结构化为等级制的结构。政治权力的等级结构明显可见，并伴随政府干预的加强而不断强化。随着大型垄断企业组织的形成，经济权力中的等级结构表现出与政府组织同样的特征。这种旨在追求管理效率的契约身份制等级结构，背后仍然隐含着不公平，不仅钳制了自由，也妨碍了自愿群合。

以上分析表明，现代法治的价值不是孤立存在的，而是现代社会基本价值的体现，并型塑于现代社会关系与社会结构中。因而，试图消解现代法治的内在冲突，仅仅依赖法治本身的调整和改革远远不够，必须对现代社会基本价值取向、社会关系以及社会结构进行整体性的适当调整。当然，这并非完全否定现代社会价值、关系和结构的相对合理性，而是旨在通过上述调整，使现代社会的秩序及其法治具有更充足的正当性。这种立场既区别于迷恋过去的传统主义，又区别于臆想未来的理想主义；既区别于安于现状的"现实主义"，又区别于刻意解构的后现代主义。

那么，调整后的社会系统会发生怎样的变化？这些变化对法治的正当性会产生何种影响？是否存在某种具备更充足正当性的法治模式？对这些问题的探讨，把我们引向下文。

四 走向共同体法治：一种构想

（一）社会共同体

历史上，许多理想主义者表达了对现实社会的强烈不满，无情地揭露、批判了当时社会的种种弊端与罪恶，并构想、设计了超越现实社会的理想方案，其中一些人甚至进行了大胆试验。无论是柏拉图的"理想国"，还是莫尔的"乌托邦"，无论是基督教的"千年王国"，还是康有为的"大同世界"，都属于这类理想方案。对于这些方案的利弊得失，学界早有详细评说，这里只想指出两点。第一，任何理想方案只能从社会现实中寻求，而不应建立在世外桃源之类的虚幻想象基础之上；第二，对现实社会的任何超越都必须立足现实，理论上可能的世界并不等于现实可能的世界，局部经验的成功并不一定具有普适性。因此，任何脱离现实的超越，理想的翅膀飞得越高，实践中可能跌得越重。

还必须强调指出，任何理想的社会方案都必须考量人的需求的多样性。如果人们的需求（包括生理、利益、信仰、爱好、情趣等）是共同的，就可能存在对每个人来说都是最佳的社会安排和最好的生活方式。如果人们的需求存有差异或偏好，那么就不可能存有某种对所有人来说都是最佳的社会安排和最好的生活方式。[①] 历史上，各个社会试图通过经济、

---

① 对此，诺齐克早有系统论述，参见〔美〕罗伯特·诺齐克《无政府、国家与乌托邦》，何怀宏等译，中国社会科学出版社，1991，第308—310页。

政治、法律、宗教、文化等体制或意识形态统合或消解差异或偏好的努力，都没有获得完全的成功；各种适用于全人类的统一理想方案也都在现实中纷纷碰壁。虽然人类具有某些基本共性，但是人类在生理[①]、利益、信仰、爱好或情趣等方面存在明显的差异；虽然人类有某些共同的基本需要，但是每个人可能会表现出对不同需要的偏好。如果承认上述差异或偏好，人类秩序就应尽量避免扼杀具体的差异或遏制个体的偏好，而应致力于寻求一种能够有利于各种差异并存、各类偏好共容的秩序类型。然而，现代社会统一的社会结构、社会关系和价值取向却试图通约人们的价值，消弭个体的差异，遏制个人的偏好，由此造成诸多社会冲突。这些冲突对现代社会秩序形成了严峻挑战。

为了消解基本价值紧张关系，缓解各种社会冲突，寻求一种更具正当性的社会秩序，我们也许有必要考虑某种新型的社会组织形式，其中可供选择的思路之一是由人们根据自己的利益、信仰、爱好或情趣等自愿组成社会共同体。

社会共同体是一种社会组织形式。19 世纪德国社会学家滕尼斯对共同体进行过系统研究。他认为："共同体是持久的真正的共同生活……应被理解为一种生机勃勃的有机体。"[②] 当代英国法社会学家科特雷尔试图通过组建共同体来消解现代西方法治的冲突。他认为，现代西方法治的冲突主要源于现代法的内在冲突，这些冲突表现为秩序与正义之间的冲突、意志与理性之间的冲突，以及主权国家强加的等级结构的统治权与成员以协议和价值共识为基础的合作性社会共同体之间的冲突。消解冲突的方式是建立各种以信任为基础和以道德或价值共享为纽带的社会共同体。通过社会共同体之间以及它们与国家之间的良性互动，通过官方法与共同体民间法的良性互动，消解法律内部的价值冲突。[③]

社会共同体作为一种个人自由与群合的统一体，既不同于散在的个人集合，也不同于松散联系的临时性人群聚合，它是具有内聚力的一种较为

---

① 如同性恋与异性恋的差异就是基于生理而产生的。

② 〔德〕斐迪南·滕尼斯：《共同体与社会——纯粹社会学的基本概念》，林荣远译，商务印书馆，1999，第 54 页。

③ R. Cotterrell, *Law's Community: Legal Theory in Sociological Perspective* (Clarendon Press, 1995), pp. 315–337.

持久的社会组合。滕尼斯将共同体分为三类，即血缘共同体、地缘共同体和精神共同体，并认为精神共同体"可以被理解为真正的人的和最高形式的共同体"。① 实际上，共同体的范围远远超出这三类，例如中世纪西欧的行会多以共同利益为基础，便超出了这个范围。我们可按不同标准对共同体进行划分：按照规模大小，可分为家庭共同体、氏族共同体、部落共同体、国家共同体、跨国家共同体以及国际社会共同体；依照聚合的内在要素，可分为血缘共同体、民族共同体、种族共同体、利益共同体、信仰共同体、爱好共同体、情趣共同体、地域共同体等；基于承担的功能，可分为政治共同体、经济共同体、文化共同体、宗教共同体、伦理共同体以及法律共同体等；根据是否出于个人自愿，可分为自愿共同体与非自愿共同体。由此可见，共同体是一个具有广泛包容性的概念。

1. 道同而谋：自愿共同体

如上所述，人们在生理、信仰、利益、爱好或情趣等方面存在较大差异。无视这些差异，试图以整齐划一的价值、规则和体制将人们打造成"标准化产品"，无疑会压抑个性，扼杀多样性，遏制创造性。即便确实存在一个最好的世界，但是，"所有可能世界中对我最好的世界，将不会是对你最好的世界"；"在所有我能想象出来的世界中，那个我最愿意居住的世界，将不会恰好是你将选择的世界"。② 再退一步讲，即使绝大多数人在所有方面需求是共同的，存在差异的是极少数，出于对人权的普遍保护（其中当然包括对少数人的保护③），我们也不应无视他们的需求，也不应像功利主义所主张的那样，为了实现"大多数人的最大福祉"而置少数人的权益于不顾。另一方面，人作为一种社会动物，必定要生活在特定的关系中，个体的自由在群体的互动中得到保障，个体的生活在社会的关联中获得归属感，个体的生命在社会和文化的认同中共享意义感。既然个人无法摆脱社会而独立存在，独往独来，那么，随之而来的问题就

① 〔德〕斐迪南·滕尼斯：《共同体与社会——纯粹社会学的基本概念》，林荣远译，商务印书馆，1999，第65页。

② 〔美〕罗伯特·诺齐克：《无政府、国家与乌托邦》，何怀宏等译，中国社会科学出版社，1991，第308—310页。

③ 关于对少数人的保护，参见周勇《少数人权利的法理》，社会科学文献出版社，2002。该书不仅系统论述了"少数人"的含义、少数人权利的正当性以及当代国际社会对少数人权利保护的现状，而且在附录中选编了有关保护少数人权利的重要文献。

是，什么样的社会组织形式既能最大限度地确保个人自由，又能最行之有效地维持群体互惠合作？显然，并非所有社会共同体都能负载这项使命，一切非自愿共同体无法确保个人自由。这样，我们便把目光转向自愿共同体。

相对于非自愿共同体，自愿共同体是在自愿群合基础上形成的一种社会组织模式。正是在这个意义上，马克思和恩格斯认为非自愿的共同体不是真正的共同体，作为非自愿共同体的国家是一种"虚幻的共同体""冒充的集体"，① 而共产主义社会的"联合体"才是一种真正的自愿共同体。不过，这种自愿共同体须以理想的物质条件为存在基本前提。英国学者泰勒所提出的共同体概念已具有自愿的特征：（1）成员享有共同信仰和价值；（2）成员间的关系是直接的和多面的；（3）成员之间的关系在严格意义上是互惠的，即成员之间共享、不计功利以及互助。② 但这种共同体模式只限于规模较小、成员关系较为固定的共同体，无法成为具有普适意义的社会组织模式。哈贝马斯的沟通共同体虽然突出强调成员的自愿参与、平等对话和自由沟通，但它是指非实体性的、联系松散的沟通网络，③ 不是真正意义上的实体性共同体。科特雷尔主张信任作为共同体的基础，④ 这使他构想的共同体也具有了自愿特性。但是，这一前提条件过于严格，许多共同体（例如利益共同体）很难建立起来真正的信任关系。诺齐克将共同体设想为一种乌托邦结构，在这种"乌托邦中，将不是只有一种共同体存在，也不是只有一种生活方式"。"乌托邦将由各种乌托邦组成，其中有许多相当歧异的共同体，在这些共同体中，人们在不同的制度下过着不同的生活。"他还进一步指出，共同体基于人们的"自愿联合"，人们可自由组建、加入或退出。⑤ 可见，在诺齐克的思考中，共同体是实体性的社会组合，并具有了自愿性质，"乌托邦"一词也被赋予了积极意义。

① 《马克思恩格斯全集》第 3 卷，人民出版社，1960，第 83—84 页。

② M. Taylor, *Community, Anarchy and Liberty* (Cambridge University Press, 1982), pp. 25 – 33.

③ J. Habermas, *Between Facts and Norms* (*Contributions to a Discourse Theory of Law and Democracy*), Translated by W. Rehg (Polity Press, 1996), pp. 402 – 407.

④ 这体现在他的共同体概念中："共同体可被理解为人际高度互信而结成的社会互动型式。" R. Cotterrell, *Law's Community: Legal Theory in Sociological Perspective* (Clarendon Press, 1995), p. 332.

⑤ 〔美〕罗伯特·诺齐克：《无政府、国家与乌托邦》，何怀宏等译，中国社会科学出版社，1991，第 311 页。

从寻求具有充分正当性秩序的角度讲，诺齐克所构想的作为乌托邦结构的自愿共同体，确是"一种令人振奋和鼓舞的理想"。①

基于以上论述，我们可把自愿共同体的基本特征概括如下：（1）以成员的自愿协议为基础；（2）向所有人开放，成员可自由加入、退出；（3）成员间"道同而谋"，互惠合作，相互认同；（4）所有成员地位平等，管理者由直接选举产生，并可依一定程序及时撤换；（5）事关共同体的一切重要事务都由全体成员讨论，在程序化的平等协商、自由沟通的基础上作出决定；（6）所有决定都对全体成员公开，随时接受成员的建议与批评。

对上述概括需作以下说明。第一，所谓"道同"是指具有共同利益、信仰、爱好或情趣等。人们道不同，不相为谋；"同道相谋"，组成共同体，并在交往互动与互惠合作中实现利益追求，获得群体归属感，分享生命意义感。此外，个人通过参加共同体，与他人合作，可以实现"道同互助"，从而获得群体力量的支持。在这方面，工会、妇联、残联、教会等共同体提供了范例。第二，自愿共同体是自我组织的群合，它们基于利益、信仰、爱好或情趣等而组成，有各种各样的名称，大小不一，形式多样。它们可以是一个村社，也可以是一个城镇社区；可以是一个律师协会，也可以是一个球迷协会；可以是一个环保组织，也可以是一个和平组织；可以是一个宗教组织，也可以是一个同性恋组织；可以是一个欧盟那样的跨国家共同体，也可以是基于条约或协定而形成的国际社会共同体。一个人可以加入一个共同体，也可以同时加入数个共同体；在不同共同体中，他的不同层面的多样需求能够得到满足。第三，自愿共同体具有一定的组织结构；管理者通过选举产生，有一定的任期限制；重要事务通过全体成员协商决定。这种共同体通常有规章和制度，而这种规章制度就是共同体的法律。这种法律的强制性与国家法律的强制性不同，它在性质上是建立在自愿基础之上的自律性约束，不同意这些约束，人们可不加入或随时退出该共同体。

随之而来的一个问题是，对于规模较大尤其是跨地区、跨国家的自愿

① 〔美〕罗伯特·诺齐克：《无政府、国家与乌托邦》，何怀宏等译，中国社会科学出版社，1991，第330页。

共同体来说，无法进行面对面直接交往沟通，在此情况下，如何能够实行直接选举？如何能够在信息对称的基础上进行平等协商？如何确保所有成员都能够参与共同体重要事务的决策？诸如此类的问题，过去一直没有找到切实可行的解决办法。实践表明，无论何种形式的共同体，只要在人数上达到一定规模，或在空间上超过一定距离，都无法通过直接民主的方式进行管理，也无法保证平等协商和自由沟通，不得不通过代议制的形式作出决策，并授权科层制的等级体制进行管理。其结果，共同体中的人们仍然无法摆脱等级科层制的统驭和操控。

幸运的是，当代通信工具的改进，特别是计算机网络的迅速发展，似乎为解决这一难题提供了技术性的契机。计算机网络的广泛使用和发展，不仅为人际联系提供了便利的媒介，而且为远距离的交流提供了迅捷的载体。借助互联网，规模较大或距离较远的共同体成员可进行直接联系与交流，包括交流内部和外部信息，自由商讨共同体事务，制定活动计划和方案，确立和改进协商程序与规则，进行直接投票选举，评估管理业绩及其他事项，等等。计算机技术与网络系统的迅速发展与普及，更便利于人们获取信息、交换意见、交流思想，从而更便利于实行直接民主的参与管理。至于计算机与网络本身存在的缺陷，可通过技术的改进逐渐得到解决；网络中虚假的信息或可能出现的其他负面因素，可通过公开的讨论、批评机制以及共同体的自律性规范加以抑制和消除。

自愿共同体是一种社会组合。借助这种组合形式，人们可以进行互助合作、互动参与以及互惠交流，可以进行平等协商、及时沟通以及自由讨论。通过这种合作、参与、交流、协商、沟通和讨论，共同体成员能够获得集体协作的力量感、社会管理的主人感、群体生活的归属感、特定价值的认同感、生活意义的共享感以及真实自我的实现感。同时，这种组合是完全基于个人的自由选择、自主决定，人们只服从自己施加的限制与约束，并且可自由进出。因而，每个人又都保持充分的独立和自由。这种共同体能够最大限度地实现人际协调和个人与群体之间的良性互动，从而实现个人自由与群体合作的有机统一。

虽然效率导向的利益共同体会继续存在，但是大量基于信仰、爱好或情趣等的非功利性自愿共同体会得到鼓励和发展，而这会消解效率在现代社会价值中的中心地位，将拥挤与拼争在效率狭路上的人们疏散开来。在非功利性自愿共同体中，人们在能够维持基本生活条件的情况下，旨在寻求心性充盈、精神满足和情趣愉悦，从而尽情地享受生活，体验生命，感受自然。在共同体内部，每个成员都会受到平等对待，因为那里不存在等级特权。如果某个共同体出现不公平的格局，多数成员会"以脚投票"，退出该共同体，而这将导致该共同体的自然解体。这样，效率与公平之间的紧张关系可得到实质性的缓解。

这种自愿共同体的形成与发展，会对现代社会关系产生重要的影响。在大量非功利性自愿共同体中，人际交往旨在促进互相理解与彼此认同，加强互惠合作与团结互助，不再受功利性金钱关系的支配。自愿共同体的平等参与机制和开放机制，足以弱化现代社会中实际存在的等级权力关系。这种自愿共同体的发展，会改变传统社会与现代社会的基本结构。如上所述，无论是特权身份制的传统社会，还是契约身份制的现代社会，其共同特点是人们存有标示社会等级的身份差别。不管身份建立在何种基础之上，也不管身份是公开的还是隐蔽的，是固定不变的还是变化流动的，只要身份实际上与等级的权力相关联，个体的自由就无保障，实际的不公平和不平等就不会得到有效抑制。自愿共同体能消除任何官僚制或科层制等级权力结构，呈现一种扁平的或平面的社会组织模式，如果说"身份"还继续存在，那么它的含义已经发生根本变化：它不再标示人们的社会等级，而只具有标示共同体成员体貌、性格、情趣、偏好等特征的意义。由此，在自愿共同体内部，统治与被统治、命令与服从的对立已不复存在。

2. 道并行不悖：社会多元

人们不禁要问，这种自愿共同体之间是否会存有冲突？倘若回答是肯定的，如何解决共同体之间的冲突？首先，共同体就本身事务享有高度的自主与自治权，但要服从一个限制，即不得妨害、侵犯其他自愿共同体、个人或组织的权益。如果发生这种冲突，首先应通过协商解决。如果协商不能达成一致意见，则交付国家或国际社会共同体进行公正的裁决。由此，便引出了共同体与国家、国际社会的关系问题。

尽管个人、社会共同体以及国际组织①等对国家主权的制约日益增加，

———————

① 如联合国、欧洲联盟、世界贸易组织、国际货币基金组织和世界银行等。

但世界各国发展极不平衡，国际政治、经济及军事竞争十分激烈；在一个国家内部，民族、种族、宗教、文化等方面的隔阂、歧见与冲突明显可见。在未来相当长的时间里，国家仍然会继续存在。这就提出了一个问题，即在国家存在的条件下，自愿共同体与国家会是怎样一种关系？大量自愿共同体的存在，可能会弱化国家的权力。但是，国家权力的强大并不等同于国家强大。一般说来，与民主制下的国家权力相比，专制极权体制下的国家权力更显强大，但专制国家并不比民主国家更强大。一个社会可分为公域与私域。在公域中，包括属于国家权力管理范围的公域与个人联合组成的公域。自愿共同体属于后一种公域。这种公域的存在与发展，可通过自愿群合整合社会：它把分散的个人联合起来，借助平等协商和自由讨论的决策程序达成基本共识，然后把这种体现他们意志与愿望的共识集中输入属于国家权力范围的公域，再通过协调、论证的过程，将其中的合理意见与建议输入国家的立法、行政决策与司法中去，然后由国家回馈社会。通过这样一个过程，可以实现私域与公域的良性互动，国家权力范围内公域与非国家权力（主要是自愿共同体）范围内公域的良性互动。非国家权力公域的大小，通常反映了一个社会的民主发达程度，当国家权力范围内的公域完全消解在非国家权力的公域之中时，民主便得到了最大程度的体现。反之，当一个社会的公域和私域完全由国家权力垄断时，其民主即便存在，也极其有限。

当然，自愿共同体也可能与国家利益发生冲突。如果发生这种情况，首先要对属于国家利益的性质与范围进行充分讨论和适当界定，然后就特定共同体的行为是否有损国家利益进行广泛讨论。通过讨论和论证，各共同体之间以及共同体与国家之间达成共识，至少达成合理妥协。

此外，不能设想所有的社会成员都一定会加入自愿共同体，即便在一个共同体成为主导社会组织形式的社会，也还会存在不属于任何共同体的个人。同时，也可能存在非自愿共同体以及非共同体性质的社会组织。但是，由于自愿共同体能够最大限度地消解自由与群合的紧张关系，并能够使效率与公平的紧张关系得到实质性缓解，伴随着民主的发展，它将成为人们乐于接受的政治管理模式与社会组织形式。

有人也许要问，大量非功利性自愿共同体的成员如何获得维持生计的基本物质条件？首先，以信仰、爱好或情趣为基础的共同体虽然不以利益为主要追求目标，但并不意味着共同体成员完全鄙弃和拒斥任何物质利益，而只是意指他们已不再把追求现实物质利益作为首要目标，更重视非功利性需求的满足。这些共同体的成员如果能把非功利性追求与谋生相结合（如文体爱好者从事有报酬的表演等），无疑更好。但如果不能做到这一点，他们仍须从事满足谋生基本条件的劳动。在能够保障生活基本条件的前提下，他们将更多地关注并从事自己所真正热爱的非功利事业。其次，社会保障制度以及各种基金的设立和扩展，能够为社会成员提供基本的生活条件，使人们能够有更多的机会从事非功利性事业，而无须在效率轨道上角逐永无止境的物质利益。那些更看重信仰、爱好、情趣的人，在物质享受方面的某些缺憾可从非功利性的精神追求与情趣满足中获得补偿。最后，现代科技，特别是高科技的发展，使社会生产力空前提高，单位时间的劳动报酬也大大增加。人们通过一小部分时间的有效劳动，能够获得用以维持生计的适当报酬，这使他们在其余大部分时间从事非功利性的活动成为可能。

（二）具有充分正当性的秩序：共同体法治

上文描述了自愿共同体的基本特征和结构形式，分析了共同体之间的关系以及它们与国家等非自愿共同体之间的关系。现在我们拟对自愿共同体的治理模式进行讨论。

自愿共同体实行高度自治，只有涉及共同体以外的事务才与外界发生联系。自愿共同体直接民主的气质与平等协商和充分讨论的特性，使它更有可能诉诸规则的权威：因为规则是它的成员通过协商与协调达成的意志共识，是在特定情境下人们根据需要针对面临的问题所形成的解决办法，其中某些禁则与制裁是经每个成员同意所自我施加的限制与约束。对于虚假信息的误导、意识形态的操纵以及个别管理者或成员的不当影响，除了规则形成过程中某些程序机制的制约之外，成员可采取各种方式进行批评，并可用"以脚投票"的方式作为最后抗议。自愿共同体如此形成的这些规则就是它们的法律。对于这种法律，每个成员既是立法者，同时又是守法者。如果共同体内部成员之间以及不同共体成员之间发生冲突与纠纷，主要通过协商、调解和仲裁的方式加以解决，只在协商不成或事关国家整体利益的情况下，才诉诸国家的正式司法。制裁手段更多的是民事的和行政的，而刑事制裁的范围、种类和强度将大大减少。现代社会的许多犯罪与纠纷源于利益冲突，大量非功利性自愿共同体的存在与发展将弱化人们的逐利意识，基于利益的冲突可能随之大大减少，与此相关联的纠纷和诉讼也将大大减少。

由此可见，作为自我立法模式的自愿共同体法律是一种最具正当性之法；与现代法治相比，自愿共同体的法治是一种正当性更充足的秩序。

自愿共同体的法治对所有成员完全开放，规则不再仅仅是由一部分成员（主要是社会精英）制定然后强加给整个社会的官方规则，而主要是共同体所有参加者的自我立法；规则不再仅仅是高度技术化的"行话"，而主要是成员自己能够理解的生活话语；程序也不再仅仅是由职业人士操纵的神秘"魔法"，而主要是成员同意并熟知的协商或调解过程；法律不再仅仅是一个人为封闭的领地，而是向所有人开放，与人们日常生活中的道德情感和正义观念融为一体。

这种法治是共同体内生的，不是等级的权力体制自上而下从外部强加的。共同体成员在形成他们的法律时，定会将他们的信仰包含其中，定会将他们对生活与生命意义的理解包含其中。因此，这种法治下的法律不仅是人们的行为规则，也是人们的生活与生命意义的载体。这种法律是人们自己制定的规则，表达的是自己的意志、愿望与要求，其中某些禁则也是为了实现互惠合作而自我施加的限制与约束，遵守这样的规则不会有受迫压抑之感。如果说共同体仍然存在刑罚，那种刑罚也是一种合乎人性的刑罚，因为"在合乎人性的关系中，刑罚将真正只是犯了过失的人自己给自己宣布的判决，谁也想不到要去说服他，使他相信别人加在他身上的外部强力就是他自己加在自己身上的强力"。①

在这样的法治中，人们不会感到法律的束缚，因为人们意识到，只有服从这种自我约束，互惠合作才能存续，个人自由才能得到保障。人们不会对法律感到陌生，因为这种法律是从生活中生发、成长起来的规则，是一种名副其实的"民法"；人们更不会对禁则与制裁感到恐惧，因为人们事先已同意接受这些禁则与制裁的后果。与国家体制下的现代法治相比，这种法治中的法律如同在日常生活语言中发展起来的"语法"一样，是人

---

① 《马克思恩格斯全集》第 2 卷，人民出版社，1958，第 229 页。

们行为与观念的理性结晶，是外在行为规则与内在信仰的统一。只有这样的法律才能真正成为人们信仰的法律，因为这样的法律既区别于自上而下强加的"官法"，也不同于自外输入的"洋法"，它生发于特定共同体中人们的信仰，本身就是信仰的结晶和密不可分的组成部分。由此现代法治中的内信与外迫的冲突得到了消解。

这种法治也能消解现代法治中确定与无常之间的冲突。自愿共同体的法治，寻求的不是绝对的确定性，而只是情境化的确定性，即共同体的法律相对于特定情境是确定的。当情境发生变化时，生活于情境中的人们能够根据情势的变化调整规则，使规则与情境相一致。在对变化的情势作出法律回应时，这种回应一定包含生活于情境中的人们的特定经验，而这种经验本身又是传统的组成部分。这样，现实的法律是传统的延伸，但又不完全拘泥于传统；未来法律是现时的延伸，但又不完全羁縻于现时。由于规则是从日常生活中自然生长起来的"生活语法"，生活于特定情境中的人们对这种"语法"规则的含义烂熟于胸、了如指掌。即便出现了意想不到的突发情况，特定情境中的人们也能通过平等协商、自由沟通和充分讨论作出及时的法律回应。这样，"确定"由于被置于特定的情境中，获得了适当的变通；"无常"因为情境化的协商和讨论机制，变得较为易于应对。

同时，与国家这种高度复杂的、异质的社会组织模式不同，每一自愿共同体内部结构都很简单，在价值取向上同质性更高，人们通常是基于某种价值的认同或偏好而组合在一起。对于该共同体来说，体现这种价值共识的法律具有真正的普适性。换言之，自愿共同体的法治寻求的不是国家法模式那样跨民族、种族、宗教以及文化的广泛普适性，而是适用于本共同体全体成员的特定普适性。这样，自愿共同体的法治便能够避免现代法治中普适与特惠之间的冲突。

自愿共同体的法治也可以消解规则与事实的紧张关系。因为在这种共同体中，规则是从具体的生活事实中产生的，而不是从外部强加的。每个自愿共同体由于价值取向存有同质性，所面对的事实通常较为简单。生活于其中的人们熟悉自己的生活事实，他们根据这些事实平等地参与规则形成过程，通过民主协商和自由讨论，能够制定出与事实相符合的规则。如果事实发生了变化，人们也能够及时调整规则，回应事实的变化。在自愿共同体法治中，事实是规则的母体，规则是事实的体现；事实是规则的土壤，规则是事实的苗木。事实与规则一道构成人们的生活方式。当然，与规则相比，事实的变数较多，因此，规则与事实之间仍然会存有某种张力，但共同体法治将会最大限度消解现代法治中规则与事实的冲突。

读了以上描述之后，人们也许会产生这样的疑问：自愿共同体法治是否仅仅存在于理想之中，而无任何现实可能性？如果是这样，笔者所探讨的新型法治秩序不过是向人们展示一个想象的乌托邦而已。实际上，历史上就存在这种自愿共同体的雏形，例如中世纪西欧的商人团体便是以利益为基础形成的自愿共同体。它在商业实践的基础上，形成了自己的法律，即商人法，并组成了商事法庭，裁决商事纠纷。① 基督教教会②和伊斯兰教产生初期所建立的称作"乌玛"的伊斯兰公社，③ 最初都是以信仰为基础的自愿共同体，形成了自己的法律，并确立了裁决纠纷的机制。后来，它们都异化为与国家同构的特权身份制官僚体制。在统一的国家法模式下，仍然存有共同体的法律自治。例如，在实行普通法的英国，存在适用大陆法的苏格兰地区，美国的路易斯安那州和加拿大的魁北克省也都是普通法领土中的适用大陆法的法律共同体。在当代中国，统一的法治中存在两个高度自治的共同体——香港特别行政区和澳门特别行政区，它们被授权适用不同于中国大陆的法律：前者继续适用深受英国法影响的普通法，后者继续适用明显带有葡萄牙法印记的法律。这两个地区在立法、司法高度自治方面所取得的成功经验，为如何协调共同体法与国家法以及不同共同体之间法律的冲突提供了范例。

此外，欧洲共同体（欧洲联盟）基于共同的文化传统和共同的利益对各成员国法律进行了协调、整合与统一，并取得了重要进展，展现出形成

① 〔美〕哈罗德·J. 伯尔曼：《法律与革命——西方法律传统的形成》，贺卫方等译，中国大百科全书出版社，1993，第406—433页。

② 参见〔美〕威利斯顿·沃尔克《基督教会史》，孙善玲等译，中国社会科学出版社，1991；〔美〕哈罗德·J. 伯尔曼《法律与革命——西方法律传统的形成》，贺卫方等译，中国大百科全书出版社，1993。

③ 参见〔美〕希提《阿拉伯通史》上册，马坚译，商务印书馆，1990；金宜久主编《伊斯兰教史》，中国社会科学出版社，1990，第56—80页。关于伊斯兰公社的法律可参见高鸿钧《伊斯兰法：传统与现代化》，社会科学文献出版社，1996，第1章、第9章。

一种"新欧洲普通法"（new *ius commune*）的乐观前景。① 这暗示了超越国家主权自愿共同体法治存在和发展的可能性。还有，国际上一些和平组织和环保组织等非政府组织的大量涌现与迅速发展，为本文所构想的自愿共同体提供了令人鼓舞的现实范例。

综上所述，自愿共同体的法治是一种正当性更为充足的秩序，它能够最大限度地消解现代法治中封闭与开放、内信与外迫、确定与无常、普适与特惠以及规则与事实之间的内在冲突。

本文对自愿共同体法治正当性的论证，是从一种理论和逻辑的角度展开的，难免带有理想化色彩。显然，这种对法治正当性的追问，潜含着对人类社会秩序的终极关怀。笔者虽然对自愿共同体法治加以肯定，但并非指望所有国家和社会都立即全面共同体化。因为现代社会的不同国家或地区在政治、经济和文化传统等方面存有重大差异，各自所处的现代法治阶段并不相同，法治的具体形态也各有特色。因此，上述关于法治的总体性分析，无意取代对特定社会法治问题的具体研究，也更无法取代不同社会中的人们根据自己的需要所作出的实际选择。这种选择是历史与现实、国内与国际等各种复杂因素交互作用的结果。

在主权国家仍然占据支配地位的当代世界，自愿共同体的自治必定会受到种种限制。尽管国际组织、全球化浪潮和非政府组织的发展限制了传统意义上的国家主权，但如上所述，国家在近期仍然不会消亡。除了对外维护安全之外，国家还担负着对内维护社会治安、组织生产、协调利益以及解决冲突等职能。在此境况下，以自愿共同体模式的法治立即取代国家模式的法治是不现实的，较为可行的思路是加强自愿共同体的自我立法，并使自愿共同体之间以及它们与其他社会组织的立法相协调，国家为这种协调提供协商和沟通平台。通过自愿共同体之间以及它们与其他社会组织

---

① 自12世纪起，西欧大学的法学研究就致力于在复兴罗马法的基础上，建构通行于欧洲各国的普通法（*ius commune*），这种努力由于后来民族国家的兴起以及法律的民族化进程而终结。颇有意味的是，20世纪后期以来欧洲共同体的形成与发展又使这种努力重新得到了回应。伴随着欧洲共同体（欧洲联盟）经济、政治的一体化，各成员国的法律也开始逐步趋同，虽然各成员国的法律目前仍然存有重大差异和诸多冲突，但在商业贸易以及人权领域中的法律协调与统一工作已经取得颇为显著的成就。关于"新欧洲共同法"，参见 Kjell A. Modeer, "European Legal Cultures: Traditions and Cultures in Contemporary Europe," in Tuuli Forgren & Martin Peterson (eds.), *Cultural Crossroads in Europe* (Produktion: Ord & Form AB, Uppsala, 1997), pp. 73 – 75。

之间的协商与沟通，在基本共识的基础之上，确立国家层面的以宪法为核心的基本法律，不同共同体根据这些基本法律在协商的基础上形成符合自己真实需要的具体法律。这样就可以实现具有重要意义的转变：由政府或社会精英为民众立法转向民众自我立法；变"送法下乡"为"下乡寻法""送法入朝"，在协调真正来自民间的"民法"基础上形成"国法"，然后再将"国法"回馈民众，实现"民法"与"国法"的双向良性互动。实际上，我们的祖先早就提出了以民为本的民本思想，从"民惟邦本，本固邦宁"的"祖训"，① 到"天视自我民视，天听自我民听"的主张，② 从老子"圣人无常心，以百姓心为心"的观点，③ 到孟子"民贵君轻"的立场，④ 都体现了这种民本思想。在当今的民主社会，作为一切权力属于人民的民主国家不更应该"国视自我民视，国听自我民听"吗？不更应该"以百姓心为心"吗？实际上，在以民主制为基础的法治社会，"还法于民"是"还政于民"的重要体现，是民主的精义所在。这样，在国家层面，法律能最大限度地成为私域与公域协调意志的表达，成为市民社会与政治国家协调意志的体现；在市民社会层面，自愿共同体的法律能够真正成为特定人群自己的法律。

当然，由于现代社会存在科层制的等级权力结构，由于人们的价值取向存有差异，国家层面的法律还会存在封闭与开放、内信与外迫、确定与无常、普适与特惠以及规则与事实之间的冲突。不过，自愿共同体的法治为摆脱这些困境提供了一条出路。在现阶段，通过共同体法、国家法以及国际法的多元良性互动，可以形成一种新型法治模式。在这种法治模式下，不同层面的法律"和而不同"，"道并行而不相悖"。

---

① 《尚书·五子之歌》。
② 《尚书·泰誓》。
③ 《道德经·德经》。
④ 《孟子·尽心下》："民为贵，社稷次之，君为轻。"

政体与法治：一个思想史的检讨[*]

徐爱国[**]

摘　要：从思想史的角度看，主要有三种法治与政体之间内在理论结构的范式：法治工具主义论、法治目的主义论和法治社会秩序论。法治工具主义是人类社会的普遍现象，法治目的主义则是人类社会的特定历史条件下的独特现象。在非宪制的政体之下，法治工具主义与法治目的主义不能并存；而在宪制的政体下，法治工具主义与法治目的主义则可以并存。

关键词：政体与法治　法治工具主义论　法治目的主义论法治社会秩序论

本文的主题是从思想史的角度论述法治与政体的关系。就政体和法治的本义而言，政体指的是政治社会最高权力的运作模式，而法治是指法律制度在政治社会中的地位和作用。在不同的历史时期，思想家对政体和法治赋予了不同的含义。在古代社会，通行的观点是政体的性质决定了法律的性质，不同的政体有着不同的法律制度，这是法治工具主义论。在近现代，法治被视为社会的崇高理想，政治活动应该建立在法律的基础之上，这是法治目的主义论。进入 20 世纪之后，社会学家将政体和法治都视为控制社会的工具，政治活动与法治的结合共同建立和维持了特定的社会秩序。这是法治社会秩序论。第一阶段的代表是古希腊的柏拉图和亚里士多德，他

　＊　本文原载于《法学研究》2006 年第 2 期。

＊＊　徐爱国，北京大学法学院教授。

们展示了政体与法治的逻辑关系；第二阶段的代表是孟德斯鸠和戴雪，他们提出了资产阶级的法律至上论；第三阶段的代表是韦伯和昂格尔，他们提出法治只是特定历史时期和特定社会下的独特现象。

一 政体与法治的逻辑关系

人是社会的动物，他必须与他的同类在一起才能够生存下去。一个人有衣、食、住的需要，一个社会就需要裁缝、农夫和工匠。一个城邦需要扩张和防卫，它就需要卫士和军队。一个社会需要和谐，它就需要有一个政治的权威。这是柏拉图的思路。① 亚里士多德的语言更加一般化一些。他说，人天生是一个社会的动物，他必定要过一种政治的生活。社会中存在三种统治关系，一是主仆关系，二是家长妻儿关系，三是城邦宪制关系。② 人类社会组织的最初形式是家庭，最高的形式是城邦，"政体（宪法）为城邦一切政治组织的依据，其中尤其着重于政治所由以决定的'最高治权'的组织"。③ 最高组织的结构不同，政体的形式也各不相同。正如同一个合唱团，当他们表现得慷慨凄凉的时候，他们演奏的是悲剧；当他们表现得轻松愉快的时候，他们演奏的是喜剧。④ 同样是一个合唱团，结构不同，戏剧的形式就不同。同理，最高治权的目的和执掌人数不同，政体的形式和性质也不一样。按照亚里士多德的逻辑分类，划分政体的根据分为两类：一是政治统治的目的，即为了城邦的利益和非城邦的利益；二是执掌政治权力的人数，即一个人的统治、少数人的统治和多数人的统治。依此，政体在逻辑上可以分为六种，即君主政体、贵族政体、共和政体、僭主政体、寡头政体和平民政体。前三种都是为了城邦的利益，故称正宗政体；后三种不是为了城邦的利益，故称错误的政体，或者变态的政体。⑤

① 参见〔古希腊〕柏拉图《理想国》，郭斌和、张竹明译，商务印书馆，1986，第2—6卷。
② 〔古希腊〕亚里士多德：《政治学》，吴寿彭译，商务印书馆，1965，第131页。
③ 〔古希腊〕亚里士多德：《政治学》，吴寿彭译，商务印书馆，1965，第129页。
④ 〔古希腊〕亚里士多德：《政治学》，吴寿彭译，商务印书馆，1965，第119页。
⑤ 〔古希腊〕亚里士多德：《政治学》，吴寿彭译，商务印书馆，1965，第132页以下，但是在政体与法律关系方面，亚里士多德没有完全按照逻辑的方式设计法律制度，而主要按照掌握权力的角度分析城邦的法律，在君主与僭主之间，在贵族与寡头之间，亚里士多德没有作出绝对的划分。

古希腊的经典作家对政治的关心远甚于他们对法律的关心。在柏拉图看来，政治是政治家的一门"艺术"。① 在亚里士多德看来，政治的目的是最高的善，② 和政治相比较而言，法律只是处于从属的地位。柏拉图一生追求"哲学王"智慧的统治，他认为以固定不变的法律来束缚智者的聪明才智，是一件可悲的事，正如同让一个医生按照医学的教科书给病人看病，而不是让医生根据自己的经验给病人看病。即使在晚年，他也不否认法律的重要性，认为法律是一个"金质的纽带"，但是他仅仅承认法律是一种"次善"的统治形式。③ 亚里士多德比柏拉图更为重视法律的作用，提出过"法治优于一人之治"的口号，也对"法治"进行了"普遍服从"和"良法"的界定。基于这一点，亚里士多德被认为是西方"法治"主义的始祖之一。但是，通观他的政治法律著作，他仍然把法律置于政治之下。在他的伦理学中，他称政治学是"最高主宰"的科学，是"最有权威"的科学，④ 而"立法知识是政治学的一部分"，"法律似乎是政治活动的成果"，立法问题是一个前人留下来尚未研究的问题，"整个说来这是一个政制的问题"。⑤ 在《政治学》中，亚里士多德明确提出了这样的观点：政体的性质决定了法律的性质。

在政体和法律关系问题上，"法律实际是，也应该是根据政体（宪法）来制订的，当然不能叫政体来适应法律"。⑥ 他说，政体的好坏决定了法律的好坏，法律必然根据政体制定，正宗政体之法合乎正义，变态政体之法不合乎正义。⑦ 要制定法律首先就应该认识政体，不存在适用于所有政体

---

① 〔古希腊〕柏拉图：《政治家》，黄克剑译，北京广播学院出版社，1994，第44页以下。

② 〔古希腊〕亚里士多德：《尼各马科伦理学》，见苗力田主编《亚里士多德全集》第8卷，中国人民大学出版社，1994，第19页。

③ 在《政治家》中，柏拉图使用了医生看病的比喻，见〔古希腊〕柏拉图《政治家》，黄克剑译，北京广播学院出版社，1994，第95页；在《法律篇》中，柏拉图把法律比喻为金质纽带，见〔古希腊〕柏拉图《法律篇》，张智仁等译，上海人民出版社，2001，第28页以下。另外可参见徐爱国《解读柏拉图关于法律的三个比喻》，《环球法律评论》2003年秋季号。

④ 〔古希腊〕亚里士多德：《尼各马科伦理学》，见苗力田主编《亚里士多德全集》第8卷，中国人民大学出版社，1994，第4页。

⑤ 〔古希腊〕亚里士多德：《尼各马科伦理学》，见苗力田主编《亚里士多德全集》第8卷，中国人民大学出版社，1994，第236页以下。

⑥ 〔古希腊〕亚里士多德：《政治学》，吴寿彭译，商务印书馆，1965，第178页。

⑦ 〔古希腊〕亚里士多德：《政治学》，吴寿彭译，商务印书馆，1965，第148页。

的法律。鉴于此，亚里士多德分别考察了各种政体下的法律制度。其中，他着笔较多的是平民政体下的法律制度和君主政体下的法律制度，以及他的理想政体形式即共和政体下的"法治"。

平民政体是把治权交给多数平民的政体，在这样的城邦中，多数的平民超过了少数的贤良。平民政体分为五种，分别以平等、财富、出身、公民权和民众命令为原则。在这五种平民政体中，前四种政体都依照法律实行统治。在后一种情况下，民众的命令凌驾在法律之上，平民有他们自己的领袖，在这样的政体下，法律并没有威信。亚里士多德称这种政治实际上是一种专制。① 在前四种情况下，亚里士多德主张将治权交给众人，实行法治，因为众人的智慧总是超过少数人的智慧，整体的力量大于部分的力量。为此，只有把民众大会、议事会和法庭的平民群众权力置于少数贤良之上，才是合乎正义的。在审判的时候，最后的决断权应该寄托于正式订定的法律，只有当法律不及的时候，才求诉于个人权力或者若干人的联合权力。② 即使如此，平民的法律统治也存在弊端，亚里士多德以"陶片放逐律"说明这一点。陶片放逐律一般被认为是希腊民主制度的象征，通过多数人的意见放逐政治野心家。亚里士多德认为，这个制度的基础在于平民政治的平等性，在平民政体下，平等被视为最高的要义，特别富有者、朋友过多者、政治影响力过大者与平民政治的平等观相冲突。这个法律应用的结果也许会将有才德的人排挤出去，平等压制了才能。③

君主政体是治权掌握在一人手里的政体形式。在亚里士多德看来，君主制也分为多种形式。希腊各邦的民选总裁制，一般依法受任；非希腊各邦的野蛮奴性的僭主制和绝对的君主制，基本上是专制制度。君主制度之下，应该实行人治，还是实行法治？亚里士多德作了较深入的分析。人治的优点是个人智慧和灵活性。不过，人治还是不如法治，因为：第一，人是感情的动物，而法律完全没有感情；第二，众人的智慧超过一个人的智慧，一个人容易出错，而众人出错的概率较小，"许多人出资举办的宴会可以胜过一人独办的酒席……大泽水多则不朽，小池水少则易朽；多数群

---

① 〔古希腊〕亚里士多德：《政治学》，吴寿彭译，商务印书馆，1965，第 189 页以下，第 194 页。

② 〔古希腊〕亚里士多德：《政治学》，吴寿彭译，商务印书馆，1965，第 143 页以下。

③ 〔古希腊〕亚里士多德：《政治学》，吴寿彭译，商务印书馆，1965，第 155 页。

众也比少数人为不易腐败"；① 第三，一个人凌驾在平等众人之上不合乎自然，因此在平等的人民中间应该实行轮番制度，建立轮番制度就是法律，"结论就是主张以法律为治……法治应当优于一人之治"；② 第四，人治适合古代人口稀少的社会，而在当时的社会里，一个君主无法胜任繁重的工作。结论之一是：法治是神祇和理智的统治，而人治是在政治中加入了兽性的因素。③ 结论之二是：法治并不抹杀人们的才智，而是意味着法官的判决与其交给一个人，不如交给众人。④

从逻辑上讲，共和政体正好与平民政体相对，两者之间的区别在于一个是正宗的政体，一个是变态的政体。但是，亚里士多德并没有实际的所指，也就是说，其他政体的形式都能够在现实的政治制度中找到影子，而共和政体只是亚里士多德理想中的政体。在他看来，一个城邦可以分为极富阶级、极贫阶级和中产阶级。如果穷人数量多，超过了富人，那么这个城邦就是一个平民政体；如果富人和贵族在质量上压倒了穷人的力量，那么这个城邦适合寡头政体。平民政体的典型就是雅典，寡头政体的典型就是斯巴达。如果中产阶级人数众多，那么这个城邦就适合共和政体，共和政体实际上就是平民政体与寡头政体的混合，混合得越好，则共和政体就越持久。⑤ 在一个城邦中，极富阶级逞强放肆，致犯重罪，极穷阶级懒散无赖，易犯小罪，而中产阶级则最能够顺从理性，也很少有野心，因此，"惟有以中产阶级为基础才能组成最好的政体"。⑥ 从性质上看，共和政体混合了平民政体和寡头政体的性质，也就是说，共和政体同时具备了平民政体的自由和寡头政体的财富。而平民政体与寡头政体都趋向于法治。⑦

① 〔古希腊〕亚里士多德：《政治学》，吴寿彭译，商务印书馆，1965，第163页以下。
② 〔古希腊〕亚里士多德：《政治学》，吴寿彭译，商务印书馆，1965，第167页以下。
③ 〔古希腊〕亚里士多德：《政治学》，吴寿彭译，商务印书馆，1965，第169页。在这点上，亚里士多德继承了柏拉图晚年的思想，因为柏拉图在《法律篇》中作了几乎相同的表述。
④ 〔古希腊〕亚里士多德：《政治学》，吴寿彭译，商务印书馆，1965，第171页。
⑤ 〔古希腊〕亚里士多德：《政治学》，吴寿彭译，商务印书馆，1965，第208页。
⑥ 〔古希腊〕亚里士多德：《政治学》，吴寿彭译，商务印书馆，1965，第206页。
⑦ 在论述寡头政体的时候，亚里士多德说，"当农民和家道小康的人们执掌政权时，他们的政府总是倾向法治的。他们在家业上虽然能够营生，却没有多少闲暇可以从政，于是他们乐于让法律树立最高的权威"。"政府要是不由最好的公民负责而由较穷的阶级作主，那就不会导致法治；相反地，如果既是贤良为政，那就不会乱法。"有时候，亚里士多德又将寡头政体与贵族政体混同。参见〔古希腊〕亚里士多德《政治学》，吴寿彭译，商务印书馆，1965，第193、199、198页。

也正是在共和政体之下，亚里士多德提出了法治定义："法治应包含两重意义：已经成立的法律获得普遍的服从，而大家所服从的法律又应该本身是制订得良好的法律。"①

就政体理论而言，柏拉图的《理想国》和《政治家》广泛地讨论了政体问题，而亚里士多德研究和分析了158个城邦的宪政，在他的《政治学》中，核心便集中在他的政体理论。柏拉图的洒脱和奔放，使得他的政体理论隐含在他的"对话"之中，而亚里士多德的逻辑思维能力和他的细节分析能力，使政体理论成为一种系统的学说。就法治理论而言，柏拉图的"哲学王"统治与亚里士多德"法治优于人治"理论，在西方法律思想史上都开启了法律理论的先河。

不过要指出的是，我们不能够夸大古希腊人的理论成就。古希腊政体与法治关系论只是这个理论问题的起点，古典学者们对"政体"与"法治"的理解，与现代意义的政体和法治相去甚远。他们所谓的政体不过是一种城邦管理模式，而城邦在人口、面积和社会关系方面，只类似于现代社会的一个小镇。② 古希腊学者的政体理论最多是为现代国家理论和政体理论划定了一个逻辑的范围，确定了政体研究的客观对象。现代政体理论研究只是亚里士多德逝世1500年左右的时候才真正开始古希腊人所谓的法治，也不过是政治的一个手段和工具。在这一点上，柏拉图与亚里士多德"人治与法治"之争并不比中国先秦儒法之争更精彩。而且，当亚里士多德将法治归结为"法律的普遍服从"和"良好的法律"的时候，我们不能够将古代社会的"法治"与现代意义的法治联系起来。比如，中国古代社会从秦王朝到清朝，每个朝代都有自己的"良法"，每个时代都依靠封建专制的强权使民众"普遍服从"自己的法律，但是，我们不能够说中国古代社会就是"法治"的社会。因此，现代学者们认为亚里士多德并没有给"法治"下一个完整的定义，认为亚里士多德对法治的理解并不能够从他的"良法"和"服从"表述中找到，而只能够从他的思想中去发现。③

---

① 〔古希腊〕亚里士多德：《政治学》，吴寿彭译，商务印书馆，1965，第199页。

② 雅典的人口估计稍微超过30万人，雅典所在岛的面积不过2000平方公里，参见〔美〕萨拜因《政治学说史》上册，盛葵阳等译，商务印书馆，1986，第22页以下。

③ 〔古希腊〕亚里士多德：《政治学》，吴寿彭译，商务印书馆，1965，第127页，萨拜因把亚里士多德的法治归结为三个要素，即普遍利益的统治、守法的统治、臣民自愿的统治。

从先秦与古希腊比较的角度出发，我们也许可以发现古希腊政体与法治理论的历史地位，大体上讲，中国先秦与古希腊政体及法治理论的不同之处首先在于，先秦社会只存在君主制，政体形式比较单一，而古希腊同时存在君主制、寡头制和平民制，可供研究的实际政体较多。中国社会专制制度的早熟限制了政治学说的视野，而专制制度又遏制了学术的自由和深化。从这个意义上讲，古代中国社会产生不了亚里士多德，更不可能出现亚里士多德那样深入、细致和体系化的政体理论。另外，先秦"人治"与"法治"之争，都是为君主的"王权"或者"霸权"提供治国之术，而古希腊学者研究政体和法治却是为了"城邦政治的目的"，那就是全体人民的"善德"。或许我们可以说，古代社会的法治论，其实都是工具论，不同之处在于，东方社会的"法治"是赤裸裸政治强权的工具，西方社会的"法治"是穿着道德外衣的政治强权的工具。正是在"道德"外衣之下，西方后世学者将"道德"与"价值"联系了起来。当法治与"价值理想"联系起来之后，西方近现代"法律至上"的法治理论才得以产生。

综上所述，柏拉图和亚里士多德让我们将法治与政体联系了起来，政体的性质和形式决定了法律的性质和形式，法律要适应政体的需要。法律制度可以存在于任何政体形式之中，"以法为治"的法治实际上是实现政治目的的一个工具。

二　民主宪制与法律至上

希腊之后的罗马有着辉煌的法律制度文明，也有着闪光的法律实践，但是，就政治思想和法律理论而言，古罗马比不上古希腊。13 世纪的阿奎那将亚里士多德的哲学与天主教的神学结合起来，创立了中世纪后期的神权政治学。[①] 15 世纪的马基雅维里以亚里士多德的政治学创立了近代的政治学。[②]

---

① 阿奎那关于国家的起源和国家的目的的思想，无不带有亚里士多德的影子，参见《阿奎那政治著作选》，马清槐译，商务印书馆，1963。

② 萨拜因说，亚里士多德关于革命的理论颇有马基雅维里的味道，参见〔美〕哈罗德·J.萨拜因《政治学说史》上册，盛葵阳等译，商务印书馆，1986，第 148 页。而马基雅维里则效仿了亚里士多德的《政治学》，参见〔美〕萨拜因《政治学说史》下册，盛葵阳等译，商务印书馆，1986，第 395 页。

16 世纪的博丹创立了民族国家的主权学说。在法律哲学领域，12—13 世纪注释法学派利用亚里士多德的哲学方法研究法律制度，开创了西方法律的传统。① 在政治实践领域，教权、王权和封建诸侯旷日持久的政治斗争充斥着中世纪的历史，市民社会的形成有了民主政治和法治社会的需求。从16 世纪的格劳秀斯到 18 世纪的卢梭，他们以崭新的政治学设计新的政治制度，并将法律确立为社会的基础。真正意义上的公法和公法理论得以产生，其中，法律至上的法治观成为西方近现代法律制度的理论基础。

在政体与法律问题上详细研究并有所成的是孟德斯鸠。一方面，孟德斯鸠相信人类的理性，也提出过自然状态、自然权利和自然法的理论设计。在这一点上，他的观点与自格劳秀斯以来的理性主义法学相一致，是法国启蒙运动的一部分。另一方面，他也承认政体的性质决定法律的性质，不同的政治社会和自然环境有着不同的政治制度和法律制度，甚至提出了生活方式决定法律的命题②和风俗与习惯影响法律的观点。③ 在这一点上，他继承了亚里士多德政治学的传统，同时又具有了后世社会法学的雏形。正由于这两个方面的结合，孟德斯鸠的宪政理论成为 17—18 世纪较为系统、完整和实际的理论。

在政体分类上，孟德斯鸠已经与亚里士多德不同，他将分类的标准改为掌握权力的人数和政治的统治是否依照法律。由此，他把政体分为共和政体、君主政体和专制政体。在共和政体中，权力掌握在多数人手里称为民主政体，掌握在少数人手里称为贵族政体。君主政体与专制政体都是单个人的统治，区别在于前者依照法律实行统治，而后者依照君主个人的意志性情来统治。与亚里士多德另外的一个不同之处在于，孟德斯鸠提出了"政体原则"的概念，也就是政体运作的人类感情。民主政治的原则是"品德"，贵族政治的原则是"节制"，两者都表现为爱共和国，都把公共利益放在个人利益之上；君主政体的原则是"荣誉"，具体表现为对妇女献殷勤，权谋求数，阿谀奉承，处世坦率，举止礼貌。专制政体的原则是

---

① 参见〔美〕哈罗德·J. 伯尔曼《法律与革命——西方法律传统的形成》，贺卫方等译，中国大百科全书出版社，1993，第 299 页。
② 〔法〕孟德斯鸠：《论法的精神》上册，张雁深译，商务印书馆，1961，第 235 页。
③ 〔法〕孟德斯鸠：《论法的精神》上册，张雁深译，商务印书馆，1961，第 48 页。

"恐怖"，具体表现是压制勇气，窒息野心，培养好奴隶。① 这里，孟德斯鸠不再抽象地和逻辑地探讨政治统治的目的，而是具体地描述不同政体的内在性质，从他的描述中，我们可以看出他提倡共和、反对专制的理论倾向。其实，孟德斯鸠在《论法的精神》中曾经利用传教士的文献分析过古代中国的政体与法律。在他看来，中国本质上就是一个专制的国家，但是，由于中国特有的道德、人口、气候和地理环境，中国的专制主义带有些许贵族甚至共和的特点。②

　　同样，孟德斯鸠也认为政体的性质决定了法律的内容。首先，立法要与政体的原则相适应。在民主政治下，平等和简朴成为立法的原则。平分土地，财产均衡，禁止一人继承二人的财产，征富人税减轻穷人负担，都是为了达到平等。简朴、节约、节制、勤劳、谨慎、安分，为的是培养俭朴的精神。③ 在贵族政治下，立法的原则是鼓励宽和的精神并恢复平等，因为不平等乃是致乱之源。规定富人纳税，禁止贵族经商，要求贵族公道对待人民，设立监察官，废除长子继承制，目的都是抑制财富的不平等。④ 对于专制政体下的法律，孟德斯鸠持强烈的批判意见，认为专制主"就是法律，他是国家，又是君主"，"法律仅仅是君主的意志而已"，"无财产转让制度"，"无贸易法律，法律仅仅为警察法规"，"贪污是普遍的犯罪"。⑤

　　其次，具体民事和刑事法规，不同政体下形式各不相同。在法律简繁上，共和国对财产生命和荣誉重视，因此诉讼程序的法律多，而专制国家不重视这些权利，以简化的方式判案。在明文断案上，专制国家无法，法官就是法律；君主国家有法，法律明确的时候依照法律判案，法律不明确的时候探求法律的精神；在共和国，法官以法律的文字为依据判案。在裁判方式上，君主国采公断方式，法官共审交换意见，少数服从多数；共和国法官之间不商议，按照固定的诉讼定式个人判案。在刑罚轻重上，专制国严刑峻罚，共和国则预防重于惩罚。⑥ 孟德斯鸠得出的结论是，"国家没有丧失它的原则的时候，法律就很少是不好的"，他把政体比喻为"酒

① 〔法〕孟德斯鸠：《论法的精神》上册，张雁深译，商务印书馆，1961，第19页以下。
② 〔法〕孟德斯鸠：《论法的精神》上册，张雁深译，商务印书馆，1961，第309页以下。
③ 〔法〕孟德斯鸠：《论法的精神》上册，张雁深译，商务印书馆，1961，第43页以下。
④ 〔法〕孟德斯鸠：《论法的精神》上册，张雁深译，商务印书馆，1961，第50页以下。
⑤ 〔法〕孟德斯鸠：《论法的精神》上册，张雁深译，商务印书馆，1961，第59页以下。
⑥ 〔法〕孟德斯鸠：《论法的精神》上册，张雁深译，商务印书馆，1961，第76页以下。

杯"，把法律比喻为"酒"，按照他的理解，酒杯的好坏决定了酒的味道，因为"腐败的不是酒，而是酒器"。①

最后，孟德斯鸠把政体与自由联系了起来。他认为，只有在政治宽和的政府里才存在政治的自由，"一切有权力的人都容易滥用权力"，"要防止滥用权力，就必须以权力约束权力"。② 为此，孟德斯鸠以英格兰政制为蓝本，设计出了三权分立、权力制衡的宪政制度。这种通过政治权力的分立以求人民自由的理论，被后世的一些法学家视为"法治"的核心。③

不过，从格劳秀斯到卢梭，他们并不常用"法治"这个概念，与其说他们提出了近代法治主义的观点，还不如说是后代学者根据他们的理论推演出了近代法治的观念。国家建立在社会契约之上，政府的行为受到法律的制约，政府的目的是保障人民的自然权利，为了政治的自由就必须分权，法律面前人人平等，法无明文不为罪，法律不溯及既往等，都是这个时代理论的产物，都被认为是法治的应有之义。但是，如果我们将超越国度的自然法思想转到各国的政治法律实践，那么我们将会发现，不同的国家和不同的政治制度下的"法治"并不相同。

个人主义与法治主义的结合构成了近现代社会的法律特征，基督教和西方古典哲学所倡导的个人主义，成为西方文明的代名词。依据学者们的分析，17—19 世纪的西方，可以算作"法治"社会的唯有英格兰。④ 从政治思想史上看，17 世纪洛克的法律与自由关系命题到 19 世纪密尔的个人主义和自由主义，为英国法治奠定了自由主义理论基础。19 世纪的戴雪明确将"法律主治"视为英国宪法的三大特点之一。

在戴雪看来，英国法律的传统使英国的法律不同于同时代欧洲大陆国家的法律，英国宪法的特点之一就是"法治"。他经典地将法治描述为三

① 〔法〕孟德斯鸠：《论法的精神》上册，张雁深译，商务印书馆，1961，第 121 页。
② 〔法〕孟德斯鸠：《论法的精神》上册，张雁深译，商务印书馆，1961，第 154 页。
③ 典型人物是昂格尔。他说，法律的普遍性要求行政与立法的分离，法律的一致性要求审判与行政的分离，而这两个分离则是法治理想的核心。参见〔美〕昂格尔《现代社会中的法律》，吴玉章等译，译林出版社，2001，第 51 页。
④ 19 世纪末，德国逐渐发展为"法治国"。英格兰传统的"法治"与德国形式的"法治国"成为西方的两个法治典型："英格兰的法治既是中产阶级直接参与政府的原因又是它的结果。然而，德国式的非民主的自由主义的法律对应物则是狭隘地解释法律的普遍性和自治性，把它们看作是有权力的人和没有权力的人都可以利用的安全屏障。"〔美〕昂格尔：《现代社会中的法律》，吴玉章等译，译林出版社，2001，第 184 页。

个方面的特征。首先，不存在武断的权力，人民不会无故受罚或被法律处分，以致身体财产受损。他认为当时的英国是一个法治的国家，而法国则是专制的中心。他以伏尔泰无辜被贵族殴打并被关进巴士底监狱为例，假定伏尔泰在英国的话，他可以依据法治维护自己的权利，不至于既被殴打又被监禁。① 其次，普通法律和普通法院居优势，无论贵贱还是贫富，所有人都受制于普通法律和普通法院的管辖，换言之，法律平等。他考证，贵族、僧侣与普通人民在法律上的平等，英国和欧洲大陆国家在时间上相差了 200 年，在英国是 16 世纪末，在欧洲大陆是 18 世纪末。② 最后，宪法通则形成于普通法院的判决，英国宪法源于同法判决，判决源于个人诉讼。这里，戴雪把英国宪法与比利时宪法进行了比较，他认为英国宪法源于千百年来司法救济的传统，而比利时和法国等欧洲大陆宪法源于立法者制定的权利宣言。前者是归纳，后者是演绎；前者是法官之法，后者是立法者之法；前者基于法治主义大义，后者基于政治的实践。③ 如果说亚里士多德的"法治"论是古代法治学说经典的话，那么戴雪的"法律主治"则是近代法治学说的经典。个人受到政府的保护，政府不得侵犯个人的权利；法律面前人人平等，不存在超越法律的特权；个人的权利来自社会生活本身，受到司法制度的保护，而不是来自外在的立法权威。这些都成为近代法治理论的核心命题。另外，在戴雪的法治论中，有两点值得我们注意：第一，他混淆了封建时代的专制武断权力与近代以后行政的自由裁量权，因此，将欧洲大陆行政诉讼也当作一种专断的权力，看作法治的对立物；第二，他把法治与一个国家的生活方式、民族习惯和法律传统联系了起来，这为 20 世纪之后社会学家重新认识"法治"现象开辟了道路。④

　　如果说，在洛克与孟德斯鸠时代，法治的目标是废除封建特权和专制

---

① 〔英〕戴雪：《英宪精义》，雷宾南译，中国法制出版社，2001，第 232 页以下。
② 〔英〕戴雪：《英宪精义》，雷宾南译，中国法制出版社，2001，第 238 页以下。
③ 〔英〕戴雪：《英宪精义》，雷宾南译，中国法制出版社，2001，第 239 页以下。
④ 韦德和布拉德利的经典著作《宪法与行政法》将"法治及其现代含义"归结为三个各自独立但又相互关联的观念：第一，法律与秩序，非无政府状态或者冲突状态；第二，权力维持着秩序，但是这种权力受到有效的限制；第三，法治的中心是个人和个人的自由，多数人不能压制个人。参见 E. Wade and A. Bradley, *Constitutional and Administrative Law*, 10th ed. (London: Longman, 1984)。另外在韦德的《行政法》中，又将"法治"归结为五个原则：合法性原则、裁量权限制原则、平等原则、特权禁止原则和罪刑法定原则。见〔英〕韦德《行政法》，徐炳等译，中国大百科全书出版社，1997，第 23 页以下。

主义，争取新兴资产阶级自由财产权利，那么到了 19 世纪下半叶，世界强权的中心慢慢转移到欧洲的中部，从 1870 年左右开始，英国丧失了政治和社会领域的思想领导权，[①] 其中，德国的集权主义和苏联的社会主义都以反对资产阶级个人主义的面貌出现。在德国，随着资本主义的形成和发展，封建贵族与市民阶级的矛盾冲突最后使德国成为一个"法治国"。[②] 今天我们在谈论"法治"的时候，其几乎同时包含了英国传统的个人主义法治观和德国传统的集体主义法治国理念。社会制度的差异和思想基础的差异，使得近代资产阶级国家内部也存在剧烈的冲突，冲突的最高表现就是两次世界大战。1944 年，英国的哈耶克发表了《通往奴役之路》，用通俗的语言指出了两种思想的对立。作者为英国的自由主义而自豪，对德国法西斯感到愤慨。在他看来，只有以自由主义和自由竞争为基础的社会，才可以成为一个法治的国家；集权主义实际上是对欧洲文明的一种毁灭，是对法治的一种否定。集体主义取代或者战胜自由主义和个人主义，意味着人类文明从文明导向奴役。

哈耶克提出了著名的自由主义法治含义。在他看来，西方文明源于古希腊、古罗马和基督教，近代文明则起源于文艺复兴，贯穿整个西方文明的思想基础就是自由主义和个人主义，资本主义的本质在于自由竞争。自由竞争需要法律的框架，需要法律作为自己行为的指导，每个人尽自己最大能力争取经济上的利益，在不侵犯他人的前提下具有最大限度的权利。法律既是权利的保障，也是行为后果可预见的标尺。个人权利的保障需要政府的强力，而政府的强权又不能够侵犯个人的自由。[③] 哈耶克比较了自由主义的法治与集体主义的法律制度的区别。在管理经济模式方面，法治社会依靠法律体系，具有永久性，而集体主义社会依靠中央当局；在对现有资源使用方面，在法治社会里，法律只规定使用的条件，让个人来决定使用的目的，而在集体主义社会里，法律直接规定使用的目的；从规则的内容上看，法治社会的规则具有可预见性，规则具有外部的特征，而在集体主义社会，政府以法律作为强制的工具，强迫人民接受新的等级差别，其法律强调物质

---

① 〔英〕哈耶克：《通往奴役之路》，王明毅等译，中国社会科学出版社，1997，第 21 页。
② 〔美〕昂格尔：《现代社会中的法律》，吴玉章等译，译林出版社，2001，第 175 页以下。
③ 〔英〕哈耶克：《通往奴役之路》，王明毅译，中国社会科学出版社，1997，第 42 页，第 73 页以下。

和实质的平等；在法律的形式上，法治社会重视形式上的法律，法律如同公路的章程，而集体主义社会重视法律的实体公正，如同公路上的路标；关于法律在经济管理上的表现，法治社会无法预见政府行为的特殊效果和特殊的对象，形式法律具有工具性的一般性，在集体主义社会，法律体现了政府的特定目的和特定的计划；关于法律在道德政治方面的表现，法治社会表现为不偏不倚，法治产生经济上的不平等，集体主义社会的法律是立法者影响人民的工具，给人民强加某种道德。最后，哈耶克的结论是，法治主义的口号是个人主义，而集体主义的口号是法律的社会化。①

根据上述分析，可得出这样的结论：从政体与法律的关系而言，资本主义的法治观可以分为两个时期，第一个时期以洛克、孟德斯鸠和戴雪为代表，他们反对封建专制制度，提倡自由资本主义的法治设想；第二个时期以哈耶克为代表，他们反对集体主义的法律制度，维护法治的个人主义传统。从资本主义/封建主义和个人主义/集体主义这两个参照系中，我们可以看到这种法治观的成功之处和不足之处。

在反对封建专制的斗争中，法律至上取得了决定性的胜利，民主政治取代了专制政治，法律取代了个人任性。这场斗争，使得资本主义法治成为世界性的一场运动，通过法国大革命传遍了整个世界。② 经过美国独立战争、法国大革命、德国宫廷革命等，西方社会步入了所谓法治的社会，而且随着资本主义和殖民主义的扩张，西方的民主和法治的理念也开始冲击或者渗透到东方世界，在亚洲的代表就是日本的明治维新和中国的戊戌变法。在这里，西方的法治主义与中国的法律史发生了连接。中国的鸦片战争、洋务运动、戊戌变法和辛亥革命都是中西方冲撞的历史事件。从思想史的角度来看，中国当时的思想家与西方近代思想家的思想沟通也相当明显。就梁启超而言，他读过亚里士多德的著作，也读过孟德斯鸠的著作，甚至读过边沁的著作。③ 他参与戊戌变法的指导思想是孟德斯鸠的。在政体方面，早年他提倡立宪，认为人类发展由"多君为政"到"一君为政"再到"民为政"，他主张中国当时应该实行"一君之政"。后来，在与孙中山的辩论中，他认为"与其共和，不如君主立宪，与其君主立宪，

---

① 〔英〕哈耶克：《通往奴役之路》，王明毅等译，中国社会科学出版社，1997，第74页以下。
② 〔英〕梅因：《古代法》，沈景一译，商务印书馆，1959，第52页。
③ 参见《梁启超法学文集》，中国政法大学出版社，2000。

不如开明专制"。在权力分立上，他把立法行政和司法称为"体"，"三权之体皆荟于君主"，把国学、国务大臣和审判厅称为三权之"用"。体不可分，用则可分。在法治方面，他称"法治主义是今日救时唯一之主义"。法是"国家之意志""天下之公器"，法治国，"谓以法为治之国也"。他说："其法律愈完备而愈公者，则愈文明；愈简陋而愈私者，则愈野蛮而已。"① 从戊戌变法到辛亥革命，我们通常的说法是从改良到革命，如果我们从西方思想史发展来看，是从孟德斯鸠的君主立宪到卢梭的人民主权。孙中山之政权与治权的分离，② 类似于卢梭之主权与政府的区分；孙中山之政权与法律的区分，并强调法律为体、政权为用，已经与西方近代法律至上理论相吻合。③

另外，以自由竞争为基础的资产阶级法治虽然是近代政治与法律的基础，但是这种法治及其法治的理想是特定历史时期和特定国家的现象。这个时期的思想家将法律至上当作一种政治口号，他们还没有来得及对每个国家的法治作出深入细致的研究。他们从政治哲学和理想法律制度框架设计的角度提出了"适用于所有理性人类"的社会制度。当西方社会制度从自由资本主义发展到福利社会的时候，历史学家和社会学家认真考察西方法治起源的历史和社会，西方近代的法治理论开始动摇。"法治是历史的一种独特现象"，"法治只是我们追求的一种理想"，"法治以形式上的平等掩盖了人们实质上的不平等"等命题，开始取代法律至上论。

三　法治与社会秩序

近代西方法治理论的基础是 17—18 世纪的自然法思想，而这个时期自

---

① 参见梁启超《论君政民政相嬗之理》《开明专制论》《论立法权》《中国法理学发达史论》《变法通议》《管子传》《论中国宜讲求法律之学》等各篇，具体归纳参见李贵连主编《中国法律思想史》，北京大学出版社，1999，第 326 页以下。

② 《孙中山选集》下卷，人民出版社，1956，第 754 页。按照孙中山的意思，集合众人之事的民权叫作政权，管理众人之事叫作治权，一个是管理政府的力量，一个是政府自身的力量。卢梭主权与政府的区分，参见〔法〕卢梭《社会契约论》，何兆武译，商务印书馆，1980，第 75 页以下。

③ "夫法律者，治之体也，权势者，治之用也。体用相因，不相判也。"《孙中山全集》第 1 卷，中华书局，1981，第 236 页。

然法思想的立论前提是人的本性。理性的人区别于动物特性而存在，人的本性在于他的平等自由和独立。所有的人都具有相同的本性，因此自然法通行于整个人类。在这个意义上讲，法治是一种普遍的现象，在时间上是永恒的，在空间上是普遍的。按照资产阶级学者的思路，法治就是一种通行于所有民族和所有国家的共同理想。为了实现这个理想，西方各国建立起了现代化的法律制度，通过移植扩展到非西方的世界各国，法律至上和政治应该遵循法律当时成为人类思想的基本共识。但是，当人类社会进入19世纪的时候，这套理论碰到了实践上的冲击和理论上的困境。理论上需要解决的问题是：西方世界和东方世界是否可以实现统一的法治理想？东方国家民族传统与西方社会的法治传统是否存在冲突？法治究竟是西方社会特有现象还是整个人类社会的共同现象？19世纪自然科学发展的最新成就，慢慢地渗透到了社会科学领域，学者们开始借鉴自然科学的方法，试图"科学地"研究社会现象。在哲学领域，出现了社会学和实证主义；在法哲学领域，出现了分析法学；在犯罪学领域，出现了犯罪社会学。一场社会科学的革命开始兴起，在政体与法治问题上，法律社会学彻底地改变了人们的思路。其中，韦伯的统治类型理论和法律秩序的理想类型理论、昂格尔的社会秩序和法治的理论，揭开了现代法治理论的新篇章。

韦伯称，理论的研究"不是要用抽象的一般公式把握历史现实，而是要用必然具有独特个性的各种具体生成的关系体系把握历史现实"。[1] 他认为，任何社会都存在统治的结构，每种统治结构类型都有其相应的合法性原则，这个原则要么是理性的规则，要么是个人的权威。韦伯区分了三种典型的统治结构：一是"理性化"的统治，以官僚体制为典型特点；二是"传统"的统治，以家长制为代表；三是"个人魅力"的统治，政治的结构建立在个人权威的基础上。[2] 以社会学的角度看待政治现象，主权与家庭、血缘团体及市场共同体一样，都是社会组织的不同形式，政治共同体区别于其他社会组织的独特之处仅仅在于它在其领土之内行使特别持久的

---

① 〔德〕韦伯：《新教伦理与资本主义精神》，彭强等译，陕西师范大学出版社，2002，第18页。

② 〔德〕韦伯：《论经济与社会中的法律》，张乃根译，中国大百科全书出版社，1998，第336页以下。

权力，有一套合法性的法律规则。这种规则体系就构成了"法律秩序"。①在韦伯那里，"形式/实质"和"理性/非理性"是法律秩序理论的两对基本尺度，人类早期社会的法律以非理性的法律为主，它们可以是形式的非理性，比如巫术和神判，也可以是实质的非理性，比如家长的个别命令。法律从非理性向理性和形式体系方向的发展，便是现代法律制度形成的标志。

不管是在《新教伦理和资本主义精神》中，还是在《经济与社会》中，韦伯都明确表示，近代法律制度只产生于西方世界，伴随着资本主义成长而发生。西方资本主义的形成有经济社会方面的原因，也有宗教伦理方面的原因。两方面因素相叠加，使资本主义成为西方社会特有的社会现象。资产阶级在与封建贵族、君主和教会的政治斗争中，不仅需要技术的生产手段，同样需要一种可靠的法律体系和照章行事的行政管理制度。新教伦理中的刻苦、节俭、纪律和节制品德又与法律的统治相暗合，在这样的情况下，"合理的成文宪法，合理制定的法律，以及根据合理规章或者法律由经过训练的官吏进行管理的行政制度的社会组织……仅存于西方"。②

统治的理想类型和法律秩序的理想类型只是韦伯的理论结论，他的过人之处则在于他对历史细节甚至是烦琐细节的社会学考察。作为19世纪末20世纪初的德国人，韦伯心目中法律秩序的最佳模式便是形式理性的法律，在现实社会中的代表就是19世纪德国的学说汇纂学派。他曾经对形式理性作了这样的描述：第一，每一个具体的判决都是抽象法律规则在具体事实中的"适用"；第二，从法律规则到具体的判决，其中的法律推理模式是形式逻辑；第三，实在法是一套"天衣无缝"的法律规则体系；第四，社会行为无非是对法律规则的服从、违反或者适用。③韦伯的这个理想实际上就是我们在法哲学中经常提到的机械论法学。在韦伯看来，形式理性法律的形成是从中世纪后期罗马法学的复兴到德国民法学说汇纂学派

① 〔德〕韦伯：《论经济与社会中的法律》，张乃根译，中国大百科全书出版社，1998，第342页。
② 〔德〕韦伯：《新教伦理与资本主义精神》，彭强等译，陕西师范大学出版社，2002，第14页。
③ 〔德〕韦伯：《论经济与社会中的法律》，张乃根译，中国大百科全书出版社，1998，第62页以下。

的发展。中世纪罗马法学家借用古希腊的哲学，从经验的材料中抽象出一般的法律概念，从实际的法律事务中总结出法律的科学技术，从个别具体推演出普遍的法律原则，由此，罗马法的技术从经验转化为理性，表现出抽象法律概念与法律思维高度抽象并行的特征。①

如此高举德国法，韦伯不可避免地会遇到理论上的困境，那就是他无法圆满地解释英国法，也无法抵御19世纪末在欧洲兴起的利益法学和自由法学，以及在美国兴起的社会法学。对于前者，韦伯称法律思想的模式有三：一是英国学徒式的从具体到具体的适用法律方式，二是德国大学式的抽象推理模式，三是罗马法复兴时期法律荣誉者的系统化模式。② 后两者，韦伯的理论可以适用，而前者；韦伯的理论并不适用，因为按照韦伯的概念，英国法是"理性"的，但绝对不是"形式"的。他有时候说，英国法官的判决类似于古代的神谕，两者的区别只是后者没有合理的基础；③ 有时候说，英国法无理性、无法典，排斥罗马法，其法律起作用在于存在"强大的中央律师协会"和"中央化法院"；④ 有时候说，英国普通法缺乏严格逻辑—法理结合体，但是律师阶级创造出了形式的法律，他们的法理思维模式受到罗马法与教会法深刻的影响。⑤ 这是韦伯没有解决的问题，毕竟他不能够否定英国法的成熟性，19世纪的英国法是当时世界上最优秀的法律制度之一。对于后者，韦伯称，现代法律发展的趋势是"反形式主义"，也就是从形式主义发展成为实体理性化。这种趋势的理论代言人便是新自然法学、实证主义、历史法学和社会法学，这些新兴的法学反对学说汇纂，反对制定法典。在此，韦伯并没有作出截然的批评，只是说，"在现代资本主义条件下的法律制度已经演化出极为不同的类型，甚至连

① 〔德〕韦伯：《论经济与社会中的法律》，张乃根译，中国大百科全书出版社，1998，第211页。

② 〔德〕韦伯：《论经济与社会中的法律》，张乃根译，中国大百科全书出版社，1998，第198页以下。

③ 〔德〕韦伯：《论经济与社会中的法律》，张乃根译，中国大百科全书出版社，1998，第78页。

④ 〔德〕韦伯：《论经济与社会中的法律》，张乃根译，中国大百科全书出版社，1998，第354页。

⑤ 〔德〕韦伯：《中国的宗教——儒教与道教》，见《韦伯作品集》第5卷，广西师范大学出版社，2004，第217页。

形式结构的最终原则都分道扬镳"。①

韦伯的研究不限于西方社会，他将研究的视野扩展到了东方国家，其中，他对中国古代社会的分析，一直为国内学者所称道。按照他的思路，中国社会不像西方社会那样出现了典型的资本主义，也没有形成西方意义的法律秩序。中国古代社会没有出现资本主义和资本主义法律秩序的原因有很多，可以从两个方面来看：其一是中国古代社会经济结构不同于西方社会，其二是中国儒家化的士大夫不具备新教伦理精神。

以秦朝为分界线，秦以前，韦伯称中国社会为封建社会，虽然这个封建社会的内部结构与西方存在差别，但是在形式上有着极大的相似性。②资本主义与城市的兴起和商人政治力量的形成相关，但是，中国的城市既不像古代的城邦，也不像中世纪的城市，因为中国城市没有市民阶级，没有军人阶层，没有军事联盟，没有利益团体。西方中世纪城市断绝了城市居民与血缘氏族的联系，而中国的城市仍然保留着氏族的纽带。③没有了强有力的中产阶级，也不会产生一套"稳定的、被公开承认的、形式的、并且可以信赖的法律基础"。④秦以后，专制政治取代了封建秩序。17世纪中叶到19世纪末，中国出现了资本主义萌芽，但由于政治的原因和精神的原因，也没有发展出西方式的资本主义，而是出现了"一种政治性的掠夺资本主义"。⑤中国古代几千年的统治阶层是士人，士人的精神状态也决定了中国社会的特质，与新教徒比较而言，中国士人既摆脱不了氏族的关联，也没有独立的经济地位和独立的精神世界，他们入仕之前受到家族的资助，入仕之后指望着国家的俸禄。他们受到的儒家教育是被动的和封闭的，其思维方式正好与古希腊哲学形成对立：寓言/思辨系统，非理性的

① 〔德〕韦伯：《论经济与社会中的法律》，张乃根译，中国大百科全书出版社，1998，第313页。

② 〔德〕韦伯：《中国的宗教——儒教与道教》，见《韦伯作品集》第5卷，广西师范大学出版社，2004，第78页。

③ 〔德〕韦伯：《中国的宗教——儒教与道教》，见《韦伯作品集》第5卷，广西师范大学出版社，2004，第44页。

④ 〔德〕韦伯：《中国的宗教——儒教与道教》，见《韦伯作品集》第5卷，广西师范大学出版社，2004，第52页。

⑤ 〔德〕韦伯：《中国的宗教——儒教与道教》，见《韦伯作品集》第5卷，广西师范大学出版社，2004，第139页。

推论/逻辑学。① 更重要的是，中国儒家士人过于热衷于现世的生活，没有发展出西方那样一种宗教教义，没有"上帝召唤"或者"天职"的概念，因此不能够产生现世世界与理想世界之间的紧张关系，不能够产生革命性的自然法理论，在这样的前提下，中国古代社会不可能产生近代的法律体系。②

韦伯把中国古代的社会结构归结为政治权力与家族关系的结合，每个家族成员的人身和财产都受到家族的保护。在此结构之下，中国法的特点就是世袭君主制权威与家庭或者血缘集团利益的结合，③ 韦伯称之为"家产制的法律结构"。④ 他从西方法律秩序形成的角度得出了法律体系形成的两个基本条件：一个是严格形式法与司法程序，法律具有可预见性；另一个是经过专门训练的人员掌管官僚体系。⑤ 以此为标准，中国古代社会不会产生西方式的法律秩序。就前者而言，地方习俗和自由裁量高于并抵制着一般法，"自由裁量高于一般法"是通用的命题，法官的裁判带有明显的家长制作风，对不同的身份等级的人和不同的情况力图达到一种实质的公平，因此，中国不会出现西方社会所特有的法律平等或者"不计涉及者何人"的审判方式。中国社会法令众多，但"都因其相对的简明与实事求是的形式而著名"，"以伦理为取向的家产制，所寻求的总是实质的公道，而不是形式法律"。⑥ 就后者而言，中国不存在独立的司法阶层，不能够发展也没有想到去发展一套系统、实质和彻底的理性法律，也不存在可以一体遵循的先例。没有哲学，没有神学和逻辑，也就没有法学的逻辑，体系化的思维无法展开，中国古代的司法思维仅仅停留在纯粹的经验层次上。⑦

---

① 〔德〕韦伯：《中国的宗教——儒教与道教》，见《韦伯作品集》第5卷，广西师范大学出版社，2004，第164页以下。

② 〔德〕韦伯：《中国的宗教——儒教与道教》，见《韦伯作品集》第5卷，广西师范大学出版社，2004，第214页以下。

③ 〔德〕韦伯：《论经济与社会中的法律》，张乃根译，中国大百科全书出版社，1998，第156页。

④ 〔德〕韦伯：《中国的宗教——儒教与道教》，见《韦伯作品集》第5卷，广西师范大学出版社，2004，第157页。

⑤ 〔德〕韦伯：《中国的宗教——儒教与道教》，见《韦伯作品集》第5卷，广西师范大学出版社，2004，第216页以下。

⑥ 〔德〕韦伯：《中国的宗教——儒教与道教》，见《韦伯作品集》第5卷，广西师范大学出版社，2004，第157页以下，第215页。

⑦ 〔德〕韦伯：《中国的宗教——儒教与道教》，见《韦伯作品集》第5卷，广西师范大学出版社，2004，第217页以下。

　　韦伯的社会学法学不同于欧洲的利益法学和自由法学，也不同于美国的社会法学。韦伯法律社会学在美国的延续，不是霍姆斯—卡多佐—庞德社会学法学的思路，而是 20 世纪 60 年代的批判法学，① 这也就是说，韦伯的社会学法学传统，在美国演变成了法律的政治学。② 美国在这场法律理论上的革命，涌现出了一批思想敏锐、言辞激进的法学家，其中被认为是批判法学"精神领袖"的是才华横溢的昂格尔。

　　他把思想史分为两类，一类是理性主义的逻辑方法，另一类是历史主义的因果方法。他认为这两种方法都解释不了社会问题，他要找到一种新的出路，这就是社会的理论，其代表是马克思的辩证法、韦伯的理想模式和当代的结构主义。③ 他的目的就是要"在一种较为独特的历史研究基础上，认识不同社会生活形态所隐含的'深层结构'"，④ 因为"法律的特性会因社会生活形态的不同而变化。每一社会都通过法律显示它用以团结其成员的那种方式的最深层奥秘"。⑤

　　昂格尔把社会生活形态分为三种。第一种是"部落"社会，在这样的社会中，人与人之间的关系简单密切，与熟人交往遵循互惠原则，与陌生人则是掠夺。部落社会集团少，而且每个集团都很重要。第二种是"贵族"社会，其实就是孟德斯鸠的君主社会，这是一个过渡的阶段，欧洲现代自由主义社会就是从这种社会中发展而来。第三种社会是"自由"社会，在这种社会里存在许多的集团，但是每个集团所产生的影响有限。普遍的尊重和形式上的平等取代了部落社会简单的合作/敌视关系。⑥ 每一种

---

① 社会学在欧洲和美国有不同的含义：在美国，社会学研究社会团体及社会关系，与政治和经济活动无关；而在欧洲，社会学除了研究非正式的社会团体和关系之外，还研究一般的社会关系。社会学成为社会科学甚至自然科学的基础。见莱因斯坦为英文版《论经济与社会中的法律》而作的"导言"。季卫东则认为，美国批判法学原本是美国社会法学的一部分，参见其《从边缘到中心：20 世纪美国的"法与社会"研究运动》，载《北大法律评论》1999 年第 2 卷第 2 辑。

② 1977 年，批判法学研究运动发起人把批判法学运动的内容限定为两种：第一，遵循韦伯传统的法律与社会研究；第二，强调法律是经济、社会和政治统治的一种工具。参见朱景文主编《对西方法律传统的挑战：美国批判法律研究运动》，广西师范大学出版社，2004，第 28 页。

③ 〔美〕昂格尔：《现代社会中的法律》，吴玉章等译，译林出版社，2001，第 10 页以下。

④ 〔美〕昂格尔：《现代社会中的法律》，吴玉章等译，译林出版社，2001，第 134 页。

⑤ 〔美〕昂格尔：《现代社会中的法律》，吴玉章等译，译林出版社，2001，第 44 页。

⑥ 〔美〕昂格尔：《现代社会中的法律》，吴玉章等译，译林出版社，2001，第 151 页。

社会形态下，都有不同法律的概念。与部落社会对应的是"习惯法"或"相互作用的法律"，与贵族社会对应的是"官僚法"或"规则性法律"，与自由社会对应的是"法律秩序"或"法律制度"。习惯法与官僚法的区别在于"公共性"和"实在性"，公共性指的是社会与国家的分离，法律由超越社会的政治权威支配，实在性指的是法律形式为公开的规则，而不是生活的习惯。法律秩序与前两种法律的区别在于，法律同时具备了"公共性"、"实在性"、"普遍性"和"自治性"。其中，普遍性是指立法的普遍性和法律适用的一致性，自治性是指法律实体内容、机构、方法和职业四个方面的自治。昂格尔称，唯有第三种意义上的法律含义才是严格意义上的"法治"，而且这个意义上的法治只发生在西方社会，是历史的一种罕见的现象或者独特的现象。①

法治产生于西方社会，在于西方社会的两个历史条件，一是多元的利益集团，二是自然法的观念。中世纪的欧洲史上，一直存在君主、贵族和第三等级之间的冲突，三种利益集团的冲突和妥协才得出了次佳的法治方案，法治成为一个理想的但是永远无法实现的目标。自然法的观念源于古希腊、古罗马与宗教精神的传统，它导致了理想与现实之间的紧张关系，以理想改变现实从而导致对法律秩序的追求。② 基于对不同的"典型"的社会结构分析，他认为欧洲的自由主义社会与古代中国社会是法律秩序的两个极端，在这两个极端之间存在许多的中间状态，其中包括印度、伊斯兰、犹太社会和古希腊、古罗马。在古代中国法律问题上，他同样将秦统一作为分界线，此前是相互自由的习惯法，此后是具有公共性和实在性的官僚法。由于中国没有产生独立的第三等级或中产阶级、士人阶级，因此不存在多元的利益集团，由于儒、道、佛不区分上帝与万物，因此不存在西方的自然法精神，缺乏了西方法律秩序形成的这两个方面的条件，中国就不可能走向"法治"的道路。③

---

① 〔美〕昂格尔：《现代社会中的法律》，吴玉章等译，译林出版社，2001，第63页。

② 〔美〕昂格尔：《现代社会中的法律》，吴玉章等译，译林出版社，2001，第64页以下。

③ 对西方人来说，就可供参考的和关于中国的资料文献而言，韦伯的时代超过了孟德斯鸠的时代，昂格尔的时代超过了韦伯的时代。但是，在美国的汉学家看来，他们都误读或者错误地应用了关于中国的资料。哈佛大学的安守廉（William P. Alford）教授于1986年专门撰文批评昂格尔，认为昂格尔"对中国文明基础的描述提供的是一幅颇能够引人误入歧途的图景"，批评他"很少注重准确地描述中国的历史"。见（转下页注）

　　比较而言，昂格尔对西方法治社会的分析和对中国古代法律制度的分析，与韦伯的分析并不存在实质上的差异。其方法论，其理想模式的设计，以及他们所得出的结论都大同小异。不同之处在于，韦伯的分析是细节的和烦琐的，而昂格尔的分析则是宏观的和明确的；韦伯创导了新的研究范式，而昂格尔则提炼出了诸如"公共性"、"实在性"、"普遍性"和"自治性"等法律秩序的核心概念。昂格尔的过人之处是把他的理论分析从自由主义社会延伸到了后自由主义社会，并认为后自由主义社会在社会结构方面已经发生变化，法治开始解体。

　　法治一直被认为是现代国家的灵魂，它产生于资本主义的民主制度。昂格尔分析说，后自由主义社会的一般特点有两个。第一，政府开始干预私人生活，国家卷入财富的重新分配、规定和计划。后自由主义社会是一种福利社会，法治之下的明确法律规定让位于抽象的一般条款，法治之下的形式公正让位于程序或实质的公正，后自由主义社会背离了自由主义法治所要求的法律"普遍性"和"自治性"，福利国家的兴起意味着法治的逐渐衰落。第二，国家与社会接近，公法与私法混同，自由竞争被社会合作所取代。由于国家与社会的界限模糊，因此法治之下的法律"实在性"与"公共性"遭到了冲击。① 《现代社会中的法律》发表于1976年，正是批判法学兴起之时。到了20世纪80年代，美国的批判法学发展到了鼎盛时期。1983年，昂格尔发表了《批判法学研究运动》，批评西方占主导地位的法律形式主义和客观主义，同时倡导一种全方位的社会改革。② 昂格尔成为批判法学的一面旗帜。1989年以后，作为左派法学的批判法学开始衰落，但是，批判法学对法律的政治分析、对自由主义法治及其理论的批判、对社会弱者的保护、对社会制度和法律改革的呼吁，直接影响到后来

（接上页注③）其《不可思议的西方？昂格尔运用与误用中国历史的含义》，高鸿钧译，载高道蕴等编《美国学者论中国法律传统》（增订版），清华大学出版社，2004，第29、45页。两个美国学者为中国历史问题发生争吵，是一件有趣的事。安教授的指责不无道理，至少间接地减损了昂格尔理论体系的可信赖性，不过，昂格尔理论本身却并不在意法律的细节。他对中国似是而非的理解和残缺不全的认识不影响他理论本身的震撼力。根据一个中国学者的直觉，我更倾向于昂格尔教授的理论，因为他至少找到了中国社会/法律与西方社会/法律的比较切入点。

①　〔美〕昂格尔：《现代社会中的法律》，吴玉章等译，译林出版社，2001，第186页以下。
②　Roberto Unger, "The Critical Legal Studies Movement", *Harvard Law Review*, Vol. 96, 1983, p. 86.

的种族主义法学和女性主义法学及第三世界法学。在他们看来，自由主义和个人主义理论之下的资本主义的法治，并不是人类美好的理想，而是强化了强者对弱者的压迫，法治形式上的平等掩盖了社会生活中实质的不平等，而且加剧了这样的不平等。①

从社会学的角度研究法律与政治的关系，法治并不是通行于整个人类的理想制度，只是西方社会在自由资本主义时代独特的现象，非西方国家有自己的法律制度，但绝不是法律秩序意义上的法治；西方后自由主义时代，法治又面临新的困难。法治起源于 12—13 世纪的西方法律传统，形成于 17—19 世纪的法律至上理想，在 20 世纪 90 年代以后出现了危机。

四 结语

政体与法律的关系贯穿了人类的思想史，是政治思想史和法律思想史永恒的课题。思想家对政体与法律关系的思考，大体经历了理智的三个发展阶段。首先，政体的性质决定了法律的性质。古希腊多元的城邦政治为希腊的哲学家提供了丰富的实践材料。正是基于对城邦政治的研究，哲学家提出了原始的、简单的和影响深远的政体与法律的逻辑关系：法律是政治统治的一种工具，政体的性质决定了法律的性质，不同政体有着不同形态的法律制度。此时的法治理想与城邦的善德相关联，与政治上个人的统治即人治相对。其次，政治的统治应该严格符合法律的要求。西方中世纪社会，君主、贵族、第三等级，以及教会之间错综复杂的利益关系和矛盾斗争，导致了法律至上的观念。法律是各个利益集团妥协的产物，为了保全各自的利益，大家就服从法律。这个法律不仅仅是立法机关制定、法官适用的那个实在法，而是法律的一种理想，是指导实在法的一种超经验的法律，这就是自然法。这个自然法的合理内核便是"人的本性"或者"人的理性"，具体表现就是 17—19 世纪思想家所谓的生命、自由、平等、个人权利、民主、自由竞争和个人幸福等。此时的法治理想与资本主义、个人主义和自由主义相联系，与封建的专制相对。最后，法治只是西方国家

---

① 批判法学的新近发展以及在英国的状况，可以参见 Wade Mansall, *A Critical Introduction to Law*, 3th ed.（Cavendish Publishing Limited, 2004）。

特有的一种政治制度。19 世纪实证主义与社会学的产生，导致学者们应用"科学"的方法研究社会现象。通过对不同社会结构和形态的研究，学者们的结论是：法治是一种法律制度之下的社会秩序，政体与法治是西方"文明社会"的两大支柱。法治并不是通行于整个人类社会的社会现象。尽管如此，法治作为资本主义扩张和强者推行其利益的工具，开始渗透和影响非西方社会制度。

反观中国法律史，先秦时代的德治与法治之争，与古希腊人治与法治之争有着暗合之处，只是由于中国专制制度的发达和官僚制度的早熟，儒之德治与法之法治在西汉出现了融合，法律成了专制政治的一种工具。西方近代法治对中国的冲击是与 19 世纪西方资本主义和殖民主义的扩张联系在一起的，清末的"新政"和"修律"就是对西方冲击的回应。在思想上的反映便是从康梁的变法思想到孙中山的民主共和理想。如果说鸦片战争之后，中国法律制度和法律思想是被逼无奈作出的改变，那么 20 世纪 70 年代末开始的改革开放，则是我们"主动"改变我们的法律制度和思维方式。当我们接受全球化、加入 WTO 与世界接轨的时候，我们不能够忘记这种法律制度改变所面临的困境和尴尬。如果固守我们法律的传统，我们就不可能实现法律的现代化，而且，法律是否现代化，也不是我们能够选择的，因为资本与文化的冲击并不按照我们自己的意愿和方式发生。当我们改变我们的法律制度和政治体制以适应"世界"的模式，我们的问题是：在中国目前的社会结构环境下，我们能够吸收多少西方制度的成分？如何在西方法律制度与中国文化传统之间保持平衡？如果把西方的法律制度与中国传统结合起来，那么我们所实行的"法治"究竟是哪种意义上的"法治"，是政治统治的工具，还是法律至上的理想，抑或是西方法律秩序的一种变体？三种结果都有可能发生，但是这不是一个法律学者用学术研究能够得出的结论，它有待于社会的实践。

中国法治的自主型进路[*]

顾培东[**]

摘　要： 我国正处于法治进路转型之中，亦即从偏重于学习和借鉴西方法律制度和理论的追仿型进路转向以适应中国国情、解决中国实际问题为目标的自主型进路。在这种转型中，必须对法治理论和制度中的一些重要问题予以审慎的思考与辨识，在充分考虑我国基本国情及其对法治的影响基础上，形成深化法治的主导思路，高度重视可能出现的某些偏失，避免局部性、阶段性的始乱终弃。

关键词： 法治进路　自主型法治　追仿型法治　法治理论

一　引言

迄今，我国推行法治的实践已经历 30 个年头。30 年来，我国法治事业取得了举世瞩目的成就。然而，不容回避的是，我国法治事业当前也面临一些理论上较为困惑、实践中无法绕开、必须直面的重大问题。

这些问题似乎是从两个完全不同的角度提出的。一是基于对中国具体国情的高度强调而对西方法治理论与制度作出的反思。由此提出的问题是：为什么被认为具有普适性的西方法治中的一些理论或制度并不完全适

---

[*]　本文原载于《法学研究》2010 年第 1 期。

[**]　顾培东，四川大学法学院教授。

合于中国问题的解决？西方法治理论和制度中究竟哪些是值得我们借鉴的，哪些是需要远拒的？更具有实质性的问题是，西方法治模式是不是我国法治所追求的理想目标？二是基于某种法治信念而对近些年我国法治实践提出的质疑。相应的问题是：决策层提出的"社会主义法治理念"的内涵，不同于西方法治的经典理论，这是不是意味着对法治基本价值的否定？"为大局服务，为人民司法"这样的司法取向以及相应的实践是否符合法治的原理和原则？这样一些事关宏旨的是非问题的产生和存在，使我们有理由认为，我国法治事业正处于一个关键性时期。

从宏观上把握我国法治的现状，本文认为，我国正经历着法治进路的重要转型。① 具体而言，我国法治正在从以偏重于学习和借鉴西方法律制度和理论为取向的追仿型法治进路，转向以适应中国具体国情、解决中国实际问题为基本目标，立足于自我发展和自主创新的自主型法治进路。上文所提及的问题都与这种转型密切相关，都产生于转型过程中的思想激荡、观念冲突以及认识分化，因而可以把这些问题都归结到法治进路转型上来认识，或者从法治进路转型这一角度给出回答。

虽然自主型法治进路是我国过去30年法治实践的进一步延续，但这一法治进路的形成和确立，仍然牵涉从理念到制度的重要变化，尤其是关涉对法治理论和制度中一些基本问题的重新审视，更关涉对我国特定社会条件下理想的法治模式的认识与构建。因此，法治进路的这种转型意味着我国法治事业的重要变革与全面创新。

---

① 有关法治转型或法治进路转型问题，我国法学界已有一定的共识。在本文初稿形成后，笔者看到公丕祥教授《全球化时代的中国法制现代化议题》一文，公文从全球化角度提出了"超越法律发展问题上的狭隘的东西方主义模式观，走出一条适合中国国情的自主型法制现代化道路"的观点。参见公丕祥《全球化时代的中国法制现代化议题》，《法学》2009年第5期。张志铭教授则提出我国法律体系的构建须从封闭性转向开放性，从而更好地回应中国社会现实。参见张志铭《转型中国的法律体系构建》，《中国法学》2009年第2期。里赞教授认为，改革开放的三十年中国社会主义法进入现代化转型期，"在后现代理论对法治的批判和已经法治的国家反思法治的背景下，以西方法治为模式的中国法的改革进路是否应当成为未来中国法的目标是值得当下中国法学思考的问题"。参见里赞《变与不变：转型时期的中国法》，《西南民族大学学报》（人文社科版）2009年第1期。

二 法治进路转型及自主型法治进路的确立

过去的 30 年，虽然我们一直在强调建设具有中国特色的社会主义法治，"社会主义"以及"中国特色"这两个基本点不断为决策者所提示，并且在法治的具体实践中也得到明确的体现，但不能否认的是，过去乃至今天，我国社会始终存在一种依恋和崇尚西方法治模式的思维偏向。这种"西方法治模式"，并不是一个单一、确定的实体形态，也不是某一具体的西方国家的特定实践，它更主要的是人们对其所接受的有关西方法治理论与实践的各种信息（甚至包括文学和文艺作品中的种种描述）进行理想化的提炼、筛选甚而推测后所形成的某种总体印象。虽然基于对中国国情的实际考量，当代中国人并不认为中国法治的具体状态应当或可能会与西方法治模式完全相同，但很多人仍然会潜在地依照这种模式去想象和构画中国法治的应有状态和未来图景，把西方法治模式当作我国法治的摹本和示范，把西方法治的"今天"视为我国法治的"明天"。

这种思维偏向与我国在法治创立阶段借用域外经验的客观需求结合于一体，形成了一种偏重于学习和借鉴西方法治理论和制度的追仿型法治进路。"追仿"体现于我国法治事业的诸多方面。首先，从法学理论看，我国的法学理论主要建立在对西方理论和知识体系的移植和引入上。无论是法理学、法哲学还是部门法学，其体系结构、原则原理、概念范畴等都在很大程度上借取于西方法学。如果说在 20 世纪 70 年代末和 80 年代初，我国法学理论还受到过苏联的某些影响，那么，在此后的发展中，这些影响已了无痕迹。不仅如此，在对法治创立与施行过程中的各种现象进行解说、分析和评价时，人们所运用的理论视角、知识资源乃至论说方式与方法，也都体现出与西方法学理论的密切联系。西方理论所确立的某些原则和原理往往成为人们判断是非和论证观点的主要依据。其次，从立法看，我国的立法多以西方法律、法规为蓝本。30 年前，我国除了宪法和婚姻法外，没有任何法典和法规，在此情况下，只能以域外的制度作为蓝本和参照。虽然最初的刑法、刑事诉讼法等立法借鉴了苏联立法的某些内容，但更多的立法（包括刑法、刑事诉讼法的修改）主要还是以西方国家的法律制度为蓝本。不仅如此，不少人还常常以西方的法律制度作为衡量我国立法的标准：西方有的，我们也应当有，否则就是不健全；西方没有的，我们也不应有，否则就是不规范；西方是此种状态，我们就不应是彼种状态，否则就是不完善。这样一种思维定式始终存在于我国立法过程中。最后，从司法看，我国司法制度及其运作也大量吸收了西方司法的各种元素，不仅体现在司法程序、诉讼类别、审判方式等方面，还反映于法庭布局、司法人员着装和用具，乃至法院的建筑风格等形式和仪式之上。前些年，我国悄然出现了一个司法现代化的潮流，这一潮流实际上正是对西方司法制度从内容（如当事人进行主义、对抗制诉讼形式、严格的证据规则等）到形式（如法袍、法槌乃至法院的建筑风格）的一种仿效。客观地说，在无法用一个确定的标准对"现代"与"非现代"作出判定的情况下，西方的司法制度不能不成为我们司法现代化过程中的标杆与参照。

　　追仿型法治进路在我国的形成具有历史性、客观性原因。其主要是：第一，作为一种社会治理方式，法治是一件"舶来品"。尽管在我国传统中可以挖掘出某些法治因素，近代以来也曾经历过从人治走向法治的努力，① 但相对于30年前的中国来说，法治毕竟是外在的且主要存在于西方国家的社会事实。因此，无须避讳的是，中国创立和施行法治本身，既是对人类文明成果的一种崇尚和继受，也是对西方社会发展经验的一种学习和借鉴，并且这种学习和借鉴不会仅仅停留于对法治的概念化强调，还必然会延伸至相关理论、制度及实际运作方法，也就是说，对社会治理方式的借用必然进一步延伸到对相应内容的移植。第二，西方国家在长期实行法治的实践中形成了大量的文化、制度和经验的积累，并现实地向外部世界展示出法治的具体图景，为"什么是法治"提供了一个假定性的标准答案。面对这些先存的文化、制度和实践经验，中国法治的进程不能不以学习和借鉴西方法治作为始点。第三，中国法治的创立是在全球化的整体趋势与潮流中实施和完成的。这种全球化的过程实际上是一个以西方世界为主导，以趋近西方现代社会为目标的社会发展过程。在此过程中，西方国家的观念、价值以及制度等各个方面都会对发展中国家产生强势影响。作

① 有关我国近代法治的肇始，参见程燎原《晚清"新法家"的"新法治主义"》，《中国法学》2008年第5期。

为发展中国家，我国的法律制度自然也无法回避这种影响。①

追仿型法治进路不仅有其客观性和历史性的成因，从主流看，其效果也是积极和应当肯定的。第一，西方法治中毕竟蕴含了人类文明的诸多主流价值，对西方法治理论和制度的借鉴有利于将这些价值导入中国社会。第二，对西方法治理论与制度的学习和借鉴大大缩短了我国法治的探索过程，使我们有可能站在历史经验之上去进行自己的制度创设，避免了过多的试错和反复。第三，正是由于具有全球化、现代化的背景，"学习西方"的激励和冲动一定程度上减少了在法治推进中政府动员的压力，潜在地塑造了推行法治的民间力量，并在某种意义上营造了法治施行所需要的社会氛围。概括地说，通过这样一种法治取向和路径，我国完成了一个现代法治国家所必备的法治体系的基本构造。

然而，在法治推行 30 年后的今天，偏重于学习和借鉴西方理论与制度的追仿型法治已显示出明显的局限和缺失。一方面，如前所述，人们观念中的西方法治模式实际上是一种理想化的假想，并不符合法治运作的实际逻辑，更不符合西方社会的真实状态，用这样一种假想的模式评价乃至指导我们的实践，不仅不能客观地认识我国法治的现实，还可能导致实践中出现重大偏误。另一方面，法治是受特定社会条件和环境约束的社会实践，虽然各国法治有其共性的一面，但更有意义的是基于各国政治、经济、文化以及其他社会因素而形成的差别。因此，依靠学习和借鉴西方法治经验势必不能从根本上构建出适合中国具体国情的法治模式。近些年我国社会治理中所出现的众多事实，反映出西方国家的法治经验并不完全适用于中国实际问题的解决。这两方面的局限和缺失表明，偏重于学习和借鉴西方的法治经验已不应继续成为我国法治的主要取向和路径，中国法治事业的后续发展必须转向自主和自创。

近几年出现的另一些因素为我国法治进路转型提供了进一步的动力和理由。首先，2008 年全球性金融危机使当代中国人清醒地看到，与自由市场经济相匹配的西方法治的实际效能已趋于弱化，西方法治中固有的某些

---

①　有学者认为，全球化首先是经济的全球化，经济全球化要求与之相适应的国际规范，这些国际规范对各国的立法、行政和司法具有直接作用，从而导致各国的法律规范、执法原则及法律价值等不断趋同，逐步达到全球法治化。参见王贵国《经济全球化与全球法治化》，《中国法学》2008 年第 1 期。

观念和套路已难以应对当下西方社会的复杂局面。与此恰成对照的是，在金融危机的冲击下，我国经济仍然保持着较好的增长水平，整个社会呈现处险不乱、遇险不惊的平稳态势。其次，近些年我国各种重大自然灾害的成功抗御、各种重大的群体性纠纷的妥善解决以及各种重大传染病疫的有效控制等事实，无不显示出中国式社会治理方式的特殊优势和效果，彰显了用中国方式解决中国问题的逻辑力量。最后，我国经济领域的创新性实践也为法治进路的转型提供了很好的启示。改革开放后较长一段时间中，我国在发展主义观念的支配下，以外向型经济为主导，形成了一大批劳动密集型、高能耗、高污染、低效益的产业和企业，并进一步导致了经济结构的失衡。近年来，我国着力调整经济结构，坚持可持续的发展路径，在经济增长方式的转型方面收到了显著的成效。经济领域中的成功实践不仅使我们看到了自主创新、自我发展的意义，同时也感受到了经济发展对法治创新的强烈呼唤。所有这些，共同构成了推动我国法治进路转型的现实因素。

自主型法治进路具有这样几个特点。其一，立足于中国的社会性质和具体国情，以解决中国实际问题为基本目标，而不是依仿于理论上或观念中的某种西方模式，更不是追求与某种西方模式相符合。其二，通过挖掘和提炼本土社会治理经验，尤其是通过基于中国国情的制度创新，完善法律制度和法律运作。尽管我们对外部制度与实践仍然会保持一种开放的立场和态度，但我们会更加强调自主性和自创性。其三，系统、综合地形成一整套中国特色的法治理论和法律制度体系，特别是把司法制度放置到我国政治运作的总体结构中，确定并发挥其功能和作用，建立起合理的政治秩序，形成能够与政治等其他社会治理力量相协调与融合的司法运行机制。其四，自主型法治进路同样保持着对公平、正义、民主、自由等法治价值的追求，但同时又会依照中国的国情去理解这些价值的实际内涵，对这些价值作出中国式的诠释，特别是从中国实际出发正确处理这些价值在具体社会现象中的矛盾与冲突。

虽然"法治进路的转型"或"自主型法治进路"这样的表述仅仅是一种学理上的概括，但近年来，无论是决策层强调确立"社会主义法治理念"以及"中国特色社会主义司法制度的自我发展与完善"，还是各级司法机构在理念更新、制度改革、方式探索等方面的积极作为，都明显体现出为实现这种转型所付出的努力。也就是说，转型已实际发生。

三　对法治理论中几个重要问题的审视与辨识

前文提及，所谓的"西方法治模式"蕴含着人们对西方法治理论与制度的很多误判和误识，因此，无论是对既往法治实践进行反思，还是对自主型法治进路作出选择，都必须以澄清这些偏误和误识、消除思想上的困惑为基本前提。为此，需要对法治理论与制度中几个重要问题给予审慎的思考和辨识。

（一）西方法治理论中哪些是真正值得我们重视和借鉴的资源

西方有关法治的理论浩瀚庞杂，林林总总，五花八门。这些理论可以粗略地归为四个类型。一是以洛克、卢梭和孟德斯鸠为代表的启蒙思想家有关法治的基本理论。这类理论的核心在于以反抗封建专制为背景，描述思想家对法治及民主社会的理想图景。这类理论通常被认为是现代西方法治理论的源头，被奉为西方法治理论的经典。二是以强调或推崇法治的某种价值或法律的某个特性为核心而建构的有关法治或法律的理论体系。如萨维尼推崇民族精神，凯尔森强调规范的绝对意义，耶林坚持法律的强制性，哈耶克主张自由主义等。三是以霍姆斯、庞德、卡多佐以及波斯纳等人为代表的现实主义及实用主义法学理论。他们的理论重点分析和阐述法律的实际运作过程，突出强调法律实际运用的功效。这些法学家都有一个共同经历，即都从事过具体的司法实践。[①] 四是当代西方法学家以西方法治的运作状态为实践背景，以反思和批判西方传统和经典理论为主要内容的相关理论和学说。[②]

过去 30 年乃至今天，这四类理论中的前两类比较为我们所重视，在我

[①] 霍姆斯、卡多佐都担任过美国联邦最高法院大法官；波斯纳是美国巡回法院的法官；庞德虽然未直接从事过审判，但有过律师和州上诉委员会委员的经历，并且长时间担任美国司法委员会主席，还担任过南京国民政府司法部和教育部的顾问。

[②] 这一类主要指批判法学派的相关学说，其代表著作如〔美〕昂格尔《现代社会中的法律》，〔美〕诺内特、塞尔兹尼克《转变中的法律与社会：迈向回应型法》等。

国理论界的影响较大。① 形成这种选择偏向的原因主要在于：第一，启蒙思想家对法治社会的描绘往往更符合人们的理想，即便是乌托邦式的设想，也能诱导人们心灵的向往。第二，启蒙思想家的这些理论已经成为西方国家意识形态的重要组成部分，同时也是西方国家用于对外部世界实施文化征服的武器。第三，西方学者对诸如民主、自由、平等、正义等价值或者对法律某一方面属性的极度强调，往往能够产生"片面深刻"的效果，因而更容易引起人们的关注和重视。

本文认为，真正值得我们重视和借鉴的应是后两类理论。理由是：第一，霍姆斯、庞德、卡多佐以及波斯纳等人由于其特殊的实践经历，他们的理论更能反映西方法治实践，尤其是司法实践的真实状态，他们的理论与见解更加切合司法运作的实际过程，因而对我们更有参考价值。第二，西方的法学理论经历几个世纪后，已发生很大变化。近几十年西方法学理论的主流是对法治运作进行实证分析，并且据此对传统的、经典的理论进行反思和批判。② 这些理论直面当代西方国家的社会现实，具有更高的可信性，也能够给我们提供更多更有益的启示。从他们的一些分析中，我们不仅可以看到西方传统法治理论的虚幻性，而且能够了解到一些具有务实精神的建构性设想。

总之，在对待西方法治理论资源方面，过去乃至今天存在的问题是：人们往往把西方思想家的理想描绘当作西方世界的真实状况；把 17—19 世纪在西方产生影响而今天实际上已经衰微的理论奉为当代的经典。这种认识上的偏误，恰同昂格尔曾经作过的深刻揭示："真正的法治的概念也许建立在一种误解之上，它同时也是一种神秘的东西。它把占统治地位的理论以及该理论代表的精神状态与对法律在社会中实际位置的精确描述混淆在一起"，"把法律秩序在社会生活中的作用与某些理论对这一秩序的描述方式等同起来"。③

---

① 通过 CSSCI 数据库检索历年来源期刊的引证数据，孟德斯鸠、卢梭、洛克与哈耶克的总引证率位居前列。
② 昂格尔把西方法治在当代的发展表述为"后自由主义中法治的解体"，参见〔美〕昂格尔《现代社会中的法律》，吴玉章、周汉华译，中国政法大学出版社，1994，第 180 页。
③ 〔美〕昂格尔：《现代社会中的法律》，吴玉章、周汉华译，中国政法大学出版社，1994，第 50 页。

（二）法条主义是不是法治的核心原则

在我们很多人的理解中，法治的核心原则是法条主义，法条主义所赖以支撑的口号也正是法治。① 法条主义意味着严格、一丝不苟地依照先存的法律或先例行事，尤其是依此方式实施司法审判。在法条主义看来，由于法律的正义已经包含在法条之中，因此，司法审判过程就像并且应当像售货机一样，一边输入法条和事实，一边输出判决。② 人们想象的西方司法也是一幅法官铁面无情、严格而机械地依照法条或先例判案的图景。然而，历史与逻辑告诉我们的却是一个与此完全不同的道理和事实。

首先，任何国家在任何时代都无法生成法条主义所期待的囊括各种社会现象、覆盖全部社会过程、包罗一切社会事实的法律规范。历史上不乏创造此类"法律大全"的努力，但无不以失败告终。最为极端的例证是，18 世纪末，腓特烈大帝曾主持制定了多达 17000 余条的普鲁士民法，"试图对各种特殊而细微的事实情况开列出各种具体的、实际的解决办法"。然而，"尽管普鲁士民法典的规定极为详细"，但难免百密一疏或方枘圆凿，"从而不可能为一切案件设定明确的答案"，③ 这部法典不久便被废弃。庞德也说过："希望有一部包含着对法院或法官可能遇到的每一个明确、详细的事态都定有明确与详细法规的完整法典"，"这种想法完全是不切合实际的"。④ 也就是说，法条主义赖以存在的前提根本就不存在。

其次，司法活动是需要参考多种因素、考量多种依据的能动且富有创造性的实践。霍姆斯的一个著名论断即"法律的生命从来不是逻辑，而是经验"，⑤ 他主张在司法中要依据社会生活的实际经验来探究案件的处理方式。卡多佐则认为，司法过程除了要遵循法条和先例外，也必须考虑道德习惯、社会影响、生活习俗、公众情感等多种因素，司法就是在各种利益

---

① 参见〔美〕波斯纳《法官如何思考》，刘培峰、刘晓军译，北京大学出版社，2009，第39 页。

② 参见〔德〕马克斯·韦伯《论经济与社会中的法律》，张乃根译，中国大百科全书出版社，1998，第62 页。

③ 参见〔美〕约翰·亨利·梅利曼《大陆法系》，顾培东、禄正平译，法律出版社，2004，第39 页。

④ 〔美〕罗·庞德：《通过法律的社会控制 法律的任务》，沈宗灵、董世忠译，商务印书馆，1984，第98 页。

⑤ 〔美〕霍姆斯：《普通法》，冉昊、姚中秋译，中国政法大学出版社，2006，第1 页。

冲突中找到妥协之道。他说："法律一如人类，要想延续生命，必须找到某种妥协之道"，"对各种社会利益及其相对重要性的分析，是律师和法官在解决自己的问题时必须利用的线索之一"。① 波斯纳更认为，法官的政治偏向、宗教信仰、理性良知、社会经历乃至情感与情绪都会对司法过程产生影响。因此，他主张用一种实用主义的态度对待司法中的问题，"能动和有限度地坚守立法的规定和先例的规定"。②

再次，任何立法都是立法者在特定时期所形成的社会愿望与要求，而随着社会情势的不断变化，立法所确立的某些规则已难以适用于变化了的社会情势，甚至继续适用这些规则还将违逆立法者制度设计的初衷或损害社会的根本利益。在立法修改或废止程序（包括不违先例原则）的刚性制约下，强调对一切现存规则的严格遵循，这在事实上已丧失绝对的合理性。以规制和驯服外部世界为目的的立法往往因为其与外部情境的脱节而成为束缚人们实现这一目的的"纸枷锁"。不管对立法的前瞻性以及立法技巧赋予多么丰富的想象，都无法满足法条主义对立法适用性的假定和预设。因此，司法必须与不断变化的社会发展的需求相适应。美国现实主义法学坚持认为，法律应能够适应社会的各种变化和回应社会的各种要求，要在"司法的开放性和忠实于法条之间寻求一种平衡"；③ 在司法中，立足于探求规则和政策内含的价值，注重追求法律的社会目标，"摆脱形式主义和程式的影响"。为了更好地回应社会的需求，现实主义法学家"极力主张扩大法律相关因素的范围，以便法律推理能够包含对官方行为所处社会场合及其社会效果的认识"。④

最后，法条主义始终暗含这样一种判断：法条是公正、正义、民主、自由等价值的具体表达；法治所倡导和维护的这些价值通过法条能够并且已经得到实际体现。法条被严格遵循的正当性或主要理由也源于此。然

① 〔美〕卡多佐：《法律的生长》，刘培峰、刘晓军译，贵州人民出版社，2003，第3页，第51页。

② 参见〔美〕波斯纳《法官如何思考》，苏力译，北京大学出版社，2009，第1页以下。

③ 参见〔美〕诺内特、塞尔兹尼克《转变中的法律与社会：迈向回应型法》，张志铭译，中国政法大学出版社，1994，第83页以下。

④ Lon L. Fuller, "American Legal Realism", *U. P. L. Rew.*, Vol. 82, 1934, pp. 429, 434, 转引自〔美〕诺内特、塞尔兹尼克《转变中的法律与社会：迈向回应型法》，张志铭译，中国政法大学出版社，1994，第81页。

而，事实表明，法条主义的这种判断并不具有确定的真实性。这是因为，任何立法或先例都是在极为复杂的因素影响下形成的。政治势力的争斗，利益集团的博弈，立法者个体（包括创造先例的法官）的立场、意识、知识、经验乃至情感偏向与癖好等诸多因素，无不对立法或先例产生实际影响。一切在其他政治活动中所出现和存在的各种弊端，在立法环节中都难以避免，并会体现于法条的具体内容之中。或许在应然意义上可以把公正、正义、民主、自由等积极价值视为法条所追求的目标，但在实然状态下，法条并不完全是这些价值的化身。基于同样的理由，立法也不可能完全被视为人民意志或多数人的意志的体现。正如沃尔夫所说："没有任何东西可以保证任何一项立法都能真正代表大多数美国人的意志。"① 法条主义的一个致命缺陷，正是把对法治内在价值追求异化和演变为对法条形式的崇拜以及对固守法条的强调。

当然，无论是司法实用主义、现实主义还是能动主义，都不意味着司法任性，也并不否定法条作为基本依据的价值，即便是为了实现社会目标而超越规则，也必须遵循"超越规则的规则"，只是不应绝对化地看待法条的效力，不应机械地、僵化地适用法条。

（三）司法独立的真正含义是什么，西方社会是否真实存在司法独立

司法独立是西方法治理论中的核心组成部分之一，也是西方司法制度的一个基石。对于司法独立的问题，很多西方法治理论给予两个确定的判断：其一，西方国家司法是真正独立的；其二，司法独立主要指司法独立于政治。"司法独立最核心和传统的含义系法官（集体或个人）独立于政治机构（The political branches），尤其是独立于行政机构（The executive）。"② 然而，西方学者新近对此问题的研究却向我们展示了这样几个结论。

第一，司法不可能独立于政治。理由是：（1）司法独立于政治的判断违背了政治常识。美国学者马丁·夏皮罗认为，司法独立于政治的理论与

① 〔美〕克里斯托弗·沃尔夫：《司法能动主义——自由的保障还是安全的威胁?》，黄金荣译，中国政法大学出版社，2004，第120页。
② 〔意〕莫诺·卡佩莱蒂：《比较法视野中的司法程序》，徐昕、王奕译，清华大学出版社，2005，第94页。

实践，有悖于国家主权原则和原理。① （2）司法是寄生于政治躯体内的产物，是政治的创造物。意大利法学家卡佩莱蒂认为，司法在本质上仍然是一种政治装置，"司法部门归根到底还是国家的一个部门"。② 夏皮罗则说："审判至少是最高统治权的一部分或至少是政治的伴随物"，"审判与最高统治权或终极政治权力密切地联系在一起的倾向可以在所有社会中被找到"。③ （3）作为特定政治实体，法院不仅是争议解决者，同时也是社会控制者，承载着重要的政治功能，而当其作为社会控制者时，显然就不可能具有所谓超脱于政治的独立性。"从作为争议解决者的法院转向社会控制者法院时，它们所具有的独立性和社会逻辑甚至被更大程度地削弱了。"④

第二，政治始终保持着对司法的控制和影响力。具体体现于：（1）司法构造和布局应依据社会控制的要求。夏皮罗认为，就连上诉这样的程序设计，表面上看是赋予当事人一种权利救济手段，而真正的作用却在于实施中央对地方的控制。⑤ 西方多数国家的上诉程序中，只审法律问题，而不审事实问题，原因就在于此。（2）政治力量决定司法人员的任命。波斯纳说："在任命和确认联邦法官中政治具有毫无疑问的重要性"，"一位总统总是从自己的政党中任命大多数法官（通常超过90%）"。⑥ 不仅如此，如果司法出现偏离政治方向的问题，政治力量有能力和条件改组司法的构成。20世纪30年代，美国联邦最高法院的司法政策曾引起罗斯福总统的不满，从而激发了罗斯福改组联邦最高法院的愿望。最后，联邦最高法院

---

① 参见〔美〕马丁·夏皮罗：《法院：比较法上和政治学上的分析》，张生、李彤译，中国政法大学出版社，2005，第29、49页。此外，从政治学的视角看，不存在独立于政治、独立于国家的司法和司法机构，因为"国家的每一个部分不仅仅是作为一个独立的权力中心，而且也是国家的有机组成部分，使国家作为一个整体在实现自己的目的方面具有更高的权能"。参见〔美〕贾恩弗朗哥·波齐《国家：本质、发展与前景》，陈尧译，上海世纪出版集团，2007，第24页。

② 〔意〕莫诺·卡佩莱蒂：《比较法视野中的司法程序》，徐昕、王奕译，清华大学出版社，2005，第22页。

③ 参见〔美〕马丁·夏皮罗《法院：比较法上和政治学上的分析》，张生、李彤译，中国政法大学出版社，2005，第38页以下，第50页。

④ 参见〔美〕马丁·夏皮罗《法院：比较法上和政治学上的分析》，张生、李彤译，中国政法大学出版社，2005，第53页。

⑤ 参见〔美〕马丁·夏皮罗《法院：比较法上和政治学上的分析》，张生、李彤译，中国政法大学出版社，2005，第71页以下。

⑥ 〔美〕波斯纳：《法官如何思考》，苏力译，北京大学出版社，2009，第21、26页。

不得不以合作性的妥协换回了自身的稳定和安全。① 主导政治力量构造司法组织以及任命法官的机制，为政治影响在司法过程中广泛渗透创造了条件和前提。虽然法官一般并不公开、明确地把自己的具体审判行为与其任命者的政治主张直接联系，但法官作为"真实的个体"，在"屁股决定脑袋"的效应下，无法抛却其任命者施加于自己的政治期望，不能不"受制于授予他职位的人们"。② （3）主流政治意识形态是司法人员所必须接受的观念，并会影响到司法的实际过程。夏皮罗认为："司法态度属于存在于国内政治环境中的同一个相对连贯的意识形态模式中。"③ 法官往往潜在地把任命者的政治主张转化为自己的意识积淀，形成波斯纳所说的法官的"前见"（preconception），④ 从而在具体的司法行为中加以贯彻和体现，由此使"法官的政治态度和他们支持或者反对某个类型的诉讼当事人的判决之间存在着高度的相关性"。⑤

第三，西方历史上并没有出现过真正独立于政治的司法。夏皮罗通过对被认为是司法独立典范的英国实践的具体考察和分析，得出的结论是："这一国家真正的经验却是一个将司法的依赖性与独立性混同在一起的奇特的微妙结合，并且在这一混合物中依赖性在最终意义上是处于支配地位的。"⑥ 美国学者欧文·费斯对美国司法独立状态的描述是："我们美国人有理由为我们的司法所达到的独立程度而自豪。事实上，它是我们司法权威的支柱之一。但我们却不能想当然地认为司法绝对地与政治分离"，"即便是联邦法院法官这种长久以来被公认为世界司法体系中最独立的法官之一，也不是完全与政府部门隔绝，而作为政治体制中相互依赖的分支"。⑦

---

① 〔美〕克里斯托弗·沃尔夫：《司法能动主义——自由的保障还是安全的威胁？》，黄金荣译，中国政法大学出版社，2004，第 30 页以下。

② 〔美〕马丁·夏皮罗：《法院：比较法上和政治学上的分析》，张生、李彤译，中国政法大学出版社，2005，第 29 页。

③ 〔美〕马丁·夏皮罗：《法院：比较法上和政治学上的分析》，张生、李彤译，中国政法大学出版社，2005，第 42 页。

④ 参见〔美〕波斯纳《法官如何思考》，苏力译，北京大学出版社，2009，"代译序"第 4 页。

⑤ 〔美〕马丁·夏皮罗：《法院：比较法上和政治学上的分析》，张生、李彤译，中国政法大学出版社，2005，第 42 页。

⑥ 〔美〕马丁·夏皮罗：《法院：比较法上和政治学上的分析》，张生、李彤译，中国政法大学出版社，2005，第 176 页。

⑦ 〔美〕欧文·费斯：《如法所能》，师帅译，中国政法大学出版社，2008，第 75、77 页。

就司法与政治的关系而言，更为真实或更为合理的状态是司法与政治权力高度融合和一定范围内的相互替代。

第四，虽然司法独立直至今天仍然被西方社会视为"一个相当重要的社会和经济善品"，① 但如果不是固执于既有的信念，而是立足于政治运作，尤其是司法实践的真实过程，那么可以认为，司法独立在西方的真实性及意义已大为衰减。司法独立的真正含义是在一个"极其狭窄的范围内"存在和被承认的，即"具体案件判决的做出没有受到任何直接的外部干预"。② 这既是司法独立的下限，也是司法独立的上限。此种意义的司法独立实际上指的是审判的独立，这与我国宪法第 126 条的表述，即"人民法院依照法律规定独立行使审判权，不受行政机关、社会团体和个人的干涉"是基本一致的。

（四）实行法治是否应奉行法律中心主义

人们在法治问题上的另一个较为普遍的认识是：法治社会必然把法律的作用，尤其是司法的作用放在最突出的地位；在实施社会治理中，法律是最主要甚至是唯一的方式和手段。基于这样一种认识，在近几十年的实践中，我们经常看到的现象是：每当社会出现一个新的问题时，人们就呼吁制定相关立法；每当出现社会纠纷和社会矛盾时，人们就吁求运用司法手段加以解决。

然而，这种认识以及这种思维倾向同样与当代法治发展的总体趋势不相吻合。庞德在很早以前就注意到"有效法律行为的限度"。他说："我们必须决定，通过法律我们预计能做些什么以及必须把什么留给其他社会控制机关去办。我们必须检验我们所有的法律武器，估计一下每件武器对于我们今天的任务有多大的价值"。③ 庞德认为，在现代社会的控制中，法律既有其特定的优势，也有其重要的局限，法律应当与其他社会控制手段共同发挥作用。当代美国学者考默萨在对环境污染侵权纠纷、城市规划纠纷

---

① 〔美〕波斯纳：《法官如何思考》，苏力译，北京大学出版社，2009，第 53 页。
② 〔美〕马丁·夏皮罗：《法院：比较法上和政治学上的分析》，张生、李彤译，中国政法大学出版社，2005，第 219 页。
③ 〔美〕罗·庞德：《通过法律的社会控制　法律的任务》，沈宗灵、董世忠译，商务印书馆，1984，第 114 页。

（类似我国的征地拆迁纠纷）、集团诉讼（群体性纠纷的诉讼）等现象作了大量分析后认为，现代社会中，社会关系的调整以及社会矛盾的解决主要有法律、政治过程、市场这三种方式或手段，而人数众多和问题复杂是决定这三种方式具体适用的两个重要变量。在人数众多且问题复杂的情况下，往往会产生用法律来解决纠纷和矛盾的要求，但人数众多和问题复杂恰恰是法律手段难以奏效的因素。各主体的诉求不同，判定和解决问题的标准难以统一，法律处理方式较为单一，规范不够明确，以及司法的容量有限等，都会使人们不得不把这些问题交给政治过程或市场来解决。① 考默萨有一段话特别值得我们深思："在全世界范围内建立法治社会的浪潮中，有许多可圈可点的经验教训。我们时常听到这样一种呼声，呼吁在最难以实施法治的制度中建立起一个稳定、清晰、平等适用的法治体系，在人数众多、事件本身错综复杂的时候，社会对于法治的需求也是最大的，但此时也是法治的供给最为短缺的情形。这并不是说司法制度就不能担当起处理那些棘手的社会问题的重任，而是说，法院不太可能长时间广泛而深入地介入社会问题的解决"。②

所有这些表明，实行法治并不意味着奉行法律中心主义，真正有效的经验是把法律与其他社会控制资源结合起来，根据特定的社会条件，综合、协调地发挥其作用。

四　我国自主型法治进路的主导思路

自主型法治进路的实质就是把解决中国实际问题、实现有效的社会控制与治理的要求渗透到法律及其运作的整个过程之中，从而形成与中国国情相适应的法治体系。因此，需要进一步思考的问题是：哪些是决定我国法治独特性的"中国国情"？这些"中国国情"对我国法治，尤其是司法制度的构建与施行具有何种影响？在对这两个问题作出判断的基础上，我国自主型法治进路应有什么样的主导思路？以下仅就本文对这些问题的理

---

① 参见〔美〕尼尔·K. 考默萨《法律的限度——法治、权利的供给与需求》，申卫星、王琦译，商务印书馆，2007，第 169 页。

② 〔美〕尼尔·K. 考默萨：《法律的限度——法治、权利的供给与需求》，申卫星、王琦译，商务印书馆，2007，第 173 页。

解稍作阐述。

（一）以保证执政党的核心领导为前提，界定司法在我国政治结构中的地位

执政党在全社会中处于核心领导地位，这是中国最主要的政治特色，从而也决定了中国法治，尤其是司法的特色。在执政党与司法的关系上，必须坚持执政党对司法的领导。这种领导的作用，一方面在于保证司法工作统一于社会治理以及社会发展的大局，使司法的作用与其他手段的作用相互协调，更充分地发挥司法的社会功能；另一方面又在于保证司法机构正确地实施法律，监督和约束司法机构及其成员依照宪法和法律实施司法行为。

在此方面，关键的问题是，实际运行中如何具体地体现或实施党对司法的领导。本文认为，应明确这样几点。第一，党对司法的领导应首先体现党的路线、方针、政策在司法工作中的贯彻，将这些路线、方针、政策转化为司法理念和司法政策，从而成为司法机构及其成员的一种思维取向。第二，党对司法的领导又体现于党组织对司法机构的设置以及司法机构主要成员的选任具有实质性的决定权力。第三，党对司法的直接领导主要体现在党中央对最高司法机构的领导，即通过最高司法机构将党中央的决策通过司法内部特有的渠道和方式，准确而规范化地传导到各级司法机构之中。第四，党对司法的领导同样必须依据宪法和法律，尤其是尊重司法特性、尊重司法程序、尊重司法运作所固有的规律。这种领导应能够与司法特性和规律兼容，从而能够较好地融入司法运作过程之中。第五，党对司法的领导应当是组织化的领导，并且应依照一定的程序和制度，而不应是党组织中的成员向司法机构及其成员任意地发号施令。总体上说，在两者关系的处理上，必须建立起合理的政治规则。

（二）以我国人口众多、地域广阔且区际发展极不平衡为背景，考虑法律及其适用的多样性和区别性

对于中国这样的国家来说，不应机械地理解和强调法律的统一性和法律的平等性。简单地或形式化地强调统一性和平等性，实际上会损伤法律的公正性或公平性，容易固化甚至扩大地区间、阶层间、群体间的现实差距。为此，一方面，基于我国法域过大而地区间发展不平衡的事实，可在现有的地方立法和少数民族地区立法权的基础上，进一步扩大这两类立法的空间。① 尤其是发达地区和极不发达地区，在地方立法方面应有更大的权限和作为，允许其根据实际需要，并经过中央立法机构的审查许可，制定不同于一般立法的特别规定。另一方面，在司法中应实行司法能动主义。司法能动主义的核心是司法机构及其成员依照司法所要达致的社会目标，能动地运用司法工具解决各种司法问题。司法能动主义（judicial activism）最初被用于表达法院在司法审查上的一种态度，② 近几十年来，司法能动主义越来越超越甚而脱离司法审查这一具体事实，而成为现代司法的一个主导性趋势和具有普遍适用意义的司法哲学。美国学者克里斯托弗·沃尔夫甚至认为"司法能动主义"与"现代司法权"是可以相互替代使用的概念。③ 对于差异性、不平衡性极为突出的中国来说，司法能动主义具有特别重要的适用意义。④ 当然，实行司法能动主义牵涉一些更广泛的问题，需要作进一步的讨论和研究。

（三）以我国社会治理资源的多元性和司法资源的相对匮乏为基础，确定并发挥司法的职责与功能

一方面，我国社会治理资源是多元的。除了司法以外，还有具有强大社会动员力和社会权威的政党组织、完整而庞大的行政组织体系，以及以传统文化和传统习俗为依托的民间性协调力量。另一方面，我国司法资源则比较匮乏，相对于其他社会治理手段而言，司法在某些方面也并不是最好或最有效的手段。这就决定了我国司法的实际功能不易放得太宽，尤其是不应把解决社会矛盾或纠纷的任务全部委诸司法过程。对此问题的建议

---

① 与此相关的一个问题则是，获得立法权的地方和少数民族地区尚需进一步认识到地方立法及自治立法的重大意义，并进一步提升相应的立法技术。

② 早期司法能动主义的例子是大法官约翰·马歇尔在马伯里诉麦迪逊（5 U. S. 137）一案中确立的司法审查权。参见〔美〕彼得·G. 伦斯特洛姆编《美国法律辞典》，贺卫方等译，中国政法大学出版社，1998，第340页。

③ 〔美〕克里斯托弗·沃尔夫：《司法能动主义——自由的保障还是安全的威胁?》，黄金荣译，中国政法大学出版社，2004，第15页。

④ 司法能动主义已经为我国最高司法机构所接受。王胜俊院长在江苏法院调研并与人大代表、政协委员座谈时强调："能动司法是人民法院服务经济社会发展大局的必然选择。"《人民法院报》2009年9月1日。

是：第一，应当明确，各种社会组织，无论是社会管理机构还是生产经营单位，都拥有实施社会管理和解决相关社会纠纷的职责，要把社会管理和解决社会纠纷的职责与功能贯穿于各个社会组织和社会运行的整个过程，全面动员和整合各种社会力量参与到社会管理和社会纠纷的解决之中。第二，建立多种形式的解决社会纠纷组织，形成多元化、多层次、覆盖全社会的组织体系，依照各自的条件与功能，综合发挥其社会治理的作用。第三，合理地设计和界定司法与其他治理组织之间的关系，把司法手段运用于最需要、最有效的地方；同时，通过司法与其他手段之间的配合与衔接，将司法的强制和威慑作用延伸于其他社会治理过程。

（四）立足于社会阶层严重分化、利益群体及其诉求极为复杂的现实，重视司法行为的社会影响和社会效果

我国社会阶层严重分化、利益群体诉求极为复杂的现实，决定了我国的社会纠纷具有这样一些特征：其一，单个主体的诉求中蕴含着不同阶层或群体的共同利益和诉求；其二，某一社会纠纷及其解决方式可能牵动更多甚至更大的社会纠纷；其三，以法律纠纷表现出的冲突可能蕴含其他更为深层的政治、经济或社会矛盾。① 近几年发生的"许霆案""瓮安事件""邓玉娇案"等案件和纠纷中都反映出这些特征。正因为如此，对于司法中的某些个案，基于单一的法律维度很难作出恰切的是非评价；机械地适用法条作出处理，不仅很难保证其公正有效，甚而会引发更大的危险。这就要求司法必须具有更高的立足点和更广阔的视野，即具有大局观。所谓大局观，体现在具体的司法过程中，就是能够综合、全面地考虑到案件所关联的各种因素，在各种复杂的诉求中找出主流性、主导性的冲突，在多种合理的诉求中寻求恰当的妥协和平衡，把社会控制与治理的总体要求导入纠纷的解决之中。对司法机构及其成员大局观的培养，不应仅仅停留在教育和倡导层面上，还应研究具体的制度性措施，形成相应的激励和引导机制以及评价和监督机制。对于个案处理的综合效果，司法机构应有一套具体的识别和参照标准，有一个可供操作的评价体系。

---

① 参见顾培东《试论我国社会中非常规性纠纷的解决机制》，《中国法学》2007 年第 3 期。

（五）以经济文化相对落后、社会公众对法律的认知能力普遍较弱为客观制约，把握法律专业化、技术化、程序化水准提升的进程

法律具有自己特定的专业性术语和概念，法律的实施以及对法律活动的参与通常涉及很强的技术性和程序性。就法律自身的发展趋势而言，法律的专业化、技术化、程序化的水准会越来越高。但是，基于我国经济文化相对落后、社会公众对法律的认知能力普遍较弱这一现状，在法治进程中，不应过度强调专业化、技术化、程序化水准的提升。在司法方面，应当重视这样几点。第一，在基层尤其是广大农村，应创造并适用一些简单便捷的司法审判程序和审判方式；对于文化水平不高的当事人，应尽可能运用当事人能够理解的司法审判语言。总体上说，不应把现代司法的程式和要求完全照搬到基层尤其是农村（同时，也不应把以农耕社会为背景、以文化教育水平低弱者为对象的审判方式提升为一种普适性的制度）。第二，在司法审判中，应强化司法人员对诉讼参与人的告知责任，扩大司法人员在诉讼各个环节中释明权的行使，加强裁判文书中裁判理由的叙述，使各诉讼参与人对相关法律或司法行为有基本的理解和大体上的认知。对于"当事人进行主义""法院消极中立"等理论或原则，应持谨慎态度。第三，在司法中充分考虑当事人对法律的认知水准和法律行为的实施能力，对于诸如当事人意思表示是否准确、合同是否有效等与当事人个体行为能力直接相关的问题，应结合当事人的实际能力和条件加以认定。与此同时，慎重地对待程序失权问题，不能过于苛严地规定程序失权的后果。对于因诉讼时效而形成的失权，审判中应从严把握，不能轻易地根据时效否定当事人的实体权利。对于其他各种程序性时效规定，如举证期限、上诉、申诉以及申请执行期限等，也应能动地考虑其具体适用；对于延误时效行为的事由要给出更宽泛的条件，对于因正当理由而形成的延误，要给予相应的救济措施。

（六）以我国司法队伍的现状为条件，完善司法权的配置，并建立和健全司法机构内部运行机制

目前我国司法队伍的总体素质还不能说很高，更重要的是，司法机构中的激励手段和约束手段都很匮乏，这种现状决定了我国司法权的配置不能过于集中，既不能集中于某一机构，更不能集中于某些个人。同时，必须以司法产品的形成过程为主线，设置多元、多层次的控制、监督和评价体系，并相应地建立和健全司法机构内部运行机制。相关的建议是：第一，进一步深入研究公、检、法之间，尤其是检、法之间在司法流程中的配合与制约问题，合理界分各自的权力与责任。第二，要根据司法产品形成的特点和规律，研究司法机构内部的控制和监督流程，尤其是正确处理审判权与审判管理权之间的关系，建立和形成法院内部合理而有效的权力运作机制，并由此构造出中国特色社会主义司法制度的微观基础。第三，要梳理和整合各种司法监督资源，统筹发挥党委监督、人大监督、法律监督机构监督、社会公众监督、学术理论界监督、传媒监督以及司法机构上下级间监督的作用，同时明确各种监督的权限、方式和效力，特别是协调处理好党委监督和同级人大监督之间的相互关系，提高监督成效，并防止一些负面因素的渗入，为司法创造良好的外部环境。

（七）以我国所处的国际地位和所面临的国际环境为参照，提升法律对外部世界的应对能力

在今后较长时间中，我国的国际地位将会不断提高，在多极化的国际格局中发挥越来越重要的作用，特别是在全球经济中，我国的经济发展将更突出地显示出举足轻重的影响。也正因为如此，我国在和平崛起的过程中将面临不同国际势力的挤压。各方面情况表明，我国将长期面临不宽松的国际环境。与此相适应，我国在推进自主型法治进路中必须参照这一因素，全面提升法律应对外部世界的能力。首先，法治体系的构建必须把维护国家的政治、经济以及社会安全放在突出的位置。在考虑我国法律的社会控制时，必须注重对外部敌对势力相关行为的有效控制，运用法律武器维护我国的主权以及国家利益。其次，要使法律成为我国在国际斗争中的有效工具。和平时期，国际势力的斗争，常常是通过法律冲突的形式体现出来的，政治、军事、外交斗争中也往往掺杂着许多法律问题。因此，我国立法和司法应当对这种复杂性给予必要的重视，不仅不能授人以柄，还应保证我们在这些斗争中赢得主动。最后，应注重我国法律与相关国际条约及国际惯例的衔接。我国已经参加并将更多地参加各种国际条约。一方面，这些条约的遵行必须有相应的国内立法与之配套；另一方面，国内立

法与这些条约相冲突的地方，也必须相应地完善和调整。更为重要的是，在外向型经济发展模式的影响下，我国国内经济与国际经济之间已形成很高的依存度，这也要求我国的立法与司法在很多方面必须与国际商事惯例相吻合，相应的法律环境也必须达致国际商事交往的一般要求。此外，与我国作为世界大国这一地位相适应，在维护社会的公平与正义，维护人权、自由、民主等方面，特别是在依靠法律手段解决社会发展中的矛盾方面，我国也应创造出符合中国实际且对广大发展中国家具有参考和借鉴意义的经验。

五 自主型法治进路中应防止和避免的偏失

自主型法治进路包含对中国具体国情以及民族自主性的高度强调，在此过程中，又伴随全球金融危机所激发出的国家自信和民间的民族主义情绪，这些因素容易造成人们对域外法治理论、制度及经验的情绪化的排斥，乃至对我们自身过去某些实践的不恰当否定。更为重要的是，基于对现代法治发展趋势的理解以及对中国国情的认识，我国自主型法治进路还意味着对法条主义和法律中心主义在一定程度上的扬弃，而这又容易被错误地认知为对某些"人治"因素的肯定，或者对法律虚无主义的某种认同。正因为如此，在自主型法治进路的推进中，必须高度重视可能出现的某些偏失，避免局部性、阶段性的始乱终弃，正确把握好以下几方面问题。

（一）高扬法治旗帜，养护并进一步提升社会公众对我国法治的信心

坚定不移地走法治道路，这是中华民族用血与火的惨痛经历换取的共识。大力推行法治，既是执政党先进性的重要时代内涵，也是执政党取得社会广泛拥戴的重要前提和原因。我国近几十年的实践也表明，只有实行法治，才是我国实现社会有效治理、人民安居乐业的基本方式与方法。因此，自主型法治进路的选择，丝毫不意味着对法治的形式或实质上的放弃，而是在正确认识现代法治的基本内涵和发展趋势的基础上，从中国实际出发，对法治精神的实质性、建设性的倡扬和坚持。

由于所谓的"西方法治模式"在我国社会已经产生较为深刻的影响，

很多人把"法治"同这种"西方法治模式"简单地加以等同，因此，当前在推进法治的过程中，应从两个方面克服和防止认识及实践上的偏差。一方面，在党政领导干部和司法人员中，要避免在排拒和抵制"西方法治模式"不当影响的同时，漠视甚而否定法治的核心价值、基本原则和基本方法；避免在强调中国国情的同时，忽略法律的严肃性和权威性，忽略法律活动的科学性和规律性，从而确保我国社会治理始终不偏离法治的轨道。另一方面，在社会公众中，尤其是在法学理论界，应避免把对西方法治理论与实践误读基础上所形成的认识，当作判断我国法治具体实践的依据，进而因不能正确理解我国的创新性实践而对我国实行法治丧失信心。

克服和防止这些偏差，首先要求决策层高扬法治旗帜，维护法律的权威性，以大力倡导并自觉履践法治的实际作为，向社会昭示其坚定不移走法治道路的信心和决心，回应并消除人们在此方面的疑虑。其次，应通过多种方式统一全社会的认识，尤其是澄清在法治问题上的一些重大是非，使社会各方面对我国自主型法治进路有充分的理解和认识。要用人民群众听得懂的语言，用发生在社会生活中鲜活生动的实例，用符合当代中国人自身感验的道理，告诉人们中国应当走什么样的法治道路，从而养护并进一步提升社会公众对我国法治的信心。

（二）尊重司法的固有规律和特征，维护司法审判必要的独立性

法治的权威性很大程度上体现于司法的权威性，而司法的权威性又主要产生并体现于司法审判活动的独立性。司法机构对具体案件的处置不受制于外部力量的强制，这是司法独立的底线，也可以说是法治的底线，不能突破。在维护司法审判的独立性方面，应把握好三个方面。其一，严格限制和禁止外部权力机构的领导成员对司法审判过程实施干预。外部权力机构的领导成员以种种方式对个案审判过程施加影响，这是当前社会公众最为担心也是非议最为集中的现象，应当严格限制和禁止。必须看到，在我国现实中，争夺司法资源以及争夺能够影响司法的各种资源的现象非常普遍，因而应当防止腐败等各种消极社会势力借助于这样的途径在司法过程中谋求非法利益。① 对于少数涉及地方社会稳定或其他重大社会利益的

---

① 参见顾培东《中国法治进程中的法律资源分享问题》，《中国法学》2008 年第 3 期。

案件，可以通过政法委表达地方党组织的意见。对于以各种形式反映给地方党政领导的有关司法个案的问题，也应由政法委统一加以分析、评价和筛选，并相应作出处理。在此方面，政法委要真正起到统筹和协调的作用。政法委向司法机构表达的意见应当符合三个特征：一是事关大局；二是符合法律规定，有法律依据；三是不对案件的具体处理作终极性、强制性要求。其二，应当规范和协调对司法的各种外部监督，界定各种监督的权限和方式，在监督机构内部，应明确相应的程序和规则，保证监督的正当性和有序性。不能因多方掣肘而使司法机构感到无所适从，更不能使司法机构丧失对个案处置的决断能力。其三，正确应对网络以及媒体对司法活动的影响。近年来的实践表明，网络以及媒体对我国司法活动的影响日趋加深，如果不能正确应对和处置，不仅无法保证司法审判的独立性，也会对我国民主政治产生不可低估的负面影响。对网络和媒体的这种影响，司法机构以及相关部门应采取"充分关注、慎重分辨、据法考量、理性回应、正确引导"这样几个原则，尤其是应通过对一些影响较大的典型案件的处理，以及对这种处理结果的理性解析，引导社会公众正确认识案件所涉及的相关法律规则，显示司法机构对网络及媒体相关意见的理性立场和态度，决不能让司法机构被网络和媒体盲目牵引。

（三）重视法律的安定和稳定，强化法律实施的严肃性

在自主型法治进路中，一方面需要充分考虑回应社会现实需求、回应社会变化，依据社会控制和社会治理的总体目标，能动、有效地实施法律；另一方面又必须尊重法治的客观规律和基本要求，重视法律的安定和稳定，强化法律实施的严肃性。在此方面，有两个需要引起高度关注的问题。首先，应注重法律实施行为，尤其是司法行为的引导性。任何法律实施行为，不仅是对已经形成的社会事实作出评价和处理，同时也会为相应的社会行为提供一种示范，从而对人们的社会行为形成实际引导。因此，在社会治理的实践中，我们既要考虑到具体纠纷或事件的灵活、妥善处理，又必须重视这种处理的示范效应，重视在这种处理中所显示出的法律评价对相关社会行为的影响，重视法律实施行为所释放出的信号以及由此形成的社会行为的预期。不仅如此，通过法律实施行为所体现出的社会规则，还应相对稳定，便于人们识别和认知，不能让社会公众对社会规则感

到反复无常、变幻不定或捉摸不透。其次，注重各主体间的利益平衡。基于我国社会矛盾和社会纠纷的复杂性，在个案处理的实践中，有时为了求得矛盾和纠纷的解决，在满足一部分主体诉求的同时，难免会忽视另一部分主体的正当利益。这种状况如过度发展，很容易出现重社会利益、轻个人权利，重公有利益、轻私人权利，重弱势阶层权益、轻其他主体权益，重群体性诉求、轻个体诉求等偏向。从长远来看，这种偏向不仅会损伤法律的公平性，也会影响社会整体的平衡，甚至也会损害司法偏向保护的这一阶层或群体的利益，加大他们与其他社会主体交往的难度。因此，无论在宏观上还是在个案的处理中，必须把握好权利保护的具体尺度，重视各主体间的利益平衡，以维护法律基本的公平性。

　　基于前述两个方面的要求，在处理维护社会稳定与法律实施的关系中，应坚持"依法维稳、规范维稳"的方针，把法律规则作为分辨是非的基本依据，并在可能的情况下，把相关纠纷或事件纳入正常的法律程序中加以解决，力求使"实体问题法律化、解决手段程序化和技术化"。特别是在涉法上访案件的处理中，应尽可能把法律问题还原到法律程序中，依据法律加以解决。对这类案件中少数当事人的无理要求，不应一味迁就，不能让上访闹事成为一些人谋求不当利益的常规而有效的手段，不能让少数人借助上访闹事而干扰法律的正确适用，以至于扭曲相关的法律规则。必须看到，法律的安定和稳定是社会安定和稳定的前提与基础。如果为了表面上暂时或局部性的稳定而在一些纠纷或事件的处理上违背或放弃法律的基本原则，必将为长远和全局性的稳定留下隐患。因此，在维稳工作中，更应当体现出对法律规则的尊重，强化法律实施的严肃性，维护法律的应有权威。

（四）继续以开放的姿态，广泛吸收各国法治的有益经验

　　坚持自主型法治进路并不意味着我们闭关自守，拒绝吸收域外的经验。相反，对于包括西方国家在内的各国法治理论、制度以及实际运作方式，我们应进一步予以关注，深入研究和分析，并结合我国的国情和实际需要，博采其长，为我所用。事实上，作为一种社会治理的方式和治理工具，现代各国的法律制度有很多相通或相同的内容，差异仅在于这些内容服务于不同的社会目的。因此，各国法治实践在技术层面上相互借鉴的空间仍然较大，这就需要我们以开放的姿态去对待外部的制度和实践。应当明确，我们摒弃的是对西方法治不甚了然的盲目崇拜以及不切实际的照搬照套，但我们必须以更高的境界和更广阔的视野，汲取各国法治实践中所形成的有益经验，把中国社会主义法治建立在人类法治文明的制高点上。

中国法治的人文道路[*]

胡水君[**]

摘　要： 现时代需要一种融合中西人文主义之精髓、兼济人的认知理性与道德理性的新人文主义。从人文主义的视角看，道德人文维度与民主政治维度是构建中国法治需要着力加强的两个方面。在法治发展道路上，中国需要协调好法治的道德、功利、政治与行政四个层面，沿着自身的文化传统，打造政治和社会的理性与道德基础，开拓一种具有厚重人文底蕴的"道德的民主法治"，实现仁义道德与自然权利、民主法治在现代的历史衔接。

关键词： 法治　人文主义　认知理性　道德理性

文化与政治是影响法治发展道路的两个重要因素。就现实处境而言，中国法治的构建在这两方面还面临一些需要跨越的障碍。在文化层面，尽管自20世纪90年代以来中国传统文化在持续平稳的社会环境中得到更大生发，但百年现代文化与千年文化传统之间仍有待深入协调，而且在商品化浪潮和理性化进程中，道德也继续遭受着巨大冲击，因此，会通作为传统之道出发点的仁义道德与作为现代之道出发点的自然权利，在理论和实践上都需要长期努力。在政治层面，法治的构建仍受制于形成门户稳固的现代国家或海洋国家这一近代历史任务。在此条件下，稳固国家秩序和实现国家富强的现实政治目标，容易对民主化进程构成挤压，使法治可能停滞乃至滑向更有行政效率的法家法治路径，阻塞法治的现代民主维度和道

---

　*　本文原载于《法学研究》2012 年第 2 期。

　**　胡水君，中国社会科学院法学研究所研究员。

德人文维度的充分展开。

鉴于此，本文拟从西方和中国的两种不同人文主义切入，[①] 分析梳理历史上法家、儒家与西方的三种典型法治模式，探究法治的认知理性基础和道德理性基础，以此开拓中国法治乃至现代法治的道德人文维度。这也可以说是在古今中外的时空背景下对法治所作的一种总体文化审视，有助于厘清现代法治之文化缘起、发育过程、历史特性和时空方位，进而展示中国法治构建需要着力维护的发展方向。本文认为，现时代需要一种融合中西人文主义之精髓的"新人文主义"，以实现自然权利与天然明德、权利主体与道德主体、自由意志与自然道义、民主法治与仁义道德的统合，最终形成一种"道德的民主法治"，而深厚的传统人文底蕴以及近一百多年西方人文主义的浸染，为中国在 21 世纪迈向这样一种重开"内圣外王"的道德和政治理想提供了现实可能。

一　两种人文主义：西方与中国

凡文化，无论是关于物的、神的或人的，都可因为由人化成或通过人之中介，而被认为是"人文"的，但人文主义作为一种在现代产生深远影响的特定历史现象，通常被认为萌发于欧洲的文艺复兴时期。循着西方文化系统从希腊文化到希伯来宗教文化再到人文主义的发展脉络看，文艺复兴在文化上对现代具有历史开端意义，可谓西方文化在经历上千年的希伯来宗教文化对希腊文化的否定之后，对宗教文化实现"否定之否定"的重要转折点。文艺复兴时期的人文思潮，开启了神本主义的宗教文化走向衰落、人和自然的世界得以迅速发展的历史进程。一如学者所指出的："如

---

① 本文将中西人文主义视为人类文明史上历时长久的文化和思想系统，同时侧重于在现代性语境下对它们作出分析和考量。鉴于西学大肆进入中国后中国人文主义受到冲击和削弱的历史现实，本文关于中国人文主义的论述主要循着中国文化传统的内在理路展开。因而，文中关于两种人文主义的比较分析，在一定程度上也映衬出中国传统文化与"新文化"的对照。还要指出的是，本文关于中西人文主义的对比主要建立在中西各自文化传统的主体或主流基础之上。从普适的立场看，每一人文主义的特质在另一种文化中其实也多少有所显现，即使它们在一定历史时期受到抑制排挤而未能发展成为主流。尽管如此，就文化所偏向的不同认知路径，以及由此所表现出的基本特质乃至身处其中的人群所长期养成的生活态度和习惯思维而言，将中西人文主义作为两个适成对照的系统看待仍是大致成立的。

果说人文主义真的重新发现了对人、人的能力和人对各种事物的理解力的
信念，那么科学试验的新方式、革新了的世界观、企图征服和利用自然的
新努力也应当归功于人文主义的影响。"① 到 20 世纪，人文主义发展成为
拒斥宗教信仰、只关心人类福祉的西方主体文化。② 甚至可以说，西方近
代以来的经验主义，包括理性至上在内的理性主义、功利主义、人道主
义、自由主义等，无不处在人文主义的大脉络中。有学者指出："人文主
义文化于过去五百年间在西方占据着主流地位……在现代工业化经济的发
展过程中，特别是在我们称之为'现代化'的重大社会转型中，人文主义
文化扮演了一个主要角色。人文主义同时还是渐次成长起来的自由民主的
西方政治模式的重要推手。"③ 照此看，西方人文主义其实也是近一个半世
纪以来对中国社会转型产生重要影响的文化形态。

　　大体上，从人出发，以人间世相为中心，以人的能力、尊严和自由发
展为价值准轴，重人事而轻宗教，是人文主义的基本特质。在这些方面，
现代人文主义有别于宗教和纯粹的自然科学。尽管如此，人文主义与科
学、宗教并非完全不相容。④ 事实上，纵向地看，希腊文明、希伯来宗教、
文艺复兴以来的人文主义以及 17 世纪以来的自然科学，都共同表现出西方
文化系统的某些特性，从而看上去与中国文化传统显出差异。例如，古希
腊关于"德性就是知识"的看法，⑤ 凸显了一种依循知识途径追寻美德的
倾向，这与中国文化传统中沿着德性路径"明明德""致良知"的观念存
在很大不同，而现代西方主要在经验和知识领域考虑道德和公正问题，其
实正承接了古希腊的智识路径。再如，西方宗教中"第一主宰"、人神两
分的显著特点，与中国文化传统中"天人合一""本性具足"的观念也有
着重要差异。这些表明，在一定程度上西方人文主义也多为科学思维所渗
透，类似于宗教中"天人两分""第一主宰"的主客两分思维亦绵延其间，

①　〔意〕加林：《意大利人文主义》，李玉成译，三联书店，1998，第 215 页。

②　参见 Antony Flew and Stephen Priest（eds.），*A Dictionary of Philosophy*（London：Pan
　　Books，2002），p. 175；Gordon Marshall（ed.），*A Dictionary of Sociology*（Oxford：Oxford
　　University Press，1998），pp. 289－290。

③　〔美〕卡洛尔：《西方文化的衰落：人文主义复探》，叶安宁译，新星出版社，2007，"中
　　文版序"。

④　关于人文主义与宗教、科学的辨别，参见〔英〕布洛克《西方人文主义传统》，董乐山
　　译，三联书店，1997，第 12 页以下。

⑤　苗力田主编《古希腊哲学》，中国人民大学出版社，1989，第 222 页以下。

它们共同受制于西方整个文化道路。也可以说，西方人文主义在很大程度上蕴含着对在不同历史时期持续存在的西方文化系统基本特性的深化和铺展。就此而言，把握西方人文主义，有时也不能脱离西方宗教和科学而作孤立分析，透过西方人文主义发现西方主体文化与众不同的特质或根本才是重要的。

以文艺复兴为正式开端的西方人文主义，在过去五百年的主要历史特质可大致概括为以下几个方面。

第一，摆脱宗教和神的束缚，从人出发并以人为中心来观察和思考世界。西方人文主义有时被追溯到普罗泰戈拉，因为他提出了"人是万物的尺度"。[①] 在文艺复兴时期，这一观念得以复活，人进而处在认识的主体地位，并被确定为世界的中心。米兰多拉认为，"人是万物的核心"，"人是自己的主人，人的唯一限制就是要消除限制，就是要获得自由，人奋斗的目的就是要使自己成为自由人，自己能选择自己的命运，用自己的双手编织光荣的桂冠或是耻辱的锁链"。[②] 而且，神或上帝与人被严格隔开，人的注意力、希望和归宿转向尘世。被称为人文主义之父的彼特拉克认为，"上帝的世界是经过七印密封的封闭的世界，非凡人智力所能理解"，"我是凡人，只要凡人的幸福"。[③] 这样一种"人化"的过程，在后世蔓延到世俗社会的经济、政治、法律、文化等各个领域，直至形成"祛魅"的"人的王国"。

第二，意志自由，充分认可人的能力和尊严。意志自由是人文主义的核心特征。宗教的衰微以及对"上帝之死"的宣告，都直接源于意志自由。在伊拉斯谟与路德关于意志自由的著名争论之后，历经宗教改革和启蒙运动，人成为独立的精神个体，人的意志自由得以最终确立。这是影响近代西方政治经济发展特别是民主化和市场化的一个关键点。而且，人的潜在能力得到充分肯定和信任，甚至被无限放大。米兰多拉讲的"我们愿意是什么，我们就能成为什么"，[④] 以及阿尔伯蒂讲的"人们能够完成他们

---

①　苗力田主编《古希腊哲学》，中国人民大学出版社，1989，第 183 页以下。

②　〔意〕加林：《意大利人文主义》，李玉成译，三联书店，1998，第 59 页，第 102 页。

③　〔意〕加林：《意大利人文主义》，李玉成译，三联书店，1998，第 23 页及"译序"。

④　〔美〕卡洛尔：《西方文化的衰落：人文主义复探》，叶安宁译，新星出版社，2007，第 3 页。

想做的一切事情"，①　都是关于人的潜能的典型话语。因为意志自由和人的潜能，人被视为有价值和有尊严的主体，应受到平等尊重。西方近代以来的权利、民主以及自由主义政治，在很大程度上正是以这种意志自由和人的尊严为基础。②　对此，有学者指出："代表选举是人文主义的派生事物，因为它赋予公民群体中的每一个我一份特别权力。"③

第三，立足自然世界和人的自然本性。从宗教文化到人文主义的转变，经历了一个"世界的发现和人的发现"过程。④　一旦对世界的宗教解释被舍弃，对自然世界的客观把握和审美观察就成为可能并得到发展。"人化"的过程由此也成为世界自然化的过程，世界获得了一种基于自然科学的人文解释，以致人本身也被自然化，成为物种进化过程中有血有肉、具有理性的自然生物。禁欲主义因此被解除，人的身体特别是生理本性受到重视并被重新认识。拉伊蒙迪在15世纪重述伊壁鸠鲁的观点时说："我们既然是大自然的产儿，就应当竭尽全力保持我们肢体的健美和完好，使我们的心灵和身体免遭来自任何方面的伤害。"⑤　菲莱尔福也质问："自从弄清楚人不仅仅是灵魂的时候开始，人们怎么可以忘记人的身体呢？"⑥而且，人的快乐成为价值评判的基本标准，以至于追求幸福连同生命、自由一起，在政治和法律文献中被确定为基本人权。与此相应，历史上以宗教的、道德的或自然的义务为基点的伦理政治或道德政治，转变为从自然权利出发的自然政治。⑦

第四，在认知上，以人的经验和理性为判断根据。无论是笛卡尔讲"我思故我在"，洛克讲心灵犹如一张"白纸"，还是贝克莱讲"存在就是

---

① 〔瑞士〕雅各布·布克哈特：《意大利文艺复兴时期的文化》，何新译，商务印书馆，1979，第135页。

② 参见 Ian Shapiro（ed.），*The Rule of Law*（New York：New York University Press，1994），pp. 13–19。

③ 〔美〕卡洛尔：《西方文化的衰落：人文主义复探》，叶安宁译，新星出版社，2007，第140页。

④ 〔瑞士〕雅各布·布克哈特：《意大利文艺复兴时期的文化》，何新译，商务印书馆，1979，第143页，第280页，第302页。

⑤ 〔意〕加林：《意大利人文主义》，李玉成译，三联书店，1998，第47页。

⑥ 〔意〕加林：《意大利人文主义》，李玉成译，三联书店，1998，第46页。

⑦ 参见〔美〕列奥·施特劳斯《霍布斯的政治哲学》，申彤译，译林出版社，2001；〔美〕列奥·施特劳斯《自然权利与历史》，彭刚译，三联书店，2003。

被感知"，① 都将知识的来源归结于经验和理性。无论是诉诸感官的经验主义、利害的功利主义，还是诉诸理智的理性主义、情感的浪漫主义，都抛弃了天赋或先验的道德原则，消解了宗教和传统的权威，而将是非对错、善恶标准、社会交往以及政治法律制度安排建立在经验和理性的基础上。"敢于认知"，② 并由此将人的经验和理性作为认知基础，是西方人文主义的基本特点。有学者指出，人文主义"重视理性，不是因为理性建立体系的能力，而是为了理性在具体人生经验中所遇到的问题——道德的、心理的、社会的、政治的问题——上的批判性和实用性的应用"。③ 理性，在此更多地指人的认知理性，它受到激情、欲望、利益的支使，意味着合乎逻辑的思考、计算、推理和判断能力，其功能在于计算欲望和利益如何得到满足，不同欲望和利益如何相互协调。④ 道德、经济、政治、法律、社会各领域的现象都从经验和理性中获得合理解释，其问题也都在经验和理性范围内形成合理的解决方案，而超出经验和理性之外则通常被认为是不可理解的或不合理的。

总的来说，文艺复兴以来的西方人文主义，既与西方整个文化系统有着难以分割的内在联系，又是一种不同以往、有着新特点的文化形态。与古希腊文化相比，它不再赋予善、德性或某些形而上的先验原则以天然的基础地位，而是在人的经验和理性的基础上讨论善、德性以及正当问题。与中世纪的宗教文化相比，它不再以神或人的宗教义务为中心，而是围绕人的自然本性，基于经验和理性来解释和构造外在世界。可以说，西方人文主义开出的是一个以人的经验和认知理性为基础的人的世界，其价值体系主要是围绕人的身体以及生理本性构建起来的，人的自由特别是意志自由构成了其基本原则。尽管从中国法家那里，也能看到一种基于人的生理本性的知识拓展，但在价值诉求上，西方人文主义又表现出很强的现代意义。在西方人文主义的视野下，人因其自然本性、潜在能力和意志自由而被认为享有尊严、平等价值和自然权利，权力分立和制衡、宪政、人民主

---

① 参见北京大学哲学系外国哲学史教研室编译《西方哲学原著选读》上卷，商务印书馆，1981，第369、450、503页。

② 〔德〕康德：《历史理性批判文集》，何兆武译，商务印书馆，1990，第22页。

③ 〔英〕布洛克：《西方人文主义传统》，董乐山译，三联书店，1997，第235页。

④ 参见〔英〕阿巴拉斯特《西方自由主义的兴衰》，曹海军等译，吉林人民出版社，2004，第42页。

权、法治则是从人的自然生理本性出发，基于人的经验和认知理性构建起来，用以保障人的自然权利、维护正常社会交往的外在制度形式。用历史比较的眼光看，在西方文化系统中，人文主义与中世纪以前的古代文化存在明显的断裂。这集中表现在，自然权利取代自然法、神法而成为现代政治、道德、法律领域的基本出发点，意志自由取代自然道义、宗教义务而成为现代社会的基本处事原则。与此相应，人在作为权利主体与作为德性主体之间发生分裂，道德精神与自然权利、民主政治、自由法治之间也出现缝隙。质言之，西方人文主义在将现代人文世界的基础奠定在人的认知理性之上的同时，其实也划出了现代人文世界的范围和边界。在很大程度上，西方人文主义因此弱化或忽略了人的道德理性，具有自由意志的个人可能享有"做错事的权利"，有些基于民主投票机制产生的政治和法律决议可能偏离道义，而"自由国家"也可能因为缺乏必要的道德原则限制而沦为政治、经济乃至文化势力的功利手段，甚至滑向"自由国家主义"以及具有侵略性的"自由帝国主义"。如果说，西方人文主义在为现代民主政治和法治铺设文化底垫的重要历史过程中，一定程度上也附带有道德和政治上的现代性问题，那么与之相比，近一百多年中国文化传统中的人文主义则因为其对道德理性的偏重而既受到西方人文主义的猛烈冲击，也在重构"外王"的过程中遭遇重重困境。

中国文化传统因为其所包含的人文主义而与西方文化以及世界其他文化传统相比表现出较强的独特性，也因为此种人文主义的普适因素而透显出一种至今仍得以生发延展的普遍性。因为历史流变中某些未尽合理的历史现象而彻底否定中国文化，或者只从历史文化形态上把握中国传统文化，视之为比西方文化或其他现代文化更为落后的文化形态，而不从根本道理上作去粗取精、去伪存真的辨别，就不可避免地会忽视乃至损害中国文化中的普遍人文要素，而这些要素恰是中国文化历经大浪淘沙式的千年流转仍得以延绵不断的根源所在。基于人文主义的角度审视，中国文化传统并不能被仅仅视为一种与君主政制不可分割的独特历史文化形态，它在道理层面实际蕴含着某些足以穿越古今中外的人文精神或要素，并因此对现代世界以及未来具有重要历史意义，也有在摆脱君主政制的支配或影响后与现代生活相适应或融合的可能性。可以说，人文主义或人文精神构成了中国传统文化以及整个中国文化不可或缺的基本内容和独特维度，以至于有人认为，"中国文化乃是一在本源上即是人文中心的文化"。① 在此意义上，理解中国文化，甄别和准确把握其中的人文要素是必不可少的。而就此人文主义或人文精神相对西方以及其他文化系统的独特性和普遍性而言，这种把握也显得尤为重要。在更多地立足经验、理性乃至功利来构建民主法治的现时代，对中国法治以及现代法治作适当人文审视的必要性和重要性也正发源于此。

一般认为，中国人文主义大致形成于周代，但从古文尚书等文献看，它至少还可上溯至尧舜。这集中体现在"天命"与"人力"的关系上。无论中西，命运与人的自由意志之间的关系都是构成人文主义的一个关键。在很大程度上，西方自文艺复兴以来的人文运动，可谓一个建立在经验和理智基础上的人的自由意志的扩展过程。与此形成对照的是，中国人文主义从其产生之初就具有明显而深厚的道德取向。在中国人文主义中，始终存在一种人通过自己的努力可以达致或超越"天命"的道德认知。人文主义的开始大致是以"天命"与"人力"发生一定分化，肯定"人力"的实际效果为前提的。在从夏到商、从商到周的王朝更替过程中，"受命于天"的观念不断遭受冲击，人力特别是人的道德努力对维持天命甚至改变命运的重要作用，基于一种充满危机感的政治实践被提炼出来并受到高度重视。天命靡常，唯人力或人德可恃，因之作为道德和政治原则得以确立。与此相关的话语在古代有很多，例如，"天命靡常……聿修厥德……自求多福"，② "惟克天德，自作元命"。③ 在认识到天命不再可以永久依赖之后，人从天命转向人力，自我的道德努力作为人始终可以把持的基本方面得到了充分展现。此种"自求多福""自造元命"的生命态度也深入政治领域，形成了中国政治文化传统中根深蒂固的"德治"和"民本"观念。提升统治者自身的德行，成为维护巩固政权、赢得上天眷顾的重要方式。而且，基于现实政治经验的总结，上天眷顾的标准最终被归结为获得人民支持，由此，"德"成为沟通"天"与"民"的通道，"德"与"民"也成为政治领域两个至为基本而又相互联系的方面。"天""德""民"这些因素融合在一起，既为中国传统政治设置了超验维度，也为其开展造就

① 唐君毅：《中国人文精神之发展》，广西师范大学出版社，2005，第6页。
② 《诗·大雅·文王》。
③ 《尚书·吕刑》。

了现实途径。

不难发现，中国人文主义透显着厚重的道德意蕴，因此，一些学者也以"道德人文精神"来表述它。这是一种与西方的理性人文主义存在差异的人文主义。大体而言，肯定一个虽然难以通过经验认知但客观上存在并对人产生实效的道德系统，构成了中国人文主义的基本特质。就西方人文主义对人的经验、理智的侧重而言，中国人文主义表现为一种明显的道德人文主义。这种人文主义在中国后世得到了延续传承和进一步发展，一直是中国传统道德哲学和政治哲学的根基所在。依循根本道理和历史脉络看，中国的道德人文主义可以说是始终围绕人的道德主体精神展开的。这主要表现在以下四个方面。

第一，人的道德本性。认可人的道德本性或人性善，构成了包括儒、释、道在内的中国文化主流的一个必需要素，正所谓"天地间，至尊者道，至贵者德而已矣。至难得者人，人而至难得者，道德有于身而已矣"。① 中国文化路径得以展开的基点正在于人生而皆具有的善性、明德、恻隐之心、良知。换言之，从人的道德本性出发，是中国人文主义的一个重要特质。传统中国对德治的高度重视，与这种对人的道德本性的充分认可和侧重密切相关。如果说西方近代以来日渐形成了一个立足自然本性的物理世界观，那么中国文化则一直贯穿着一种立足道德本性的道德世界观。宇宙与人由此被认为是同构的，这设定了人生以及政治的道德进路，中国传统政治因而更多地表现为一种道德政治。所谓"内圣外王"，由于始终需要基于"内圣"开"外王"，这样的"外王"也呈现鲜明的道德本色，显然有别于立足人的生理或自然本性的自然政治。如果说自然政治遵循在世俗的政治、经济、社会等领域通行的自然律，那么道德政治则遵循同样对人产生实际效果的道德律。对人道德本性的侧重和对道德律的遵循，决定了中国传统政治和法律实践的道德路向。

第二，人的道德能力。不仅西方人文主义强调意志自由，中国人文主义也同样强调人的意志自由。有所不同的是，中国文化里的意志自由具有深厚的道德意义，这主要表现在对人的道德能力和内在尊严的充分认可

---

① 《周敦颐集》，中华书局，1990，第33页。

上。在人的能力方面，所谓"万物皆备于我"① "天地之道备于人，万物之道备于身"② "吾性自足"③ 等话语，强烈凸显人无所不备的道德潜质。如果说在现代西方人文语境中，自由意志多表现为是非善恶的标准完全取决于个人，而这并不以一种客观存在的超验法则为准绳和必要限制，那么在中国文化中，人的自由意志则始终处于道德指引或道德律的主导下，有着明确的道德方向，是一种与"自然正当"紧密结合在一起的自由意志。人之为人的尊严，也恰源于人的自由意志对此道德路向的不懈坚持。而且，在中国文化语境中，人的这种道德能力具有极强的能动性和创造性，以至于在"天人合一"之外还存在"天人并立"的观念。"我命在我不在天"，④ "不能自强，则听天所命；修德行仁，则天命在我"⑤ 等话语表明了这一点。无论是天人合一还是天人并立，与西方的天人两分以及第一主宰观念都有着重要不同。在中国文化中，人的道德努力在终极意义上其实是以超越天人的道、理、法为依归的。在很大程度上，这种对道、德、理、法的终极和超越追求，抑制了以人的生理本性为基础的自然政治的发展。

第三，人的道德责任。道德责任规制和引导着中国人文主义的目的和方向。在自由主义理论中，个人在无涉他人的领域是完全自治的，只要无害他人就有权利做任何事。⑥ 这种理论虽然为个人的道德选择留有空间，但由于它并不以自然正当或确定的是非善恶体系为圭臬，个人的道德责任事实上并不明确。而沿着中国文化理路看，出于"天地万物为一体"⑦ "民吾同胞，物吾与也"⑧ 之类的观念，人对他人乃至所有人负有一种普遍的道德责任。从人的道德本性和道德能力中，不仅可推导出人对他人的道德责任，也可推导出人对自己的道德责任。在传统政治下，此种道德责任也得以向政治、法律和社会领域普遍扩展。如果说统治者基于对政权稳固的担忧而注重自身道德更多地表现为一种消极意义上的德治，那么，建立于

---

① 《孟子·尽心上》。

② 《邵雍集》，中华书局，2010，第554页。

③ 《王阳明全集》，上海古籍出版社，1992，第1228页。

④ 转见《抱朴子内篇·黄白》。

⑤ 朱熹：《四书章句集注》，中华书局，1983，第280页。

⑥ 参见〔英〕密尔《论自由》，程崇华译，商务印书馆，1959，第10、104页。

⑦ 程颢、程颐：《二程集》，中华书局，1981，第15页；《王阳明全集》，上海古籍出版社，1992，第54页。

⑧ 《张载集》，中华书局，1978，第62页。

"万物一体"观念之上的人的道德责任，则深化了一种更为积极的、旨在从终极意义上提升所有人的道德觉悟的德治。这在很大程度上加固了民本政治的道德根基，使之不致深陷于单纯的关于政权兴替的功利考量之中，而使政治和行政领域的"若保赤子"①态度具有更为实在的道德意义，也使道德意识广泛扩及社会和每个人。而且，在中国文化中，此种公共道德责任并非建基于个人权利，而是渊源于他人乃至万物与自己不可分割的同一性或相关性。因此，人对自己的道德责任与人对他人的道德责任其实是融合在一起的，道德行为所体现的并非仅仅是一种利他或兼顾他人的心态，而是一种与道德主体自身休戚相关的道德责任。

第四，人的道德认知。在人的感官或物理认知之外，中国人文主义一直保持和发展着一种独特的道德认知方式。此种认知方式构成了人的道德本性、道德能力以及道德责任的认识论前提，也制约着中国学术的发展方向，道德知识体系因此在中国传统学术中长期处于主导地位。所谓"德性之知"，在孟子那里主要表现为"不学而能……不虑而知……达之天下"②的"良知""良能"。良知、良能或德性之知，并不依赖于人的经验感知或闻见之知，一如宋儒所言："世人之心，止于闻见之狭。圣人尽性，不以见闻梏其心，其视天下无一物非我，孟子谓尽心则知性知天以此。……见闻之知，乃物交而知，非德性所知；德性所知，不萌于见闻"，③"闻见之知，非德性之知。……德性之知，不假闻见"。④在中国文化传统中，"德性之知"的开通有其独特的门径和方法。一般认为，"德性之知"不是通过感官，而是通过心思、内心虚静诚明从而达致天人合一来实现的。⑤此种道德认知路径显出浓厚的人文意蕴。

总之，就文化主流而言，人的道德精神、主体精神和责任精神构成了中国人文主义的精神实质。与此适成对照的是，近代以来的西方人文主义

---

① 《尚书·康诰》。
② 《孟子·尽心上》。
③ 《张载集》，中华书局，1978，第24页。
④ 程颢、程颐：《二程集》，中华书局，1981，第15页；《王阳明全集》，上海古籍出版社，1992，第317页。
⑤ 参见《孟子·告子上》《孟子·离娄上》《礼记·中庸》《荀子·解蔽》。还可参见《张载集》，中华书局，1978，第20页；程颢、程颐《二程集》，中华书局，1981，第15页；《王阳明全集》，上海古籍出版社，1992，第178页。

主要立足于人的身体和生理本性来构建作为主体的人及其责任。虽然中西人文主义都表现出人的理性精神，都力图使人成为有尊严的主体，但它们所据以立足的理性基础其实有差异。大体上，中国人文主义建基于人的道德理性，西方人文主义则建基于人的认知理性。同样，虽然中西人文主义都表现出从人天然具备的本性出发，但它们对人的本性的不同方面实际上有所侧重。如果说中国人文主义从人的道德本性出发最终成就的是道德主体，那么西方人文主义从人的生理本性出发最终成就的则是权利主体。由于中西人文主义在基点和路向上的差异，中西政治和法律发展道路在很多方面也有所不同。

二　法治的三种模式：法家、儒家与西方

　　法治主张和实践的一个前提是关于人的理论。侧重于人的不同方面，或者立足于对人的性质的不同判断，法治主张和实践通常有与之相应的不同朝向。这从法家、儒家以及西方近代以来关于法治的看法可明显看到。法治主张和实践与人的理论之间的这种紧密联系，使将法治与人文主义结合起来讨论成为可能，也显得必要。本文关于法治与人文主义的讨论着重沿着中国历史发展线索，开掘蕴藏在各种主张和实践之中的学理。历史地看，可大致发现法治的三种历史和理论形态：法家法治、儒家法治以及源自西方的民主法治。上升到理论层面，可将其分别表述为"作为武功的法治"、"作为文德的法治"和"作为宪政的法治"。[①]

　　在方法上，对三种法治模式的区分和把握有必要兼顾事实与学理。首先，此种区分并不排斥各种法治类型的历史性。在很大程度上，法家法治以春秋战国以及秦朝奉行法治的意识形态和社会实践为事实基础；儒家法治以周代礼制以及汉至清代受儒学深层影响的法律实践为事实基础；民主法治则以近代以来围绕民主和民权展开的法治实践为事实基础。其次，此种区分也不否认作为理论形态的各种法治类型对历史的相对独立性。三种法治类型，虽然与中国从封建贵族政治向君主郡县政治再向现代民主政治

---

　　① 参见胡水君主编《法理学的新发展——探寻中国的政道法理》，中国社会科学出版社，2009，"导论"。

发展，以及从礼制向法制再向宪制发展的历史进程大体可以对应起来，但本文并不将它们只视为与一定历史时期或条件不可分割的历史形态，而是将它们视为各具学理基础、可以跨越古今的理论类型。从学理看，三种模式各有所本，并且在与人文主义的关系上表现出明显差异。大体上，法家法治立足于人的趋利避害本性，侧重于武功，旨在富国强兵，无论是人的道德还是人的权利，都不属于政治考虑的重点；儒家法治立足于人的道德本性，侧重于道德，倡导德主刑辅，力图唤起人的道德本性；民主法治虽然也立足于人的经验和理性，但侧重在政制，着意于权力制约的外在形式和民主的法律构造，以及对以身体和生命为核心的人权和公民权利的保障。鉴于各自的学理根据，本文并不认为，在从传统向现代转型的现代化进程中，法家法治、儒家法治乃至民主法治，终究会成为历史陈迹而不再起作用，而是力图辨明分清这些源于历史实践的理论类型在新的历史条件下可能起作用的具体层面或领域。三种法治模式内在的学理根据，是它们突破特定历史时空的局限而在现代仍得以发挥作用的基本条件。

在学理上，本文倾向于同时从文化与政治或道德哲学与政治哲学双重维度展开对三种法治模式的理论分析。以道德哲学和政治哲学为横纵两轴，再进一步沿横纵两轴各区分出道德、功利、政治、行政总共四个考量层面，就可较为清楚地辨明三种法治模式的理论位置。结合实际历史来看，大体可说，法家法治主要是行政和功利层面的法治，儒家法治主要是行政和道德层面的法治，民主法治主要是政治和功利层面的法治。显然，政治与道德层面的法治至今尚无对应的历史形态，而这尤其值得引起现时代人的关注。这里，对于道德、功利、政治与行政四个考量标准，需要作必要的阐释和限定。道德，重在人的仁德或人的道德能力和努力，它与前述人的道德本性、道德能力、道德责任和德性认知密不可分；功利，则与世俗事功、权利、经验和理性相通，它主要立足于人的生理本性或自然物欲。它们共同实存于古今社会之中，大致相对于中国传统学术中的义、利范畴，有时也被表述为"德"与"道"、① 道德与自然、道德与

---

① "道者，人之所共由；德者，己之所独得"；"道是天地间本然之道，不是因人做工夫处论。德便是就人做工夫处论。德是行是道而实有得于吾心者，故谓之德"。陈淳：《北溪字义》，中华书局，1983，第42页。

理性的差异，① 区分的基础在于"道德理性"与"认知理性"的不同。无可否认，在客观上，法家法治与民主法治可能也需要表现出一定的道德实效。例如，法家讲"心无结怨"②"德生于刑"，③ 而现代理论中亦流行着以个人的自私、自爱、欲望甚至恶质能够成就社会公益和经济繁荣之类的看法。尽管如此，无论是法家还是宪政主义，都缺乏一种以道德来统合法治的理想。而儒家法治虽然包含一个"外王"层面，但其所充分表现出的道德人文维度，如对客观道德系统或道德律的认可、对人的道德能力的高度肯定、对美德和贤人的依赖和重视、对超验道德认知形式的诉求等，是法家法治与民主法治所不具备的。正是在此意义上，道德与功利可用来作为比较的考量标准，而政治和社会的理性基础与政治和社会的道德基础也因此显出差异。行政，重在管理或治理，基本上存在于各类社会；政治，在此则主要指民主或民权政治，也就是一些学者所认定的中国古代有道无政、有治道无政道之类判断中的"政"。历史地看，通过诸如游行、示威、集会、结社，特别是"一人一票"的选举等公开有序的政治活动乃至民权运动来达致政治和法律诉求，这在中国传统社会是缺乏的。就此而言，无论是封建贵族政制还是君主政制，在治理上采用的都是自上而下的管制，而不具备规范的自下而上的政治活动形式。鉴于此，民主法治或"作为宪政的法治"，若仅从行政或治理层面去理解是不合适的。这同时意味着，虽然法家法治与儒家法治在历史上是在君主政制下展开的，但在现代，它们作为行政层面的法治形态，未必不能涵容于民主政制之下。

	道德	功利（理性/自然）
政治	道德的民主法治	作为宪政的法治（民主法治）
行政	作为文德的法治（儒家法治）	作为武功的法治（法家法治）

从道德、功利、政治与行政四个层面对法治所作的这种审视，不仅兼及历史与学理，也有利于引出并拓展中国法治的道德和政治维度，从而凸

① 道德理论中作为"君子""大人""圣贤"的"道德人"，不同于经济理论和民法理论里在市场或市民社会中精于计算、精心看护自我利益的"理性人"。前者是道德的，后者是理性的。
② 《韩非子·大体》。
③ 《商君书·说民》。

显现代法治的人文处境或困境。在此审视中，纵向的政治与横向的道德之间所形成的不能为法家法治、儒家法治和民主法治所涵括的空格，在一定程度上昭示出现有法治形态的某些不足，同时也为法治的进一步发展和开拓留出了可能空间和方向。一如法家法治与民主法治在功利层面的融通，历史上主要在行政层面起作用的儒家法治是否可能以及如何提升到政治层面，从而实现道德与政治在现代条件下的新的重构，亦值得深思。对于近一百多年一直处于文化低谷的中国来说，融汇古今中外的文明成果，来做这样一种前所未有的发展、开拓和重构，无疑具有重要历史意义。

大体而言，法家法治与儒家法治可谓中国自古以来的两种基本治道或治国方式。古中国的治道源远流长，而其间总可见到这两种基本形式。从地理和文化源起看，与长江和黄河两大流域相应，中国文化在远古即有一种南北分化的格局，并在后世大致呈现南道北德、南法北礼的面貌，以致南北差异随着文化的交流融合逐渐被冲淡后，在儒学长期居于主导的时期，仍可发现儒法合流或阳儒阴法、儒表法里的特点。对此，梁启超、刘师培、谢无量、蔡元培等人均有阐述。[①] 南北文化差异也表现为尚自然与崇仁道、行法术与尽人力、重智识与讲仁爱、常冷漠与多温情、遵循客观规律与开拓主观的或主体的能动性和创造性等分别。这既可说是"道"（自然之道）与"德"（人之仁德）的差异，也可说是两种"道"（自然律与道德律）的差异。就周公和孔子对礼义的重视，以及法家刑名之学"本于黄老"而言，[②] 法家与儒家的分野在很大程度上正表现为南北文化差异的自然延伸。当然，在先秦历史上，此种地域差别并不是固定的，法治改革其实主要发生在齐、晋、秦这样地处北方的诸侯国。这正表明，由地理影响而形成的分别，亦各有其学理根据，因而在地域界限被突破后仍得以并行或融汇。由于立足于不同的学理根据，南学北学以及儒法文化呈现出不同的人文特征。就此，有学者明确提到，"北派的政见，多依据德性上的感情；南派的政见，多依据利害上的需要"，"北学是人为主义，南学是

---

① 参见梁启超《论中国学术思想变迁之大势》，《饮冰室合集》文集之七；刘师培《南北学派不同论》，载劳舒编《刘师培学术论著》，浙江人民出版社，1998，第 133 页以下；谢无量《古代政治思想研究》，商务印书馆，1923；蔡元培《中国伦理学史》，商务印书馆，1937，第 30 页。

② 《史记·老庄申韩列传》。

自然主义"。①

古中国的治道，既可从地理和文化的角度审视，也可从学理和历史的角度分析。实际上，基于学理和历史来把握中国治道，是古人更为经常的思路。典型的是，鉴于秦以前的历史，古中国的治道被区分为"皇帝王霸强"五种，有时也被区分为"皇帝王霸"四种或"王霸强"三种。其中，"皇"指三皇的无为之治，"帝"指五帝的德教，"王"指三王的仁政，"霸"亦称"伯"，指五霸的法治，"强"指秦专任刑杀。关于治道的此类划分广泛流行于后世。② 这些不同的治道，既以历史上的道德和政治实践为事实基础，也在学理上各自表现出侧重自然、礼让、德政、利争、兵战，或者侧重无为、德、义、智、兵的特征。在从"皇"到"帝"到"王"到"霸"再到"强"的历史演化过程中，可明显看到从德教、仁政向法治、刑杀的转变。因此，德与刑还被更为概括地提炼出来，成为判定和区分"皇帝王霸强"这些不同治道的两个基本考量标准。一如古人所说，"治国有二机，刑、德是也。王者尚其德而希其刑，霸者刑德并凑，强国先其刑而后德。夫刑德者，化之所由兴也。德者，养善而进阙者也；刑者，惩恶而禁后者也"，③"夫治国之本有二，刑也，德也。二者相须而行，相待而成也。……故任德多、用刑少者，五帝也；刑德相半者，三王也；杖刑多、任德少者，五霸也；纯用刑、强而亡者，秦也"。④ 这种以德与刑之间的主次、先后、多少关系来分析判断不同的治道，是中国传统政治哲学的主要特点。无论是先秦儒家和法家，还是后来的各种政治和法律理论，其实无不是围绕德、刑及其相互关系来展开的。从秦之后历朝的实践看，朴素无为的"皇道"与专任刑罚的"强道"都只作为理想的或需要避免的极端形式存在，刑与德始终是治理实践不可或缺的两个要素，实际的治道通常沿着"王道"上下漂移，时而推崇"帝道"，时而偏向"霸道"。就此而论，尽管"德"一直是儒学中最重要的主体内容，但"刑"或法制远不是对传统社会长期起主导作用的儒学所忽略的要素。在古代中

---

① 谢无量：《古代政治思想研究》，商务印书馆，1923，第4、27页。
② 参见《说苑·政理》《文中子·问易》；《邵雍集》，中华书局，2010，第13页以下，第547、556页。
③ 《说苑·政理》。
④ 《全三国文》卷三十七。

国，德与刑就如同阳与阴，是并立于中国传统政治中的两对基本范畴，是古代中国文治武功的两个基本方面，正所谓"刑德皇皇，日月相望，以明其当"。①

从德与刑在古代治理中的这种基础地位来看，它们正表现为道德和治理实践中"文德"与"武功"两个方面。刑或法律不仅是法家法治主张的核心范畴，也是儒学的基本概念。在儒法争论中，否弃仁德而专任刑法的观点在法家那里甚为常见，而儒家虽然力主道德教化，对刑法有一定贬抑，并期望"刑措""无讼"的理想状态，但很少有在现实中完全否定、摈弃刑或法律的想法。事实上，在儒学成为主导的意识形态之后，一直流行着"虽圣帝明王，不能去刑法以为治"之类的话语。②孔子讲"道之以政，齐之以刑，民免而无耻；道之以德，齐之以礼，有耻且格"，③"礼乐不兴，则刑罚不中。刑罚不中，则民无所措手足"，④ 在很大程度上也表明了一种德举刑备的态度。凡此皆为开掘儒学中的法治因素提供了可能。如果将法家"一任于法"的主张视为一种典型的法治理论，那么在儒学所支持的"王道"和"帝道"中，其实也包含一种始终不脱离刑或法的法治理论，只不过它是一种受制于道德的法治理论，或者相对于法家的纯粹法治而言，是一种复合的法治理论，其间不仅有法律因素，更包含仁德礼义等因素。大体而言，立足于人的仁德来开展政治和法律实践是儒家法治的基本特征，其特质可归结为"德主刑辅"或"德本刑末"。这主要有三点具体表现。其一，以仁德为根本，而以法律为不得已也不可废的治世工具，强调"先德而后刑"。⑤ 例如，"德礼为政教之本，刑罚为政教之用，犹昏晓阳秋，相须而成者也"；⑥"法令者，治之具，而非制治清浊之源也"；⑦"仁义礼制者，治之本也；法令刑罚者，治之末也。无本者不立，无末者

---

① 《黄帝四经·十大经·姓争》。另可参见《管子·四时》《申鉴·政体》《礼记·乐记》等。
② 《元史·刑法一》。另可参见《抱朴子·用刑》、《日知录·法制》、《论衡·非韩》、《唐律疏议》卷一、《四库全书总目提要·政书类》按语等。
③ 《论语·为政》。
④ 《论语·子路》。
⑤ 参见《黄帝四经·十大经·观》、《盐铁论·论灾》、《说苑·政理》、《文中子·事君》、《大学衍义》卷二十五等。
⑥ 《唐律疏议》卷一。
⑦ 《汉书·酷吏传》。

不成。……先仁而后法，先教而后刑，是治之先后者也"；①　"明其刑不如厚其德也"。②　其二，明刑弼教，以德主导法律实践，以刑维护德教。例如，"刑者，德之辅"，③　"刑以弼教"。④　其三，德与刑具有不同功效，适用于不同时期或领域。例如，"刑罚者，治乱之药石也；德教者，兴平之粱肉也。夫以德教除残，是以粱肉理疾也；以刑罚理平，是以药石供养也"；⑤　"本之以仁，成之以法，使两通而无偏重，则治之至也。夫仁义虽弱而持久，刑杀虽强而速亡，自然之治也"。⑥　从这三点看，尽管"德主刑辅""德本刑末"突出了德的基础或核心地位，从而使儒家有别于法家，但刑实际上也构成儒家政治理论不可脱离的基本方面。

总之，无论是就南北地理文化差异而言，还是就"皇帝王霸强"五种治道形态以及德、刑两种基本考量标准而言，侧重于德的儒家法治与侧重于刑的法家法治，正可谓绵延长久的中国传统治道的两种基本样式。而在儒学作为主导意识形态的两千多年时间里，中国法律实践一直受到德的影响或支配，以致形成了一种融合道德与法律，以德刑为本末、先后、文武、内外次第的立体复合法治结构，与西方近代以来所形成的形式法治适成对照。对此，钱穆曾指出，"中国自秦以下之政治，本为儒、吏分行之政治，亦即法、教分行之政治"，"凡使中国传统政治之不陷于偏霸功利，而有长治久安之局者，厥惟儒家之功"。⑦　这种独到的儒家法治，亦可谓"内圣外王"在法律领域的具体表现，它呈现一些区别于法家法治和现代西方法治的特性。

第一，它是道德的。儒学以具有客观价值的人生道德意义为理论前提，但它并不完全否定人性的卑微方面。只是，儒学并不以人性的卑微或生理方面作为道德和政治的基点，相反，它始终不离人的道德善性，坚持人性善论，而将利欲视为需要提防、克服或节制的。无论是德还是刑，都紧紧围绕人的德性和善性展开，以极力保存、维护和张扬人的德性和善性

①　《群书治要·袁子正书·礼政》。

②　《群书治要·袁子正书·厚德》。

③　《春秋繁露·天辨在人》。

④　《宋史·刑法一》。

⑤　《后汉书·崔骃列传》。

⑥　《群书治要·袁子正书·礼政》。

⑦　钱穆：《政学私言》，九州出版社，2010，第79页。

为目的。对于人的道德本性，法家既不承认也不信任。在现代西方法治理论中，人的善性同样不被认为是可依靠的，法治因此主要建立在人的生理本性以及对人性的不信任基础上。无论是法家的还是现代西方的法治理论，都与一种通过内心调节来达致中正仁和的道德理论严格区分开。在这两种法治理论中，人欲是明显开张的，人的生理和自然本性亦得到充分认可，并被用来作为治理的基点。

第二，它是综合的。这主要表现在儒家主张以德为本、以刑为末、德刑并用，正所谓"政刑所以禁民之身……德礼所以善民之心"。① 而且，儒家在不舍弃刑的同时高度重视道德和贤人对治理的积极功效。一种融合道德、贤人、礼乐、刑政的复合格局，构成了儒家政治和法治的主要特点。而法家法治与现代西方法治通常坚持法律与道德、法治与贤人相分离的立场，在治理形式上强调只诉诸并依靠法律。在现代西方法治理论中，人与人之间也主要不是表现为道德关系，而是更多地表现为权利关系，这种受到法律明确保护的权利关系甚至可以是某种对立关系。至于道德和贤人，无论是法家法治还是现代西方法治都不寄厚望，它们对法治甚至被认为是不利的。

第三，它是超越的。从"内圣外王"来看，可以说法家法治和现代西方法治更多地侧重于或流于"外王"层面，着力沿着社会、经济、政治体制平铺展开，而未涉"内圣"层面，难以触及形而上的超验或超越领域。与此不同的是，儒家法治受一种人的道德完善理论的支配。在人的道德完善与国家治理之间，呈现相互影响的立体复合结构。在自然法与西方法治之间，本也存在这种立体复合结构，不过，自从更具道德意蕴的自然法在近代落实为自然权利后，西方法治所受的道德张力实际受到削弱，抑或转变为权利张力，一幅流于功利、经验和理性层面的日趋平面化的现代法律图景因此也更渐明显。在很大程度上，立体复合结构在现代社会的平面化与"德性之知"路径的堵塞有着重要关联。就此而言，儒家法治的道德超越维度在现代的进一步生发，有赖于中国文化传统中"德性之知"渠道的重新开通。

总体来看，上述"道德的"、"综合的"和"超越的"等特性是法家

---

① 《大学衍义》卷二十五。

法治和西方宪政所缺乏的。在儒家法治与法家法治、西方宪政之间，明显呈现道德与自然的差异。结合前述人文主义而言，儒家法治的铺展始终不离人的道德本性、道德能力、道德责任和道德认知，而法家法治和西方宪政则主要以人的生理或自然本性为根基，在经验和理性范围内思考和处理政治、法律和国家问题，因此弱化或避开了人的道德责任，也隔断了人的道德认知维度。由于着眼于自然世界并建基于人的自然本性，法家法治和民主法治看上去表现为更为纯粹也更为客观的政治和法治。这样一种非人格化的治理，为社会的客观发展造就了较为确定的规范形式和制度依托，使个人和社会得以摆脱道德伦理的束缚而获得自由发展，也在很大程度上消解了治理者和被治理者的道德责任。在法家法治下，作为统治者的君主对被治理者不仅不负有道德责任，而且力图"戒民""备民""御民""制民""胜民"。在宪政体制下，非人格化的治理机制以及治理者的政治和法律责任取代其道德责任同样是明显的。宪政或现代法治的重要特征在于，它不再沿仁义道德的路向发展，而是以自然权利为出发点，一些学者将其归结为"建立在人的意志基础之上的治理"或"受意志指导的人的治理"。① 立足于人的生理或自然本性并循着经验和理性的认知路径而生发的自然权利和自由意志，淡化了现代政治和法治的道德浓度。个人因此一方面由其意志行为而对其自主选择各自承担责任，另一方面亦可在法律不禁止的范围内按其自由意志放任发展。这也最终形成了一套客观的、非人格化的社会、经济、政治和法律体制，个人、社会、国家因之得以共同发展。合起来看，治理的非人格化，政治的客观化、形式化和法律化，以及由此所致的个人"疾功利于业"② 与国家和社会客观发展之间的一致性，构成了法家法治与西方宪政的共同特征。法家法治与民主法治因此既切合人的功利需求和生理本性，也在国家强盛、社会发展等方面时而表现出较为明显的实际效果和外在优势。这使儒家法治及其道德取向面临一定质疑和挑战，以致在国家间竞争加剧的情况下遭受冷遇乃至批判。

尽管法家法治在外在形式和功用上与现代民主法治颇为近似，但它在政治领域并未确立起宪政体制下的人权和公民权利取向。此种个人权利或

① 参见 Ian Shapiro（ed.），*The Rule of Law*（New York：New York University Press，1994），第 13 页以下。
② 《韩非子·难三》。

自然权利取向，是民主法治与法家法治乃至儒家法治形成对照的独到之处。从合法性的角度看，如果说儒家法治旨在使统治或治理获得一种道德正当性，那么法家法治与民主法治则更加侧重于赋予统治或治理以纯粹的法律正当性。而且在通过法律而获得的形式合法性之外，民主法治比历史上的儒家法治和法家法治实际多出一条通过维护个人权利来获得政治正当性的渠道。这是法治在现代开出的新的人文维度，也可以说是现代语境下"外王"在政治层面的重要表现。如前所述，无论是法家法治还是儒家法治，在历史上都主要表现为自上而下的治理，而缺少自下而上兴起的民权或民主政治。明显的是，在中国传统社会，没有人民通过常规政治活动而展开的权利诉求和法律体制，也没有对君权的宪法制约以及人民对政府的政治和法律制约。在人民与政府之间构建合理的政治和法律关系，使政府和国家受制于宪法以及人民意志和权益，这是民主法治所要达到的基本政治目标。一如有人所指出的，"法治……在更一般的意义上，包含着政府与被治理者之间的关系必须正义和公平的理念"。① 如果说历史上与自上而下的治理相联系的儒家法治和法家法治成就了一种主要流于行政层面的、国民之间的治理——这种治理可针对官吏和国民而不能从根本上针对君权或皇权，那么，民主法治所要成就的则是政制层面的，旨在通过法律约束和规范君主权力、政府权力、政治权力以及国家权力的治理。这是现代法治在政制层面的重要特征，也可谓现代法治的精义之所在。虽然民主法治与法家法治相比多出了人权和公民权利价值体系，而且这一体系如同凌驾于实在法之上的自然法，看上去也具有指引乃至约束实在法律的历史地位，但从人的自然本性以及自然权利这一基点看，法律、权利、民主在"作为宪政的法治"下仍处于沿着身体和生命展开的生理乃至物欲功利层面，人的德性认知和道德本性在其中依然是空缺或不明确的。因此，一些学者将现代政治归结为旨在保护身体和保全生命的"身体政治"和"生命政治"。② 就对人的身体和生命的尊重和爱护恰是德性的重要外在表现而

---

① T. R. S. Allan, *Law, Liberty and Justice: The Legal Foundations of British Constitutionalism* (Oxford: Clarendon Press, 1993), p. 21.

② 参见 Michel Foucault, "The Birth of Biopolitics", in Michel Foucault, *The Essential Foucault: Selections from the Essential Works of Foucault, 1954 – 1984* (New York: New Press, 2003), pp. 202 – 207。

言，虽然民主法治并不以儒家所维护的那样一套被认为是客观有效的道德系统为依托和前提，但其基于人的认知理性而生发的、用以有效保障人权和公民权利的那样一套政治和法律体制，亦显出相当的人道功效。

三　迈向道德的民主法治

就中国和西方两种人文主义而言，现时代需要一种会通中西人文主义精髓、兼济人的认知理性和道德理性的新人文主义。这对中国是如此，对世界也是如此。从道德、功利、政治、行政四个层面看，融合古今中外的实践智慧和经验，开拓"道德的民主法治"，重新实现道德哲学与政治哲学的统合，在现时代既是历史需要，也是历史契机。中国的法治目前仍处在形成过程中，鉴于中国文化传统的衰败，以及民主政治尚有提升空间，中国法治的道德维度和政治维度是尤其需要加强的两个基本方面。这两个维度，与中西两种人文主义有着重要的知识联系。尽管道德与功利以及中西人文主义所各自侧重的道德理性与认知理性在历史上表现出较大张力，但就学理而言，融会中西人文主义，同时打造政治和社会的理性和道德基础，构建"道德的民主法治"，在现时代仍是存在历史可能的。

总体上，与其说现代政治或民主法治是道德的，毋宁说它是理性的。如果说法家法治与民主法治旨在构建政治和社会的经验或理性基础，为政治设置法律正当性或权利正当性，那么，儒家法治则旨在构建政治和社会的道德基础，力图为政治设置道德正当性。作为现代政治基始点的人的自然权利、自然本性和认知理性，决定了现代政治和法治的理性的——而非道德的——发展路向。就其治理逻辑而言，在认知理性而非道德理性的主导下，虽然最终不排除能够达致某种结束或中止争斗的默契或协定，但在平等博弈的过程中，亦可能同军备竞赛一般，彼此以一种时刻提防、共损同毁的方式来保护和发展自己。在国际政治和经济中相互角逐的"自由国家"，至今远未突破现代发展的这一瓶颈。如果说启蒙运动开启了人依凭自己的经验和理性勇于认知的大门，那么现代社会的这样一种强劲的认知理性路向，则使人们越来越担忧理性的过度使用。经历了启蒙的世界，在外在方面可能处处看上去是理性的、光明的，但这并不足以保证人的道德世界是同样明白而确定的。在启蒙之下，光明与阴影可以同在共生。与中国文化传统的道德人文维度对照来看，沿着人的认知理性和自然本性而展开的现代人文主义，其道德界限不容忽视。例如，权利路向虽然看上去维护了社会公德底线，但它与道德也有很大的张力——人权或权利通常并不以人是道德的以及促进人的道德完善为条件，事实上，人在现代被认为有权利做并不总是最好的事，甚至有权利做错事或道德败坏的事。由于人的道德善性不被广泛认可，道德律的作用空间受到限制，而建立在"人是人"这一自然事实基础上的人权论和死刑废除论，亦将因为缺乏根本的道德理据而面临挑战。又如，权利自近代以来的发展史显示出，"自由国家"的奴隶贸易、种族歧视、侵略战争等与人权的提出适相伴随，人权在国内政治和国际政治中所处的地位和作用并不完全一致，国际人权保护机制中的人道主义干预时常与人权侵犯纠缠在一起。由此看，权利政治与仁义道德在现代社会也未必总是正相关的。凡此都反映出从人的自然权利、认知理性和生理本性出发的现代道路的倾向、侧重和缺失，也衬托出延续和重新开掘人的德性认知和道德善性的历史必要。

综合起来，从普适的立场看，中西古今历史上的法治大致凸显人文的两条路向。一是理性的，以人的生理本性为起点；二是道德的，以人的道德本性为起点。尽管法家法治与现代西方法治在权利价值取向上存在差异，但就其对德性认知的阻隔、生理本性的侧重以及某些客观的人道效果来说，二者可同归于功利或理性一路。结合前述中西两种人文主义，从这两条路向可简约地提炼出理性人文维度和道德人文维度。由于理性人文维度终究要落实到人的生理欲望和世俗功利层面，它也可说是功利的，从而在学理上与不计利害得失的道德人文维度形成对照。在道德人文维度上，人欲通常受到一定克制，但这一维度并不完全排斥人的生理本性和世俗生活，而是秉持一种适当的中正仁和态度。可以说，道德人文维度经过但并不停留于人的生理和世俗层面，基于德性认知以及天人合一乃至天人并立，人在这一维度上还有高于世俗功利的道德追求。在理性人文维度上，虽然人在"人是目的"这一人文要求下力图被塑造成有尊严的权利主体，人们客观上也可能达致人在道德人文维度上所能取得的某些实际效果，但由于受闻见之知的支配以及闻见之知对德行之知的制约，人在这一维度对于超验或超越层面的认知总体是隔断的。就学理而言，理性人文维度并不以德性认知和德行生活为必需，但也未必与德性认知和德行生活完全不相容。这为权利与德性的现代结合提供了理据支持和实现途径。理性人文维度和道德人文维度，在现代构成重开"内圣外王"的两个立足点。在历史上，这两个维度长期呈现紧张乃至对立。犹如在传统社会仁义道德对人的生理本性、义对利、天理对人欲的一定抑制那样，认知理性对道德理性的挤压和张力在现代社会也是明显的。在立基于人的自然或生理本性而扩展的现代体制下，人的德性认知渠道可能受到蒙蔽而不得开通，甚至为科学认知所拒绝和堵塞，进而也阻碍人的道德本性和道德能力的生发。这是现代进程中能否实现道德与政治、"内圣"与"外王"新的统合的一个关键问题。重开德性之知，疏解德性认知与物理认知之间的隔阂，使人的德性之知与闻见之知、道德本性与生理本性相容并行，可谓现代中国开"新外王"并将"内圣"与"新外王"重新衔接起来的认识论前提。确立这一认知前提，才足以打开法治的道德之维，进而使将道德与政治重新结合起来、构建"道德的民主法治"成为可能。在现代语境下，道德与政治的融通不必是美德的法律强制以及纲常伦理、等级秩序的重构，而在于使人的德性认知在现代经济、政治、法律、社会和文化体制下仍得开通和生发，由此为道德人文要素渗融于现代体制创造历史可能，从而弥补现代性之不足，达致仁义道德、道德本性、自然正当与民主法治、生理本性、自然权利相互融合的"仁内义外""内圣外王"状态。相对中国上千年的古代史和一百多年的近代史而言，实现"内圣"与"新外王"的衔接，或者实现仁义道德与民主法治以及现代经济和社会体制的融合，当代中国有必要尽可能避免理性人文主义与道德人文主义的直接对立。换言之，中国的道德和政治发展道路当兼顾理性人文主义和道德人文主义，不以仁义道德强行地抑制人的生理本性的伸展，也不以物理认知一意地扼杀人的德性认知和道德本性的生发空间。唯有立基于认知理性造就民主法治以及现代经济和社会体制，同时立基于德性之知培育道德主体，并由此赋予现代经济、政治、法律、社会和文化体制以道德态度和导向，现代法治才足以既从理性人文主义那里获得民权民主维度，也从道德人文主义那里获得仁义道德维度。具体来说，这需要从三个方面努力。

首先，沿着个人权利和社会秩序，从外在客观方面打造民主法治的理性基础。

在道德律以及人的道德本性上，儒法两家表现出极大分歧，但在法律与外在而客观的社会体制的联系上，儒家法治与法家法治、民主法治却也表现出较大的一致性。儒家的"外王"终究要落实到一套政治、经济、社会和制度体系之中。所不同的是，物欲或人的自然本性在法家以及现代经验、情感、功利和理性主义者那里是开张甚至放纵的，并被用来作为治理的起点，而儒家则始终基于德性之知对"人欲"保持着适当节制。由于坚持人的道德善性，在守法或预防违法上，儒家也积极倡导道德教化的社会作用，注重通过提升人的道德觉悟来避免违法犯罪，这也是法家法治和现代政治有所弱化的方面。在很大程度上，基于人性恶或"原罪"观念而展开的非人格化治理，忽视或遮蔽了更为主观的道德进路，法家法治与西方宪政因此表现为一种鲜明的摆脱德性约束的自然政治。此种政治的"自然"特征主要体现于两点：一是以人的自然本性为出发点，二是建立在由此所形成的近乎自然演化的社会体系及其客观规律基础之上。法家以及现代理性人文主义大多从自然的眼光、自然律的角度看待这一近乎自然的体系，并任其客观扩展；而儒家则以"皇天无亲，惟德是辅"①"大德必得其位"② 之类的看法，赋予这一体系以道德意义，并表现出以仁义道德或道德律来涵容这一自然体系的倾向。这里如果将"道"理解为客观的自然过程，而将"德"更多地理解为人心向善的主观努力，那么法家法治以及现代政治与儒家法治或"仁政"之间大体可以说存在道与德的区分。就道德律而言，道与德实难分开，而仅就自然律而言，在以人为自然生物乃至机器的近代潮流中，关于"德"的客观作用的认识明显淡化乃至被切断了。相对来说，中国文化传统高度重视人的仁德，但也从不忽视客观的道。古人以"阴""阳"或"春""秋"来比照"德""刑"，在一定程度上显示出传统道德政治中的自然或客观要素。而法家以及现代政治对客观自然之道的因循，弱化甚至排除了仁德在社会治理中的作用空间。就此而论，关于法家"源于道德之意"，③"有见于国，无见于人；有见于群，无见于子"④ 的判断，可谓深切之见。经历了启蒙之后的理性人文路向，以人权

①　《尚书·蔡仲之命》《左传·僖公五年》。
②　《礼记·中庸》。
③　《史记·老庄申韩列传》。也有学者认为法家渊源于儒家，但就学理特别是就人际冷漠这一点而言，法家与道家更趋一致，而与儒家则存在难以消除的理论分歧。
④　《国故论衡·原道》。

和公民权利弥补了法家"无见于人"、无见于个体的不足，但在对客观之道或自然过程的推崇上，仍与法家的法治道路表现出高度一致。无论是围绕个人权利而展开的现代法治，还是围绕社会秩序和国家富强而建立的法家法治，都具有明显的自然政治特征。这样一种沿着自然之道向前发展的路向，虽然可能蒙蔽人的仁德，但相对传统社会中宗教和道德的形式化、外在化、强制化实践来说，它在现代对仁德的自由开展仍具有别样的历史意义。

从近代以来自然政治的崛兴看，人们社会交往的相互性和公共性、基于人的生理本性而展开的经济和社会体制以及政治权力运行的客观规律，更适合用来作为构建民主法治的着力点。在中国文化语境下，立足人性恶或"原罪"观念来建立法治将始终面临道德质问和文化隔阂，而完全从道德观念出发、抛开外在社会体制而在"大社会"构设法治也是不现实的，历史事实上并不是如此发生的。一些法律史学者将法律的现代发展视为一个摆脱宗教和道德束缚的历史过程，随着这一历史进程的加深，法律以及相关的法律知识体系在现代社会越来越成为与经济、政治、社会和文化体制相互联系的并立体系。对此，有学者指出："在现代条件下，作为话语的法律应该只标出那些对'对'与'错'从技术上作了明确界定的领域。我们只应期待法律从其自身的标准得出是或不是的结论——决定一件事情要么合法，要么不合法。就此而论，努力从道德体验中找寻当前规则的基础是天真的。法律成了一个自我参照的交流系统：一种应对社会复杂性并为之提供便利的必不可少的特定工具。"① 还有法社会学者从行为预期和规范的角度，将法律视为社会系统的一种内生的、必不可少的机制和结构，并由此认为，在现代社会，"法律改变了它的特性。我们对法律的界定可以不再从本体论上，而是从功能上去构思……法律不再只是那些应该成就的东西。这是自然法的失败之处。……作为伦理原则的'正义'现在被放在了法律之外"。② 从这些关于法律的现代处境的描述中，不难洞察一种脱离宗教和道德而客观发展的现代世俗法律体制乃至现代经济、政治、社会和知识体制。由意志自由或道德留给个人自由决定这一点看，在形式法

---

① Roger Cotterrell, *Law's Community* (New York: Oxford University Press, 1995), pp. 289 - 290.

② Niklas Luhmann, *A Sociological Theory of Law* (London: Routledge & Kegan Paul, 1985), pp. 77, 82, 105, 174.

律、自由政治以及经济、社会和学术体制的此种现代发展过程中，人的仁德与自然之道的分化是明显的。尽管如此，只要将科学认知与德性认知的人为对立扭转过来，疏通德性认知途径，并由此达致对道德本性的自觉，自然之道与人的仁德在现代的重新结合仍是存在现实可能的。质言之，道德可能也需要融入基于人的自然本性而客观延展的现代政治、经济、法律和社会体制。而且这样一种现代融合，比之于传统的"由仁入礼"的道德强制路径，更有利于凸显道德的主体性和能动性。甚至可以说，沿着人的自然本性，围绕个人权利和社会秩序，着眼于现代经济、社会和权力体制及其运行规律，造就民主法治国家，构成在现代重启德性之门的客观、历史和理性条件。

其次，存留德性认知的生发空间，实现自然权利与仁义道德的历史衔接。

基于道德的角度审视，法家法治和民主法治都主要表现为循着经济和社会体制展开的自然政治，而对人的道德本性或置之不顾或有所淡化。相比受制于一套天人体系和道德观念的道德政治而言，此种自然政治虽具有外在而客观的特点，与人的意志却也密不可分，明显受到人的理智和自由意志的主导。一个立足于人的生理本性而拓展出的，完全由人自主判断、自主建构、自主支配的知识和社会领域，构成了自然政治的认知前提和物质基础。在这一点上，即使带有宗教背景的洛克的自然权利理论也表现得尤为充分。按照洛克的看法，自然法本质上是上帝对其创造物的自然权利，而在自然法所限定的范围内，人如同上帝具有创造能力，并对其创造物了如指掌、享有支配的自然权利。[①] 由此，不难洞察一个完全受人的理性掌控的世界，在其中依凭经验、情感和理性，人可自主立法、自由创造乃至人为虚构。启蒙之后的现代进程在很大程度上可被认为是这一受人的理性掌控的世界的成长和膨胀过程。此种理性的人文世界为实证主义、功利主义、理性主义、情感主义开辟了知识道路，也在很大程度上隔断了德性认知途径，生理因素因而成为政治、法律乃至道德、宗教的基础。[②] 然

---

① 参见〔美〕伊安·夏皮罗《政治的道德基础》，姚建华、宋国友译，上海三联书店，2006，第 13 页以下，第 18 页以下，第 143、174 页。

② 〔美〕伊安·夏皮罗：《政治的道德基础》，姚建华、宋国友译，上海三联书店，2006，第26 页。

而，如果将人的仁义道德与自然权利，或者道德理性与认知理性视为古今之"道"以及现代条件下"内圣"与"新外王"的基点，那么，在理性化进程中涵容古今，培育道德价值，由此构建作为道德责任的人权，融通自然权利与仁义道德，可谓 21 世纪需要开拓提升的一个重要发展路向。

无论是从历史上的"义"与"利"、"天理"与"人欲"之间的关系看，还是从现代启蒙运动基于经验、理性和情感而对超越或超验维度的隔断或挤压看，自然权利与仁义道德在现代的协调都存在一定困难。特别是在物理认知的主导下，由于德性认知"不萌于见闻""不假闻见"，"内圣"在现代理性化进程中很容易遭受舍弃。尽管经验、理性、情感乃至功利也能带来一些道德效果，但它们终究受限于一个立足于人的生理本性、受人的理性支配的平面世界。在此世界中，德性认知蒙蔽于经验、理性、情感乃至功利之下，人的道德善性、超越性以及相应的道德律因而难有广阔的生发和作用空间。在认知理性盛行的现代潮流下，立足"内圣"开"外王"、以仁义道德抑制自然权利的传统道路亦难再畅通无碍。

尽管如此，就中国文化理路而言，实现自然权利与仁义道德的历史衔接，达致"内圣"与"外王"新的统合，不仅成为一种历史需要，而且也存在现实可能。鉴于道德责任在现代的一定衰败以及"由仁入礼"在古代所致的某些道德缺失，在现代语境下协调融合仁义道德与自然权利，需要重新摆正"内圣"与"外王"的分合关系。这既不是舍弃"内圣"，也不是像传统道路那样完全从仁义道德而不从自然权利出发来开"外王"。融通"内圣"与"新外王"，关键在于在物理认知、经验认知或科学认知之外存容德性认知渠道，由此为人的道德本性和道德律产生社会功效造就作用空间。德性之知与闻见之知、道德理性与认知理性、仁义道德与自然权利在现代适合作为两个共立并行的系统对待，不以物理认知堵塞替代德性认知，也不以人的道德本性压制扼杀人的生理本性。由于德性认知的开通，这两个看上去分立的系统亦得以发生联系并最终统合起来。古人云："果无功利之心，虽钱谷兵甲，搬柴运水，何往而非实学？何事而非天理？"①"果能于此处调停得心体无累，虽终日做买卖，不害其为圣为贤。

---

① 《王阳明全集》，上海古籍出版社，1992，第 166 页。

何妨于学？学何二于治生？"① 这足以说明功利系统与道德系统、自然权利与仁义道德的现代统合。以高尚美德而论，务农、经商、从政等世俗事业，皆可怀抱济世之心而为。以基本义务而论，德性认知的开张亦得为功利行为设置必要的道德限制。"明于庶物，察于人伦，由仁义行，非行仁义"，② 体现出世俗生活与道德心态的分立统合。"有德司契""执左契，而不责于人"，③ 则体现出内在道德系统与外在法律或规范系统的分立统合。中国文化传统中的这些智慧都适于在现代继续生发传承。从中国文化的这种世俗与道德的融合视角审视，基于人的生理本性而展开的自然权利体系，亦可能被容纳统合于仁义道德体系。人权，从主体自身眼光看是以死相争的自然权利，而从主体之外的其他人的眼光看，则是需要尊重和保护的人之基本要素，而此种对人权的尊重和保护正可谓人之德性、道德责任的外在彰显。就此而言，人权理论在中国文化语境下更适合沿着"民胞物与""万物一体"的理路展开，由此使作为自然权利的人权得以转变为作为道德责任的人权。按照中国文化传统中的"天地万物为一体"观念，此种道德责任并非源于权利与义务或权利与权利之间的交换或相互性，而是源于他人与自己的道德一体性、相关性或共通性，因此权利主体的人权才可能成为权利主体之外的人发自内心的道德责任。自然权利与仁义道德的这样一种现代融通，终将使现代权利政治和法治获得必要的道德维度和限度。

再次，构建道德的民主法治，开拓民主政治下的为民之道。

历史地看，作为一种现代文明，民主法治构成了现代中国在政治层面需要着力达到的主要目标。尽管不能说中国文化中完全缺乏民主的精神要素，但民主作为一种政制在中国传统社会是长期缺乏的。未获充分发展的民权宪法、民主政治以及独立司法在古代中国看上去并不是必需的，只是在"一离一合，一治一乱"④ 的王朝翻覆运动中才衬出其历史意义。治乱相循、兴亡相仍的历史现象，很大程度上显出传统治理在政治维度上的不足以及由此向民主法治方向拓展提升的历史必要。从政权角度看，"天下

---

① 《王阳明全集》，上海古籍出版社，1992，第 1171 页。
② 《孟子·离娄下》。
③ 《道德经》。
④ 《读通鉴论》卷十六。

为公"的道德理想与"天下为家""天下为私"的政治现实之间的持久矛盾，为近代中国实现向民主法治的转变造就了历史动力。如果说，在传统治理方式下，围绕政权而展开的政治活动在体制上受到抑制，而不得不只以革命起义的方式时不时地大规模爆发，那么，使社会中因为各种利益和价值分歧而产生的政治冲突，通过一定的法律渠道或制度形式得到合理疏通，从而不至于发生国家和法律损毁于反复的政治动荡或者政治势力长期凌驾于国家或法律之上的政治局面，则是民主法治所要获致的政治功效。结合 20 世纪"大民主"实践所致的深重灾难而言，使政治活动在国家和宪法体制下依循权利形式和法律轨道得以合理展开，实现政治与国家或民主与法治的良性互动，避免上层之间以及上层与底层之间的政治斗争带给整个国家和民族以大的动乱，仍是现代中国构建政制层面的民主法治的一个关键。

在中国文化语境下，现代中国从政治层面完成构建民主法治的历史任务，仍需要达致与传统仁义道德的融通，进而最终迈向一种"道德的民主法治"。此种道德向度的现代延展，主要不在于对民族历史上所形成的独特文化的刻意固守，而在于使现代政治获得普适法理的支撑，因此不仅在外在方面具有权利正当性和法律正当性，同时在内在方面具有道德正当性。人文，不只意味着隔断天人而将生存和关注领域限定于人的经验、理性、情感和意志，它还必须内在地包含诸如"人是目的""民胞物与""万物一体"这样的价值和道德要求。总体上，立足于人的生理本性展开，只将政治关注集中于君权的维护和国家的富强，而置人的道德善性、生活世界和精神努力于不顾——法家法治的这些特征，虽然看上去与人文主义着眼于人和现世的特点存在一致，但在人文价值和道德根基上显得很不完备。相比而言，民主法治通过将政治权力与人的权利和自由糅合在一起，旨在使国家权力依循一定的程序法则而屈从于人的自由生活这一政治目标，由此从权利和法律方面为政治权力的存续谋得了更充分的正当性，也提升了政治的理性价值和人文素养。尽管如此，沿着人的自然本性以及自然权利而展开的民主法治，在很大程度上仍具有脱离仁义道德的特点，甚至与人的道德善性、德性认知、道德能力保持较大的张力。就此而言，现代民主法治的人文侧重也是明显的，它更加偏向于理性人文主义而于道德人文主义有所弱化。"道德的民主法治"，旨在兼顾理性人文主义与道德人文主义、权利正当性与道德正当性，使外在权利政治与内在道德精神在现代条件下各自沿着人的生理本性和道德本性并行不悖，并最终通过人的德性之知实现道德系统对民主政治的涵容。在此现代建构中，外在层面的民主政治、市场经济、市民社会与内在层面的仁义道德，须以圆融的观点而不是对立的观点看待。尽管"道德的民主法治"最终并不仅仅停留于人的生理本性，但它也不排斥人的世俗功利。事实上，任何伦理教义在倡导人成为道德主体的同时，也都必然要对他人或社会成员的物质生活需要给予合理承认或高度重视，这甚至是道德行为的主要目标。"道德的民主法治"所要达到的理想状态在于，无论是政治、法律、社会精英，还是普通民众，对于世俗功利事业最终皆得以秉持道德心而为，以他人的权利为自己的道德责任，以政治、经济和社会事功为完善个人道德的载体和形式。

从道德与政治、天理与民意、"内圣"与"外王"相统合的角度看，中国法治既需要培植政治领袖和行政精英的人文素养、道德认知和政治伦理，也需要疏通和扩展德性之知在民众中的普遍生发渠道，发挥作为道德主体的人在民主法治实践中的积极作用。从自然权利与仁义道德相融合的角度看，德性之知在政治精英与社会民众的普遍延展，将为民主法治开通贯注道德人文精神的途径，传统的民本治理因此在民主政治下仍通过政治领袖和行政官员的道德责任形式得以存续，而民众在权利生活、政治生活、经济生活以及社会生活中的行为亦因此呈现更加深厚的道德自觉，从而使法治获得良好的人文底垫和道德环境。总之，中国的法治道路更适合吸收历史上法家法治、儒家法治和民主法治三种法治形态的优长，并在学理上融通自然权利与仁义道德，由此形成兼具理性人文和道德人文向度的"道德的民主法治"。也就是在"外王"方面，立基于人的自然本性，沿着公民权利保障和社会秩序维护两条线索，拓展中国法治的政治和行政层面，并将法家法治置于权利取向和宪制之下，达致民主与民本的衔接；在"内圣"方面，立基于人的道德善性，化解物理认知与道德认知的人为对立，提升人的"德性之知"，从而将法家法治、民主法治涵容于道德系统，最终成就一种民主政治下的为民治道。这可谓现代语境中的"内圣外王"，也是契合中国文化传统的政治理想。

三　法治中国：认知、治理与评估

共和国法治认识的逻辑展开[*]

张志铭　于　浩[**]

摘　要： 与法治的实践需求相呼应，人们的法治认识展现为正名法治、定义法治和量化法治三个主题环节，既共时共存，又陈陈相因、推演张开。其中，正名法治围绕着法律、法制和法治三个概念构成的思维链条展开，定义法治基于"普世主义"和国情主义两种对应的立场和思路进行，量化法治则是当下意图更加具体直接地连接法治实践的另辟蹊径的努力。总体说来，共和国的法治认识进程，已经使得法治作为问题在理论逻辑上完整展示开来；从结果看，完成了对法治的正当性正名，凸显了法治定义上的立场和观点分歧，开始了对法治实践的量化探索。

关键词： 正名法治　定义法治　量化法治　"普世主义"法治观　国情主义法治观

一　现象、问题和方法

时下中国，如果一位学界朋友问你最近在研究什么问题，而你的回答是法治，那么你常常会看到对方一脸茫然和疑惑，给你的强烈暗示是自己正在做什么傻事；而当你想解释说明点什么的时候，又会突然觉得无从说

---

　* 本文原载于《法学研究》2013 年第 3 期。

　** 张志铭，华东师范大学法学院教授；于浩，华东师范大学法学院研究员。

起，一种发自内心深处的无力感。为什么会这样呢？细想起来，原因可能有两个方面。其一，在法治问题上，理论上还有什么需要说而没有说的呢，研究法治会不会像我们经常看到的那样，只是一种简单甚至是低水平的重复？其二，随着"中国特色社会主义法治理念"的提出和传播，法治在时下中国已经成为官方主导的话题和话语，已经高度意识形态化，如此一来，还有什么必要进行理论上的探讨呢？从 1988 年发表探讨法治和社会主义民主政治关系的第一篇论文至今，① 笔者对法治问题的关注、思考和写作已经持续二十多年。这样一种理论旨趣无疑会持续下去，但前提是针对上述疑问，就继续研究法治问题以及深入研究的重点有一个清理，以形成明晰的立足点和理论取向。这可能也是所有热心于法治理论研究的学者的共同需要。

从 1949 年 10 月中华人民共和国成立以来，法治问题一直或隐或现、持续不断地存在于国人的生活之中，尤其是结束"文革"十年浩劫、从 20 世纪 70 年代末推行改革开放政策以来，法治更是成为众所关注的热门话题。对法治的认识和理论探讨，也深刻而广泛地展开。正是几十年来大家在法治问题上心智和情感的集中而持续的投放，才有如今包括论文、专著、讲义、文集、报告、译作等在内的法治文献数不胜数、洋洋大观的局面。以中国法学会法理学研究会 1985—2012 年的年会主题为线索，就能很清楚地看到这一点（见表 1）。

表 1　中国法学会法理学研究会 1985—2012 年年会主题一览

时间	主题	分主题
1985	法律的概念；法律与改革	（1）法律的阶级性和社会性；（2）我国社会主义法律的概念和特征；（3）法学基础理论学科的改革问题
1986	社会主义民主的制度化和法律化	
1988	社会主义初级阶段的法制建设	（1）十一届三中全会以来社会主义民主与法制建设的基本成就、主要经验及存在的主要问题；（2）法学理论在改革开放新形势下面临的问题和任务；（3）我国社会主义民主与法制建设的基本任务、特征、发展规律、主要矛盾以及思想理论障碍；（4）建立适应社会主义商品经济和民主政治发展的法律制度

① 参见张志铭《论社会主义法治的基本要求——兼谈社会主义民主政治的质的规定性》，《法律学习与研究》1988 年第 5 期。

续表

时间	主题	分主题
1990	社会主义民主与法制建设	（1）民主的一般原理；（2）法制的一般原理；（3）社会主义民主和法制与资本主义民主和法制的异同优劣；（4）社会主义民主与法制的关系；（5）在共产党的领导下在法制的轨道内进一步完善和发展社会主义民主；（6）社会主义制度下的权力制约、权力与权利的关系、权利与义务的关系
1992	人权与法制	（1）学习邓小平同志重要谈话精神及其对法学、法理学研究的意义；（2）人权与法制问题
1993	社会主义市场经济与法制建设	（1）社会主义市场经济下法学观念转变；（2）建立适合社会主义市场经济的法律体系；（3）市场经济是法制（法治）经济
1994	建设有中国特色社会主义理论与法理学的发展	（1）中国法理学更新的紧迫性；（2）中国特色社会主义理论对法理学的意义；（3）法理学的地位及其改革的理论前提；（4）法理学更新所要解决的若干问题；（5）若干法基本理论的发展
1995	走向 21 世纪的中国法理学	（1）对十年法理学研究的基本估价；（2）21 世纪的法学应是什么样的法学；（3）现代法律精神问题；（4）对重要法观念的再认识
1996	依法治国，建设社会主义法治国家	（1）依法治国的理论和实践意义；（2）实行依法治国的基本条件；（3）法治与社会主义精神文明的关系
1997	依法治国的理论与实践	
1998	建设社会主义法治国家的理论与实践	（1）依法治国的指导思想与含义；（2）推进依法治国的战略及社会主义法治国家的发展道路；（3）近期应解决的现实问题与法学现代化和解放思想
1999	跨世纪法理学的回顾与前瞻	（1）邓小平法理思想；（2）中国法理学发展；（3）法理学教学和教材改革；（4）法哲学与法律文化思想；（5）其他重大法学理论问题（法律关系、法律程序、法学流派和法学家）
2000	21 世纪的亚洲与法律发展	（1）亚洲法哲学的新发展；（2）亚洲法治的新发展；（3）亚洲价值观与法律发展；（4）转型社会中的法律与权力；（5）亚洲法哲学的新领域；（6）亚洲的人权与法治；（7）全球化与亚洲法律发展
2001	西部开发与法治建设	（1）西部开发中的法律特殊性问题；（2）西部开发与法治建设的研究方向；（3）关于制定西部开发的基本法律问题；（4）关于西部开发中立法体系问题；（5）关于法律在西部大开发中的功能问题；（6）西部开发与发展权问题；（7）西部开发与弘扬共和精神；（8）西部开发与借鉴历史和外国的经验问题
2002	东亚法治社会之形成与发展	
2003	社会转型与法治发展	（1）社会转型与中国法治进程；（2）政治文明与法治；（3）市民社会与法治；（4）司法改革与法治；（5）德治与法治

时间	主题	分主题
2004	全球化之下的东亚抉择与法学课题——迈向历史共识的凝聚与新合作关系	（1）全球化下的东亚现况与未来的展望；（2）东亚19—20世纪的回顾与展望；（3）东亚地区的发展及与欧盟之比较；（4）东亚统一市场的形成与新法形成的萌芽；（5）东亚共通法问题与东亚法文化的过去、现在与未来；（6）东亚的家庭与女性；（7）东亚知识产权的基本问题
2005	构建和谐社会与中国法治发展	（1）"和谐"内涵的法理意义的解读；（2）和谐与法治、宪政（宪制）、民主、共和、人权、自由、正义、公平等目标或价值之间的关联或差异；（3）构建和谐社会的法律机制和实践操作途径
2006	法治与社会公平	（1）法治与社会公平的法哲学基础；（2）全球化进程中的法治与社会公平；（3）中国社会转型中的法治与社会公平；（4）立法、执法、司法与社会公平
2007	以人为本与法律发展	（1）以人为本与法律观变革；（2）法律发展中的矛盾和问题；（3）法律发展与制度创新；（4）人权的制度保护
2008	全球化背景下东亚的法治与和谐	（1）全球化东亚传统的现代诠释；（2）全球化时代的法律多元与法律发展；（3）全球化时代东亚法的一体化
2009	全球和谐与法治	
2010	社会主义法治理念与中国法治之路	（1）社会主义法治理念与法治的中国特色；（2）法治创新与权利保障；（3）实践法理学与法律方法
2011	法治发展与社会管理创新	（1）法理学观念更新、实践法理学的构建与社会管理创新；（2）完善法律体系与创新社会管理；（3）尊重和保障人权与创新社会管理；（4）完善法律体系与创新社会管理；（5）法治、善治与社会管理；（6）我国法治国家建设的战略转型与法律的实施；（7）法律论证理论与法治发展
2012	科技、文化与法律	（1）文化发展、繁荣与法治；（2）文化强国与依法治国；（3）文化体制改革中的法律问题；（4）科技发展与法学理论创新；（5）科技发展与法律伦理；（6）科技与人权；（7）法律文化与法治文化；（8）全球化、文化多样性与法治

　　从表1汇集的内容可以看到，法理学研究会自1985年成立到2012年总共召开了25届年度研讨会。研讨主题除学科建设等命名的以外，涉及"法律概念"的有1届，占年会总届数的4%；涉及"法制"的有5届，具体包括民主与法制、人权与法制、市场经济与法制等，占年会总届数的20%；而涉及"法治"的有12届，包括法治与市场经济、依法治国的理论与实践、社会转型与法治、全球化与法治等，占年会总届数的48%，如加上分主题中涉及"法治"的则更多。考虑到法治与法制常常交互使用，年会主题中涉及法治或法制的多达17届，占年会总届数的68%。可以说，

法治问题是我国法学理论界最为关注的问题。

　　法治不仅是一个在理论上被深度翻耕的话题，而且随着执政者对法治含义的定格式表达，随着"中国特色社会主义法治理念"的宣传推广，法治话题在理论上还趋于钝化，成为一个趋于陈旧的话题。因此，本文的旨趣是，从理论上回顾总结、分析检讨我们对法治问题的认识，看看达成了什么共识、遭遇了什么难题、留下了什么分歧，以期推陈出新，回应国人在中共十八大产生新一届领导层后对法治建设的新期待。

　　明确了所要探讨的问题和期许，在观察和分析问题的方法上，本文将采取直面"法治"与"法治"贴身遭遇的策略，力求真正地以"法治"为对象，而不是以"法治的文献"为对象。如上所述，国人有关法治认识和实践的理论文献太多了，而当下中国的学术研究整体上又处于相对涣散的状态，传承少、旁证少、专深研究少、方法讲究少、厘定话题少，泥沙俱下、参差不齐，如果简单笼统地借助这些文献去说事，而不是在紧盯"法治"对象的前提下细加甄别挑选，结果不仅会是雾里看花、不得要领，而且还必然如坠雾中，彻底迷失自己。

二　历史的逻辑：三组概念

　　人们对法治的认识基于时间顺序表现为历时性的前进与反复，把法治认识置于历史的过程之中，是很自然的思考方式。同时，对法治认识以及其他任何事物进行历史考察，需要不断审视法治认识是否具有逻辑规律问题，也就是历史的内在发展规律问题。历史与逻辑的关系是什么，历史是否体现逻辑规律，逻辑规律是否展现为历史，如何对事物进行贯通历史和逻辑的描述和刻画，对此，许多思想家进行了阐发。

　　维柯用单线的历史叙事方法说明了历史是人类社会的产物，认为人类依据神意，运用自然理性"构思出一种理想的永恒的历史，来判定一切民族的有时间性的历史"。[①] 黑格尔运用"理性—精神"模型来展开历史的多线叙事，不仅汲汲阐述了理性指导下人类自由意志对统一的世界历史观念的作用，而且"在我们目前的程序中，自由的主要本性，——其中包含绝对的

---

　　① 〔意〕维柯：《新科学》，朱光潜译，商务印书馆，1989，第104页。

必然性，——将显得渐渐意识到它自己（因为依照它的概念，它就是自我意识），并且因此实现它的存在。自由本身便是它自己追求的目的和'精神'的惟一的目的。这个最后目的便是世界历史"。① 对此，恩格斯指出，"黑格尔第一次——这是他的巨大功绩——把整个自然的、历史的和精神的世界描写为一个过程，即把它描写为处在不断的运动、变化、转变和发展中，并企图揭示这种运动和发展的内在联系"。② 而将历史决定论与辩证法联系起来，正是科学的唯物史观的一大特征。③ 有学者据此认为，关于历史与逻辑的问题是马克思主义哲学开放性和不断追求理论创新的"内在紧张"。④

逻辑基于事理，经验来自历史。从这个角度来说，历史决定论的贡献在于它强调了自身的逻辑属性，把长期盛行的偶然因素决定说排除出社会历史领域，证明历史的因果关系具有确定的方向与路径，与其中的一切偶然介入因素无关，而且介入因素也不会导致相应的因果进程中止和中断。因此，就纵向来说，长时段的历史背后凝结为经验，而大范围的经验本身便包含逻辑。换言之，再曲折波动的事物发展进程，随着时间维度的不断延伸，都会趋于平缓，历史的褶皱因而得以烫平。从横向来说，大范围的经验是各种做法的总结，其成形的范围越大，可靠性越强，而经验的可靠性与其范围广度成正比。也就是说，范围越大的经验，有效性越强；当经验的范围趋向无穷大时，经验的有效性也就接近于整全。于是，经验与逻辑交融共生的关系自然生发。

在延续的时空维度上，人类历史呈现轨迹、显露规律，而规律承载了逻辑，从而铸就了历史的逻辑一语。这已为思想家的理论和马克思主义哲学所阐明。历史不是逻辑，但历史也不是非逻辑。人类处事在逻辑上总是要解决好三个方面的问题，即为什么、是什么、如何做，也即正视之、界定之、践行之。在法治问题的认识和实践上也同样如此。但凡一个国家推行法治，都要在认识上努力论证为什么要法治，其目的、意义何在，回答其价值正当性问题；继而要弄清什么是法治，以及如何实行法治的问题。这是认识法治的事理逻辑，中国也概莫能外。因此，在笔者看来，在理论

---

① 〔德〕黑格尔：《历史哲学》，王造时译，上海书店出版社，2006，绪论，第 18 页。
② 《马克思恩格斯选集》第 3 卷，人民出版社，1972，第 63 页。
③ 参见李明华《历史决定论的三种形式》，《中国社会科学》1992 年第 6 期。
④ 参见侯惠勤《试论马克思主义理论的"内在紧张"》，《中国社会科学》2007 年第 3 期。

观念上，中国六十多年的法治认识，也是围绕为什么要法治、什么是法治、如何行法治三类问题展开，因而可以用三组概念加以概括，即正名法治、定义法治、量化法治。

从几十年的认识进程看，这三者之间既是一种共时共存的关系，也是一种在侧重点上陈陈相因、推演张开的关系；它们既以一种复调的形态存在，但依稀也可以辨得，它们按时序先后成为理论研究的聚焦点。如果以话题展开的程度，以及论者间共识的达成程度为标准来衡量，那么它们大致依次属于现在完成时态、现在完成进行时态和现在进行时态；在正名法治上我们达成了理论共识，取得了欢呼雀跃、皆大欢喜的效果；在定义法治上我们展示了理论立场，陷于纠结徘徊状态；在量化法治上我们开始了理论尝试，但受制于定义法治方面的理论困局，处于艰难推行之中。

三 正名法治

当代中国为什么要选择和实行法治？这是我们在对法治的理论认识上首先面对的问题。古圣人云，凡事先得正名，名不正则言不顺，言不顺则事不成。这给了我们为人处世很好的方法论提示。回顾六十多年来，尤其是改革开放三十多年的法治认识过程，相对于法治实践，在一般意义上皆可以视为正名法治的过程，它既包括对为什么要实行法治的追问和回答，也包括对什么是法治和如何行法治的追问和回答。而从这一过程中已经显现的逻辑轨迹看，对法治的正名，首先在理论上聚焦于对法治的正当性正名这样一个前置性的问题。中国为什么要实行法治，其必要性和必然性何在？对于这方面问题的探讨，理论上经历了一个漫长而曲折的过程。这一过程的最终结果是确立法治在当今中国社会的价值正当性，树立为执政党治国理政的基本理念和基本方式，转化为宪法和法律的基本原则。

总体上看，在价值正当性上展开的正名法治过程，围绕法律、法制和法治这样三个概念构成的思维链条展开。法治是"法律的统治"，是"依法治国"。如果说法治是一种治理的状态和结果，那么作为"法律制度"的法制则是其前提，而相对于法制的构建和实践，法律又是更加前置性的因素。因此，法律不能名正言顺，法制也就无从"字正腔圆"；法制不能

"字正腔圆，生根发育成长"，法治也就无从"登堂入室，昂首阔步"。几十年来我们在法学理论上展开的各种话题，繁繁复复，令人眼花缭乱，细想起来，贯穿其中的线索，实在也不过如此了，即为法律正名、为法制正名、为法治正名。

为法律正名。在这方面理论上展开研究的问题包括：法律本质问题（围绕阶级性、人民性、社会性等概念展开），① 法律起源问题，② 法律继承性问题，③ 法律价值问题（主要围绕"权利本位"还是"义务本位"的争论展开，④ 伴随对"依法治国"和"以法治国"的概念辨析），法律协调性问题。⑤ 其中，关于法律本质的理论探讨和争论最为重要，它是主干，统领了其他问题的理论探讨；其他问题是枝叶，丰富圆满了对法律本质问题的认识。个中道理可想而知。一个国家、一个社会要重视法律的价值，充分发挥法律在社会治理和秩序建构中的作用，就必须使法律成为"天下之公器"，成为社会大众、全体国民意志之体现，具有可爱可亲、包容统合的面貌，而此前关于法律是"统治阶级意志体现"，是"统治工具""专政工具"的片面而错误的认识，塑造的是法律肃杀、排斥和压迫的形象，构成了在新的历史情势下重视发挥法律作用的严重理论阻碍。现在看来，我们付出的努力取得了预期的效果，较好地实现了对法律的理论正名，从而也就完成了正名法治的第一步。

为法制正名。在当代中国，法制被赋予两重含义：其一是静态的法制

---

① 这方面的作品众多，如梁治平《"法"辨》，《中国社会科学》1986 年第 4 期；孙育玮《关于"法是统治阶级意志的表现"命题的几点思考》，《中国社会科学》1988 年第 2 期；郭道晖《论法与法律的区别——对法的本质的再认识》，《法学研究》1994 年第 6 期；马长山《从市民社会理论出发对法本质的再认识》，《法学研究》1995 年第 1 期。

② 例如，有学者基于社会进步和社会分工的历程解析法律的起源：商品交换中的习惯演变为广泛的习惯法，尔后成为阶级国家视野下的成文法和制定法，因此法律的产生是多种因素综合的结果，是阶级性与社会性相统一的产物。参见吕世伦、叶传星《现代人类学对法起源的解释》，《中国法学》1993 年第 4 期。

③ 如张贵成《论法的继承性》，《中国社会科学》1983 年第 4 期。

④ 这方面有较大影响的论文如张文显《"权利本位"之语义和意义分析——兼论社会主义法是新型的权利本位法》，《中国法学》1990 年第 4 期；张恒山《论法以义务为重心——兼评"权利本位说"》，《中国法学》1990 年第 5 期。

⑤ 例如，有学者曾针对建构适应社会主义市场经济的法律体系问题提出法律协调性问题，在区别了文本上的"法律体系"之后，指出建构市场经济法律体系的必要性，并对相应的纲目有序、民主主导、结构优化原则和如何建构该法律体系进行了论述。参见郭道晖《建构适应市场经济的法律体系的原则与方略》，《中国法学》1994 年第 1 期。

含义，指法律和法律制度（通常认为此定义来自董必武）；其二是动态的法制含义，即众所周知的"十六字"方针——有法可依，有法必依，执法必严，违法必究。正是这样一个兼有静态和动态两重含义的法制概念，在正名法治的过程中，媒合了法律和法治，贯通了法律的作用和法律的统治，将偏重学理、静态分析的法律正名，通过自身导向了对注重实践、动态实现的法治正名。对法制的正名，理论上主要涉及人治与法治的关系问题、民主与法制的关系问题等。具体说来，则是通过总结新中国成立以来若干重大历史问题，尤其是"文革"十年的深刻教训展开。作为理论认识的结晶，表现于邓小平在《党和国家领导制度的改革》一文中关于制度与人的关系的深刻论述："我们过去发生的各种错误，固然与某些领导人的思想、作风有关，但是组织制度、工作制度方面的问题更重要。这些方面的制度好可以使坏人无法任意横行，制度不好可以使好人无法充分做好事，甚至会走向反面"；"斯大林严重破坏社会主义法制，毛泽东同志就说过，这样的事件在英、法、美这样的西方国家不可能发生。他虽然认识到这一点，但是由于没有在实际上解决领导制度问题以及其他一些原因，仍然导致了'文化大革命'的十年浩劫。这个教训是极其深刻的。不是说个人没有责任，而是说领导制度、组织制度问题更带有根本性、全局性、稳定性和长期性"。① 邓小平的话掷地有声，由此在当代中国历史性地开列了"民主和法制建设"的重要命题，确立了"发扬社会主义民主，健全社会主义法制"的方针政策，并厘清了民主和法制的关系：民主是法制的前提和基础，法制是民主的确认和保障。

这一过程中的吊诡现象是，法制与法治普遍存在混合使用的现象，意味着在正名法制的问题上，将动态意义的法制等同于法治这样一种理解。与此相伴随，在继 20 世纪 50 年代发生围绕法治和人治关系问题的争论二十多年后，又于 70 年代末 80 年代初爆发了波及整个法学界的关于法治与人治关系的大讨论，并汇编出版有专门的讨论文集。② 同时，也是由于法制所具有的动态实现的含义，对法制的正名必然与执政党的执政方式、国家和社会的治理方式密切关联，使法律与政策尤其是执政党的政策的关

① 《邓小平文选》第 2 卷，人民出版社，1994，第 333 页。
② 参见《法治与人治问题讨论集》，群众出版社，1980。

系、法律与道德的关系也连带成为理论研究的重要问题。

为法治正名。法治是一种社会治理方式，其原初含义是通过制定法律，运用法律调整社会生活关系，形成社会生活的法秩序。在这种意义上，它与动态的法制含义相当。因此，通过对人治与法治的关系、民主与法制的关系，以及法律与政策、道德等关系的理论探讨，实现了对法制的正名，也在很大程度上是对法治的正名。但是，法治除了原初含义之外，还具有与近现代社会相适合的含义：在形式意义上，法治还意味着对法律至上权威的强调，意味着在处理与公权和私权相关的问题上严格坚持合法性原则；在实体价值追求上，法治还意味着"良法之治"。一字之差，质的不同，这就注定了即使是动态地理解法制，法制也不是寓意饱满的现代法治。对法治的理论正名，必然还需要在正名法制的基础上，"打破砂锅问到底"，"捅破窗纸见真章"。

对法治的正名，在理论上展开讨论的问题除法制与法治的概念辨析外，还包括法治与中国社会转型的关系，法治与社会治理方式转变的关系，[①] 法治与执政党执政方式转变的关系，[②] 法治与民主政治的关系，[③] 法

---

① 例如，有学者曾撰文阐释依法治国的本质是依照法律化的人民意志来治理国家，认为依法治国能够极大地维护党的权威，维护民主集中制，最终有利于社会主义事业的顺利进行，并基于对社会主义法治国家要素的概括，明确提出法律至上、党在法下、制约权力、保障人权以进行政治体制改革等，参见王家福、李步云、刘海年、刘瀚、梁慧星、肖贤富《论依法治国》，《法学研究》1996 年第 2 期。王家福教授还于 1996 年为中央政治局作题为《关于依法治国，建设社会主义法治国家的理论和实践问题》的讲座，力证依法治国的政治合理性，参见王家福《依法治国，建设社会主义法治国家》，《求是》1997 年第 24 期。王家福教授的观点还可参见《进一步推进依法治国基本方略实施》，《法学研究》2007 年第 4 期。

② 例如，有学者强调依法治国是共产党从革命党向执政党转型之必需，也是执政党必须实行的社会治理模式，并提出依宪执政等党落实依法治国、改变执政方式的主张，参见石泰峰、张恒山《论中国共产党依法执政》，《中国社会科学》2003 年第 1 期。

③ 例如，有学者从依法治国的含义出发，结合执政党的执政纲领论证民主政治与法治的内在联系，参见李步云、张志铭《跨世纪的目标：依法治国，建设社会主义法治国家》，《中国法学》1997 年第 6 期。有学者通过阐释社会主义法律体系的建立对民主政治的重要性，探讨了建立独立的政治法部门的可能性，参见张文显《建立社会主义民主政治的法律体系——政治法应是一个独立的法律部门》，《法学研究》1994 年第 5 期。也有些学者分析了社会主义民主政治和法治之间相互保障、相互作用的机制，认为法治能够正确地规制和引导民主政治的发展，参见李林《当代中国语境下的民主与法治》，《法学研究》2007 年第 5 期。

治与市场经济的关系,① 依法治国与"以德治国"的关系, 全球化、大国崛起与法治的关系,② 等等。从中产生的一些说法, 诸如法治是中国社会转型的必然要求, 市场经济是法治经济, 民主政治必然要求法治, 共产党要实现从"革命党"向"执政党"的角色转变并严格依法执政, 韦伯关于传统权威、"克里斯玛"权威和法理权威的学说, 法治是一种全球性意识形态等, 对民众和当政者的思想观念的转变具有显著影响, 并协同促成了将法治作为治国理念和治国方略的正当性正名。

应该指出的是, 尽管围绕法治正当性正名的理论研讨话题众多, 应时而变, 但在笔者看来, 其中影响最为巨大的理论成果还是三个: 一是关于法律阶级性本质的反思; 二是邓小平基于历史教训对人与制度之间关系的论述 (或者说邓小平关于民主和法制建设重要性的论述); 三是对法治与中国社会转型必然联系的揭示。而从正名法律, 到正名法制, 再向正名法治的迈进, 最终在观念形态和政治实践上促成了法治作为治国方略的确立。

总而言之, 1997 年中共十五大报告在分析和反思新中国成立以来法制建设的经验和教训的基础上, 明确提出"依法治国, 建设社会主义法治国家"的跨世纪目标。"依法治国"作为治理国家的基本方略, 随即在九届全国人大二次会议上被写入宪法。如今, 法治成为社会主流意识形态的重要内容, 成为一种表征价值正当性的话语符号。在笔者看来, 正名法治, 确立法治的价值正当性, 是共和国六十多年最重要的制度成就。

四　定义法治

中共十五大报告及随后的修宪将"依法治国, 建设社会主义法治国

---

① 例如, 有学者通过分析市场经济的本质, 从价值规律、政治需求、改革开放和经济全球化等几个方面阐释了社会主义市场经济的法治经济本质, 参见王家福《发展社会主义市场经济必须健全法治》,《求是》1994 年第 5 期。

② 例如, 有的学者从全球化的法律意识形态、对法律全球化的不同评价等问题出发探讨法律与全球化的关系, 参见朱景文《关于法律与全球化的几个问题》,《法学》1998 年第 3 期。有的学者根据国际规范以强制性的拘束力进入内国法, 从而导致内国法不断向趋同的方向发展, 得出"法治全球化"的命题, 参见王贵国《经济全球化与全球法治化》,《中国法学》2008 年第 1 期。

家"作为治国方略确立之后，"什么是法治"这一问题随即成为法学理论研究的聚焦点。定义法治作为认识法治的一个内在有机环节，在有别于正名法治正当性的意义上、在回应实践法治之需的意义上凸显出来。

对于什么是法治的问题，在正名法治、论证法治的必要性和必然性的过程中也自然会涉及，但是，那样的讨论是对应于人治、德治和法制的意义上界定，是从属于、服务于正名法治的论证，相对于正名法治的主题，只是一种帮衬、一种烘托。出于论证法治必要性和必然性的需要去解读法治的含义，也很容易产生随意性，或言过其实，或言犹未及。同时，从事理逻辑的角度分析，也只有正名了法治，才会有对法治的认真审视，"什么是法治"作为问题的特殊性才可能显现出来。因此，定义法治并列或承继于正名法治，构成我们共和国法治认识一个历史而逻辑的阶段。

定义法治围绕两种对应的立场和思路展开，可以姑且称之为"普世主义"法治观和国情主义法治观。它们相伴而生，前后相继，胶着不下。

"普世主义"法治观。在人类的法律生活中，法治是一个经典性的概念，古今中外不同时代的思想家对这一概念有过不同的论述，"法治是什么"的问题同"法律是什么"的问题一样，也是法学理论中人们不断追问的问题。法治作为一种系统完整的理论，乃是西方近代文明的产物，然而从历史沿革的角度看，它首先是一项历史成就。"普世主义"法治观主要依托近现代西方法治发达国家的法律文献和学者的理论学说，其中重要的法律文件如英国 1689 年《权利法案》、美国 1787 年《联邦宪法》、法国 1789 年《人权宣言》等，理论学说最具影响的人物有亚里士多德、柏拉图、洛克、孟德斯鸠、戴雪、麦迪逊、富勒、拉兹、菲尼斯、哈耶克、罗尔斯、德沃金等。"普世主义"法治观的底版显然是西方的，这也是它后来被指斥为西方法治观的原因所在。从研究内容看，"普世主义"法治论者深受戴雪、富勒、拉兹等明确开列法治的基本原则和要求的做法之影响，其研究的共同旨趣都落脚到对"法治原则"的概括上。例如，有学者将中国法治国家建设的基本要求概括为十项：法制完备、主权在民、人权保障、权力制衡、法律平等、法律至上、依法行政、司法独立、程序正当、党要守法等。[1] 有研究

---

[1] 参见李步云《依法治国历史进程的回顾与展望》，《法学论坛》2008 年第 4 期。对于法治国家十条标准的具体阐述，可参见李步云《依法治国的里程碑》，《人民日报》1999 年 4 月 6 日。

者将法治的原则要求归纳为十大训诫：（1）有普遍的法律；（2）法律为公众知晓；（3）法律可预期；（4）法律明确；（5）法律无内在矛盾；（6）法律可循；（7）法律稳定；（8）法律高于政府；（9）司法威权；（10）司法公正。[①] 笔者在关于"法治"的讲义中，把现代法治理念的基本内涵概括总结为四条：（1）法律的权威性是法治赖以实现的根本保障；（2）限制公权力是法治的基本精神；（3）公正是法治最普遍的价值表述；（4）尊重和保障人权是现代法治的价值实质。并认为，现代法治理念根植于近现代社会的经济、政治、文化等诸方面的必然性要求之中，是法治的灵魂，体现了法治的精神实质和价值追求，回答了为什么实行法治以及如何实行法治的问题。同时，在法治的实践操作上，把法治的原则要求概括为八项：（1）法律必须具有一般性；（2）法律必须具有公开性；（3）法律不溯及既往；（4）法律必须具有稳定性；（5）法律必须具有明确性；（6）法律必须具有统一性；（7）司法审判的独立；（8）诉讼应当合理易行。[②]

在 1998 年"法治"被写入宪法，法治的价值正当性得以彻底正名之后，在定义法治方面首先在理论认识上占据主导地位的，正是这种"普世主义"的法治立场和观念，而且理论界也基本上是在"普世主义"的立场上达成了对法治理解的共识。[③] 2008 年 2 月 28 日，国务院新闻办发布的《中国的法治建设》白皮书也开宗明义地指出："法治是政治文明发展到一定历史阶段的标志，凝结着人类智慧，为各国人民所向往和追求"，"中国人民为争取民主、自由、平等，建设法治国家，进行了长期不懈的奋斗，深知法治的意义与价值，倍加珍惜自己的法治建设成果"。[④] 诸如此类的表述，说明政府方面也是承认了法治的普遍性的，因而也隐含了对法治普遍性要求的承认。

既然在定义法治上已经取得理论共识，为什么又会在随后的日子里产

---

① 参见夏勇《法治是什么——渊源、规诫与价值》，《中国社会科学》1999 年第 4 期。

② 参见朱景文主编《法理学》，中国人民大学出版社，2012，第 97 页以下。

③ 当然，具体角度和侧重点也有所不同。例如有学者从程序建设的角度切入，通过借鉴别国的法治技术来为中国的法治建设提供思路，参见季卫东《法律程序的意义——对中国法制建设的另一种思考》，《中国社会科学》1993 年第 1 期。

④ 参见中华人民共和国国务院新闻办公室《中国的法治建设》白皮书，2008 年 2 月 28 日，中央政府门户网站，http://www.gov.cn/zwgk/2008-02/28/content_904648.htm，最后访问日期：2013 年 4 月 11 日。

生颇具批判和颠覆意义的国情主义法治观呢？这是我们对法治现象认识变化的又一吊诡之处。笔者认为根本的原因在于，在"普世主义"法治观中，包含了对司法在法治框架中的核心作用以及司法独立的强调，隐含了西方分权制衡、多党政治等政制背景，并与中国的司法和政制架构形成巨大反差，由此引发了对现代法治赖以存在和发挥作用的政制架构的理论探讨，并最终使得法律界关于司法改革的研究成为触发国情主义法治观形成的诱因和导火索。

国情主义法治观。"普世主义"立场在定义法治的过程中占得先机，居于主导地位，但是，主张关照中国本土国情来认识和把握法治的主张和努力也一直存在。例如，有学者认为，中国的法治秩序建构的主要关注点是现代化与变法，其中存在变法与法治、法律与立法、国家与社会、理想与国情、普适性与地方性等五个悖论；"普世主义"法治观念指引下的法律体制推进，借助的是国家强制力的推进，从而缺乏回应社会的张力，反倒在法治秩序建构中容易弄巧成拙；观察法律的本质属性不应当局限在"主权者的命令"之上，不应单纯地把法律作为理性思维的产物，而更多的是作为回应社会需求，带有社会预期性、总结性和经验性的习惯的总结、凝练和升华；应该提出并关注"法治及其本土资源"的命题。① 也有学者从中华法系的传统特性来认识中国法治的特殊性，认为中国法的起源是部落与国家形态的结合，与西方破除宗族部落，在新阶层的产生与阶层之间的摩擦和妥协中建立起来的相互尊重权利的法律秩序截然不同；应该在尊重法治的基本立场之下探讨中国的法治建设，并强调了对传统法治资源的再利用，从而实现法治的社会价值。② 相对于后来的发展而言，学者的这些声音还比较细微，同时更多地表现为一种立场态度，并没有形成什么对法治的系统看法。

在笔者看来，作为"本土资源"观点的结果延伸，国情主义法治观的正式形成，还是出自当政者的努力：先有"低调"的说法，认为中国社会

---

① 参见苏力《变法、法治建设及其本土资源》，《中外法学》1995 年第 5 期；苏力《法治及其本土资源》，中国政法大学出版社，1996，"自序"第 5 页以下。

② 参见梁治平《"法"辨》，《中国社会科学》1986 年第 4 期；梁治平《法治：社会转型时期的制度建构——对中国法律现代化运动的一个内在观察》，载梁治平编《法治在中国：制度、话语与实践》，中国政法大学出版社，2002，第 84 页以下。

主义法治是党的领导、人民当家作主和依法治国的有机统一；① 后有高调推出的"社会主义法治理念"的五项要求，即依法治国、执法为民、公平正义、服务大局、党的领导，② 以及对法治建设要体现"三个至上"的强调——人民利益至上、党的领导至上、宪法法律权威至上。③ 而作为学界的回声，并上升为在立场和方法上与"普世主义"法治观相对的理论形态——国情主义法治观，则以学者新近论文的概括阐发为代表。有学者指出，中国正处于法治进路转型之中，亦即从偏重于学习和借鉴西方法律制度和理论的追仿型进路转向以适应中国国情、解决中国实际问题为目标的自主型进路。在这种转型中，必须对西方法治理论中的精华所在、法条主义是不是法治的核心原则、"司法独立"的真正含义及其在西方社会是否真实存在，以及实行法治是否应当奉行法律中心主义等重大问题进行辨识反思。基于我国政制架构、人多地广、区域发展不平衡、利益分化严重、公众法律认知水平低、司法资源匮乏等特殊情况，开展自主型法治建设要做到：以保证执政党的核心领导为前提，界定司法在我国政治结构中的地位；注意法律及其适用的多样性和区别性；合理确定并发挥司法的职责与功能；重视司法行为的社会影响和社会效果；把握法律专业化、技术化、程序化水准提升的进程；完善司法权内部的运行机制；提升法律对外部世界的应对能力；等等。④

国情主义法治观对"普世主义"法治观的反思批判，在立场和观点上特别专注于对中国当下的政制架构、社会状况的强调，以及它们对法律和司法"中心地位"的减损作用和挤出效应。从眼下的势头看，国情主义法治观风头强劲，由于当局方面的强力推动，在气势上显然盖过甚至淹没了"普世主义"法治观。但令人颇觉吊诡的又一现象是，在定义法治的问题上，国情主义法治观的出现并没有带来相关理论研究的繁荣，更没有在反思批判整合的努力下，促成对法治内涵和外延认识的基本共识，相反，还

---

① 参见胡锦涛《高举中国特色社会主义伟大旗帜　为夺取全面建设小康社会新胜利而奋斗》，《人民日报》2007年10月25日。

② 参见中共中央政法委员会编《社会主义法治理念教育读本》，中国长安出版社，2006，第1页。

③ 参见《胡锦涛：扎扎实实开创我国政法工作新局面》，人民网，http://politics. people. com. cn/GB/1024/6699023. html，最后访问日期：2013年4月11日。

④ 参见顾培东《中国法治的自主型进路》，《法学研究》2010年第1期。

一时留下困局。面对国情主义法治观的强势话语，以及它所依托的强势组织载体，理论界有不少趋之若鹜的，有不少敷衍了事的，更多的人则是扭转身去，避而不谈或我行我素。

笔者的基本看法是，国情主义法治观与近年来伴随中国综合国力的提升而在理论上流行的所谓"中国模式"或"中国式发展道路"的思潮相呼应。它建设性地提出了在法治认识上必须引入中国视角、注入中国元素，提示了法治的观念和实践如何回应中国国情的问题。这是应该充分肯定的。留下的问题是，如何恰当地把握国情，如何确定国情认识的时空坐标或尺度，谁有权来指认和确定国情。同时，既然还坚持依法治国的法治立场，坚持法治的价值正当性，就有必要承认在法治概念认识上的可通约性。而就此种可通约性而言，除了在实现正名法治后必然具有的通过"依法治理"构建法秩序的含义外，是否还有必要在法律的形式和内容上将法治的原则要求、法治内在质的规定性予以明确而具体的表达，以备指引实践之需。要认真地思考，在处理法律与政治、法律与道德、司法的内部和外部的诸多关系上引入中国元素，是否会突破法治对法律、司法等的底线要求的问题。

国情主义法治观的出现使法治的理论研究处于一种复杂而困难的局面。这种局面造成了理论研究上一种另辟蹊径的想法和行动。很多人可能心里在问：什么是法治的问题有那么重要吗？我们有可能一劳永逸地回答什么是法治的问题吗？与其这样纠结徘徊痛苦地争论，还不如尽快思考、更多地思考如何实践，如何具体推进法治的问题。迄今已出现许多法治认识上的技术进路者，他们的努力已形成量化法治、指数化法治的理论势头。

五　量化法治

正名法治是践行法治的首要前提，而伴随着对法治价值正当性正名的完成，什么是法治的问题，就成为践行法治必须要面对和回答的问题。从理论方法上说，回答什么是法治，可以采取定性分析的方法，也可以采取定量研究的方法。上述"普世主义"法治观和国情主义法治观在定义法治问题上立场和方法的分殊，已经从法治的内容和形式的原则要求方面，展示了对法治含义的定性回答。相对于法治实践而言，它们比较具有形而上的抽象特征。而与此相对，对法治含义的回答，必然还会有一种定量分析的可能，在更加具体、更为直接的意义上连接法治实践。

法治是人类文明的一项历史成就，如果我们对法治的理解不限于近现代，那么法治在最低限度上意味着依法治理、建立社会生活的法秩序。伴随着法治价值正当性的确立，中国的法治实践也在"法制建设"的意义下全面展开。执政党树立了"依法执政"的旗帜，全国人大确定了"建立中国特色社会主义法律体系"的目标，政府方面以"建立法治政府"为努力方向，司法机关则意图通过改革"建立公正、高效、权威的社会主义司法制度"，而在社会方面，则提出了"全民守法"的要求。与这些法治的实践主题相关，对应的理论探讨也广泛展开。尽管如此，从法治认识的进程看，与这些"法制建设"主题相关的理论探讨并不构成一个相对独立、可以识别的阶段。它内含于对法治价值正当性的正名之中，体现了与正名法治相伴而来、作为法治低限内容的法治意涵。它也没有在整合的意义上面对什么是法治的追问，并在立场和方法上与对法治概念进行定性分析和解答的理论操作相区分。作为对什么是法治的问题进行定量考察，并在立场和方法上区别于正名法治和定义法治，构成法治认识的一个阶段的理论研究，只有在与法治发展报告、法治指数研究等相联系的"量化法治"概念提出之后，才得以识别。

在"量化法治"的理论研究方面，国内较早的尝试始于 2002 年前后上海等城市从法治指标角度所进行的"世界城市的法治指标"项目，其后受到广泛关注的则有浙江余杭的"法治指数"项目，浙江法院的"司法透明度"项目，中国人民大学法学院、中国社会科学院法学研究所等机构实施的法律或法治发展报告项目，以及中国法学会正在实施的"法治指数"项目等。如今，除上海、浙江外，广东、江苏、北京、湖南等省份近年也陆续开展了关于地方法治化治理的指标指数的项目研究和实践。在今年公布的国家和有关部委的人文社科规划项目指南中，也可以看到关于法治指数研究的课题立项。与国内"量化法治"的努力相呼应，在域外也能看到相似的关于法治指标指数的研究和实践，如 2008 年前后由美国律师协会联合国际律师协会、泛美律师协会、泛太平洋律师协会等律师组织发起的"世界正义工程"（the World Justice Project）计划，提出了用以考量一国法治状况的"法治指数"目录。域外法治研究的这一动向，显然对国内的

"量化法治"研究构成了必要性和可行性上的重要支撑,影响巨大。

"量化法治"研究的一个重要特点是明确的实践指向,而且许多项目的开展本身都是基于政府方面的委托,由学者和实务工作者协同进行。眼下诸如法治发展报告、法治指数一类的"量化法治"研究已经取得一些成果,但总体上说,还正处于逐渐开展的过程之中。从遭遇的问题看,还是有不少,比如如何克服数据收集的困难,如何保证数据的确凿性,如何在与政府合作中贯彻第三方评价的中立性,如何分解和设立评价法治状况的指标,如何在指数计算中权重各项指标,如何处理客观指标与主观指标的关系,如何区分对政府部门的工作考核与对一个地区法治状况的评价等,不一而足。但是,令人感觉吊诡的又一现象是,我们因无法或不愿真正从定性分析角度寻求对什么是法治问题的回答而另辟蹊径,开始了立足定量分析的"量化法治"的突围,而在法治指标设计和法治指数计算中,还是绕不过对法治在内容和形式上的原则界定。前述"世界正义工程"经过与100多个国家的17个专业领域的领导人、专家学者、普通人员的沟通研讨,提出的"法治"操作定义包括四项基本原则:(1)政府及其官员均受法律约束;(2)法律应当明确、公开、稳定、公正,并保护包括人身和财产安全在内的各项基本权利;(3)法律的颁布、实施和执行程序应当开放、公平、高效;(4)法官、律师和司法工作者应当称职、独立,具备职业道德,而且数量充足、装备精良并具有一定的社会代表性。其法治指数所涉指标的分解和设计,正是以此操作定义为基础。我们对"法治"在操作上的原则要求的表述,则有很大不同。比如,余杭法治指数项目分解为九项:(1)推进民主政治建设,提高党的执政能力;(2)全面推进依法行政,努力建设法治政府;(3)促进司法公正,维护司法权威;(4)拓展法律服务,维护社会公平;(5)深化全民法制教育,增强法治意识,提升法律素养;(6)依法规范市场秩序,促进经济稳定良性发展;(7)依法加强社会建设,推进全面协调发展;(8)深化平安余杭创建,维护社会和谐稳定;(9)健全监督体制,提高监督效能。① 试想一下,基于这九项内容我们能获取一个清晰的"法治"工作定义吗?据此得出的法治指数,能与域外同行在法治指数话题上对话交流吗?由于在这方面遭遇了难题,最近一

---

① 参见钱弘道《2008 余杭法治指数:数据、分析及建议》,《中国司法》2010 年第 3 期。

些项目干脆以中共十八大报告的提法为确定法治操作定义的依据：（1）科学立法；（2）严格执法；（3）公正司法；（4）全民守法。① 但是，这样在理论研究上避难就易，简洁倒是简洁，却不明了，基本含义还真不易把握。为避免"定义法治"的困境我们选择了"量化法治"的进路，而当真正做起来，我们又发现还是绕不过，真可谓前门才送出，后门又进来。看样子，以实践法治为直接指向的"量化法治"研究，其推行还是有赖于在什么是法治的问题上取得基本共识。

　　基于以上描述分析，笔者认为，中华人民共和国的法治认识进程，已经使法治作为问题在理论逻辑上完整展示开来。从结果看，我们完成了对法治的正当性正名，凸显了在法治定义上的立场和观点分歧，开始了对法治实践的量化探索。对于后两方面今后的演变，可以拭目以待。

---

① 参见胡锦涛《坚定不移沿着中国特色社会主义道路前进　为全面建成小康社会而奋斗》，《人民日报》2012 年 11 月 19 日。

依法治国与推进国家治理现代化*

李 林**

摘 要：依法治国与国家治理是相互作用、相辅相成的关系。依法治国是推进国家治理现代化的重要内容和主要途径，而推进国家治理体系和治理能力现代化，核心是要推进国家治理法治化。坚持和实行依法治国，可以从宪法、法治、立法、依法执政等多方面推进国家治理现代化和法治化。为此，应当根据推进国家治理现代化的改革总目标，强化法治权威和良法善治，加强人民代表大会制度建设，完善法律体系，加强宪法和法律实施，推行法治建设指标体系，在加快建设法治中国进程中推进国家治理现代化。

关键词：法治中国 依法执政 国家治理 国家治理现代化 国家治理法治化

在《中共中央关于全面深化改革若干重大问题的决定》首次提出"推进国家治理体系和治理能力现代化"的改革目标以后，"国家治理"和"国家治理现代化"很快成为中国理论界、学术界高度关注和广泛讨论的"热词"。相关见解纷乱杂陈，各种观点见仁见智，令人眼花缭乱。国家治理与依法治国是什么关系？在"推进国家治理体系和治理能力现代化"新语境、新目标下，依法治国（法治）具有何种地位和作用？根据国家治理

＊ 本文原载于《法学研究》2014 年第 5 期。

＊＊ 李林，中国社会科学院法学研究所研究员。

现代化的要求，未来应当如何全面推进依法治国、加快建设法治中国？本文拟结合当下我国全面深化改革和大力推进依法治国的实践，对上述部分问题进行粗线条大跨度的探讨分析，恭请批评指正。

一　依法治国与推进国家治理现代化的关系

中共十八届三中全会提出："全面深化改革的总目标是完善和发展中国特色社会主义制度，推进国家治理体系和治理能力现代化。"依法治国是我国宪法规定的基本原则，是党领导人民治理国家的基本方略。依法治国与国家治理是相互作用、相辅相成的关系。在全面推进依法治国、努力建设中国特色社会主义法治体系的时代背景下，在我国从法律体系走向法治体系、从法律大国走向法治强国进而实现法治中国梦的历史进程中，推进国家治理现代化，应当高度重视并充分发挥依法治国的重要作用。

（一）依法治国与国家治理的含义

国家应当如何治理？这并不是一个新问题、小问题，而是国家产生以来就始终存在的老问题、重大问题，是马克思主义国家学说需要回答的基本问题，是政治学和法学需要研究解决的核心问题。马克思主义国家学说认为，应当从国体、政体、政治模式、基本方略等方面分析和把握国家和国家治理问题。对国家的本质作阶级分析，是国家中多数人对少数人的统治，还是少数人对多数人的专政，这是国家治理需要首先解决的国体问题。是实行共和制还是君主立宪制，联邦制还是单一制，元首负责制还是议会内阁负责制，或者采行人民代表大会制度等政体，这是国家治理需要解决的政权组织形式问题。是实行直接选举、多党制、三权分立、两院制，还是实行直接与间接选举相结合、一党领导与多党合作相结合、执政党党内民主与人民民主相结合、民主集中制，或者采取其他政治体制治国理政，这是国家治理需要解决的政治模式问题。是实行专制、人治、独裁，或者实行民主、法治、共和，抑或实行其他方式治国理政，这是国家治理需要解决的路径和方略问题。

中国共产党在领导人民夺取革命、建设和改革胜利的伟大实践中，在建立中华人民共和国和实行社会主义制度的基础上，通过宪法、法律和党章等形式，把工人阶级领导的、以工农联盟为基础的人民民主专政规定为共和国的国体，把人民代表大会制度规定为共和国的政体，把共产党的领导、民主集中制、人民代表大会制度、民族区域自治制度、多党合作和政治协商制度、基层群众自治制度等规定为共和国政治模式的主要内容，把依法治国确立为党领导人民治理国家的基本方略，把法治确定为治国理政的基本方式，[①] 不断发展中国特色社会主义民主政治，推进依法治国和国家治理的现代化。

从一般意义上讲，依法治国就是坚持和实行法治，反对人治和专制。[②]中国共产党十五大报告指出，依法治国就是广大人民群众在党的领导下，依照宪法和法律规定，通过各种途径和形式管理国家事务，管理经济文化事业，管理社会事务，保证国家各项工作都依法进行，逐步实现社会主义民主的制度化、法律化。依法治国是党领导人民治理国家的基本方略，是发展社会主义市场经济的客观需要，是社会文明进步的重要标志，是国家长治久安的重要保障。

---

① 1978 年 2 月 15 日，梁漱溟在全国政协五届一次会议上发言说：“现在我们又有机会讨论宪法，参与制定宪法了，这是一桩可喜的事情……我的经验是，宪法在中国，常常是一纸空文，治理国家主要靠人治，而不是法治。新中国成立三十年，有了自己的宪法，但宪法是否成了最高的权威，人人都得遵守呢？从三十年中的几个主要时期看，我的话是有根据的……但我想认真而严肃地指出的是，中国的历史发展到今天，人治的办法恐怕已经走到了尽头。像毛主席这样具有崇高威望的领导人现在没有了，今后也不会很快就有，即便有人想搞人治，困难将会更大；再说经过种种实践，特别是‘文革’十年血的教训，对人治之害有着切身的体验，人们对法治的愿望和要求更迫切了。所以今天我们讨论宪法，很必要，很重要，要十二分的认真和细心对待这个大问题。中国由人治渐入了法治，现在是个转折点，今后要逐渐依靠宪法和法律的权威，以法治国，这是历史发展的趋势，中国前途的所在，是任何人所阻挡不了的。”（见汪东林《梁漱溟问答录》，湖北人民出版社，2004，第 297 页以下）

② 在 1996 年 4 月中国社会科学院法学研究所主持召开的法治理论研讨会上，与会专家学者大多认为，“依法治国即法治，是指依照体现人民意志、反映社会发展规律的法律来治理国家；国家的政治、经济、社会的活动以及公民在各个领域的行为都应依照法律进行，而不受任何个人意志的干涉、阻碍和破坏；它的基本要求是，国家的立法机关依法立法，政府依法行政，司法机关依法独立行使审判权，公民的权利和自由受法律的切实保护，国家机关的权力受法律严格控制”（见李林《依法治国、建设社会主义法治国家研讨会综述》，载李林《法治与宪政的变迁》，中国社会科学出版社，2005，第 462 页）。

国家治理，① 就是人民当家作主，通过全国人民代表大会和地方各级人民代表大会，执掌国家政权、行使国家权力、管理国家事务的制度安排和活动过程。它是在执政党的领导下，全国各族人民、一切国家机关和武装力量、各政党和各社会团体、各企业事业组织等社会主体，依照宪法、法律和其他规范、制度和程序，共同参与国家的政治生活、经济生活和社会生活，共同管理国家和社会事务、管理经济和文化事业，共同推动政治、经济、社会、文化和生态文明建设全面发展的制度安排和活动过程。它是执政党坚持依宪执政和依法执政，总揽全局，协调各方，支持各个国家机关依法独立履行职权，领导并支持各种社会主体对国家和社会实施系统治理、依法治理、综合治理、源头治理的治国理政。

（二）依法治国与国家治理的关系

依法治国与国家治理是什么关系？我们认为，依法治国主要是一个法学概念，国家治理主要是一个政治学、行政学或者社会学的概念；两者虽然话语体系不同，内涵和外延略有区别，但本质和目标一致，主体与客体相近，方法和手段相似，是国家良法善治的殊途同归。② 具体来讲，依法治国与国家治理具有如下共同点。

第一，两者都坚持中国特色社会主义制度，坚持中国共产党的领导，坚持依宪执政和依法执政，在国家宪法框架内并通过主权国家来推进和

---

① 目前国内理论界对"国家治理"的概念尚无统一认识，大家见仁见智，各有界定。《求是》杂志刊文认为，"国家治理，就是党领导人民依照法律规定，通过各种途径和形式，管理国家事务，管理经济和文化事业，管理社会事务"（秋石：《国家治理现代化将摆脱人治走向法治》，《求是》2014 年第 1 期）。王浦劬认为，"'国家治理'，实际上是在政权属于人民的前提下，中国共产党代表和领导人民执掌政权、运行治权的体系和过程；是指在坚持、巩固和完善我国政治经济根本制度和基本制度的前提下，科学民主依法有效地进行国家和社会管理；是指坚持中国共产党总揽全局、统筹各方的格局下的治国理政"（王浦劬：《科学把握"国家治理"的含义》，《光明日报》2014 年 6 月 18 日）。

② 考察人类文明史可以发现，法律、法制、法治以及法治国或者依法治国，是人类有国家以来就始终存在的治理国家、管理社会、构建秩序、调整社会关系之有效的主要方式。当今的现代化发达国家也多是法治国家，而 20 世纪中后期出现的"国家治理"只不过是与法治国家有所交叉的一种理念和方式方法，是对法治或者依法治国的补充、完善和创新发展，却没有从根本上取代法治或者依法治国。当今世界上绝大多数国家没有普遍强调"国家治理"的理念和制度，而是坚持法治和依法治国，在实践中也达到了治国理政的预期目的。在我国，国家治理与依法治国实质上大同小异。

实行。

第二，两者都坚持主权在民和人民当家作主，人民是国家和社会的主人，人民是依法治国和国家治理的主体，而不是被治理、控制、统治的客体。

第三，两者都强调国家治理制度体系的重要性、稳定性和权威性，要求形成健全完备、成熟定型的现代化国家治理的制度体系，其中主要是体现为国家意志的、以宪法为核心的法律制度体系。

第四，两者都坚持以人民民主专政国体的政治统治为前提，都涉及"他治"、"自治"和"共治"等管治方式，都把"统治"、"管理"和"治理"等作为现代国家治国理政不可或缺的方式方法来综合使用。从法律分类的角度来理解，"统治"主要用于宪法、刑法等公法关系领域，"管理"主要用于行政法、经济法等公法关系以及公私法关系结合等领域，"治理"主要用于社会法和私法关系等领域，① 三者共存于国家的法律体系和法律关系中，都是调整社会关系和治国理政的重要方式。

第五，两者"管理"和"治理"的对象（客体）大同小异，都涉及政治经济文化社会生态、内政国防外交、改革发展稳定、治党治国治军、调整社会关系、规范社会行为、配置社会资源、协调社会利益、处理社会冲突、保障私权和制约公权等各领域和各方面。

第六，两者追求的直接目标都要求实现良法善治，强调不仅要有良好健全完备的国家管理治理的法律和制度体系，而且这种法律和制度体系在现实生活中要能够得到全面贯彻执行和有效实施。

第七，两者都是为了发展人民民主，激发社会活力，构建良好秩序，促进公平正义，为了实现国家富强、人民幸福、中华民族伟大复兴的中国梦，把我国建设成为民主富强文明幸福的社会主义现代化强国。

---

① 联合国的全球治理委员会（the Commission on Global Governance）于1995年发表了一份题为《我们的全球伙伴关系》的研究报告，其中对"治理"一词作出如下界定：治理是各种公共的或私人的个人和机构管理其共同事务的诸多方式的总和。报告认为，治理是使相互冲突的或不同的利益得以调和并且采取联合行动的持续的过程，既包括有权迫使人们服从的正式制度和规则，也包括人们同意或以为符合其利益的各种非正式的制度安排。它有四个特征：治理不是一整套规则，也不是一种活动，而是一个过程；治理过程的基础不是控制，而是协调；治理既涉及公共部门，也包括私人部门；治理不是一种正式的制度，而是持续的互动。可见，"治理"一词主要强调的是一种社会法和私法关系，而不能表达或者反映国家统治和管理、管治的全部内涵。

依法治国与国家治理具有以下主要区别。首先，国家治理强调"治理"与"管理"在主体、权源、运作、范围等方面存在不同，认为从"管理"到"治理"是理念上的飞跃和实践上的创新。[1] 其次，国家治理不仅坚持法治是治理国家的基本方式，依法治国是治国理政的基本方略，而且注重发挥政治、德治、自治规范和契约、纪律等多种方式手段的作用。再次，国家治理坚持以各种社会主体平等共同参与的共治为主要治理形式，强调治理主体间的平等性、自愿性、共同性和参与性。依法治国则坚持系统治理、综合治理，不仅采用他治（如治安与工商卫生执法管理）和自治（如基层与社区自治），也经常采用人人参与、齐抓共管的共治。最后，国家治理的范围不仅包括国家法律和法治直接规范和调整的领域，而且包括政党和社会组织、武装力量、企业事业单位和社会内部法律和法治未直接涉及的某些部分。

尽管两者有所区别，但它们同多于异。在理解两者关系时，不应当将两者对立起来，既不宜用依法治国取代国家治理，也不宜用国家治理取代依法治国，两者是相辅相成、殊途同归的关系。不应当将两者割裂开来，既不能片面强调依法治国的地位和作用，也不能过分强调国家治理的价值和功能，两者是彼此交叉、相互作用的关系。不应当对"治理""管理""统治"这三个基本概念作片面解读，三个概念之间不是相互排斥的矛盾关系，不是依次取代的递进关系，而是相互影响的交叉关系、相互作用的共存关系，[2] 但在不同时期、不同条件、不同语境或不同学科视角下，三个概念的使用有主次先后之分、轻重大小之别。

（三）推进国家治理现代化的核心是法治化

国家治理至少包括国家治理体系和国家治理能力两个方面。

---

[1] 参见俞可平《论国家治理现代化》，社会科学文献出版社，2014；何增科《理解国家治理及其现代化》，《马克思主义与现实》2014 年第 3 期；李忠杰《治理现代化科学内涵与标准设定》，《人民论坛》2014 年第 7 期。

[2] 在我国宪法文本中，有 20 多处使用了"管理"一词（如第 2 条规定："人民依照法律规定，通过各种途径和形式，管理国家事务，管理经济和文化事业，管理社会事务"），但从未使用过"治理"概念。在我国现行有效的 240 多部法律中，有 10 多部法律的名称中有"管理"一词（如《治安管理处罚法》《出境入境管理法》等），却无一部法律的名称直接使用"治理"。

国家治理体系，就是在党领导下管理国家的制度体系，包括经济、政治、文化、社会、生态文明和党的建设等各领域的体制机制、法律法规安排，是一整套紧密相连、相互协调的国家制度。形成系统完备、科学规范、运行有效的国家制度体系，是国家治理体系现代化的重要目标。国家治理能力，就是运用国家制度管理社会各方面事务的能力，包括改革发展稳定、内政外交国防、治党治国治军等各个方面。① 习近平指出，国家治理体系和治理能力是一个国家的制度和制度执行能力的集中体现，两者相辅相成，单靠哪一个治理国家都不行。

推进国家治理的现代化，② 就是要推进和实现国家治理体系和治理能力的法治化、民主化、科学化和信息化，其核心是推进国家治理的法治化。③ 一方面，要推进国家治理制度体系的法治化。董必武说过，"顾名思义，国家的法律和制度，就是法制"。④ 在法治国家，国家治理制度体系中的绝大多数制度、体制和机制，已通过立法程序规定在国家法律体系中，表现为法律规范和法律制度。因此，发展和完善国家法律体系，构建完备科学的法律制度体系，实质上就是推进国家治理制度体系的法律化、规范化和定型化，形成系统完备、科学规范、运行有效的国家制度体系。另一方面，要推进国家治理能力的法治化。在法治国家，国家治理能力主要是依法管理和治理的能力，包括依照宪法和法律、运用国家法律制度管理国家和社会事务、管理经济和文化事业的能力，科学立法、严格执法、公正

---

① 参见姚亮《国家治理能力研究新动向》，《学习时报》2014 年 6 月 9 日。
② 全国政协社会和法制委员会副主任施芝鸿将"国家治理体系和治理能力现代化"视为"第五个现代化"。他认为，国家治理体系现代化既要靠制度，又要靠我们在国家治理上的高超能力，靠高素质干部队伍。从这个意义上，可以把推进国家治理体系和治理能力现代化看成我们党继提出工业、农业、国防、科技这"四个现代化"之后，提出的"第五个现代化"。这表明，我们党和国家的治理体系和治理能力，正在不断朝着体现时代性、把握规律性、富于创造性的目标前进（见《全国政协社会和法制委员会副主任施芝鸿谈"第五个现代化"》，《北京日报》2013 年 12 月 9 日）。
③ 参见秋石《国家治理现代化将摆脱人治走向法治》，《求是》2014 年第 1 期。还有学者认为，"法治化既是检验制度成熟程度的衡量尺度，也是推进制度定型的基本方式……没有可靠的法治作为保障，制度就会缺乏权威性和执行力，国家治理体系的现代化就无从谈起，治理能力也必然作为水中月镜中花"（张贤明：《以完善和发展制度推进国家治理体系和治理能力现代化》，《政治学研究》2014 年第 2 期）。胡建淼认为，"国家治理现代化包括民主化、法治化、科学化和文明化，其中法治化是关键"（胡建淼：《国家治理现代化的关键在法治化》，《学习时报》2014 年 7 月 14 日）。
④ 董必武：《论社会主义民主和法制》，人民出版社，1979，第 153 页。

司法和全民守法的能力，运用法治思维和法治方式深化改革、推动发展、化解矛盾、维护稳定的能力。美国法学家富勒说："法律是使人的行为服从规则治理的事业。"① 推进国家治理能力的法治化，归根结底是要增强治理国家的权力（权利）能力和行为能力，强化宪法和法律的实施力、遵守力，提高国家制度体系的运行力、执行力。

我们应当高度重视和充分发挥依法治国基本方略在推进国家治理现代化中的重要作用。依法治国不仅是国家治理现代化的主要内容，而且是推进国家治理现代化的重要途径和基本方式，对实现国家治理现代化具有引领、规范、促进和保障等重要作用。

二　充分发挥依法治国对推进国家治理现代化的重要作用

在全面推进依法治国、努力建设中国特色社会主义法治体系的新形势下，应当更加重视充分发挥依法治国（法治）的作用，紧紧围绕全面深化改革的战略部署和"五位一体"建设的总体要求，根据完善和发展中国特色社会主义制度、推进国家治理体系和治理能力现代化的改革总目标，坚持党的领导、人民当家作主、依法治国有机统一，运用法治思维和法治方式推进国家治理现代化。

（一）充分发挥宪法治国安邦总章程的功能推进国家治理现代化

宪法是国家文明进步的重要标志，是国家的根本法、治国安邦的总章程，具有最高的法律地位、法律权威、法律效力，具有根本性、全局性、稳定性、长期性。② 推进国家治理现代化，形成系统完备、科学规范、运行有效的国家治理制度体系，使国家治理各方面的制度更加成熟、更加定型，最根本、最核心的是要维护宪法权威，保障宪法实施，充分发挥宪法作为治国安邦总章程的重要作用。

宪法以国家根本法的形式，确立了中国特色社会主义道路、理论体系

---

① Lon L. Fuller, *The Morality of Law* (Yale University Press, 1969), p. 106.
② 参见习近平《在首都各界纪念现行宪法公布施行 30 周年大会上的讲话》，人民出版社，2013。

和制度体系，规定了国家的根本制度和根本任务、国家的领导核心和指导思想、国家的基本制度和相关体制、爱国统一战线、依法治国基本方略、民主集中制原则、尊重和保障人权原则等。对于这些制度和原则，我们必须长期坚持、全面贯彻、不断发展。坚持、贯彻和落实宪法的这些制度和原则，坚持依宪治国和依宪执政，有利于根据治国安邦总章程的宪法要求，从国家顶层设计和战略布局上促进国家治理制度体系的规范化和定型化，提升国家治理能力的权威性和有效性。例如，现行宪法序言提出要"不断完善社会主义的各项制度"，这既是宪法对改革和完善国家治理制度体系的总体要求，也是推进国家治理制度现代化的根本法律依据。

国家治理现代化，最根本的是人的现代化。在人民当家作主的社会主义国家，国家治理是人民自己的事业，只有在宪法的框架下和民主法治的基础上，动员人民、依靠人民、组织人民对国家和社会实行共治和管理，才能从人民民主的本质上实现国家治理现代化。宪法是国家治理的总章程、总依据，全面贯彻实施宪法，最广泛地动员和组织人民依照宪法和法律规定，通过各级人民代表大会行使国家权力，通过各种途径和形式管理国家和社会事务，管理经济和文化事业，共同治理，共同建设，共同享有，共同发展，保证人民成为国家、社会和自己命运的主人，有利于最大限度地调动人民群众的积极性和主动性，充分发挥人民群众在国家治理和依法治国中的主体作用。

文明进步既是国家发展的重要目标，也是国家治理现代化的重要标志。① 推进国家治理现代化，必须加强物质文明建设，巩固社会主义的经济基础，促进先进生产力的发展；必须加强政治文明建设（尤其是制度文明建设），完善社会主义的上层建筑，维护国家政权的合法性和正当性；必须加强精神文明建设，弘扬社会主义核心价值观，繁荣和发展先进文化。我国宪法明确规定国家推动社会主义物质文明、政治文明和精神文明协调发展，并在有关条文中对我国基本的社会制度、经济制度、政治制

---

① 据我国学者研究，"文明"（civilization）一词产生于近代英国。18世纪初，英国合并苏格兰后，苏格兰的民法开始与英国的普通法融合起来，产生了"文明"这个词，意指法律或审判。1755年，《英国语言辞典》把"文明"解释为"民法专家或罗马法教授"。18世纪后半叶，启蒙思想家用"文明"一词来抨击中世纪的黑暗统治，赋予了"文明"与"野蛮"相对立的含义。由此可见，法律、私法以及司法审判的进步发展，是人类文明最重要的标志和标尺。衡量或者评价今天国家治理的现代化，离不开法治文明。

度、文化制度，对意识形态、思想道德、公民权利义务等作出专门规定。切实尊重和有效实施宪法，就能够在宪法的指引和保障下，积极推动国家文明进步，推进国家治理现代化。

（二）充分发挥法治的价值评判功能引领国家治理现代化

现代国家的法律不仅是行为规范体系，而且是价值评判体系，是社会主流价值的制度化体现。国家通过法治推行自由、平等、公平、正义、人权等基本价值，弘扬法治精神，传播法治理念，引领社会进步。"法治的含义不只是建立一套机构制度，也不只是制定一部宪法、一套法律。法治最重要的组成部分也许是一个国家文化中体现的法治精神。"[1] 我国宪法规定必须坚持中国共产党的领导、社会主义制度、国家的指导思想和人民民主专政的国体，社会主义法治理念强调必须坚持三者有机统一，从中国国情和实际出发学习借鉴人类政治文明和法治文明的一切有益成果，逐步实现工业、农业、国防、科学技术和国家治理的现代化，而不能照搬照抄西方资本主义的民主政治模式和法治模式。宪法和法治的这些肯定性或禁止性的要求，明确规定了国家治理的性质，指明了国家治理现代化的正确方向和发展道路。

法治崇尚民主自由、公平正义、平等诚信、人权尊严、秩序安全、幸福和平等基本价值，遵循人民主权、宪法法律至上、保障人权、制约权力、依法执政、依法行政、公正司法、全民守法等基本原则，恪守普遍性、明确性、规范性、统一性、稳定性、可预期性、可诉性等基本规律。[2] 以倡导和推行全球治理闻名于世的国际组织——全球治理委员会在《我们的全球之家》中呼吁：提高全球治理的质量，最为需要的是"共同信守全

---

① 〔美〕詹姆斯·L.吉布森、〔南非〕阿曼达·古斯：《新生的南非民主政体对法治的支持》，《国际社会科学杂志》（中文版）1998年第2期。

② 法治意义上的"可诉性"包括两方面的内容：从公民角度而言，可诉性是指当法律规定的公民权利受到侵害时，公民可以依据该法律到法院提起诉讼，依法寻求法院的权利保护和救济；从法院角度而言，可诉性是指法院可以依据法律的具体规定受理案件，并作出相应裁判。目前在我国法律体系的240多部法律中，能够被法院作为裁判依据并写入判决书的，只有40多部法律。对"可诉性"的另一种解读是：法律关系主体在认为其受到不公平不公正对待时，或认为其权利受到侵害时，可以也应当依法通过司法诉讼程序寻求救济，法院是实现法律意义上公平正义的最后一道防线。

体人类都接受的核心价值，包括对生命、自由、正义和公平的尊重"。① 显然，全球治理倡导的核心价值与法治追求的基本价值，在许多方面是一致的。但它们有一个显著区别，即前者主要通过呼吁、倡导、舆论等道德宣传方式推行其价值理想，后者却可以通过法治的力量推进其价值目标的实现。因此，我们根据法治的基本价值、原则和规律，运用法治方式推进国家治理现代化，就能够促进国家治理的价值选择与国家法治的价值取向相一致，促进国家治理的现代化与法治化相融合，实现国家和社会的良法善治。

（三）充分发挥法治的规范功能推进国家治理现代化

法律是治国之重器，是调整社会关系的行为规范。马克思说过："法律不是压制自由的措施，正如重力定律不是阻止运动的措施一样……恰恰相反，法律是肯定的、明确的、普遍的规范……法典就是人民自由的圣经。"② 规范性是法治的基本特征，它通过允许性规范、授权性规范、禁止性规范等形式，要求法律关系主体应当做什么、不应当做什么和应当怎样做，达到调整社会关系、规范社会行为、维护社会秩序的目的。

在保障和促进国家治理现代化的过程中，法治的规范功能从以下方面发挥作用。一是通过合宪性、合法性等程序和制度的实施，保证国家治理制度体系建设和治理能力提升，在宪法框架下、法治轨道上进行，防止违宪违法行为和现象发生。例如，我国法律体系中有《宪法》《立法法》《民族区域自治法》《工会法》《村民委员会组织法》《全民所有制工业企业法》等，明确规定了中国共产党的领导地位和领导作用，③ 执政党就可以依据这些法律规定，健全和完善依法执政的有关制度体系，推进依法执政的现代化。二是通过规定权利与义务、权力与责任、行为模式与行为后果

① 转引自俞可平《论国家治理现代化》，社会科学文献出版社，2014，第 32 页。
② 〔德〕马克思：《关于新闻出版自由和公布省等级会议情况的辩论》，载《马克思恩格斯全集》第 1 卷，人民出版社，1995，第 176 页。
③ 例如，《立法法》第 3 条规定，"立法应当遵循宪法的基本原则……坚持中国共产党的领导"；《村民委员会组织法》第 4 条规定，"中国共产党在农村的基层组织，按照中国共产党章程进行工作，发挥领导核心作用，领导和支持村民委员会行使职权；依照宪法和法律，支持和保障村民开展自治活动、直接行使民主权利"；《全民所有制工业企业法》第 8 条规定，"中国共产党在企业中的基层组织，对党和国家的方针、政策在本企业的贯彻执行实行保证监督"。

以及实体法规范和程序法规范等形式，将国家治理的制度要素和制度创新确认并固定下来，使之逻辑更加严谨、内容更加科学、形式更加完备、体系更加协调。三是通过严格执法、公正司法、全民守法和依法办事、依法治理、综合治理等多种途径和形式，推进宪法和法律规范的全面实施，不断提升国家治理制度体系的权威性和执行力。例如，十八届三中全会提出"把涉法涉诉信访纳入法治轨道解决，建立涉法涉诉信访依法终结制度"，就体现了运用法治方式从根本机制上治理涉法涉诉信访问题的思路。四是发挥法治的纠偏和矫正作用，一旦国家治理制度的某些创新偏离正确轨道，国家治理体制机制之间出现某种冲突抵触，国家治理制度体系的贯彻执行遇到某种破坏或障碍，由国家有权机关依法作出应对和处置，就能够保证国家治理现代化更加有序、更加顺利地推进。

（四）充分发挥法治的强制功能推进国家治理现代化

法律与其他社会规范的重大区别在于，法律是表现为国家意志并由国家强制力保证实施的社会行为规范，国家意志性和国家强制性是它的重要特征。在我国，法律是党的主张与人民意志相统一并通过立法程序转化为国家意志的社会行为规范，法律的执行、适用和运行，是以警察、法庭、监狱甚至军队等国家机器的强制力作为最后的保障实施手段，因此，法律关系主体如果不履行法律义务、不承担法律责任或者违反法律的相关规定，就可能受到执法司法机关以国家名义进行的制裁、惩罚或强制。①

通过发挥法治的强制功能推进国家治理的现代化，一方面，把国家治理体系中有关制度的立、改、废纳入法治轨道，借助法治的强制力量保障和推进国家治理制度的创制和创新，如设立国家安全委员会、设立知识产权法院、实行大部制改革、深化行政执法体制改革等；依法强制性地取消或者废除那些不合时宜、阻碍经济社会发展的体制机制，如取消收容审查

---

① 王绍光在《国家治理与基础性国家能力》一文中，把"强制能力"视为国家治理八大基础性能力之首。"'强制'听起来是不好听，但是国家这种人类组织跟其他人类组织最大的区别就在于它可以合法地垄断暴力，可以合法地使用强制力。这种国家强制力，对外就是必须有能力抵御外来的威胁，这就要求国家建立和维持一支常备军；对内，国家必须有能力维持国家的安宁，这就要求国家建立一支训练有素、经费充裕、纪律严明、着装整齐的专业警察"［王绍光：《国家治理与基础性国家能力》，《华中科技大学学报》（社会科学版）2014年第3期］。

制度、取消劳动教养制度、取消某些行政审批事项、减少刑法中的死刑罪名等。另一方面，全面推进严格执法和公正司法，借助国家执法、司法的强制性制度机制，保证国家治理制度的有效贯彻实施，增强国家治理法律制度的执行力，如依法从重从快打击恐怖暴力犯罪，贯彻落实宽严相济的刑事政策，依法查处严重违反国家法律的党员领导干部并追究其法律责任等。

当然，法治对国家治理领域的介入，一要遵循"对公权力法无授权即禁止，对私权利法未禁止即自由"的原则，二要把法律规范与道德、纪律、内部规定、自治规则等其他社会行为规范区分开来，三要把法治的国家强制功能与其他社会行为规范的约束功能区别开来。代表国家意志的法治强制功能，只能在法律的范围内依法进行，而不能取代道德、纪律等其他社会行为规范的作用，更不能强制性地把其他社会行为规范全都法律化和国家意志化。

（五）充分发挥民主科学立法的功能推进国家治理现代化

亚里士多德认为，立法的本质是分配正义，它通过规定权利与义务、权力与责任、调整社会关系、配置社会资源、分配社会利益、规范社会行为等内容，实现立法的分配正义。现代民主理论则认为，立法的基本功能是人民意志的表达，行政的基本功能是人民意志的执行，司法的基本功能是人民意志的裁断，它们在宪法框架下结合起来，共同对国家和社会进行有效治理。

立善法于天下，则天下治；立善法于一国，则一国治。① 在我国，立法是党的主张与人民意志相统一的体现，是党的路线方针政策具体化、条文化和法律化的表现形式，是我国政治经济社会改革发展的制度化、规范化和法律化。我国立法既是党领导人民通过立法程序分配正义的过程，也是人民通过人民代表大会表达自己意志和利益诉求、实现人民当家作主的过程。立法是为全国人民立规矩、为治理国家定依据的。立法是创制国家制度体系和活动规范的发动机，是构建国家法律制度、实现国家治理制度体系现代化的主要途径和方式。因此，全面推进民主科学立法，充分发挥

---

① 王安石：《王文公文集·周公》。

立法的引领和推动作用，就是国家立法机关运用立法思维和立法方式，通过立法程序和立法技术，对国家治理制度体系的创制、细化、完善和发展。

在我国法律体系已经形成和全面深化改革的新形势下，立法对于国家治理现代化的引领和推动作用表现如下。一是创新观念，更加重视运用法治思维和法治方式，把国家治理体系和治理能力现代化纳入宪法框架和法治轨道。国家治理制度创新非但不得违反宪法和法律，而且要先变法、后改革，重大改革于法有据。国家治理行为非但不得违宪违法，而且要依法治理、依规行事、照章办事。二是更加重视把国家治理制度改革创新的重大决策同立法决策结合起来，通过立法程序使之成为国家意志和国家制度，确保改革决策的合法性和制度化。三是根据国家治理现代化的内在需要，更加重视通过综合运用立、改、废、释等立法手段，及时创制新的法律和制度，修改或废除不合时宜的法律法规，不断提升国家治理制度体系的规范性、系统性、针对性和有效性。四是更加重视加强宪法实施监督和立法监督，及时发现和纠正违宪违法的所谓"改革决策"和"制度创新"，为国家治理制度体系的健全和完善提供强有力的法治保障。

（六）充分发挥执政党依宪依法执政的功能推进国家治理现代化

推进国家治理现代化是一项艰巨复杂的系统工程，必须在党的领导下、坚持依宪执政和依法执政才能取得成功。首先，我们党牢固树立执政党的观念、强化执政党的意识，把坚持党的领导、人民当家作主和依法治国有机统一起来，增强运用宪法思维和法治方式治国理政的能力，努力提高依宪依法执政的水平，就能够从党的规章与国家制度相衔接、党的政策与国家法律相结合的角度，不断推进国家治理的制度化、法律化。其次，我们党充分发挥总揽全局、协调各方的领导核心作用，坚持依法治国基本方略和依法执政基本方式，善于通过发扬民主使党的方针政策充分反映和体现人民意志，善于使党的政策主张通过法定程序成为国家意志，善于使党组织推荐的人选成为国家政权机关的领导人员，善于通过国家政权机关实施党对国家和社会的领导，支持国家权力机关、行政机关、审判机关、检察机关依照宪法和法律独立负责、协调一致地履行职权，就能够更好维护执政党与国家政权的权威，维护执政党党章与国家宪法法律的权威，维护党的领导与法律统治的权威，从而充分体现国家治理现代化的中国特色和制度优势，不断增强国家治理体系的权威性和执行力。再次，我们党领导人民制定宪法和法律，领导人民执行宪法和法律，党在宪法和法律范围内活动，做到带头守法、廉洁奉公、率先垂范，就能够带动全社会不断提高规则意识、程序意识和责任意识，强化全社会的国家观念、制度观念和法治观念，引领全社会形成办事依法、遇事找法、解决问题用法、化解矛盾靠法的行为习惯，为推进国家治理现代化提供良好法治环境。最后，我们党在长期的革命、建设和改革实践中，积累了政治领导、组织领导和思想领导的领导经验，探索了科学执政、民主执政、依法执政的执政经验，形成了依法治国基本方略。党坚持中国特色社会主义的理论自信、道路自信和制度自信，坚持依宪执政和依法执政，切实做到领导立法、保证执法、维护司法、带头守法，就能够运用法治思维引领国家治理现代化的理论创新，运用法治方式推进国家治理现代化的制度创新和实践创新。

习近平指出："现代社会，没有法律是万万不能的，但法律也不是万能的。"① 我们高度重视发挥依法治国和法治在引领和推进国家治理现代化中的重要作用，但不能违背法治规律和法治思维，过分夸大它们的作用，更不能陷入"法治万能主义"的窠臼。

三　全面推进依法治国，加快建设法治中国

党的十八大和十八届三中全会提出，要加快推进社会主义民主政治制度化、规范化、程序化，建设社会主义法治国家，发展更加广泛、更加充分、更加健全的人民民主，形成系统完备、科学规范、运行有效的制度体系，使各方面制度更加成熟、更加定型；要全面推进依法治国，加快建设法治中国，到2020年全面建成小康社会时，实现依法治国基本方略全面落实、法治政府基本建成、司法公信力不断提高、人权得到切实尊重和保障、国家各项工作法治化的目标。这既是对推进国家治理现代化提出的总要求，也是对全面推进依法治国、加快建设法治中国确立的总目标。我们应当统筹依法治国与国家治理，在推进国家治理现代化的进程中，努力达

---

① 2013年2月习近平在第十八届中央政治局第四次集体学习时的讲话。

成建设法治中国的总目标；在全面推进依法治国、加快建设法治中国的进程中，全面推进和实现国家治理的现代化。

（一）强化法治权威和良法善治，推进国家治理法治化

法治权威是指法律及其制度运行在整个社会调整机制和全部社会规范体系中居于主导和至高地位，任何公权力主体都在宪法和法律范围内活动，任何人都没有超越宪法和法律的特权。美国思想家潘恩在《常识》一书中说："在专制政府中国王便是法律……在自由国家中法律便应该成为国王。"① 宪法和法律至上，是当代法治权威的集中体现。党的十八大强调要"更加注重发挥法治在国家治理和社会管理中的重要作用，维护国家法制统一、尊严、权威"。我国宪法和法律是党的主张与人民意志相统一的体现，具有至高的地位和权威，因此，维护宪法和法律的权威、强化法治权威，就是维护和强化人民权威、执政党权威和国家权威的集中体现，是推进国家治理法治化的必然要求。

法治是国家治理的关键，法治化是国家治理现代化的核心。国家治理法治化，是指宪法和法律成为国家和公共治理的最高权威和主要依据，宪法和法律在国家政治生活、经济生活和社会生活中得到切实贯彻实施。国家治理法治化包括许多方面的内容和要求，但从国家治理体系和国家治理能力这两个方面相结合的角度来理解，国家治理法治化的要义就是良法善治。正如亚里士多德所言："我们应该注意到邦国虽有良法，要是人民不能全都遵循，仍然不能实现法治。法治应该包含两重意义：已成立的法律获得普遍的服从，而大家所服从的法律又应该本身是制订得良好的法律。"②

用现代政治学的话语来表述，"良法"就是党领导人民管理国家、治理社会的一整套系统完备、科学规范、运行有效、成熟定型的制度体系，其中主要是法律制度体系；"善治"就是运用国家法律和制度管理国家、治理社会各方面事务的能力、过程和结果。推进国家治理法治化，必须强化良法善治。

---

① 〔美〕潘恩：《潘恩选集》，马清槐等译，商务印书馆，1981，第35页以下。
② 〔古希腊〕亚里士多德：《政治学》，吴寿彭译，商务印书馆，1981，第199页。

良法是善治的前提与基础。国家若善治，须先有良法。习近平所说"不是什么法都能治国，不是什么法都能治好国"，[①] 就是要求应当以系统完备、科学规范、运行有效的良法治理国家和社会。创制良法就是国家制定和形成一整套系统完备科学有效的制度体系，尤其是法律制度体系。国家治理法治化所倡导的法治基本价值，是评价法"良"与否的重要尺度，是创制良法体系的价值追求和实现良法善治的伦理导向。"良法"对立法的要求和评判主要包括以下五个方面：一是立法应当具有良善的正当价值取向，符合正义、公平、自由、平等、民主、人权、秩序、安全等价值标准；二是立法应当是民意的汇集和表达，立法能否充分保障人民参与并表达自己的意见，能否体现人民的整体意志和维护人民的根本利益，是评价立法"良"与"恶"的一个重要标准；三是立法程序应当科学与民主，良法的生产应当通过科学民主的立法程序来保障和实现；四是立法应当符合经济社会关系发展的实际，具有针对性、可实施性和可操作性；五是立法应当具有整体协调性和内在统一性，不能自相矛盾。

善治是良法的有效贯彻实施，是国家治理的最终目标。政治学意义上的"善治"包括十个要素：一是合法性；二是法治；三是透明性；四是责任性，即管理者应当对自己的行为负责；五是回应，即公共管理人员和管理机构必须对公民的要求作出及时和负责的反应；六是有效；七是参与，即公民广泛的政治参与和社会参与；八是稳定；九是廉洁；十是公正。[②]

法学意义上的"善治"，就是要把制定良好的宪法和法律付诸实施，把表现为法律规范的各种制度执行运行好，公正、合理、高效、及时地用于治国理政，通过法治卓有成效的运行实现"良法"的价值追求。由于人民是国家的主人、社会的主体，善治首先是人民多数人的统治，而绝不是少数人的专制，善治主要是制度之治、规则之治、法律之治，而绝不是人治。

通过良法善治推进国家治理法治化，必须弘扬法治精神，维护法治权威，强化国家治理的合宪性、合法性，坚持科学立法、严格执法、公正司

---

① 2013 年 2 月习近平在第十八届中央政治局第四次集体学习时的讲话。
② 参见俞可平《论国家治理现代化》，社会科学文献出版社，2014，第 59 页以下。

法、全民守法，坚持法律面前人人平等，切实做到有法可依、有法必依、执法必严、违法必究。

（二）加强人民代表大会制度建设，推进国家治理民主化

国家治理民主化，是指"公共治理和制度安排都必须保障主权在民或人民当家作主，所有公共政策都要从根本上体现人民的意志和人民的主体地位"。① 美国学者福山指出："当下的一个正统观点就是，民主与善治之间存在着相互促进的关系。"② 善治离不开民主，离不开公民和社会组织广泛平等的政治参与和社会参与。

人民民主是社会主义的生命，是依法治国和国家治理现代化的本质特征。人民代表大会制度是人民当家作主，行使民主权利管理国家和社会事务、管理经济和文化事业的根本制度平台，是推进国家治理现代化的根本制度基础，是全面推进依法治国的根本制度保障。邓小平说，没有民主就没有社会主义，就没有社会主义的现代化。③ 推进国家治理现代化，必须推进国家治理的民主化，始终不渝地坚持、加强和完善人民代表大会制度。

在推进国家治理民主化的背景下加强人民代表大会制度建设，应当着力研究解决以下问题。一是积极探索坚持党的领导、人民当家作主和依法治国有机统一的规范化、制度化和法律化，把三者有机统一到宪法和人民代表大会制度的宪制平台上，纳入国家治理的根本政治制度体系，用宪法和人大制度保证国家治理现代化沿着中国特色社会主义民主政治发展道路顺利推进。二是坚持和维护人民当家作主的主体地位，全面落实人民代表大会作为国家权力机关的宪法权力、宪法职能和宪法地位，从根本政治制度的建设上加强和推进国家治理体系现代化。三是进一步强化和提高国家权力机关及其代表行使立法权、重大事项决定权、人事任免权和监督权的权力能力（权利能力）和行为能力，使各级人大及其常委会和人大代表有权、有能、有责，能够在依法治国和国家治理中发挥应有作用。四是根据

①　俞可平：《衡量国家治理体系现代化的基本标准》，《北京日报》2013年12月9日。
②　〔美〕弗朗西斯·福山：《什么是治理》，刘燕等译，载俞可平主编《中国治理评论》第4辑，中央编译出版社，2013，第5页。
③　《邓小平文选》第2卷，人民出版社，1994，第168页。

推进国家治理民主化的新要求，在人大制度建设中兼顾民主与效率的平衡，统筹民主立法与科学立法的要求，进一步健全和完善人大的会期制度、集会制度、开会制度、公开制度、表决制度、听证制度、旁听制度、询问制度、质询制度、调查制度、立法助理制度等制度建设。

（三）完善我国法律体系，为形成系统完备、科学规范、运行有效的国家制度体系提供法律制度支持

法治是人类文明进步的标志。法律是国家治理制度的规范化、程序化和定型化的载体，国家在各方面各层次的制度体制是法律的主要内容。从国家治理的角度看，法律制度的完备程度反映了执政党依法执政的能力及国家政权的领导力、凝聚力和治理力。国家立法愈发展，法律体系愈完善，国家治理制度体系就愈完备、愈规范、愈成熟。在我国，中国特色社会主义法律体系的如期形成，标志着国家经济建设、政治建设、文化建设、社会建设以及生态文明建设的各个方面实现了有法可依，意味着国家治理的各个主要方面已经有制度可用、有法律可依、有规章可遵、有程序可循，表明以宪法为核心、以法律体系为基础的国家治理制度体系已经形成，体现了国家治理制度体系的基本成熟和定型。

完善中国特色社会主义法律体系，是十八大和十八届三中全会对立法工作提出的一项重要任务，也是推进国家治理制度体系现代化的必然要求。在推进法治中国建设和国家治理现代化的新形势下，完善我国法律体系，应当在加强人民代表大会制度建设的基础上和过程中，进一步坚持科学立法，全面推进民主立法，创新立法理论，更新立法观念，转变立法模式，调整立法机制，完善立法程序，改进立法技术，推广立法评估，强化立法监督，不断提高立法质量和水平，为形成系统完备、科学规范、运行有效、成熟定型的现代化国家制度体系提供强有力的立法保障和法律制度支持。

（四）加强宪法和法律实施，提高国家依法治理能力

宪法和法律的权威在于实施，宪法和法律的生命也在于实施。宪法和法律的良好实施是国家治理现代化的基本内容和重要标志。我国宪法和法律对国家治理及其现代化的各项要求和各个方面都有相关规定，有些规定和内容还相当详细完备。因此，宪法和法律的良好实施，实质上就是国家

治理制度体系的有效运行和贯彻执行；执政党和国家保障宪法和法律实施的能力，实质上就是国家治理能力的综合体现。习近平指出："法律的生命在于实施，如果有了法律而不实施，或者实施不力，搞得有法不依、执法不严、违法不究，那制定再多的法律也无济于事"，"有了法律而不能有效实施，那再多法律也是一纸空文，依法治国就会成为一句空话"，"制度的生命力在执行，有了制度没有严格执行就会形成破窗效应"。① 推进国家治理能力的现代化，首要的是提高依宪治国、依法治国和国家依法治理的能力，提高实施宪法和法律、执行各项制度的能力和水平。应当更加重视宪法和法律的实施，努力把纸面的法律变为现实中的法律，把法律条文中的制度变为社会生活中的行动，通过法治方式和法律实施不断提高国家依法治理的能力和水平。

提高国家依法治理能力，进一步健全宪法实施监督机制和程序，把全面贯彻实施宪法提高到一个新水平，除认真落实十八届三中全会的有关改革部署外，还应考虑以下问题：进一步加强党中央对宪法实施的领导和统筹协调，加强党对立法工作的领导和统筹规划；通过完善立法来推进宪法实施；建立法律解释和宪法解释同步推进机制；在全国人大常委会年度工作报告中增加宪法实施情况的内容；完善对法律法规合宪性和合法性的审查机制；建立和完善对党内规章制度合宪性和合法性的审查机制；加强对宪法修改完善和设立宪法监督委员会的理论研究。

（五）推行法治建设指标体系，提高国家依法治理效能

福山在《什么是治理》中提出，治理是"政府制定和实施规则以及提供服务的能力"，而治理或者善治是需要测量的，应当从程序、能力、产出和官僚体系自主性等四个方面测量国家治理质量。② 世界银行负责的"世界治理指标"、联合国开发署负责的"治理指标项目"、美国律师协会等律师组织发起的"世界正义工程"均认为，国家治理必须是可以量化测量的，未经量化的治理不是科学的治理，量化治理的程度决定国家治理的现代化水平。

---

① 转引自张文显《法治中国建设的重大任务》，《法制日报》2014 年 6 月 11 日。
② 〔美〕弗朗西斯·福山：《什么是治理》，刘燕等译，载俞可平主编《中国治理评论》第 4 辑，中央编译出版社，2013。

党的十八届三中全会提出建立科学的法治建设指标体系和考核标准。应当从我国国情和实际出发，根据全面推进依法治国和国家治理现代化的要求，设计一套法治建设指标体系，用以科学量化地评估我国法治建设和国家治理现代化的成效。可将国家治理现代化分为国家治理体系、国家治理能力和国家治理成本三个基本部分。在国家治理体系部分，将宪法规范、法律体系、国家制度、相关体制等制度体系的系统完备、科学规范、运行有效、成熟定型等设计为具体评价指标。在国家治理能力部分，将执政党依法执政能力、人民当家作主能力、行政机关依法行政能力、司法机关公正司法能力，以及公权力主体实施宪法法律和规章制度的能力、治党治国治军的能力、内政外交国防的能力、改革发展稳定的能力等设计为具体评价指标。在国家治理成本部分，将税收负担、资源消耗、立法成本、执法成本、司法成本、维稳成本、风险成本、试错成本、运行成本、反腐成本等设计为具体评价指标。通过一整套科学合理的法治"GDP"指数,[①] 使依法治国和国家治理现代化的质量可以实际测量、具体评估。

（六）在加快建设法治中国进程中推进国家治理现代化

法治中国是人类法治文明在当代中国的重大实践和创新发展，是传承复兴中华法文化优秀传统的历史新起点，是中国特色社会主义和中国梦的重要组成部分，是推进国家治理现代化和法治化的重要内容，是对改革开放以来法治建设"有法可依、有法必依、执法必严、违法必究"基本方针以及依法治国、建设社会主义法治国家基本方略的全面继承、战略升级和重大发展。

建设法治中国，必须坚持法治文明普遍原理与走中国特色社会主义民主法治发展道路相结合，坚持党的领导、人民当家作主和依法治国有机统一，坚持依法治国与推进国家治理现代化相辅相成，坚持科学立法、严格

---

① 近年来，马怀德常在媒体上宣传"法治 GDP"的观点，认为"法治 GDP"比"经济 GDP"更重要，呼吁设立"法治 GDP"推动行政法治，用"法治 GDP"考量政府绩效。有些地方如深圳市、无锡市、昆明市、成都市、杭州余杭区等，也在探索本地法治建设的量化评价指数。俞可平主持的"中国国家治理评价指标体系"和"中国社会治理评价指标体系"，应松年、马怀德主持的"中国法治政府奖"评选等，均取得了积极成效。

执法、公正司法和全民守法全面发展，坚持依法治国、依法执政、依法行政共同推进，法治国家、法治政府、法治社会一体建设，切实维护宪法和法律权威，有效规范和制约权力，充分尊重和保障人权，依法实现社会公平正义。

建设法治中国，应当积极稳妥地深化法制改革，着力解决立法不当、执法不严、司法不公、守法无序、法治疲软等法治建设存在的主要问题。全面推进依法治国，加快建设社会主义法治国家，要从法律体系走向法治体系，从法律大国走向法治强国，争取到2020年全面建成小康社会时，基本建成法治中国，到2049年中华人民共和国成立一百周年时，整体建成法治中国。

法治评估模式辨异[*]

钱弘道　杜维超[**]

摘　要：法治评估对法治社会建设具有重大作用，但当前我国理论界对法治评估体系的一元化构想并不完备，忽视了我国法治评估实践中两种话语模式的分化。两种法治评估类型的理论基点，分别是以治理功能为核心的实验主义治理理论和以管理功能为核心的公共行政管理理论。两种评估模式在方法、目标、主体和后果上均存在结构性的差异。必须严格区分两种评估模式，通过区隔和整合方法，建立二阶性、一体化的法治评估体系，以实现法治评估效果的最佳化。

关键词：法治评估　法治指数　国家治理　行政管理　法治评估模式

自 2006 年前后中国开始探索法治建设状况评价指标体系以来，各种法治评估体系层出不穷，相关课题和研究成果也呈爆发式增长，法治评估被视为法治建设的"抓手"，受到理论界和实务界的高度重视。但是，学界对既有的法治评估实践，尚缺乏充分的经验总结和理论升华，[①] 对法治评估功能及其内部机制的认识也同样不够深刻。综观我国相关研究，主流观点是将法治指数、法治建设指标、法治政府指标乃至立法评估、政府透明

---

[*]　本文原载于《法学研究》2015 年第 6 期。

[**]　钱弘道，浙江大学法学院教授；杜维超，南京师范大学中国法治现代化研究院研究员。

[①]　参见钱弘道、王朝霞《论中国法治评估的转型》，《中国社会科学》2015 年第 5 期，第 85 页。

度指数、司法透明度指数、司法公信力指数、电子政府发展指数等所有与法治指标相关的评估体系，均视为广义的法治评估类型。在这种宽泛模糊的法治评估界定下，就难以准确把握各种法治评估类型中具体运行环节的差异，也难以推进更有针对性的精细化研究。通过对既有理论和实践的审视可以发现，我国法治评估体系构建在理论和实践中产生了隐匿的话语模式差异，既有法治评估理论表达隐藏着不完备性：法治评估理论存在一元化表达特点，但在实践中发展出了两种性质不同并且差异渐增的法治评估模式，由此，法治评估的既有理论并不能周全地诠释实践中的评估类型，从而也影响了实践中对法治评估中主体、对象、内容、路径等各种要素的安置。中共中央《关于全面深化改革若干重大问题的决定》（以下称"改革决定"）和《关于全面推进依法治国若干重大问题的决定》（以下简称"法治决定"），对建设科学的法治指标体系和考核标准以及用法治成效考核领导干部提出了要求。学术界应该深入分析实践中的法治评估，对法治评估的既有理论进行重新审视，对法治评估模式作出合乎实际情况的分析。

一　法治评估的表达与实践

我国学界出于对法治评估作用的美好愿景以及理论构建的理想化倾向，经常对法治评估模式给出单一的理论概括，我们把它称为"一元化表达"。这种一元化的理论表达是不完备的，至少是不够深入的。实践中，法治评估的具体形态实际上发生了分化，从而偏离了既有的理论表达。

（一）法治评估一元化表达

笔者之前曾提出，法治评估所具有的工具理性特色与政府推进型的法治建构模式具有天然的亲和性，因此法治评估可以成为推进改革和社会管理创新的重要手段，成为中国法治建设的重要增长点，有利于推动法治政府的建设。[①] 实际上，这仅仅是对法治评估与政府互动关系的考察。在实践中，法治评估的形态并不是单一的。由于缺乏对实践中不同法治评估形

---

① 参见钱弘道等《法治评估及其中国应用》，《中国社会科学》2012 年第 4 期，第 159 页。

态的深入实证研究，学术界对法治评估功能的理论表达过于简单化，乃至形成了一种看似简洁融贯实际上却并不周全的一元化表达模式。

法治评估功能的一元化表达具体表现为两种方式。一种是概要式的表达。例如，在较早的一项研究中，研究者认为，法治指数这种客观定量的研究范式，"为公共决策、权力监督与比较研究提供了新武器"，有利于科学决策，有利于监督政府的绩效，有利于促成方法论的突破。① 另一种是解构式的表达。例如，国家行政学院课题组将法治评估功能总结为"诠释、深化落实、导引、评测"四种。诠释作用，是指将评估体系作为一个客观共识性的认知标尺，以统一政府与民众对法治化标准的认知；深化落实作用，是将法治化要求具体化、微观化，使其从制度设计迈向实质性落实；导引作用，是通过对行为的正负激励措施，引导各法治实践主体实现法治化目标；评测作用，则是通过量化考评，掌握法治实践具体效果，以改进今后工作。② 虽然相关研究对法治评估体系功能结构的构想论述各异，但大致不出以上两种之藩篱。

这种一元化设想具体由三个次级命题组成：描述性的映射命题、关系性的结构命题和指向性的效果命题。"映射命题"描述法治评估体系的基本性质，认为其各项指标应当反映某种较为优越的法治理想类型。"结构命题"论述法治评估体系与评估对象的关系，认为前者应对后者构成约束和引导作用。"效果命题"则强调法治评估的目标指向，认为法治评估最终应当促进其所映射的法治理想形态之实现。这三个次级命题指向的是一种理想的法治评估类型。但是，法治概念本质上具有多义性，法治评估体系与评估对象存在复杂性，法治评估体系与评估指向范围存在模糊性，因而，在具体的法治评估实践中，上述三个次级命题内的若干环节中，在其概念解释和实践路径选择上都存在不同可能性。简而言之，一元化表达与我国法治评估实践存在重大的出入，并不能满足评估实践急需的理论指导。

一元化表达大体上沿袭了对法治指数的单角度考察路径，虽然表达并不错误，但尚有待于根据实践进一步完善和细化。这种一元化表达及其所

---

① 参见占红沄、李蕾《初论构建中国的民主、法治指数》，《法律科学》2010年第2期，第49页。

② 参见国家行政学院课题组《法治政府指标体系与作用》，《中共天津市委党校学报》2014年第2期，第104页。

包纳的命题群实际上隐藏着不完备性，可能导致法治评估研究的简单化和理想化。

（二）法治概念的多义性及法治评估模式的分化

许多学者意识到，法治评估体系的建立应当首先明确法治的概念。如包万超提出，当前法治评估最根本的问题是对法治政府的标准缺乏一个基本的共识，导致整个评估体系缺乏内在一致性的逻辑，因此建议在国务院的层面上确立中国法治政府的标准，包括上位标准和最低限度标准。① 孟涛也强调，"概念化是确立指标的先行步骤"。② 这些观点背后隐藏了中国学者对法治概念的一种常见误解——法治概念的客观论，即认为存在一种有待发现的所谓"客观正确"的法治概念。

然而，现代语言分析指出，"法治"并非一个社会学描述，而是价值性愿景的表达与构建，正由于其合目的性，法治是个"本质上具有争议性的概念"，想找到所谓"语义明确和意识形态中立"的法治定义是不可能的。③ 於兴中曾指出，法治是一种"语言现象"，是对法治这一概念的不同观念化，作为一种政治概念，对法治的理解必然是多样的。他甚至据此提出，各种法治评估将法治降到"技术和工具的层面"，表现出一种机械的简化主义态度，因此其重要性值得怀疑。④

笔者基本同意於兴中关于法治概念本质争议性的观点，但反对因此否定法治评估的价值。我国"法治评估"定义产生了模糊性，并使法治评估的主体、对象、范围和内容都产生了争议，要解决这些争议，应当首先对"法治评估"中的"法治"概念赋予一个稳定的内涵。笔者不认同法治概念客观论，而赞成张德森的观点，他认为，法治评估体系建立的首要阶段就是法治概念阶段，应当提出法治的"操作定义"并加以类型化，并以此

① 参见包万超《论法治政府的标准及其评估体系》，《湖南社会科学》2013 年第 2 期，第 70 页。

② 孟涛：《法治指数的建构逻辑——世界法治指数分析及其借鉴》，《江苏行政学院学报》2015 年第 1 期，第 125 页。

③ 参见 Jeremy Waldron，"Is the Rule of Law an Essentially Contested Concept（in Florida）?"，*Law and Philosophy*，Vol. 21，2002，pp. 137 - 164。

④ 参见於兴中《"法治"是否仍然可以作为一个有效的分析概念?》，载《人大法律评论》2014 年第 2 辑，法律出版社，2014，第 3 页以下。

为基础确定法治评估的制度进路。① 这一思路可以回应於兴中对法治评估价值的质疑：法治评估可以发挥其重大作用，前提是根据"法治"在不同语境下差异化的"操作性"定义，细致区分法治评估概念的不同类型，并严格限制其应用范围，才能进一步确定其应有的主体、对象、范围、内容等具体元素。

其实，已有学者关注到法治概念与法治评估类型的关系。例如，多名学者在讨论法治评估时，不约而同提及了布莱恩·塔玛纳哈（Brian Tamanaha）提出的"厚法治"及"薄法治"的概念。其中大致认为"薄法治"是指严格遵守法律制度和法律程序，而"厚法治"则既包括守法内容也包含某些超越性的实质性价值，不同的法治定义导致法治评估的不同模式。② 前文所述对法治评估构想的一元化表达中，并未体现法治的多义性这一前提。在评估实践中，由于作为隐藏前提的对于法治之"厚"或"薄"的理解差异，实际上就产生了不同的评估目标之指向：以"厚法治"概念为前提，则评估是为了探索法治所应蕴含的实质价值目标及其实现情况；以"薄法治"为前提，则评估是为了审查国家机关对若干法定责任事项的具体执行和完成情况。

（三）对法治评估模式的初步探索

已有学者在研究中对法治评估进行了初步的类型区分，这些分类基于不同的讨论语境和研究目标，自然具有相当程度的理论价值和合理性。但是，这些分类的根据并非基于法治评估体系背后的"法治操作性概念"，其目标也并非揭示由此导致的法治评估功能和内部机制的本质差异，与本文所要探讨的内容仍有不同。

笔者曾从评估内容角度提出，我国在评估指标设计上存在"既有评价"与"目标设置"的区别：前者是对过去法治建设成效的考察，主要基于过去的数据和事实得出；后者则主要是设置建设法治政府的目标，属于

---

① 参见张德淼《中国法治评估指标体系的生成与演进——从法治概念到测评指标的过程性解释》，《理论与改革》2015 年第 2 期，第 127 页。

② 参见李蕾《法治的量化分析——法治指数衡量体系全球经验与中国应用》，《时代法学》2012 年第 4 期，第 26 页；侯学宾、姚建宗《中国法治指数设计的思想维度》，《法律科学》2013 年第 5 期，第 5 页；张德淼、康兰平《地方法治指数的理论维度及实践走向》，《理论与改革》2014 年第 6 期，第 132 页。

完全的目标定向。① 陈柳裕基于戴耀庭对香港法治指数的分类，② 认为法治指标体系可以分成价值性路径模式和体制性路径模式：前者审视法律的内容是否确认基本人权和一些实质性价值，后者聚焦于政府是否依法行政。他提出，我国的法治政府指标体系基本属于后者，并且存在各种异化，从而有待于实现由"目标考核型"向"绩效评估型"的转变。③ 蒋立山认为，我国对法治评估的愿景有两种形态，即"一副孤立的法治行进图"或"法治与社会协调发展的整体演进图"：前者秉持法治概念客观论，追求实现某种既定的法治理性目标；后者则强调法治与社会发展阶段性的联系。④ 孟涛认为，中国法治评估有两种对象：法治建设和法治环境。前者经常将"法治"窄化为对党政机构职责工作的评估，而后者则将其扩张为包括政治、经济、社会环境等在内的法治环境。⑤ 笔者还曾从评估对象类型出发，将我国法治评估分为综合评估与专项评估，其中香港、余杭等地的法治指数是综合评估，而法治政府建设指标体系、司法透明度指数等是专项评估，汪全胜也认同这一分类。⑥ 孟涛后来发展了自己的看法，认为评估可分为"定量评估、定性评估和建设评估"：定量评估基于实证主义立场，以标准化方法明确法治概念、界定变量指标、收集数据并计算审查；定性评估基于诠释社会学，立足实质法治理论，结合法治价值评判实践；建设评估是转型时期的过渡性评估，基于法制与法治理论、社会指标理论和绩效评估方法，由政府主导，旨在推动法治的生成。⑦

---

① 参见钱弘道等《法治评估及其中国应用》，《中国社会科学》2012 年第 4 期，第 149 页。

② 参见戴耀庭《香港的法治指数》，《环球法律评论》2007 年第 6 期，第 46 页。

③ 陈柳裕：《法治政府建设指标体系的"袁氏模式"：样态、异化及其反思》，《浙江社会科学》2013 年第 12 期，第 75 页。张德森同样将我国法治评估分为"价值性模式"和"制度性模式"（参见张德森、李朝《中国法治评估进路之选择》，《法商研究》2014 年第 4 期，第 4 页）；而周尚君在此基础上进一步提出，除了价值性和制度性进路外，还有两者融合的"综合性"路径［参见周尚君《法治指数评估的理论反思与前瞻》，《广州大学学报》（社会科学版）2015 年第 3 期，第 20 页］。

④ 参见蒋立山《中国法治指数设计的理论问题》，《法学家》2014 年第 1 期，第 2 页以下。

⑤ 参见孟涛《法治指数的建构逻辑——世界法治指数分析及其借鉴》，《江苏行政学院学报》2015 年第 1 期，第 126 页以下。

⑥ 参见汪全胜《法治指数的中国引入：问题及可能进路》，《政治与法律》2015 年第 5 期，第 5 页以下。

⑦ 参见孟涛《论法治评估的三种类型——法治评估的一个比较视角》，《法学家》2015 年第 3 期。

以上各种分类都有一定论证基础，针对特定问题也作出了自身的理论贡献。但是，法治评估的类型学研究还应当继续推向深入，不能只为特定研究任务的需要，只关注各种评估模式中各特定要素的表面区别，还应深入理解我国法治评估实践存在的话语分化，揭示其背后两种话语模型各自根植的不同学科语境，以及由此形成的对法治评估体系构想的根本差异。本文提出，由于对法治概念"厚"和"薄"的不同理解，中国法治评估存在分别以"治理"和"管理"为功能核心的两种实践倾向：前者由理论界主导，遵循"厚法治"观，秉持实验主义的治理理论话语，采取一种实质性、超越性和实验性的外部视角；后者由国家机关主导，遵循"薄法治"观，秉持绩效评价的行政管理理论话语，采取一种形式性、执行性和确定性的内部视角。

二　治理与管理：两种评估模式理论基点的分化

在我国法治评估的兴起与发展中，其实有两种不同的实践主体：以学者为主导的理论界，以各级政府为主导的实务界。中国法治评估的兴起是两者合作的结果。在我国政治文化背景下，各种社会资源高度向国家集中，导致我国形成了国家主义主导下的法治建构模式，[①] 法治评估要顺利推行，也必须获取各级政府的支持。例如，就"余杭法治指数"实践经验来说，如果不靠政府支持，各项法治指标数据就很难获取。[②] 然而，基于各自所处的不同位置，这两个群体对法治评估有着不同理解和诠释，实践中也会选择不同的法治评估路径，必须予以厘清。

实验主义治理理论话语中的法治评估理论界构造的法治评估理论源自对域外法治评估理论的继承和发展，而域外法治评估本就是全球治理理论在法治实践领域之反映的一部分。

域外法治评估缘起于世界银行自1996年起每年推出的"全球治理指数"（WGI），它将其所关注的治理内容界定为"一个国家现存权威的传统

和体制"，而"法治指数"是其 6 个子指标之一。① 另一个典型是世界正义工程（WJP）制定的法治指数。世界正义组织自称是一个"独立的多学科组织，其目标是促进世界法治"，其对法治的定义及法治指标的设计都极为宽泛。以 2015 年指数为例，它制定了 8 个主指标和 47 个次级指标，其中既包括法律的公开、稳定、民主制定等程序性内容，也包括法律应维护基本权利、人身和财产自由等实质价值要求。② 中国最早引入这种评估体系的是香港。香港社会服务联合会（HKCSSD）发起的香港法治指数也采取广义视角，包含法治的体制性指标和价值性指标，前者强调政府依法行政，后者强调法律保护基本人权和价值。③

　　这种评估体系将"法治"视为"治理"的下位概念。当前，中国已经从国家统治、国家管理阶段演变到国家治理阶段，治理概念被普遍认同，反映了国家治理理念、方式的根本变革。与"统治"相比，"治理"是更高层次的社会管理形式，它的基础不是控制而是协调，是多元权力（权利）的持续互动、信任合作与协调平衡。④ 从内容上说，治理话语下的法治评估体系秉持了"厚法治"概念，将法治视为包含若干实质性价值内容；而这些政治价值判断必然是竞争性和发展性的，对这些价值之证成必然超出价值内部论证，而要考察其在外部社会中的具体效果，这就进入了社会总体治理的范畴。从主体上说，这种评估体系的主导者是学术共同体，并不直接负载和运行国家权力，在评价国家权力运行状况时持客观中立的态度，容易看见现有秩序的不足；学术共同体与国家权力以更好的治理为目标，形成了互动和协调的多元化关系结构，也使这种评估体系进入了治理领域。

　　中国特殊国情要求以"摸着石头过河"的方式探索中国特色的理论和制度构建，而中国法治评估在这一特殊条件下，有其独特的作用机制，服务于一种具体的治理模式。可以说，中国法治评估是一种"实验主义治理"模式下法治实践的关键环节。

　　"实验主义治理"理论是一种新兴的治理理论，是对原先"指令—控

---

① 见 http://info. worldbank. org/governance/wgi/index. aspx#home，最后访问日期：2015 年 9 月 21 日。

② 见 http://worldjusticeproject. org/what-rule-law，具体指标设置见 http://worldjusticeproject. org/rule - of - law - index，最后访问日期：2015 年 9 月 21 日。

③ 参见戴耀庭《香港的法治指数》，《环球法律评论》2007 年第 6 期，第 46 页。

④ 参见俞可平《治理与善治》，社会科学文献出版社，2000，第 9 页。

制"型治理方式的替代方案。它强调给予一线人员充分的自主权来实现治理目标，而中央主要负责监督基层工作绩效，汇集信息、进行比较，并促进持续性的改进。这一治理方法被认为是一种"递归过程"，其实质是对不同条件下实现目标的路径进行比较和学习，以进行临时性目标设定和路径修正。① 这一治理模式的标准程序包括：（1）中央、地方各部门和外部利益相关者共同制定临时性的框架性目标和评价标准；② （2）地方部门被赋予广泛的自由裁量权，以不同方式实现目标；（3）定期评估地方单位执行成果，进行同行评议，以与其他地方部门的方法进行比较；（4）根据评议结果，对治理的目标、标准和决策程序进行修正。③ 如果将我国法治实践置于"实验主义治理"视域下审视，则法治评估就是上述标准程序的第三个环节。理论界作为其主导者，可以开放性地确立各种不同的实质性法治框架目标及评估内容，而地方各种不同的评估体系设置或同一评估体系通过不断调整，就可以用差异化、多样性实践对其效果进行比较，修正下一步的实践。因此，法治评估相对于政府来说是外部视角的，其路径是演化型的，其目标是开放性的，其参与主体是多元性的，而其后果则是功能性的。

公共行政管理理论话语中的法治评估早在我国理论界开始形成法治评估理论并推进实践之前，就已经存在国家权力机关主导推进的另一种法治评估构想，它既包括由各级政府主导的法治政府建设评估体系，也包括司法机关主导建立的各种阳光司法考核体系等。2004 年国务院颁布的《全面推进依法行政实施纲要》（以下简称"纲要"）提出，"经过十年左右坚持不懈的努力，基本实现建设法治政府的目标"。自此，各地方政府纷纷设立各种"法治政府指标体系"，并将其视为"推动法治政府建设的主要抓手"和"评测法治政府建设进展情况的客观标准"。之后，国务院又于

---

① 参见 C. Sabel & J. Zeitlin, "Experimentalist Governance", in D. Levi-Faur（ed.）, *The Oxford Hand Book of Governance*, Oxford：Oxford University Press, 2012, pp. 169 – 183。

② "实验主义治理"理论是以国家治理为核心的视角，框架性目标是由国家机关和利益相关者共同制定的。本文调整了这一理论模式，因为我国法学理论界推动的法治评估中的指标设定并不一定与权力机关合作制定且向其汇报，但开放性的评估体系生成机制仍旧可以促成差异化的实践和对比，以为权力机关法治建设决策提供依据，因此仍可以适用这一理论框架。

③ 参见 E. Szyszczak, "Experimental Governance：The Open Method of Coordination", *European Law Journal*, Vol. 12, 2006, pp. 486 – 502。

2008 年出台了《关于加强市县政府依法行政的决定》，于 2010 年出台了《关于加强法治政府建设的意见》。这三份文件提出了建设法治政府的总体要求，为法治政府指标体系的搭建提供了基础依据。2009 年国务院办公厅出台的《关于推行法治政府建设指标体系的指导意见（讨论稿）》，还附有"法治政府建设指标体系总体框架"，直接对法治政府指标体系进行了具体的设计。

在"改革决定"中，法治评估的内容被安放在第九节"推进法治中国建设"第 30 条，该条的目标指向为"坚持法律面前人人平等，任何组织或者个人都不得有超越宪法法律的特权"，而其方法是"建立科学的法治建设指标体系和考核标准"。在"法治决定"中，相关内容在第七节"加强和改进党对全面推进依法治国的领导"第 3 条："把法治建设成效作为衡量各级领导班子和领导干部工作实绩重要内容，纳入政绩考核指标体系。"

袁曙宏以"纲要"为核心依据，提出了法治政府指标体系的核心构想。[①] 此后，各地法治政府建设指标体系的构建实践，基本遵循了这种设想。在这种设想中，指标体系的设立都采取政府文件的方式，而考评执行者一般为同级依法行政（法治政府建设）工作领导协调机构。从评估内容来说，其考核指标均严格依据"纲要"所罗列的内容：合理配置政府职能和完善行政管理体制，建立健全科学民主决策机制，提高制度建设质量，理顺行政执法体制和规范行政执法行为，建立防范和化解社会矛盾的机制，强化对行政行为的全方位监督，提高公务员依法行政观念和能力等。各地指标体系基本是对以上内容的细化，并将其分解成三级指标体系。从评估后果来说，评估都会提出考核评价意见，形成考核评价结论，甚至与对具体部门的绩效评价相关联。[②]

可见，这种法治评估构想和实验主义治理视野下的设想完全不同。这种评估背后秉持一种"薄法治"观念，即仅关注权力机关对法定事项的执行情况，是一种权力体系内部的视角。确切地说，这些评估都是一种管理

---

① 参见袁曙宏《关于构建我国法治政府指标体系的设想》，《国家行政学院学报》2006 年第 4 期，第 12 页以下。

② 参见陈柳裕《法治政府建设指标体系的"袁氏模式"：样态、异化及其反思》，《浙江社会科学》2013 年第 12 期，第 69 页以下。

型的自我评估，实际上是行政管理理论中的"政府绩效评价"。所谓"绩效"，即某组织机构相关活动的投入、产出情况。绩效评估强调对产出和结果的衡量，以反映该组织机构特定权能的效率、效益和质量。绩效评价的英文为 performance measurement，其评价的对象是 performance，也即机构的执行。它评价的是政府在投入既定的情况下，对事先确定的行政性目标的完成效果。① 它体现了权力机关内部作为一个"科层制机关"的特性：仅关注形式的妥当性，对于立法机关或上级机关已确定的目标，在行政过程中应严格执行，而不对其实质性价值进行权衡，也不具体负责这一目标的修正和改进。② 实际上，政府绩效评估在我国已经不是新鲜事，为了解决公共行政的效率问题，我国早已引入西方的政府绩效评估方法，建立了庞大的政府内部绩效评估体系。早在 20 世纪 80 年代中期，我国就引入"目标管理"技术，通过将组织目标具体分解到各个岗位，考察岗位任职者对组织目标的贡献。1989 年起又开始发展了"效能监察"，以评估机关单位管理和经营中的总体效率和质量。21 世纪以来，中央号召构建"科学的政府绩效评价体系"，引发了地方绩效评估大发展。③ 本部分描述的各种法治指标体系，无非是将与法治相关的"合法性"内容加入绩效评估体系之中，使其具体评估内容更加丰富和精细化而已。

将这种法治指标体系置于公共行政管理视域下审视，则指标只是权力运行体系的内部要素之一，是对既定的法定职责目标完成效果的内部测评。它并不对指标体系的具体内容进行实质性价值判断，自身也没有对具体评估事项进行改变的权力，更无必要与指标评价单位以外的其他单位进行横向比较。这种指标体系相对于权力机关来说是内部视角，其路径是构建型的，其目标是封闭性的，其参与主体通常是单一性的（也有各单位交叉测评的，如浙江在实施阳光司法指数之前，采用各法院互相测评，但这是由上级主导的，其本质仍旧是权力体系的自我评价），而其后果则经常

① 参见孟华《政府绩效评估：美国的经验与中国的实践》，上海人民出版社，2006，第 2 页以下。

② 需要注意的是，司法机关虽然并不是严格意义上的科层官僚型结构，但在特定层级法院内部仍旧是科层制的管理结构，由其主导的司法透明指数也是一种管理型评估，因为它是内部自我评估，目的是评估本机关对既定法定职责完成的绩效。

③ 参见蓝志勇、胡税根《中国政府绩效评估：理论和实践》，《中山大学学报》（社会科学版）2007 年第 1 期，第 106 页以下。

是功利性的。

三 两种法治评估模式之辨异

不少学者已经意识到这两种法治评估类型的存在，却没有发现两种类型间存在的根本差异。季卫东曾提出，建立一套法治指数的主要意义之一就是"使法制建设的具体举措和绩效的评价趋于统一化"。[①] 笔者并不认同这一观点。实际上，两种模式在方法、目标、主体和后果上，均存在根本差异，是不能混为一谈的，应当深入剖析两种法治评估模式的功能差异，并根据评估目的将其适用于不同的情景。

（一）发展路径：构建型 VS 演化型

侯学宾等提出，中国法治指数设计中存在建构主义思维与法治的渐进主义逻辑的区分。他们认为，我国对法治指数的设计和推进具有强烈的政府主导色彩，是建构主义的逻辑，是借助于国家公权力的力量，自上而下地设计和推进法治，以破除一切阻碍法治的社会因素，以公权力的速度和强力获取法治胜利。[②] 这一观点并不完全符合中国的实际情况，不能一概而论：作为绩效评价的管理型法治评估的内容并不是由权力凭空构建，而是对法定权责内容的再表达；而治理型法治评估则是自发性、地方性和竞争性的，并没有以公权力作为背书的中央设计和强力推行，即使在某些案例中存在官方和独立第三方的委托、合作关系，第三方所评估的内容也常超出法定权责范围，评估过程和结果也都具有独立性，并非顶层设计的后果。法治国的分权结构要求，官僚科层机关的运行应该遵循严格的法定主义，应当避免进行实质性价值判断。[③] 在这一体系中，自然无法由行政系统内自行确定法治的具体内涵，而只能执行立法机关或上级已确立的目标。一些学者不断强调应当加强法治评估体系的统一性和权威性，其实也

[①] 参见季卫东《秩序与混沌的临界》，法律出版社，2008，第55页以下。

[②] 参见侯学宾、姚建宗《中国法治指数设计的思想维度》，《法律科学》2013年第5期，第9页。

[③] 参见马剑银《现代法治、科层官僚制与"理性铁笼"——从韦伯的社会理论之法出发》，《清华法学》2008年第2期，第35页以下。

是基于这种顶层设计观念，这种构建性的法治评估体系如果限定在管理型法治评估类型中，其实是符合现代法治分权理念的。①

管理型法治评估的指标确实是由中央或上级权威文件规定的，其评估内容也是该机关法定职责范围内严格法定的事项，这些文件的出台自然是中央决策机关以及理论智库进行理性设计的结果。以 2008 年出台的《深圳市法治政府建设指标体系》为例，中共深圳市委、市政府出台的《关于制定和实施〈深圳市法治政府建设指标体系（试行）〉的决定》开篇就指出，"根据国务院《全面推进依法行政实施纲要》、《关于加强市县政府依法行政的决定》，中共广东省委、广东省人民政府《关于争当实践科学发展观排头兵的决定》，以及市委、市政府《关于坚持改革开放推动科学发展努力建设中国特色社会主义示范市的若干意见》精神，经与国务院法制办协商研究，决定制定和实施《深圳市法治政府建设指标体系（试行）》"。② 可以看出，这种指标具有很强的理性设计色彩，其设计指导思想经由严密的权力层级体系层层下达，明确体现了顶层设计的路径特征。

治理理论，特别是实验主义的治理理论，是一种基于结构—功能、信息—反馈、竞争—协调的演化主义决策系统。它反对用纯粹抽象的理论推演来确定实践路径。在纵向功能上，它要求治理采取实践优位于理论、渐进试错的实验实践方式；而在横向结构上，则要求治理领域的各基层主体具有充分的实践自主性，以形成差异化实验，才能进一步对比评估及互相学习。因此，治理型法治评估并不追求绝对正确和统一的理性构建，恰恰相反，这种法治评估体系都是阶段性的、暂时和可变的。它将目标本身和达成目标的方式都设定为临时性的，都要进行经验性修正，在一个阶段暴

---

① 如杨小军等认为，指标设计缺乏顶层设计，因而其权威性有待强化，目标、功能、职责归属也需进一步明确（参见杨小军、陈建科《完善法治政府指标体系研究》，《理论与改革》2013 年第 6 期，第 13 页）；包万超认为法治政府的标准缺乏一个基本的共识，导致整个评估体系缺乏之内在一致性的逻辑，因此建议在国务院的层面上确立中国法治政府的标准，包括上位标准和最低限度标准（参见包万超《论法治政府的标准及其评估体系》，《湖南社会科学》2013 年第 2 期，第 70 页）；汪全胜等提出应当建立法治的共识，加强法治评估的顶层设计（参见汪全胜、黄兰松《我国法治指数设立的规范化考察》，《理论学刊》2015 年第 5 期，第 104 页）。

② 见方兴业、范京蓉《深圳法治政府建设全面提速》，《深圳特区报》2008 年 12 月 24 日。

露的问题，会在下一个循环中得到修正。① 国外各种法治指数体系，也确实是根据情况变化而不断调整。

这种治理型的法治评估体系必然具有实验性和差异性，是逐渐演化的。例如，世界银行的治理指数（WGI）刚出台时，评估内容仅包括法治、政府效能与贪污情况 3 个指标，后来演变为"发言权与可问责性、政权稳定与非暴力、治理实效、规制质量、腐败控制、法治" 6 项指标，而其中法治的次级指标也经过多次调整。② 世界正义工程（WJP）发布的法治指数 2009 年评估内容分为 4 个板块、16 项次级指标，2015 年则包括了 4 项基本原则、8 个板块和 44 项次级指标。上述这些治理型评估的内容是实验性的，其指标设计仅需进行价值权衡，具有一定的任意性。可以看出，此类型评估是自发性的，其评估方式和内容等也都在不断地实验、演化和调整中，而不同评估体系之间也存在巨大的差异。这是一种演化型的发展路径。

（二）评估内容：封闭性 VS 开放性

评估内容，指法治评估的具体指标设计所指向的实质性内容。作为行政绩效评价的管理型法治评估，由于其作为行政权力执行性行为的性质，具有封闭性。现代政治理论要求，公权力的运行要遵循严格的法定原则，即各公权机关只能就自己法定授权范围内的事项进行管理、评价和干预，也只对自身法定权限之内的事项负责。管理型法治评估的本质，就是一个公权机关内部对法定职能执行效果的评估，因而，评估内容也就必然严格限定于自身的法定职责。管理型法治评估具体指标的设定，就是对法定权限的进一步解释或分解。

以"法治政府建设指标体系"为例。2004 年国务院发布《全面推进依法行政实施纲要》，按照依法行政的逻辑结构和行政权的运行过程，明确规定了法治政府的 7 项内在标准，即"合理配置政府职能和完善行政管

---

① 参见 J. Zeitlan & C. Sabel, *Experimentalism in Transnational Governance：Emergent Pathways and Diffusion Mechanisms*, panel on "Global Governance in Transition", The Annual Conference of the International Studies Association, Montreal, March, 2011。

② 参见 Governance *Matters Ⅷ*, *Aggregate and Individual Governance Indicators*, *1996 - 2008*, World Bank Policy Research Working Paper, 4978（2009），p. 5。

理体制"、"建立健全科学民主决策机制"、"提高制度建设质量"、"理顺行政执法体制和规范行政执法行为"、"建立防范和化解社会矛盾的机制"、"强化对行政行为的全方位监督"和"提高公务员依法行政观念和能力"。① 有学者统计了此后我国各省市地方政府制定指标体系情况,它们几乎完全按此设置各项指标,仅有编排上的细微差异。②

治理型法治评估具体内容的确定则是开放的。一方面,现代治理理论特别是实验主义治理理论中,治理过程是超越国家行政体系的,其目标是一种所谓的"框架性目标"。这种目标仅要求设定若干基本准则,这些较为抽象的准则保留了充分的解释和探索空间。目标也并非终局性的,其设立与执行是一体的,可以根据经验性反馈不断明确和修正目标。框架性目标也不对具体方法作出规定,而由地方单位自由设定具体路径。③ 治理型法治评估是这种治理模式在法治实践中的应用,法治概念的本质争议性同样要求其目标设立的开放性。另外,治理型法治评估通常仅作为外部决策依据来源之一,并不具有权力支配性,因而无须法律授权,具有更大的设置自由度。

世界银行的治理指数(WGI)中,法治指标下的次级指标涵盖了合同执行、财产权保护、知识产权保护、逃漏税、人口贩卖、暴力犯罪、有组织犯罪及司法程序的公开性、独立性和快速性与征用、国有化等方方面面的内容,且在不同的年度会作出各种调整。④ 世界正义工程(WJP)发布的法治指数,包括8个指标:限制政府权力、根除腐败、开放政府、基本权利、秩序与安全、监管执法、民事司法、刑事司法(某些国家增加了"非正式司法"项)。香港法治指数更注重指标的形式性内容,包括:法律的基本要求、依法的政府、不许有任意权力、法律面前人人平等、公正地施行法律、司法公义人人可及、程序公义等。⑤ 余杭法治指数更贴合中国

---

① 参见袁曙宏《关于构建我国法治政府指标体系的设想》,《国家行政学院学报》2006 年第 4 期,第 12 页以下。

② 参见陈柳裕《法治政府建设指标体系的"袁氏模式":样态、异化及其反思》,《浙江社会科学》2013 年第 12 期。

③ 参见 Charles F. Sabel & Jonathan Zeitlin, "Learning From Difference: The New Architecture of Experimentalist Governance in the EU," *European Law Journal*, Vol. 14, 2008, pp. 271 – 327。

④ 参见 Governance Matters Ⅷ, *Aggregate and Individual Governance Indicators*, *1996 – 2008*, World Bank Policy Research Working Paper, 4978 (2009), p. 5。

⑤ 参见戴耀庭《香港的法治指数》,《环球法律评论》2007 年第 6 期,第 46 页。

政治国情，其一级指标包括：民主执政优化、建设法治政府、司法公正权威、法律服务完善、市场规范有序、民众尊崇法治、全面协调发展、社会平安和谐、监督力量健全。可以看出，上述这些治理型评估模式对法治的理解极为开放，它们出自不同的评估语境和目标，可以容纳各种价值性和制度性的内容，这也正符合治理型评估作为一种决策路径对比实验的定位。

（三）评估主体：单一性 VS 多元性

评估主体，指决定法治评估实质内容及后果的实际权力拥有者，而非技术上的操作者。权力机关内部是一个科层制的体系，考核和管理的权限都是法定的。管理型法治评估就是这种考核管理的具体方式之一，其主体必然是单一性的，必然严格依照法律的授权；反之，只有拥有法定权力背书的评估才能视为管理型法治评估。例如，我国各地的法治政府建设指标体系考核，普遍规定由同级依法行政（法治政府建设）工作领导协调机构具体负责考核评价的组织实施工作。有学者认为这是"既是运动员又是裁判员式的内部考核"，背离了法治政府评估的初衷。[1] 其实，此论并不成立，因为管理型法治评估本就是科层体系的内部自我绩效评价，不能强行附加其结构本来就不能承载的功能。

例如，国务院办公厅《关于推行法治政府建设指标体系的指导意见（讨论稿）》明确指出，"上级人民政府应当定期或不定期地对下级人民政府依法行政和法治政府建设情况进行考核评价。组织工作由上级人民政府依法行政工作领导小组负责，具体工作由政府法制工作机构承担（以下简称考评工作机构）。县级以上地方人民政府参照本指导意见的要求和本级政府法治政府建设指标体系，对所属工作部门依法行政情况进行考核评价。国务院有关部门可以参照本指导意见对本系统依法行政情况进行考核评价"。可见，这种评估的动力来自科层制体系内部，是法定职权要求或上级指令的结果，其主体也是严格依据科层体制序列确立的，完全遵循既有的封闭性权力结构体系的内部运行逻辑，评估主体必然是单一性的。

---

[1]　参见杨小军、杨庆云《法治政府第三方评估问题研究》，《学习论坛》2014年第12期，第51页。

在治理型评估中，由于评估是为进一步的治理决策提供信息和经验依据，并不对评估对象造成实质性后果，无须法律授权，因此评估主体是多元性的，在理论上，任何有需要和意愿进行评估者都可以自行开展。如果说管理型法治评估是"权力型"评估主体，治理型法治评估则是"能力型"评估主体，前者的主体地位源自法律授予的权力，后者则仅需关注其是否具有充分的评估能力和技术，能否为治理发展提供决策依据。另外，管理型法治评估是被动型评估，评估主体发起评估的动力是法定职责的内在要求（绩效要求）或上级决策，而不是任意的；治理型法治评估则是主动型评估，评估主体发起评估的动力是多样和非强制性的，是自发行为，自然也可以自行终止。治理型评估的能力型要求和主动性特征，决定了这种评估主体的多元性。

比如，"全球治理指数"的评估主体是世界银行，属于国际政府合作组织；世界正义工程的"法治指数"，是由美国律师协会、联合国律师协会和泛太平洋律师协会等律师组织操作的；"香港法治指数"是由香港的非政府组织"香港社会服务联合会"所运作的。① 可见，治理型的法治评估基于不同的动力、社会环境和评估目的，其主体是极其多元化的。需要注意，某些官方委托的第三方评估，例如武汉市政府委托麦肯锡进行的政府绩效评估，虽然技术操作由第三方完成，但第三方只是以工具性身份参与，各种实质权力依法仍保留于相关政府机关，因此实质上的评估主体仍然是政府。

（四）评估后果：功利性 VS 功能性

评估后果，是法治评估对评估对象所产生的影响。管理型法治评估的对象是科层制中的层级机构。在公共和私人角色中，科层制中的官员都是"理性的效用最大化者"，追求扣除成本后的收益最优化，其动机既包括自利动机（权力、货币收入、威望、便利、安全），也包括利他动机（对团体的忠诚、使命责任感、对绩效的自豪感、社会公共利益）。② "管理型"

---

① 参见孙建《我国法治城市评估的发展与现状研究》，《中国司法》2014 年第 3 期，第 21 页以下。

② 参见〔英〕帕特里克·敦利威《民主、官僚制与公共选择——政治科学中的经济学阐释》，张庆东译，中国青年出版社，2004，第 166 页。

法治评估直接与以上动机联系起来，直接影响官员的收益。有一种"晋升锦标赛理论"就认为，在中央集权的控制下，地方政府官员会因为晋升的激励而围绕中央关注的考核指标展开激烈竞争。①

国务院办公厅《关于推行法治政府建设指标体系的指导意见（讨论稿）》中以专门的篇幅提出"考评结果的运用"问题，要求"法治政府建设指标体系考评结果应当纳入本级人民政府目标考核或者绩效考核体系，作为考核下级政府和政府所属工作部门依法行政和法治政府建设的重要依据，作为政府和政府部门领导干部选拔任用、培养管理、激励约束的重要依据"。这种评估后果直接和官员的功利性收益相连接，符合绩效管理中的激励理论。其正面影响是刺激官员完成既定行政目标，而其负面影响就是各种博弈行为的产生，例如作弊、操纵、美化、创造性解释等行为，从而导致官员获得最大收益却并未改进绩效，② 进而影响了评估的真实性。侯学宾等指出，有些地方性的官方法治指数变异为粉饰地方"非法治"的工具，成为党政官员的"政治秀"，而并未发挥其应有的作用。③

治理型法治评估的后果则是功能性的。在实验主义的治理体系中，其体系的反馈机制——同行评议，就是对既有差异化实验效果进行评估的过程。这种评估并非对评估对象的效能的评价，也不会给评估对象带来实质性的功利性影响，其目的是确定实践的效果，进而开启进一步的学习和修正步骤。也正因此，纯粹的治理型法治评估不会影响官员的理性效用最大化决策。治理型法治评估的失灵，会影响利他型决策的依据，却不会刺激官员的恶性博弈行为。

以世界正义工程的"法治指数"为例，在 2015 版指数报告中，专门辟出"法治指数的用途"一节，并明确说明，"世界正义工程的法治指数的设计，是通过普通人的经验感知，来为决策者、商业或非政府组织提供可靠的和独立的数据来源，供其评估一个国家对法治的坚持程度，并考察

---

① 参见周黎安《中国地方官员的晋升锦标赛模式研究》，《经济研究》2007 年第 7 期，第 36 页以下。

② 参见周志忍、徐艳晴《绩效评估中的博弈行为及其致因研究》，《中国行政管理》2014 年第 11 期，第 109 页。

③ 参见侯学宾、姚建宗《中国法治指数设计的思想维度》，《法律科学》2013 年第 5 期，第 7 页。

其相对其他类似国家的优缺点，跟踪其随时间的变化"。① 可以看出，这种评估的根本目标是服务而非考核，是为不特定的组织和个人进行决策提供依据，而不和任意组织、个人的利益直接相联系。

四 法治评估体系的二阶性和一体化

不少学者在法治评估研究中已经意识到管理和治理两种理论语境下评估模式的差异，但尚未就其背后机制进行理性化的深入探讨。如侯学宾等认为，从评估主体上看，域外法治指数体系多是第三方独立评估，而我国法治指数体系更多是政府主导，大多属于一种"自我评估"。② 蒋立山认为，党政部门主导的行政法治工作考核测评中，"对国外法治指数设计的有限价值吸纳与形式模仿，以及对国内党政机关原有工作考核的'科学化'包装"，是其主要技术特征。③ 笔者也曾指出，有些地方法治评估形式主义严重，套用一贯以来的内部政绩考核方式，使法治评估作为一项制度创新的效应并没有得到充分发挥。④ 这些观察都是对我国法治评估状况富有启发的客观描述。但是，还需进一步细致分析两种评估模式内在结构的差异，以避免将"类型差异"严重化为"优劣之分"，将"适用范围"问题扩大为"存在必要"问题，从而完全否认某一种模式的存在价值。因此，应当承认两种评估模式各自存在的价值，同时对其各自的功能结构进行细致权衡，重新整合两者在法治建设中的位置，力求法治评估总体效果的提升。

（一）区隔：法治评估体系的二阶性

由于理论起点的根本差异，两种法治评估模式在方法、内容、主体、后果等功能结构上存在差异。对两者的混淆，易造成理论和实践中的思路

---

① 参见 World Justice Project, *World Justice Project Rule of Law Index 2015*, 2015, p. 18。

② 参见侯学宾、姚建宗《中国法治指数设计的思想维度》，《法律科学》2013 年第 5 期，第 7 页。

③ 蒋立山：《中国法治指数设计的理论问题》，《法学家》2014 年第 1 期，第 2 页以下。

④ 参见钱弘道、王朝霞《论中国法治评估的转型》，《中国社会科学》2015 年第 5 期，第 85 页。

混乱，应当严格区分两种法治评估类型，明确两种法治评估类型各自的功能作用，根据其不同性质区隔各自的适用阶段，构建二阶性法治评估体系。这里的"二阶性"，指两种评估应当位于评估体系中的不同层级和阶段。

管理型法治评估在国家权力机关内部运行，是科层制行政绩效评价的工具。从政治的分权和限权理论出发，权力机关的权责都是严格法定的，其评估适用方式也应在形式和实质上严格执行法定原则。形式法定表现为参与者法定和程序法定。评估主体和对象必须符合法定授权，即评估主体只能是科层制上级，或法定、授权的其他考评机关，而评估对象必须是科层制中评估者的下级或法定评估对象。程序法定则要求评估标准符合内部规范性文件的法定制定程序，且具有有效的救济措施和途径，而评估的过程也要公开透明、公平合理。实质法定则包含内容法定和后果法定。内容法定指法治评估的内容必须是明确的法定职责，如通过对民众的主观评价调查来侧面评估某机关法定职责完成效果，是符合这一要求的，但除法制宣传部门之外的其他部门调查所谓"民众法治意识"，则明显超出了自身的职权。另外，某些超越性或宏观性的政治价值性目标，其性质属于法律发展，已超出现有法律体系授权，自然就不应以这种模式进行评估。后果法定是指评估的后果应当是明确和符合法律规定的，这既包括对被评估机构的各种激励措施的合法性，也包括被评估机构针对评估结果的改进的合法性。通过以上措施，将管理型法治评估严格限定在公共行政管理实践范畴中，即其仅能适用于权力机关内部对法定职责执行绩效的评价。

对于治理型法治评估，则应当严格地与管理型法治评估区隔开来。它的评估主体和对象、程序、内容、后果都具有相对任意性，并不需要严格的法律授权。当然，出于评估实效性的要求，以及提供决策依据、推动现有法治实践体系发展的目标，较优的评估主体应当具备相对充分的信息获取、资料分析和理论研究能力，评估程序应当科学合理、低成本高效率，评估内容应当与现有法治体系实践效果直接相关，具备充分的代表性，而评估后果则应当是非强制性和指向性的，它不能直接要求特定机关的特定反馈，但能为特定机关决策提供有效的参考。需要特别强调，这里的任意性是相对的，与管理型评估中的积极法定原则不同，仅需要法律的消极规制，即只要这种评估类型的各种因素没有违反现有法律规定，或明显危害社会公共利益，就可以存在。这种评估模式，主要应适用于对跨越法定权力分工的法治总体状况的宏观考察，或者对制度体系所负载的法定价值之正当性或充分性的实质性审视。

（二）整合：法治评估体系的一体化

虽然出于实践效果的目的，两种法治评估类型应当在操作上明确区隔，但由于其根本目标都是促进法治建设发展，两者不应完全孤立，而仍然应当在外部层面上形成合作，以共同形成一个更为完整的法治评估体系，更好地服务于法治建设。这一整合过程包括衔接和协作两种方式。

治理型法治评估作为治理体系之决策信息依据，可以在多样性和差异化的法治实践中寻求较为优越的路径和概念。但这一决策依据，只有最后被权力机关采纳，并进入实践环节，才能最终发挥作用，这种评估也才有意义，才能与管理型法治评估衔接起来，形成完整的法治评估体系。而其进入权力机关实践环节的关键方法就是合法性检验。对于治理型法治评估对现行法治实质价值或实践方式的评价，如果其评价内容不与现行宪法和法律规范的实体内容和权责划分相违背，则该评价可以直接转化为层级管理中的绩效要求，通过管理型评估进行评价；如果内容超出现行法律规范范围，那么就要经过谨慎且充分讨论后的立法或决策程序，使原本为现行法律体系所未容纳的内容合法化，只有这样，其才能转化为权力机关所必须遵循的内部考核规范。因此，只有经过合法性检验这一衔接环节，治理型法治评估认定为较佳的实质性法治价值或法治建设路径，才可以进入相应的管理型法治评估体系，两个体系才可以完成初步的衔接和整合。

除了纵向的"衔接"式整合外，在衔接前并行的两种评估模式间，还存在横向的"合作"式整合。两种法治评估类型均有各自的不足之处。治理型评估如果没有政府支持，就难以获取数据；而管理型法治评估则经常缺乏理论支持和技术手段，且因中立性不足而面临较大的博弈压力。因此，可以在严格区隔两者作用范围的前提下，对某些两种模式均可容纳的评估内容进行局部的合作，实现效果最大化。以余杭的实践为例。实际上，余杭存在两套形式上互相独立的法治评估体系，一套是广为人知的"余杭法治指数"，另一套是余杭区委法治建设办公室组织的"法治余杭"建设考核。两者联系紧密，甚至经常被混为一谈。其实，"法治余杭"建设考核工作以区"法治余杭"建设领导小组副组长为组长，由"法治余杭"专项工作组牵头各单位负责人成立考核组，开展自查自评、开展镇街民调、分类组织考核、公布考核结果，[①] 这一体系是典型的管理型评估。而"余杭法治指数"是由中国法治研究院和浙江大学法学院联合主持，评分由民调组、内部组、外部组、专家组评分加权加总得出，与前者在形式上互相独立。但这两个体系在局部内容上是互相协作的。"法治余杭"建设考核中的"镇街民调"环节，就直接使用了"余杭法治指数"课题组完成的民调环节数据，这就保证了其中立性和真实性，并提高了效率；而"法治余杭"建设考核中的"自查自评"环节材料，也会汇总给"余杭法治指数"课题组，并由课题组寄送内外组和专家组，作为其打分依据，这也解决了评审者掌握材料不足的问题。除了材料分享之外，两个体系的实质评价步骤是各自独立完成的。这样，两个体系紧密协作，既厘清了各自职责权限，避免了评估效果受损，又充分为彼此创造便利，便于提升评估效率，为两种法治评估类型的协作提供了良好的示范。

总之，治理型和管理型法治评估的功能结构存在根本性差异，应当进行严格的区分，实现法治评估体系的二阶性，同时也应积极探索两种法治评估模式的整合，通过合法性检验进行衔接，并在局部内容上进行合作，使两种评估模式有效地整合为一套完整融贯的评估体系，提升法治评估的实效性，更好地服务于全面推进依法治国工作。

---

① 《关于组织开展 2014 年度"法治余杭"建设考核工作的通知》，2014 年 12 月 9 日，杭州市余杭区"法治余杭"建设领导小组办公室发布。

依规治党与依法治国的关系[*]

王若磊[**]

摘　要： 依规治党与依法治国的关系问题在当前语境下关乎法治中国道路的前途。回答这一问题，重点是要正确认识党在法治中国建设中的地位，正确理解依规治党缘何成为依法治国的关键，努力探索依规治党和依法治国如何进行对接。现实中存在着不同的法治发展道路，而政党主导下的法治模式本质上由法治的政治性所决定，它要求后发法治国家在法治秩序建构中存在权威作为动力机制和保障装置。在保障权威的前提下实现权威守法，首先需从执政党内部严格依规治党做起，因此依规治党是依法治国的关键。然而，依规治党并不等同于依法治国，实现二者对接，要不断提高依规治党的法治化水平，以及不断提高依规治党与依法治国的系统兼容性和机制协调性。

关键词： 依规治党　依法治国　党内法规　从严治党　政党与法治

刚刚结束的中国共产党第十八届六中全会以"全面从严治党"为主题，并以最终出台两大重要党内法规为形式，表征了执政党试图通过依规治党强化全面从严治党的决心。实际上，在以"全面推进依法治国"为主题的十八届四中全会上，中国共产党就首次将党内法规上升到法治体系重

---

　　* 本文原载于《法学研究》2016 年第 6 期。

　　** 王若磊，中共中央党校政法部教授。

要构成的高度，把全面从严治党和依法治国相结合，视其为法治中国建设的有力保障。① 自那以后，"依规治党"在多个场合和文件中被频繁提及。那么，依规治党为何在当前法治国家建构过程中有如此重要的地位？依规治党和依法治国二者之间到底是什么关系？此问题关乎法治中国的道路与前途，有待进一步探讨和挖掘。

依规治党和依法治国的关系是政党与法治关系中最核心的问题。它既关乎执政党自身如何遵规守法，又关乎法治国家建构的合理路径，内涵之意蕴直指政党与法治关系的核心。依规治党与依法治国的关系至少可以分解为以下三个递进的维度。第一，党在法治中国建设中的地位和作用。明确党的位置，是分析二者关系的基础。第二，依规治党缘何成为依法治国的关键。此问题既和党的特殊地位相关，又与普遍的法治理念相连。如何实现法治领导权威本身遵规守法，是法治中国建构最为关键的一环，也是极具中国特色的问题。第三，依规治党和依法治国如何有效对接，这主要探讨依规治党前提下逐步实现法治国家建构这一根本目标的方针步骤。

一　党在依法治国中的地位

依规治党和依法治国关系的背后是更为宏大的政党与法治的关系问题，后者是解开整个论题的一把钥匙。"党内法规""依规治党""依法执政""党领导人民依法治国"这些极具中国特色的词语，明显地提示了党在法治中国建设中的特殊地位。那么，如何认识这种特殊地位？法治中国建设为何需要党的领导？这可以从法治发展道路模式出发予以理解。

首先，法治国家存在不同模式。

我国执政党领导法治国家建构的道路不同于西方法治先行国家，在那些国家中，法律"看上去""已经"成为自在自为的权威，约束着其他政治权力。法治本质上是一种制度实践，而制度的建构及其贯彻往往与其

---

① 《中共中央关于全面推进依法治国若干重大问题的决定》指出，"党内法规既是管党治党的重要依据，也是建设社会主义法治国家的有力保障"。

"嵌入"的社会背景有关，不同背景会塑造不同的法治发展道路。就原理而言，法治有着相通的理念，追求规则至上、权力守法。这一法治理念又由诸多法治原则构成，如法律应当公开、明确、稳定，法不溯及既往，官方行为要与法律规定一致等。① 但是，抽象原则如何转化为制度实践往往因地而异，需要适应、契合"先在"的文化习俗、历史传统、经济社会条件和根本制度背景等。后者的影响潜移默化且根深蒂固，会产生巨大的文化和制度惯性，并反过来塑造法制：在"生产端"会影响制度的设计及其建构，新生制度由其塑造并需与之契合；在"产出端"会制约制度的落实及效果的发挥。法治是一种普遍的制度德性，但其实现与文化有关，简单移植会招致"橘生淮北则为枳"的后果，甚至对那些基本符合"先在之物"的改革性法律或制度，社会惯性仍会拖住其步伐，影响其贯彻。② 因此，曾经具有普遍主义情怀的拉兹在其后期著述中也会说："我并不把法治看作一个普适的道德律令。相反它是一种对于某类社会才是有效的或好的学说，这类社会要满足对于法治的制度和文化预设，即具有法治要依之才能成功的制度与文化。"③

　　法治建构还是一个历史现实过程。上述因素作用到现实中，事实上形成了不同的法治道路和模式。即使同宗同源的法治国家——英国和美国，也在一定程度上呈现不同的法治模式。美国被认为是现代法治国家的典型，其实行的是一种司法中心主义的法治模式，司法部门借助成文宪法解释权成为法治过程的主导和终极权威。这种司法中心主义模式的形成有其偶然性：树立司法权威的契机是著名的马伯里诉麦迪逊一案，而该案实际上起于党争；司法权威能持续长久且未腐化，则有赖于"司法独立"后法

---

① 法治原则最经典的表述来自富勒，富勒在《法律的道德性》一书中梳理了法治的八个原则（参见〔美〕富勒《法律的道德性》，郑戈译，商务印书馆，2005，第 55 页以下）。拉兹、罗尔斯和菲尼斯等也有类似的列举，核心均在于形成公开、明确、普遍、稳定的法律体系，同时使其得到遵守而不被歪曲，本质上是尽可能使规则更好地指引人们的行为，使人们服从于规则的治理。

② 关于这种由先在文化和制度构成的"社会惯性"对政治发展的影响，福山在《政治秩序的起源》一书中多有论及。他认为，战后美苏争相输出自己的政治、经济制度招致失败，就是未顾及当地的习俗、传统或文化，那里社会惯性依旧巨大。在他看来，更多时候，"制度只是特殊历史情境和意外事件的产物，不同处境的社会很难予以复制"。参见〔美〕福山《政治秩序的起源》，毛俊杰译，广西师范大学出版社，2012，第 465 页以下。

③ 〔英〕拉兹：《公共领域中的伦理学》，葛四友主译，江苏人民出版社，2013，第 431 页。

律共同体的自律以及立法、行政部门对司法的尊重。更关键的是，相对于其他国家，新建的美国没有贵族、等级、世袭的拖累而更加平等，弱势而独立的司法才能不受特权之扰逐步走强。可以说，这种缺乏监督的自律对大多数国家而言并不可靠，它主要得益于美国特殊的历史、文化和制度传统。① 更早建立法治国家的英国就明显不同，其法治的终极权威落于议会而非法院，法治的落实主要有赖于议会和舆论事先的普遍性监督与制衡，而非事后的个案式司法救济。我们并不否认这两种模式都和权力受制于公开、明确规则的法治理念相契合，但更需要注意到，相同的理念可以借助不同的制度达致，达致同一理念不能依靠教条地照搬某一模式，而是需要契合、匹配先在的文化和制度传统。

其次，法治背后存在权威。

法治强调法律具有至上性，意图排斥其他权力的干涉，让法律自在自为。同时，法律又不是在真空中自我运行的，它的形式权威往往受制于背后的实质性权威，使其本质上仍具有一定政治性。

法治至少包含两大要素：存在一套完备的法律体系，以及基于此法律体系建构起的法律秩序。前者关乎立法，而后者关乎执法和司法。无论立法还是执法、司法，都必然需要人的参与。就立法而言，法律规则需要意志的注入，关键是哪一阶层有实力和能力将其意志贯彻到法律之中。② 执法更是如此，执法者通常都有相当大的自由裁量权。③ 而在司法过程中，由于法律存在的空缺结构，法官完全依法裁断也往往不过是一种

---

① 关于美国法治模式特殊性的分析，参见王若磊《美国的法治模式》，《学习时报》2014年10月20日，第2版；王若磊《近距离观察美国法治》，《学习时报》2015年1月5日，"党校教育专刊"第4版。

② 一个极端的例子是希特勒在纳粹上台前的一番言论："我们将通过合乎宪法的方式赢得议会中的绝对多数，到那个时候，我们就可以根据我们的理念来重塑德国。"转引自〔加〕戴岑豪斯《合法性与正当性：魏玛时代的施米特、凯尔森与海勒》，刘毅译，商务印书馆，2013，第27页。

③ 弗里德曼在谈到法治时说："一位警察在酒吧发现一场打斗可能闭上眼睛并忽略它，或者驱散这场打斗并什么都不多说，或者逮捕这两人并把他们扔进监狱。地方检察官可能决定让他们回家或者进入法律程序。法官可能按照他的意愿不予立案"，"因此，成文法的规则部分的或全部的是虚幻的。这是警察、地方检察官、法官的统治，而非规则"。参见 L. Friedman, "Legal Rules and the Process of Social Change", *Stanford Law Review*, Vol. 19, 1967, p. 786。

理想。①

进一步讲，人的力量并不可靠，法治需要一个更为稳定的制度化权威作为法律秩序的"守护者"，来保证法治运行不偏不倚。实际上，在不同模式下存在不同的制度性权威来确保法律权威的实现。比如，美国法治的权威最终依靠法院，英国法治主要依靠议会，德、法两国的法治在一定时期内依赖于总统，而诸多东方后发法治国家则依赖于政党。上述主体能够担负此项使命，本质上要有能力和实力确保法律的运行不偏不倚，确保法律得到执行，防止法律的制定和实施出现利益集团化、家族化和特权化的倾向。现实中的法治过程，即使不受政治权力影响，也可能会受到资本、媒体甚至智识等其他形式权力的影响。因此，法治存在一个悖论，它往往需要一个更高的权威来确保法律权威得到尊重。

更关键的是，缺乏权威则法律秩序无从建立。一个国家的政治和法治发展需要权威来推动和掌控，权威是动力机制也是保障装置。在亨廷顿看来，现代政治秩序的建构本质上是一个国家现代转型的过程，是现代性下平等观念形成和利益多元化后政治参与的范围不断扩大的过程。但是，这一过程不能过于激进，否则会冲击政治秩序，进而引爆革命，最终适得其反。成功的转型需有序的政治参与，要逐步纳入新兴团体和不同声音。强大而稳定的权威可以保证这种参与的有序化，其建构的制度即是政治参与的渠道。② 福山在其近年的著作中，借助更为纵深的历史视野再现了这一过程。在福山看来，政治秩序的建构首先与权威有关。政治秩序起源的第一步即为国家建构，要形成良好的制度和制度的执行能力；之后是法治建构，法治一方面能强化制度的权威性和执行力，另一方面又可以限制权力，防止其专断、随意。③ 一个国家的制度建构和转型过程如果缺乏权威，会导致现有制度能力越来越弱，出现制度失效、僵化和特权，形成一种

---

① 哈特《法律的概念》一书中有关于"空缺结构"和"规则怀疑主义"的详尽论述，参见〔英〕哈特《法律的概念》，许家馨、李冠宜译，法律出版社，2006，第119页以下。德沃金在《认真对待权利》和《法律帝国》中，也对原则在司法过程中的重要作用进行了阐述，在解构实证主义"法律与道德分离"这一命题的同时，从另一个侧面揭示了司法过程中存在巨大的自由裁量权这一事实。

② 参见〔美〕亨廷顿《变化社会中的政治秩序》，王冠华等译，上海人民出版社，2008，第25页以下。

③ 参见〔美〕福山《政治秩序的起源》，毛俊杰译，广西师范大学出版社，2012，第242页以下。

"反制度化"的倾向，导致腐败、分裂、衰颓、暴恐甚至内战，即政治衰败。①

再次，现代政治权威往往落于政党身上。

现代政治与古代政治的一个关键区别是，现代政治过程中出现了一个全新的核心主体，即政党。现代政治的实质是大众的政治参与，而有序的大众政治参与的主要渠道和中介就是政党。无论中西，特别是广大发展中国家，政党都是当代政治活动的主角。在英美等早期现代国家，其政党在议会政治建立后发挥了越来越重要的作用，目前在其国内的政治系统中均取得了主导性地位，执政主体皆为政党。而广大后发现代化国家，在其反殖民或反帝制的过程中，也都是在由一小群先进分子组成的强有力的精英政党的带领下，完成革命并实现国家建构。这些政党的权威在国家建构的历史中逐渐形成，并进一步延伸到国家发展和法治建设过程之中。

正因如此，也产生了不同类型的政党。任何政党都以执政为根本目的，但能否执政，特别是能否长期执政，在一定程度上取决于其执政能力。现实中，以中国共产党为代表的东方政党形成了不同于西方的政党类型，有着特殊的体制优势，具有更强的权威，也更有利于政党带领人民建构法治国家。就起源而言，西方政党产生于议会政治之后，先有国家后有政党；而东方国家往往先有政党后有国家，具有先进性的先觉政党带领人民进行民族独立、现代转型和国家建构，可以说是政党缔造了国家。就代表性而言，西方政党往往代表特定阶层的部分利益，而东方政党往往由于其起源和使命成为代表大众和民族利益的全民型政党。就功能而言，西方政党是利益分化型政党，而东方政党更趋向于利益整合型，有能力将分散的部分利益整合为民族整体的长远利益，并实现政策的转化与落实。西方政党相对更为消极、被动，类似一种政治辅助型组织；而东方政党更趋向于主动型政党，表现为借助广泛的阶级意识动员全民推动国家建构，主动塑造政治议题和发展方向，主导国家的现代化转型，使其本身成为合法性

---

① 参见〔美〕福山《政治秩序的起源》，毛俊杰译，广西师范大学出版社，2012，第443页以下。

和权威性的源泉。①

具体到我国语境，中国共产党的政治权威可从多角度加以论证，这种正当性②是执政的实质性根基，进一步成为推动法治国家建构的动力机制和保障装置。从历史角度看，中国共产党带领广大人民推翻专制与侵略，建立共和国，通过自我牺牲在历史中获得了人民的认可。从现实角度看，中国共产党领导下的新中国，无论横向与诸多发达国家、发展中国家比较，还是纵向与百年前、新中国成立前、改革开放前甚至十多年前的自身相比，都取得了不容否认、举世瞩目的成就，这种成就彰显了执政权威的执政能力。就国际形势而言，国际领域还存在弱肉强食的半丛林化自然状态，一个地缘位置重要、文化迥异、人口众多的大国，要保持独立自主、强劲有力的发展，必须有强有力的权威支撑，否则在无情的国际竞争中会被边缘化，逐步沦为国际体系中的依附者。③ 就当前国内发展阶段而言，我国仍处于现代转型的时代背景下，还处于追赶型的现代化进程中。为顺利完成现代转型的历史使命，不出现反复、倒退甚至崩溃，需要一个强有力的权威主导和推动这一进程。就政党类型而言，中国共产党是一个"兼容并蓄型"政党，④ 既是大众代表型，又是精英领导型，还是使命型政党；既有广泛的代表性，又有强有力的大众动员能力；既有利益整合能力，又有政策转化能力。上述因素综合构成了中国共产党执政的正当性根基，而在此基础上获得的人民认可和拥护是一个更为实质性的正当性来源。

总之，面对现实政治中的问题，必须具备历史主义和现实主义的眼

---

① 关于政党的类型学与功能比较，可参见《政党与民主》一书中的几篇文章，如《政党类型与功能》《政党今非昔比》《当代政党面临的挑战》等，见〔美〕戴蒙德、冈瑟主编《政党与民主》，徐琳译，上海人民出版社，2012；亦可参见〔美〕亨廷顿《变化社会中的政治秩序》，王冠华等译，上海人民出版社，2008，第220页以下。

② 这里在较为宽泛的意义上使用正当性（legitimacy）这一概念，而不与证成性（justification）相区分。关于二者异同的研究，参见周濂《现代政治的正当性基础》，三联书店，2008，第29页以下。作为理论问题，它们可以被区分；但作为实践问题，二者往往相互勾连，无法截然分开。

③ 关于国际体系中的依附理论，参见〔美〕沃勒斯坦《现代世界体系》第1卷，郭方等译，社会科学文献出版社，2013，第421页以下。

④ 类似表述，参见〔美〕沈大伟《中国共产党：收缩与调试》，吕增奎等译，中央编译出版社，2012，第7页以下。

光，理性地看待法治建构中权威，特别是政党权威的角色和功能。法治背后有人和政治的因素，现实中的法治秩序也需要权威来推动和保障。不同国家的历史进程塑造了不同的法治道路和模式，执政党的领导权威同样不能抛开历史正当性而抽象地看待。

二　依规治党是依法治国的关键

法治国家建构需要权威，但权威或者权力天然有超越规则的倾向，总是试图逾越法律界限，二者之间存在永恒的张力。既要权威存在，又要权威守法，这大概是人类政治史上的千古难题。林肯曾深刻地发问："政府必然要么过于强大，危及人民的自由，要么过于软弱，无法维持自身的生存，一切共和国都有这种内在的致命弱点吗？"① 理论上，我们的确可以尝试像福山那样区分权力的范围和权力的强度，② 但现实中，二者之间常常界限模糊：权力越强，越倾向于超越自己的界限；权力范围越大，也往往越倾向于借助可调配的资源强化权力强度。

党领导下的法治中国建设同样面临这一难题，现实中的种种违法乱象更时刻提醒我们这一点。一方面，缺乏权威，法治秩序无从建立；另一方面，权威如不加以规制，又总会挣脱法律的束缚。那么，权威主导下的法治如何建构？或者说，在我国语境下，党领导下的法治国家建设的可行之路是什么？

首先，"党要守法"是依法治国的必然要求。

"党要守法"这一基础性观念不能动摇。法治要求一切权力受制于法律，政党作为实质性权力主体也不应例外，即便它是整个政治系统的中枢神经。法治即"法律的统治"，是法律规则至上的一种治理方式，要求法律在治国理政中享有至高权威、获得普遍遵守。在此意义上，法治要求法律的权威超越任何当权者个人或集体意志的权威，③ 无论这一意志来自一人之治的君主，还是多数人之治的民主，抑或集体之治的政党。

---

① 转引自〔美〕曼斯菲尔德《驯化君主》，冯克利译，译林出版社，2005，第5页。

② 参见〔美〕福山《国家建构：21世纪的国家治理与世界秩序》，黄胜强等译，中国社会科学出版社，2007，第7页以下。

③ 参见 I. Shapiro（ed.），*The Rule of Law*（New York University Press，1994），p. 2。

法治要求公权力守法，看重的是最高权威受制于法律。在这一意义上，中国法治成败的关键就在于执政党是否守法：党权位于整个权力体系的顶端，而政治系统的运作规律就是不断诉诸顶端权力；当顶端权力遵从法律，依据法律分配权利、施加义务、定分止争时，整个权力体系基本会受制于法律。

事实上，党要守法在宪法和党章中都作出了明确规定。《中华人民共和国宪法》规定，"一切国家机关和武装力量、各政党和各社会团体、各企业事业组织都必须遵守宪法和法律"，"任何组织或者个人都不得有超越宪法和法律的特权"。《中国共产党章程》明确写道，"党必须在宪法和法律的范围内活动"。从十五大开始，中国共产党在历次代表大会上都明确作出了"依法治国""依法执政"的庄严承诺。

依法执政并不会削弱党的领导权威，"党的领导"和"依法执政"本质上不是一对对立的概念。曾有学者作出过精当的区分，结论是依法执政并不削弱党的领导，而党的领导也不代表党能够超越法律。[①] 在他们看来，党的领导是指"在以自己提出、实际上体现着中国人民的共同利益的价值观念、路线、政策吸引党外人民群众甚至其他党派及其成员的支持和追随的前提下，中国共产党在社会的政治、经济、文化等领域的事务中从事引导、组织、带领人民群众和其他追随者为实现党所提出的价值观念、路线、政策而共同奋斗的活动"。[②] 因此，党的领导本质上是一种关系模式，其对象是人民这一特定主体。而执政是指"一个政党通过合法途径进入国家权力机构，并以该政党的代表为主掌握国家权力机构，从事对整个国家的公共事务的管理活动"，"中国共产党的执政就是中国共产党的代表在合法地进入和掌控国家权力机构的前提下，以国家代表的名义行使国家权力，贯彻党的治国主张，处理全国的政治经济和社会事务，谋求和实现全国人民的利益的活动"。[③] 如此看来，执政的关键点在于其主体并不是宽泛意义上的政党或者政党的所有成员，而是经过法定程序进入国家政权机关

---

① 参见张恒山等《依法执政：中国共产党执政方式研究》，法律出版社，2012，第123页以下。较早的论述，参见石泰峰、张恒山《论中国共产党依法执政》，《中国社会科学》2003年第1期；张恒山《中国共产党领导与执政辨析》，《中国社会科学》2004年第1期。
② 张恒山等：《依法执政：中国共产党执政方式研究》，法律出版社，2012，第128页。
③ 张恒山等：《依法执政：中国共产党执政方式研究》，法律出版社，2012，第139页。

的党组织的代表。

由此可以看出，党的领导是一种概括的引领和追随关系，而执政是一种由具体的政治代表进行的具体权力运作的制度性行为。任何具体行为和具体权力都需服从于法律。① 实际上，依法执政正是加强和改善党的领导最正当也最有效的方式。党的领导的一个重要渠道，是通过立法将党的政策转换、固化为国家法律，而依法执政所依之"法"，正是通过稳定、严密、正式的程序转化为法律的党的意志。因此，当任何政治组织或个人试图以党的领导的名义搁置、僭越法律时，其正是违背了党的领导的原则，实质上是以地方、部门或个人利益超越党的意志。

其次，党要守法关键在于依规治党。

在党要守法的大前提下，关键问题在于党作为权威主体如何守法。何种方式既能保证政党守法，又不消解政党权威？当前最可行的方式是通过依规治党实现依法治国。

第一，依规治党不会消解法治国家建构过程中所需的权威。既不消解权威，又要保证权威守法，可行的路径是权威从自己做起，严格自我管理，借助内部严肃的纪律和严密的制度，保证其组织和成员遵守法律。理论上，控权的手段、机制有多种，多是从外部加诸一个制衡性或者监控性的组织或机制。然而，外部机制可能会在事实上造成对原有权威的掣肘或减损，相比之下，更为可行的是首先进行严格的内部管控，即"党要管党、从严治党"。② 依规治党，就是借助严格的党纪党规实现党的自我管理、自我净化和自我革新。

第二，依规治党能够保证政党守矩且守法。法治，即规则之治。政党依靠党内法规一以贯之、普遍适用地处理党内事务，也可以看作一种广义的法治。党内法规相对于传统的政策、文件、批示、会议纪要等，更具公开、明确、稳定性，制度化程度更高，而法治本质上就是希望通过规则的

① 习近平在"省部级主要领导干部学习贯彻十八届四中全会精神专题研讨班"上明确指出，"权大还是法大才是真命题"。见习近平《领导干部要做尊法学法守法用法的模范，带动全党全国共同全面推进依法治国》，2015年2月1日。

② 近一两年来，中国共产党相继出台了一系列以从严治党为主题的重要党内法规，如《中国共产党廉洁自律准则》《关于新形势下党内政治生活的若干准则》《中国共产党纪律处分条例》《中国共产党党内监督条例》《中国共产党问责条例》等。中共十八届六中全会更是对"全面从严治党"进行了集中讨论。

这些形式化特征保证其统一适用，客观上起到限制专断权力的作用。因而，依规治党比人治政党更接近法治。在内容上，追求先进性的中国共产党，其纪律相比于法律要求更高，也更加严格，若遵守党规党纪自然不会违背法律。依规治党，既符合广义法治，又间接符合狭义法治。

第三，通过依规治党实现依法治国在现实中可能最为行之有效。（1）依法治国的关键是最高权力守法。执政党拥有实际的最高权力，执政党守法，整个权力系统自然会守法。因此，法治国家建构最直接的方式就是从执政党守法入手。（2）执政党具有最高权威，其他政治实体尚无力对其进行实质性监督，使之制度化服从。最可行的还是从执政党内部做起，依靠自身纪律和制度，服从普遍规则，即依规治党。（3）尽管实现政党守法理论上有诸多方式，特别是外部的监督与制衡，但目前这些方式可能会收效甚微：不仅监督力量不足，也可能会解构法治权威。（4）严格依规治党在现实中威力巨大。十八大以来，"八项规定""反腐风暴"等都已经取得良好的效果。（5）执政党守法对法治国家建设具有强有力的示范、引领和带动作用。

要言之，实现依法治国，关键在于依规治党。中国共产党十八届四中全会之后的政治实践实际上秉承了这一思路，一方面不断凸显党内法规在国家法治中的地位，另一方面又反复强调领导干部的"模范""带头""表率"作用。①

三　依规治党与依法治国的有效对接

依法治国关键在于依规治党。然而，党规党纪毕竟还不是形式意义上的法律，依规治党不能自然等同于依法治国。法律是国家通过立法机构经由正式程序制定或认可的，有着明确内容，具有普遍约束力，是依靠国家

---

① 十八届六中全会后公布的《中国共产党党内监督条例》第 5 条规定了党内监督的主要内容，其第 1 款就包括"模范遵守宪法法律的情况"。十八届四中全会的《中共中央关于全面推进依法治国若干重大问题的决定》中也有多处类似表述，如"各级领导干部要对法律怀有敬畏之心，牢记法律红线不可逾越、法律底线不可触碰，带头遵守法律，带头依法办事"，"党政主要负责人要履行推进法治建设第一责任人职责"，"高级干部尤其要以身作则、以上率下"等。

强制力保障实施的行为准则。而党内法规与之相比缺乏几个关键要素，它是政党通过一定程序经由其内部机构制定的、对其内部成员和组织有效的规章制度和纪律的总和。后者在诸如制定主体、制定程序、严谨程度、效力范围、强制措施等方面均与法律有一定差异，尤其是缺乏国家性和公共性之类的维度。

最明显的是效力范围上的差异。一个政党，无论规模大小、人数多少，其规章相对而言都是封闭的，处理的大多是党的内部事务，只对内部成员有效。其成员基于自发认同组织的理念和纲领而承担相应义务。而法律具有公共性，在领土范围内普遍有效，具有开放的普遍效力。就实证主义的观点看，法律规则之所以具备"法律效力"，皆因其是由特定机构经特定程序"生产出来"这一社会事实。

二者的制度化水平也存在差异。党规党纪的制度化水平位于法律与道德之间。法律责任的认定需要经由严格的程序，如严密的司法组织、严苛的司法程序、专业的司法人员、严谨的证据规则，甚至是繁复的仪式等。对于法律规则的理解，可能有争议和分歧，但是法律通过其自身较高的制度化水平和机制，将这些分歧缩小或"置之不理"，在"决断"的意义上采取一种立场、给出一种态度，用体制化的力量要求强制服从。而党内责任的追究则不然，尽管实质内容可能更严格，但形式上的制度化和程序化没有法律严格、严密，机制化水平要略低一些。

在内容方面，法律处理公共事务，而党规主要处理党内事务。因而，针对同一问题，二者规定可能不尽相同：违反党纪并不一定违反法律，反之亦然。例如，法律并不强制所有道德，特别是具有"隐私性"的私人道德。[1] 法律一般只对违反道德底线的行为予以禁止，如禁止杀人、盗窃、强奸等，基于最低限度的人类合作与共存，以"伤害原则"作为标准。[2]而一些政党对其内部成员有更高的要求，将某些道德纪律化，它与政党的目的、宗旨和传统有关，本质上是由于这些私人道德影响到团体的共同理念、外在形象，并间接给组织的事业带来负面效应。因此，此类基于党规

---

① 参见〔英〕哈特《法律、自由与道德》，支振锋译，法律出版社，2007，第 16 页以下。
② "伤害原则"由密尔在《论自由》一书中最早作出阐述，逐渐成为自由主义法理学和政治哲学的通说。参见〔英〕密尔《论自由》，许宝骙译，商务印书馆，1959，第 10 页以下。

的权威类似家长制权威，而法律往往是公共性权威。但是，纪律的内部性也不能超越法律的公共性，要坚守"国家法律优先"或者"党规不能和国家法律相冲突"的原则。也就是说，本质上具有内部性和自愿性的党规党纪，不能存在与具有公共性、国家性的法律之"禁止性"条款相冲突的规范，即法律的强制性要求不能被免除。这具体包括：（1）对于法律所禁止负担的义务，组织对其成员不能强制施加，如强迫劳动；（2）对于法律规定必须履行的义务，组织不能免除，如纳税义务或某些国家或地区的禁烟令、禁酒令或禁放令等；（3）对于法律规定必须享有的权利，组织不能剥夺，如受教育权、人身自由权等。先进性组织由于其职责和目的，可以设置更多的义务，限制一些自由，但不能违反"法律保留原则"。法律作为社会普遍的公共规则，其"禁止性"条款所表达的已是社会底线，任何组织都不能超越这一标准。

鉴于党规党纪和国家法律存在上述关系，要真正建设法治中国，还需逐步实现依规治党和依法治国的有效对接。这可分为两个步骤：一是要逐步提高依规治党的法治化水平，实现政党的法治转型；二是不断提高依规治党与依法治国的系统兼容性和机制协调性，逐步实现在整个社会规范系统中党内法规与国家法律体系兼容、并行不悖，执政党层面的依规治党与社会层面的依法治国衔接协调、相得益彰。

首先，要提高依规治党的法治化水平。在本质上，这就是要将法治原则贯彻到党内法规制度体系之中，实现党规党纪体系公开、明确、稳定、合法，用复杂的制度化程度压缩党内权力的自由裁量空间。其具体表现为以下七个方面。

一是保证合法性，解决党规党纪与国家法律的冲突问题。应当逐渐直至彻底地对党内法规进行合法性审查和清理，从源头提高其法治化水平。党内法规的合法性，一方面是指内容的合法性，指党内不存在超越法律的特权，也不存在违背法律的禁令；另一方面是指效力范围的合法性，要抑制超越党内法规权限规定国家事务的冲动，专属国家事务的规范性文件不能直接以党的文件形式出台，需不断减少并最终消除此现象。党内事务由党规调整，与国家和社会普遍相关的规范性文件必须转化为法律。因此，需着力对废止不用、不合时宜、重复矛盾，特别是与法律相冲突的党规及其具体条款按程序及时清理、修订或废止。① 同时，在新的党规制定或修改过程中，有必要建立前置的合法性审查机制，并完善事后备案制度，保证其内容、权限、程序与宪法及相关法律的规定不存在直接冲突。

二是推进制度化，不断提高依规治党的制度化水平。法治的成败体现在其制度化水平上，既要有完善的制度体系，还要有严密的组织机构和程序设置，借助严谨的制度设计实现过程可控与公正。实际上，权威的有效程度不仅取决于权威的强度，更取决于权威的制度化水平。因此，要不断完善与党内组织、程序相关的制度，尝试设立专门的党内法规制定机构，细化制定程序；为保证制度的长效性、稳定性和适应性，要有严密的设立、修改、废止党内法规的规则和机制；可设置专门机构和程序处理党内治理分歧，建立党内法规纠纷解决机制，并设立合理的内部监督和制衡机制，防止党内"准法律"权力不受限制。

三是确保确定性，实现党内规则公开化、明确化、稳定化。目前，有一种倾向认为，党内存在一套不成文规则体系或谓之惯例，可以此作为党内生活的标准。一般来说，不成文规则与现代法治精神是背离的。规则只有公开、明确、稳定，方能使人知晓并预见行为后果，以此合理安排自己的生活，党内法规亦应如此。不成文规则与此相悖，虽有大致内容，但整体而言模糊、含混，无法确切知晓其准确要求，内容变迁也潜移默化、难以捉摸。更重要的是，一旦将不成文规则常态化，权力往往可对其任意打扮、解释，随意新设、改变、置之不理甚至推翻。中国古代流传的"刑不可知、威不可测"的说法实际上就是这一意思，它本质上还是一种人治思维和人治方式。而法治追求的正是用明规则代替潜规则，用公开性代替私密性。因此，党内规矩一定要逐步实现明确、细致、稳定、成文，做到规范明确、赏罚有据，同志皆知、一体认同。

四是提升透明度，借助制度运转的公开性、透明度增强党内制度刚性。传统政党事务具有内部性，因此可以不公开或半公开。然而在现阶

---

① 根据2012年《中共中央办公厅关于开展党内法规和规范性文件清理工作的意见》的要求，截至2014年底，集中清理工作已经全部完成。"纳入第二阶段清理范围的新中国成立至1977年期间中央制定的411件党内法规和规范性文件中，160件被废止，231件宣布失效，20件继续有效。"见《中央党内法规和规范性文件集中清理工作全部完成》，《中国纪检监察》2014年第23期，第5页。

段，我国执政党有其特殊地位，是全民型、领导型、代表型党，肩负着国家转型、民族复兴的使命，党内事务也需要接受普通党员和全体人民的监督。不公开、不透明的规则容易流于形式，成为橡皮筋、松紧带。法治本质上就是用不偏不倚替代因人而异，用必然性替代可选择性。因此，现阶段党内制度及其运转，还要在公开和透明上着力，以公开为原则，保密为例外，逐步实现党内重大决策、重大规则制定和重大事件处置中的追责事由、程序过程、处理结果等全公开。

五是强化规范性，尽快出台关于依法执政的党内法规，特别是规范党领导政法工作基本方式的党规，使之有章可循。在依法执政规范法律化之前，党内应先制定详尽的关于党员领导干部和党组织如何依法执政的党内法规，细化依法执政的具体方式，特别是建立违法执政的惩戒机制，以党规党纪的严格要求，保证依法执政逐渐成为工作习惯。特别要细化、规范党对政法工作的领导方式，对领导的范围、内容、方法、措施和监督等进行制度化、程序化详定。重点在于党如何确保并督促公安、检察、法院和司法行政各部门严格依法办事、不偏不倚，既防止任何一支具体政法权力任意专断，又保证相互之间监督配合；既防止由于缺乏监督而联手制造冤假错案，又避免推诿扯皮降低司法效率。

六是把好用人关，改革领导干部选拔任命的导向和制度。强有力的列宁主义政党内部存在严密的金字塔结构，干部任命权力自上而下行使。因此，选人用人标准决定了整个政党的风格与方向，它是"牛鼻子"、风向标。推进依规治党的法治化，关键在于把具备法治能力和法治素养的人选拔到领导岗位，以之作为选人用人的主要模式，并形成长效机制。

七是提高纪检工作的法治化水平。纪检工作的法治化水平是依规治党法治化水平的集中体现，依规治党的核心权力之一是党内纪律惩戒权。提高党内纪检工作的法治化水平，要形成公开、稳定、严谨、完备、合法的纪检制度和程序，并保证其执行力，这是非常关键的依规治党措施。除上述关于合法性、制度化、明确性、透明度、规范性等要求同样适用于纪检工作的法治化外，在纪检工作中还要特别着力于以下几个关键环节：党内纪检机关与司法部门的职责区分和对接程序；对案件线索运用法治手段进行统一管理，做到有案必查，防止人为干预、选择性办案；规范"双规"权力，防止刑讯逼供和超期羁押等。

其次，逐步实现将政党活动纳入法治轨道，让执政党逐渐成为法治秩序中的一个有机主体，使政党权威的实现与法律制度的实施在运行机制上衔接协调。其做法大致又可分为三个阶段。

一是通过责任政治推进政党守法。依规治党本质上是内部监督、自我管控，但仅仅内部依规治党仍然不够，还需借助外力推进从严治党水平。在保证执政党权威的前提下引入外部监督，可行的方式之一是事后责任追究。责任政治既不会在权力运行过程中消解权威，又以事后追惩的威慑倒逼其行驶在法治的轨道上。这种责任政治包含三重含义。（1）在理念上，宏观推进法治国家建构是执政党承担的政治责任，是其执政的目标和使命。政党必须恪守政治承诺，践行法治。（2）具体到制度层面，实行事后追究，即问责制。如果违背法治，需要启动具体问责机制对党组织特别是领导干部进行追惩。（3）责任政治还有回应性维度，要求政党在执政过程中回应民意和舆论呼声，对违法事务及时作出解释、说明和处置。①

二是推动政党立法。在一段时期后，可逐步将与依法执政相关的党内法规的成熟经验转化为国家法律，使政党行为既有规可依也有法可依。党内通过的依法执政规章制度具有内部效力，要真正实现法治化，必须使之上升为国家法律，具有国家性、公共性和普遍约束力。这一法律旨在规范政党的执政行为，即规定政党参与国家政权的具体方式和程序，也可对政党自我运行和内部管理作出底线性要求，还可尝试建立针对执政党这一主体的争议解决机制，统一将执政党的外部行为以及具有外部性的内部行为纳入法律框架之内。

三是条件成熟时，可考虑逐步将执政党某些治理事务纳入司法过程，也就是说，执政党的具体组织及其成员可作为法律主体进入司法过程，成为可诉主体。这种"可诉性"所指向的，原则上不包括政党内部事务，而

---

① 关于责任政治和政治问责，参见王若磊《政治问责论》，上海三联书店，2015，第25页以下。具体到政治的回应性，皮特金认为，"一个代表性政府必须不只是可以由民众控制，不只可以增进公众的利益，而且还必须能对民众进行回应"，"一个代表性的政府必须存在能让被代表者表达其意愿的机制，同时这个政府还必须对他们的意愿进行回应，除非政府有很好的理由去违背他们的意愿。这里不需要存在持续的回应行为，但必须持续存在可以进行回应的持续条件，并时刻准备回应。代表性政府是那种当民众具有了某种意愿时，它就能够对之回应的政府"。参见〔美〕皮特金《代表的概念》，唐海华译，吉林出版集团，2014，第284页。

是其参与的国家和社会事务。当然，政党代表进入政府部门的具体执政行为可通过行政诉讼追责。政党行为的司法化，对象究竟是各级党组织还是党的领导干部，究竟是具体政治行为还是抽象政治行为，何种类型的政治行为具有可司法性等，这些问题都有待深入研究和实践探索。现实中已经出现类似案例。① 可以肯定的是，法治发达国家司法官员的政党倾向并不会对其依法判断产生决定性影响。当然，基于现实主义的视角，这种可司法性需在公正、权威、自律的司法权建成后方能推进，不宜草率推动，否则权威间潜在的冲突会加剧法制分裂和动荡，贬损司法权威，延缓国家现代化进程。

实现执政党活动纳入法治轨道，除上述制度层面的努力外，更关键的是要更新理念、转变认识，特别是警惕一些错误倾向。前文强调了政党权威在法治建构中的地位和作用，历史、现实的功绩正当性决定了党的权威地位，但这种历史感、现实感不能进一步上升为绝对的"历史主义"。过度强调历史主义，会滑向价值虚无主义，只认可本身的独特性而抵制理性在一定范围内的普遍运用。这时，绝对的历史主义就成为一股压制性力量，排斥个人自主而要求绝对服从。因此，要客观公正、理性平和地看待历史，要正视历史理性的力量及其限度，在古今中西之争中不能走向封闭主义，防止简单采取现实即合理的态度。政治权威的历史正当性，还要通过当代民众认可的实质正当性不断填充。实际上，随着政治、经济和社会的发展，权威的角色和作用也在发生变化。当原始积累基本结束、国家体系大体成型后，效率要逐渐让位于公正，特别是从"生存型"国家②转型到"发展型""日常型"国家，这本质上也是一种理性持平的历史观和现实感。从根本上讲，权威领导下的法治发展，要走出"法家法治观"，不

---

① 在衡阳贿选案中，原市委书记童名谦因"玩忽职守罪"获刑，定罪的主体要件正是其在党内的身份。判决指出："本院认为，被告人童名谦在担任中共湖南省衡阳市委书记、衡阳市换届工作领导小组组长、衡阳市十四届人大一次会议临时党组书记、大会主席团常务主席期间，未正确履行衡阳市严肃换届纪律第一责任人的职责……童名谦严重不负责任，不正确履行职责，致使省人大代表选举贿选大面积蔓延，给国家和人民利益造成了特别重大的损失，在社会上造成了极其恶劣的影响，其行为已构成玩忽职守罪，且情节特别严重，依法应予惩处。"见中国法律裁判文书网，http://wenshu.court. gov. cn/content/content? DocID = 9e5b84ba - 1cfd4738 - 85a9 - 53cdf162d553，最后访问日期：2016 年 11 月 10 日。

② 参见陈端洪《论宪法作为国家的根本法与高级法》，《中外法学》2008 年第 4 期。

能将法律仅仅看作进行社会统治的工具，更要视其为对自身提出的一种限制性要求，划定行为界限，使自己受制于明确的规则。

通过依规治党实现依法治国，是法治中国建构的一条可行而有效的道路。它既能保证法治秩序建构过程中存在主导权威作为动力机制和保障装置，又能使权威本身受制于公开、明确、稳定的规则体系，实现权威守法。同时，由于党的特殊地位，严格依规治党能够对全面依法治国形成巨大的引领作用和示范效应，并将在法治国家整体建构时成为最便捷、成本最低的方式。任何国家的法治建构，必须与其先在的社会、文化、制度相契合，唯此方能使法治生根并茁壮成长。法治中国道路的特殊性正在于此，需以之为前提进行合理规划，既借助其优势，又克服其不足。所以，依规治党的重要意义在此历史背景下被凸显出来，它与法治的中国道路这一宏大背景产生了密切的关联：道路作为一个时间概念，则依规治党可以视作依法治国的关键点与突破口；道路作为一个模式概念，则依规治党使政党主导下的法治国家建构成为一种可能。

四　中国式法治现代化：中国之治的
理论释证

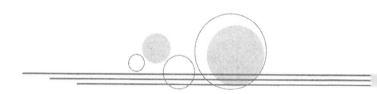

新思想引领法治新征程[*]

——习近平新时代中国特色社会主义思想对依法治国和法治建设的指导意义

张文显[**]

摘　要：习近平新时代中国特色社会主义思想是马克思主义中国化的最新成果，是中国特色社会主义理论的重大创新发展，是全党全国各族人民全面建设社会主义现代化强国、为实现中华民族伟大复兴而奋斗的行动指南。习近平总书记在十九大报告中用八个"明确"精辟概括和深刻阐述了新时代中国特色社会主义思想的精髓。八个"明确"的每一项都与法治有着紧密的逻辑关联，都对依法治国和法治建设有着重大而深远的指导意义。本文在认真研读习近平总书记十九大报告和十八大以来系列讲话的基础上，结合中国特色社会主义法治实践，就八个"明确"对依法治国和法治建设的战略性、基础性、现实性、前瞻性指导意义逐一进行了分析和阐释。

关键词：八个"明确"　依法治国　法治新征程　中国特色社会主义法治

党的十八大以来，以习近平同志为核心的党中央以全新的视野深化对

---

*　本文原载于《法学研究》2017 年第 6 期。

**　张文显，中国法学会党组成员、学术委员会主任，吉林大学哲学社会科学资深教授，国家司法文明协同创新中心首席科学家。

共产党执政规律、社会主义建设规律、人类社会发展规律的认识进行艰辛理论探索，创立了习近平新时代中国特色社会主义思想。习近平总书记在十九大报告中用八个"明确"精辟概括和深刻阐述了新时代中国特色社会主义思想的精髓，每一个"明确"都理论和实践相结合、言简意赅地回答了新时代坚持和发展什么样的中国特色社会主义、怎样坚持和发展中国特色社会主义的重大问题，求真务实地回应了人民对党的创新理论期盼。八个"明确"中的每一项都与法治有着紧密的逻辑关联，都对依法治国和法治建设有着重大而深远的指导意义。本文试就八个"明确"对依法治国和法治建设的指导意义逐一进行分析和阐释。

一　坚持和发展中国特色社会主义总任务思想的指导意义

习近平总书记指出，"明确坚持和发展中国特色社会主义，总任务是实现社会主义现代化和中华民族伟大复兴，在全面建成小康社会的基础上，分两步走在本世纪中叶建成富强民主文明和谐美丽的社会主义现代化强国"。① 这个"明确"对谋划全面依法治国、建设社会主义现代化法治强国的长远目标、阶段性目标及其重大任务，无疑具有战略性意义。从现在到本世纪中叶，中国社会主义现代化大体分为"一个时段、两大阶段"，法治建设和法治现代化贯穿其中。

一个时段，即从十九大到 2020 年，是全面建成小康社会决胜期。党的十八大向全党全国人民发出了全面建成小康社会的动员令。十八大以及十八届三中全会、四中全会、五中全会、六中全会不断明晰和丰富全面建成小康社会的目标和各项要求，其中就包括"法治小康"目标和任务。全面建成小康社会，在法治领域就是要实现依法治国基本方略全面落实，中国特色社会主义法律体系更加完善，法治政府基本建成，司法公信力明显提高，人权得到切实保障，产权得到有效保护，国家各项工作法治化。

在实现"法治小康"的基础上，根据十九大的战略安排，法治建设的

---

① 习近平：《决胜全面建成小康社会　夺取新时代中国特色社会主义伟大胜利——在中国共产党第十九次全国代表大会上的报告》，人民出版社，2017，第 19 页。

目标和任务同步纳入两个阶段规划之中。在第一个阶段，即从 2020 年到 2035 年，在全面建成小康社会的基础上，基本实现社会主义现代化。到那时，社会主义民主法治基本现代化的面貌是，"人民平等参与、平等发展权利得到充分保障，法治国家、法治政府、法治社会基本建成，各方面制度更加完善，国家治理体系和治理能力现代化基本实现"，"现代社会治理格局基本形成，社会充满活力又和谐有序"。① 第二个阶段，即从 2035 年到本世纪中叶，在基本实现现代化的基础上，把我国建成富强民主文明和谐美丽的社会主义现代化强国。到那时，我国物质文明、政治文明、精神文明、社会文明、生态文明将全面提升，实现国家治理体系和治理能力现代化。

"一个现代化国家必然是法治国家"，② 一个现代化强国必然是法治强国，一个现代化的国家必然是法治现代化的国家。根据这三个命题和"法治强则国家强"的历史与理论逻辑，现代化强国必然包括法治强盛在内。习近平总书记多次引用"国无常强，无常弱。奉法者强，则国强；奉法者弱，则国弱"③ 的法家经典名句，用来教育党和人民走奉法强国之路。建设社会主义现代化强国既需要法治保驾护航，也有力地推动着法治强国建设。现代化法治强国的主要标志是，法治成为国家与社会的核心价值，成为国家治理和社会治理的根本方式，成为支撑国家兴旺发达的强大力量；全社会尊重法治、信仰法治、坚守法治；宪法具有极大权威，法律具有普遍的实效，任何个人和组织都自觉地在宪法和法律的范围内活动；人权和公民权利得到切实尊重和保障，国家公权力受到有效约束和监督；在国际关系和全球治理中，我国拥有大国强国的话语权、决策权和规则制定权。

中华民族的伟大复兴，自然包括中华法治文明的复兴。习近平总书记指出，"我国古代法制蕴含着十分丰富的智慧和资源，中华法系在世界几大法系中独树一帜。要注意研究我国古代法制传统和成败得失，挖掘和传承中华法律文化精华，汲取营养、择善而用"。④ 在中华民族伟大复兴的历

---

① 习近平：《决胜全面建成小康社会 夺取新时代中国特色社会主义伟大胜利——在中国共产党第十九次全国代表大会上的报告》，人民出版社，2017，第 28 页。
② 习近平：《提高国防和军队建设法治化水平》，载中共中央文献研究室编《习近平关于协调推进"四个全面"战略布局论述摘编》，中央文献出版社，2015，第 109 页。
③ 《韩非子·有度》。
④ 习近平：《加快建设社会主义法治国家》，《求是》2015 年第 1 期，第 5 页。

史进程中，中国特色社会主义法治的现代化发展必将重燃法学法律界对中华民族世世代代形成和积累的优秀传统法律文化的热情，涤荡法学领域的历史虚无主义思潮，以时代精神激活中华优秀传统法律文化的生命力，推进中华优秀传统法律文化创造性转化和创新性发展，推进法治的时代精神与民族精神融汇，使源远流长的中华传统法律文化发扬光大，使中华法治文明跟上新时代，跟进中华民族伟大复兴的坚定步伐，并重新彰显其无穷魅力和影响力。

就全面建成社会主义现代化强国新时代的"一个时段、两个阶段"而言，未来三四年十分关键，它必将是我们党和国家发展历史上一个十分特殊的历史时段。2018 年是改革开放 40 周年，2019 年是中华人民共和国成立 70 周年，2020 年是全面建成小康社会之年，2021 年是中国共产党建党100 周年。一个又一个重要的时间节点，两个一百年的历史交汇，推动着我们踏上法治建设新征程，深化依法治国实践、加快法治中国建设，为建设社会主义现代化法治强国奠定坚实基础。

二　新时代社会主要矛盾思想的指导意义

习近平总书记指出，"明确新时代我国社会主要矛盾是人民日益增长的美好生活需要和不平衡不充分的发展之间的矛盾，必须坚持以人民为中心的发展思想，不断促进人的全面发展、全体人民共同富裕"。[1] 这个"明确"是建立在科学把握我国社会发展规律，精准预测未来发展趋势，并反复进行科学论证的基础上做出的重大政治论断。这个论断对我国新时代法治建设具有根本性、决定性指导意义。习近平总书记指出："中国特色社会主义进入新时代，我国社会主要矛盾已经转化为人民日益增长的美好生活需要和不平衡不充分的发展之间的矛盾。"[2] 我国总体上已经实现小康，不久将全面建成小康社会，人民美好生活需要日益广泛，不仅对物质文化生活提出了更高要求，而且在民主、法治、公平、正义、安全、环境等方

---

[1]　习近平：《决胜全面建成小康社会　夺取新时代中国特色社会主义伟大胜利——在中国共产党第十九次全国代表大会上的报告》，人民出版社，2017，第 19 页。

[2]　习近平：《决胜全面建成小康社会　夺取新时代中国特色社会主义伟大胜利——在中国共产党第十九次全国代表大会上的报告》，人民出版社，2017，第 11 页。

面的要求日益增长。同时应当看到，人民美好生活需要的增量部分几乎都在民主法治领域或与民主法治直接关联。"我国社会主要矛盾的变化是关系全局的历史性变化，对党和国家工作提出了许多新要求。我们要在继续推动发展的基础上，着力解决好发展不平衡不充分问题，大力提升发展质量和效益，更好满足人民在经济、政治、文化、社会、生态等方面日益增长的需要，更好推动人的全面发展、社会全面进步。"① 社会主要矛盾的转化经历了量变到质变的过程，这个过程已经反映在法治领域并引起法治工作方针的调整，从"有法可依、有法必依、执法必严、违法必究"到"科学立法、严格执法、公正司法、全民守法"，从形成中国特色社会主义法律体系到建设中国特色社会主义法治体系，从建设法治国家到建设法治中国，实质都是新社会矛盾在上层建筑中的反映和调整。

当前，新时代社会主要矛盾的变化，凸显出人民日益增长的对民主法治的需求、对法治品质的要求、对公平正义的期待、对安全保障的法律依赖与法律优质产品供给不足、立法不优、执法不严、司法不公、监督不力、权力制约失衡、权利保护缺位、法治发展不平衡之间的矛盾。在这种情况下，要加大法治改革力度和法治发展进度，推动法治"供给侧改革"，坚持科学立法、民主立法、依法立法，提高立法质量，产出更多良法，修订或废止依然存在的"劣法""闲法""恶法"，增强法律权威，强化法律实施，不断提升法治的现代化水平，提高法治满足人民需要的能力。

面对法治领域的供需矛盾和人民对民主法治的美好向往，法治建设必须更加强调"以人民为中心""以人民为主体"，以满足人民对美好生活的向往为己任。这是中国特色社会主义法治的根本价值所在，也是中国特色社会主义法治发展的强大力量所在。

党的十八大以来，习近平总书记始终把人民放在心中最高的位置，强调把体现人民利益、反映人民愿望、维护人民权益、增进人民福祉作为治国理政的根本宗旨。十八届四中全会通过的《中共中央关于全面依法治国若干重大问题的决定》把"以人民为主体"作为中国特色社会主义法治的基本原则。习近平总书记在十九大报告中，把"坚持以人民为中心"作为

---

① 习近平：《决胜全面建成小康社会　夺取新时代中国特色社会主义伟大胜利——在中国共产党第十九次全国代表大会上的报告》，人民出版社，2017，第 11 页以下。

新时代坚持和发展中国特色社会主义的基本方略之一，强调"人民是历史的创造者，是决定党和国家前途命运的根本力量。必须坚持人民主体地位，坚持立党为公、执政为民，践行全心全意为人民服务的根本宗旨，把党的群众路线贯彻到治国理政全部活动之中，把人民对美好生活的向往作为奋斗目标，依靠人民创造历史伟业"。① 这些论述为厉行法治、依法治国、建设法治中国设定了最高价值标准和根本原则。

在法治建设中，"以人民为中心""以人民为主体"，坚持法治的人民中心地位和人民主体价值，首先必须坚持法治为了人民、依靠人民、造福人民、保护人民，把实现好、维护好、发展好最广大人民根本利益作为法治建设的根本目的，把体现人民利益、反映人民意愿、维护人民权益、增进人民福祉、促进人的全面发展作为法治建设的出发点和落脚点，落实到依法治国全过程、各领域。其次，必须加强人民当家作主的制度建设，保证人民在党的领导下，依照法律规定，通过各种途径和形式管理国家事务，管理经济和文化事业，管理社会事务；保证人民依法享有广泛的权利和自由，维护社会公平正义，保障人民平等参与、平等发展权利；以法治来激励和保护人民的积极性、主动性、创造性，增强社会发展活力，确保人民安居乐业、社会安定有序。再次，必须在依法治国全过程各领域坚持以人民为中心的工作导向，恪守以民为本、立法为民理念，使每一项立法都贯彻社会主义核心价值观、符合宪法精神、反映人民意志、得到人民拥护；坚持执法为民、司法为民、普法为民，并依靠人民推进严格执法、公正司法和惠民普法。最后，要弘扬人民权益靠法律保障、法律权威靠人民维护的社会主义法治精神，使法律为人民所掌握、所遵守、所运用，不断增强全社会尊法学法守法用法护法的自觉意识和行动。

三 中国特色社会主义总体布局和战略布局思想的指导意义

习近平总书记指出，"明确中国特色社会主义事业总体布局是'五位一体'、战略布局是'四个全面'，强调坚定道路自信、理论自信、制度自

---

① 习近平：《决胜全面建成小康社会 夺取新时代中国特色社会主义伟大胜利——在中国共产党第十九次全国代表大会上的报告》，人民出版社，2017，第21页。

信、文化自信"。① 这个"明确"把法治建设和依法治国纳入中国特色社会主义事业总体布局和战略布局之中，要求我们在总体布局和战略布局的视野中充分认识到"全面依法治国是中国特色社会主义的本质要求和重要保障"，法治建设要与经济建设、政治建设、文化建设、社会建设、生态文明建设统筹推进，全面依法治国要与全面建成小康社会、全面深化改革、全面从严治党相辅相成，要进一步强化对中国特色社会主义法治的道路自信、理论自信、制度自信、文化自信。

法治建设在"五位一体"总体布局中具有特殊地位和作用。法治建设属于政治建设的重要组成部分，并渗透于、贯穿在经济建设、政治建设、文化建设、社会建设、生态文明建设之中。五个领域的建设是法治建设的强大动力，以它们对法治的强劲需求而持续推动着法治建设和法治现代化发展；同时，法治建设又服务于和保障着五大建设，为总体布局中的重大改革创造了"于法有据"的法治环境。在新时代新征程中，要以习近平总书记关于"五位一体"总体布局的新理念新思想新部署为指导，加快推进法治建设，使法治不仅能够保障总体布局，而且能够引领总体布局的统筹推进。通过加快建设法治国家、法治经济、法治社会，加快推进文化法治建设、生态法治建设，并通过宪法修改与宪制完善，统筹推进政治建设、经济建设、社会建设、文化建设和生态文明建设。要时刻注重发挥社会主义法治对经济建设、政治建设、文化建设、社会建设、生态文明建设的服务和保障作用，以良法促进发展、保障善治，引领中国特色社会主义现代化建设。

全面依法治国是"四个全面"的一部分。十八大之后，习近平总书记深入各地调研，探索新的历史时期和新的发展阶段中国特色社会主义的战略布局，在完善"五位一体"总体布局之后，提出了"四个全面"战略布局，并把依法治国放在总体战略布局之中统筹安排。他强调指出：全面建成小康社会是我们的战略目标，全面深化改革、全面依法治国、全面从严治党是三大战略举措，对实现全面建成小康社会战略目标一个都不能缺，"没有全面依法治国，我们就治不好国、理不好政，我们的战略布局就会落空"，"要把全面依法治国放在'四个全面'的战略布局中来把握，深刻

---

① 习近平：《决胜全面建成小康社会 夺取新时代中国特色社会主义伟大胜利——在中国共产党第十九次全国代表大会上的报告》，人民出版社，2017，第19页。

认识全面依法治国同其他三个'全面'的关系，努力做到'四个全面'相辅相成、相互促进、相得益彰"。① 他还指出："全面推进依法治国是关系我们党执政兴国、关系人民幸福安康、关系党和国家长治久安的重大战略问题，是完善和发展中国特色社会主义制度、推进国家治理体系和治理能力现代化的重要方面。我们要实现党的十八大和十八届三中全会作出的一系列战略部署，全面建成小康社会、实现中华民族伟大复兴的中国梦，全面深化改革、完善和发展中国特色社会主义制度，就必须在全面推进依法治国上作出总体部署、采取切实措施、迈出坚实步伐"；② "党的十八大提出了全面建成小康社会的奋斗目标，党的十八届三中全会对全面深化改革作出了顶层设计，实现这个奋斗目标，落实这个顶层设计，需要从法治上提供可靠保障"③ "全面推进依法治国，是我们党从坚持和发展中国特色社会主义出发、为更好治国理政提出的重大战略任务，也是事关我们党执政兴国的一个全局性问题。落实好这项重大战略任务，对推动经济持续健康发展、维护社会和谐稳定、实现社会公平正义，对全面建成小康社会、实现中华民族伟大复兴，都具有十分重大的意义"。④

以决胜全面建成小康社会、夺取新时代中国特色社会主义伟大胜利、实现中华民族伟大复兴的中国梦为主题来全面推进依法治国，除了要深刻把握法治建设和依法治国在"五位一体"总体布局和"四个全面"战略布局中的重要地位和作用，还必须牢固树立中国特色社会主义法治的道路自信、理论自信、制度自信、文化自信。没有这"四个自信"或者"四个自信"虚弱，法治建设就会偏离方向、失去定力、松动根基、缺乏动能，法治的精神和力量就会枯竭。

---

① 习近平：《在省部级主要领导干部学习贯彻党的十八届四中全会精神全面推进依法治国专题研讨班上的讲话》，载中共中央文献研究室编《习近平关于全面依法治国论述摘编》，中央文献出版社，2015，第15页。

② 习近平：《关于〈中共中央关于全面推进依法治国若干重大问题的决定〉的说明》，载中共中央文献研究室编《习近平关于全面依法治国论述摘编》，中央文献出版社，2015，第7页。

③ 习近平：《关于〈中共中央关于全面推进依法治国若干重大问题的决定〉的说明》，载中共中央文献研究室编《习近平关于全面依法治国论述摘编》，中央文献出版社，2015，第5页。

④ 习近平：《在中共十八届四中全会第二次全体会议上的讲话》，载中共中央文献研究室编《习近平关于全面依法治国论述摘编》，中央文献出版社，2015，第7页。

中国特色社会主义法治道路，是社会主义法治建设成就和经验的集中体现，是建设社会主义法治国家的唯一正确道路。① "全面推进依法治国，必须走对路。如果路走错了，南辕北辙了，那再提什么要求和举措也都没有意义了。全会决定②有一条贯穿全篇的红线，这就是坚持和拓展中国特色社会主义法治道路。中国特色社会主义法治道路是一个管总的东西。具体讲我国法治建设的成就，大大小小可以列举出十几条、几十条，但归结起来就是开辟了中国特色社会主义法治道路这一条。"③ 坚持并不断拓展这条道路，我们成功地实现了从专制政治到民主政治、从人治到法治的历史性变革。因此，"在坚持和拓展中国特色社会主义法治道路这个根本问题上，我们要树立自信、保持定力"。④

中国特色社会主义法治理论是中国特色社会主义法治的学理支撑。中国特色社会主义法治理论是马克思主义法学理论与中国社会主义法治建设实践，特别是十八大以来全面依法治国伟大实践的结晶，是对中国特色社会主义法治实践的经验总结和理论表达，其主体构成与核心理论就是习近平新时代中国特色社会主义法治思想。中国特色社会主义法治理论全面阐述了法治的本质、法治的普遍规律、现代法治的一般原理及社会主义法治的本质特征、内在要求、价值功能、基本原则、发展方向、遵循道路等重大问题，是"我们党处理法治问题的基本立场"，⑤ 也是全面依法治国的指导思想和学理支撑。坚持中国特色社会主义法治道路，建设中国特色社会主义法治体系和法治国家，推进中国法治事业科学发展，必须始终如一地贯彻中国特色社会主义法治理论。

---

① 习近平：《关于〈中共中央关于全面推进依法治国若干重大问题的决定〉的说明》，载中共中央文献研究室编《习近平关于全面依法治国论述摘编》，中央文献出版社，2015，第24页。

② 此处的"全会决定"，是指十八届四中全会通过的《中共中央关于全面推进依法治国若干重大问题的决定》。

③ 习近平：《加快建设社会主义法治国家》，载中共中央文献研究室编《习近平关于全面依法治国论述摘编》，中央文献出版社，2015，第26页。

④ 习近平：《加快建设社会主义法治国家》，载中共中央文献研究室编《习近平关于全面依法治国论述摘编》，中央文献出版社，2015，第26页。

⑤ 习近平：《在省部级主要领导干部学习贯彻党的十八届四中全会精神全面推进依法治国专题研讨班上的讲话》，载中共中央文献研究室编《习近平关于全面依法治国论述摘编》，中央文献出版社，2015，第123页。

中国特色社会主义制度是全面依法治国、建设法治中国的制度基石。中国特色社会主义制度包括经济制度和政治制度。当今世界有两种生产资料所有制形式，我们坚持和不断完善公有制为主体、多种所有制经济共同发展的基本经济制度。当今世界有两种资源配置的基本方式，一是计划经济，二是市场经济。我们告别了僵化的计划经济，选择了自由的市场经济。事实证明，市场经济是当今世界最有效率的经济运行机制。党的十四大把建立社会主义市场经济体制作为我国经济体制改革的总体目标；十八届三中全会做出"使市场在资源配置中起决定性作用"的重大决策，并提出"加快完善现代市场经济体系"；十九大提出"加快完善社会主义市场经济体制""建设现代化经济体系"。坚持中国特色社会主义基本经济制度，完善社会主义市场经济体制和现代化经济体系，内在地需要法治的引领和保障，也为社会主义法治的发展构筑了坚实的经济基础。中国特色社会主义政治制度包括根本政治制度和基本政治制度。根本政治制度又包括国体和政体，我国的国体是工人阶级领导的、以工农联盟为基础的人民民主专政，政体是人民代表大会制度。中国特色社会主义基本政治制度包括中国共产党领导的多党合作和政治协商制度、民族区域自治制度、基层群众自治制度、"一国两制"等。中国特色社会主义经济制度和政治制度是中国特色社会主义法治的经济基础和政治基石，中国特色社会主义经济制度和政治制度以其鲜明的现代性和强大的生命力使中国特色社会主义法治拥有新时代的先进性和优越性。我们要强化制度自信，增强制度定力，并以法治的制度理性和规范力量，巩固、壮大、发展中国特色社会主义经济制度和政治制度以及与它们相适应的各种制度。

中国特色社会主义法治文化是中国特色社会主义法治的精神家园。习近平总书记指出："文化是一个国家、一个民族的灵魂。文化兴国运兴，文化强民族强"，[①] "中国特色社会主义文化，源自于中华民族五千多年文明历史所孕育的中华优秀传统文化，熔铸于党领导人民在革命、建设、改革中创造的革命文化和社会主义先进文化，植根于中国特色社会主义伟大

---

① 习近平：《决胜全面建成小康社会　夺取新时代中国特色社会主义伟大胜利——在中国共产党第十九次全国代表大会上的报告》，人民出版社，2017，第40页以下。

实践",① "文化自信是一个国家、一个民族发展中更基本、更深沉、更持久的力量",② "没有高度的文化自信,没有文化的繁荣兴盛,就没有中华民族伟大复兴"。③ 这些精辟论述揭示了文化和中国特色社会主义文化的本质特征,并为中国特色社会主义文化建设和文化自信指明了方向。中国特色社会主义法治文化作为中国特色社会主义文化的组成部分,具有相同的本质、逻辑和力量。中国特色社会主义法治文化是绵延数千年的中华优秀传统法律文化、党领导人民在革命和建设中创造的新民主主义和社会主义法治文化、改革开放以来推进中国特色社会主义法治建设过程中创造的先进法治文化的结晶。完整意义的法治包括三个方面,即法律制度、法治体制、法治文化。全面依法治国、建设法治中国,要在制度完备、体制创新、文化建构三个方面共同推进、协调发展。党的十八大以来,以习近平同志为核心的党中央高度重视法治文化建设。2012 年 12 月 4 日,在首都各界纪念现行宪法公布施行 30 周年大会上的讲话中,习近平总书记强调指出,要 "弘扬社会主义法治精神,努力培育社会主义法治文化"。④ 2014 年 10 月 23 日,十八届四中全会通过的《中共中央关于全面推进依法治国若干重大问题的决定》提出:"法律的权威源自人民的内心拥护和真诚信仰。人民权益要靠法律保障,法律权威要靠人民维护。必须弘扬社会主义法治精神,建设社会主义法治文化,增强全社会厉行法治的积极性和主动性,形成守法光荣、违法可耻的社会氛围,使全体人民都成为社会主义法治的忠实崇尚者、自觉遵守者、坚定捍卫者。"在十九大报告中,习近平总书记进一步提出:"加大全民普法力度,建设社会主义法治文化,树立宪法法律至上、法律面前人人平等的法治理念。"⑤ 五年来的法治文化建设,夯实了中国特色社会主义法治文化自信的基础。在新时代新征程中,

---

① 习近平:《决胜全面建成小康社会 夺取新时代中国特色社会主义伟大胜利——在中国共产党第十九次全国代表大会上的报告》,人民出版社,2017,第 41 页。

② 习近平:《决胜全面建成小康社会 夺取新时代中国特色社会主义伟大胜利——在中国共产党第十九次全国代表大会上的报告》,人民出版社,2017,第 23 页。

③ 习近平:《决胜全面建成小康社会 夺取新时代中国特色社会主义伟大胜利——在中国共产党第十九次全国代表大会上的报告》,人民出版社,2017,第 41 页。

④ 习近平:《在首都各界纪念现行宪法公布施行 30 周年大会上的讲话》,《人民日报》2012 年 12 月 5 日,第 2 版。

⑤ 习近平:《决胜全面建成小康社会 夺取新时代中国特色社会主义伟大胜利——在中国共产党第十九次全国代表大会上的报告》,人民出版社,2017,第 39 页。

要以习近平新时代中国特色社会主义法治思想为指导，坚守中华文化立场，立足当代中国实践，结合当今时代条件，借鉴外来法治文化，大力发展中国特色社会主义法治文化，建设更高水平的社会主义法治文明。

四　全面深化改革总目标思想的指导意义

习近平总书记指出，"明确全面深化改革总目标是完善和发展中国特色社会主义制度、推进国家治理体系和治理能力现代化"。[1] 这个"明确"既为全面深化改革指明了方向和路径，也为依法治国和法治建设提供了目标导向和基本遵循。

法治与国家治理息息相关，在国家治理中发挥着无可替代的功能。正如习近平总书记所说，"依法治国是坚持和发展中国特色社会主义的本质要求和重要保障，是实现国家治理体系和治理能力现代化的必然要求"。[2]法律体系是国家治理体系的组成部分，法治体系是国家治理体系的重要依托。国家治理体系和治理能力现代化必然要求完善发展中国特色社会主义法律体系，建设中国特色社会主义法治体系。国家治理现代化的实质是在治理体系、治理能力等方面充分体现良法善治，而现代法治则为国家治理注入了良法善治的核心价值和公共治理的创新机制，由此国家治理便具有了现代性，迈向了制度文明和政治文明。

推进国家治理现代化实质上就是推进国家治理法治化。改革开放以来，国家各项制度的创新发展都伴随着法律制度体系的丰富与革新，市场经济就是法治经济、民主政治就是法治政治、法治是治国基本方略、法治是执政基本方式，这些科学论断和实践经验表明国家治理现代化的过程也就是国家治理法治化的过程，法治化是国家治理现代化的必由之路。

推进国家治理法治化，是党的执政理念的必然要求。党的十八大以来，以习近平同志为核心的党中央的执政理念愈加凸显法治要素，除了强

---

① 习近平:《决胜全面建成小康社会　夺取新时代中国特色社会主义伟大胜利——在中国共产党第十九次全国代表大会上的报告》，人民出版社，2017，第19页。

② 习近平:《在中共十八届四中全会第一次全体会议上关于中央政治局工作的报告》，载中共中央文献研究室编《习近平关于全面依法治国论述摘编》，中央文献出版社，2015，第4页。

调要依法执政、依法治国、依法行政、依法治理社会、严格执法、公正司法、重大改革于法有据，又进一步提出法治是治国理政的基本方式，各级领导干部要善于运用法治思维和法治方式深化改革、推动发展、化解矛盾、维护稳定，要推动法治国家、法治政府、法治社会一体建设。党的执政理念和法治理论深刻揭示了法治在国家治理中具有决定性作用。所以，要以国家治理现代化为主题，以推进国家治理法治化为主线，全面推进依法治国、加快法治中国建设，为推动中国特色社会主义制度更加成熟更加定型，为党和国家事业发展、人民幸福安康、社会公平正义、国家长治久安提供一整套更完备、更稳定、更管用的制度体系，通过建立和健全国家治理法律规范、法律制度和法律程序，形成完备的国家治理法治体系，不断提高运用中国特色社会主义法治有效治理国家的能力，确保社会主义现代化伟业在法治轨道上顺利前进。

完善和发展中国特色社会主义制度，推进国家治理体系和治理能力现代化，也是法治发展和法治现代化的强大动力。法治现代化必将使法治在国家治理中发挥更优良更重要的作用。推进国家治理现代化内在地要求推进法治现代化，唯有现代化的法治才能支撑和匹配现代化的国家治理。围绕国家治理体系和治理能力现代化推进法治现代化，使法治现代化的目标更加明确、路径更加清晰、重点更加突出、措施更有抓手。

党的十九大把"实现国家治理体系和治理能力现代化"作为社会主义现代化强国的标志，进而把这一论断和目标纳入新时代中国特色社会主义思想体系和基本方略之中，这为法治现代化指明了前进方向。目前，我国的法治还不能满足国家治理的现实需要，更不适应"形成系统完备、科学规范、运行有效的制度体系"和"加快形成科学有效的社会治理体制"这一国家治理现代化阶段性目标的需要。为此，要以时不我待的紧迫感和使命感，以习近平关于国家治理现代化和法治现代化的相关论述为指导，以改革创新的姿态和锐气，抓住有利时机，加快法治建设，在积极应对国家治理迫切需要的同时，紧跟国家治理现代化的步伐，同步推进法治现代化。国家治理现代化和法治现代化的目标必将把古老的中国带进现代化强国的征程，使党和人民在法治中实现"两个一百年"的奋斗目标，使中华民族在法治中走向富强民主文明和谐美丽，实现伟大复兴的"中国梦"。

五　全面推进依法治国总目标思想的指导意义

习近平总书记指出，"明确全面推进依法治国总目标是建设中国特色社会主义法治体系、建设社会主义法治国家"。[①] 这个"明确"重申了十八届四中全会决定的精神，为深化依法治国实践强化了理论引领。全面依法治国是中国特色社会主义的本质要求和重要保障。要实现经济发展、政治清明、文化昌盛、社会公正、生态良好，必须更好发挥法治引领和规范作用。[②] "我们面对的改革发展稳定任务之重前所未有，矛盾风险挑战之多前所未有，依法治国地位更加突出、作用更加重大。我们必须坚定不移贯彻依法治国基本方略和依法执政基本方式，坚定不移领导人民建设社会主义法治国家。"[③]

全面推进依法治国，必须有一个总目标、总抓手，这就是建设中国特色社会主义法治体系。"中国特色社会主义法治体系"概念是习近平总书记十八大以来提出的最具原创性和标志性的概念之一，明确提出"法治体系"概念和建设中国特色社会主义法治体系命题，具有重大理论创新、制度创新和实践创新意义。全面推进依法治国，涉及立法、执法、司法、守法、法治监督、法治保障、法学教育、法学研究，涉及统筹推进依法治国、依法执政、依法行政、依法自治，涉及一体建设法治国家、法治政府、法治社会、法治经济、法治军队，涉及协调发展国家法治、地方法治、社会法治、行业法治，因而迫切需要一个符合法治规律、传承法治文明、思想含量丰富的统领性概念。"中国特色社会主义法治体系"就是这样一个统领性概念。习近平总书记指出："提出这个总目标，既明确了全面推进依法治国的性质和方向，又突出了全面推进依法治国的工作重点和

① 习近平：《决胜全面建成小康社会　夺取新时代中国特色社会主义伟大胜利——在中国共产党第十九次全国代表大会上的报告》，人民出版社，2017，第 19 页。

② 习近平：《在中共十八届四中全会第一次全体会议上关于中央政治局工作的报告》，载中共中央文献研究室编《习近平关于全面依法治国论述摘编》，中央文献出版社，2015，第 4 页以下。

③ 习近平：《在中共中央召开的党外人士座谈会上的讲话》，载中共中央文献研究室编《习近平关于全面依法治国论述摘编》，中央文献出版社，2015，第 4 页。

总抓手。"① 其重大意义，一是向国内外鲜明宣示我们将坚定不移走中国特色社会主义法治道路。二是明确全面推进依法治国的总抓手。全面推进依法治国涉及很多方面，在实际工作中必须有一个总揽全局、牵引各方的总抓手，这个总抓手就是建设中国特色社会主义法治体系。依法治国各项工作都要围绕这个总抓手来谋划、来推进。此外，建设中国特色社会主义法治体系是实现国家治理体系和治理能力现代化的必然要求，也是全面深化改革的必然要求，有利于在法治轨道上推进国家治理体系和治理能力现代化，有利于在全面深化改革总体框架内全面推进依法治国各项工作，有利于在法治轨道上不断深化改革。

建设中国特色社会主义法治体系，是贯穿《中共中央关于全面推进依法治国若干重大问题的决定》全篇的一条主线，也是新征程中深化全面依法治国的"牛鼻子"，对深化全面依法治国具有纲举目张的作用。在依法治国和法治建设的新征程中，要继续以建设中国特色社会主义法治体系为主题、主线，"在中国共产党领导下，坚持中国特色社会主义制度，贯彻中国特色社会主义法治理论，形成完备的法律规范体系、高效的法治实施体系、严密的法治监督体系、有力的法治保障体系，形成完善的党内法规体系"。②

完备的法律规范体系是法治国家、法治社会的制度基础。要坚持立法先行，发挥立法在改革开放和经济社会发展中的引领和推动作用。坚持上下有序、内外协调、科学规范、运行有效的原则，完善和发展法律规范体系。坚持科学立法、民主立法、依法立法基本原则，拓展科学立法、民主立法、依法立法的途径，不断提高立法质量和效率，以良法促进发展、保障善治。更加注重立法优先、立改废释并举，实现从粗放立法向精细立法转变。加强重点领域立法，实现立法和改革决策相衔接，做到重大改革于法有据、立法主动适应改革和经济社会发展需要。

法律的生命在于实施，法律的权威在于实施，法律的伟力也在于实

---

① 习近平：《关于〈中共中央关于全面推进依法治国若干重大问题的决定〉的说明》，载《〈中共中央关于全面推进依法治国若干重大问题的决定〉辅导读本》，人民出版社，2014，第51页。

② 习近平：《关于〈中共中央关于全面推进依法治国若干重大问题的决定〉的说明》，载《〈中共中央关于全面推进依法治国若干重大问题的决定〉辅导读本》，人民出版社，2014，第51页。

施。完善法治实施体系，首先要健全宪法实施制度，把宣传和树立宪法权威作为全面推进依法治国的重大事项抓紧抓好。各级政府必须坚持在党的领导下、在法治轨道上开展工作，依法行政，严格规范文明执法，建立权责统一、权威高效的依法行政体制，加快建设法治政府。坚定不移推进司法体制改革，完善司法体制改革的配套制度和措施，全面落实司法责任制，深化司法管理体制和司法权力运行机制改革，优化司法职权配置，完善确保依法独立公正行使审判权和检察权的制度和体制。扩大司法民主途径，保障人民群众广泛、真实地参与司法，加强人权司法保障，努力让人民群众在每一个司法案件中都感受到公平正义。

法治监督是对法律实施和法治运行情况的监督，是法律实施和法治运行不可缺少的保障机制。习近平总书记提出要建立由党内监督、人大监督、民主监督、行政监督、司法监督、审计监督、社会监督、舆论监督构成的更加严密的监督体系，形成强大的监督合力；着力推进监督工作规范化、程序化、制度化，形成对法治运行全过程全方位的监督体系，督促实现科学立法、严格执法、公正司法、全民守法。十八届四中全会以来，建立严密的法治监督体系的最大亮点首推国家监察体制改革。十九大决定深入推进国家监察体制改革，在国家监察体制改革试点取得实效的基础上，将试点工作在全国推开，组建国家、省、市、县监察委员会，同党的纪律检查机关合署办公，实现对所有行使公权力的公职人员监察全覆盖；制定国家监察法，依法赋予监察委员会职责权限和调查手段。国家监察体制改革，对于落实十九大提出的"构建党统一指挥、全面覆盖、权威高效的监督体系，把党内监督同国家机关监督、民主监督、司法监督、群众监督、舆论监督贯通起来，增强监督合力"，① 具有关键意义。

建设有力的法治保障体系对于法律的制定和实施十分必要。法治保障包括政治保障、制度保障、思想保障、组织保障、运行保障、人才保障等内容。在依法治国和法治建设新征程，要切实加强和改进党对全面依法治国的领导，提高依法执政能力和水平，为全面依法治国提供强有力的政治和组织保障；加强高素质法治专门队伍和法律服务队伍建设，加强法治机

① 习近平：《决胜全面建成小康社会　夺取新时代中国特色社会主义伟大胜利——在中国共产党第十九次全国代表大会上的报告》，人民出版社，2017，第68页。

构建设和经费保障，为全面依法治国提供坚实的人才和物质保障；改革不符合法治运行规律、不利于依法治国的体制机制，为全面依法治国提供完备的制度保障；完善守法诚信褒奖机制和违法行为惩戒机制，努力形成办事依法、遇事找法、解决问题用法、化解矛盾靠法的社会氛围，使尊法信法守法成为全体人民的共同追求和自觉行动。

党内法规体系是中国特色社会主义法治体系的重要组成部分。"党内法规既是管党治党的重要依据，也是建设社会主义法治国家的有力保障。"① 在依法治国和法治建设的新征程中，要更加注重统筹推进依法治国与依规治党和制度治党。要树立党章权威，确保全党一体严格遵行。完善党内法规制定体制和程序，加大党内法规备案审查和解释力度，形成配套完备的党内法规制度体系。更加注重党内法规同国家法律的衔接和协调，促进党员、干部既认真执行党内法规又带头遵守国家法律法规。提高党内法规执行力，运用党内法规把党要管党、从严治党落到实处。根据全面推进依法治国和依规管党治党的总体部署，按照十九大提出的"加快形成覆盖党的领导和党的建设各方面的党内法规制度体系"的要求，坚持宪法为上、党章为本的基本原则，全面建成内容科学、程序严密、配套完备、运行有效的党内法规制度体系。

除了上述五个方面，中国特色社会主义法治体系还包括形式多样、内容丰富的社会规范体系，诸如社会习惯、市民公约、乡规民约、行业规章、团体规章等，它们也是依法治国的重要遵循。在一定意义上，社会规范体系是以公共道德和公序良俗为核心的规范体系。要按照依法治国与以德治国相结合的基本原则，根据十九大的最新部署，大力加强社会规范体系建设，开辟法治、德治、自治有机融合的社会治理新局面。

与建设中国特色社会主义法治体系并行的是建设社会主义法治国家。二十年前，党的十五大提出依法治国、建设社会主义法治国家，此后，建设社会主义法治国家的目标先后写入党章和宪法，成为党和国家的行动纲领。二十年来，社会主义法治国家的内涵越来越丰富、越来越清晰。法治国家属于政治文明范畴，以人民主权、依法而治、宪法至上、制约权力、

---

① 《中共中央关于全面推进依法治国若干重大问题的决定》，载《〈中共中央关于全面推进依法治国若干重大问题的决定〉辅导读本》，人民出版社，2014，第36页。

保障人权、公平正义、正当程序为核心标志。党的十九大进一步把建设社会主义法治国家纳入全面建设社会主义现代化国家的总目标、总任务之中，为法治国家确定了更高标准，为建设社会主义法治国家、促进社会主义政治文明提出了新的目标定位和基本遵循。

六 新时代强军思想的指导意义

习近平总书记指出，"明确党在新时代的强军目标是建设一支听党指挥、能打胜仗、作风优良的人民军队，把人民军队建设成为世界一流军队"。[①] 这个"明确"对依法治军、从严治军、建设法治化人民军队具有鲜明的指导意义。党的十八大以来，习近平同志作为党中央总书记、国家主席、军委主席提出了强军目标、强军之要、强军之基，强调依法治军从严治军是强军之基，是建军治军的基本方略，深刻阐明了新的历史条件下依法治军、从严治军、建设法治军队的战略地位、根本原则和目标任务，科学回答了中国特色军事法治建设一系列重大理论和现实问题，丰富发展了中国特色社会主义法治理论和军事理论。习近平总书记指出："厉行法治、严肃军纪，是治军带兵的铁律，也是建设强大军队的基本规律。……要强化法治观念，严格部队管理，狠抓条令条例贯彻落实，提高部队正规化水平"，[②] "一个现代化国家必然是法治国家，一支现代化军队必然是法治军队。深入推进依法治军、从严治军，是全面推进依法治国总体布局的重要组成部分，是实现强军目标的必然要求。整个国家都在建设中国特色社会主义法治体系、建设社会主义法治国家，军队法治建设不抓紧，到时候就跟不上趟了"。[③] 习近平总书记还指出："军队越是现代化，越是信息化，越是要法治化。在信息网络时代，战争过程日益科学化，军队建设、管理和作战行动更加强调标准化、规范化、精细化。这就要对军队各方面进行

①　习近平：《决胜全面建成小康社会　夺取新时代中国特色社会主义伟大胜利——在中国共产党第十九次全国代表大会上的报告》，人民出版社，2017，第19页。

②　习近平：《在视察南京军区机关时的讲话》，载中共中央文献研究室编《习近平关于全面依法治国论述摘编》，中央文献出版社，2015，第116页。

③　习近平：《提高国防和军队建设法治化水平》，载中共中央文献研究室编《习近平关于协调推进"四个全面"战略布局论述摘编》，中央文献出版社，2015，第109页。

严格规范，建立一整套符合现代军事发展规律、体现我军特色的科学的组织模式、制度安排和运作方式，推动军队正规化建设向更高水平发展"，① "深入推进依法治军、从严治军，必须紧紧围绕党在新形势下的强军目标，着眼全面加强革命化现代化正规化建设，坚持党对军队绝对领导，坚持战斗力标准，坚持官兵主体地位，坚持依法和从严相统一，坚持法治建设和思想政治建设相结合，创新发展依法治军理论和实践，构建完善的中国特色军事法治体系，提高国防和军队建设法治化水平"。② 习近平总书记的论述深刻揭示了我军性质宗旨的特殊要求与法治建设一般规律的高度统一。

2014 年，习近平总书记在主持党的十八届四中全会决定起草时，明确要求把依法治军从严治军问题单列写进去，纳入依法治国总体布局。《中共中央关于全面推进依法治国若干重大问题的决定》就"深入推进依法治军从严治军"做出重大部署，这是在党中央顶层设计中首次提出依法治军。十八届四中全会之后，习近平主席亲自决策起草、审定、批准印发了《中央军委关于新形势下深入推进依法治军从严治军的决定》，明确提出了深入推进依法治军从严治军的指导思想、目标要求、基本原则、主要任务和重大改革举措，深刻阐明依法治军从严治军一系列重大理论和实践问题，为新形势下深入推进依法治军从严治军、提高国防和军队建设法治化水平提供了科学指南和根本遵循，标志着我军法治建设踏上新起点，人民军队法治化建设进入"快车道"。

依法治军从严治军是强军之基，是把军队建设成为世界一流军队的必由之路。基于此，党的十九大进一步把"坚持政治建军、改革强军、科技兴军、依法治军"提升为坚持和发展中国特色社会主义的基本方略，并进一步强调"全面从严治军，推动治军方式根本性转变，提高国防和军队建设法治化水平"。③ 必须充分认识到，依法治军从严治军是治军方式的深刻变革；依法治军是依法治国的一部分，法治军队建设是法治国家建设的组

---

① 中共中央宣传部编《习近平总书记系列重要讲话读本》，学习出版社、人民出版社，2016，第 259 页。

② 习近平：《提高国防和军队建设法治化水平》，载中共中央文献研究室编《习近平关于协调推进"四个全面"战略布局论述摘编》，中央文献出版社，2015，第 109 页。

③ 习近平：《决胜全面建成小康社会　夺取新时代中国特色社会主义伟大胜利——在中国共产党第十九次全国代表大会上的报告》，人民出版社，2017，第 54 页。

成部分；军队是国家体系的支柱，国家要依法治国，军队必然要依法治军；军队依法治军，必然支撑依法治国。在新时代强军道路上，必须紧紧围绕党在新时代的强军目标，创新发展依法治军理论和实践，着力构建系统完备、严密高效的军事法规制度体系、军事法治实施体系、军事法治监督体系、军事法治保障体系，提高国防和军队建设法治化水平，为建设强大的现代化的世界一流军队夯实法治基础。

七 构建人类命运共同体思想的指导意义

习近平总书记指出，"明确中国特色大国外交要推动构建新型国际关系，推动构建人类命运共同体"。① 这个"明确"对于统筹国内法治与国际法治、国家治理与全球治理两个大局，推动全球治理体系和治理规则变革，构建新型国际关系和人类命运共同体，为决胜全面建成小康社会、夺取新时代中国特色社会主义伟大胜利、实现中华民族伟大复兴创造更加良好的国际关系和国际法治环境，具有极其重大的指导意义。

进入 21 世纪以来，国际力量对比发生深刻变化，新兴市场国家和一大批发展中国家的国际影响力不断增强，这是近代以来国际力量对比中最具革命性的变化。数百年来，从列强通过战争、殖民等方式争夺利益和霸权，逐步向各国以制度规则协调关系和利益的方向演进。在这种情况下，推进全球治理体系变革和全球治理法治化已是大势所趋。

经过改革开放三十多年的发展，我国前所未有地走近世界舞台中央，前所未有地接近实现中华民族伟大复兴的目标，前所未有地具有实现这个目标的能力和信心。同时，我们越发展壮大，遇到的外部阻力和压力就会越大，面临的外部风险和挑战就会越多。发达国家总体上仍然主导着全球治理和世界秩序。中国的快速崛起必定要面临既有国际规则和国际秩序的限制，受到美国等西方大国的钳制。因而，我们必须推进全球治理体制变革，给国际治理格局和国际体系定规则、定方向，争取在国际秩序和国际体系长远制度性安排中体现和尊重中国应有的地位和作用，争夺发展的制

---

① 习近平：《决胜全面建成小康社会 夺取新时代中国特色社会主义伟大胜利——在中国共产党第十九次全国代表大会上的报告》，人民出版社，2017，第 19 页。

高点。

全球化深入发展，把世界各国利益和命运更加紧密地联系在一起，形成了你中有我、我中有你的利益共同体。很多问题不再局限于一国内部，很多挑战也不再是一国之力所能应对，全球性挑战需要各国通力合作来应对。当今世界面临着各种不稳定性不确定性问题，世界经济增长动能不足，贫富分化日益严重，地区热点问题此起彼伏，恐怖主义、网络安全、重大传染性疾病、气候变化等非传统安全威胁持续蔓延，人类面临许多共同挑战。没有哪个国家能够独自应对人类面临的各种挑战，也没有哪个国家能够退回到自我封闭的孤岛。这就决定了中国不可能独善其身，不可能继续"韬光养晦"，而必须统筹国内国际两个大局，积极构建开放合作的治理格局，努力使国内治理与国际治理有效衔接、相辅相成。

作为世界上发展速度最快和发展质量最好的发展中大国，中国的利益和责任也要求我们积极推进全球治理体系和治理规则变革，为新型市场国家和发展中国家争取更多制度性权力和话语权，为世界和平稳定提供制度保障。

面对复杂巨变的世界形势，十八大以来，以习近平同志为核心的党中央审时度势，抓住机遇，应对挑战，以超凡的智慧和勇气推动全球治理体系和治理规则变革，构建世界经济政治新秩序。关于构建什么样的国际关系和世界秩序，习近平总书记在科学研判的基础上给出了明确定位，提供了中国方案。这就是推动国际关系民主化、法治化、合理化，引领经济全球化，构建人类命运共同体。

推动国际关系民主化的要义是："世界的命运必须由各国人民共同掌握，世界上的事情应该由各国政府和人民共同商量来办。垄断国际事务的想法是落后于时代的，垄断国际事务的行动也肯定是不能成功的。"[①] 推动国际关系法治化的要义是：在国际关系中，各国都应遵守国际法和公认的国际关系基本原则，用统一适用的规则来明是非、促和平、谋发展。推动国际关系合理化（公正化）的要义是：适应国际力量对比新变化推进全球治理体系改革，体现各方关切和诉求，更好维护广大发展中国家正当权益；坚持主权平等，推动各国权利平等、机会平等、规则平等。

---

① 习近平：《弘扬和平共处五项原则　建设合作共赢美好世界——在和平共处五项原则发表60周年纪念大会上的讲话》，《人民日报》2014年6月29日，第2版。

经济全球化是社会生产力发展的客观要求和科技进步的必然结果。经济全球化是与经济现代化同步的历史大势，为世界经济增长提供了强劲动力，促成了产品、资源、资本、技术、思想、文化、人员在全球范围内的大流动，促成了贸易繁荣、资源开发、投资便利、技术创新、思想革命和社会变迁。当然，"我们也要承认，经济全球化是一把'双刃剑'"。① 由于经济全球化把竞争从国内带向国际、从区域带向全球，这就必然引起世界范围内发展失衡、治理困境、数字鸿沟、公平赤字等问题。特别是当世界经济处于下行期的时候，全球经济"蛋糕"不容易做大，增长和分配、资本和劳动、效率和公平的矛盾会更加突出，发达国家和发展中国家都会感受到压力和冲击。在这种形势下，一些国家出现"反全球化""逆全球化"的舆论、思潮和运动不足为怪。面对经济全球化带来的机遇和挑战，习近平总书记提醒各国领导人和各国人民做出正确选择：要充分利用一切机遇，合作应对一切挑战，引导好经济全球化走向，让经济全球化进程更有活力、更加包容、更可持续；要主动作为、适度管理，让经济全球化的正面效应更多释放出来，实现经济全球化进程再平衡；要顺应大势、结合国情，正确选择融入经济全球化的路径和节奏；要讲求效率、注重公平，让不同国家、不同阶层、不同人群共享经济全球化的好处。

在推动全球治理体系变革、构建民主法治公正合理的世界秩序、引领全球化正确方向的基础上，向着建设人类命运共同体的方向前进，这是习近平总书记提出的时代命题和全球课题。十八大以来，习近平总书记洞察国际形势和世界格局演变大趋势，前瞻性地提出了建设人类命运共同体的主张。这个主张的基本内容包括：建立平等相待、互商互谅的伙伴关系，营造公道正义、共建共享的安全格局，谋求开放创新、包容互惠的发展前景，促进和而不同、兼收并蓄的文明交流，构筑尊崇自然、绿色发展的生态体系。五年来，我国通过实施"一带一路"倡议，发起创办亚洲基础设施投资银行，设立丝路基金，举办首届"一带一路"国际合作高峰论坛、亚太经合组织领导人非正式会议、二十国集团领导人杭州峰会、金砖国家领导人厦门会晤、亚信峰会，开展一系列大国元首外交，使人类命运共同

---

① 习近平：《共担时代责任　共促全球发展——在世界经济论坛 2017 年年会开幕式上的主旨演讲》，《人民日报》2017 年 1 月 18 日，第 3 版。

体理念得到了联合国及其所属组织的认同和世界人民的广泛支持，已经构成了新型国际关系和世界秩序的理论基石和要素。

党的十九大把进一步推动构建人类命运共同体作为新时代坚持和发展中国特色社会主义的基本方略之一，提出中国人民的梦想同各国人民的梦想息息相通，实现中国梦离不开和平的国际环境和稳定的国际秩序，呼吁各国人民同心协力，构建人类命运共同体，建设持久和平、普遍安全、共同繁荣、开放包容、清洁美丽的世界。要相互尊重、平等协商，坚决摒弃冷战思维和强权政治，走对话而不对抗、结伴而不结盟的国与国交往新路。要坚持以对话解决争端、以协商化解分歧，统筹应对传统和非传统安全威胁，反对一切形式的恐怖主义。要同舟共济，促进贸易和投资自由化便利化，推动经济全球化朝着更加开放、包容、普惠、平衡、共赢的方向发展。要尊重世界文明多样性，以文明交流超越文明隔阂、文明互鉴超越文明冲突、文明共存超越文明优越。要坚持环境友好，合作应对气候变化，保护好人类赖以生存的地球家园。

在新时代，我们应当进一步提升全球战略思维，秉持共商共建共享的全球治理观，以推动建设相互尊重、公平正义、合作共赢的新型国际关系和建设人类命运共同体为基本理念和发展目标，始终不渝走和平发展道路，奉行互利共赢的开放战略，坚持正确义利观，树立共同、综合、合作、可持续的新安全观，谋求开放创新、包容互惠的发展前景，促进和而不同、兼收并蓄的文明交流，构筑尊崇自然、绿色发展的生态体系，"始终做世界和平的建设者、全球发展的贡献者、国际秩序的维护者"。[①]

八　坚持党的领导思想的指导意义

习近平总书记指出，"明确中国特色社会主义最本质的特征是中国共产党领导，中国特色社会主义制度的最大优势是中国共产党领导，党是最高政治领导力量，提出新时代党的建设总要求，突出政治建设在党的建设

---

① 习近平：《决胜全面建成小康社会　夺取新时代中国特色社会主义伟大胜利——在中国共产党第十九次全国代表大会上的报告》，人民出版社，2017，第 25 页。

中的重要地位"。① 这个"明确"清晰地阐明了党的领导与中国特色社会主义的关系，说明了中国特色社会主义法治必须坚持党的领导，从党的领导中找到自己的政治定位和前途命运，从党的领导中获得优势、力量和权威。在依法治国和法治建设必须坚持党的领导这个问题上，习近平总书记讲得最多最透最坚定最全面。党的领导是中国特色社会主义法治最本质的特征，是社会主义法治最根本的保证。把党的领导贯彻到依法治国全过程和各方面，是我国社会主义法治建设的一条基本经验。我国宪法确立了中国共产党的领导地位，坚持党的领导是宪法的根本要求，是依宪治国、依宪执政的根本体现，是党和国家的根本所在、命脉所在，是全国各族人民的利益所系、幸福所系，是全面推进依法治国的题中应有之义。"坚持中国特色社会主义法治道路，最根本的是坚持中国共产党的领导。依法治国是我们党提出来的，把依法治国上升为党领导人民治理国家的基本方略也是我们党提出来的，而且党一直带领人民在实践中推进依法治国。全面推进依法治国，要有利于加强和改善党的领导，有利于巩固党的执政地位、完成党的执政使命，决不是要削弱党的领导。"② "我们必须牢记，党的领导是中国特色社会主义法治之魂，是我们的法治同西方资本主义国家的法治最大的区别。离开了中国共产党的领导，中国特色社会主义法治体系、社会主义法治国家就建不起来。我们全面推进依法治国，绝不是要虚化、弱化甚至动摇、否定党的领导，而是为了进一步巩固党的执政地位、改善党的执政方式、提高党的执政能力，保证党和国家长治久安。"③ 坚持党的领导不是一句空话，而是具体体现为党领导立法、保证执法、支持司法、带头守法。

在十九大报告中，习近平总书记再次强调指出："坚持党的领导、人民当家作主、依法治国有机统一是社会主义政治发展的必然要求"，④ "党

① 习近平：《决胜全面建成小康社会　夺取新时代中国特色社会主义伟大胜利——在中国共产党第十九次全国代表大会上的报告》，人民出版社，2017，第20页。
② 习近平：《加快建设社会主义法治国家》，载中共中央文献研究室编《习近平关于全面依法治国论述摘编》，中央文献出版社，2015，第27页。
③ 习近平：《在省部级主要领导干部学习贯彻党的十八届四中全会精神全面推进依法治国专题研讨班上的讲话》，载中共中央文献研究室编《习近平关于全面依法治国论述摘编》，中央文献出版社，2015，第35页以下。
④ 习近平：《决胜全面建成小康社会　夺取新时代中国特色社会主义伟大胜利——在中国共产党第十九次全国代表大会上的报告》，人民出版社，2017，第22页。

的领导是人民当家作主和依法治国的根本保证"，① "必须把党的领导贯彻落实到依法治国全过程和各方面，坚定不移走中国特色社会主义法治道路"。② 为了加强党对依法治国和法治建设的领导，十九大决定"成立中央全面依法治国领导小组，加强对法治中国建设的统一领导"。③

习近平总书记强调把坚持党的领导与改善、改进党的领导统一起来，改进党的领导方式和执政方式，提高党的领导水平和执政本领。在十八届四中全会上，他指出："党的领导和社会主义法治是一致的，社会主义法治必须坚持党的领导，党的领导必须依靠社会主义法治。"④ 如果说"社会主义法治必须坚持党的领导"是我们党的一贯立场，毛泽东、邓小平、江泽民、胡锦涛等党和国家领导人对此均做过相应论述，习近平总书记在新的形势下更加鲜明、更加深入、更有针对性地进行了论述，那么，"党的领导必须依靠社会主义法治"则是习近平总书记首次提出的重大命题，是当代中国共产党人对党的领导能否和法治相结合做出的明确回答，其重大意义在于从根本上找到了改善和改进党的领导方式和执政方式的路径。习近平总书记指出："我国是一个有十三亿多人口的大国，地域辽阔，民族众多，国情复杂。我们党在这样一个大国执政，要保证国家统一、法制统一、政令统一、市场统一，要实现经济发展、政治清明、文化昌盛、社会公正、生态良好，都需要秉持法律这个准绳、用好法治这个方式。"⑤

改善和改进党的领导方式和执政方式，最根本的是坚持依法执政、依宪执政、依据法律和党内法规实施对国家和社会的领导。必须把依法治国基本方略同依法执政基本方式统一起来，把党总揽全局、协调各方同人大、政府、政协、审判机关、检察机关依法依章程履行职能、开展工作统

---

① 习近平：《决胜全面建成小康社会　夺取新时代中国特色社会主义伟大胜利——在中国共产党第十九次全国代表大会上的报告》，人民出版社，2017，第 36 页。

② 习近平：《决胜全面建成小康社会　夺取新时代中国特色社会主义伟大胜利——在中国共产党第十九次全国代表大会上的报告》，人民出版社，2017，第 22 页。

③ 习近平：《决胜全面建成小康社会　夺取新时代中国特色社会主义伟大胜利——在中国共产党第十九次全国代表大会上的报告》，人民出版社，2017，第 38 页。

④ 习近平：《关于〈中共中央关于全面推进依法治国若干重大问题的决定〉的说明》，载中共中央文献研究室编《习近平关于全面依法治国论述摘编》，中央文献出版社，2015，第 23 页以下。

⑤ 习近平：《在中共十八届四中全会第二次全体会议上的讲话》，载中共中央文献研究室编《习近平关于全面依法治国论述摘编》，中央文献出版社，2015，第 9 页。

一起来，把党领导人民制定和实施宪法法律同党坚持在宪法法律范围内活动统一起来，善于使党的主张通过法定程序成为国家意志，善于使党组织推荐的人选通过法定程序成为国家政权机关的领导人员，善于通过国家政权机关实施党对国家和社会的领导，善于运用民主集中制原则维护中央权威、维护全党全国团结统一。

为了更好、更有效地依法执政，在尊重和遵循宪法法律的同时，还必须致力于建立完善的党内法规制度体系。全面推进依法治国、全面从严治党，必须努力形成党内法规和国家法律相辅相成、相互促进、相互保障的格局。党的十八大以来，党内法规制度体系不断完善。在十九大报告中，习近平总书记进一步指出："领导十三亿多人的社会主义大国，我们党既要政治过硬，也要本领高强。"① 在各项高强本领中就包括法治思维能力和依法执政能力。

法治思维以及相应的法治方式是对人治思维以及相应的人治方式的革命。人治思维崇尚贤人政治、官本位、家长主义、父爱主义，过分信赖当权者个人或少数人的智慧、能力、美德，凭借个人的愿望和权威治国理政。人治思维也不是一点法律都不要，但它认为"法律可有可无"，"法律只能作为办事的参考"。在人治思维中，权力决定一切，当个人的意愿、判断和利益与法律冲突时，不是"法大于权"，而是"权大于法"。法治思维则是一种理性思维、科学思维、民主思维，其实质就是习近平总书记概括的：把对法治的尊崇、对法律的敬畏转化成思维方式和行为方式，做到在法治之下，而不是法治之外，更不是法治之上想问题、作决策、办事情；其关键是守规则、重程序，做到法定职责必须为、法无授权不可为，尊重和保护人民权益，自觉接受监督。坚持法治思维和法治方式，要抓住领导干部这个关键少数。各级领导干部要做尊法学法守法用法的模范，提高运用法治思维和法治方式的能力，努力以法治凝聚改革共识、规范发展行为、促进矛盾化解、保障社会和谐；牢固树立宪法法律至上、法律面前人人平等、权由法定、权依法使等基本法治观念，彻底摈弃人治思想和长官意志，决不搞以言代法、以权压法、逐利违法、徇私枉法；努力营造办

---

① 习近平：《决胜全面建成小康社会　夺取新时代中国特色社会主义伟大胜利——在中国共产党第十九次全国代表大会上的报告》，人民出版社，2017，第68页。

事依法、遇事找法、解决问题用法、化解矛盾靠法的法治环境。

依法执政是中国共产党改善和改进执政方式、提高执政能力和水平的重要举措。中国共产党作为执政党必须依照宪法和法律执掌国家政权、领导国家政权、运用国家政权，实现党的执政为民的宗旨和执政兴国的目标；依法支持和督促国家机关依法行使国家权力、履行国家职能，确保国家机关活动的民主性、合法性、公正性、权威性；依法参与重大国务活动，制定内政、国防、外交基本方针，管理由党和国家机关共同负责的重要事项；依法保证党领导人民有效治理国家。

十八大以来，我们党坚持依法执政，推进依法执政制度化、规范化、程序化，坚持以法治的理念、法治的体制、法治的程序实行党的领导和党的执政，党的领导和执政的合法性得到更广泛更真诚的认同，党的领导本领和执政本领取得历史性的飞跃，国家治理体系和治理能力现代化水平显著提高，全社会发展活力和创新活力明显增强。在新时代新征程中，必须在更高标准上把坚持党的领导与改善党的领导、依法治国与依法执政有机地结合起来，把党的领导、人民当家作主、依法治国有机地统一起来，创造人类历史上最高水平的政治文明和法治文明。

习近平新时代中国特色社会主义思想对依法治国和法治建设的指导意义并不限于上述八项"明确"（八个方面的核心思想）。但是，仅从八项"明确"对依法治国和法治建设的指导意义足以看出，习近平新时代中国特色社会主义思想对依法治国和法治建设既具有战略性又具有基础性、既具有现实针对性又具有未来前瞻性的指导意义。这多重意义的指导必将引领新时代全面依法治国新征程，开创法治中国建设新局面。

新时代中国法治理论创新发展的六个向度*

李　林**

　　摘　　要：推进中国特色社会主义法治理论创新发展，是新时代法理学和法治理论研究的时代使命和学术责任。在推进全面依法治国、建设法治中国的伟大实践中，推动新时代法治理论创新发展，应当关注和把握六个重要向度，即法治中国的法理向度、政治中国的政理向度、法治体系的时代向度、法治效能的实证向度、法治世界的国际向度、系统法治的综合向度，由此加快构建新时代具有中国风格、中国气派、中国特色的社会主义法治理论体系。

　　关键词：法治理论　依法治国　法治体系　法治实效　国际法治

　　中国特色社会主义进入新时代，这既是我国发展新的历史方位，也是我国法治建设和法治理论研究新的历史起点。仁立新时代坚持和发展中国特色社会主义的历史新方位，站在从中华民族站起来、富起来迈向强起来的历史新起点，着眼"两个一百年"和实现中华民族伟大复兴中国梦的奋斗目标，在深化全面依法治国的伟大实践中，推动新时代中国法治理论创新发展，应当聚焦和把握六个基本向度。

---

　　*　本文原载于《法学研究》2019 年第 4 期。
　　**　李林，中国社会科学院法学研究所研究员。

一　法治中国的法理向度

新时代中国法治理论，是中国特色社会主义理论体系在法治领域的理论体现，是以全面依法治国新理念新思想新战略的"十个坚持"为核心要义，以中国特色社会主义法治道路、法治体系、法治文化为主要根基的法治理论，是从中国改革开放和现代化建设实际出发、以推进全面依法治国实践为重要基础的法治理论，是在革命、建设和改革探索中逐步形成的中国特色社会主义法治理论。

在改革开放以来努力加强民主法治建设的基础上，尤其是中共十八大以来，我们党及时总结国家和地方层面推进法治建设的实践经验，不断深化和发展对推进全面依法治国、建设社会主义法治国家的认识，逐步形成了"法治中国"的新概念，提出了建设法治中国的新任务。中共十八届三中全会明确提出"法治中国"的概念，并将"推进法治中国建设"作为新时代法治发展的重要任务。十八届四中全会把"向着建设法治中国不断前进"和"为建设法治中国而奋斗"规定为新时代法治建设的战略目标。中共十九大明确提出必须"加强对法治中国建设的统一领导"。"法治中国"是一个具有中国理论、制度和实践特色的原创性概念，也是推动中国特色社会主义法治理论创新发展的统领性概念。[①] 建设法治中国，是中国人民对自由平等、民主法治、人权尊严、公平正义、安全秩序、平安幸福等法治价值的崇高追求；是坚持中国特色社会主义理论自信、道路自信、制度自信和文化自信，完善和发展中国特色社会主义制度，推进国家和社会治理现代化，实现国家各项工作法治化的实践过程；是人民当家作主，依照宪法和法律管理国家、治理社会、配置资源、保障人权、驯化权力的良法善治。

法理是指形成一个国家全部法律、某一部门法律或法治体系、法律制度体系的价值导向、基本精神、根本原理、基本原则、基本范畴和哲学基础，是法、法律体系、法治体系、法律制度体系等存在和运行的规律性表

---

① 参见张文显《法治中国建设的前沿问题》，《中共中央党校学报》2014 年第 5 期，第 32 页。

达和学理性依据。① 法治中国的法理向度，是指中国特色社会主义法治理论的法哲学、法理学、法政治学的价值体系、理论基础和学理依据，它强调的是新时代中国法治理论的"五性"特征——哲理性、法理性、学理性、科学性和实践性，② 是新时代中国法治理论能够成为科学理论体系的理性特征和内在要求。法治中国的法理向度，要求从法哲学、法理学、法政治学等学术和学理角度，运用法哲学、法理学、法政治学等基本原理和方法，观察研究新时代中国法治实践、法治道路、法治体系、法治现象、法治运行、法治改革等基本问题，作出符合法治科学精神和法治国情的法理总结、法理阐释和法理表达。③

第一，从法理向度研究和阐释新时代中国法治的思想价值理论体系，涉及政治哲学、法哲学、法理学和中国特色社会主义理论体系等方面的法理问题。④ 这主要包括：（1）关于法和法治的一般原理、价值、功能、原则、学说、范畴、方法和知识谱系的法理问题；（2）马克思主义国家与法的学说，马克思主义的意识形态以及法学的国家观、阶级观、政党观、民主观、法律观、法治观、人权观、平等观、正义观和权力观，马克思主义法理学、法哲学、法政治学、政治哲学的法理问题；⑤（3）社会主义法治学说与文化、法治价值与精神、法治意识与观念、法治理念与思想、法治原则与战略的法理问题；（4）马克思主义法学（法治）理论的中国化时代化，中国特色社会主义法治理论体系，新时代全面依法治国新理念新思想新战略的法理问题；（5）中国特色社会主义法学的理论体系、学科体系、课程体系、话语体系的法理问题；⑥（6）公民和国家公职人员（尤其是领导干部）的法治态度、法治心理、法治偏好、法治思维、法治方式、法治

---

① 张文显认为，在当下中国法学界，共识性"法理"概念尚未凝练出来，把"理"作为法理学研究对象和中心主题尚未成为理论自觉。参见张文显《法理：法理学的中心主题和法学的共同关注》，《清华法学》2017 年第 4 期，第 12 页。

② 参见李林《中国法理学的时代使命》，《中国法律评论》2019 年第 3 期，第 5 页。

③ 参见李林《中国法理学的时代使命》，《中国法律评论》2019 年第 3 期，第 3 页。

④ 参见李林《论习近平全面依法治国的新思想新战略》，《法学杂志》2016 年第 5 期，第 11 页。

⑤ 参见李林《论习近平全面依法治国的新思想新战略》，《法学杂志》2016 年第 5 期，第 11 页。

⑥ 参见张文显《习近平法治思想研究（中）——习近平法治思想的一般理论》，《法制与社会发展》2016 年第 3 期，第 26 页及以下。

情感、法治认识、法治体验、法治立场、法治信仰的法理问题。

第二，从法理向度研究和阐释新时代中国法治的制度规范理论体系，涉及法治的基本制度、法律规范、法律体系、法治体系、法治程序、法治结构等方面的法理问题。① 这主要包括：（1）关于法和法治的一般制度、体系、程序、规则、规范和架构的法理问题；（2）关于国家治理体制现代化和国家宪法宪制的法理，如中国宪法规定的社会主义根本政治制度和基本政治制度的法理，关于中国基本经济制度、基本社会制度、基本文化制度、"一国两制"的法理，关于中国民主选举制度、人权保障制度、立法体制、法律体系的法理问题；（3）关于中国特色社会主义法治体系的法理，包括法律规范体系、法治实施体系、法治监督体系、法治保障体系、党内法规体系的法理问题；② （4）关于中国特色社会主义法治政府、依法行政的法理，关于司法权、司法体制、司法程序、司法裁判、公正司法制度的法理，关于全民守法和普法制度、法治文化建设制度体系的法理，关于依宪执政、依法执政、政法制度、监察体制的法理问题。

第三，从法理向度研究和阐释新时代中国法治实践的运行操作体系理论，涉及法治原理的应用、法治行为、法治实践、法治实效、法治实证和法治运行等方面的法理问题。③ 这主要包括：（1）关于法治运行实施的一般规律、特点、机制、行为、方式、条件、变迁、成效、评估等各个方面的法理问题；（2）关于科学立法、严格执法、公正司法、全民守法、有力护法等良法善治各个环节的法理问题；（3）关于依宪/依法治国、依宪/依法执政、依法立法、依法行政、依法治权、依法治官、依法治军、依法办事、依法维权等法治实施各个方面的法理问题；（4）关于法治国家、法治政府、法治社会、法治经济、法治政治、法治文化等法治发展各个领域的法理问题；④ （5）关于执政党遵循在宪法和法律范围内活动的原则，带头

① 参见李林《论习近平全面依法治国的新思想新战略》，《法学杂志》2016年第5期，第12页。

② 参见习近平《加快建设社会主义法治国家》，《求是》2015年第1期，第6页。

③ 参见李林《论习近平全面依法治国的新思想新战略》，《法学杂志》2016年第5期，第12页。

④ 参见李林《新时代坚定不移走中国特色社会主义法治道路》，《中国法学》2019年第3期，第13页。

遵守执行宪法和法律，领导立法、保证执法、支持司法、带头守法以及从严治党、依规治党、制度治党等方面的法理问题。

从法理向度研究和阐释新时代中国法治的相关关系理论体系，涉及法治存在发展的外部关系等法理问题。这主要包括：（1）新时代中国法治与人类法治文明、西方法学理论、国际法治理论、全球化法治进程、中华法系文明的法理关系；（2）法治与中国特色社会主义及其道路、理论、制度、文化，与"四个全面"、"五位一体"、实现"两个一百年"奋斗目标的法理关系；（3）法治与道德、纪律、政策、党内法规、习俗、乡规（村规）民约、社会自治规范、公序良俗等社会规范的法理关系；（4）法治与民主、自由、平等、博爱、人权、正义、安全、秩序、尊严、权威、平安、幸福等价值追求的法理关系；（5）法治与互联网、大数据、人工智能、云计算、区块链、图像识别、基因科学、生命伦理、现代医学等新兴科学技术的法理关系；（6）法治与促进发展、维护稳定、构建秩序、化解矛盾、解决纠纷、保障安全、实现幸福等社会公共职能的法理关系；（7）法治与政治、政党、政权、宗教、社会组织、以德治国、国家治理体制和治理能力现代化、良法善治、他治自治共治、法治德治"赛治"① 等治理主体和治理方式的法理关系。

坚持法治中国的法理向度，就是要从当代中国国情和实际出发，洞悉新时代法治中国建设的基本矛盾、基本规律、主要特征，把握全面依法治国的发展规律，增强法治的道德性、哲理性、法理性和实践性，使法治能够切实反映改革发展的基本特征，适应经济社会变革的内在要求，满足社会公众对法治的新期待新需求；就是要秉持科学精神、遵循科学规律、采用科学方法，立足法治中国建设实际，学习借鉴古今中外法理知识和法治文明经验，② 推动中国法治理论创新发展，努力构建新时代中国特色社会主义法治理论体系。

---

① 五四时期提出的"赛先生"系指英文的"science"，这里的"赛治"是指将互联网、大数据、云计算、人工智能等现代科技手段用于国家和社会治理。

② 参见李林《新时代坚定不移走中国特色社会主义法治道路》，《中国法学》2019年第3期，第24页。

二 政治中国的政理向度

在人类政治文明的源头上，政治与法治、政治学与法学本来就是不分彼此的"一家人"。随着科学的发展和人类的进步，法学从政治学体系中独立出来，法治从政治生活中分离出来，最终形成了独立的法学学科和法治体系。法学是一门政治性和意识形态性比较强的学科。① 在现代法治文明的国家中，政治离不开法治，没有法治规范、制约和保障的政治，必然产生专制、权力腐败和政治紊乱；法治也离不开政治，"法治必然具有鲜明的政治性"，② 没有政治的引领、支持和保障，法治必将形同虚设、一事无成。

在治国理政的一般意义上讲，"政"是指正确的领导，"治"是指正确的管理。孙中山在解释"政治"一词的含义时说："政治两字的意思，浅而言之，政就是众人的事，治就是管理，管理众人的事，便是政治。"③ 列宁则认为，"政治是一门科学、是一种艺术"。④ 在我国，与法治相对应的具有动词意蕴的政治，是指坚持中国共产党领导，运用正确的指导思想、战略决策、路线方针、方略政策、意识形态等政略方式治国理政的政策之治，是人民当家作主、管理国家和社会事务、管理经济和文化事业的民主之治，是各民主党派参政议政、民主监督的多党合作之治；是政党之治、政策之治、领导之治（坚持党的政治领导、组织领导、思想领导）、策略之治（坚持和实现依法治国基本方略）、意识形态之治、道路引领、方向把握、立场确定、方式选择等等。

"政治中国"作为一个与"法治中国"相对应的宪治概念，是指执政的中国共产党确立科学正确的指导思想，制定正确的路线方针政策，采取有效的治国理政方略，在宪法和法律范围内活动，践行党章规定的性质和

① 参见张文显、黄文艺《理论创新是法学的第一要务——十六大与法学理论创新》，《中国法学》2003年第2期，第5页及以下。
② 江必新：《中国特色社会主义法治之"六观"》，《学习时报》2015年6月15日，第11版。
③ 《孙中山选集》下册，人民出版社，1956，第661页。
④ 列宁：《共产主义运动中的"左派"幼稚病》，载中共中央马恩列斯著作编译局编《列宁选集》第4卷，人民出版社，1995，第189页。

宗旨，带领人民推进依宪治国、依宪执政，努力实现宪法和党章规定的基本任务和奋斗目标，实现国家富强、人民幸福、民族复兴的中国梦强国梦，把中国建成为现代化法治强国的理论、实践和过程。

坚持和发展新时代中国法治理论，必须要有明确的政治立场和清醒的政治意识，把握政治中国的政理向度，思考法律中的政策问题，关注法治中的政治问题，研究法学中的政治学问题，融合法治理论与实践中的法理和政理，推动政治的法治化运行，实现法治的政治化引领，确保政治与法治的相辅相成、相得益彰。①"政理"作为一个与"法理"相对应的概念，是指政治的原理、原则、价值、精神、道理等，即为政之道、为政之理。在我国，政治和法治的相互关联，政理与法理的辩证统一，最集中地体现在党和法的关系上。"党和法的关系是一个根本问题，处理得好，则法治兴、党兴、国家兴；处理得不好，则法治衰、党衰、国家衰。"②应当从政理向度正确认识新时代的党法关系，深刻把握法治理论创新发展的正确方向。

第一，坚持三者有机统一。在我国，发展社会主义民主政治，保证人民当家作主，保证国家政治生活既充满活力又安定有序，关键是要坚持党的领导、人民当家作主、依法治国有机统一。③党的领导是人民当家作主和依法治国的根本保证，人民当家作主是社会主义民主政治的本质特征，依法治国是党领导人民治理国家的基本方式，三者相互联系、彼此作用、相辅相成、有机统一。在观念形态上，三者坚持理论自信，统一于中国化的马克思主义中，统一于习近平新时代中国特色社会主义思想中；在实践形态上，三者坚持道路自信，统一于新时代中国特色社会主义民主政治建设的实践之中，统一于建设现代化法治强国、实现中华民族伟大复兴的全过程；在制度形态上，三者坚持制度自信，统一于宪法确立的国家制度体系中，统一于人民代表大会制度的根本制度安排和根本制度载体中。在任何情况下，都"不能把坚持党的领导同人民当家作主、依法治国对立起

---

① 参见李林《中国法理学的时代使命》，《中国法律评论》2019 年第 3 期，第 3 页及以下。
② 习近平：《在省部级主要领导干部学习贯彻党的十八届四中全会精神全面推进依法治国专题研讨班上的讲话》，载中共中央文献研究室编《习近平关于全面依法治国论述摘编》，中央文献出版社，2015，第 33 页。
③ 参见习近平《在庆祝全国人民代表大会成立六十周年大会上的讲话》，载中共中央文献研究室编《十八大以来重要文献选编》（中），中央文献出版社，2016，第 54 页。

来，更不能用人民当家作主、依法治国来动摇和否定党的领导。那样做在思想上是错误的，在政治上是十分危险的"。①

第二，党的领导是社会主义法治最根本的保证。坚持党的领导，是社会主义法治的本质特征和根本保证，是党和国家的根本所在、命脉所在，是全国各族人民的利益所系、幸福所系，是全面推进依法治国的题中应有之义。② 任何时候不能忘记，党的领导是中国特色社会主义法治之魂，是我们的法治同西方资本主义国家的法治最大的区别。离开了中国共产党的领导，中国特色社会主义法治体系、社会主义法治国家就建不起来。我们全面推进依法治国，绝不是要虚化、弱化甚至动摇、否定党的领导，而是为了进一步巩固党的执政地位、改善党的执政方式、提高党的执政能力，保证党和国家长治久安。③

第三，党的领导和社会主义法治是一致的。社会主义法治必须坚持党的领导，党的领导必须依靠社会主义法治。法是党的主张和人民意愿的统一体现，党领导人民制定宪法法律，党领导人民实施宪法法律，党自身必须在宪法法律范围内活动，这就是党的领导力量的体现。党和法、党的领导和依法治国是高度统一的。④ "党大还是法大"是一个政治陷阱，是一个伪命题。因为不论我们怎么回答"党大还是法大"的问题，都会陷入两难困境。我们如果回答说"党大"，人家就会攻击说，我们主张"把党凌驾于法之上，以党代法，以党治国"；我们如果回答说"法大"，人家又会说，既然如此，那还要党的领导干什么？⑤ 这是从理论逻辑上说的。如果从人民群众观察和感受到的现实法治还存在种种弊端和不足的角度看，从人民群众对于实现良法善治的热切期待看，"党大还是法大"以及党与法

---

① 习近平：《在中央政法工作会议上的讲话》，载中共中央文献研究室编《习近平关于全面依法治国论述摘编》，中央文献出版社，2015，第19页。
② 参见李林、莫纪宏《全面依法治国 建设法治中国》，中国社会科学出版社，2019，第74页。
③ 习近平：《在省部级主要领导干部学习贯彻党的十八届四中全会精神全面推进依法治国专题研讨班上的讲话》，载中共中央文献研究室编《习近平关于全面依法治国论述摘编》，中央文献出版社，2015，第35页及以下。
④ 参见习近平《领导干部要做尊法学法守法用法的模范》，载《习近平谈治国理政》第2卷，外文出版社，2017，第128页。
⑤ 参见李志昌《"党大还是法大"暗藏思维陷阱》，《中国社会科学报》2015年4月13日，第A4版。

关系的问题，又不仅仅是一个理论认识问题，更是一个实践问题、一个现实问题。① "我们说不存在'党大还是法大'的问题，是把党作为一个执政整体而言的，是指党的执政地位和领导地位而言的，具体到每个党政组织、每个领导干部，就必须服从和遵守宪法法律，就不能以党自居，就不能把党的领导作为个人以言代法、以权压法、徇私枉法的挡箭牌。"② 事实上，"权大还是法大"是一个真问题，在"县长大还是宪法大"等问题上，必须义正词严地说：坚持宪法法律至上，国家宪法法律永远大于和高于个人手中的权力。

第四，党的政策和国家法律是一致的。党的政策和国家法律都是人民根本意志的反映，两者在本质上是一致的。党的政策是国家法律的先导和指引，是立法的依据和执法司法的重要指导；③ 国家法律是党的政策的规范化、条文化、定型化和国家意志化，是党的政策的法律化延续和具体化实施。党的政策成为国家法律后，实施法律就是贯彻党的意志，依法办事就是执行党的政策。④ 要确保党的政策和国家法律得到统一正确实施，不能把两者对立起来、割裂开来。要把改革发展决策与立法决策紧密结合起来，在法治轨道上推进改革、在改革中完善法治，确保国家发展、重大改革于法有据。⑤

第五，加强党对法治工作的集中统一领导。坚持全面依法治国，必须把党的领导贯彻落实到全面依法治国的全过程和各方面，完善党对政法工作绝对领导的体制机制，确保新时代政法事业发展的政治方向正确。党中央决定组建中央全面依法治国委员会，这是我们党历史上第一次设立这样的机构，目的是加强党对全面依法治国的集中统一领导，统筹推进全面依

① 参见李林《论习近平全面依法治国的新思想新战略》，《法学杂志》2016 年第 5 期，第 15 页。

② 习近平：《在省部级主要领导干部学习贯彻党的十八届四中全会精神全面推进依法治国专题研讨班上的讲话》，载中共中央文献研究室编《习近平关于全面依法治国论述摘编》，中央文献出版社，2015，第 37 页。

③ 习近平：《在中央政法工作会议上的讲话》，载中共中央文献研究室编《习近平关于全面依法治国论述摘编》，中央文献出版社，2015，第 20 页。

④ 习近平：《在中央政法工作会议上的讲话》，载中共中央文献研究室编《习近平关于全面依法治国论述摘编》，中央文献出版社，2015，第 20 页。

⑤ 参见习近平《在庆祝全国人民代表大会成立 60 周年大会上的讲话》，载中共中央文献研究室编《十八大以来重要文献选编》（中），中央文献出版社，2016，第 56 页。

法治国工作。① 必须将党的领导具体贯彻落实到领导立法、保证执法、支持司法、带头守法上；要通过法定程序使党的主张成为国家意志、形成法律，通过法律保障党的政策有效实施，确保全面依法治国正确方向。②

第六，健全党领导全面依法治国的制度和工作机制。推进党的领导制度化、法治化，既是加强党的领导的应有之义，也是法治建设的重要任务。为什么我国能保持长期稳定，没有乱，根本的一个原因就是始终坚持共产党领导。党的领导是国家事业不断发展的"定海神针"。2018 年的宪法修改，在宪法序言确定党的领导地位的基础上，又在宪法总纲中明确规定"中国共产党领导是中国特色社会主义最本质的特征"，强化了党总揽全局、协调各方的领导地位。要继续推进党的领导制度化、法治化，不断完善党的领导体制和工作机制，把党的领导贯彻到全面依法治国全过程和各方面，为全面建成小康社会、全面深化改革、全面从严治党提供长期稳定的法治保障。③

发展和创新新时代中国法治理论，应当坚持政治中国的政理向度，加强党对推进全面依法治国、建设法治中国的集中统一领导，矢志不渝走中国特色社会主义法治道路，确保法治理论创新发展的正确政治方向。在这个前提下，应当正确区分法治理论研究中的学术问题和政治问题，不要把一般的学术问题当成政治问题，也不要把政治问题当作一般的学术问题，既反对打着学术研究旗号从事违背学术道德、违反宪法法律的假学术行为，也反对把学术问题和政治问题混淆起来、用解决政治问题的办法对待学术问题的简单化做法。④ 在政治中国的政理视角下创新中国法治理论，既应当运用政治思维和政治原则确定出政治行为与学术行为的标准，把握好政治与学术的界限，统筹处理好政治问题与学术问题，也应当运用法治思维和法治方式，把上述有关政治标准、政治界分的原则性要求规范化、法治化，⑤ 借鉴和引入法治领域诸如"罪刑法定""法不溯及既往""法不禁止即自由""疑罪从无"等原理原则及其制度设计来把关，为推进新时

---

① 参见习近平《加强党对全面依法治国的领导》，《求是》2019 年第 4 期，第 4 页。
② 参见习近平《加强党对全面依法治国的领导》，《求是》2019 年第 4 期，第 10 页。
③ 参见习近平《加强党对全面依法治国的领导》，《求是》2019 年第 4 期，第 8 页。
④ 参见习近平《在哲学社会科学工作座谈会上的讲话》，人民出版社，2016，第 28 页。
⑤ 参见李林《中国法理学的时代使命》，《中国法律评论》2019 年第 3 期，第 3 页。

代法治理论和学术创新提供良好法治环境和有力法治保障。

发展和创新新时代中国法治理论，坚持政治中国的政理向度，应当处理好坚持马克思主义经典作家法律（法治）观与推进马克思主义法学（法治理论）中国化的关系。要与时俱进全面深入地研究马克思主义经典作家关于国家与法律、革命与法律、阶级与法制、民主与法律、法的本质、法的功能、法的特征、法产生发展的历史、法律与经济、法律与社会、法律与文化等重要法律（法治）思想，准确理解其要义，把握其实质，解读其深意。决不能教条主义、本本主义、实用主义地对待马克思主义经典作家的法律（法治）思想，而应当把握和运用其基本立场、观点和方法，与时俱进地科学指导新时代中国法治理论创新发展。同时还应当处理好法律（法治）理论学术话语体系与意识形态政治思想话语体系的关系。马克思主义认为，在阶级社会中国家的法律和法治具有明显的阶级性、政治性和意识形态属性，但是法学作为一门科学，有其自身的研究对象、内在规律和基本特征，不能用政治概念和意识形态话语简单取代法学话语和法治理论研究，我们应当重视开展中国特色社会主义"法政治学"研究，但不能把法学直接变成意识形态的"政治学"。

三 法治体系的时代向度

中国法治体系和法治理论最根本的时代性，就是新时代的时代性。这意味着中国特色社会主义法治理论创新发展面临新机遇，社会主义法治体系建设面临新挑战，现代化法治中国建设面临新任务。在中国特色社会主义新时代，时代和实践是法治问题的出题者，法学研究和法治理论是回应法治问题的答题者，时代和实践的内在动力不断推动法治理论与时俱进、创新发展。坚持法治体系的时代向度，建设中国特色社会主义法治体系，建设法治国家，推进新时代中国法治理论创新发展，应当从以下方面着力。

第一，以新时代提出的新问题作为法治创新研究导向。坚持问题导向开展法治理论研究，是法治理论创新发展的时代要求和动力源泉。在这方面，党中央在起草十八届四中全会决定时为我们作出了表率：全会决定直面我国法治建设领域的突出问题，回答了党的领导和依法治国的关系等一系列重大理论和实践问题，有针对性地回应了人民群众呼声和社会关切，① 为社会主义法治国家建设做出了顶层设计。当前，我国在立法、执法、司法、守法等方面都存在不少薄弱环节，法治领域改革面临许多困难。在立法方面，虽然我国已经形成中国特色社会主义法律体系，但立法质量不高一直是一个突出问题。虽然法律法规众多，但能够真正解决矛盾和问题并让人民群众满意的并不太多，个别法律法规甚至形同虚设。立法过程中"行政权力部门化、部门权力利益化、部门利益合法化"的问题依然存在。在执法方面，虽然推进法治政府建设、推进严格规范公正文明执法取得明显成效，但选择性执法、运动式执法、野蛮执法、钓鱼执法、懈怠执法以及执法不作为、执法乱作为等现象仍时有发生。在司法方面，虽然坚定不移推进司法改革，司法质量、效率、公信力显著提高，但"由于多种因素影响，司法活动中也存在一些司法不公、冤假错案、司法腐败以及金钱案、权力案、人情案等问题。这些问题如果不抓紧解决，就会严重影响全面依法治国进程，严重影响社会公平正义"。② 在守法方面，虽然全社会法治观念明显增强，但全民自觉守法的格局尚未形成，违法成本低、守法成本高的问题没有从体制机制上得到根本解决。"解决法治领域的突出问题，根本途径在于改革。如果完全停留在旧的体制机制框架内，用老办法应对新情况新问题，或者用零敲碎打的方式来修修补补，是解决不了大问题的。"③ 关注新时代法治领域的新问题，从法治理论上对这些问题进行研究、作出回应、提出解决方案，不仅可以引领法治改革实践顺利进行，而且可以促进法治理论不断创新发展。

第二，以新时代的新矛盾作为法治创新研究重点。进入新时代，中国社会主要矛盾已经转化为人民日益增长的美好生活需要和不平衡不充分的发展之间的矛盾。新时代"人民群众对美好生活的向往更多向民主、法治、公平、正义、安全、环境等方面延展"。④ 这些新需求新向往，基本上

① 参见习近平《关于〈中共中央关于全面推进依法治国若干重大问题的决定〉的说明》，载中共中央文献研究室编《十八大以来重要文献选编》（中），中央文献出版社，2016，第 143 页。
② 习近平：《深化司法体制改革》，载《习近平谈治国理政》第 2 卷，外文出版社，2017，第 130 页。
③ 参见习近平《加快建设社会主义法治国家》，《求是》2015 年第 1 期，第 8 页。
④ 习近平：《加强党对全面依法治国的领导》，《求是》2019 年第 4 期，第 6 页。

都是广义法治需要面对和解决的重大问题。① 面对新时代的新问题新矛盾，推进法治理论创新发展，既要研究解决中国法治供给不充分不到位不及时的问题，也要研究解决中国法治发展不平衡不协调不合理的问题。在法治供给不充分方面，法治建设的各环节各领域都有不同表现，尤其是立法供给不充分不及时比较突出。由于中国全面深化改革实质上是变法性改革，针对十八届三中全会提出的 335 项改革任务，不仅需要制定一些新法如编纂民法典，而且引发现行法律法规半数以上需要改废释；而十八届四中全会确定的 190 项法治建设任务，其中大多数关涉现行法律法规的改废释。宪法和其他上位法的修改变迁，必然引发大量下位法作出立改废释的相应调整；党内法规体系纳入中国特色法治体系，推进依法治国与依规治党有机结合，必然增加许多新的立法立规需求和国法党规的改废释任务。然而，由于中国现行立法体制机制改革不到位、高素质立法人员缺乏、整体立法能力不足等等，无论在立法效率还是在立法质量方面，现行立法供给都难以适应改革发展的新需要，难以满足人民群众对多快立良法的新需求。在法治发展不平衡方面，主要表现为：一是在当前法治工作基本格局中，存在立法、执法、司法、守法、用法、护法等法治环节的发展不平衡，例如面对问题矛盾，一些地方还存在立法上"放水"、执法上"放弃"的现象；② 二是在中国特色社会主义法治体系中，五大体系之间存在构建不平衡；三是在依法治国总体布局中，既存在依法治国、依法执政、依法行政相互促进的不平衡，也存在法治国家、法治政府、法治社会一体建设的不平衡，还存在法治经济、法治政治、法治文化等方面的建设不平衡；四是在深化法治改革中，存在司法改革、法治政府建设、立法发展、依法执政、法治监察等领域的推进不平衡；五是在推进司法改革中，存在法院、检察院、公安、司法行政等部门改革的深化不平衡；六是在法治建设具体实践中，存在中央与地方、地方与地方以及不同区域之间、不同行业之间、不同领域之间、东西南北中之间的发展不平衡。中国法治发展的诸种不充分不平衡，必然从多方面影响、掣肘和制约法治中国建设进程。推进法治理论创新发展，应当把新时代法治建设的新矛盾作为研究和突破的

---

① 参见李林《新时代坚定不移走中国特色社会主义法治道路》，《中国法学》2019 年第 3 期，第 13 页。

② 参见习近平《加强党对全面依法治国的领导》，《求是》2019 年第 4 期，第 6 页。

重点，以法治新理论回应社会主要矛盾。

第三，加强对全面依法治国新理念新思想新战略的研究阐释，提炼出有哲理性法理性的法治新理论。这是推进新时代中国法治理论创新发展的着力点、着重点。中央全面依法治国委员会正式提出了"全面依法治国新理念新思想新战略"（以下简称"法治三新"）的命题，并把其精髓要义集中表述为"十个坚持"。"法治三新"明确了全面依法治国的指导思想、发展道路、工作布局、重点任务，是新时代推进全面依法治国的科学指南和根本遵循，必须长期坚持、不断丰富发展。① 新时代法治理论创新发展的一项重要任务，是深入研究和科学阐释"法治三新"，为推进中国特色社会主义法治理论创新和法治中国建设提供最新的理论引领。②

第四，加强从法律大国迈向法治强国基本规律的法理研究。把我国建设成为社会主义现代化强国，法治强国是其应有之义。法治是实现强国梦的必由之路，法治强国是中国的强国目标。③ 中国特色社会主义法律体系如期形成，我国迈入了法律大国④的行列，但我国还不是法治强国，即使到 2035 年也只是基本建成法治国家、法治政府、法治社会，离法治强国还有较大差距。所谓法治强国是指，一方面要坚定不移走法治强国之路，通过推进全面依法治国、深化法治改革、建设法治中国等途径，引领和保障中华民族在法治轨道上尽快强盛、强大起来；另一方面要把法治实力（法治硬实力、法治软实力、法治巧实力、法治竞争力）建设作为建设现代化强国的一项重要内容，纳入现代化建设的评价指标体系，这是现代化强国建成与否的重要衡量标准。推进新时代法治理论创新发展，就是要深入开展对从法律大国向法治强国历史转变的基本规律、主要途径、重点任务、实现方式等重大法理问题的研究，为制定法治强国建设规划、实施法治强国战略、实现法治强国梦想提供法治保障和法理支撑。

第五，加强中国特色社会主义法治道路、法治理论、法治体系、法治

---

① 参见习近平《加强党对全面依法治国的领导》，《求是》2019 年第 4 期，第 11 页。
② 参见李林《深入研究和科学阐释"法治三新"》，《中国社会科学报》2019 年 4 月 29 日，第 4 版。
③ 参见胡建淼《从"工业强国"到"法治强国"》，《法制日报》2016 年 5 月 25 日，第 7 版。
④ 截至 2019 年 7 月，在中国特色社会主义法律体系中，现行有效的法律 273 部，行政法规 800 多部，地方性法规 12000 多部，在数量上我国俨然已是一个"法律大国"，但在质量和功能上我国远不是一个法治强国。

文化"四位一体"的法理研究。中国特色社会主义法治道路，是社会主义法治建设成就和经验的集中体现，是建设法治中国的唯一正确道路。中国特色社会主义法治理论，是根据马克思主义法治基本原理，在借鉴吸收古今中外人类法治文明有益成果的基础上，从当代中国改革开放和现代化建设的实际出发，深刻总结中国法治建设的成功经验和沉痛教训，逐步形成的具有中国特色、中国风格、中国气派的法治理论体系。中国特色社会主义法治体系是推进全面依法治国的总抓手，是国家治理体系的重要组成部分。中国特色社会主义法治文化是由法治价值、法治精神、法治意识、法治理念、法治思想等精神文明成果，反映中国特色社会主义民主政治本质特征的法律制度、法律规范、法治机制等制度文明成果，以及自觉依法办事和尊法信法学法用法等行为方式，在法治领域共同构成的一种先进文化现象。推进新时代法治理论创新发展，就是要深入研究中国特色社会主义法治道路、法治理论、法治体系、法治文化"四位一体"的理论、制度、体系和实践问题，推进和深化依法治国实践。

第六，加强对法治中国概念的法理研究。法治中国是人类法治文明的继承版，是法治国家建设的中国版，是中国法治建设的升级版。① 法治中国是人类法治文明在当代中国的重大实践和理论创新，是对新时代中国特色社会主义法治建设的科学定位、目标指引和战略谋划。法治中国与小康中国、富强中国、民主中国、文明中国、和谐中国、美丽中国、平安中国等中国梦的核心要素相辅相成，共同编织出中华民族伟大复兴的美好愿景。② 应当加强对法治中国建设的重大理论和实践问题研究，包括法治中国概念、法治中国思想体系、法治中国理论架构、法治中国建设主要任务、法治中国建设战略目标、法治中国建设基本原则和实现途径等，③ 用对法治中国概念的拓展深化研究成果，促进新时代法治理论创新发展，为开启新时代全面依法治国新征程提供理论引领。

第七，加强对良法善治的法理研究。"不是什么法都能治国，不是什么法都能治好国。"世界历史早已证明，用恶法治国理政，最终结果必然是泯灭人性、祸国殃民。只有良法才能治好国、理好政，实现良政善治。

---

① 参见江必新《法治中国的制度逻辑与理性构建》，中国法制出版社，2014，第 6 页。
② 参见张文显《法治中国建设的前沿问题》，《中共中央党校学报》2014 年第 5 期，第 34 页。
③ 参见张文显《法治中国的理论建构》，法律出版社，2016，第 137 页以下。

良法是善治的前提与基础，国家若要善治，须先有良法。良法就是要求应当以一整套系统完备、科学规范、运行有效、成熟定型、符合人类文明价值理性的立法体系治理国家和社会。良法对立法的要求和评判，主要包括五个方面：一是立法应当具有良善的正当价值取向，符合正义、公平、自由、平等、民主、人权、秩序、安全、理性的价值标准；二是立法应当是民意的汇集和表达，立法能否充分保障人民参与并表达自己的意见，能否体现人民的整体意志和维护人民的根本利益，是评价立法"良"与"恶"的一个重要标准；三是立法程序应当科学民主，良法的生产应当通过科学民主的立法程序来保障和实现；四是立法应当符合经济社会关系发展的实际，具有针对性、可实施性和可操作性；五是立法应当具有整体协调性和内在统一性，不能自相矛盾。政治学意义上的"善治"包括十个要素，即合法性、法治、透明性、责任性、回应（公共管理人员和管理机构须对公民的要求作出及时和负责的反应）、有效、参与（公民广泛的政治参与和社会参与）、稳定、廉洁和公正。① "善治"就是要把制定良好的宪法和法律付诸实施，把表现为法律规范的各种制度执行运行好，公正合理高效及时地用于治国理政，通过法治卓有成效的运行实现"良法"的价值追求。建设法治中国，推进国家治理法治化，必须强化良法善治，必须加强对新时代良法善治的法学阐释和法治理论研究。

四　法治效能的实证向度

如果说法律的生命在于实施，那么法治的效能需要实证。法律制定的好坏、能否达成良法善治，应当在法治实践中得到检验，在法学实证中完成"验收"。"实证"的本意是指实际的证明、确凿的验证、科学的检验。在本文中，"实证"不仅具有终端的证明、验证、检验的含义，在其引申意义上还包括法治运行前端和中端的实践、实施、操作、运行等含义，既包括法治理论的证明检验，也包括法治实践实务，是观察和证明新时代中国法治理论和法治实践是否有效能、有何效能、为何有效能的一个不可或缺的向度。

---

① 参见俞可平《论国家治理现代化》，社会科学文献出版社，2014，第59页以下。

面向中国实际、了解中国实践、推进中国实证，是创新发展中国特色社会主义法治理论的重要前提，是法治能够产生最大效能的重要保障。对于如何推进新时代中国法治理论创新和法治实践发展，党和国家提出了一系列任务、目标和要求。例如，在法治理论方面，明确提出要推进法治理论创新，发展符合中国实际、具有中国特色、体现社会发展规律的社会主义法治理论，为依法治国提供理论指导和学理支撑；在法治中国建设的目标任务方面，明确提出要加快建设中国特色社会主义法治体系，建设社会主义法治国家，到 2035 年基本建成法治国家、法治政府、法治社会。新时代中国法治理论的好坏优劣需要得到实践检验，法治效能的高低强弱需要得到科学实证。我们要汲取人类实证文明的有益经验，充分运用现代社会科学的知识体系、科学方法和有效手段，开展法治效能的实证研究。

首先，实证法治效能必须坚持科学性。秉持科学精神、科学态度，采用科学方法、科学手段，遵循科学程序、科学规则等，科学客观地对法治运行实施状况进行观察、实验、调查和统计，获取科学的样本和数据（素材）进行分析研究，揭示相对客观真实的现象及其规律特征，提出对策性意见和建议。在方法论上，实证法治效能强调：第一，实证法治效能的方法必须科学。无论采用观察、实验、调查、个案研究、间接研究、统计分析等哪一种或者哪几种方法，都必须符合科学规范的相关要求。没有科学的实证方法，就不可能有法治效能的科学认知。第二，实证法治效能的数据和样本要真实量化。客观真实，是实证法治效能的基本前提。只有获取客观真实的数据或者样本，才能进行实证研究，作出客观分析，得出科学合理的结论。所以说，没有数据（样本），就没有实证法治；没有客观真实的数据（样本），就没有科学的实证法治效能的评判。第三，立场中立。实证法治效能的研究者要客观回答研究对象"是什么"的问题，而不是回答研究对象"应当是什么"的问题。这是一道客观描述题，而不是主观判断题，因此必须秉持客观中立的立场，不得先入为主、按照自己想要的结论去进行所谓的"实证研究"，不得主观臆断、按照自己的喜恨好恶去获取和分析研究对象。实证法治效能的研究者应当像《动物世界》的摄影师一样，在任何时候，摄影师的立场和职责是客观记录动物的活动等状况，即使动物存在生命危险而摄影师的举手之劳就可以轻易化解危机，摄影师也必须保持克制而不得采取任何举措进行干预。立场中立，既是实证法治效能研究的基本方法内涵，也是研究者的基本职业伦理。第四，要看到研究的局限和不足。实证法治效能采用的方法基本上属于归纳推理，而任何归纳推理只要没有穷尽研究对象，没有达到百分之一百，就可能有例外，其实证研究的结果就不能绝对化。任何实证研究方法，无论是观察、实验、调查、个案研究、间接研究还是统计分析等，不仅本身各有其局限，在前期的方案设计、方法采用、对象接触等方面，在后期的价值判断、规范分析等方面，也都可能存在短板和先天不足。因此，任何法治效能的实证研究，都应当主动而合理地指出该研究存在的局限和不足。承认这种局限和不足的存在，并不会影响实证法治效能研究的成果，反而会增强它的科学性和可信度。

其次，法治的实证研究既要证真也要证伪。在当下中国法治实践中，某个地方、区域、领域或者单位的法治状况，往往与它们的政绩密切相关，法治工程往往成为它们的"政绩工程"。现实的法治实证研究和评估，常常会触及被实证评估对象的切身利益，它们报喜不报忧、多讲成就少讲问题等"趋利避害"的倾向有时非常明显。因此，对中国法治进行实证研究和评估，应当秉持正确的态度和立场。实证法治效能及其研究，不仅要证真，证明法治理论和法治实践一系列命题、观点、判断、结论的真实性、正确性、科学性及其中国特色、中国风格、中国气派，也要证伪，证明某些既有的法学结论、法治观点、法律认知的谬误、错误、虚假或不科学。即使法治效能的实证结论暂时既不能证真，也不能证伪，也没有关系。它虽然没有证明真理，也没有证明谬误，但它的实证过程和初步结论，很可能是朝向揭开真理面纱必经的某个阶段，也很可能是揭露错误所在不能逾越的某个环节。中国特色社会主义法治理论和法治实践的生命离不开实证的支持和检验，尤其是针对长期以来法学界习惯使用的对法和法学问题的价值研究、概念研究、规范研究、制度研究、比较研究等，对这些研究的深入和展开，对这些研究的机制和动态，对这些研究的效率和功能，对这些研究的结论和观点，都需要在法治实证向度的再研究中得到验证、深化和推进。

最后，应当特别关注大数据、互联网等高科技带来的"实证研究革命"。我们正处在信息化的大数据时代，以移动互联网、大数据、云计算和人工智能等为代表的现代科技，正在改变我们的生产生活方式，人类生活所经历的一切都在转变。[①] 以互联网大数据为代表的科技革命，不仅已改变我们所做的事情，而且将改变我们自己，改变我们认识世界、改造世界的方法。互联网让世界变成了"鸡犬之声相闻"的地球村，相隔万里的人们不再"老死不相往来"。大数据开发了人类的"第三只眼"，对海量数据的快速分析、处理、挖掘，可以让我们深入洞察充满未知的世界。传统的实证研究方法，如田野调查、问卷访谈、抽样调查、样本分析等固然非常重要，必须坚持，但是大数据、"互联网＋"、云计算、人工智能使我们获取海量数据信息不仅成为可能，而且更加便利、更加快捷。坚持法治效能的实证向度，不仅要重视理论观点的创新，更要重视实证方法和技术手段的创新，用新技术新方法新手段推进法治实证研究的革命，使过去法治实证研究在样本海量收集、迅捷处理以及精细化、精准度等方面的不可能，成为今天互联网、大数据时代的可能，从而推动法治效能实证研究"弯道超车"的实现。

实证强则法学强，法学强则法治强。一个国家走向法治之路要与这个国家的经济基础、社会发展水平、文化历史传统、集体心理行为等相契合、相适应，简单生硬地照搬照抄不仅行不通，还会引发更严重的问题。[②] 中国法治的发展历程，首先不是来自一整套先定的法学或法治理论，而是来自中国共产党领导人民进行革命、建设和改革开放实践的需要，来自中国共产党治国理政的成功经验和深刻教训。坚持全面依法治国，走中国特色社会主义法治道路，应当在法治效能的实证检验中完善中国特色社会主义法治理论，在实践中创新发展新时代中国法治理论体系。

五　法治世界的国际向度

中国法治进步发展离不开世界，世界法治文明进程离不开中国。中国

---

① 据统计，截至 2018 年 6 月，中国网民规模为 8.02 亿，仍旧以 10—39 岁群体为主，占整体的 70.08%。其中 10 岁以下群体占比为 3.6%，10—19 岁群体占比为 18.2%。截至 2018 年 6 月，中国手机网民规模达 7.88 亿，较 2017 年增加 4.7%。网民中使用手机上网的比例由 2016 年年底的 95.1% 提升至 98.3%，手机上网比例持续提升。参见李林、支振锋主编《中国网络法治发展报告（2018）》，社会科学文献出版社，2018，第 13 页以下。
② 辛鸣：《论法治中国的实践逻辑》，《中国特色社会主义研究》2015 年第 1 期，第 7 页以下。

清末变法以来，法律制度主要是通过日本向西方大陆法系国家学习，但都没有真正成功。中华人民共和国成立后，主要是向苏联社会主义法制模式学习，初步奠定了中国社会主义法治基础。改革开放以后，中国法治建设比较多地注意吸收和借鉴西方发达国家法治建设的有益经验，推进了新时期法治的快速发展。例如，在民商法领域，中国的民法通则、物权法、合同法等法律，兼采普通法系和大陆法系国家的诸多基本制度，吸收了国际通行的私法精神与立法原则，确认契约自由、意思自治与主体平等，保障公共财产和公民私人合法财产；在行政法领域，中国吸收了现代行政法治中通行的比例原则、信赖保护等原则；在刑事法领域，中国借鉴和吸收了国外罪刑法定和公开审判等现代刑事法治的基本原则和精神；在知识产权保护和环境保护的立法方面，中国也吸收了不少国外的法治经验。① 在学习和借鉴国外法治实践有益经验的基础上，为其法治实践提供学理支撑的国外法治理论观点，也得到了学习和借鉴，极大地推动了新时期中国特色社会主义法治理论的包容性发展。

新时代中国法治理论应当放到世界法治文明的大格局、大舞台当中进行创新发展。一方面，要坚持中国法治理论的民族性、原创性和中国特色，不忘本来、面向未来，复兴中华法系文明精髓要旨，弘扬革命根据地法制建设成功经验，体现新时代法治中国建设最新成就。当然，"强调民族性并不是要排斥其他国家的学术研究成果，而是要在比较、对照、批判、吸收、升华的基础上，使民族性更加符合当代中国和当今世界的发展要求"。② 另一方面，要坚持中国法治理论的开放性、包容性和国际性，吸收外来、走向未来，积极学习借鉴人类法治文明的有益成果。坚持法治世界的国际向度，推进法治理论创新发展，应当着重从以下三个方面展开。

第一，学习借鉴世界法治文明有益成果。社会主义法治理念，是我们党从社会主义现代化事业全局出发，坚持以马克思主义法学理论为指导，在总结中国社会主义民主法治建设的实践经验，吸收世界上其他社会主义国家的经验教训，借鉴世界法治文明成果的基础上形成的科学理念。这是对马克思主义法学理论的继承、发展和创新，是推进社会主义法治国家建

---

① 国务院新闻办公室：《中国的法治建设》白皮书，2008 年 2 月 28 日发表。
② 习近平：《加快构建中国特色哲学社会科学》，载《习近平谈治国理政》第 2 卷，外文出版社，2017，第 340 页。

设必须长期坚持的重要指针。① 推进新时代中国法治理论创新发展，应当在国际向度下具有兼收并蓄、求同存异、开放创新、竞争共存的包容性。我们既要注意研究借鉴全球法治文明的有益经验，吸收国外法治发展的先进成果，又不能简单照搬照抄；法治理论创新发展既要符合中国国情和实际，又要顺应当代世界法治文明的时代潮流。② 其实西方有学者早已指出，全球化时代西方传统法律理论面临严峻挑战："主流英美法律理论传统上只关注两类法律秩序：国内法和国际法。今天，对世界法律的描述必须是更复杂的一幅图画，包括已确立的、又复兴的、正发展的、刚发育的，以及潜在的等各种法律秩序形态。在全球性层面上需要新的法律秩序，尤其在通讯、环境、地球和其他星球自然资源方面。"③ 外面的法治世界很精彩，我们既不可能闭关锁国、视而不见，也不应该拒之门外、闭目塞听。全面依法治国坚持从中国实际出发，不等于关起门来搞法治。我们要学习借鉴世界上优秀的法治文明成果，但绝不能照搬别国模式和做法，绝不能走西方"宪政""三权鼎立""司法独立"的路子。④

第二，参与推动世界法治文明发展进程。中国特色社会主义进入新时代，这是中国日益走近世界舞台中央、不断为人类作出更大贡献的时代。当今世界，绝大多数国际利益关系表现为法律关系，绝大多数国际斗争表现为法律战，绝大多数国际秩序主导权表现为道义话语权、规则制定权、规则解释权、规则适用和裁断权等等。所以，中国要构建人类命运共同体，建设持久和平、普遍安全、共同繁荣、开放包容、清洁美丽的世界，要坚持尊重世界文明多样性，以文明交流超越文明隔阂、以文明互鉴超越文明冲突、以文明共存超越文明优越，要在国际社会发挥负责任大国作用，积极参与全球治理体系改革和建设，不断贡献中国智慧和力量。在世界范围内实现中华民族强起来，就必须更加重视国际法治，积极加强参与、影响和主导国际法治建设，促进人类法治文明的合作与交流，推进中

---

① 参见习近平《干在实处　走在前列——推进浙江新发展的思考与实践》，中共中央党校出版社，2006，第356页。

② 参见习近平《加快构建中国特色哲学社会科学》，载《习近平谈治国理政》第2卷，外文出版社，2017，第340页以下。

③ 〔英〕威廉·退宁：《全球化与法律理论》，钱向阳译，中国大百科全书出版社，2009，第65页。

④ 参见习近平《加强党对全面依法治国的领导》，《求是》2019年第4期，第10页。

华法治文明的国际化和全球化；就必须跳出西方中心主义的国际法窠臼，统筹国内法治和国际法治两个大局，占领国际法理论和全球治理规则的制高点，研究构建体现人类命运共同体价值的更加公正文明的国际法治理论体系，积极参与甚至主导国际法治规则的制定。

第三，加强国际法治理论研究。中国走向世界，以负责任大国的形象参与国际事务，必须善于运用法治。在对外斗争中，我们要拿起法律武器，占领法治制高点，敢于向破坏者、搅局者说不。全球治理体系正处于调整变革的关键时期，我们要积极参与国际规则制定，做全球治理变革进程的参与者、推动者、引领者。① 中国法治在国际上要发挥这样的作用，一项重要任务是从世界法治视角加强中国特色国际法治理论研究。新时代中国法治理论创新发展，应当包括通过深化对国际法治（法学）理论与实践重大问题的研究，作出推动国际法治理论创新发展的中国贡献。"国际法治将为推进形成全面开放新格局提供国际制度保障，不仅有利于提升中国对外开放领域的法治建设水平，还将吸引更多的国家参与到中国全面开放的进程之中，在赢得国际声誉的同时，为全球治理中的国际法治贡献中国智慧。"② 当前，在国际法治理论研究方面，迫切需要加强和深化以下方面的研究。（1）加强习近平总书记关于全球治理与国际法治思想的研究，以优化全球治理体系为宗旨推动创新国际法，以提高全球治理效率为目的强化遵从国际法，以实现全球治理价值为归宿公正适用国际法。③（2）加强关于国际关系法治化的研究，各国应当坚持公平正义，在国际关系中遵守国际法和公认的国际关系基本原则，用统一适用的规则来明是非、促和平、谋发展，共同推动国际关系法治化。④（3）加强维护国际法治秩序，保证国际法实施机制的研究。我们应该共同维护国际法和国际秩序的权威性和严肃性，各国都应该依法行使权利，反对歪曲国际法，反对以"法

---

① 参见习近平《加强党对全面依法治国的领导》，《求是》2019 年第 4 期，第 6 页。
② 刘敬东：《全面开放新格局的国际法治内涵与路径》，《经贸法律评论》2019 年第 1 期，第 80 页。
③ 参见黄进《习近平全球治理与国际法治思想研究》，《中国法学》2017 年第 5 期，第 5 页。
④ 参见习近平《弘扬和平共处五项原则　建设合作共赢美好世界——在和平共处五项原则发表 60 周年纪念大会上的讲话》，《人民日报》2014 年 6 月 29 日，第 2 版。

治"之名行侵害他国正当权益、破坏和平稳定之实。① （4）围绕"一带一路"国际法治和区域法治的问题，开展相关经贸投资法律制度研究，提升企业法律风险防控意识和能力，有效预防和妥善化解贸易和投资争端，平等保护各方当事人合法权益，营造稳定公平透明、可预期的法治化营商环境。（5）加强推进国内法治与国际法治良性互动的研究，探讨新时代中国国内法与国际法的关系问题，推动国际法在中国国内法与国际法的关系问题，推动国际法在中国国内有效合理有序地实施。② （6）加强国际法学理论研究，善于提炼法治理论的标识性、标志性概念，打造易于为国际社会所理解和接受的法治新概念、新范畴、新表述，积极参与和推进世界法治理论、法治观念和法治话语的创新发展。

六　系统法治的综合向度

系统是由相互联系、相互作用、相互依赖的若干组成部分结合而成的具有特定功能的有机整体。法治是国家治理体系和治理能力的重要依托，建设法治体系、建设法治中国是一个宏大的系统工程。"全面推进依法治国是一个系统工程，是国家治理领域一场广泛而深刻的革命。"③ 从系统法治的综合向度来看，至少有以下三个方面的法治子系统工程，需要新时代中国法治理论给予密切关注和深入研究。

第一，法治和全面依法治国的内部系统工程。这主要包括：（1）实施科学民主依法立法的良法工程，提高立法质量和立法效率，不断完善以宪法为核心的中国特色社会主义法律体系。（2）实施建设中国特色社会主义法治体系的骨干工程，构建完备的法律规范体系、高效的法治实施体系、严密的法治监督体系、有力的法治保障体系、完善的党内法规体系。（3）实施全面依法治国工作的重点工程，统筹推进科学立法、严格执法、公正司法、

---

① 参见习近平《弘扬和平共处五项原则　建设合作共赢美好世界——在和平共处五项原则发表 60 周年纪念大会上的讲话》，《人民日报》2014 年 6 月 29 日，第 2 版。

② 参见赵骏《全球治理视野下的国际法治与国内法治》，《中国社会科学》2014 年第 10 期，第 79 页。

③ 习近平《关于〈中共中央关于全面推进依法治国若干重大问题的决定〉的说明》，载中共中央文献研究室编《十八大以来重要文献选编》（中），中央文献出版社，2016，第 154 页。

全民守法。（4）实施全面依法治国的建设工程，坚持依法治国、依法执政、依法行政共同推进，坚持法治国家、法治政府、法治社会一体建设。（5）实施党依宪执政和依法执政的政治工程，坚持党在宪法和法律范围内活动，确保党领导立法、保证执法、支持司法、带头守法，推进依规治党、制度治党。（6）实施中国特色社会主义法治理论建设工程，深入推进马克思主义法学的中国化时代化，形成完善的中国特色社会主义法学理论体系、话语体系、学科体系、课程体系。（7）实施法治队伍建设的主体工程，着力建设一支忠于党、忠于国家、忠于人民、忠于法律的社会主义法治工作队伍，坚持立德树人、德育为先导向，培养一支德才兼备的社会主义法治人才队伍。（8）实施党对全面依法治国集中统一领导的统领工程，充分发挥全面依法治国委员会的职能，强化党中央在科学立法、严格执法、公正司法、全民守法等方面的领导，把党的集中统一领导贯彻到全面依法治国的全过程和各方面。①

第二，法治和全面依法治国的外部系统工程。这主要包括：（1）实施坚持党的领导、人民当家作主、依法治国有机统一的民主政治工程，三者统一于中国社会主义民主政治的伟大实践，统一于人民代表大会制度的根本政治制度平台。坚持"三者有机统一"，是中国特色社会主义民主政治发展的必然要求，是推进全面依法治国、建设法治中国的本质特征和内在要求。（2）实施全面依法治国与全面从严治党相结合的依法（依规）治权工程，坚持依法治国与依规治党、制度治党相统一，把权力关进法律和制度的笼子里，用法律和制度管住领导干部这个"关键少数"。（3）实施全面深化改革与全面依法治国相结合的"双轮驱动"工程，在法治的轨道上推进改革，在改革的过程中完善法治，坚持重大改革于法有据，最重大改革于宪有据，以宪法和法治引领、促进和保障改革顺利进行。（4）实施推进全面依法治国与推进国家治理现代化相结合的"双推进"工程，构建中国特色社会主义现代化治理体系，努力实现国家和社会治理的法治化和智能化。（5）实施依法治国与以德治国相结合的法德共治工程，一手抓法治、一手抓德治，法治与德治相统一，法安天下，德润民心。（6）实施法治中国建设与平安中国建设相结合的共建工程，把授权与控权紧密结合起

---

① 参见习近平《加强党对全面依法治国的领导》，《求是》2019 年第 4 期，第 5 页。

来，把维权与维稳紧密结合起来，把扫黑除恶与保障人权紧密结合起来，用法治思维和法治方式深化改革、促进发展、维护稳定、保障平安，维护社会公平正义。

第三，新时代中国法治创新发展的理论系统工程。推进新时代中国法治理论创新发展，是构建中国特色哲学社会科学系统工程的一个重要方面，是一个宏大的子系统工程。实施法治理论创新发展这个子系统工程，就是要把上述法理、政理、时代、实证、国际这五个方面的向度统合起来理解，从系统思维和系统工程的整体角度来把握和推进。

新时代中国法治的法理向度要回答和解决的主要问题，是中国法治理论创新发展的法理依据和思想渊源、法理本质和时代特征、法理价值和主要功能、法治属性和法学定位等法治理论和法治范畴的基本问题，它所研究和体现的是中国特色社会主义法治理论的法理性、法律性、科学性、学术性、规范性、体系化和制度化特征，是中国特色社会主义法治理论体系的核心与灵魂，是新时代法治理论与政治理论、德治理论、规治理论、心治理论、治理理论、"赛治"理论、自治理论、他治理论、共治理论、互治理论等既相互区别又密切联系的基本向度。

新时代中国法治的政理向度要回答和解决的主要问题，是中国法治理论创新发展的政治哲学、政治价值、政治方向、政治本质、政治灵魂、政治原则、中国特色、党的领导、社会主义道路、人民民主等基本政治理论问题，它所研究和体现的是中国特色社会主义法治理论的政治性、意识形态性、导向性、合理性、正当性和现实性特征，是中国特色社会主义法治理论的政治坐标、政治底色和政治方位，以确保新时代中国法治理论创新发展的正确方向、正确道路和中国特色。

新时代中国法治的时代向度要回答和解决的主要问题，是中国法治理论创新发展的纵向比较的时间坐标问题，即在时间比较的历史方位下，在中华民族从站起来、富起来迈向强起来的新时代，中国法治理论如何立足当代中国的法治国情、政治国情和经济社会文化条件，不断创新发展。当代中国的伟大社会变革，不是简单延续中国历史文化的母版，不是简单套用马克思主义经典作家设想的模板，不是其他国家社会主义实践的再版，也不是国外现代化发展的翻版，不可能找到现成的教科书。中国哲学社会科学应该从中国改革发展的实践中挖掘新材料、发现新问题、提出新观点、构建新理论。① 时代向度所体现的，是法治理论的现实性、时代性、原创性、中国化和问题导向，要达成的总目标是建设中国特色社会主义法治体系，建设社会主义法治国家，实现国家治理现代化和法治化。

新时代中国法治的实证向度要回答和解决的主要问题，是中国法治理论创新发展的实践标准、评判标准和检验依据的问题，即在当代中国法治现实下，如何通过法治理论和方法的创新发展，引领和推动科学立法、严格执法、公正司法和全民守法协调发展，通过评价和分析法治体系的建设质量、法律体系的完善程度、法治政府的建设进度、司法改革和基本解决执行难的实际成效、依法治理的地方经验等法治实践状况，检验新时代中国法治理论的科学性、可行性、创新性、民族性，把法治理论的创新发展建立在科学实证的数据、事实、经验等客观量化材料的基础上，建立在对中国法治实践发展的规律、特点、条件和趋势的科学把握的基础上，扎根于法治中国建设的无比深厚富饶的实践土壤之中。新时代中国法治理论要推出具有独创性的研究成果，就要从中国实际出发，坚持实践（实证）的观点、历史的观点、辩证的观点、发展的观点，在实践（实证）中认识真理、检验真理、发展真理。

新时代中国法治的国际向度要回答和解决的主要问题，是中国法治理论创新发展横向比较的空间坐标问题，即在全球化和国际比较法的视角下，新时代中国法治理论创新发展在当代世界法治文明中的地位、角色和贡献。哲学社会科学"要在比较、对照、批判、吸收、升华的基础上，使民族性更加符合当代中国和当今世界的发展要求，越是民族的越是世界的。解决好民族性问题，就有更强能力去解决世界性问题；把中国实践总结好，就有更强能力为解决世界性问题提供思路和办法。这是由特殊性到普遍性的发展规律"。② 历史上中华法系辉煌灿烂，在亚洲国家中产生了重要影响。新时代中国法治理论创新发展，不仅要立足中国的法治国情和实际，而且要参与和推动国际法治建设，影响和促进国际法治理论发展；不仅要独善其身，而且要兼济天下，在国际法治理论平台上得到认可，为国

---

① 习近平：《加快构建中国特色哲学社会科学》，载《习近平谈治国理政》第 2 卷，外文出版社，2017，第 344 页。

② 习近平：《加快构建中国特色哲学社会科学》，载《习近平谈治国理政》第 2 卷，外文出版社，2017，第 340 页。

际法治理论发展和世界法治文明作出中华民族的新贡献。

总之，推进新时代中国法治理论创新发展，是一个理论与实践相结合、中国与世界相融合、历史与现实相统一、法治与政治德治相整合的宏大而复杂的系统工程。其中每一个要素、每一个子系统、每一个环节的健全完善，每一个向度和问题的深入研究，都至关重要。法治理论必须更加关注对其各个零部件之间的相互兼容、彼此匹配、优化协同等整体性问题的研究，更加强化对其协同性、系统性和有效性的深入研究，以全新的法治系统理论为引领和支撑，促进国家法治在整体上实现最优组合、发挥最佳效能，推动国家治理现代化和法治化的总体进程。

习近平法治思想对马克思主义法治原理的
传承与发展[*]

孙　谦^{**}

摘　　要：习近平法治思想是习近平新时代中国特色社会主义思想的重要组成部分，是新时代全面推进依法治国的根本遵循和行动指南。习近平用马克思主义的一般原理来思考和指引中国的法治，创造性地传承了法的物质性、政治性、人民性、社会性、实践性、继承性等马克思主义法治原理，立足马克思主义立场观点方法，明确宣示坚定不移走中国特色社会主义法治道路，深刻阐述了中国特色社会主义法治体系的科学内涵，把厉行法治作为执政治国重要理念，科学设计社会主义法治建设发展目标任务和阶段步骤，体现出鲜明的中国特色、实践特色、时代特色，创造性地丰富和发展了马克思主义法治理论体系，为中国特色社会主义法治体系和社会主义法治国家建设提供了强大思想武器。

关键词：习近平法治思想　马克思主义法治原理　全面依法治国　党的领导

2020 年 11 月中国共产党首次召开中央全面依法治国工作会议。这次会议最重要的成果，就是明确了习近平法治思想在全面依法治国工作中的指导地位。这是中国特色社会主义法治建设进程中具有深远历史意义的一

---

　　* 本文原载于《法学研究》2021 年第 4 期。

　　** 孙谦，最高人民检察院副检察长。

件大事。习近平法治思想创造性地传承和发展了马克思主义法治原理，是马克思主义法治原理与中国法治实践相结合的理论飞跃，是当代中国的马克思主义法治理论，也是 21 世纪的马克思主义法治理论。

一　习近平法治思想的科学内涵

任何科学理论体系的形成都有一个复杂的过程。时代的迫切需要，理论的深厚积淀，实践的反复探索，再加上思想理论体系代表人物的智慧、胆略、担当和情怀，这些都是科学理论体系形成的必备条件。正是具备了这些条件，习近平法治思想更加彰显出强大的真理力量和实践力量。习近平从历史和现实相贯通、国际和国内相关联、理论和实际相结合的角度，深刻回答了新时代的中国为什么要实行全面依法治国、怎样实行全面依法治国等一系列重大问题，形成了内涵丰富、论述深刻、逻辑严密、系统完备的思想体系。这一重要思想是全面依法治国的战略性、统领性、根本性指导思想，集中体现为习近平在中央全面依法治国工作会议重要讲话中精辟概括的"十一个坚持"，需要全面系统、融会贯通地深刻理解把握。

（一）坚持党的领导和走中国特色社会主义法治道路是根本政治方向

1. 坚持党对全面依法治国的领导

习近平强调，党的领导是推进全面依法治国的根本保证。他指出："改革开放和社会主义现代化建设任务越是繁重，越要运用法治思维和法治手段巩固执政地位、改善执政方式、提高执政能力，保证党和国家长治久安"；"要健全党领导全面依法治国的制度和工作机制，推进党的领导制度化、法治化，通过法治保障党的路线方针政策有效实施"。① 我国宪法确认了中国共产党的执政地位，确认了党在国家政权结构中总揽全局、协调各方的核心地位。中国共产党领导是中国特色社会主义最本质的特征，是中国特色社会主义制度的最大优势。在坚持党的领导这个决定党和国家前途命运的重大原则问题上，我们必须保持高度的思想自觉、政治自觉、行

---

① 习近平：《坚定不移走中国特色社会主义法治道路　为全面建设社会主义现代化国家提供有力法治保障》，《求是》2021 年第 5 期，第 6 页。

动自觉，任何时候任何情况下都不能有丝毫动摇。

2. 坚持中国特色社会主义法治道路

习近平强调，中国特色社会主义法治道路，本质上是中国特色社会主义道路在法治领域的具体体现。坚持中国特色社会主义法治道路，是由坚持中国特色社会主义道路这一大前提所决定的，也是这一大前提的重要体现，是建设社会主义法治国家的唯一正确道路。举什么旗，走什么路，永远是摆在中国共产党人和中华民族面前的根本问题。在全面建设社会主义现代化国家的新征程上，要加强党对全面依法治国的集中统一领导，坚持以全面依法治国新理念新思想新战略为指导，坚定不移走中国特色社会主义法治道路。这就是中国共产党和中国人民的选择。

（二）始终坚持以人民为中心的根本政治立场

中国共产党人的初心和使命，就是为中国人民谋幸福、为中华民族谋复兴。法治是实现中华民族伟大复兴的内在要求和必由之路。特别是，新时代我国社会主要矛盾转化，人民美好生活需要日益广泛，不仅对物质文化生活提出更高要求，在民主、法治、公平、正义、安全、环境等方面的要求也日益增长。推动经济社会的进步，需要法治；满足人民对美好生活的向往，也需要法治。

推进全面依法治国，根本目的是依法保障人民权益。"我国社会主义制度保证了人民当家作主的主体地位，也保证了人民在全面推进依法治国中的主体地位。这是我们的制度优势，也是中国特色社会主义法治区别于资本主义法治的根本所在。"[1] 全心全意为人民服务是党的根本宗旨，全面依法治国最广泛、最深厚的基础就是人民。必须坚持以人民为中心，坚持为了人民、依靠人民，要把体现人民利益、反映人民愿望、维护人民权益、增进人民福祉，落实到全面依法治国各领域、全过程。推进全面依法治国，就是要保证我们的国家永远是人民的国家，是人民当家作主的国家；就是要让人民生活在安全的、秩序的、公平的环境当中，过上富足的、自由的、安宁的、高质量的生活。

---

[1] 《习近平谈治国理政》第2卷，外文出版社，2017，第115页。

（三）　法治是治国理政的基本方式

"我们要实现经济发展、政治清明、文化昌盛、社会公正、生态良好，必须更好发挥法治引领和规范作用。"① 我们走向强国、走向现代化，就要更有力地推进全面依法治国，统筹国内国际两个大局，不断把社会主义法治优势转化为国家治理效能。这是全面建设社会主义现代化强国的基石。

1. 坚持在法治轨道上推进国家治理体系和治理能力现代化

法治是国家治理体系和治理能力的重要依托。只有全面依法治国才能有效保障国家治理体系的系统性、规范性、协调性，才能最大限度凝聚社会共识。"我国社会主义法治凝聚着我们党治国理政的理论成果和实践经验，是制度之治最基本最稳定最可靠的保障。"② 国家治理的现代化必然是国家治理的法治化。在全面建设社会主义现代化国家新征程上，应对重大挑战、抵御重大风险、克服重大阻力、解决重大矛盾，必须坚持法治精神，依靠法治方式。要坚持顶层设计和法治实践相结合，更加重视法治、厉行法治，更好发挥法治固根本、稳预期、利长远的保障作用，把制度优势、法治之力持续转化为国家治理效能。

2. 坚持统筹推进国内法治和涉外法治

习近平强调，要加快涉外法治工作战略布局，协调推进国内治理和国际治理，更好维护国家主权、安全、发展利益。当代，国际竞争越来越体现为制度之争、规则博弈。我们必须加强涉外法治体系建设，加强国际法治合作，积极参与全球治理体系改革和建设，综合利用立法、执法、司法等手段，应对全球性风险和挑战。习近平法治思想统筹国内国际两个大局，立足人类命运共同体立场，为建立更为合理的国际关系和国际秩序提供了中国方案。

（四）　中国特色社会主义法治体系是总抓手

1. 坚持建设中国特色社会主义法治体系

"全面推进依法治国涉及很多方面，在实际工作中必须有一个总揽全局、

---

① 中共中央文献研究室编《习近平关于全面依法治国论述摘编》，中央文献出版社，2015，第4页以下。

② 习近平：《论坚持全面依法治国》，中央文献出版社，2020，第272页以下。

牵引各方的总抓手，这个总抓手就是建设中国特色社会主义法治体系。"① 建设中国特色社会主义法治体系，是我们党在法治领域提出的具有原创性、时代性的法治概念和理论，对全面依法治国具有纲举目张的意义。我们要加快形成完备的法律规范体系、高效的法治实施体系、严密的法治监督体系、有力的法治保障体系和完善的党内法规体系，以更加完备权威的法治体系来有效应对各个领域出现的新风险新挑战。

2. 坚持依宪治国、依宪执政

建设中国特色社会主义法治体系，要求健全保证宪法全面实施的体制机制。依法治国首先要坚持依宪治国，依法执政首先要坚持依宪执政。习近平非常强调在整个国家治理中、在党和国家各种机构的运行中，必须以宪法为最高遵循，必须遵守宪法。"全面贯彻实施宪法，是建设社会主义法治国家的首要任务和基础性工作。宪法是国家的根本法，是治国安邦的总章程，具有最高的法律地位、法律权威、法律效力，具有根本性、全局性、稳定性、长期性。"② 宪法是党领导人民制定的，充分体现了党的意志和人民意志的高度统一。依法治国必须全面充分地体现对宪法的尊重和遵守。

3. 坚持依法治国依法执政依法行政共同推进，法治国家法治政府法治社会一体建设

建设中国特色社会主义法治体系，贯通法治国家、法治政府、法治社会各个领域。全面依法治国是一个系统工程，要整体谋划，更加注重系统性、整体性、协同性。"依法治国、依法执政、依法行政是一个有机整体。"③ 推进法治国家、法治社会、法治政府建设，必须在依法执政、依法行政方面做出实质性努力。现代法治可以理解为一种世界观、方法论，也可以理解为一种治国方略、治理状态，其核心要义是约束公权、保障私权。通过法治国家、法治政府、法治社会一体建设，实现对公权的约束和对私权的保障，能够使国家始终保持在安全、稳定、和谐、有序的状态。

---

① 中共中央宣传部编《习近平新时代中国特色社会主义思想学习纲要》，学习出版社、人民出版社，2019，第100页。

② 习近平：《在首都各界纪念现行宪法公布施行30周年大会上的讲话》，2012年12月4日。

③ 《习近平谈治国理政》第3卷，外文出版社，2020，第285页。

4. 坚持全面推进科学立法、严格执法、公正司法、全民守法

建设中国特色社会主义法治体系，涵盖立法、执法、司法、守法各个环节。习近平强调，要继续推进法治领域改革，解决好立法、执法、司法、守法等领域的突出矛盾和问题。在全面依法治国整体格局中，立法、执法、司法、守法四个环节相互贯通、相互依存，需要坚持问题导向和目标导向，增强法治领域体制机制改革的系统性、整体性、协同性。"法律的生命力在于实施，法律的权威也在于实施。"① 在中国特色社会主义法律体系基本形成，"有法可依"的问题解决之后，最重要的是保证法律实施，做到有法必依、执法必严、违法必究。要加强法治实施和法治监督，抓住人民群众反映强烈的有法不依、执法不严、违法不究、司法不公等突出问题，捍卫法律权威，维护公平正义。

（五）法治工作队伍和领导干部是依法治国的重要保障

1. 坚持建设德才兼备的高素质法治工作队伍

习近平强调，全面推进依法治国，首先要把专门法治工作队伍建设好，要"着力建设一支忠于党、忠于国家、忠于人民、忠于法律的社会主义法治工作队伍，为加快建设社会主义法治国家提供有力人才保障"。② 加强法治队伍建设至关重要，是确保法治建设成果惠及全体人民的重要保障。要坚持以政治建设为统领，注重培养专业能力、专业精神，大力推进法治专门队伍革命化、正规化、专业化、职业化，增强法治干部队伍适应新发展阶段全面依法治国要求的素质能力。

2. 坚持抓住领导干部这个"关键少数"

领导干部具体行使党的执政权和国家立法权、行政权、监察权、司法权，是全面依法治国的关键。"党领导立法、保证执法、支持司法、带头守法，主要是通过各级领导干部的具体行动和工作来体现、来实现。"③ 抓住领导干部这个"关键少数"，就是要让各级领导干部在全面依法治国中发挥关键作用，不断提高运用法治思维和法治方式深化改革、推动发展、化解矛盾、维护稳定、应对风险的能力，以全面提升依法治国的水平。

---

① 习近平：《论坚持全面依法治国》，中央文献出版社，2020，第 74 页。
② 习近平：《论坚持全面依法治国》，中央文献出版社，2020，第 274 页。
③ 习近平：《论坚持全面依法治国》，中央文献出版社，2020，第 135 页。

习近平法治思想坚持马克思主义理论之本，深刻回答法治建设之问，是习近平新时代中国特色社会主义思想的"法治篇"，标志着中国共产党对社会主义法治建设规律的认识达到了新高度。"全面推进依法治国，是着眼于实现中华民族伟大复兴中国梦、实现党和国家长治久安的长远考虑。对全面推进依法治国作出部署，既是立足于解决我国改革发展稳定中的矛盾和问题的现实考量，也是着眼于长远的战略谋划。"① 在中国共产党的领导下，近代以来久经磨难的中华民族实现了从站起来、富起来到强起来的历史性跨越。我们比历史上任何时期都更接近也更有信心和能力实现中华民族伟大复兴的目标。当今世界正面临百年未有之大变局，世界大变革、大发展、大调整、大转折的广泛性深刻性前所未有，我们面对的改革发展稳定任务之重、矛盾风险挑战之多前所未有，法治建设在党和国家工作全局中的地位更加突出、作用更加凸显。在这样一个重大历史节点上，习近平法治思想的提出和确立，顺应了实现中华民族伟大复兴的时代要求，为我们党在新时代实现初心使命、应对风险挑战、凝聚民族精神和民族力量提供了科学的理论指引。

二　习近平法治思想对马克思主义法治原理的传承

马克思主义法治原理，是马克思、恩格斯在深刻把握人类社会发展规律的基础上，批判地吸收资产阶级启蒙思想家在法治方面的文化成果，从无产阶级革命的目的出发创造出来的。洛克在《政府论》《人类理解论》等著作中，系统阐释了资产阶级法治理念，提出了法治和分权的理论，论述了政治权力运行的法治原则。孟德斯鸠延续了洛克的观念，他在《论法的精神》中系统总结了现代法治的内涵，包括公权力受制约、私权利受保护、司法必须公正、法律必须平等。卢梭在其《社会契约论》中，主张一切权力属于人民，政府和官员只是受人民的委托，并提出了"天赋人权"理论。资产阶级法治理念主要是针对封建专制、封建特权提出来的，尽管其在一定程度上推动了世界文明和法治进步，但本质上是维护资产阶级统

---

① 中共中央文献研究室编《习近平关于全面依法治国论述摘编》，中央文献出版社，2015，第 11 页。

治和利益的，是维护极少数人利益的，所以必然地具有历史局限性。

与资产阶级启蒙思想家法治理念根本不同的是，马克思主义法治原理是真正符合人类绝大多数人根本利益、符合人类社会发展规律和方向的，是彻底的、科学的法治原理。马克思、恩格斯运用辩证唯物主义、历史唯物主义的方法论和科学社会主义原理，在正确揭示法的起源、本质及运行规律的基础上，结合共产主义过渡阶段国家和法的基本特点，在无产阶级革命斗争的实践中形成了关于国家和法的理论，并对人权、自由、平等、民主等法治基本构成要素进行了深刻阐述。马克思指出，无产阶级建立国家政权后将进入社会主义阶段，而"国家应该是政治理性和法的理性的实现"。① 马克思、恩格斯虽然未能参与社会主义法治建设实践，但其关于社会主义法治本质的阐发及对社会主义法治事业的预见，科学揭示了法的起源、本质、运行规律和基本要素，对于社会主义法治建设具有深远的指导意义。

中国共产党在成立之初就把马克思主义作为指导思想。在百年革命、建设、改革进程中，中国共产党始终坚守马克思主义的基本原理，不断探索推进马克思主义中国化。习近平法治思想就是用发展着的马克思主义观察时代、解读时代、引领时代，用马克思主义的一般原理来思考和指引中国的法治、推进新时代全面依法治国的实践，创造性地传承了马克思主义法治原理。

（一）关于法的物质性

马克思主义法治原理的理论基础是唯物史观。马克思在《政治经济学批判》的序言中指出，"法的关系正像国家的形式一样，既不能从它们本身来理解，也不能从所谓人类精神的一般发展来理解，相反，它们根源于物质的生活关系"。② 这一经典论述深刻揭示了法是由"物质的生活关系"即"经济基础"决定的，有力反驳了西方资产阶级关于法律具有抽象的普世价值的观点。马克思还指出："人们在自己生活的社会生产中发生一定的、必然的、不以他们的意志为转移的关系，即同他们的物质生产力的一

---

① 《马克思恩格斯全集》第 1 卷，人民出版社，1995，第 118 页。
② 《马克思恩格斯全集》第 31 卷，人民出版社，1998，第 412 页。

定发展阶段相适合的生产关系。这些生产关系的总和构成社会的经济结构，即有法律的和政治的上层建筑竖立其上并有一定的社会意识形式与之相适应的现实基础。物质生活的生产方式制约着整个社会生活、政治生活和精神生活的过程。不是人们的意识决定人们的存在，相反，是人们的社会存在决定人们的意识。"① 这一论述进一步阐明了社会存在决定社会意识，法作为上层建筑建立在"现实基础"即"社会经济结构"之上。马克思在《资本论》中写道："这种法的关系或意志关系的内容是由这种经济关系本身决定的。"② 这一论断指出了经济关系决定法的关系。

习近平法治思想坚持用历史唯物主义、辩证唯物主义把握法的物质本源及其运动规律，立足我国的物质条件、经济基础和社会存在来考察、推动法治建设。走什么样的法治道路、建设什么样的法治体系，是由一个国家的基本国情决定的。"全面推进依法治国，必须从我国实际出发，同推进国家治理体系和治理能力现代化相适应，既不能罔顾国情、超越阶段，也不能因循守旧、墨守成规"；③ "全面推进依法治国必须走对路。要从中国国情和实际出发，走适合自己的法治道路，决不能照搬别国模式和做法，决不能走西方'宪政'、'三权鼎立'、'司法独立'的路子"。④ 习近平对全面依法治国的战略考量、谋划部署，既立足我国社会主义初级阶段的基本国情和发展要求，又充分适应新时代新发展阶段经济社会的新变化新特点。

（二）关于法的政治性

法律是政权的一种政治措施。马克思、恩格斯指出："一切共同的规章都是以国家为中介的，都获得了政治形式。"⑤ 法的政治性的实质，集中体现为其具有阶级性。马克思、恩格斯在《共产党宣言》中揭露资产阶级法的本质时说，"你们的观念本身是资产阶级的生产关系和所有制关系的产物，正像你们的法不过是被奉为法律的你们这个阶级的意志一样"。⑥ 法

---

① 《马克思恩格斯全集》第 31 卷，人民出版社，1998，第 412 页。

② 《马克思恩格斯选集》第 2 卷，人民出版社，2012，第 128 页。

③ 习近平：《论坚持全面依法治国》，中央文献出版社，2020，第 110 页。

④ 习近平：《论坚持全面依法治国》，中央文献出版社，2020，第 229 页。

⑤ 《马克思恩格斯选集》第 1 卷，人民出版社，2012，第 212 页。

⑥ 《共产党宣言》，人民出版社，2014，第 45 页。

的政治性必然合逻辑地延伸到法与政权、法与政党的关系中。为保证社会革命获得胜利和实现革命的最高目标，"无产阶级这样组织成为政党是必要的"。① 无产阶级进行社会主义革命和实行无产阶级专政，推翻和摧毁旧政权、旧法制，建立完全新型的政权和法制，必须坚持无产阶级政党的领导，这也是马克思主义国家学说、政党学说的根本原则。

习近平法治思想融会贯通了马克思主义国家学说、政党学说，深刻阐明了党和法、党的领导和依法治国的高度统一性。社会主义法治必须坚持党的领导，党的领导必须依靠社会主义法治。"要把党的领导贯彻到依法治国全过程和各方面，坚持党的领导、人民当家作主、依法治国有机统一。只有在党的领导下依法治国、厉行法治，人民当家作主才能充分实现，国家和社会生活法治化才能有序推进。"② 坚持依宪治国、依宪执政，就包括"坚持宪法确定的中国共产党领导地位不动摇，坚持宪法确定的人民民主专政的国体和人民代表大会制度的政体不动摇"。③ 在我国，法是党的主张和人民意愿的统一体现，"党领导人民制定宪法法律，党领导人民实施宪法法律，党自身必须在宪法法律范围内活动，这就是党的领导力量的体现"。④ 坚持党的领导，要更加注重改进党的领导方式和执政方式，"必须具体体现在党领导立法、保证执法、支持司法、带头守法上"。⑤ 习近平对党的政策和国家法律在本质上的一致性——都是人民根本意志的反映，对党应当善于通过法定程序使党的主张成为法律、通过法律保障党的政策有效实施都进行了深刻的阐述。

（三）关于法的人民性

马克思主义法治原理最鲜明的品格就是人民性。对于人民的人权、民主、自由、平等、公平、正义等问题，马克思、恩格斯都给予了高度关注并作出了系统的论述。关于人权，马克思指出："工人阶级的解放斗争不

---

① 《马克思恩格斯选集》第 3 卷，人民出版社，2012，第 174 页。
② 习近平：《论坚持党对一切工作的领导》，中央文献出版社，2019，第 78 页以下。
③ 中共中央文献研究室编《习近平关于全面依法治国论述摘编》，中央文献出版社，2015，第 36 页。
④ 中共中央文献研究室编《习近平关于全面依法治国论述摘编》，中央文献出版社，2015，第 36 页。
⑤ 习近平：《论坚持全面依法治国》，中央文献出版社，2020，第 107 页。

是要争取阶级特权和垄断权，而是要争取平等的权利和义务"，① 达到 "没有无义务的权利，也没有无权利的义务"。② 关于民主，马克思强调："工人革命的第一步就是无产阶级上升为统治阶级，争得民主。"③ 恩格斯指出："工人阶级一旦取得统治权，就不能继续运用旧的国家机器来进行管理"，④ 必须以新的真正民主的国家政权来代替，"民主已经成了无产阶级的原则，群众的原则"。⑤ 关于自由，马克思、恩格斯指出："代替那存在着阶级和阶级对立的资产阶级旧社会的，将是这样一个联合体，在那里，每个人的自由发展是一切人的自由发展的条件。"⑥ 关于平等，恩格斯指出："一切人，作为人来说，都有某些共同点，在这些共同点所及的范围内，他们是平等的"；"一切人，或至少是一个国家的一切公民，或一个社会的一切成员，都应当有平等的政治地位和社会地位"。⑦ 关于公平、正义，恩格斯指出："我们所需要的不是英国资产阶级那套权宜的办法，而是一个能伸张正义，满足一切人的需求的全新的社会经济制度。"⑧ 这些法治基本价值相辅相成、内涵相通，始终代表无产阶级和广大人民的利益。

习近平法治思想坚持人民主体地位，深深植根于人民之中，充分体现了人民的意志，坚定地维护着人民的利益。"推进全面依法治国，根本目的是依法保障人民权益"；⑨ "人民幸福生活是最大的人权"；⑩ "中国坚持把人权的普遍性原则同本国实际相结合，坚持生存权和发展权是首要的基本人权"。⑪ 这些重要认识和观点深刻阐明了适合中国国情的人权发展道路。"人民当家作主是社会主义民主政治的本质和核心。人民民主是社会

---

① 《马克思恩格斯全集》第 21 卷，人民出版社，2003，第 16 页。
② 《马克思恩格斯全集》第 21 卷，人民出版社，2003，第 17 页。
③ 《共产党宣言》，人民出版社，2014，第 49 页。
④ 《马克思恩格斯选集》第 3 卷，人民出版社，2012，第 54 页。
⑤ 《马克思恩格斯全集》第 2 卷，人民出版社，1957，第 664 页。
⑥ 《共产党宣言》，人民出版社，2014，第 51 页。
⑦ 《马克思恩格斯全集》第 26 卷，人民出版社，2014，第 109 页。
⑧ 《马克思恩格斯全集》第 4 卷，人民出版社，1958，第 383 页。
⑨ 习近平：《坚定不移走中国特色社会主义法治道路　为全面建设社会主义现代化国家提供有力法治保障》，《求是》2021 年第 5 期，第 8 页。
⑩ 《习近平致信纪念〈世界人权宣言〉发表 70 周年座谈会强调　坚持走符合国情的人权发展道路　促进人的全面发展》，《人民日报》2018 年 12 月 11 日，第 1 版。
⑪ 《习近平致"纪念〈发展权利宣言〉通过 30 周年国际研讨会"的贺信》，《人民日报》2016 年 12 月 4 日，第 1 版。

主义的生命"；① "在坚持党的领导、人民当家作主、依法治国有机统一中推进社会主义民主政治建设"；② "发展人民民主必须坚持依法治国、维护宪法法律权威，使民主制度化、法律化"。③ 这些重要论断阐明了人民当家作主是社会主义法治的前提和基础，而社会主义法治是人民民主发展的必要条件和基本保障。"平等是社会主义法律的基本属性，是社会主义法治的基本要求"；④ "全面依法治国，必须紧紧围绕保障和促进社会公平正义来进行。公平正义是我们党追求的一个非常崇高的价值，全心全意为人民服务的宗旨决定了我们必须追求公平正义，保护人民权益、伸张正义"；⑤ "必须牢牢把握社会公平正义这一法治价值追求，努力让人民群众在每一项法律制度、每一个执法决定、每一宗司法案件中都感受到公平正义"；⑥ "和平、发展、公平、正义、民主、自由，是全人类的共同价值"。⑦ 这些重要论述系统阐释了社会主义法治的价值追求，彰显了保障人民权益、增进人民福祉的执政理念。

（四）关于法的社会性

法律以社会为基础，这是马克思关于法的一个基本观点。"马克思发展了关于基础与上层建筑相互关系的学说，把基础与上层建筑引申为社会与法律"，⑧ 其中，"社会是由经济关系、生产和交换，以及那些历史前提所决定的"。⑨ 马克思论证说，"社会不是以法律为基础的。那是法学家们的幻想。相反地，法律应该以社会为基础。法律应该是社会共同的、由一定物质生产方式所产生的利益和需要的表现"。⑩ 马克思以拿破仑法典为

---

① 习近平：《论坚持全面依法治国》，中央文献出版社，2020，第 71 页。
② 习近平：《在纪念马克思诞辰 200 周年大会上的讲话》，《求是》2018 年第 10 期，第 8 页。
③ 习近平：《论坚持全面依法治国》，中央文献出版社，2020，第 72 页。
④ 习近平：《论坚持全面依法治国》，中央文献出版社，2020，第 108 页。
⑤ 《习近平谈治国理政》第 2 卷，外文出版社，2017，第 129 页。
⑥ 习近平：《论坚持全面依法治国》，中央文献出版社，2020，第 229 页。
⑦ 习近平：《携手构建合作共赢新伙伴　同心打造人类命运共同体——在第七十届联合国大会一般性辩论时的讲话》，《人民日报》2015 年 9 月 29 日，第 2 版。
⑧ 刘瑞复：《马克思主义法学原理读书笔记》第 1 卷，中国政法大学出版社，2018，第 209 页。
⑨ 《马克思恩格斯全集》第 26 卷，人民出版社，2014，第 361 页。
⑩ 《马克思恩格斯全集》第 6 卷，人民出版社，1961，第 291 页以下。

例，指出这部法典"并没有创立现代的资产阶级社会。相反地，产生于十八世纪并在十九世纪继续发展的资产阶级社会，只是在这本法典中找到了它的法律的表现。这一法典一旦不再适应社会关系，就会变成一叠不值钱的废纸"。① 由此，我们可以看到，法的性质取决于社会形态和社会体制的性质；法反映社会要求，并随着社会的发展而发展。

习近平法治思想扎根于社会主义社会这个基础，并旗帜鲜明地表明："我们要坚持的中国特色社会主义法治道路，本质上是中国特色社会主义道路在法治领域的具体体现；我们要发展的中国特色社会主义法治理论，本质上是中国特色社会主义理论体系在法治问题上的理论成果；我们要建设的中国特色社会主义法治体系，本质上是中国特色社会主义制度的法律表现形式。"② 这也指明了社会主义法治的性质必须由中国特色社会主义社会形态和社会体制的性质来决定。习近平高度重视因应经济发展、社会需要和人民需求，加快完善中国特色社会主义法律体系，强调"要积极推进国家安全、科技创新、公共卫生、生物安全、生态文明、防范风险、涉外法治等重要领域立法，健全国家治理急需的法律制度、满足人民日益增长的美好生活需要必备的法律制度"，③ 这是"真正历史的观点"。

（五）关于法的实践性

实践观点是马克思主义哲学的核心观点。马克思在《关于费尔巴哈的提纲》中指出："全部社会生活在本质上是实践的"；④ "哲学家们只是用不同的方式解释世界，问题在于改变世界"。⑤ 这些经典名言，深刻指明了实践决定认识，理论应该走向实践。马克思在批判黑格尔法哲学时，指出了实践的重要性："批判的武器当然不能代替武器的批判，物质力量只能用物质力量来摧毁；但是理论一经掌握群众，也会变成物质力量。理论只要说服人，就能掌握群众；而理论只要彻底，就能说服人。所谓彻底，就

---

① 《马克思恩格斯全集》第 6 卷，人民出版社，1961，第 292 页。
② 习近平：《坚定不移走中国特色社会主义法治道路　为全面建设社会主义现代化国家提供有力法治保障》，《求是》2021 年第 5 期，第 8 页。
③ 习近平：《坚定不移走中国特色社会主义法治道路　为全面建设社会主义现代化国家提供有力法治保障》，《求是》2021 年第 5 期，第 10 页以下。
④ 《马克思恩格斯选集》第 1 卷，人民出版社，2012，第 135 页。
⑤ 《马克思恩格斯选集》第 1 卷，人民出版社，2012，第 136 页。

是抓住事物的根本";① "对思辨的法哲学的批判既然是对德国迄今为止政治意识形式的坚决反抗，它就不会专注于自身，而会专注于课题，这种课题只有一个解决办法：实践"。② 这些重要论述，阐明了包括法在内的理论只有在实践中才能把握其本质和规律，也只有通过实践才能验证其科学性。

习近平法治思想贯穿认识和实践辩证关系原理，既坚持实践第一的观点，又不断推进实践基础上的理论创新。习近平强调："形势在发展，时代在前进，法律体系必须随着时代和实践发展而不断发展。"③ "现在，我们国家和社会生活各方面总体上实现了有法可依，这是我们取得的重大成就。同时，我们也要看到，实践是法律的基础，法律要随着实践发展而发展。"④ 习近平法治思想本身就是对党领导法治建设丰富实践和宝贵经验的科学总结，其总结和运用我们党领导人民实行法治的成功经验，立足于党的十八大以来波澜壮阔的全面依法治国实践，紧密结合新的时代条件和实践要求，以历史思维、世界视野、全新认识，赋予了社会主义法治建设新的时代内涵。习近平法治思想的实践性，还体现在其坚持问题意识、问题导向，针对法治工作中群众反映强烈的突出问题提出强有力的措施，对社会主义法治国家建设作出顶层设计。"徒法不足以自行"，法的实践是主观见之于客观的活动，具体体现为立法、执法、司法、守法的有机统一。宪法法律的生命在于实施，宪法法律的权威也在于实施。习近平法治思想是实践的理论，既从实践中来，又回到实践中去指导实践。

（六）关于法的继承性

法的继承性是法的发展观和法的相对独立性的重要表现形式，指新的法否定旧的法，同时继承旧的法中有价值的文化元素。恩格斯在晚年对法的继承性作了深刻阐发，在《路德维希·费尔巴哈和德国古典哲学的终结》中，他具体分析了资产阶级法与以往私有制社会的法之间历史继承的

① 《马克思恩格斯选集》第1卷，人民出版社，2012，第9页以下。
② 《马克思恩格斯选集》第1卷，人民出版社，2012，第9页。
③ 习近平：《论坚持全面依法治国》，中央文献出版社，2020，第73页。
④ 中共中央文献研究室编《习近平关于全面依法治国论述摘编》，中央文献出版社，2015，第43页。

三种形式：第一种是"可以或者是简单地通过审判的实践降低罗马法，使它适合于这个社会的状况（普通法）"；第二种是"依靠所谓开明的进行道德说教的法学家的帮助把它加工成一种适应于这种社会状况的特殊法典，这种法典，在这种情况下即使从法学观点看来也是不好的（普鲁士邦法）"；第三种是"以同一个罗马法为基础，制定出像法兰西民法典这样典型的资产阶级社会的法典"。① 前两种形式为新法接受和吸收旧的法文化传统，第三种形式为法在不同国家横向的传播和借鉴。需要指出的是，社会主义社会与以往任何私有制社会在法的理念、社会制度和经济体制等各方面完全不同，绝不能沿用旧的法律制度，也绝不可能复制私有制的法律制度。

习近平法治思想在对待中国古代法制传统和人类法治文明成果的问题上，既旗帜鲜明，又包容并蓄，展现出民族性的文化自信和世界性的宽广视野。中华优秀传统法律文化源远流长、博大精深，是中华民族薪火相传、生生不息的文化基因和精神内核。"与大陆法系、英美法系、伊斯兰法系等不同，中华法系是在我国特定历史条件下形成的，显示了中华民族的伟大创造力和中华法制文明的深厚底蕴。中华法系凝聚了中华民族的精神和智慧，有很多优秀的思想和理念值得我们传承。"② 鸦片战争后，太平天国后期《资政新篇》、戊戌变法、清末修律、中华民国政府"六法全书"体系等，都试图在中国照搬、移植西方法治模式，但最终都归于失败。对此，习近平深刻指出："历史和现实告诉我们，只有传承中华优秀传统法律文化，从我国革命、建设、改革的实践中探索适合自己的法治道路，同时借鉴国外法治有益成果，才能为全面建设社会主义现代化国家、实现中华民族伟大复兴夯实法治基础。"③ 他还强调："坚持从我国实际出发，不等于关起门来搞法治。法治是人类文明的重要成果之一，法治的精髓和要旨对于各国国家治理和社会治理具有普遍意义，我们要学习借鉴世界上优秀的法治文明成果。但是，学习借鉴不等于是简单的拿来主义，必须坚持

---

① 《马克思恩格斯选集》第 4 卷，人民出版社，2012，第 259 页。
② 习近平：《坚定不移走中国特色社会主义法治道路　为全面建设社会主义现代化国家提供有力法治保障》，《求是》2021 年第 5 期，第 8 页。
③ 习近平：《坚定不移走中国特色社会主义法治道路　为全面建设社会主义现代化国家提供有力法治保障》，《求是》2021 年第 5 期，第 8 页。

以我为主、为我所用，认真鉴别、合理吸收，不能搞'全盘西化'，不能搞'全面移植'，不能照搬照抄。"① 马克思主义对人类法治的思考是系统的、全面的、深刻的。我们通常说，马克思主义由哲学、政治经济学、科学社会主义三部分组成。经过研究发现，马克思主义法治原理体现在马克思主义整个理论体系之中，而且这也集中表达了马克思主义价值观：全人类的解放、真正的平等、每个人的自由。习近平法治思想创造性地传承了这些原理，体现出鲜明的中国特色、实践特色、时代特色，为中国特色社会主义法治体系和社会主义法治国家建设提供了强大思想武器。

三　习近平法治思想对马克思主义法治原理的发展

马克思主义并没有结束真理，而是开辟了通向真理的道路。恩格斯指出："马克思的整个世界观不是教义，而是方法。它提供的不是现成的教条，而是进一步研究的出发点和供这种研究使用的方法。"② 毛泽东在读苏联《政治经济学教科书》时曾说："马克思这些老祖宗的书，必须读，他们的基本原理必须遵守，这是第一。但是，任何国家的共产党，任何国家的思想界，都要创造新的理论，写出新的著作，产生自己的理论家，来为当前的政治服务，单靠老祖宗是不行的。"③ 中国共产党百年历史告诉我们，只有把马克思主义与中国实际相结合，马克思主义才能在中国焕发出强大的生命力。

中国共产党成立前夕，接受了共产主义思想的先驱饱含激情地介绍马克思主义及布尔什维克。④ 中国共产党成立后，历代中国共产党人前赴后继，对马克思主义法治原理有很多创造性的传承和贡献。毛泽东思想、邓小平理论、"三个代表"重要思想、科学发展观，都贯穿并发展了马克思主义法治原理。新民主主义革命时期，以毛泽东为主要代表的中国共产党人，在领导革命根据地建设中就进行了法制建设的实践探索，颁布《中华苏维埃共和国宪法大纲》以及大量法律法令，奠定了党领导人民厉行法

---

① 习近平：《论坚持全面依法治国》，中央文献出版社，2020，第 111 页。
② 《马克思恩格斯选集》第 4 卷，人民出版社，2012，第 664 页。
③ 《毛泽东文集》第 8 卷，人民出版社，1999，第 109 页。
④ 参见张晋藩、顾元《理论光辉照耀法治之路》，《法制日报》2001 年 6 月 21 日，第 2 版。

治、追求民主平等自由人权的基石。社会主义革命和建设时期，中国共产党人提出了一系列重要的法制原则和法制思想，领导人民制定了"五四宪法"和国家机构组织法、选举法、婚姻法等一系列重要法律法规，建立起社会主义法制框架体系。进入改革开放时期，以邓小平为主要代表的中国共产党人提出"有法可依、有法必依、执法必严、违法必究"的方针，以江泽民为主要代表的中国共产党人把依法治国确立为党领导人民治理国家的基本方略，以胡锦涛为主要代表的中国共产党人把依法执政确立为党治国理政的基本方式，不断推进社会主义法治建设取得新进展。

中国特色社会主义进入新时代，习近平从统筹国内和国际两个大局、实现党和国家长治久安的战略高度，加强党对全面依法治国的集中统一领导，以前所未有的广度和深度重视法治、定位法治、布局法治、厉行法治。2012 年 12 月 4 日，习近平在首都各界纪念现行宪法公布施行 30 周年大会上，发出了全面推进依法治国的时代动员令，强调"要更加注重发挥法治在国家治理和社会管理中的重要作用，全面推进依法治国，加快建设社会主义法治国家"。① 以习近平同志为核心的党中央把全面依法治国纳入"四个全面"战略布局，标志着我们党对法治的理论探索和实践达到了新高度。党的十八届四中全会进行专题研究，作出关于全面推进依法治国若干重大问题的决定，明确了全面依法治国的总蓝图、路线图、施工图。党的十九大进一步把坚持全面依法治国上升为新时代坚持和发展中国特色社会主义的基本方略之一。党的十九大之后，党中央组建中央全面依法治国委员会，从党和国家事业发展全局高度对全面依法治国作出一系列重大决策部署。党的十九届四中全会把法治贯通于坚持和完善中国特色社会主义制度、推进国家治理体系和治理能力现代化的各个方面。党的十九届五中全会在制定"十四五"规划和 2035 年远景目标建议时，再次就全面依法治国作出部署。我国社会主义法治建设发生历史性变革，取得历史性成就，科学立法、严格执法、公正司法、全民守法一体推进，全面依法治国实践取得重大进展。这些变革和成就，根本在于习近平法治思想的科学指引，根本在于以习近平同志为核心的党中央的坚强领导。

习近平法治思想既与马克思主义法治原理、历代中央领导集体的法治

---

① 《习近平谈治国理政》，外文出版社，2014，第 138 页。

理论一脉相承，又与时俱进、创新发展，是马克思主义法治原理同中国实际相结合的时代典范。习近平坚持马克思主义立场观点方法，创造性地丰富和发展了马克思主义法治原理，在理论上有许多重大突破、重大创新、重大发展，为马克思主义中国化作出了重大原创性贡献。

（一）明确宣示坚定不移走中国特色社会主义法治道路

马克思主义关于法的本质理论，集中体现为法的物质性、政治性、人民性。习近平法治思想将法的本质理论有机融入到坚持中国特色社会主义法治道路的理论中，习近平指出："中国特色社会主义法治道路，是社会主义法治建设成就和经验的集中体现，是建设社会主义法治国家的唯一正确道路。在走什么样的法治道路问题上，必须向全社会释放正确而明确的信号，指明全面推进依法治国的正确方向，统一全党全国各族人民认识和行动。"①

关于中国特色社会主义法治道路的重要地位，习近平指出："全面推进依法治国，必须走对路。如果路走错了，南辕北辙了，那再提什么要求和举措也都没有意义了"；"中国特色社会主义法治道路是一个管总的东西。具体讲我国法治建设的成就，大大小小可以列举出十几条、几十条，但归结起来就是开辟了中国特色社会主义法治道路这一条"。② 这也是党的十八大以来贯穿中国整个法治进程的一条红线。

关于中国特色社会主义法治道路的核心要义，习近平指出："全面推进依法治国这件大事能不能办好，最关键的是方向是不是正确、政治保证是不是坚强有力，具体讲就是要坚持党的领导，坚持中国特色社会主义制度，贯彻中国特色社会主义法治理论。"③ 党的领导是中国特色社会主义最本质的特征，是社会主义法治最根本的保证。中国特色社会主义制度是中国特色社会主义法治体系的根本制度基础，是全面推进依法治国的根本制度保障。中国特色社会主义法治理论是中国特色社会主义法治体系的理论指导和学理支撑，是全面推进依法治国的行动指南。这三个方面，实质上就是中国特色社会主义法治道路的核心要义，规定和确保了中国特色社会

---

① 习近平：《论坚持全面依法治国》，中央文献出版社，2020，第93页。
② 习近平：《论坚持全面依法治国》，中央文献出版社，2020，第105页。
③ 习近平：《论坚持全面依法治国》，中央文献出版社，2020，第91页。

主义法治的制度属性和前进方向。

关于中国特色社会主义法治道路的基本原则，习近平指出："走中国特色社会主义法治道路是一个重大课题，有许多东西需要深入探索，但基本的东西必须长期坚持。"① 具体而言，就是必须坚持中国共产党的领导，必须坚持人民主体地位，必须坚持法律面前人人平等，必须坚持依法治国和以德治国相结合，必须坚持从中国实际出发。

关于中国特色社会主义法治道路的实现路径，习近平指出："要坚持党的领导、人民当家作主、依法治国有机统一。"② "党的领导、人民当家作主、依法治国有机统一"是我国社会主义法治建设的基本经验，"党的领导是人民当家作主和依法治国的根本保证，人民当家作主是社会主义民主政治的本质特征，依法治国是党领导人民治理国家的基本方式，三者统一于我国社会主义民主政治伟大实践"。③ 习近平还指出："人民代表大会制度是坚持党的领导、人民当家作主、依法治国有机统一的根本制度安排。"④ 这一论断指明了人民代表大会制度是三者有机统一的重要制度平台和有效载体。

这些重要论述，深刻阐明了中国特色社会主义法治道路是立足我国国情、从实际出发的道路，是坚持党的领导、保证人民主体地位、体现人民意志、发展人民民主的道路，有机贯通了法的物质性、政治性、人民性。

（二）深刻阐述了中国特色社会主义法治体系的科学内涵

法律本身应是一个内部和谐一致的"体系"。"在现代国家中，法不仅必须适应于总的经济状况，不仅必须是它的表现，而且还必须是不因内在矛盾而自相抵触的一种内部和谐一致的表现。"⑤ 在社会主义国家，法治体系包括哪些内容、如何建立这样的体系，马克思、恩格斯并没有给我们答案。习近平法治思想关于中国特色社会主义法治体系的论述，正是立足当下中国全面依法治国的实践，构建了法治体系理论。"紧紧围绕全面推进

---

① 习近平：《论坚持全面依法治国》，中央文献出版社，2020，第 106 页。
② 习近平：《论坚持全面依法治国》，中央文献出版社，2020，第 126 页。
③ 习近平：《决胜全面建成小康社会　夺取新时代中国特色社会主义伟大胜利——在中国共产党第十九次全国代表大会上的报告》，人民出版社，2017，第 36 页。
④ 习近平：《论坚持全面依法治国》，中央文献出版社，2020，第 71 页。
⑤ 《马克思恩格斯选集》第 4 卷，人民出版社，2012，第 610 页。

依法治国总目标，加快建设中国特色社会主义法治体系。全面推进依法治国总目标是建设中国特色社会主义法治体系，建设社会主义法治国家"，① 这既明确了全面推进依法治国的性质和方向，又突出了全面推进依法治国的工作重点和总抓手，对全面推进依法治国具有纲举目张的意义。

习近平指出了中国特色社会主义法治体系的科学内涵："中国特色社会主义法治体系是中国特色社会主义制度的法律表现形式"，② "中国特色社会主义法治体系是推进全面依法治国的总抓手"，③ "在中国共产党领导下，坚持中国特色社会主义制度，贯彻中国特色社会主义法治理论，形成完备的法律规范体系、高效的法治实施体系、严密的法治监督体系、有力的法治保障体系，形成完善的党内法规体系"。④ 这一法治体系不仅具有科学系统性，还实现了重大突破——将党内法规体系纳入其中，这是党领导法治建设历史上的第一次，也是中国特色社会主义法治道路的一大特色。习近平强调："要完善党内法规制定体制机制，注重党内法规同国家法律的衔接和协调，构建以党章为根本、若干配套党内法规为支撑的党内法规制度体系，提高党内法规执行力。"⑤ 这一重要论述，充分体现了习近平对社会主义国家法治建设规律和共产党执政规律的精深理解和把握，是中国特色社会主义法治理论的重大创新。

围绕建设中国特色社会主义法治体系这个总体框架，习近平指出："完善以宪法为核心的中国特色社会主义法律体系、加强宪法实施。"⑥ 这要求准确把握全面推进依法治国工作布局："坚持依法治国、依法执政、依法行政共同推进，坚持法治国家、法治政府、法治社会一体建设。全面推进依法治国是一项庞大的系统工程，必须统筹兼顾、把握重点、整体谋划，在共同推进上着力，在一体建设上用劲。"⑦ 同时，也要准确把握全面推进依法治国重点任务："着力推进科学立法、严格执法、公正司法、全

①　习近平：《论坚持全面依法治国》，中央文献出版社，2020，第 111 页。

②　习近平：《论坚持全面依法治国》，中央文献出版社，2020，第 229 页。

③　习近平：《坚定不移走中国特色社会主义法治道路　为全面建设社会主义现代化国家提供有力法治保障》，《求是》2021 年第 5 期，第 10 页。

④　习近平：《论坚持全面依法治国》，中央文献出版社，2020，第 93 页。

⑤　习近平：《论坚持全面依法治国》，中央文献出版社，2020，第 112 页。

⑥　习近平：《论坚持全面依法治国》，中央文献出版社，2020，第 90 页。

⑦　习近平：《论坚持全面依法治国》，中央文献出版社，2020，第 112 页以下。

民守法。全面推进依法治国，必须从目前法治工作基本格局出发，突出重点任务，扎实有序推进。"①

习近平还特别强调，在中国特色社会主义法治体系建设中充分运用矛盾运动的基本原理，要求既要注重总体谋划，又要注重牵住"牛鼻子"，"既对全面推进依法治国作出系统部署，又强调以中国特色社会主义法治体系为总目标和总抓手"。② 围绕全面推进依法治国工作布局，习近平强调："推进全面依法治国，法治政府建设是重点任务和主体工程，对法治国家、法治社会建设具有示范带动作用，要率先突破。"③ 围绕全面推进依法治国重点任务，习近平强调："推进科学立法，关键是完善立法体制，深入推进科学立法、民主立法，抓住提高立法质量这个关键"；"推进严格执法，重点是解决执法不规范、不严格、不透明、不文明以及不作为、乱作为等突出问题"；"推进公正司法，要以优化司法职权配置为重点，健全司法权力分工负责、相互配合、相互制约的制度安排"；"推进全民守法，必须着力增强全民法治观念"。④ 这些重要论述，就是要求我们在全面推进依法治国中把握好主要矛盾和次要矛盾、矛盾的主要方面和次要方面的关系，促进依法治国的各项工作和谐一致。

（三）把厉行法治作为执政治国重要理念

法具有政治统治功能和社会管理职能。恩格斯指出："被统治阶级首先争取一部分政治权力，然后争取全部政治权力，以便能按照他们自己的利益和需要去改变现行法律"，⑤ "政治统治到处都是以执行某种社会职能为基础，而且政治统治只有在它执行了它的这种社会职能时才能持续下去"。⑥ 法的功能观是法的政治性、社会性、实践性等原理的综合运用，涉及治国理政各个方面。

---

① 习近平：《论坚持全面依法治国》，中央文献出版社，2020，第 113 页以下。
② 习近平：《辩证唯物主义是中国共产党人的世界观和方法论》，《求是》2019 年第 1 期，第 7 页。
③ 习近平：《坚定不移走中国特色社会主义法治道路　为全面建设社会主义现代化国家提供有力法治保障》，《求是》2021 年第 5 期，第 11 页。
④ 习近平：《论坚持全面依法治国》，中央文献出版社，2020，第 114 页以下。
⑤ 《马克思恩格斯全集》第 25 卷，人民出版社，2001，第 499 页。
⑥ 《马克思恩格斯选集》第 3 卷，人民出版社，2012，第 559 页以下。

习近平法治思想丰富和发展了党的治国理政理论，强调要坚持依宪治国、依宪执政，坚持在法治轨道上推进国家治理体系和治理能力现代化。习近平指出："党领导人民制定和完善宪法，就是要发挥宪法在治国理政中的重要作用。"① 为此，他特别强调："提高党依法治国、依法执政能力。"②

习近平高度重视发挥法治对改革发展稳定的引领、规范、保障作用。他指出："统筹推进'五位一体'总体布局、协调推进'四个全面'战略布局，要发挥法治的引领、规范、保障作用，以深化依法治国实践检验法治建设成效，着力固根基、扬优势、补短板、强弱项，推动各方面制度更加成熟、更加定型，逐步实现国家治理制度化、程序化、规范化、法治化。"③ 在"四个全面"战略布局中，"没有全面依法治国，我们就治不好国、理不好政，我们的战略布局就会落空。要把全面依法治国放在'四个全面'的战略布局中来把握，深刻认识全面依法治国同其他三个'全面'的关系，努力做到'四个全面'相辅相成、相互促进、相得益彰"。④

强化法治的治国理政功能，要不断完善顶层设计，不断创新和深化依法治国实践，提升法治促进国家治理体系和治理能力现代化的效能。"随着时代发展和改革推进，国家治理现代化对科学完备的法律规范体系的要求越来越迫切。""执法司法公正高效权威才能真正发挥好法治在国家治理中的效能。""法治建设需要全社会共同参与，只有全体人民信仰法治、厉行法治，国家和社会生活才能真正实现在法治轨道上运行。"⑤ 社会治理是国家治理的重要方面，习近平指出："紧紧围绕坚持和完善中国特色社会主义制度、推进国家治理体系和治理能力现代化总目标，落实总体国家安全观，以共建共治共享为导向，以防范化解影响安全稳定的突出风险为重点，以市域社会治理现代化、基层社会治理创新、平安创建活动为抓手，

---

① 习近平：《论坚持全面依法治国》，中央文献出版社，2020，第128页。
② 习近平：《推进全面依法治国，发挥法治在国家治理体系和治理能力现代化中的积极作用》，《求是》2020年第22期，第4页。
③ 习近平：《推进全面依法治国，发挥法治在国家治理体系和治理能力现代化中的积极作用》，《求是》2020年第22期，第5页。
④ 习近平：《论坚持全面依法治国》，中央文献出版社，2020，第145页。
⑤ 习近平：《推进全面依法治国，发挥法治在国家治理体系和治理能力现代化中的积极作用》，《求是》2020年第22期，第7页。

建设更高水平的平安中国。"①

（四）科学设计社会主义法治建设发展目标任务和阶段步骤

1883 年，恩格斯在马克思墓前的讲话中说："正像达尔文发现有机界的发展规律一样，马克思发现了人类历史的发展规律，即历来为繁芜丛杂的意识形态所掩盖着的一个简单事实：人们首先必须吃、喝、住、穿，然后才能从事政治、科学、艺术、宗教等等；所以，直接的物质的生活资料的生产，从而一个民族或一个时代的一定的经济发展阶段，便构成基础，人们的国家设施、法的观点、艺术以至宗教观念，就是从这个基础上发展起来的，因而，也必须由这个基础来解释，而不是像过去那样做得相反。"② 这实际上指出了法的发展要与经济社会发展相适应，法治建设不可能一蹴而就，而是递进式发展，社会主义法治建设在不同的阶段有着不同的目标和任务。

中华人民共和国成立七十多年来，中国共产党领导人民不断探索实践，逐步形成了中国特色社会主义国家制度和法律制度，为当代中国的发展进步提供了根本保障，也为新时代推进国家制度和法律制度建设提供了重要经验。早在 1949 年，毛泽东就说过："中共二十八年，再加二十九年、三十年两年，完成全国革命任务，这是铲地基，花了三十年。但是起房子，这个任务要几十年工夫。"③ 1992 年，邓小平指出："恐怕再有三十年的时间，我们才会在各方面形成一整套更加成熟、更加定型的制度。"④ 在新时代，习近平指出："中国特色社会主义国家制度和法律制度是在长期实践探索中形成的，是人类制度文明史上的伟大创造"；⑤ "中国特色社会主义国家制度和法律制度是被实践证明了的科学制度体系，具有显著优势"；⑥ "中国特色社会主义国家制度和法律制度需要坚持好、实施好，也

---

① 《习近平对平安中国建设作出重要指示强调 全面提升平安中国建设水平 不断增强人民群众获得感幸福感安全感》，《人民日报》2020 年 11 月 12 日，第 1 版。

② 《马克思恩格斯选集》第 3 卷，人民出版社，2012，第 1002 页。

③ 《毛泽东文集》第 5 卷，人民出版社，1996，第 236 页。

④ 《邓小平文选》第 3 卷，人民出版社，1993，第 372 页。

⑤ 习近平：《论坚持全面依法治国》，中央文献出版社，2020，第 262 页。

⑥ 习近平：《论坚持全面依法治国》，中央文献出版社，2020，第 263 页。

需要不断完善和发展"。① 这些重要论述，都阐明了国家制度和法律制度的阶段性特点，体现了和发展了法的发展观。

党的十八大以来，以习近平同志为核心的党中央统筹考虑国际国内形势、法治建设进程和人民群众法治需求，立足全局和长远来统筹谋划全面依法治国。党的十九届五中全会通过的《中共中央关于制定国民经济和社会发展第十四个五年规划和二〇三五年远景目标的建议》明确"十四五"时期"社会主义民主法治更加健全，社会公平正义进一步彰显"，② 到2035年"基本实现国家治理体系和治理能力现代化，人民平等参与、平等发展权利得到充分保障，基本建成法治国家、法治政府、法治社会"。③ 到21世纪中叶，中华人民共和国百年华诞的时候，中华民族伟大复兴的"中国梦"梦想成真的时候，也必将是中国作为现代化的法治国家屹立在世界东方的时候。

推进社会主义法治建设要明确不同阶段的不同目标、循序渐进的观点，是马克思主义按客观规律办事、实事求是精神的体现。实现法治既要锚定目标、义无反顾，又要尊重科学、尊重规律，一步一个脚印地推进法治。

（五）清晰厘定了全面依法治国的一系列重大关系

习近平法治思想立足社会主义法治建设实践，直面中国推进法治建设过程中遇到的问题，深刻阐明了若干重大关系，为人们理解和处理实践中的这些问题提供了科学的指南，引领全面依法治国在错综复杂的环境中抱元守正、坚定前行。"全面依法治国必须正确处理政治和法治、改革和法治、依法治国和以德治国、依法治国和依规治党的关系。"④ 其中，政治、法治、道德、党规都是上层建筑，改革涉及上层建筑。关于正确处理政治和法治的关系，习近平指出："每一种法治形态背后都有一套政治理论，每一种法治模式当中都有一种政治逻辑，每一条法治道路底下都有一种政

---

① 习近平：《论坚持全面依法治国》，中央文献出版社，2020，第265页。

② 《〈中共中央关于制定国民经济和社会发展第十四个五年规划和二〇三五年远景目标的建议〉辅导读本》，人民出版社，2020，第24页。

③ 《〈中共中央关于制定国民经济和社会发展第十四个五年规划和二〇三五年远景目标的建议〉辅导读本》，人民出版社，2020，第19页。

④ 习近平：《论坚持全面依法治国》，中央文献出版社，2020，第230页以下。

治立场";① "全面推进依法治国，方向要正确，政治保证要坚强";② "党的领导是中国特色社会主义法治之魂"。③ 这些重要论述，深刻指出了政治是法治的根基，法治当中有政治，没有脱离政治的法治。关于正确处理改革与法治的关系，习近平强调："'改革与法治如鸟之两翼、车之两轮'，要坚持在法治下推进改革，在改革中完善法治";④ "我们要坚持改革决策和立法决策相统一、相衔接，立法主动适应改革需要，积极发挥引导、推动、规范、保障改革的作用，做到重大改革于法有据，改革和法治同步推进，增强改革的穿透力"。⑤ 关于正确处理依法治国和以德治国的关系，习近平以"法安天下、德润人心"精辟指明了二者的辩证关系，指出："法律是准绳，任何时候都必须遵循；道德是基石，任何时候都不可忽视";⑥ "法律是成文的道德，道德是内心的法律，法律和道德都具有规范社会行为、维护社会秩序的作用。治理国家、治理社会必须一手抓法治、一手抓德治，既重视发挥法律的规范作用，又重视发挥道德的教化作用，实现法律和道德相辅相成、法治和德治相得益彰"。⑦ 治国必先治党，这是全面推进依法治国、全面从严治党的必然要求。关于正确处理依法治国与从严治党的关系，习近平强调："依规治党深入党心，依法治国才能深入民心";⑧ "要发挥依法治国和依规治党的互补性作用，确保党既依据宪法法律治国理政，又依据党内法规管党治党、从严治党"。⑨ 党的十八大以来，以习近平同志为核心的党中央注重推进党内法规同国家法律的衔接和协调，确保了依法治国和依规治党在实施、监督上相互协同。

习近平关于依法治国与相关问题之间关系的论述，对于正确、全面、

---

① 中共中央文献研究室编《习近平关于全面依法治国论述摘编》，中央文献出版社，2015，第 34 页。
② 中共中央文献研究室编《习近平关于全面依法治国论述摘编》，中央文献出版社，2015，第 34 页。
③ 中共中央文献研究室编《习近平关于全面依法治国论述摘编》，中央文献出版社，2015，第 35 页。
④ 习近平：《论坚持全面依法治国》，中央文献出版社，2020，第 231 页。
⑤ 习近平：《论坚持全面依法治国》，中央文献出版社，2020，第 38 页。
⑥ 《习近平谈治国理政》第 2 卷，外文出版社，2017，第 133 页。
⑦ 习近平：《论坚持全面依法治国》，中央文献出版社，2020，第 109 页。
⑧ 习近平：《论坚持全面依法治国》，中央文献出版社，2020，第 223 页。
⑨ 习近平：《论坚持全面依法治国》，中央文献出版社，2020，第 231 页。

系统地理解领会习近平法治思想，处理实践中遇到的矛盾和问题，具有重要的指导意义。

（六）创造构建国际关系法治化理论

马克思曾指出："同那个经济贫困和政治昏聩的旧社会相对立，正在诞生一个新社会，而这个新社会的国际原则将是和平，因为每一个民族都将有同一个统治者——劳动！"① 但是，因历史条件的限制，马克思、恩格斯不可能预想出一个与资本主义国家长期并存、竞争的社会主义国家之生存、发展和参加全球治理的方案。

习近平充分运用我们党治国理政的政治智慧，强调要坚持统筹国际法治、国内法治两个大局，更好地运用国际规则和国内规则两个规则体系维护我国的合法利益，为我国发展和世界和平创造更为有利的条件，提出了国际关系法治化的重要观点。"世界命运应该由各国共同掌握，国际规则应该由各国共同书写，全球事务应该由各国共同治理，发展成果应该由各国共同分享"；"法律的生命在于付诸实施，各国有责任维护国际法治权威，依法行使权利，善意履行义务。法律的生命也在于公平正义，各国和国际司法机构应该确保国际法平等统一适用，不能搞双重标准，不能'合则用，不合则弃'，真正做到'无偏无党，王道荡荡'"。② 这一观点是根据国际社会、全球治理的新阶段，根据我国与国际社会互动的新状态而提出的具有高度原创性的处理国际关系的理念和主张，其核心是"人类命运共同体"概念。习近平注重在国际法律制度中构建人类命运共同体，通过亚投行、"一带一路"建设等系列机制予以推行。他强调："推动共建'一带一路'，需要法治进行保障。中国愿同各国一道，营造良好法治环境，构建公正、合理、透明的国际经贸规则体系，推动共建'一带一路'高质量发展，更好造福各国人民。"③

习近平要求加快涉外法治工作布局，强调"要把法治应对摆在更加突出位置，用规则说话，靠规则行事，维护我国政治安全、经济安全，维护

---

① 《马克思恩格斯选集》第3卷，人民出版社，2012，第61页。
② 《习近平谈治国理政》第2卷，外文出版社，2017，第540页。
③ 习近平：《论坚持全面依法治国》，中央文献出版社，2020，第268页。

我国企业和公民合法权益",[①] "中国走向世界，以负责任大国参与国际事务，必须善于运用法治。在对外斗争中，我们要拿起法律武器，占领法治制高点，敢于向破坏者、搅局者说不。全球治理体系正处于调整变革的关键时期，我们要积极参与国际规则制定，做全球治理变革进程的参与者、推动者、引领者"。[②] 这表明，中国共产党坚持立足人类法治发展进程，不仅仅要求建设一个有法律的世界，而且要求建设一个有良法的世界；不仅仅要求建设一个法律在运行的世界，而且要求建设一个法律良好运行的世界。

结　语

当前，我国正日益走近世界舞台中心，越走近舞台中心越感受到压力，但时与势都在我们一边。站在新的历史起点上，实现党和国家事业确立的既定目标、宏伟蓝图，必然要以"法治梦"助推实现复兴梦。新时代的中国的发展，需要科学的思想引领和治理理念。习近平法治思想，是党基于对建党百年奋斗史、七十多年执政史、四十多年改革开放史的科学总结，因应在新时代进行伟大斗争、伟大工程、伟大事业和伟大梦想的需要，在我们党领导人民走向"强起来"历史性跨越的关键时刻应运而生的，其形成和发展具有深刻的时代背景和历史必然性。习近平以马克思主义政治家、理论家、战略家的深刻洞察力和理论创造力，运用辩证唯物主义和历史唯物主义的世界观、方法论去认识问题、分析问题、解决问题，深刻回答了我国社会主义法治建设的一系列重大理论和实践问题，深化了对共产党执政规律、社会主义建设规律和人类社会发展规律的认识，开辟了中国特色社会主义法治理论和实践新境界，是全面依法治国的根本遵循和行动指南。

我们"既不走封闭僵化的老路也不走改旗易帜的邪路，而是坚定不移走中国特色社会主义道路"。[③] 习近平法治思想深刻回答了法治中国建设向

---

①　习近平：《论坚持全面依法治国》，中央文献出版社，2020，第256页以下。

②　习近平：《论坚持全面依法治国》，中央文献出版社，2020，第225页。

③　《习近平谈治国理政》第3卷，外文出版社，2020，第181页。

哪里走、走什么路这个重大问题，阐明了中国特色社会主义法治道路是唯一正确道路。一个国家的发展道路合不合适，只有这个国家的人民才最有发言权。我们很难找出一个国家和另一个国家完全一样的模式。没有放之四海而皆准的道路模式、法治样板。自己的道路必须自己走，别人既不能替代，也替代不了。

中国特色社会主义法治道路，就是适合中国国情、适合中国发展阶段、适合中国特殊历史的法治模式。中国特色社会主义法治与中国特色社会主义是一样的，没有前人的经验，总是在探索实践中、克服困难中、总结教训中不断地前行。我们必须坚定信心：法治道路是通向民族伟大复兴的必由之路。没有法治，不可能建成中国特色社会主义。全面依法治国的成功是中国特色社会主义成功的重要标志，中国梦实现的时候，就是我们中国特色社会主义制度成功的时候。

图书在版编目（CIP）数据

中国法治理论研究 / 雷磊主编. -- 北京：社会科
学文献出版社，2023.11
（《法学研究》专题选辑）
ISBN 978 - 7 - 5228 - 1172 - 7

Ⅰ. ①中… Ⅱ. ①雷… Ⅲ. ①社会主义法治 - 研究报
告 - 中国 Ⅳ. ①D920.0

中国版本图书馆 CIP 数据核字（2022）第 225834 号

《法学研究》专题选辑
中国法治理论研究

主　　编 / 雷　磊

出 版 人 / 冀祥德
责任编辑 / 芮素平
文稿编辑 / 李蓉蓉　郭锡超
责任印制 / 王京美

出　　版 / 社会科学文献出版社·联合出版中心（010）59367281
　　　　　　地址：北京市北三环中路甲 29 号院华龙大厦　邮编：100029
　　　　　　网址：www.ssap.com.cn
发　　行 / 社会科学文献出版社（010）59367028
印　　装 / 三河市龙林印务有限公司

规　　格 / 开　本：787mm × 1092mm　1/16
　　　　　　印　张：31.75　字　数：514 千字
版　　次 / 2023 年 11 月第 1 版　2023 年 11 月第 1 次印刷
书　　号 / ISBN 978 - 7 - 5228 - 1172 - 7
定　　价 / 188.00 元

读者服务电话：4008918866